"선생님,
세계시민이 뭐예요?"

이 도서는 한국출판문화산업진흥원의
'2020년 우수출판콘텐츠 제작 지원' 사업 선정작입니다.

"선생님,
세계시민이 뭐예요?"

초판 1쇄 발행 2020년 7월 17일
초판 2쇄 발행 2021년 10월 31일

지은이 세계시민교육연구소
펴낸이 김승희
펴낸곳 도서출판 살림터

기획 정광일
편집 조현주

인쇄·제본 (주)신화프린팅
종이 (주)명동지류

주소 서울시 양천구 목동동로 293, 22층 2215-1호
전화 02-3141-6553
팩스 02-3141-6555
출판등록 2008년 3월 18일 제313-1990-12호
이메일 gwang80@hanmail.net
블로그 http://blog.naver.com/dkffk1020

ISBN 979-11-5930-150-6 03370

*가격은 뒤표지에 있습니다.
*잘못된 책은 바꾸어 드립니다.
*이 책은 저작권법에 따라 보호를 받는 저작물이므로 무단 전재와 복제를 금합니다.

이 도서의 국립중앙도서관 출판예정도서목록(CIP)은
서지정보유통지원시스템 홈페이지(http://seoji.nl.go.kr)와
국가자료공동목록시스템(http://www.nl.go.kr/kolisnet)에서 이용하실 수 있습니다.
(CIP제어번호: CIP2020028384)

"선생님, 세계시민이 뭐예요?"

세계시민교육연구소 지음

살림터

더불어 함께 살아가자는 세계시민교육의 정신은 우리나라의 '홍익인간 정신'이나 아프리카의 '우분투'처럼 인류의 공통적 가치관입니다.

세계시민교육은 대한민국이 앞장서서 2015년 5월 인천 세계교육포럼에 상정하여 유네스코 공식 의제로 만들었으며, 이어 2015년 9월 유엔 지속가능발전목표SDGs 채택 시에도 대한민국이 이를 적극 수장하여 SDGs에 포함하게 된 사연을 가지고 있습니다. 아마도 대한민국이 글로벌 의제를 주도한 첫 번째 성공 사례가 될 것입니다. 이런 인연으로 세계시민교육은 대한민국과 떼려야 뗄 수 없는 관계이며, 소중한 자산입니다. 오늘날 세계시민교육은 유엔 SDGs, 유네스코 교육2030의 핵심 항목으로 2030년까지 전 유엔, 유네스코 회원국가들이 달성해야 할 중요한 교육 목표가 되었습니다.

아직도 세계시민교육이 낯선 교사, 학생, 학부모님들에게 세계시민교육에 대해 먼저 고민하고 실천해 온 교사와 학생 그리고 학부모의 이야기를 담은 반가운 책이 출판되어 추천합니다.

이 책은 초·중·고등학교에서 학교·학급·동아리 등으로 세계시민교육을 실천해 온 수업과 활동 사례를 담고 있습니다. 마치 차 한잔 나누면서 친구들에게 이야기하듯 쉽게 풀어낸 이야기이기 때문에 다른 교사들뿐만 아니라 학부모 등 학교 밖에서 보는 사람들에게도 쉽게 읽힐 수 있을 것입니다.

또한 선생님들이 네팔·라오스·몽골 등 아시아 여러 국가에서 협력 수업, 교사 연수, 예비교사 연수 등 다양한 형태의 국제교육자원활동을 10년 동안이나 지속해 온 이야기와 국내 봉사활동 등 국내교육자원활동을 한 이야기도 담겨 있습니다.

세계시민교육이 무엇인지, 어떻게 실천해야 하는지 궁금하신 교사와 학부모, 일반인, 그리고 국제교육개발협력에 관심이 있는 분들에게 이 책이 큰 도움이 되기 바랍니다.

2020년 7월

(전) 유네스코 아시아태평양 국제이해교육원APCEIU 원장

(현) 서울특별시교육청 세계시민교육정책 자문관

정우탁

'세계시민교육'이라는 용어가 우리나라에 아직 소개되지 않았던 2010년, 교육공동체가 함께 배우고 더불어 나누며 공동의 희망을 찾아야 한다고 생각했던 우리는 고민 끝에 '세계시민교육연구소'라는 교육 NGO를 만들었습니다. 우리의 삶 속에서 혁신적인 감수성을 이끌어 내고, 세계시민교육을 올바로 이해하며, 교육현장에서 꾸준히 실천하겠다는 마음으로 지금까지 10여 년의 시간을 함께했습니다. 이제는 '교사가 미래다, 교육이 희망이다'라는 슬로건 아래 학교문화를 변화시키는 마중물이 되고 있습니다.

이 책은 교과서도 아니고 학술서도 아닙니다. '오늘날 세계시민교육이 왜 필요한가? 어떻게 실천할 것인가?'에 대해 먼저 고민하고 작은 실천을 해 온 교사와 학생 그리고 학부모의 이야기를 담은 책입니다.

누군가를 가르치려는 목적이 아니라 소소한 교육 이야기를 바탕으로, 미래 사회의 지속가능한 발전을 목표로 교육공동체의 협력과 연대가 얼마나 중요한지를 담으려 했습니다. 우리 속에 잠자고 있던 세계시민으로서의 의식과 가치를 깨우고, 아름다운 세계를 만들어 가는 힘이 바로 자신과 이웃에게 있음을 전하고 싶었습니다.

1장은 세계시민교육의 다양한 정의를 요약하여 제시하고, 세계시민교육이 무엇이며 왜 해야 하는지에 대해 생각해 보았습니다.

2·3장은 학교와 마을에서, 아시아의 다른 나라와의 관계 속에서, 우리가 세계시민의 한 사람으로 어떤 길을 걸어왔는지 소개하고 있습니다. 또한 교사로서 교과수업과 동아리 활동뿐 아니라 학교의 전반적 운영에 이르기까지 우리 아이들이 세계시민으로 자랄 수 있도록 어떤 일들을 함께 해 왔는지 엿볼 수 있습니다.

코로나19의 팬데믹 현상은 촘촘하게 연결된 거대한 지구 마을에서 살고 있던 우리의 삶을 크게 바꾸었습니다. 비대면 거리 두기, 재택근무, 원격 수업 등 일상 혹은 사회에서 큰 변화가 일어나고 있습니다. 자국민 보호를 위해 국가 주권이 강화되는 반면에 국가 간의 협력과 연대가 느슨해지고 있습니다. 이런 상황에서 인류 공동체라는 소속감을 가지고 책임 있는 행동을 할 수 있는 능력인 세계시민성을 기르는 세계시민교육이 더 중요해지고 있습니다.

세계시민교육을 학교에서, 가정에서 혹은 개인적으로라도 실천하고

자 하는 분들에게 이 책이 조금이나마 도움이 되었으면 합니다. 그리고 세계시민교육연구소에서 반갑게 웃으며 만날 수 있기를 기대해 봅니다.

끝으로 이 책을 세상에 내놓기까지 때론 날카롭게 때론 따뜻하게 조언해 준 이미화 운영위원님, 강수경 선생님 그리고 묵묵히 궂은일을 해 주는 황봉숙 사무국장님께 감사의 말씀을 전합니다.

2020년 7월
세계시민교육연구소

차례

1장

세계시민이
뭐예요?

세계시민교육을 생각하다

이춘희_서울문성초등학교

Q. 여러분에게 세계시민교육이란 무엇인가요?

"친구를 사랑하는 마음입니다."

"일회용품 사용하지 않기입니다."

"세계 구석구석을 보여 주는 드론입니다."

"평화로운 세상에서 살 수 있게 도와주는 받침대입니다."

"마음이 따뜻해지니까 겨울에 입는 따뜻한 코트 같은 것입니다."

"다른 나라 사람들과 조금 더 친해지고 다른 나라에 대해 더 많이 배우는 것입니다."

3년 이상 전 학교적 접근Whole school approach으로 세계시민교육을 접했던 서울안천초등학교 학생들이 자신이 생각하는 세계시민교육에 대해 응답한 내용 중 일부이다.

세계시민교육을 문화를 포함한 다른 나라에 대한 지식과 관심을 가지고 함께 어울려 살아가는 세계와의 연관성으로 응답한 학생들이 가장 많았고 친구를 사랑하고 사람들을 도와주는 따뜻함으로 인식하는 학생들도 있었다. 일회용품 사용하지 않기 등 자신들의 입장에서 할 수 있는 실천으로 생각하는 대답도 있었다. 새로운 교육, 선생님, 받침대 등 더 좋은 세상을 만들기 위한 패러다임으로 넓게 생각하는 학생들도 있었다.

어른들도 선뜻 대답하기 어려운 질문에 어린 학생들이 나름대로의 명확한 정의를 가지고 있다는 것과 자신들을 세계시민으로 인식하고 있다는 사실이 놀라웠다.

세계시민교육이 학생들에게 미치는 영향을 가까이에서 지켜보면서 '세계시민교육을 통해 교사들 역시 변화하고 성장할 수 있을까?'라는 질문을 던져 보았다.

　　Q. 세계시민교육이 학생들에게 미친 교육적 영향은 무엇이라 생각하십니까?

"우리 학생들이 수업 후 변한 것 같아요. 학생들의 입에서 평화, 인권, 난민, 지속가능발전, 기후변화, 석성기술, 나눔, 공정무역 등과 같은 단어들이 쉽게 나오는 것을 보고 교육의 힘을 느꼈습니다."

"최근 지구 온난화 수업 중 투발루나 몰디브 주민들이 겪는 슬픔에 대해 학생 본인들에게도 책임이 있다고 대답하였습니다. 그것을 보면서 세계시민교육을 받은 우리 아이들이 미래의 세계를 변화시킬 수 있는 힘을 차근차근 길러 가고 있다는 생각을 했습니다."

교사들은 수업과 동아리 활동, 행사 등 다양한 활동에서 일어나는 학생들의 변화와 교육의 힘을 느끼고 있었다. 학교에서 세계시민교육을 실시하기 위해서는 교사의 공부와 연구가 선행되어야 한다. 세계시민교육은 별도의 교과목이 없고 교과통합이나 융합, 교육과정의 재구성이 이루어져야 한다. 교사의 지식과 이해의 정도에 따라 수업 구성과 활동의 깊이가 달라지기 때문에 세계시민교육에 대한 공감과 인식을 가지고, 자발적으로 연수에도 참여하고 스스로 연구하고 배우면서, 교사들 역시 세계시민으로 성장하는 경험을 하고 있었다.

그런데 교육은 학교의 노력만으로 성공하기 어렵다. 단순한 교육의 수요자가 아닌 교육의 내용과 질을 함께 고민하는 학부모의 생각이 어떤지 궁금했다.

Q. 세계시민교육이 자녀에게 미친 영향과 학부모로서의 소감은 무엇입니까?

"우리 학교는 유네스코학교[1]로 매년 전교생이 안천세계시민박람회 활동을 하는데 올해의 주제는 '지속가능발전교육'이었습니다. 저희 아이 같은 경우에는 일회용 물병 사용을 줄이고 스스로 텀블러를 사용하려고 합니다. 그 모습을 보면서 매우 기특한 생각이 들었고, 저 또한 동참하게 되었습니다. 학교에서 이루어지는 세계시민교육이 각 가정에서도 매

---

1. 본 책의 26쪽 참조: 유네스코학교(UNESCO Associated School)와 유네스코학교 네트워크(UNESCO Associated School Network, 약칭 UNESCO ASPnet)(http://asp.unesco.or.kr)

우 긍정적인 영향을 미친다고 생각합니다."

이와 같이 세계시민교육을 받은 학생들의 변화를 지켜본 학부모들도 함께 실천하게 되고, 아울러 가정에 변화가 생기는 좋은 경험을 하게 되었다.

이번 장에서는 '세계시민교육은 무엇이며 왜 해야 하는가?에 대해 생각해 보려 한다. '세계시민교육은 어떻게 하는 것일까?' 하는 실천 방법에 대해서는 2장 이후의 다양한 실천 사례를 참고하면 될 것이다.

세계시민교육은 왜 해야 하나요?

세계보건기구WHO는 신종 코로나바이러스 감염증-19(COVID-19)가 팬데믹Pandemic(세계적 대유행)을 넘어 말라리아, 뎅기열처럼 사라지지 않고 지역사회에서 주기적으로 발생하는 전염병을 의미하는 엔데믹Endemic이 될 수 있다는 전망을 내놓았다. 비교적 최근에 겪었던 지카 바이러스(2014년)나 에볼라 바이러스(2014~2016년)의 경우 중남미나 서아프리카 등의 지역에 국한되어 팬데믹 선언까지 이어지지는 않았었다.

처음 확진자가 나왔을 때만 해도 신종플루(2009년)와 메르스(2015년)를 겪으면서 매일 아침 체온계를 들고 등교맞이 했던 경험을 살려 잘 극복할 수 있으리라 생각했었다. 학부모 없이 교실에서 학생들만 참석한 채 졸업식을 할 때만 해도 새 학기에는 교실에서 학생들을 맞이할 수 있을 줄 알았다.

바이러스는 거침없이 전 세계로 퍼졌고, 대부분의 나라들이 지역이나 국경을 봉쇄했다. 중국의 제조 공장들이 문을 닫았고, 하늘길이 닫히기 시작했다. 세계적으로 휴지 등 생필품 사재기와 마스크 대란이 일어나기도 했다. 사람이 다니지 않는 거리에는 동물들이 활보하고 자동차가 멈춰 선 도시에는 맑은 하늘이 나타났다.

학교도 휴업과 휴업 연장을 거듭하다가 온라인 개학과 원격 수업이라는 소용돌이 속으로 내몰렸다. 특히 대면 교육을 통해 삶의 기본이 되는 태도와 정신, 기술을 익히고 상호작용의 경험을 통해 사회성을 길러야 하는 초등학교의 경우 원격 수업만으로 극복하기 어려운 부분들이 많다. 이번 사태를 통해 학교의 기능과 역할 그리고 학교에 대한 기대 등을 다시 돌아볼 기회가 되었다.

그동안 한 번도 겪지 못했던 COVID-19라는 새로운 상황에서 국가와 사회, 조직의 구성원들은 강제로 맞이한 4차 산업혁명의 현실 속에서 매일 달라지는 상황을 분석하고 판단하고 결정하는 긴장의 나날을 보내고 있다.

COVID-19는 많은 것을 변화시켰다. 우리는 치료약이 나오고 백신이 개발되어도 결코 COVID-19 이전의 생활로 돌아갈 수 없다는 것을 알고 있다. 그러나 사회적 거리 두기와 생활 속 거리 두기가 계속되면서 대수롭지 않게 누렸던 일상이 얼마나 감사하고 그리운지 알게 되었다. 반갑게 악수하고 안아 주기, 맛있는 것 나눠 먹으면서 얼굴 보고 얘기하는 시간이 얼마나 소중한지, 인간이 얼마나 사회적 동물인지 다시 한번 확인하는 계기가 되고 있다.

감염병은 취약 계층과 사회적 약자, 의료체계가 취약한 저소득 국가의 국민들에게 더 큰 피해를 입힌다. 학력격차와 소득격차를 발생시키고 개인 간 국가 간 양극화를 심화시키게 될 것이다. 국가 주권이 강화되고 그동안 세계화로 인해 정치, 경제, 환경 등 모든 것이 촘촘하게 연결되어 있던 국가 간의 연대와 협력이 느슨해지는 등 세계 평화와 안전에 이롭지 않은 상황이 전개되고 있다. 『사피엔스』의 저자 유발 하라리[2]는 COVID-19를 극복하기 위한 정확한 정보 이용의 중요성과 함께, 감염병 예방을 위해 수집한 데이터의 잘못된 공유의 위험성에 대해서도 경고하고 있다.

지구상에는 COVID-19 외에도 빈곤, 갈등, 분쟁, 난민, 환경파괴, 기후변화, 테러 등 인류 공동의 문제들이 산적해 있다. 이 모든 문제는 서로의 이해관계가 얽히고설켜 있어서 어느 한 개인이나 국가, 하나의 국제기구가 해결하기 어렵다. 인류 공동체라는 소속감으로 다 함께 살아가기 위한 노력과 책임감이 더욱더 중요해지고 있다.

인류 공동의 문제를 교육에서 풀고자 하는 시도는 오래전부터 계속되어 왔다. 20세기에 두 차례 전쟁의 비극을 겪은 국제사회는 유네스코를 수립하고 국제이해교육을 통해 평화의 문화를 건설하고자 하였다. 평화, 인권, 문화다양성, 세계화, 지속가능발전과 같은 핵심 주제들을 다루는 국제이해교육은 그동안 세계의 정치·사회·경제적 변화에 따라 평화교육, 인권교육, 문화 간 이해 교육 및 문화다양성교육, 지속가능발전교육 등의 다양한 이름으로 실시되어 왔다.

---

2. Yuval Noha Harari: Every crisis is also an opportunity, GCED Clearinghouse FOCUS No. 17, May 22 2020.

2015 인천세계교육포럼을 계기로 이 모든 보편적 가치를 포괄하는 변혁적 교육인 세계시민교육이 전 세계인이 함께 노력해야 할 교육 의제로 대두되었다. 세계시민교육은 인천선언의 세부 목표 5와 유엔지속가능발전목표 4.7에 채택되어 2030년까지 달성해야 할 중요한 교육 의제 중 하나로 주목받고 있다. 이는 대한민국이 국제무대에 올린 최초의 교육 의제여서 우리에게 더 큰 의미가 있다.

세계시민은 누구이고, 세계시민교육은 무엇인가요?

사람들은 대부분 한 개의 국적을 가지고 있으며 그 나라의 국민으로서 또 시민으로서 권리와 동시에 의무와 책임을 가지고 있다. 시민에게 공통적으로 나타나는 가치관, 행동양식, 사고방식, 기질 따위의 특성을 '시민성'이라고 한다. 전 지구적 문제에 공감하고 지구촌 구성원으로서의 소속감과 의무를 가지고 살아가는 사람을 세계시민이라고 한다. 세계시민교육은 세계시민으로 살아가는 데 필요한 자질과 책임 있는 행동을 할 수 있는 능력인 '세계시민성'을 길러 내는 교육을 말한다.

세계시민교육은 밖에서 새롭게 들어온 개념이 아니다. 우리나라의 건국이념인 홍익인간의 정신, '널리 인간을 이롭게 하라'는 더불어 살아가려는 세계시민교육의 정신과 일맥상통한다. 교육과정에서 살펴보면 7차 교육과정에서 유사한 개념이 등장했고, 2009 개정 교육과정의 인간상과 2015 개정 교육과정의 핵심역량에 세계시민교육이 들어 있다. 홍익인간의 이념 아래 바른 인성을 갖춘 창의·융합형 인재 양성을 위한 공동체 역량 교육이 바로 세계시민교육인 것이다.

세계시민교육에 대한 기존 정의

• 유네스코 아시아태평양 국제이해교육원(2015)[3]
더 정의롭고, 평화로우며 지속가능한 세상을 만드는 데 필요한 학습자의 지식과 기술, 가치와 태도를 계발하는 데 목적을 둔 교육

• 교육부(2015)
인류의 보편적인 평화와 인권, 그리고 다양성과 관련된 지식과 기술을 학습하고 가치를 내면화시키며 책임감 있는 태도를 배양하는 교육

• 한국교육개발원 보고서(2015)[4]
빠르게 변하고 글로벌 상호의존성, 불확실성, 불평등이 증대되는 세상에서 현재보다 더 정의롭고 지속가능한 방식으로 더불어 살아가기 위한 학습을 목적으로 하는 변혁적 교육 패러다임

---

3. 세계시민교육, 선생님을 만나다: 세계시민교육 교사 워크숍 가이드북(2015). 유네스코 아시아태평양 국제이해교육원.
4. 세계시민교육의 실태와 실천과제(2015). 한국교육개발원.

세계시민교육은 한때 유행하는 교육의 흐름인가요?

"열려라 참깨!"라고 외치면 문이 자동으로 열리고 길이 저절로 움직여서 배고프고 힘들 때 가만히 있어도 집까지 데려다주면 얼마나 좋을까? 어른이 된 지금 우리는, 이와 같은 어린 시절의 상상이 자동문·에스컬레이터·엘리베이터 등으로 실현되고 대중화된 세상을 살고 있다. 지문이나 홍채 등 신체정보의 활용은 이미 보편화되었다. 어린 시절 절대빈곤과 아날로그 시대를 경험했던 중장년들도 빅 데이터, 유전자 가위, 자율주행, 증강현실 등 너무나 빠르게 변하고 있는 세상에 적응하고 살아남기 위해 필사적으로 노력하고 있다.

지식은 급변하고 있고 지식을 얻는 방법도 다양하다. 지금 배운 지식이 10년, 20년 이후에도 유용하다는 보장도 없다. 예측하기조차 어려운 불확실한 미래를 살아가야 할 다음 세대에게는 무엇을 가르쳐야 할까? 많은 석학들과 미래학자들은 다음 세대에게 꼭 필요한 능력으로 창의력과 문제해결력, 협업능력 등을 들고 있다. 미래 사회가 어떻게 진화하고 발전할지는 아무도 예측할 수 없다. 하지만 역설적으로 기술이 발달하면 할수록 진화하는 인공지능을 대적할 집단지성(팀워크 활동, 협업능력)과 인성이 중요해진다. 그런 의미에서 함께 살아가기 위한 공동체 역량 교육인 세계시민교육은 곧 미래교육이다.

POST COVID-19, 세계시민교육은 계속될까요?

COVID-19를 극복한 후 그동안 감염병 예방을 위해 사용되었던 수 많은 일회용품, 방역물품과 쓰레기 처리 문제, 경기 침체와 산업구조 의 변화, 일자리 부족, 양극화 등 해결해야 할 문제들이 산적해 있다. 혐오와 차별 반대, 사회적 약자, 저소득 국가에 대한 연대와 지원의 실 천, 개인정보의 보호와 공동체 안전의 조화, 기후 위기, 지속가능성 등 세계시민교육은 COVID-19 이후 다 함께 살아가는 세상을 위해 더욱 더 중요해질 것이다.

나의 작은 실천으로 시작하는 세계시민교육이 세상을 바꿀 수 있을까요?

지금 마주하고 있는 문제들이 너무나 크고 해결하기 어려워서 '나 하나쯤이야…' 또는 '나 한 사람의 실천이 세상을 얼마나 바꿀 수 있 겠어?'라고 생각하는 사람들도 많다. 그러나 우리가 실천하지 않는다 면 이 세상은 점점 더 나빠질 것이다. 역으로 오늘날처럼 서로 연결되 어 있고, 상호의존성이 높은 세상에서는 나비의 작은 날갯짓이 큰 바 람을 만들 수도 있다.

학교에서 세계시민교육을 경험한 학생들은 세계와의 연관성을 잘 알고 있었으며, 더 나은 세상을 만들기 위해 나름대로 자신이 할 수 있는 방법을 찾아 실천하고 있었다. 아동노동, 폭력과 분쟁, 갈등, 환경, 난민문제 등 전 세계에서 일어나고 있는 문제들은 어른들이 알아서 해결해야 할 일이라고 여겼던 학생들의 생각이 바뀌었다. 세계시민교육 활동 이후 일회용품 사용을 줄이려고 노력하고 있고, 자신도 세계시민이기 때문에 세계에서 일어나는 문제를 같이 해결해야 한다고 말하는 어린 학생들을 보면 나 자신을 돌아볼 때가 많다.

시간 절약과 편리함으로 자동차를 이용하기도 하지만 대중교통을 이용하려고 노력하고 전기와 물자를 절약하기 위해 신경도 쓴다. 일회용품 사용을 줄이기 위해 텀블러를 가지고 다니고 학교 행사에도 머그컵을 사용하려고 노력한다. 새로운 물건을 구입할 때 꼭 필요한 물건인지 한 번 더 생각해 본다. 원료나 재료에 노동 착취나 기후변화를 야기할 만한 요소가 있는지, 생산에서 유통까지 발생했을 탄소발자국은 어느 정도인지, 생산의 공정성과 환경에 미치는 영향 등등을 생각하면서도 가격과 갈등할 때가 많다.

세계시민으로 살아간다는 것은 기꺼이 불편함을 감수한다는 것을 의미한다. 다 함께 살아가는 세상을 만들기 위해서는 세상과 다른 사람에 대한 관심이 필요하다. 복잡하게 연결되어 있는 세상과 그 속에 존재하는 수많은 문제들을 들여다보면서 갈등과 모순, 책임 있는 행동에 따르는 불편함을 느끼게 된다. 그러나 한 사람 한 사람이 개인의 소비생활에서부터 생산과 경영, 국가 정책의 결정에 이르기까지 이 불편한 마음을 들여다볼 수 있다면 더 정의롭고 평화롭고 지속가능한 세상을 만들어 갈 수 있지 않을까? 이것이 바로 모든 사람들이 세계시민교육을 알아야 하고 실천해야 하는 이유이다.

'나 한 사람 실천한다고 세상이 달라질까?' 하는 사람들에게 조동화 시인의 '나 하나 꽃피어'라는 시를 권하고 싶다.

- 유네스코학교(UNESCO Associated School)
  학생과 교사, 학부모가 자율적으로 참여하여 평화와 인권, 문화 간 이해 등 유네스코 이념과 정신을 교육현장에서 실천함으로써 세계시민의식과 인성을 함양하는 데 선도적인 역할을 수행하고 있다. 한국은 1961년 4개 중·고등학교가 유네스코협동학교로 가입하면서 국내 활동을 시작하였고, 2020년 3월 기준 총 546개교(초등학교 153개교, 중학교 103개교, 고등학교 277개교, 대학교 4개교, 특수학교 9개교), 예비회원교 73개교를 포함 619개교가 유네스코학교 활동에 참여하고 있다.

- 유네스코학교 네트워크(UNESCO Associated School Network, 약칭 UNESCO ASPnet)
  학교교육을 통한 국제협력 및 평화 문화 증진을 위하여 1953년 11월부터 유네스코학교 네트워크가 시작되었다. 유네스코의 이념을 다양한 교육활동을 통해 실천하고 그러한 경험을 국내외 여러 학교와 공유하는 역할을 한다. 현재 세계 1만 1,000여 개의 교육기관이 활동하고 있다.

- 유네스코 아시아태평양 국제이해교육원(APCEIU, 이하 아태교육원)
  유네스코 회원국과 함께 국제이해교육을 증진 발전시키기 위해 유네스코와 대한민국의 협정에 의해 2000년 한국에 설립된 유네스코 산하 국제기구이다. 최근 세계시민교육(GCED, Global Citizenship Education)이 아태교육원의 핵심 사업 과제로 부상하였다.

- '21세기 교육을 위한 새로운 전망 보고서' 학습의 기본적인 4가지 이념

유네스코는 '21세기 교육을 위한 새로운 전망 보고서'를 통해 학습의 기본적인 4가지 이념으로 '알기 위한 학습', '행동하기 위한 학습', '존재하기 위한 학습' '함께 살기 위한 학습'을 정의하였다. 오늘날 '함께 살기 위한 학습(learning to live together)'이 그 어느 때보다도 중요하게 여겨지고 있는데, 더 좋은 세상에서 함께 살아가기 위한 학습으로 세계시민교육이 강조된다.

- 글로벌교육우선구상(GEFI, Global Education First Initiative)

여기서 세계시민교육이 전 세계의 교육 의제로 대두된 배경을 살펴볼 필요가 있다. 2012년 9월 반기문 전 유엔사무총장이 글로벌교육우선구상(GEFI, Global Education First Initiative: 세계 교육 리더들의 네트워크)을 수립하였다. '전 아동 취학 달성', '교육의 질 향상', '글로벌 시민의식 함양'을 세 가지 우선과제로 강조하였다. 이후 세계시민교육에 대한 국제사회의 관심이 높아졌다. 대한민국 정부는 세계시민교육을 유네스코 post-2015 교육 의제 및 새천년개발목표(MDGs, Millennium Development Goals)를 잇는 새로운 발전 어젠다인 유엔 지속가능발전목표(SDGs, Sustainable Development Goals)에 반영하기 위한 국제적인 노력을 기울였다.

- 모두를 위한 교육(EFA: Education for All)

모든 사람들에게 양질의 교육을 제공하려는 국제사회의 공동의 노력을 대표하는 말이다. 모든 사람들이 좋은 교육을 통해 각자의 꿈을 실현하고 이를 통해 국가와 사회의 발전을 이끌어 내기 위한 노력이다. 1990년 태국 좀티엔과

2000년 세네갈 다카르에서 세계교육회의를 개최하여 보편적인 교육을 달성하기 위해 국제사회가 실행해 나가야 할 목표를 제시하였다.

• 유엔 새천년개발목표(Millennium Development Goals: MDGs)
2000년 유엔총회를 통해 회의 참가국 대표들은 빈곤, 질병, 환경파괴 등과 같이 개발을 저해하는 범세계적 문제를 해결하기 위하여 아래와 같은 8가지의 새천년개발목표(Millennium Development Goals: MDGs)를 채택하였다.

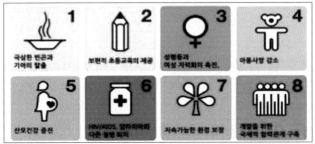

출처 세계시민교육, 선생님을 만나다: 세계시민교육 교사 워크숍 가이드북(2015). 유네스코 아시아태평양 국제이해교육원.

• 2015 세계교육포럼 및 인천선언
대한민국 인천에서 유네스코 167개국에서 장관급 대표와 유엔(UN), 세계은행(World Bank) 등 국제기구 수장, 시민단체 및 학교전문가 등 1,500여 명이 참여한 2015 세계교육포럼이 열렸다. '모두를 위한 교육(EFA: Education for All)'의 성과를 종합 평가하고 향후 15년간 세계 교육 의제를 이끌어 갈 목표를 설정하여 인천선언을 채택하였다. 세부 목표 5에 세계시민교육에 관한 내용이 있다.

총괄 목표
2030년까지 모두를 위한 평등하고 포괄적인 양질의 교육과

평생학습을 보장

세부 목표

1	영유아 보육교육 확대, 최소 1년의 무상의무 취학 전 교육
2	최소 9년의 양질의 무상의무 기초교육
3	청년·성인의 사회 참여에 필요한 문해력·기초수리력 획득
4	직업기술/후기중등/고등교육훈련을 통해 직업과 삶을 위한 지식·기술 획득
5	세계시민교육(GCED) 및 지속가능발전교육(ESD)을 통해서 지속가능하며 평화로운 사회를 위한 지식·기술·가치·태도 획득
6	양질의 교사들에 의한 교육 보장
7	GDP의 4~6%, 공공 지출의 15~20%를 교육에 투자

• 유엔 지속가능발전목표(Sustainable Development Goals: SDGs)
유엔 새천년개발목표(Millennium Development Goals: MDGs)를 잇는 새로운 발전 어젠다인 지속가능발전목표(SDGs)가 채택되었는데 17개의 목표, 169개의 세부 목표가 설정되었다. '목표 4 양질의 교육' 아래의 세부 목표 4.7에 세계시민 관련 내용이 들어 있다.

출처 http://www.un-rok.kr

SDGs 세부 목표 4.7

2030년까지 모든 학습자들에게 생활방식, 인권, 성평등, 평화와 비폭력 문화 증진, 세계시민의식, 문화다양성 등의 교육을 통하여 지속가능발전을 증진하기 위해 필요한 지식과 기술 습득을 보장한다.

2장

학교에서
자라다

세계시민박람회, 함께 도전하고 성장하다

임재민_서울송전초등학교

> • 서울안천초등학교는요…
>
> 서울안천초등학교는 경기도 광명시와 접해 있는 서울 남서쪽 끝자락에 위치한 30여 년의 역사를 가진 학교이다. 구로·금천 인근의 여러 학교들처럼 늘어 가는 다문화 학생으로 인한 변화는 없지만, 해가 갈수록 줄어드는 학생 수로 고민을 안고 있다.
>
> 세계시민교육 전문가인 교장 부임 이후 유네스코학교 네트워크 가입, 세계시민교육 특별지원학교 및 세계시민교육 연구학교 등 학교 차원의 세계시민교육 활동을 꾸준히 운영해 나가고 있다. 유네스코학교로서 다룰 수 있는 4대 핵심 주제(UN 우선과제, 지속가능발전교육, 평화와 인권, 문화 간 학습)를 활용한 세계시민교육 4개년 중장기 계획 수립 및 운영으로 전 학교적 접근의 세계시민교육에 대한 새로운 모델을 제시하고 있다.

시작이 반이었던 첫 세계시민박람회

학교 특색 교육 활동으로 세계시민교육을 시작한 첫해, 'UN 우선과제'를 주제로 하여 매달 UN기념일 프로젝트 공모전이며 학기별 가족 체험활동, 세계이해수업 등 여러 활동을 운영했다. 그러나 학년 말이 다가올수록 알 수 없는 갈증이 느껴졌다. 새빨간 단풍이 절정에 이른 어느 날, 학교 차원의 세계시민교육을 위해 함께 노력한 선생님들에게 조심스레 물었다.

"이대로 끝내기엔 뭔가 아쉬운데, 그동안의 소소한 배움을 제대로 정리할 수 있는 한 방이 필요하지 않을까요?"

"선생님도 그랬어요? 나도 이 정도면 됐다 싶으면서도, 뭔가를 더 해 보고 싶은 에너지가 남아 있는 것 같기도 하고 그래요."

"지난번에 교육 소식에서 보니까 어느 학교는 운동장에 큰 텐트도 치고 축제처럼 즐기는 그런 프로그램도 하던데. 우리도 축제, 박람회 같은 그런 걸로 올해 세계시민교육 제대로 마무리해 볼까요?"

안천의 세계시민교육 1년을 돌아보고 마무리하기 위한 활동으로 세계시민박람회가 탄생하는 순간이었다. 모두가 한 번도 해 본 적 없는 프로그램이다 보니 행사의 밑그림을 그리는 것부터 쉽지 않았다. '세계시민 축제', '교육 박람회', '교육 행사', '세계시민교육 행사' 등 관련 키워드를 조합하여 인터넷을 뒤졌다. 전국 여러 기관과 학교의 자료들을 살펴보니 조금씩 감이 오기 시작했다.

"학교 차원의 행사이니 운동장이나 강당에서 하는 것이 좋을 것 같은데 선생님들 생각은 어떠세요?"

"11월이라 날이 쌀쌀해지니까 강당에서 하고 부스별 천막도 설치하면 좋겠어요."

"관련 업체에 위탁해서 운영하는 것보다는 힘들어도 우리가 직접 부스별 프로그램을 준비하는 게 의미 있겠죠? 물론 안전지도에 부스 운영까지 선생님들이 모든 것을 커버하기에는 어려울 것 같지만요."

"학부모회 명예교사 도움을 받을 수 있는지 알아볼게요."

1년 가까이 함께하며 이제는 제법 손발이 잘 맞는 우리 학교의 세계시민교육 TF팀 선생님들과 박람회의 밑그림을 그렸다. 1년 동안 세계시민교육의 주제로 삼았던 'UN 우선과제'와 관련이 될 만한 부스 활동 10가지를 만들고, 필요한 준비물과 부스별 지도 계획을 세웠다. 부스 배치 형태, 부스별 소요 시간, 대기 시간을 최소화하는 방법, 박람회 참여도를 높이기 위한 방법 등 부스 외에도 고민하고 결정해야 할 사항들이 너무나 많았다.

어느 정도 뼈대를 잡은 박람회 초안은 교직원회의 때 모두에게 공개되었다. 박람회의 운영 취지와 목적을 설명하고 조심스레 검토 의견을 구했다.

"아이들이 세계시민교육을 딱딱한 수업이 아니라 즐거운 축제의 시간으로 즐길 것 같아 좋네요."

"강당에서 한다면 안전지도를 신경 써야 할 거 같아요."

"체험 위주의 부스들이 많으면 좋겠어요. SDGs에 대한 부스는 아이들이 내용을 직접 그림으로 표현해 본다든지…."

걱정과 달리 박람회에 대한 선생님들의 반응은 호의적이었다. 아이들에게 의미 있고 유익한 경험, 아마도 모두가 같은 생각으로 바라봤기 때문은 아니었을까. 어쨌든 다섯 명의 TF팀 교사들이 스케치하고 학교의 온 선생님들이 살을 붙이고 색을 칠해 준 덕분에 박람회 계획은 제법 번듯하게 완성이 되었다. 이제는 모두가 함께 그린 박람회장의 모습을 실현시킬 일만 남았다.

드디어 박람회 당일, 이른 아침부터 시작된 천막 설치, 탁자와 의자 배치, 부스 운영을 맡은 교사들의 준비물 분배 등은 2교시가 될 때까지 차근차근 이루어졌다. 몇몇 부스 운영을 맡은 학부모회 명예교사들도 아침 일찍 강당으로 와서 함께 준비를 도왔다. 아침부터 북적이는 강당 안이 꽤나 궁금했는지, 호기심을 참지 못하는 몇몇 아이들은 쉬는 시간마다 강당을 기웃거렸다.

"선생님, 우리 학교 다니면서 이렇게 멋있는 행사는 처음이에요. 너무 기대돼요!"

"담임선생님이 부스 설명을 해 주셨는데 전부 엄청 재미있을 것 같아요. 박람회 날만 기다렸어요."

중간놀이 시간이 지나고 베일에 싸여 있던 안천 세계시민박람회가 막을 열었다. 박람회나 축제는 많은 인파로 북적이는 것이 예사지만, 한정된 공간에 많은 학생들이 한꺼번에 모이자니 안전 문제가 염려되어 3·4교시는 저학년, 5·6교시는 고학년들이 참여하는 것으로 하였다. 강당 앞에서는 담임선생님들의 안선을 위한 당부가 이어졌다.

"여러 학년 학생들이 함께 활동에 참여하기 때문에 강당이 혼잡할 거예요. 모두의 안전을 위해 움직일 때는 반드시 걸어서 이동하도록 해요. 부스 활동에 즐겁게 참여하고, 활동 후 받는 스탬프를 6개 이상 모으면 수료증 받을 수 있는 것도 잊지 마세요."

기대감으로 한껏 차오른 아이들이 반짝거리는 눈망울로 강당에 들어왔다. 들어오는 순간에는 모두들 약속이라도 한 듯 "우와아!" 하는 소리를 내뱉었다. 넓은 강당 안에 커다란 천막이 10개나 펼쳐져 있고 천막마다 각기 다르게 준비된 활동들에 정신을 빼앗긴 아이들은 연신

고개를 이리저리 돌리며 박람회장을 살폈다. 부스마다 선생님들과 학부모 도우미들도 모든 준비를 마치고, 부스 앞에는 첫 활동을 기다리는 아이들이 부스별로 삼삼오오 모여 앉았다. 처음 시작하는 부스는 학급에서 정했고, 두 번째부터는 아이들이 자율적으로 부스 앞의 대기 의자에 앉아 자유롭게 참여하도록 한 덕분에 장내는 북적이면서도 질서정연하였다. 벌써부터 다음은 어디로 이동할지 고민하는 아이들이 눈에 띄었다.

"안천 어린이 여러분, 오늘 박람회에 참여하면서 여러분이 꼭 지켜야 할 것이 하나 있어요. 무엇일지 이야기해 볼까요?"

"안전이요!"

아이들은 한 목소리가 되어 강당이 쩌렁쩌렁 울리게 소리를 냈다.

"오늘 박람회에는 열 개의 세계시민교육 부스가 마련되어 있습니다. 부스별로 제목이 붙어 있으니 잘 살펴보고 참여하세요. 선생님들과 학부모 도우미 분들의 안내에 따라 재미있는 부스 활동이 되기를 바랍니다. 그럼 지금부터 안천 세계시민박람회를 시작하겠습니다!"

VR 난민 체험

VR 난민 체험은 아이들의 사전 기대
감이 가장 높은 부스였다. 부스를 살피기
위해 들어가 보니 마침 새로 온 아이들의
활동이 시작되는 참이었다. 아이들은 선
생님으로부터 난민에 대한 몇 가지 질문
을 받고 있었다.

"난민에 대해 들어 본 적이 있나요?"

"네, 지난번 대운동회 전에 교실에서 올림픽 난민 팀에 대한 수업을
들었던 적이 있어요."

"난민들은 어떤 사람들이죠?"

"전쟁이나 테러처럼 내가 해결하기 힘든 어려운 일이 일어나서 살아
가는 곳을 잃어버리거나 사는 것이 곤란해진 사람들이에요."

"그럼 자신의 집을 잃고 떠난 난민들은 어떤 모습으로 살아가는지
본 적 있나요? VR 체험으로 난민들이 사는 마을을 다녀와 볼 기예요."

아이들에게 스쳐 지나갔을 것이라고 생각했던 세계시민교육 수업
내용들이 입으로 술술 나오는 광경이 놀라웠다. 아이들은 책상 위에
있는 박스 재질의 안경을 쓰고 체험을 이어 갔다.

"어떤 모습이 보이나요?"

"마을이 보여요. 모래바닥 위에 집이 있는데 무너진 거 같아요. 안
에 여자애가 있는데 여기 사나 봐요."

소녀가 왜 이런 곳에서 살게 되었는지, 어떤 어려움에 처해 있는지
VR에서 흘러나오는 설명을 들으며 아이들은 난민의 삶이 얼마나 고

단한지 조금은 짐작하는 듯했다. 체험 후 아이들은 소녀에게 희망의 메시지를 썼다.

'세상의 모든 어린이들이 자신의 마을에서 즐겁게 뛰어놀고 따뜻한 집에서 편안하게 쉴 수 있는 세계가 될 수 있었으면 좋겠어!'

조각조각 세계지도

아이들이 한번 시작하면 떠나지를 못하는 퍼즐 맞추기 부스를 찾았다. 제한 시간 동안 퍼즐을 맞춰 세계지도를 완성하는 활동이었다. 3~4명의 학생들이 팀을 이루어 커다란 세계지도를 완성했다.

"얘들아, 이 조각 좀 봐. 러시아는 땅이 엄청나게 넓네."

"저번 사회 시간에 진영이네 모둠에서 발표했었잖아. 우리 모둠에서 발표했던 네덜란드는 여기 있다!"

6학년 아이들은 사회 시간에 배웠던 여러 나라들을 떠올리며 제법 능숙하게 지도를 채워 갔다. 반대쪽 책상에서는 올망졸망한 1, 2학년 학생들이 섞여 활동을 하고 있었다. 아무래도 저학년에게는 6개 대륙 전체를 완성하기가 어렵다 보니 한두 개의 대륙만 맞추는 방법으로 난이도를 조절했다.

"선생님! 아시아 대륙을 다 만들었어요!"

"형, 우리 시간이 좀 남은 것 같으니까 다른 대륙도 도전해 볼까?"

1, 2학년 형 동생이 서로 같은 학년, 같은 반 친구가 아니더라도 퍼즐 조각으로 세계를 함께 누비며 협력해 가는 모습을 보며 자연스레 함께 어울리는 세계시민의 모습을 본 것 같아 마음이 따뜻해졌다.

아시아 전통놀이

퍼즐 부스 바로 옆 부스에는 대기석 뒤까지 많은 학생들이 북적이고 있었다. 아시아 전통놀이를 체험하는 곳이었다. 지난달 말레이시아 부킷 다만사라 초등학교 학생들이 방문했을 때 학교에 선물로 준 '총깍' 놀이와 일본 전통놀이인 '다루마오토시'가 준비되어 있었다. 놀이 방법 설명은 담당 교사들이 준비했지만 몇몇 아이들은 선생님보다 더 자세히 친구들에게 방법을 설명해 주기도 하였다.

"수영아, 총깍 놀이 방법을 어떻게 그렇게 잘 알아?"하고 묻자 아이는 웃으며 대답했다.

"지난번 말레이시아 아이들이 왔을 때 점심을 빨리 먹고 친구들에게 알려 달라고 했었어요."

"선생님에게도 알려 줘 볼래?"

"여기 구슬을 쥐고 한 칸에 하나씩 떨어뜨려 주세요. 그리고…."

'노는 것이 공부'라는 말이 새삼 떠올랐다. 부스를 준비할 때 나 역시 놀이 방법을 제대로 이해하려고 인터넷에서 설명 영상을 몇 번이고 돌려 봤는데, 직접 놀아 보지 못했던 나에게는 복잡하게만 느껴졌던 게임 규칙이었다. 그러나 재미있게 놀아 본 수영이는 너무나 쉽게 받아들였다. 낯선 나라 새로운 친구들과 20분 남짓 함께했던 시간이 아이들의 머리와 마음에는 깊이 남았음을 느꼈다.

UN 우선과제 퀴즈

다음 부스는 다른 곳들과 달리 노트북이 여러 대 설치되어 있는 퀴즈 코너였다.

"UN 우선과제 OX퀴즈 코너에 온 것을 환영합니다! 지금부터 나누어 주는 자료를 잘 읽어 보고 퀴즈에 도전하세요!"

담당 선생님은 그동안 매달 아침방송으로 안내했던 UN기념일과 지속가능발전목표(이하 SDGs), 국제기구 등에 대한 설명 자료를 아이들에게 나누어 주었다. 천장과 종이를 번갈아 가며 내용을 기억하려 애쓰는 학생, 옆 친구와 서로 퀴즈를 내며 내용을 점검하는 학생 등 준비하는 모습도 가지각색이었다.

"혹시 여기 자료에 있는 내용이 머리에 잘 들어오니?"

"이거 저희 아침마다 들었던 거잖아요. 다 기억이 나는 건 아닌데 읽어 보면 들었던 기억이 조금씩 나기도 하고 그래요."

낙숫물에 돌이 뚫리듯이 우리 아이들에게도 조금씩 세계시민교육이 스며드는 느낌이 들어 기분이 묘했다. 노트북에 앉은 아이들은 한 가지 주제를 정해 퀴즈에 도전할 수 있었다. 한 아이는 UN기념일을 선택했다.

"4월 22일은 UN에서 정한 '지구의 날'로 미국에서는 이날이 되면 어린이들이 지구를 위해 할 수 있는 일을 생각하고 다양한 활동을 한다고 합니다."

"정답은 O예요!"

"정답입니다!"

총 10개의 문제가 있었는데 잠깐 지켜보는 동안 100점을 맞는 아이들이 대부분이었다.

"선생님, 다른 주제도 해 보면 안 돼요? 저 300점 맞을 수 있을 것 같아요."

자신감 넘치는 아이들을 보며 1년 동안의 세계시민교육이 분명한 효과를 나타내고 있음을 느꼈다.

SDGs 아이콘 만들기

다음 활동은 SDGs에 대한 내용이었다. 17개의 SDGs를 설명하는 안내 자료를 살펴보고 그중에 한 가지 목표를 선택해 픽토그램을 만드는 것이었다. 아이들은 제각기 관심이 가는 목표를 정했다.

"지난번 유네스코 드림 캠페인 때에도 교육이 중요하다고 해서 '필요한 것을 배우는 세상'을 선택했어요."

유네스코 동아리에서 드림 캠페인 활동에 적극적으로 참여했던 한 아이가 먼저 부스를 방문해 간 학생들의 픽토그램 옆에 자신의 그림을 붙이며 말하였다. 다른 학생들의 픽토그램을 살펴보며 자신과 같은 목표를 어떻게 표현했는지 살펴보는 아이들의 눈이 반짝거렸다.

나는 세계시민으로서?

'나는 세계시민으로서?'라는 질문을 제목으로 달고 있는 부스에서는 학생들의 세계에 대한 마음이 모여 커다란 나무가 만들어지고 있

었다. 담당 선생님은 부스에 방문한 학생들에게 붙임종이를 하나씩 나눠 주고 다섯 가지의 질문을 보여 주었다.

"이 질문 중 한 가지 질문에 대한 자신의 생각을 붙임종이에 잘 정리해서 나무에 붙여 주세요."

아이들은 '우리가 세계시민으로서 할 수 있는 일은 무엇이 있을까요?'라는 질문에 대한 생각을 차분히 떠올리며 정리하였다.

"작은 힘이라도 세계를 위해 내가 도움이 될 수 있는 존재라는 사실을 기억하고 가까운 친구들부터 먼 나라의 사람들에게 일어나는 일에 관심을 갖겠습니다."

종이 위에 자신의 다짐을 꾹꾹 눌러 쓰는 아이들의 펜 끝에서 세계시민으로서의 책임감이 느껴졌다.

리사이클링 작품

드디어 박람회의 마지막 활동, 리사이클링 협동 작품 만들기 부스에 도착했다. 도전 과제는 전교생이 함께 첨성대 만들기였는데 이미 다녀간 많은 학생들 덕분에 제법 높이 쌓여 있었다. 아이들은 우유팩 두 개를 겹쳐 끼워 만든 우유팩 벽돌을 먼저 두고 간 학생들의 벽돌 위에 조심스럽게 쌓았다.

"선생님, 완성된 작품도 우리가 볼 수 있어요?"

"네, 완성된 작품은 중앙 현관에 전시할 거예요."

모두의 노력으로 얼마나 멋진 작품이 탄생할지 나 역시 아이들과 마찬가지로 기대가 되었다.

열 개의 부스 활동을 모두 둘러보고 나니 수료증 코너에 줄 서 있는 아이들이 보였다.

"부스 활동 몇 개나 참여했어?"

"저 10개 전부 다요!"

"어, 저도요!"

10칸 모두 스티커로 빼곡하게 채운 스탬프 판을 자랑처럼 보여 주는 아이들은 뿌듯한 얼굴로 수료증을 기다렸다. 상장과 같은 모습의 수료증을 받으니 박람회에 열심히 참여한 보람이 느껴지는 듯했다. 처음 박람회를 계획할 때 목표로 했던 '1년 동안의 세계시민교육을 돌아보고 정리하기'는 아이들의 표정만으로도 그 답을 알 수 있었다.

첫 번째 안천 세계시민박람회 부스 활동 소개

순서	활동명 (회당 참여 학생)	세부 내용	준비물
1	만국기 만들기 및 국기 타투 (6명)	• A4 1/4 크기로 세계 여러 나라의 국기를 윤곽선 형태로 준비 • 실제 국기의 모습을 보며 국기 색칠하여 완성하기 • 완성된 국기는 지끈에 매달아 만국기 만들기	여러 나라의 국기, 색연필, 지끈, 클립, 국기가 담긴 세계지도(게시용)
		• 만국기 만들기가 끝난 어린이는 타투하기	국기 타투 500개, 물티슈
2	VR 체험 -난민 편 (4명)	• 카드보드 VR을 통해 난민촌의 모습 살펴보기 • 난민촌을 보고 난 후 희망 메시지 및 그림 표현하기	핸드폰, 카드보드, 엽서지(A4 180g지 1/4 크기), 4×6 사이즈 사진첩(10개)

3	조각조각 세계지도 (15명)	• 제한 시간 동안 세계지도 퍼즐(190pcs) 맞추기 • 저학년의 경우 난이도를 고려하여 일부 대륙 맞 추기로 변경하여 운영할 수 있음	와이드 세계지도, 바구니, 상 3개, 매트 또는 돗자리
4	아시아 전통놀이 (10명)	• 말레이시아 전통놀이 총깍 체험하기(총깍: 긴 나 무판자에 2줄로 8개씩 홈을 내고 각 홈에 7개씩 의 구슬을 담은 뒤 양쪽에 1명씩 앉아 하는 게 임), 게임 방법: https://www.youtube.com/ watch?v=zAGYhT05Alc • 일본의 전통놀이 다루마오토시 체험하기	총깍 4세트, 다루 마오토시 4세트, 사용설명서
5	켄다마 만들기 (6명)	• 솔방울, 나무젓가락, 종이컵을 이용하여 켄다마 만들어 놀이하기(켄다마: 일본 전통 장난감으로 한국에서는 죽방울 놀이라고도 함. 본 활동에서 는 나무젓가락에 종이컵을 달고 실을 연결하여 솔방울을 매단 뒤 컵에 공을 담아 올리는 방법으 로 놀이함.)	솔방울, 나무젓가 락, 종이컵, 실, 가 위, 물레방아 테이프
6	찰칵찰칵 전통 의상 (8명)	• 여러 나라의 전통 의상 등신대 뒤에서 사진 찍기 • 종이접기로 여러 나라의 전통 의상 만들기(저학 년–멕시코 솜브레로, 고학년–일본 기모노) • 전통 공예품 전시	전통 의상 등신대 4벌, 여러 나라의 의상 종이접기, 발 받침대 4개, 전통 공예품 전시
7	UN 우선과제 퀴즈 (10명)	• 국제기구, UN기념일, SDGs 관련 내용을 교실에 보내어 게시한 뒤 자율적인 사전 학습 • 국제기구, UN기념일, SDGs 관련 OX 퀴즈	컴퓨터 3대, 사전 학습지
8	나는 세계시민 으로서? (10명)	• 세계시민으로서 내가 할 수 있는 일을 포스트잇 에 기록하기 • 친구, 학교, 이웃, 동네를 위해 할 수 있는 일을 글 과 그림으로 적어서 나무에 붙이기 • 나무는 위의 영역으로 4개의 나무를 만들고 어린 이들이 자신의 수준에 맞게 할 수 있는 일을 쓰기 • 한 사람이 여러 개의 일을 써서 붙일 수 있음	연두색, 초록색 포스트잇(8*8) 300장, 사과모양 포스트잇100장, 하트 모양 포스트 잇100장, 나무모 양 4장, 사인펜
9	SDGs 아이콘 만들기 (10명)	• 17개의 SDGs 내용을 살펴보고 한 가지를 선택 하여 아이콘 만들기	17개의 SDGs, 머 메이드지 1/6 크기 (R03, R04, R05, 07, R13, R18) 2 묶음씩, 매직
10	리사이클링 작품 (4명)	• 우유팩으로 첨성대 만들기	우유팩 벽돌(우 유팩 2개 겹쳐 제 작), 양면테이프, 훌라후프, 전지(원 형 커팅), 창문용 종이상자(작은 것)

부족함을 채워 나간 두 번째 세계시민박람회

박람회 계획을 수립할 때에는 참고할 만한 이전 자료도 없고 어떤 모습으로 운영될지 다소 막막한 점도 있었지만 두 번째는 지난 경험 덕분에 수월하게 준비해 나갈 수 있었다. 먼저 첫 박람회 운영 이후 받았던 피드백을 살펴보았다.

'보다 안전한 운영을 위해 강당보다는 교실을 활용하였으면 좋겠다.'

'아이들이 좀 더 주도적으로 참여하는 박람회가 되었으면 좋겠다.'

'연간 운영 주제와 관련하여 좀 더 깊이 있는 활동이 구성되었으면 한다.'

'특정 활동에 아이들이 너무 몰리다 보니 발생하는 대기 시간을 해소하는 방안이 필요하다.'

전년도 운영 계획과 피드백을 갖고 두 번째 박람회를 위해 함께 세계시민교육을 실천한 TF팀 선생님들이 모여 새로운 계획을 세워 보기로 하였다. 박람회의 목표는 첫 시도에서의 부족함을 채워 나가는 깃으로 정하고 생각을 모았다. 모두가 작년 박람회 참여 경험이 있어 의견을 주고받는 것이 훨씬 수월했다.

"저도 강당보다는 교실을 활용하는 의견에 동의해요. 그런데 교실을 활용하게 된다면 어느 학년 교실을 쓰는 것이 좋을지, 또 복도에서 많은 학생들이 이동할 때 발생할 수 있는 안전사고 문제를 어떻게 해결할지에 대해 생각해 봐야 할 것 같아요."

"학생들이 개별적으로 부스 활동에 참여하는 것도 어려움이 있고,

학급 전체가 움직이기도 운영상 쉽지 않을 것 같아요. 일정 인원의 모둠으로 편성해서 모둠 대표를 중심으로 질서 있게 이동할 수 있도록 미리 지도하면 어떨까요?"

"고학년은 가능하겠지만 저학년은 인솔자가 있어야 할 것 같아요."

"아이들에게 주도성을 주려면 부스 운영에서의 역할을 주는 게 좋지 않을까요?"

"그럼 아예 6학년 학생들에게 부스 운영을 맡기면 어떨까요? 물론 미리 담당 교사가 지도해서 내용을 충분히 이해하도록 하고요."

"좋은 생각이에요! 선후배 간에 서로 가르치고 배우는 것도 좋은 경험이 되겠네요!"

열띤 논의 끝에 좀 더 업그레이드된 박람회 계획이 수립되었다. 연간 운영 주제인 '평화와 인권'과 관련한 부스 활동을 구성하고, 담당 교사 지도하에 6학년 학생 4~5명이 운영 도우미로서 부스 활동을 직접 이끌도록 하였다. 활동에 참여하는 1~5학년 학생들은 학급 내에서 5~6인 모둠을 구성하였다. 모든 부스의 1회 활동 시간을 15분으로 하고 5분의 준비 및 이동 시간을 부여하여, 부스마다 서로 달랐던 소요 시간을 맞추고 새로운 학생들을 위한 준비 시간도 확보하기로 하였다. 학생들의 참여 부스는 사전에 순서를 정해 지정해 줌으로써 일부 부스에 발생하는 지나친 대기 문제도 방지하기로 했다. 활동이 정해져 있으니 우왕좌왕하지 않고 차분하게 이동할 수 있어 안전사고 발생 가능성도 낮출 수 있었다. 저학년 아이들은 서로를 챙기거나 학교 이곳저곳을 정해진 시간 내에 다니는 것이 어려울 수 있어 모둠별로 담임교사 혹은 학부모 인솔 도우미를 1명씩 배치하기로 하였다.

기본 방침이 새롭게 세워짐과 함께 부스별 세부 운영 계획도 수립되었다. 첫 박람회와 마찬가지로 TF팀에서 초안을 잡고 교직원 회의에서 나온 수정·보완 의견을 보충하여 총 10가지 평화와 인권 관련 부스 활동을 정하였다. 작년 박람회의 부스 중 주제를 바꾸어 진행이 가능하거나 학생들의 반응이 좋아 연속 운영할 부스를 선정하고, 새로운 부스 주제를 추가하였다. 각 부스별 지도 교사는 학생들을 직접 인솔하는 저학년 담임교사들을 제외한 고학년 및 교과전담 교사들이 맡기로 했다. 6학년 학생들이 운영 주체가 되는 만큼 활동 장소는 준비하기 수월한 6학년 교실과 교과실로 정하였다. 교내 구성원들이 모든 것을 운영하는 것도 좋지만 이번 기회에 관련 기관의 전문가를 학교로 초청하여 교사들이 전달할 수 없는 생생한 현장의 이야기를 전할 수 있도록 외부 전문가 운영 부스도 마련하기로 했다. 반복된 협의와 검토, 외부 기관 연계까지 학교 안팎의 노력으로 업그레이드된 두 번째 박람회 운영 부스가 확정되었다.

준비 기간	장소	내용	담당
D-21	-	부스별 담당 교사 선정/외부 기관 섭외	교육과정부장
D-19	-	학부모 지원 인력 요청 및 선정	학부모회 담당
D-16	-	재료 구입	행정지원사 협조
D-15	6학년 교실	부스별 6학년 도우미 조직	6학년 담임
D-14 ~D-2	부스 담당 교사 교실	부스별 담당 교사 및 6학년 도우미 만남 부스 운영 내용 협의	부스별 담당 교사
D-1	부스 운영 교실	부스별 재료 점검 및 최종 확인	

드디어 당일, 박람회 운영 교실에서는 긴장감과 자신감이 묘하게 섞인 6학년 학생들이 동생들을 맞이하였다.

"평화의 배지 코너에 온 여러분을 환영합니다. 오늘 우리는 여기서 멋진 배지를 제작해서 가져갈 거예요. 그런데 어떤 배지를 만들어야 할지 질문을 들으며 생각해 보세요. 여러분이 학교에서 잘 지내기 위해 필요한 마음가짐은 어떤 게 있을까요?"

"친구와 사이좋게 지내기 위한 배려요."

"규칙을 잘 지키는 마음을 가져야 해요."

"네, 맞아요. 그런 마음가짐은 우리가 속한 작은 사회인 학교에서 잘 지내는 데에도 필요하지만, 사실 넓은 세계에서 수많은 사람들과 평화롭게 어울리기 위해서도 꼭 필요해요. 그런 마음이 담긴 글이나 그림을 종이에 그려 평화를 상징하는 나만의 배지를 만들어 봐요."

활동 초반 떨리는 목소리로 설명을 이어 가던 6학년 학생들은 점차 긴장이 풀렸는지 회를 거듭할수록 제법 진지하면서도 자신감 넘치는 모습으로 변해 갔다. 참여하는 학생들도 선생님과 했던 활동과는 또 다른 재미를 느끼는지 밝은 표정으로 언니, 오빠들의 이야기에 귀를

기울였다. 6학년 학생들이 제 몫을 잘 해낼지, 전교생이 동시에 움직이며 혹시 다치는 학생은 나오지 않을지 준비 과정에서 염려했던 많은 부분들은 말끔하게 해소되었다.

"언니들이 설명해 줘서 귀에 쏙 들어와요!"

"매일매일 박람회 날이었으면 좋겠어요!"

누군가는 세계시민박람회를 단 하루뿐인 행사가 아니냐고 물어볼 수 있다. 하지만 연간 운영 주제 안에서 1년 동안 세계시민이 되기 위해 이루어졌던 많은 교육 활동들을 생각해 보면, 모든 학생들이 참여하고 저마다 성장할 수 있는 이런 활동이 모이고 쌓여 아이들로 하여금 공감하고 실천하는 세계시민으로 성장하는 데 도움이 되지 않을까 한다. 이것이 아이들의 기대를 충족시키기 위해, 아이들의 세계시민성을 채워 나가기 위해, 또 다른 세계시민교육 활동을 고민하고 도전해야 하는 이유이다.

순서	활동명 (참여 학생)	장소	세부 내용	준비물
1	평화의 타일 (20명)	6-1 교실	• 매직을 이용하여 평화를 상징하는 간단한 그림 그리기	육각나무타일, 매직 세트
2	영상체험 (20명)	과학실	• 평화와 인권 관련 단편 영화 관람하기 • 인권 보호 캠페인 참여하기	평화와 인권 관련 영상, 매직 5세트, 8절 색머메이드지(다양한 파스텔 색상) 100장, 카메라
3	조각조각 세계지도 (20명)	교과 1실	• 제한 시간 동안 세계지도 퍼즐(190 pcs) 맞추기 • 저학년의 경우 난이도를 고려하여 일부 대륙 맞추기로 변경하여 운영할 수 있음	와이드 세계지도, 바구니, 매트 또는 돗자리
			• 세계지도 컬러링하기	컬러링용 세계지도, 색연필
4	세계의 전통놀이 (20명)	교과 2실	• 말레이시아 전통놀이 총깍 체험하기 • 일본의 전통놀이 다루마오토시, 켄다마 체험하기	총깍 4세트, 다루마 오토시 4세트, 켄다마 6개
5	평화의 배지 (16명)	6-3 교실	• 우정, 존중, 배려 등을 상징하는 픽토그램을 그려 배지 제작하기	배지 제작기(BM-C), 원형커터기(58mm), 원형 핀버튼(58mm), 네임펜 세트
6	인권여행 (20명)	음악실	• 인권과 관련된 보드게임하며 인권의 의미와 우리 주변에서의 사례 알아보기 • 인권에 대한 생각을 친구와 나누기	세계인권선언문, 인권여행 보드판, 주사위, 게임용 카드, 말
7	평화와 인권 퀴즈 (20명)	교과 4실	• 평화와 인권과 관련한 여러 가지 사건, 인물에 대한 사전 학습 자료를 교실에 게시한 뒤 자율적인 사전 학습 실시 • 평화와 인권 관련 OX퀴즈	퀴즈 PPT, 보상물, 사전 학습 자료

8	추수 체험 (30명)	텃논	• 쌀이 우리에게 오기까지의 과정 알아보기 • 식량 안보의 중요성 알기 • 탈곡/떡메치기 체험하기(부여군친환경농업인연합회 협조)	천막 2개, 긴 탁자 3개, 의자 6개(학교 준비), 탈곡기, 떡메치기용 도구, 떡 재료(농부 준비)
9	세계를 바라보는 시선15+ (20명)	교과 3실	• 구호 단체 전문가 초청하여 활동에 대한 소개(Oxfam) • 난민 구호를 위한 여러 물품 소개(1부는 1, 2, 3학년/ 2부는 4, 5학년만 참가 가능)	Oxfam 구호 키트, 라이프 세이버(Oxfam 준비)
10	평화의 팔찌 만들기 (20명)	6-2 교실	• 평화의 의미를 담아 이니셜 팔찌 만들기(평화를 상징하는 색: 흰색, 녹색, 푸른색)	팔찌 재료 참고 사이트 http://blog.naver.com/chregg91/220188652998
야외	국기 타투	텃논 옆 천막	• 세계 여러 나라의 국기 타투	국기 타투 500개, 물티슈, 플라스틱 탁자 2개, 플라스틱 의자 2개

서울안천초에서 운영한 전 학교적 접근의 세계시민교육 프로그램

구분	1차년도 -UN 우선과제-	2차년도 -평화와 인권-	3차년도 -지속가능발전교육-
수업	• 「UN 우선과제」 연계 학년별·교과별 교육과정 분석 및 세계시민교육 통합 교수·학습 과정안 총 23종 개발	• 「평화와 인권」 연계 학년별·교과별 교육과정 분석 및 세계시민교육 통합 교수·학습 과정안 총 20종 개발	• 「지속가능발전교육」 연계 학년별·교과별 교육과정 분석 및 세계시민교육 통합 교수·학습 과정안 총 30종 개발
교실에서 만나는 특별한 세계시민교육	• 아동 노동 반대의 날, 세계 식량의 날 알아보기(KOICA, 월드비전 교재 활용) • 네팔 친구를 돕는 목도리 뜨기/편지 쓰기 활동	• 교장 선생님이 들려주는 카자흐스탄 이야기 • 일본 학교문화 이해 수업 '일본 친구들의 하루' • 평화의 섬 제주 바로 알기, '가려진 역사, 제주 4·3 이야기' • '평화로운 학교문화' 문화·예술 수업 • 그림책을 활용한 '평화와 인권' 수업(1학년)	• 지속가능한 공동체를 위한 회복적 생활 교육(4학년) • 디자인 체험(5학년) • 텃밭 가꾸기(5학년) • 울퉁불퉁 상상력(6학년) • 문학으로 읽는 금천(6학년) • 신생아 모자 뜨기(6학년) • 장애 인식 개선 교육

학생 동아리, 세계시민 교육의 깊이를 더하다	• 유네스코 • 국제교류 • 풍물 • 세계시민 독서 • 생태환경 • 텃밭 가꾸기 • 꽃사랑 환경	• 유네스코 • 국제교류 • 마을여행 • 초록여행 • 세계시민 독서 • 세계놀이	• 유네스코 • 국제교류 • 마을여행 • 꽃사랑 환경 • 에너지수호천사단 • 세계시민 독서 • 세계놀이 • 생태·환경 • 3D프린팅
	• 동아리 연합 활동 - 바이오블리츠 참가 - 샛강생태체험활동	• 동아리 연합 활동 - 마을여행, 초록여행 연합 현장 활동	• 동아리 연합 활동 - 찾아가는 에너지 놀이터 - 광명동굴 탐방 - 숲 해설가를 만나요
		• 세계시민 연합 캠프	
세계시민 교육, 참여와 체험으로 재미를 더하다	• UN기념일 프로젝트 공모전 운영 • 안천 벼룩시장 • 안천 세계시민 가족 체험 활동 • 텃밭 가꾸기 • 안천 어울마당(대운동회 사전 수업-올림픽 난민 팀 출전) • 안천 세계시민박람회	• 안천 벼룩시장 • 안천 세계시민 가족 체험 활동 • 텃논 가꾸기 • 국제기념일 연계 프로젝트 • 안천 세계시민박람회	• 안천 벼룩시장 • 안천 어울마당 • 안천 세계시민 가족 체험 활동 • 텃논 가꾸기 • 국제기념일 연계 프로젝트 • 예술 공연 관람 • 안천 세계시민박람회
자투리 시간을 변화 시키다	• 세계 음식의 날 운영		• 세계 음식의 날 운영 • 에너지 절약 프로젝트
외부 기관과 함께하다	• 뿌리 깊은 세계유산 • 추부대 교수교원단 방문(유네스코한국위원회) • 아태교육원 리더십 아카데미 참가자 방문(아태교육원) • 아태지역 학교 박람회 참여(아태교육원)	• 어린이 NGO활동가! (굿네이버스) • 뿌리 깊은 세계유산 • 일본 문화이해수업 (유네스코 한일교사 교류 방한단 학교 방문 연계) • 아태-아프리카 지역 교육가와 함께하는 세계시민교육 • Kids Read 프로젝트(영국문화원) • 유네스코 Dream 캠페인과 아름다운 가게 물품 기부	• 뿌리 깊은 세계유산 • 아태-아프리카 지역 교육가와 함께하는 세계시민교육 • 테라사이클과 함께하는 폐칫솔 모으기 프로젝트 • 지속가능발전 도서원화 전시회 • 유네스코 Dream 캠페인과 아름다운 가게 물품 기부

국제 교류 활동, 세계로 향하다	• 한국-말레이시아 문화 교류의 날(말레이시아 부킷 다만사라 초등학교 방한단)	• 카자흐스탄 자매 학교 방문 • 호주 자매 학교 방문	• 카자흐스탄 자매 학교 방문 • 호주 자매 학교 방문 • 호주 학교 방한단 본교 방문
교원 대상 활동	• 세계시민교육 운영을 위한 TF팀 활동(부장교사 2, 담임 2, 교과전담 1) • '세계시민교육의 이해와 실제'를 주제로 총 7회 20차시 직무연수 운영 • 학기별 1회 현장연수 운영(광명동굴/시화조력발전소)	• 세계시민교육 운영을 위한 TF팀 활동(교감 1, 부장교사 5, 학년군별 담임 4) • '회복적 생활교육'을 주제로 총 6회 15차시 직무연수 운영 • '평화, 낯설게 바라보기'를 주제로 총 4회 8차시 자율연수 운영 • 학기별 1회 현장연수 운영(한가람미술관/창덕궁/명동예술극장)	• 세계시민교육 운영을 위한 TF팀 활동(교감 1, 부장교사 6, 학년군별 담임 3) • '세계를 변화시키는 힘, 지속가능발전교육'을 주제로 총 5회 15차시 직무연수 운영 • 학기별 1회 현장연수 운영(덕수궁석조전/정동길/송암스페이스센터)
학부모 대상 활동	• '세계시민교육의 이해와 학부모의 역할'을 주제로 총 3회 연수 운영 • 세계시민교육 학부모 동아리 운영(총 6회 활동)	• 신입생 학부모 대상 '세계시민교육의 이해와 학부모의 역할' 연수 운영 • '회복적 생활교육'을 주제로 총 5회 연수 운영 • 세계시민교육 학부모 동아리 운영(종 6회 운영)	• 신입생 학부모 대상 '세계시민교육의 이해와 학부모의 역할' 연수 운영 • '양성평등으로 가정의 지속가능성 높이기'를 주제로 총 5회 연수 운영 • 연 1회 현장연수 운영(서울새활용플라자/서울하수도과학관) • 세계시민교육 학부모 동아리 운영(총 6회 운영)

세계시민교육, 풀 한 포기부터

엄은남_전 서울탑동초등학교

"어머, 여기도 꽃 있어요."

학년 초라 이것저것 할 일이 많아 정신없이 지내던 3월의 어느 날이었다. 아이들과 함께 봄도 흠뻑 느낄 겸 해서 교실을 나섰다. 하늘에 날아가는 새를 보며 큰 소리를 지르는 아이, 노란 민들레꽃을 발견하고 땅에 얼굴을 박을 듯이 몸을 낮추는 아이, 떨어지는 살구나무 꽃잎을 손으로 받으려고 이리저리 뛰어다니는 등 아이들의 밝은 모습에서 봄을 느낄 수 있었다. 이것저것 신기해하며 둘러보는데 박주가리 열매가 담장 옆 나무에 걸려 있었다. '와, 이거 따서 아이들 주면 정말 좋아할 거야'라는 생각에 얼른 따서 깃털 달린 씨앗을 아이들에게 나눠 주었다. 신나게 공중으로 날리며 한참 놀더니 "근데 이게 뭐예요?"라면서 너도나도 물었다. 씨앗 이름이 궁금했던 모양이다. 모두들 난생처음 보는 씨앗이라고 했다.

"선생님은 알고 있지만 너희들이 스스로 이름을 알아보면 더 기억에 남을 거야. 너희들 맘에 드는 이름 지어 줘도 되고."

시골에서 자란 덕분에 늘 자연과 함께했던 기억들이 많다. 주변의 자연물은 모두 놀잇감이었고, 동네 마당은 신나는 놀이터였다. 어린 시절 엄마 따라서 밭에 가다 본 진분홍 패랭이꽃과 원추리꽃, 등굣길에 만났던 메꽃이 아직도 생생하게 기억난다. 그래서 아이들에게도 자연과 함께하는 시간을 많이 갖게 해 주고 싶었다. 시키지도 않았는데 정말 좋았다며 그림을 그려도 되느냐, 시를 써 보겠다는 등 자발적인 감상 활동을 제안해서 깜짝 놀랐다. 시로, 그림으로, 편지로 다양하게 나름대로의 소감을 멋지게 표현했다. 모두가 시인이 되고 화가가 된 듯 엄청난 집중력을 발휘하는 모습이 참 예뻤다. 생전 처음 봄을 맞이했던 것처럼 들떠 있는 모습이 낯설기까지 했다. 한 남자아이의 시가 생각난다.

봄

뒤돌아봤을 때 나는 몰랐네.
이렇게 자랐는지 전혀 몰랐네.
오늘에야 보았네.
꽃들이 이렇게 자랐는지

제비꽃이 이렇게 생겼는지 전혀 몰랐네.
꽃들이 이렇게 예쁜 줄 전혀 몰랐네.
배롱나무가 이렇게 컸는지 전혀 몰랐네.

짧은 시간이었지만 학교 주변의 자연과 친해짐은 물론 모두가 봄을 만끽하는 행복을 느꼈다. 그때 만났던 씨앗의 이름을 스스로 찾아 손

바닥에 '박주가리'라고 꼬물꼬물 적어 왔던 아이도 있었다. 씨앗의 이름을 알아낸 후 바로 손바닥에 적고, 지워질까 걱정되어 주먹을 꼭 쥐고 잤다고 했다. 교실 밖에서 만났던 꽃, 나무, 풀 등을 통해 새로운 즐거움과 감동을 경험했던 아이들. 그 아이들에게 풀 한 포기, 나무 한 그루라도 소중히 여기고 존중하는 마음의 싹이 분명 돋아나고 있음을 느낄 수 있었다.

"선생님, 선생님 친구 꽃 폈어요."

아이들이 교실에 들어오자마자 대단한 소식이라도 있다는 듯 큰 소리로 외쳤다.

"아, 진짜? 이따 가서 봐야겠다. 고마워! 알려 줘서."

학년 초 학교에 있는 나무 중에서 하나를 선택하여 자신의 친구로 정하고 소개하는 시간을 가졌다. 그때 내 나무 친구라고 소개했던 배롱나무에 꽃이 피었다는 말이었다. 체육 시간이나 학교 오고 가는 길, 중간놀이 시간 등 나무 친구를 만날 때마다 인사도 나누고 친구처럼 대화도 나누는 아이들을 자주 볼 수 있었다.

어느 날 중간놀이 시간, 옆 반 선생님이 말씀하셨다.

"선생님, 그 반 아이들 나무 앞에서 책을 읽던데 그게 뭐예요?"

"진짜 책을 읽어요?"

나무 친구에게 해 주고 싶은 것에 대해 발표하는 시간을 가진 적이 있었다. 아이들은 인사하기, 물주기, 나무 이름표 닦아 주기, 안아 주기, 매일 10초 이상 생각하기 등을 해 주고 싶다고 했다. 몇몇 아이들은 책을 읽어 주겠다고도 했다. 그냥 하는 말이려니 했다. 생각해 보니 중간놀이 시간에 아이들이 책을 들고 나가는 것을 본 기억이 났다. 도서실에 책을 반납하러 가는 줄 알았는데 나무 친구에게 가는 것이었다니… 아이들의 순수함에 마음이 따뜻해졌다. 어떤 책을 어떤 표정으로 읽어 주었는지 참 궁금했다.

아이들이 교실에 들어왔길래 물어보았다. 그 당시 우리 학급에서는 『아름다운 가치사전』이라는 책을 한 달 동안 읽는 미션을 수행하고 있었다. 그런데 바로 그 책을 읽어 주었다고 했다. 또 아이들마다 읽어 준 부분이 달랐다. 한 아이는 '존중' 편을 읽어 주었다고 했고 또 다른 아이는 '배려' 편을 읽어 주었다고 했다. 스스로 책을 선택하고 읽어 줄 부분까지 자신의 기준에 따라 읽어 주었다는 사실이 참 놀랍고 대견스러웠다. 읽어 준 부분이 나무 친구에게 도움이 될 거라는 생각을 했던 모양이다.

교문 앞 살구나무와 친구인 아이는 하교 지도할 때마다 꼭 인사를 건넨다. 방학하는 날의 인사는 어느 날보다도 정겹게 들렸다. "살구나무야, 방학 동안 잘 있어. 개학날 만나자." 체육 시간 줄을 서기 전에 얼른 가서 나무 친구를 한번 안아 주고 오는 아이도 있었다. 관계를 맺고 소통을 하며 늘 함께하는 모습, 내 나무 친구가 소중하기에 다른 친구의 나무 친구도 소중하게 여기는 모습이 참 보기 좋다. 선생님 나무 친구가 꽃 피었을 때 함께 기뻐해 주고 축하해 주는 아이들은 주변의 풀과 나무들이 모두 우리들의 소중한 친구라는 것을 자연스럽게 배울 수 있을 것이다.

학교 운동장 둘레의 벚나무, 감나무 잎들이 예쁘게 물들어 가던 어느 가을날, 1학년 아이들과 가을 나들이를 나갔다. 나들이라고 해 봐야 학교 한 바퀴 돌면서 이것저것 살펴보는 활동이 거의 대부분인데 아이들은 뭐가 그렇게 신이 나는지 늘 들떠 있었다. 선생님과 밖에 나간다는 것 자체를 즐기고 좋아하는 것이다. 화단과 운동장 가장자리, 학교 건물 옆 등 구석구석을 돌아보며 나무나 풀 등 자연물들을 살펴보고 난 뒤, 자신이 생각하는 가을의 보물을 한 가지씩 소개해 보기로 했다. "선생님, 더 많이 하면 안 돼요?" 한 개로는 왠지 부족한 듯한 표정을 지었다. 벚나무 잎, 느티나무 잎, 시들어 버린 메리골드 꽃잎, 담쟁이 잎, 반들거리는 감잎 등 아이들은 신나게 자신만의 보물들을 찾아 모았다. 어떤 아이는 주홍색 구기자 열매가 가을 햇빛을 받아 반짝거리는 것을 보고 신기한 듯 쳐다보다가 하나만 따도 되느냐고 묻기도 했다. 괜찮다는 허락을 받더니 조심스레 따면서 말랑말랑한 촉감에 다소 놀라는 표정을 지었다.

교실에 들어가 보자기 위에 가져온 보물들을 늘어놓고 소개하는 시간을 가졌다. 한 여자아이는 자기 집 고슴도치가 새끼를 낳을 예정인데 꽃향기를 꼭 맡게 해 주고 싶다면서 꽃잎 한 장을 자신의 보물로 소개했다. '고슴도치를 집에서 기르기도 하나'라는 생각이 들었으나

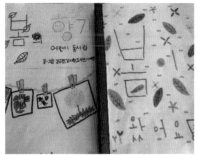

아이들은 친구의 말에 전적으로 공감하며 아기 고슴도치에게 줄 보물인 꽃잎에 엄청 관심을 보였다.

동생과 놀이터에서 집 지을 때 쓸 거라면서 작은 나뭇가지를 보물이라고 소개하는 아이도 있었다. 그 나뭇가지를 보고 있던 한 아이가 "선생님, 저거 꼭 빼빼로 같아요"라고 말했다. 그러고 보니 정말 아래쪽은 초콜릿을 발라 놓은 것 같은 색깔이었다. "와, 정말 그러네." 모두 신기해하는데 그 나뭇가지를 가져온 아이가 진지하게 말했다. "진짜 빼빼로 냄새가 나요." "어, 그래? 어디 선생님도 한번 맡아 보자." 그날이 마침 11월 11일이라 아이들이 자꾸 빼빼로와 연관 지으려고 하는 면도 없지 않았지만 그 과자 냄새까지 난다고 하는 모습이 참 귀여웠다.

언젠가 한 아이가 벌레가 거의 다 갉아 먹은 나뭇잎을 보물이라고 가져온 적이 있었다. 벌레가 잎을 거의 다 갉아 먹고 남은 부분은 나름대로 하나의 멋진 작품 같았다. 벌레 먹은 잎을 한 번도 아름답다고 생각하지 못했던 아이들도 친구의 소개를 듣고 "와, 정말 예쁘네"라며 고개를 끄덕이던 모습이 생각났다. 나뭇가지 하나, 구멍 난 나뭇잎, 나무껍질, 작은 꽃잎 등 아이들이 소개한 보물은 정말 다양했다. 왜 그 것이 보물인지 소개하는 각각의 이야기를 듣고 친구들에 대해 좀 더 이해하게 되기도 했다. 전혀 예쁘다고 생각하지 않았던 구멍 난 잎을 아주 귀한 보물이라고 여기는 친구를 보고 다양한 생각과 느낌에 대하여 생각해 보는 소중한 계기가 되기도 했다.

작은 나뭇가지, 돌멩이 하나에 의미를 부여하고 소중하게 여기는 친구들을 보며 자신이 아무렇게나 발로 찼던 돌멩이가 생각날 수도 있었을 것이다. 분명 작은 것에 대한 관심과 사랑을 느끼고 배우는 귀한 시간이었다. 생태 감수성을 길러 주기 위해서 어떤 활동을 하면 좋을까? 어떻게 하면 자연과 더불어 배움이 일어날 수 있을까? 이런 질문들은 부모로서 또는 교사로서 한 번쯤은 고민해 보았을 것이다. 항상 답은 가까이 있을 때가 많다. 어떤 거창한 활동이 필요한 것이 아니다. 주변의 자연과 소중하고 친밀한 관계를 맺으며 친하게 지내다 보면 자연스럽게 자연과 친구가 되고, 그 속에서 많은 배움이 일어날 것이다.

학교 밖 이야기를 품은 프로젝트 학습

박재준_서울공연초등학교

진로체험 수업이 끝나고 쉬는 시간이 되었다. 만화가, PD, 특수 분장, 쇼콜라티에 등 자신이 관심 있는 분야의 직업을 체험하고 돌아온 아이들은 서로 결과물을 보여 주며 자랑하느라 분주하다.

"이 과자를 먹고 싶으면 내 앞에서 무릎 꿇어."

흐뭇하게 바라보다 내 귀를 의심했다. 먹음직스러운 초코 쿠키를 만들어 온 창민이가 평소 식탐이 많은 선규에게 웃으며 말을 건네고 있다. 순간 믿지 못할 장면이 펼쳐졌다. 선규는 활짝 웃으며 무릎을 꿇었고 그 대가로 쿠키를 받아 게걸스럽게 먹고 있는 것이 아닌가. 교사로서 수많은 생각이 오갔다. 철없는 녀석들에게 즉각적인 피드백을 줄 것인가, 아니면 이 일을 계기로 전체 학생들의 가치관을 탐구해 볼 것인가. 결국 후자를 선택했고 쉬는 시간 후 바로 토론 수업을 시작했다. -교사일지에서

'아이는 어른의 거울'이라는 말처럼 학교 안 학생들의 모습을 유심

히 관찰해 보면 학교 밖 어른들의 모습이 보인다. 마치 어느 어른들의 모임처럼 배려하는 아이, 소심한 아이, 흥이 가득한 아이, 주장이 강한 아이 등등 다양한 스펙트럼의 학생들이 모여 한 학급을 이룬다. 그러다 보니 뉴스에서 볼 만한 일들이 초등학교 버전으로 가끔 눈앞에 보이곤 한다.

위 사건의 결론부터 말하면 토론 수업을 하면서 부당한 권력의 위험성을 이해하게 하고, 학생들이 공감할 수 있는 규칙을 함께 정해 재발을 방지했다. 물론 중간 과정이 순탄치는 않았다. 막상 토론 수업을 진행해 보니 정당한 거래였다는 주장에 힘이 실리기 시작했다. 즉 배가 고픈 사람과 재미를 느끼고 싶은 사람의 요구가 맞아 서로 만족할 만한 결과를 얻었다는 논리였다. 예상하지 못한 반응에 당황했지만 학생들이 좀 더 깊이 생각할 수 있는 기회를 주고 싶어 부모님과 함께하는 생각 학습지를 만들어 과제로 제시하였다. 부모님과 생각을 나눈 뒤 토론의 질이 달라졌다. 토론이 거듭되며 학생들 입에서 '갑질'이라는 어른들의 이야기가 나오기 시작했고, '인권의 소중함'을 지켜 주는 나름의 규칙을 정할 수 있었다.

교과서에서 벗어나 자신들의 이야기가 수업 내용이 되었을 때 학생들은 수업의 주인공이 된다. 주연배우로서 학생들의 집중력과 진지함은 충무로가 부럽지 않았다. 이렇게 실생활의 문제를 해결해 가는 과정에서 앎과 실천이 일치되는 경험을 하는 학습 방법이 '프로젝트 학습'이다. 특히 비인지적 역량을 강조하는 세계시민교육을 실천하는 데 가장 적절한 교수 방법이라고 생각한다.

우리 학교 낯설게 보기

체육 시간 후 한준이가 교실에 들어가지 않고 복도에 몸을 기댄 채 서 있었다.

"왜 교실에 안 들어가고 있어?"

"못 들어갔어요… 손이 안 닿아요."

자세히 보니 키가 작은 한준이에게는 꽤 높은 곳에 자물쇠가 달려 있다. 물어보니 학기 초부터 누군가가 교실 문을 열어 주기를 기다리다 같이 들어왔다고 한다. 그 사실을 1학기 중반이 되어서야 알았다니 담임선생님으로서 미안한 마음이 들었다. '학교 시설을 키가 작다는 이유로 자유롭게 이용하지 못하는구나'라는 생각이 들며 문득 '장애물 없는 생활환경 시민연대'의 강의가 생각났다. 휠체어를 탄 강사님을 따라 장애인의 관점에서 서울을 바라보게 되었고, 모두를 위한 디자인의 필요성을 깨달았던 시간이었다.

"얘들아, 우리 학교에서 모든 사람을 배려한 디자인을 찾아 볼까?"

모둠별로 교실, 도서관, 운동장, 복도 등등 구역을 나누어 모두를 위한 디자인을 찾아 탐방했다. 5년 넘게 학교를 다닌 학생들은 어떤 결과물을 들고 나타날지 궁금했다. 1시간 후 학생들의 표정이 생각만큼 밝지 않다. 나름 열심히 찾아다닌 것 같은데 선생님의 질문이 구체적이지 않다는 불평도 들려왔다.

복도를 탐방한 모둠이 촬영한 경사로 사진을 다른 학생들과 함께 나누며 "왜 이런 시설을 만들었을까?" 하고 물었다. "휠체어 탄 사람들 편하게 다닐 수 있도록?" "맞아. 장애가 있는 사람이 계단을 다니기 어려우니까 이런 시설을 만들었어. 그런데 꼭 휠체어 탄 사람만 경사로를 이용할까?" 학생들은 이제 의도를 알았다는 듯 큰 소리를 내어 대답하기 시작했다.

"다리가 불편하신 할머니가 다니시기 좋을 것 같아요."

"유모차요!"

"무거운 짐을 이동할 때도 편리해요."

"계단보다 안전해요."

학생들은 스스로 모두를 위한 디자인을 이해하기 시작했다. 이제 다시 탐방을 시작할 때가 되었다. 학생들은 장애가 있을 때, 외국인이 이용할 때, 무거운 짐을 들고 있을 때, 안전의 정도 등 다양한 관점에서 학교 구석구석을 꼼꼼히 살펴보기 시작했다.

학생들은 모둠별로 모여 탐방 결과를 정리하였다. 또 토의토론을 통해 반 친구들과 함께 문제의식을 공유하고 해결 방법을 의논해 보았다.

"도서관 책장 있잖아. 맨 위 칸은 높아서 손이 안 닿는 친구들이 많은 것 같아. 영화에서 본 것처럼 이동식 사다리를 놓으면 어떨까?"

"교실 출입문이 위험해. 바람이 불거나 친구들이 조금만 세게 닫아도 쿵~ 소리가 나면서 너무 빠르게 닫혀. 손가락이라도 끼면 크게 다칠 것 같은데?"

"보건실, 음악실, 이런 특별실에 픽토그램을 붙이면 어떨까? 한글을 모르는 사람이 봐도 한눈에 알아볼 수 있을 것 같아."

"복도에 문턱이 너무 많아서 휠체어를 타거나 무거운 짐이 있으면 상당히 불편할 것 같아."

어느 때보다 진지하고 적극적인 태도로 토론에 참여하는 학생들의 모습이 좋았다.

모둠별 모두를 위한 학교 디자인 보고서를 작성한 후 학급 임원들이 정리하여 전교어린이회의에서 뜻을 전달하였다. 그리고 몇몇 의견은 학교 운영에 반영하여 아이들이 제기한 문제점들을 고쳐 나갔다. 학생들은 자신들이 학교를 바꾸었다는 데 큰 성취감을 느낄 수 있었다.

Better community, Better world

같은 방법으로 '우리 마을을 탐방하면 어떨까?'라는 생각이 들었다. 우리 집 주변에 불편하고 위험하고 혹은 위생적이지 않은 부분이 있을까? 사회적 약자를 위해 배려한 디자인 혹은 배려하지 않은 디자인이 있을까? 이런 생각들을 바탕으로 학생들과 우리 마을 뉴스 만들기를 시작하였다.

뉴스 만들기를 위해 각자 집 근처에서 뉴스거리를 찾아 학급 홈페이지에 공유하였다.

"우리 집 앞에는 가로등이 필요해. 밤이 되면 너무 어두워."

"우리 집 앞은 너무 밝아서 문제야. 길 건너 커피숍이랑 상점들이 밤늦게까지 조명을 켜서 내 방은 대낮같이 밝아."

"우리 아파트 정말 무서워. 경사가 심한 언덕인데 차선이 없어서 차들이 부딪힐까 겁나."

"맞아. 게다가 겨울에 눈 내리면 길이 다 얼어서 제대로 걷기도 힘들어."

"길고양이가 음식물 쓰레기봉투를 다 찢어 놔. 냄새도 심하고 보기에도 안 좋은 것 같아."

"마트 앞에 새로 방지턱 만든 거 봤어? 그거 만들면서 점자 블록을 다 제거했더라. 그러면 안 되는 거 아닌가?"

마치 이 수업을 기다린 아이들처럼 마을에 대한 자신의 생각을 쏟아 냈다.

수집해 온 뉴스거리를 모아 모두 다 함께 유목화 작업을 시작했다. '인권', '쓰레기', '교통', '안전' 등등 뉴스의 주제를 정리했고 자연스럽게 모둠을 구성하였다. 각 모둠 구성원들은 함께 현장에 찾아가 문제점을 확인하고 영상을 촬영하였다. 또 주변 어른들의 의견을 인터뷰로 담아 마을의 문제점을 해결하는 방법을 함께 고민했다.

그렇게 만들어진 뉴스를 친구들 앞에서 발표하였고, 그 내용을 QR 코드에 담아 우리 마을 유니버설 디자인 QR 지도를 제작하였다. 제작한 마을 지도는 더 좋은 마을이 되기를 바라는 마음에서 구청 민원과에 제출하였다. 수업을 마치고 학생들은 "무심코 지나쳤던 마을의 어두운 부분을 주변에 알리게 된 점이 뿌듯하였고 마을에 대한 책임감을 느낄 수 있었다"는 마음을 표현했다.

지역에서 실천하는 세계시민의식

자물쇠에서 비롯했던 수업이 더 나은 마을공동체를 만들기 위한 변혁적 교육의 실천으로 이어졌다. 이것이 바로 세계시민교육이 지향하는 보편적 가치를 지역에서 실천하는 일이라고 생각한다. 그리고 이 수업에서 교사로서의 역할은 보편적 가치를 학생의 언어로 전달하고 유의미한 경험을 통해 스스로 성장할 수 있도록 돕는 일이었다. 학교 밖의 이야기를 담아내기 위해서는 교육과정을 재구성하고 맥락이 있는 수업으로 풀어내는 노력이 필요했다. 그 과정에서 학생들이 생각하고, 공유하고, 실천하는 세계시민의식이 성장함을 느낄 수 있었다.

물! 물로 보지 마

이연숙_서울매헌초등학교

"선생님 또 만났네요."

"여러분과 다시 한번 공부하게 되어 정말 기뻐요."

작년에 과학을 가르쳤던 아이들을 올해도 가르치게 되었다. 세계시민교육의 기초가 잘 다져진 아이들에게 올해도 과학을 통한 세계시민교육을 할 수 있게 되어 기쁘고 설레었다.

새로 바뀐 4학년 과학 교육과정을 재구성하면서 살펴보니 1학기 2학기 모두 물과 관련된 단원들이 있다. 그래서 아이들과 물을 주제로 1년 동안 공부해 보면 좋겠다고 생각했다. 수업 구성에 있어서 아이디어 전개의 핵심은 첫째, 우리나라에서 물은 쉽게 구할 수 있는 것이지만 아이러니하게도 물 부족 국가이다. 둘째, 케냐와 같이 물을 극단적으로 구하기 힘든 나라도 있다. 마지막으로, 지구의 기후와 환경을 변화시키는 근본적 요인은 물이다. 이와 같은 아이디어를 바탕으로 세 번의 과학 수업을 구성하여 학생들과 함께 물에 대하여 탐구해 보았다.

'혼합물의 분리' 단원과 연계한 적정기술[1]

수업을 구상하면서 케냐 나비로 마을의 주민들이 물을 쉽게 구할 수 없는 환경에 처해 있음을 알게 되었다. 물을 길으려면 3시간을 걸어 우물로 가야 하지만, 뜨거운 태양 아래 걷기는 너무 힘들어 어쩔 수 없이 흙탕물을 퍼내어 마시는 모습을 보면서 나 스스로도 물의 소중함에 대해 다시 생각해 보게 되었다. 그래서 우선 우리 주변에서 쉽게 볼 수 있는 혼합물의 일종인 흙탕물을 분리해 보는 실험을 통해 라이프 스트로의 원리를 알고 '적정기술'이라는 단어를 아이들에게 알려 주고 싶었다.

동기유발로 준비한 나비로 마을의 영상을 보는 내내 아이들은 한숨을 내쉬었다.

"선생님, 저 동영상 진짜예요? 재연한 거 아니에요?"

"나비로 마을 아이들은 학교에 안 다녀요?"

"왜 마을에 수도가 없어요?"

내가 준비했던 질문들이 아이들의 입에서 먼저 나오기 시작했다.

"아프리카는 다 물이 없어요?"

"나라에서 물이 나오게 해 주면 안 돼요?"

아이들과 수업을 하며 내가 나비로 마을 사람들의 모습을 보고 안타깝게 여기던 마음을 학생들도 느끼는 것 같았다. 아이들은 나비로 마을 아이들을 위해 할 수 있는 것들을 수업을 통해 배울 수 있다는

---

1. 낙후된 지역이나 소외된 계층을 배려하여 만든 기술로 첨단 기술보다는 해당 지역의 환경이나 경제, 사회 여건에 맞도록 만들어 낸 기술.

생각에 열심히 수업에 참여했다.

수업 끝부분에 간이 정수기 원리를 이용한 라이프 스트로의 실물을 보여 주니 아이들은 "진짜 흙탕물을 먹을 수 있는지 제가 해 볼게요." 하며 적극적으로 손을 들었다.

"어! 진짜 그냥 물맛이에요. 흙이 하나도 없어요."

"나비로 마을 아이들에게 하나씩 나누어 주면 좋겠어요."

"대용량 라이프 스트로는 없어요?"

"물을 담아서 집까지 가져오는 것도 힘든데 쉽게 가져오는 방법도 있었으면 좋겠어요."

"차로 옮겨 주면 안 돼요?"

"야, 물도 없는데 차가 어딨냐?"

"그러네, 그럼 우리 엄마가 장 보러 갈 때 가지고 가시는 캐리어 나눠 주면 안 돼요? 캐리어는 연료도 필요 없으니까 계속 쓸 수 있어요."

아이들은 나비로 마을 아이들이 조금이라도 편해질 수 있는 방법들을 계속해서 이야기하며 조금씩 '적정기술'이라는 개념을 익혀 나갔다.

"간단한 원리로 만든 간이 정수기가 나비로 마을 사람들에게 도움을 줄 수 있는 것이어서 기뻐요."

"적정기술이라는 말이 어려웠는데 적정기술이라는 것이 대단한 것이 아니고, '큐드럼'처럼 우리도 어려움에 처한 사람들이 있을 때 간단한 해결책을 생각해 볼 수 있을 것 같아요."

수업 후 아이들이 이렇게 말하며 앞으로의 수업에 대한 기대감을 키우는 것을 보니 뿌듯했다.

출처 라이프 스트로(http://www.mintpressnews.com), 큐드럼(http://www.qdrum.co.za)

'물의 여행' 단원과 연계한 물 부족 문제

우리나라가 물 부족 국가라는 사실을 학생들에게 인식시키면서 물의 중요성과 물 부족 현상의 원인을 알아보고 물 부족 문제 해결을 위한 실천 방법을 토의하는 시간을 가졌다.

도입으로 아이들이 타고 있던 배가 풍랑을 만나서 바다에 표류하게 되었는데 가지고 있는 자원인 돈, 휴대폰, 식량, 물 중 하나만 남기고 버려야 한다고 했다. 그런데 뜻밖의 상황이 벌어졌다. 당연히 물을 남길 거라 생각했는데 다섯 모둠 중 두 모둠이 휴대폰, 한 모둠은 식량, 한 모둠만 물을 남긴다고 한 것이다. 각각의 이유를 들어 보니 식량을 남긴다는 모둠의 "바닷물을 증발시켜서 물을 얻으면 돼요"라는 답을 듣고 깜짝 놀랐다. 전에 배웠던 '혼합물의 분리'를 활용한다는 아이들의 생각이 정말 기발했다.

"휴대폰만 있으면 다 돼요. 날씨를 검색해서 비가 올 때를 알고 빗물을 받으면 돼요."

"휴대폰이 있어야 우리 위치추적이 되어서 구조가 빨리 되죠."

역시 아이들은 교사보다 한 수 위였다. 틀린 답은 아니니 옳고 그름을 판단해 줄 수는 없었지만 아이들은 사람이 살아가는 데 물이 제일 중요하다는 사실은 알고 있었다.

두 번째 활동에 물 사용 상태를 점검하는 활동을 넣어 보았다. 아이들이 양치를 할 때와 손을 씻을 때의 두 가지 상황을 설정하고, 각각의 상황에서 처음에는 물을 틀고 실행할 때와 물을 필요할 때만 틀 때의 사용량을 수조에 받아 비교하는 실험을 하였다.

"우와! 양치하는 데 이렇게 물을 많이 써요?"

"원래는 더 오래 손을 씻는데 수조에 물이 자꾸 많아지니까 겁나서 한 번만 헹궜어요."

"필요할 때만 물을 틀고 쓰니까 정말 수조에 물이 얼마 안 찼어요."

뒤에서 지켜보던 학부모님들도 웅성거렸다.

"아이고, 아무 생각 없이 설거지했는데…."

"저렇게 비교하니 확실하게 알겠네."

이 활동으로 일상 속에서 무심코 지나쳤던 상황을 설정하여 실험을 한 것을 인상 깊게 생각한 학생이 많았고, 특히 수조를 통해 물의 사용량을 비교했을 때 약간의 충격을 받은 학생과 학부모님들도 몇몇 발견할 수 있었다.

수업 끝부분에 가정에서 물을 아낄 수 있는 방법을 이야기했다. "선생님, 저번에 텔레비전에서 봤는데 주방 수도꼭지를 샤워기처럼 해 놓고 쓰면 설거지할 때 적은 양의 물로 깨끗하게 할 수 있대요"라는 아이의 발표를 듣고 그 자리에서 검색을 통해 실험 영상을 찾아서 같이 보았다. '우리 아이들도 마음속으로 물에 대해 계속 관심을 가지고 있구나'라는 생각을 하니 수업이 더욱 즐거웠다.

'물의 상태 변화' 단원과 연계한 지구 온난화

이 수업에서는 '물'과 '지구 온난화'라는 얼핏 보면 연관성이 많지 않을 것 같은 두 주제를 다루었다. 그러나 지구 온난화는 우리가 사는 지구의 기후와 직접적으로 연관된 주제이고, 이러한 기후변화에 직결되는 과학적 현상은 물의 상태 변화라는 사실을 생각했을 때 타당성이 있다고 생각하였다. 따라서 이번 수업에서는 직전 시간까지 진행했던 물에 대한 다양한 지식 등을 기반으로 지구 온난화에 대해 더 생각해 볼 수 있도록 수업을 구성하고자 했다.

그러기 위해서는 아이들의 흥미를 끌 만한 활동이 필요했다. 여러 구상과 검색 끝에, 외국 자료에서 'Melting Town'이라는 지구 온난화 관련 보드게임을 보았다. 거기에서 아이디어를 얻어 '북극곰 가족 구하기' 보드게임을 만들게 되었다. 수업에 대한 아이들의 기대감을 높이기 위해 아이들에게 페트병 뚜껑을 모아 오라는 미션과 도서관에서 책 제목에 북극곰, 몰디브, 투발루가 들어 있는 책을 찾아 읽어 보라는 미션을 주었다. 아이들이 열심히 모아 준 페트병 뚜껑으로 게임판을 만들고 학교에 있는 3D프린터기를 활용하여 5가족의 북극곰을 만들었다.

보드게임을 하면서 북극곰 가족이 되어 지구 온난화로 인해 녹아가는 빙하를 피하는 상황을 간접적으로 겪어 보면서 감정을 이입해

보게끔 하였다. 학생들은 보드게임이라는 방식도 즐거워했으며, 특히 전열기구를 이용하여 급박한 상황을 조성했더니 감정 이입이 더욱 잘 이루어진 것 같았다.

수업 후 아이들은 다양한 소감을 이야기했다.

"얼음이 생각보다 너무 빨리 녹아서 심장이 터지는 줄 알았어요."

"엄마, 아빠 북극곰은 안전지대에 도착했는데 아기 북극곰들을 빨리 구하지 못해서 안타까웠어요."

"지구 온난화가 계속되면 우리 가족도 행복하지 못할 것 같아요."

"우리가 만들어 내는 온실가스 때문에 북극곰과 몰디브가 힘들어진다고 생각하니 마음이 아팠어요."

"저는 앞으로 덥거나 추워도 참을 거예요."

"북극곰과 몰디브, 투발루 사람들이 우리 때문에 힘든 것 같아 너무 미안해요."

세계에서 일어나고 있는 여러 가지 현상들과 자신이 연관이 있다고 생각하며 발표하는 모습에서 조금이나마 세계시민교육의 힘을 느낄 수 있었던 수업이었다.

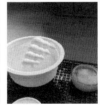

2년 동안 세계시민교육과 관련된 과학수업들을 준비하면서 우리 아이들의 마음이 서서히 움직이고 있다는 점에서 큰 보람을 느꼈다. '세계시민이 된다는 것은 깨달음과 작은 실천에서부터 시작할 수 있겠구나'라는 것을 알게 되었다. 이슬 한 방울 한 방울이 모여 물이 부족한 마을 사람들의 목마름을 해소해 주는 와카워터[2]처럼 과학을 통한 세계시민교육이 우리 아이들이 세계시민으로 자라는 데에 큰 도움이 될 것 같다.

---

2. 대나무 등 식물의 줄기를 엮어 틀을 만들고, 거기에 이슬이 잘 달라붙도록 촘촘한 나일론 소재의 그물을 달아 수증기의 응결 현상을 이용하여 하루 95L 정도의 물을 얻을 수 있는 적정기술.

마을에서 키우는 세계시민성

노정아_서울안천초등학교

여느 날과 다름없이 아이들은 현관에서 참새처럼 조잘거리며 나를 기다리고 있다. 오후의 햇빛은 밝고 따사롭기도 해서 길 떠나는 우리들의 마음을 편안하게 해 준다. 교문 앞에 기다리는 버스에 급히 올랐다. 기사님께 오늘의 목적지를 말씀드리고 뒤를 한번 돌아본다. 아이들은 둘씩 앉아서 웃음을 섞어 가며 오늘 여행지에 대해 궁금해한다.

"여러분, 오늘 어디로 마을여행 가는지 알고 있나요?"

아이들은 너 나 할 것 없이 왜 그런 것을 굳이 묻느냐는 얼굴로 어리둥절한 표정이다.

"오늘 목적지는 '구로 노동자 생활 체험관'입니다. 그곳에 가면 해설자께서 자세한 설명을 해 주시겠지만 선생님이 간단하게 말하자면 1960년대에서 1980년대까지 우리나라 산업화를 이끌던 구로공단 여성 노동자들의 삶을 재현해 놓은 곳입니다."

안전 주의사항과 각종 질서에 대해 주지시키다 보니 어느덧 체험 장소에 다다랐다. 한 줄을 지어 100여 미터 걸어 골목을 누비다 보니 저 멀리 '금천 순이의 집'이라는 간판이 눈에 들어왔다.

체험관의 관계자가 문 앞에 나와 우리를 반겨 주신다. 서둘러 2층

으로 올라갔다. 2층은 시청각실로 꾸며져 있었다. 앞줄에 나란히 앉아서 보는 자료 화면에는 10대 후반에서 20대 초반의 여공들이 방직, 가발 등 산업 발전을 위해 하루 12시간씩 일을 하며 힘들게 가족을 부양했던 이야기가 나온다. 문득 신경숙의 소설 『외딴방』이 생각난다. 신경숙은 구로공단 여성 노동자들의 암울하고 답답한 현실을 그렸는데 소설속의 무대를 직접 눈으로 확인하니 그때의 심정이 살아나는 듯하다. 고작 30~40년 전 일인데도 변해 버린 바깥 풍경 때문인지 아이들은 조선이나 고려시대 이야기를 듣는 듯한 표정들이다. 이어서 5백만 불 수출의 탑 사진이 쓸쓸히 지나가는데 금천구 가산동과 굉명을 연결하는 '수출의 다리' 이름이 예사롭지 않다.

영상체험을 한 후 1층으로 내려와 전시실을 돌아보았다. 당시 여성 노동자들의 목소리가 들린다. '낮에 돌아다니고 밤에 실컷 잠자고 책 읽고' 하는 일상이 부럽단다. 상대방 여성은 '잠이나 실컷 자면 소원이 없겠다'고 말한다. 너무나 평범한 일상인데 누군가에게는 금지된 영역이라니 얼마나 억제되어 있으면 그런 사소한 것들이 부럽다고 할까?

여성 노동자들의 배움터인 야학, 그곳에서 공부했던 누렇게 빛바랜 책들이 한 켠에 전시되어 있고 아이들은 신기한 듯 한 장씩 넘겨 본다. 또 여성 노동자들이 출근할 때, 식사할 때, 휴식할 때 등을 작은 모형으로 만들어 당시 복작복작한 생활 모습을 짐작하게 한다, 다만 모형 속 한쪽 벽에 오롯이 걸린 교복이 희망을 주는 듯하다. 12시간의 고된 노동에도 배움의 끈을 놓지 않는 '순이'. 순이 모형은 야학을 다니면서도 복습하고 숙제하는 모습으로 당시의 고단함과 삶의 끈기를 보여 준다. 당시 여성 노동자들은 긴 노동시간으로 인해 탈진 상태가 될 정도인데도 악착같이 공부하고 검정고시를 합격하는 사람들도 많았다고 한다. 한쪽 벽에는 귀성열차를 타고 고향에 가기 위해 선물 보따리를 들고 기다리는 모습, 작업대에 촘촘히 앉아 뭔가 분주히 집중하여 작업을 하는 모습, 교복을 입고 한껏 멋을 낸 단체 사진, 산업 재해와 질병에도 제대로 된 보상과 치료를 받지 못한 열악한 조건에 저항하여 노동운동을 하는 모습, 유급휴가나 퇴직금도 꿈꾸기 어려웠던 근로조건 때문에 노사 분규하는 사진 등 다양한 전시물이 있었다.

해설자를 따라 지하로 내려가니 2평 남짓한 방 안에 4명이 살았고 많게는 5명도 살았다는 쪽방이 다닥다닥 붙어 당시 생활 모습을 그대로 볼 수 있었다. 밖에 있는 공용화장실 한 칸과 수도꼭지 한 개를 쪽방촌 20여 명이 나눠 썼으니 아침마다 전쟁이었다는 말도 덧붙이셨다. 무더위에 바람 한 점 들 것 같지 않은 답답한 방, 그곳에서 학업을 이어 가고 가족들을 부양했으며 노동운동까지 했다는 그들의 삶 속으로 잠시나마 들어가 보기로 했다.

"선생님이 여기서 하나의 미션을 줄 거예요. 여러 개의 방이 있는데 4명씩 모둠을 만들고 한방 식구가 되어 위층 순이가 살았던 모습을 따라 해 보는 거예요. 그리고 마지막에 소감을 나누는 시간을 갖겠습니다. 시작하세요."

부엌이라 하기도 민망한 구석에 집게가 꽂힌 연탄과 연탄아궁이가 있고 선반에는 냄비와 그릇들이 옹기종기 놓여 있다. 작은 방에는 그에 걸맞은 비키니옷장, 밥상 겸 책상 역할을 했던 사과 궤짝, 신문지가 덕지덕지 붙은 벽, 남루한 옷가지와 살림살이가 피로한 일상을 대변하는 듯하다.

아이들은 몇 명까지 누울 수 있는지 누워 보기도 하고 한구석에 있는 기타를 들고 치며 노래도 흥얼거린다. 연탄아궁이에 밥을 해서 상에 냄비와 밥그릇을 놓고 함께 모여 밥 먹는 모습을 흉내 내기도 한다. 밖에 위치한 화장실에 줄을 서서 차례대로 볼일도 보았다. 배를 깔고 또는 밥상에 기대어 야학에서 내준 숙제와 예습을 하는 시늉도 한다. 각자의 생각대로 40년 전으로 돌아가 순이의 생활을 재현해 보았다. 이번에는 한방에 12명이 모두 들어가도록 하였다. 눕기는 고사하고 다리를 길게 펴지도 못한다. 모두 다리를 오므리고 앉기로 했다.

"여러분이 모두 순이가 되어 하루를 보내 보았어요. 오늘 체험을 통해 배운 것, 소감 등을 발표해 보기로 합시다."

연수가 손을 번쩍 든다. "저는요. 영상실에서 10대 소녀인데 취직을

못할까 봐 나이를 올려 속여서 취직을 했다는 것이 속상했어요. 저도 10대 소녀잖아요. 이렇게 어린데 일을 해서 돈을 벌어야 했다니 끔찍하고 저에게 그런 일이 벌어진다면 무서울 것 같아요."

지현이가 관련하여 덧붙인다. "여기 이름이 '순이네 집'이잖아요. 순이는 오빠나 남동생을 공부시키기 위해서 여기서 12시간씩 일했다고 했잖아요. 그럼 저도 그때 태어났다면 오빠와 남동생을 위해서 12시간씩 일해야 할 수도 있는 거잖아요. 그런 게 어딨어요? 생각만 해도 억울해요."

예진이도 한마디 거든다. "아침에 씻고 옷 입는 게 얼마나 시간이 많이 걸리는데 공동 세면장과 하나뿐인 화장실을 사용하다니 말도 안 돼. 저희 집은 네 식구인데도 아침이면 화장실 쓰는 게 전쟁이거든요."

"여자 친구들은 어린 나이에도 남자 형제들의 학비를 대기 위해 장시간 노동을 하는 것을 억울하다, 생활 여건이 열악하다고 했어요. 남학생들도 한마디씩 해 보면 좋겠네요."

태연이가 말을 잇는다. "저는 남자라고 우리 할머니가 되게 귀여워하시거든요. 그게 당연하다고 생각했는데 여기에 살던 순이의 생활 모습을 보니까 그게 좋아할 만한 일이 아닌 것 같아요. 순이가 오빠를 위해 돈을 버니까 순이는 공부할 수 없었던 거예요. 저는 공부하기 싫거든요. 근데 순이는 공부할 시간이 부족한데도 야학에서 공부했다는 것이 저하고 너무 달라서 좀 부끄러워요."

"건희도 한마디 해 볼까요?"

"저도 공부하기 싫고 힘들거든요. 그런데 여기 와 보니 졸리고 피곤하고 학교가 마땅히 없는데도 공부하려고 했다는 게 놀랍고요. 이제 잘해야겠다는 생각이 아주 아주 쪼끔 들었어요."

"아니 어떻게 12시간을 일하느냐고요. 또 왜 퇴직금을 안 줘요? 방도 너무너무 작아서 아까 애들하고 누워 보니까 돌아눕지도 못하겠어요. 우리는 사람인데 너무하는 거 아니에요? 인권이 없는 것 같아요."

유빈이가 목소리를 높인다.

"오호라! 유빈이가 인권이라는 말을 했네요. 그래요. 여러분이 안타까워했던 것처럼 당시 여성 노동자들은 쉬지도, 학업을 하지도 못하면서 고향의 남자 형제들 학비를 대느라고 하루 12시간씩 일을 했다고 해요. 그리고 제대로 된 월급을 받지 못하는 경우도 있었고, 회사를 그만두면 퇴직금을 떼일 때도 있었고, 너무 피곤해서 재해를 당하는 일도 많았다고 해요. 그 속상한 일을 어디 말할 데도 없었고요. 인권을 보장받지 못했던 거예요. 참 힘들었겠지요? 그럼에도 수출을 많이 한 기념으로 다리에 이름을 붙였대요. 광명에서 서울로 올 때 안양천을 건너는 다리, 우리가 건너왔던 다리가 바로 수출의 다리예요."

"아하! 저는 그 다리 이름이 왜 수출의 다리인지 몰랐는데 오늘 알았어요."

"오늘 보고 들은 것을 종합해 보면 60년대에서 80년대 여성 노동자들은 인권을 제대로 보장받지 못했어요. 선생님은 여러분이 억울하고 힘들었던 순이의 마음을 생각해서 나의 인권, 그리고 상대방의 인권 또한 존중하는 사람이 되었으면 좋겠어요. 자, 이제 학교로 돌아갑시다. 가서 순이가 못다 한 공부를 해야겠지요?"

아이들과 자리를 정리하고 버스를 타고 돌아가는 길. 차창 밖 바람이 시원하다. 인권이라는 개념조차 생소하고 자신의 권리를 주장해도 목소리조차 들리지 않던 시절, 40년 전으로 시간 여행을 하고 온 느낌이다. 나는 아이들의 마음에 작은 조약돌을 하나 던져 놓았다. 그래, 이렇게 한 발씩 나아가는 거다. 어찌 첫술에 배부르랴. 이제 아이들은 너와 내가 서로 존중하고 행복하게 사는 방법을 고민하고 결국은 찾아낼 것으로 믿는다.

교실에서 떠나는 공정 여행

홍윤빈_정원여자중학교

"공정 여행이 뭐예요?"

"이거 어려울 것 같은데요…."

처음 수업을 시작할 때 학생들은 공정하다는 단어부터 어려워했다. '공정'이라는 말과 관련해서 학생들이 어렴풋하게 알고 있는 것은 '공정 무역' 정도였기 때문에 공정하다는 것이 무엇인지부터 시작해서 이 개념을 여행과 연계해 보는 시간이 필요했다. 대부분의 학생들은 여행과 관련한 수업을 한다는 것은 좋아했지만, 여행 계획서에 '지속 가능하고, 여행하는 당사자, 여행사 등 여행과 관련된 모든 사람들이 책임의식을 갖는' 여행이라는 주제를 넣어야 한다는 점에 대해서는 다소 어려워했다.

이런 상황에서 가장 필요한 것은 학생들과 함께 주제에 대한 공감대를 형성하는 것이었다. 앞으로 해야 할 과제에 대한 서로 간의 공감이 없이 억지로 수업을 진행할 수는 없기 때문이다. 우선 여행의 문제점과 관련한 최근의 다양한 미디어 자료를 학생들과 함께 공유했다. 그리고 우리에게는 소중하고 즐거운 추억을 주는 여행이지만 현지인 입장에서는 어떨지를 살펴보았다.

이화동 벽화마을에서 일어나는 갈등 상황, 이탈리아의 베네치아에 살고 있는 지역 주민들이 겪는 일상의 어려움, 그리고 태국 여행에서 자주 등장하는 코끼리의 복지 상태 등에 관한 미디어 자료를 준비하여 함께 공유했다. 이 과정에서 학생들은 평생 살아도 좋을 것 같은 베네치아가 실제로 그곳에서 살고 있는 지역 주민의 입장에서는 물가가 높은 지역이어서 살기에 어렵다는 것을 알게 되었다. 또한 유명 관광지이기 때문에 관광과 관련된 직업 외에는 그 지역에서 구할 수 있는 직업의 종류가 한정적이라는 면에서 베네치아가 그렇게 매력적인 지역은 아닐 수도 있음을 알게 되었다. 또한 관광객을 상대하느라 지친 태국의 코끼리 모습을 보면서 이윤을 추구하기 위해 동물을 학대하는 상황도 알게 되었다.

브레인스토밍, 역할 나누기, 여행 계획서를 만들다

학생들은 우선 모둠별로 관심 있는 여행지에 대해서 브레인스토밍을 시작했다.

"여행지는 어디로 정했니?"

"프랑스요."

"일본이요."

"일단 모둠에서 관심 있는 나라를 정해도 그 나라의 어떤 도시를 방문하고 싶은지를 정해야 합니다."

여행 계획서를 세워 보는 수업에서 흔히 일어나는 모습이다. 여행이 마음을 급하게 하는 걸까. 학생들은 도시를 생각하기보다는 '유럽', '미국', '영국' 등 나라를 여행하겠다고 먼저 이야기한다.

이후에 한 일은 역할 분담을 하는 것이다. 수업의 방법에서도 세계 시민성을 높이는 데 도움을 줄 수 있는 방법이 바로 역할 나누기이다. 역할을 나누며 모두가 참여하여 협업하는 분위기를 만들고, 프로젝트 진행 내내 서로를 존중하는 법을 배우는 것이다. 자료 조사에도 역할 분담이 필요하다. 음식, 숙박, 문화 체험으로 나누어서 자료를 조사하고 각각의 분야에서 어떻게 공정 여행을 실천할 수 있는지 생각하도록 지도한다. 그러고 나서 본격적으로 발표 자료를 만드는 팀, 발표 원고를 쓰는 팀으로 나누도록 수업을 운영하였다.

"여행 계획서에는 뭐가 꼭 들어가야 할까요?"

"지역 맛집 정보가 필요해요."

"저희는 공정 여행이니까 특정 회사나 여행사와 관련된 식당이 아니라 정말 그 지역의 경제에 도움도 되고 지역 주민이 좋아하는 식당을 찾아야 해요."

"네, 지역 주민과 관련이 있는 식당을 찾으면 좋겠네요. 그리고 또 뭐가 필요할까요?"

"숙박 정보도 필요해요. 체인 호텔이 아니라 지역 주민이 직접 운영하는 곳을 찾으면 좋을 것 같아요."

"맞아요. 그리고 그 지역에서 꼭 체험해야 할 문화적인 유산이 있는지도 찾아보세요. 환경 측면에서 가장 중요한 건 뭐가 있을까요?"

"쓰레기를 버리면 안 되니까, 그런 부분에 대해서 잘 설명해 줘야 해요."

"숙소에서 물을 너무 많이 쓰면 안 될 것 같아요. 일회용품 사용도 줄여야 하고요"

"저희는 여행하는 사람들이 개인 텀블러를 가져와야 한다고 할 거예요."

"좋습니다. 그리고 여행을 하면서 가급적 지역 주민을 많이 만나되 예의를 지켜야 하는 부분에 대해서도 함께 언급이 되면 좋겠네요."

'지속가능하게' 즐거운 여행을 함께하다

어느 정도 발표 원고와 발표 자료가 완성되면 발표 리허설 과정을 거쳐서 서로의 발표에 대해서 피드백을 나누었다. 마지막으로 최종 발표를 하면서 말하기 프로젝트 'Responsible Trip' 단원을 마쳤다.

"발표팀 나와 주세요."

"We are going to talk about Okinawa(우리는 오키나와에 대해서 이야기하겠습니다)."

학생들이 주로 발표했던 내용은 여행의 근본적인 문제점에 대한 해결까지는 미치지 못하고 주로 개인이 실천할 수 있는 영역들, 예를 들어 "여행지의 숙소에서도 가급적 물과 전기를 절약한다"라거나 "일회용품 사용

Our tour is responsible!

1. **We use** public transportations

2. **We have our** own trash can!

3. **We** protect environment

4. Curtural respect

을 줄이자", "현지에 계신 분들에게 예의를 갖추자"는 정도였다. 그렇지만 이 말하기 프로젝트 수업의 여정을 함께하면서 학생들은 여행을 할 때 여행지와 그곳에 살고 있는 사람들에게 최소한의 예의를 갖추어야 한다는 것을 배웠다. 또한 나의 여행을 둘러싸고 있는 많은 사람들이 모두 공정하고 적합한 대우를 받아야 한다는 것, 그래야만 앞으로도 '지속가능하게' 즐거운 여행을 할 수 있다는 것을 알게 되었다.

공정 여행 수업을 구상하게 된 이유는 여행이 누구에게나 설렘과 즐거움을 주는 소재이기 때문이다. 게다가 여행은 영어 교과서에서는 매우 익숙한 소재이다. 문화다양성의 일환으로 여행지에서 엽서 쓰기 혹은 여행지를 소개하는 일기문 등이 교과서에 자주 등장해 왔다. 따라서 영어 수업에서는 여행 계획 세우기 혹은 관심 있는 여행지 소개하기와 같은 활동들은 이미 여러 번 진행해 본 경험이 있는 활동이었다.

그냥 여행이 아니라 특별히 '공정' 혹은 '착한' 여행을 구상하게 된 이유는 일부 몰지각한 관광객들로 인해서 많은 관광지들이 몸살을 앓고 있다는 보도를 종종 들어도 학생들은 크게 관심을 갖고 있지 않기 때문이었다. 환경을 배려하지 않는 관광객들의 태도로 환경오염 문제가 극심해지고 있다. 관광객으로 지역 경제가 활성화되는 것처럼 보이지만 결국 경제적 이익을 보는 것은 그 지역에 실제로 살고 있는 사람들이 아니다.

실질적인 이익은 커다란 체인 호텔로 돌아가고, 앞날을 기약할 수 없는 비정규직 문제를 지속적으로 낳고 있다는 아픈 현실들도 서서히 드러났다. 도무지 어떻게 이런 가격이 책정되었는지 알 수 없는 엄청나게 저렴한 패키지여행 상품 이면의 진실도 외면할 수 없었다. 무엇보다도 특정 지역의 동물을 여행 상품화하면서 이루어지는 동물 학대를 생각해 볼 때 우리가 이미 알고 있는 여행을 다른 각도에서 한 번쯤 생각해 봐야 하지 않을까? 이런 이유들로 영어 시간에 '공정 여행 구상하기'가 시작되었다.

우리말로는 '공정 여행' 혹은 '착한 여행'이라고 주로 많이 사용되지만 관련 영어 자료를 찾아보면 '공정 여행'은 주로 '지속가능한sustainable 여행', '책임지는responsible 여행'이란 말로 사용되고 있다. 말 그대로 앞으로도 지속가능하게 여행을 계속할 수 있고 여행자가 스스로 자신의 여행에 대해서 책임질 수 있는 '공정하면서도 착한' 여행에 대해서 알아보자는 것이 수업의 취지였다. 수업의 주 대상은 중학교 1학년 학생들이었다. 마침 교과서에 New York에 대해서 소개하는 여행 관련 단원이 있었기에 이와 연계해 수업을 진행했다. 학생들이 해야 할 과제는 모둠별로 그들이 가고 싶어 하는 여행지를 자유롭게 조사한 후에 그 지역에서의 'Responsible Trip'을 실천할 수 있는 여행 계획서를 만들어 보고 이를 모둠별로 발표하는 것이었다.

공정 여행과 세계시민교육

이 수업과 세계시민교육의 첫 번째 고리는 '다양한 문화 존중'이다. 학생들이 여행을 생각할 때는 주로 내가 지금까지 가 보지 못했던 곳 그리고 가급적 앞으로 가고 싶은 곳을 생각하는 경우가 많이 있다. 따라서 새로운 여행지에 대해서 조사하면서 그곳만의 특별한 음식, 가 볼 만한 곳들, 거기에 살고 있는 사람들의 삶에 대해서 조사하게 되고, 이는 자연스럽게 다양한 문화에 대한 존중으로 이어졌다.

두 번째 고리는 '환경 문제'다. 많은 사람들이 방문하기 때문에 쉽게 오염될 위험에 처해 있는 여행지에서의 환경 문제에 대해서 생각해 보고, 그곳을 지속가능한 여행지로 만들기 위한 다양한 고민들은 세계시민교육에서 아주 중요한 요소라고 생각한다. 더 나아가 인간의 복지를 너머 동물 복지를 생각해 보고 이윤을 위해 희생되는 동물에 대해서 알게 됨으로써 인간과 동물의 상생도 함께 생각해 볼 수 있었고, 이 부분 역시 세계시민교육과 연결이 될 수 있는 지점이라고 생각한다.

마지막으로는 '보다 공정한 세상에 대한 공감대 쌓기'이다. 한 번쯤은 패키지여행을 다녀왔던 다수의 학생들에게 패키지여행의 구조에 대해서 비판적으로 설명하기란 쉽지 않았다. 혹시라도 자신들이 즐겁게 했던 여행에 대해서 비난을 받거나 죄책감을 느끼게 될지도 몰랐기 때문이다. 그래서 우리가 한번 여행을 갈 때 우리의 여행을 둘러싸고 있는 많은 사람들이 있다는 것 위주로 알려 주었다. 그중에는 우리의 이동을 책임지는 사람도 있고, 우리에게 여행지를 소개시켜 주는 사람도 있고, 음식을 사 먹는 곳과 숙박을 하는 곳도 있고, 이 모든 것을 한꺼번에 정리해 주는 여행사도 있다는 것을 말이다. 그리고 이 구조에서 공정하게 대우를 받기 어려운 사람들은 누구일까에 대해서 한 번쯤 생각해 보게 하고, 모든 사람들에게 공정한 여행은 어떻게 이루어질 수 있을까 정도를 함께 고민하였다. 이런 정도라 하더라도 '공정한 세상'에 대해서 한 번쯤 생각해 본 것은 학생들의 세계시민성이 자라나는 데 도움이 되었을 거라고 생각한다.

협업하는 영어교육과 세계시민교육

"자료 조사에서 각각 무엇을 조사할지 역할을 나눠야 해요. 어떤 부분들이 있을까요?"

"음식이랑 숙박 그리고 문화유산을 조사할 수 있어요."

"선생님, 만약에 해외에서도 시골이라면 비행기를 타고 간 다음에 기차로 가도 될까요? 기차가 탄소발자국을 더 줄인데요."

"네, 좋아요. 이동 수단에 대해서도 조사하면 좋겠네요. 다 조사를 마치고 나면 조사한 내용을 합쳐서 정리해 보세요. 그러고 나서 원고 팀과 발표 자료 만드는 팀으로 나누세요."

"원고 정리와 발표 자료 정리는 어디서 하나요? 숙제예요?"

"아니에요. 컴퓨터실에서 모둠별로 활동할 거예요. 영어 발표니까 가급적 자료도 영어로 찾으면 조금 더 효율적일 것 같아요. 자기의 역할을 잘 맡아서 하고 서로 도와 가면서 해야지만 하나의 발표가 완성됩니다. 발표도 한 사람이 나와 하는 것이 아니라 모둠의 모든 사람이 나와서 적절히 나누어서 해야 해요."

무엇보다도 중요한 것은 여러 명의 학생들이 함께 '협업'해야 하는 수업이라는 점이다. 우리는 세계시민교육과 관련된 수업을 생각할 때 수업 내용에 대해서 주로 많이 생각하는 경향이 있다. 그러나 수업의 내용과 관계없이 학생들이 그 수업시간에 서로 협업하고 수업의 내용을 자신의 삶, 더 나아가서는 자신의 삶의 문제와 연결할 수 있다면 세계시민교육과의 연결고리는 충분하다.

영어로 발표가 진행되었기 때문에 학생들이 마음속에 담고 있던 생각들을 모두 다 풀어내지는 못했을 것이다. 하지만 함께 자료를 준비하고 역할을 나누고 리허설을 통해서 서로의 발표를 진지하게 들어주고 피드백을 하는 과정을 통해서 서로를 존중하고 배려하는 마음이 생겼으리라 믿는다.

영어 수업과 세계시민교육이 만나는 지점은 영어를 도구로 학생들이 지구촌의 여러 문제들을 고민하고 그 해결 방법에 대해서 스스로 생각해 보는 기회를 갖게 하는 것이다. 이미 학교에서 사용하고 있는 영어 교과서 자체가 문화다양성, 지속가능한 삶, 상호 존중 등 우리가 흔히 세계시민교육을 떠올릴 때 이야기할 만한 것들을 다루고 있기 때문에 영어교육과 세계시민교육은 이미 시작부터 상당히 가까운 거리에 있다고 생각한다.

- 수업 도입

여행과 관련된 다양한 문제를 제기할 수 있는 영상자료 제시

예) 이화동 벽화마을, 이탈리아 베니스

- 수업 과제 제시

지속가능하고 책임질 수 있는 여행을 계획하여 발표하기

1) 모둠 구성

2) 모둠별 브레인스토밍을 통한 여행지와 여행일정 정하기

3) 모둠별 브레인스토밍을 통한 해당 여행지에서의 'Responsible Trip' 구상하기

4) 원고팀과 발표자료팀으로 나누어서 과제 진행하기

5) 리허설과 피드백

6) 최종 발표

- 공정 여행 관련 영문 자료

https://responsibletourismpartnership.org/what-is-responsible-tourism/

유네스코 동아리, 여성 인권을 마주하다

홍윤빈_정원여자중학교

"우리 올해는 뭐 할까?"

"뭐가 재미있을 것 같아?"

"일단 에너지 절약 캠페인은 해야 될 것 같고요…"

"토론 같은 거 하면 좋을 것 같아요."

"잔반 줄이기 캠페인은 좀 효과 없는 것 같아요."

학생들에게 올해 활동 주제를 물어보니 대답이 여기저기서 적극적으로 돌아온다.

유네스코UNESCO는 유엔의 교육과학문화기구이다. 우리나라에는 유네스코 한국위원회가 있고 그 안에 유네스코의 이념을 학교현장에서 실천하고자 하는 유네스코학교가 있다. 유네스코학교에 반드시 유네스코 동아리가 있어야 하는 것은 아니다. 동아리 단위로 운영되는 학교도 있지만 학생회 중심으로 관련 활동이 이루어지는 곳도 있고, 조금 더 활성화된다면 학년 단위로 운영하기도 한다. 그렇지만 유네스코 동아리가 있으면 아무래도 관심사가 비슷한 학생들이 모이다 보니 조금 더 적극적으로 다양한 활동을 하게 된다.

2018년에는 유네스코 레인보우 청소년 세계시민 프로젝트를 운영했다. 신청 절차도 꽤 복잡하고 프로젝트의 주제 선정부터 프로젝트의 주체 모두 학생 중심으로 이루어져야

출처 http://asp.unesco.or.kr

하기 때문에 이전에는 엄두를 내지 못했다. 그렇지만 학생들이 무언가를 주도적으로 해 나가는 과정에서 프로젝트 결과에 관계없이 성장할 수 있으리라는 생각에서 아이들과의 합의하에 '레인보우 청소년 세계시민 프로젝트'를 신청했다.

여성 인권, 정책 제안으로 생각해 보다

주제 선정부터 아이들에게 맡겼는데 아이들이 선택한 주제는 '여성 인권'이었다. '여성인 나에게 참 균형 잡기 어려운 주제인데… 환경이나 문화다양성이라면 좀 더 자신 있게 아이들과 프로젝트를 운영할 수 있을 텐데….' 하는 아쉬움이 있었지만 이미 아이들이 선택한 주제였기 때문에 아이들이 원하는 대로 계획서를 제출했고, 프로젝트에 선정되어서 예산까지 받게 되었다.

아이들이 여성 인권에 관심을 갖는 이유는 무엇일까? 아마도 여중이기 때문에 특히 더 관심이 많았을 테고, 그 당시에 사회 전반적으로

'Me too' 운동과 같은 현상이 있었다. 그 전해에는 『82년생 김지영』과 같은 책들이 베스트셀러가 되면서 여성 인권이 우리 사회가 한 번쯤은 진지하게 생각해야 할 이슈가 되었기 때문일 것이다.

첫 수업은 여성과 관련한 다양한 활동을 통해서 여성 인권의 역사, 여성의 가정과 사회에서의 모습을 객관적으로 살펴볼 수 있는 시간으로 삼았다. 수업 자료는 영국문화원에서 제공하는 SchoolsOnline을 참고하였다. 이후에는 학생들을 다섯 모둠으로 나누어서 여성 인권이라는 큰 주제 안에서 세부적으로 자유롭게 주제를 선정하여 여성 인권을 바람직한 방향으로 신장할 수 있는 정책 제안을 하도록 했다.

방학 기간을 포함해서 최소 3~4개월은 진행될 프로젝트였다. 가급적 지도교사의 개입을 줄이고 학생 스스로 프로젝트를 진행하기를 원했기 때문에 모둠별로 프로젝트 계획서를 작성하도록 했다.

프로젝트 계획서에는 모둠의 구성원과 역할, 프로젝트의 세부 주제, 시간의 흐름에 따른 활동 계획, 윤독 도서 정하기, 정책 제안을 위한 설문 조사 및 캠페인 대상과 필요한 물품 정하기, 정책 제안의 형태 등을 적어 보라고 했다. 정책 제안이라는 말이 좀 거창하기는 했지만 여성 인권을 주제로 나름대로 궁리해 보고 결국 바람직한 방향으로의 여성 인권 신장을 위해서 사회적으로 어떤 제도나 지원이 있으면 좋을지를 발표해 보는 것이었다.

"정책 제안은 어떤 형식으로 하고 싶어요?"
"PPT로 하면 되지요?"
"자, 이번만은 PPT는 하지 맙시다."

"왜요? 그게 제일 좋은데요?"

"우리가 발표를 매번 파워포인트 슬라이드로 하잖아요. 가장 효율적이면서도 편한 방법이기도 하고요. 그렇지만 때로는 발표 방식이 우리의 생각을 제한하는 경우도 있습니다. 파워포인트 슬라이드가 아니라면 어떤 방법도 상관없어요. 이게 이 프로젝트를 하면서 선생님이 유일하게 제안하고 싶은 거예요"

다양한 결과물을 보여 준 프로젝트 발표회

봄에 시작했던 프로젝트는 여름방학을 거쳐 가을에 발표하기로 했다. 그사이 중간중간의 점검이 있었다. 주로 프로젝트를 진행하는 3학년 학생들에게 연락해서 프로젝트 진행에서 어려운 점은 없는지, 각 시기별로 계획하고 있는 활동이 제대로 되고 있는지 확인했다.

프로젝트 발표날이 다가왔고 팀별로 속속 발표 자료를 이메일로 보내왔다.

"저희는 여성 인권을 위한 영상을 제작했어요."

"여성 인권 신장을 위한 우리말 사전, 영어 사전을 만들어 봤어요."

"여성 인권에 관한 저희의 주장을 소논문 형식으로 만들었습니다."

"앞으로 학교에서 여성 인권 관련 캠페인을 할 때 사용할 수 있는 굿즈Goods를 제작했어요."

처음의 과제는 소박하더라도 '정책 제안'을 하는 것이었는데 모든 것이 계획대로만 되는 것은 아닌지라 정책 제안보다는 '나름의 결과

물'이 있는 프로젝트 발표회가 되었다. 그래도 파워포인트 슬라이드 사용을 자제한 것이 도움이 되었는지 다양한 결과물을 볼 수 있어서 좋았다.

"여성 인권 신장을 위한 보드게임입니다."
"게임 방법을 말씀드리겠습니다. 여기 왼편에 있는 이미지 카드는 게임을 하는 사람들이 같은 분량으로 갖고 있습니다. 오른편의 상황 카드는 가운데에 쌓아 둡니다. 그리고 차례대로 상황 카드를 가져갑니다. 그다음에 적혀 있는 상황에 가장 적합한 이미지 카드를 고르고, 이게 왜 적절한지 게임을 함께 하는 사람들에게 설명합니다. 가장 적절한 설명을 했다고 판단되는 사람이 점수를 얻습니다."
"여성의 삶에 대해서 생각해 보면서 상황 카드과 자신이 갖고 있는 이미지 카드를 잘 설명해서 포인트를 얻는 것이 게임의 목표입니다."

프로젝트 결과물로 여성 인권과 관련한 보드게임을 만든 팀이 있었다. 게임 도중에 상황 카드를 읽어 보면서 여성들이 일상생활에서 부딪치는 어려움, 예를 들어 '여학생 교복은 치마가 필수, 바지는 선택' 이런 부분을 그냥 문제 제기하는 것이 아니라 이미지 카드와 한번 연결해 보고, 이에 대한 자신의 생각을 말해 보는 과정을 통해서 일상에서의 여성의 삶에 대해서 좀 더 자세히 들여다볼 수 있었다. 물론 점수를 얻는 과정이 게임에 참여하는 사람들을 어떻게 설득시키느냐에 달려 있기 때문에 시중에서 흔히 볼 수 있는 게임만큼 세련되지는 않았지만 여성의 삶과 보드게임을 연결시켰다는 것이 매우 창의적이었다.

"여러분이 이 프로젝트를 기한에 맞추어서 다 마무리했다는 것이 제일 자랑스럽습니다. 단 한 팀도 중도 포기가 없었어요. 정말 대단합니다. 그리고 직접 프로젝트 세부 내용을 기획하고 적절한 예산을 세우고, 예산을 사용하고, 선정한 도서를 함께 읽고, 프로젝트의 결과물을 발표하는 것까지 전 과정을 스스로 해내면서 여러분이 많이 성장했으리라고 생각합니다. 무엇보다도 여성 인권에 대해서 깊이 있게 생각해 봤을 것이고, 전체적인 결과물을 만들어서 발표해 내기까지 함께 고민하고 갈등하고 협력도 했을 거예요. 이 과정 자체가 여러분에게는 아주 큰 공부였다고 생각합니다."

또 새로운 학년이 다가오고 새로운 동아리 수업을 준비해야 할 시기가 되었다. 올해에는 조금 더 활동의 주도권을 학생들에게 내어 주고 서로를 존중하는 가운데 프로젝트를 진행하면서, 학생들의 마음에 다른 사람을 존중하고 배려하는 평화의 방벽을 쌓아 가는 한 해가 되기를 소망해 본다.

익숙한 것은 낯설게, 낯선 것은 익숙하게

주예진_미양고등학교

"우리 교실에 있는 선풍기, 스피커, 빗자루의 개수를 써 보아요."

"네? 그걸 누가 기억해요?"

아이들은 어리둥절하면서 지금 무엇 때문에 교사가 질문을 하는 것인지 궁금해하는 눈빛이다. 몇몇은 머릿속에 있는 교실 풍경을 그려 보느라 미간을 찌푸리고, 몇몇은 곁눈질로 교실을 한 바퀴 둘러보기 바쁘다. 교실의 물품들이 몇 개씩 있었는지 알려 주는 순간 탄성이 나온다.

"아~ 저기 있었네요."

"엥? 내 옆에 있었던 걸 왜 못 봤지?"

"나는 알고 있었지롱… 하하하."

평소에 일상적인 모습들을 그냥 지나치지 않고 낯설게 보고 새롭게 보도록 하는 것은 내가 자주 하는 활동이다. 몰랐던 세계와 현실을 알게 되는 것도 중요하지만 너무나 익숙해서 미처 보지 못했던 것을 새로운 눈으로 보게 될 수 있는 '깨달음'이 중요하기 때문이다.

"매일 생활하는 공간인 교실인데도 내가 관심을 가지고 알아차리지 않으면 알기 힘들죠?"

"당연하죠. 덥다며 사용하는 선풍기도, 매일 종소리 듣는 스피커도 어디 있는지 오늘 알았어요."

"우리가 '본다'라는 행위가 어떤 의미를 가질까요? 여러분이 평소 선풍기를 본다는 것과 선생님이 '선풍기를 보세요'라고 했을 때의 차이는 뭘까요?"

"평소에는 그냥 보는 거예요. 그러니까 눈 떠 있으니까 보는 거요. 하지만… 선생님이 보라고 해서 보는 건 집중해서 보는 거예요. 딱 보아야겠다고 생각하고요."

"내가 보았다는 사실만으로 모두 안다고 말할 수 있을까요?"

"아뇨. 보아도 보지 못할 수 있어요. 보고도 잘못 볼 수도 있죠."

문화현상을 분석하기에 앞서 학생들이 지닌 생각의 틀을 돌아볼 수 있는 기회를 가진다. 학생들이 처한 상황에 따라 가지고 있는 '생각의 안경'을 확인해 보고, 새로운 관점으로 문화현상을 바라보는 경험이다.

나는 어떤 생각의 안경을 쓰고 있나

'본다'는 행위를 돌아볼 때 자주 사용하는 영상은 'monkey illusion'[1]인데, 알아차리기 실험 중 하나이다. 교사는 질문을 던진다.

---

1. https://www.youtube.com/watch?v=IGQmdoK_ZfY

"흰옷을 입는 사람들끼리 서로 공을 던지는 횟수를 세어 보세요."

학생들은 집중을 해서 흰옷을 입는 사람들이 던진 공의 횟수를 세어서 맞힌다. 그러나 실제 이 영상의 의도는 공을 던진 횟수를 세도록 유도하고 그 사이에 지나가는 고릴라, 색이 변하는 커튼, 사람 수의 변화 등을 알아차리는지 확인하는 것이다.

학생들이 똑같은 영상을 보았어도 보이는 반응은 제각각이다. 살짝 다른 장면을 목격해서 안다는 듯 미소를 짓는 학생, 정말 커튼의 색깔이 변하는지 몰랐다는 학생, 내가 거짓말을 하고 있는 건지 모른다는 학생 등등. 학생들에게 다시 한번 해당 영상을 보여 주고 나면 순간적으로 머릿속이 '번쩍'인다는 것을 느낄 수 있다. 말로 다 설명할 수 없는 순간들을 스스로 포착한 것이다.

"왜 아까는 보지 못한 것이 지금은 보일까요?"

"선생님의 말을 듣고 생각이 달라졌으니까요. 완전히 새롭게 본 느낌이었어요."

선택적 주의(집중) 때문에 다른 사실들을 알아차리지 못하는 것처럼 우리가 쉽게 범하는 오류와 왜곡들이 문화현상을 이해할 때 발생할 수 있음을 생각하며 이야기를 나눈다.

"일상의 현상을 바라볼 때 여러분이 쓰고 있는 안경은 여러분이 알아차리지 못하도록 만들어요. 너무 익숙하니까. 여러분이 쓰고 있는 생각의 안경을 벗어 볼 수 있을까요?"

"안경을 벗고 무지개 안경을 써도 돼요? 하하하."

"무지개 안경이라니 참신하네요. 안경을 새롭게 쓰는 것처럼 일상의 현상을 새롭게 보는 연습을 해 보는 건 어떨까요? 아니면 반대로 낯설

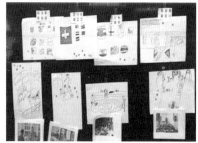

다고 생각하는 문화현상에서 우리가 가진 문화와 비슷한 면을 발견해 보는 것도요."

간접적으로 접하는 문화 현상들[2]에 대해서 이해한다는 것이 어떤 의미인지 생각하기 위해서 '설명 듣고 그림 그리기 활동'을 한다. 그림을 본 사람과 듣고 그리는 사람이 있다. 사진 속 현상과 그림을 본 사람이 설명을 하면, 그것을 듣고 그림을 그리는 것인데 처음 사진과 듣고 그리는 사람의 그림은 다르기 마련이다.

"활동할 때 어떤 점이 어려웠나요?"

"있는 그대로 기억해서 전달하기 힘들었어요. 말로 표현하기요."

"듣고 그리는 것도 어려웠어요. 듣고 머리로는 이해되는데 그림으로 표현이 안 돼요."

이후에는 학생들이 설명하기, 듣기, 그리기 과정에서 어렵거나 힘들었던 점을 공유한다. 그리고 이 활동이 문화를 이해하는 과정과 어떻게 닮아 있는지를 함께 이야기한다. 학생들은 이 과정을 거치면서 평소 책이나 TV, 인터넷 등 매체를 통해 간접적으로 접하는 문화를 어

---

2. 평소 학생들이 만나기 어려운 음악, 그림, 사진, 제스처, 놀이 등을 활용할 수 있다.

떻게 이해하고 분석해야 하는지 느끼게 된다. 학생들이 매체를 통해 문화를 이해할 때 생길 수 있는 오류를 다시 한번 생각해 보는 것이다. 문화현상을 이해할 때는 이처럼 오류의 과정을 파악하고, 다각적으로 조사하고, 다양한 시각으로 이해하는 것이 필요하다.

이는 여러 문화의 존재를 확인하고 다양한 문화현상에 대한 흥미를 유발할 수 있다. 또한 문화가 가진 속성을 이해하고 학생들이 문화현상에 대한 분석적인 자세와 더불어 개방적이고 포용적인 자세를 가지는 데 도움이 된다. 문화를 바라보는 다양한 관점들이 어떤 생각에서 출발했는지 파악하게 된다.

문화현상을 이해하는 방법

학생들이 새로운 눈으로 문화현상을 바라보고자 하는 마음가짐을 가지게 되었다면, 구체적으로 문화현상을 분석하는 도구를 활용하는 방법을 연습한다. 문화현상을 보고 분석하기 위해 활용할 수 있는 방법이 몇 가지 있다. 느낌(자신에게 떠오르는 것), 묘사(현상을 둘러싼 배경과 사람들이 하는 모습을 그림 그리는 것), 원인(현상이 발생한 자연적, 문화적인 이유), 유사와 차이(다른 문화현상과 비슷한지 다른지 알아보는 조사), 동의와 반박(문화현상에 대해 내가 가진 생각) 등이다. 먼저 하나의 문화현상을 살펴보기 위해 차례로 답을 작성해 간다. 필요하다면 자료 조사를 추가하고 스스로 탐구과정을 조정할 수 있다.

"우리가 문화현상을 보면 딱 드는 느낌만으로 판단하여 왜곡된 생각을 하는데, 좀 더 면밀하게 살펴볼 필요가 있죠? 그래서 도구를 활용해 볼 거예요."

"도구요? 어려운데요."

"문화현상은 복잡다단하기 때문에 쉽게 파악되지는 않을 거예요. 하지만 한 단계씩 자신의 생각을 끄집어내고 조사해 가면 첫 느낌과 다를 수도 있죠. 한번 해 볼까요?"

문화현상, 질문과 답을 연결하여 만든 것이 사진에 제시된 헥사맵이다. 헥사맵은 학생들의 생각을 정리하기 위한 수단이다. 문화현상에 대한 자신의 생각을 글로 작성하기에 앞서 헥사맵을

만들어 가는 과정을 하나씩 거친다. 자신의 생각을 쓰고, 필요한 내용을 조사하고, 친구들의 생각을 읽고 공유하고, 토론을 하면서 다시 생각해 볼 수 있는 과정이다. 문화현상을 이해하는 방법 자체를 아는 것은 학생들이 새로운 문화현상을 만났을 때 삶 속에서도 이러한 과정을 활용하는 데 의의가 있다. 더불어 분석과정을 통해 얻어진 결과물을 활용하여 자신의 생각을 글로 쉽게 정리할 수 있다.

우리는 왜 세계시민으로 살아가야 하나

학생들과 낯설게 보고 듣고 생각한다는 것을 말하다 보면 교사 자

신에게도 질문을 하게 된다. 스스로가 가진 생각의 안경에 대해서. 일상의 수업으로 세계시민교육을 한다는 것은 수업을 준비하고 학생들과 소통하는 과정으로 교사 자신이 세계시민성을 기르는 시간이기도 하다. 교사가 모든 것을 통달하고 완벽한 사람이 되어야 한다는 말은 아니다. 하지만 적어도 자신이 세계시민성을 갖추기 위해 고민하고 노력하는 모습을 보이는 것은 꼭 필요하다.

"선생님은 외국에 나갈 일이 많으니까 다른 나라 문화 이해가 필요한 거 아니에요?"

"여러분이 모두 외교관이나 국제기구 종사자가 되라고, 또는 외국에 나가 살 것을 대비해서 다양한 문화 수업을 하는 것이 아니에요."

"세계는 너무 멀어요."

"'세계'라는 공간이 너무 넓긴 하지만 '세계'가 곧 여러분의 삶의 무대이고 서로 상관없는 이야기가 아니라는 것을 말하고 싶은 거예요. 여러분의 자리에서 어떻게 세계를 바라보고, 세상을 위해 의미 있는 행동을 할 건지 고민해 보자는 거죠. 선생님도 한국에 사는 교사이지만 세계시민으로 살기 위해 노력하고 있어요. 여러분처럼."

고등학교 사회 교과서의 문화 단원 재구성의 예

차시 (누계)	수업 주제	수업 내용 (교과서 재구성)	교수·학습 활동	평가
1 (1)	문화의 의미	• 문화란 무엇인가? • 문화의 다양한 의미를 어떻게 이해할 것인가?	• 다양한 문화의 의미 살펴보기 • 문화를 활용한 글짓기	
1 (2)	낯설게 보기	• 내가 가지고 있는 생각 (보고 듣고 맛보는 등)은 객관적이라고 말할 수 있는가? • 나는 어떤 시각으로 세상을 바라볼 것인가?	• 나의 오감과 생각을 의심하기 • 익숙함을 낯설게 보기	
2 (4)	문화 현상 분석 1	• 나와 다른 문화현상을 어떻게 이해할 것인가? • 낯선 문화현상을 접했을 때 어떤 생각 도구를 사용할 것인가? • 문화를 보는 다양한 시각을 모두 인정할 수 있는가?	• 문화현상 분석 방법 파악하기 • 문화현상 분석 마인드맵 그리기	마인드맵 활용 글
1 (5)	문화 현상 분석 2	• 민족지란 무엇인가? • 인류학자들은 문화를 어떻게 기록할까? • 내가 가진 문화를 어떻게 쓸 수 있을까?	• 민족지 분석하기 • 우리 학교문화 민족지 작성하기	학교문화현상 분석 글
2 (7)	대중 문화	• 대중문화의 의미와 특징은 무엇인가? • 대중문화에 영향을 미치는 대중매체 속의 표현은 어떻게 이해할 것인가?	• 대중문화 이해하기 • 대중문화 비평문 쓰기	대중매체 속 문화현상 분석 글
1 (8)	문화를 보는 눈	• 문화를 보는 관점들은 무엇인가? • 문화를 보는 다양한 관점을 내 삶에 어떻게 적용할 것인가?	• 다양한 문화 관점 비교, 대조하기	

키비처, 성평등한 세상을 꿈꾸다

박범철_경문고등학교

1학기 기말고사가 끝나고 즐거운 여름방학이 시작될 즈음, 한국사 수업시간에 영화 〈아이 캔 스피크〉를 보았다. 학생들에게 감상 소감도 물을 겸 질문을 던졌다.

"영화 재미있게 잘 보았나요? 8월 14일이 무슨 날인지 아는 사람?"

"네, 김학순 할머니가 1991년 8월 14일 최초로 일본군 '위안부' 피해자임을 증언한 날이에요."

"네, 맞아요. 그래서 '세계 위안부의 날'을 우리나라에서는 2017년부터 국가기념일로 지정하였어요. 우리 경문고 키비처도 방학 중이지만 할머니들과 평화나비[1] 친구들과 함께 연대해서 정의로운 방식으로 이 날을 기억하면 좋겠어요!"

"우와~ 역시 경문고 키비처답다!"

---

1. 평화나비는 일본군 성노예제 문제 해결을 위한 청소년 대학생 청년 네트워크 조직을 말한다. 처음에는 전국 대학생들의 프로젝트 동아리로 시작되었지만 점차 청소년 청년 등 연합 네트워크 활동을 하게 되었다. 일본군 '위안부' 피해자 할머니들의 뜻을 이어받아 수요시위, 재일조선학교 방문, 베트남 전쟁 민간인 학살 문제 등을 함께하며 다양한 사회 참여 연대 활동을 해 오고 있다.

경문고에는 6년째 활동 중인 세계시민교육 동아리가 있다. 키비처란 말은 미국의 철학자 왈저 교수가 고안한 개념으로 장기를 둘 때 옆에서 훈수를 두는 사람을 말한다. 좀 더 풀어서 이야기하면, 현대 사회는 개인적인 삶에 치중하는 사람도 많고, 또 반대로 대부분의 시간을 사회 활동에 매달리는 활동가와 같은 열성 시민도 있기 마련인데, 키비처는 그 중간쯤 되는 사람들을 일컫는다. 대의민주주의 사회에서 우리는 정치에 무관심할 수도 있고 반면 적극적으로 사회 활동에 참여할 수도 있지만, 그러다 보면 균형 잡힌 삶을 살기 쉽지 않다. 그래서 그 중간쯤에서 정부가 잘하는 일에는 보다 적극적으로 참여도 하고, 반대로 잘못한 일에는 비판적 시각과 함께 대안까지도 모색해 보는 민주시민이 되어 보자는 생각에서 동아리가 결성되었다.

그동안은 이주노동자, 결혼이주여성, 난민, 이슬람 문화체험, 이주배경 청소년, 청소년 참정권 운동 등 한국 사회에서 주류 문화에 편입되지 못한 사회적 소수자들의 이야기에 주목하여 활동해 왔다. 2018년에는 대한민국 사회에서 커다란 영향을 미친 미투 운동에 주목하였다. 왠지 억울한 것 같고 잘 이해하기 어려운 성평등과 페미니즘에 대하여 남자 고등학생의 입장에서 벗어나, 여성의 입장에서 생각해 보자는 의도에서 1년간 활동해 보기로 하였다.

또 하나의 목소리로 평등을 생각하다

실제로 경문고 키비처 내에서도 처음에는 의견이 분분했다. 남학교이다 보니 기존의 구성원도 남성의 비율이 월등하게 많았고, 분위기도 남성 위주의 문화가 짙게 드리워져 있었다. 특히 학교에서 함께 근무하고 있는 여교사를 비롯한 여성들이 제대로 의사표현을 하기 어려운 구조였다. 2018년에는 워마드 등 일부 래디컬 페미니즘[2]에 가까운 여성주의 움직임에 대하여 노골적으로 우려를 표하거나 혐오하는 분위기가 학교 안에서도 계속 감지되고 있었다.

여러 가지 우려에도 불구하고 학교의 3주체(학생, 학부모, 교사)가 모두 모여 문제 해결을 위한 다양한 실천 활동을 하고자 꾸준히 노력했다. 먼저 3월 8일 110주년 '세계 여성의 날'을 맞이하여 교무실, 행정실, 급식실, 매점 등에서 함께 근무하는 여성 동료들에게 장미꽃 한 송이와 함께 축하의 메시지를 전했다. 뒤이어 메시지에 응답한 여교사들과 함께 '경문고, 또 하나의 목소리'라는 모임을 만들었고, 정기 모임을 통해 '우리 학교를 성평등한 공간으로'라는 목표를 가지고 창의적 체험활동 프로그램을 함께 준비하였다.

키비저 학생들은 여성과 청소년의 공동분모를 찾기 위한 노력을 하였는데 의외로 쉽게 찾을 수 있었다. 마침 6월 13일 지방 선거에 맞추어 청소년 시민단체인 촛불청소년인권법제정연대의 '청소년 서프러제트 운동'에서 아이디어를 얻었다. 청소년 서프러제트 운동은 19세기 영국의 여성참정권 운동인 서프러제트에서 비롯된 것으로 사회적 소

---

2. 급진 여성주의(영어: radical feminism)는 모든 사회적, 경제적 맥락에서 남성중심주의를 제거하고 근본적 사회 재구성을 요구하는 관점의 여성주의를 말한다. 가부장적 남성 중심 사회에 대한 페미니즘 운동의 정당함을 옹호하지만 사회적 여성 억압에 대한 문제 해결 방식 중에 극단적인 남녀갈등을 야기하는 행동에 대한 반감을 가진 이들도 늘고 있다.

수자인 청소년과 여성이 정치에 참여하도록 유도한 활동이다. 본교에서는 키비처 동아리를 맡고 있는 교사가 교복을 입고 미리 사전투표를 하면서 인증샷을 찍어 밴드에 올렸다.

그날 하루는 교복을 입고 수업에 들어갔는데 '유신 체제와 부마항쟁'이 주제였다. 국민들의 정치 참여가 제한되어 있을 때 어떻게 독재정치로 이어지는지에 관한 수업이었다. 학생들은 진지하게 참여했고, 청소년의 참정권 운동을 지지했으며, 여성들이 참정권을 갖게 되기까지의 과정과 유사한 것에 놀라움을 표시했다. 그리고 연대의 의미로 일본군 '위안부' 지킴이를 자처하며 여성과의 연대를 위해 보라색 티셔츠 또는 핑크색 티셔츠를 입어 보자는 의견을 내기에 이르렀다.

학부모님들도 적극 호응하여 학교 성평등 주간에 보라색 티셔츠를 입기로 했다. 또한 결혼이주여성들과 함께 동작구에 있는 여성과 관련된 문화유적, 역사탐방을 함께하였다. 그리고 마침내 7월 12일, '성평등한 경문고의 하루'라는 이름으로 1학년 학생부터 정년퇴임이 얼마 남지 않은 남교사에 이르기까지 성평등한 학교 만들기에 동참하여 학교를 핑크색, 보라색으로 물들이게 되었다.

출처 촛불청소년인권법제정연대

학교에서 마을로, 확장되어 가는 키비처 활동

성평등한 세상을 꿈꾸는 키비처들의 움직임은 학교 안에서 마을로 확산되어 갔다. 8월 14일 세계 위안부의 날을 알리기 위해 먼저 중앙대학교 사회학과 이나영 교수님과 연구자들, 전쟁과 여성인권 박물관 이지영 선생님의 강의를 들으며 일본군 '위안부' 할머니들의 용기 있는 행동을 알리기로 했다. 흑석역에 위치한 평화의 소녀상 앞에서 세계평화기원 1억 명 서명운동을 벌이고, 활동 결과물을 정신대문제대책협의회(정대협)에 기증했다. 중앙대학교 앞에서 출발하는 152번 버스를 타고 신용산역 강제징용노동자상, 이화여고 앞에 서 있는 소녀상, 구일본대사관 소녀상, 한성대학교 앞 한중 소녀상을 방문하는 루트를 개척하기도 했다.

또한 동작구에서 일본군 '위안부'가 실제로 끌려간 장소(노량진역 인근 별장 횟집)에도 가 보고, 전시 성폭력에 여성들이 더 이상 희생되지 않기를 빌어 보았다. 전쟁과 여성에 대해 더 지세히 알아보기 위해 대방역에 위치한 여성플라자센터를 탐방했다. 여성플라자에 위치한 여성들의 기억을 기록한다는 의미의 성평등 도서관 '여기'에서 진행하는 성평등 프로그램에 참여했다. 이곳은 과거 미군 부대가 있던 곳으로, 한국전쟁이 끝나고 생계가 막막했던 부녀자들을 수용하기 위해 시립부녀자보호소를 세웠다. 거리의 여성들에게 기술을 가르친다고 했지만 실제로는 그들의 인신을 구속하고 인권을 유린했던 국가폭력의 장소이기도 했다.

키비처의 활동은 처음에는 청소년 참정권에서 출발했지만 여성 참정권을 거쳐 사회적 소수자의 문제로 인식하게 되었다. 일본군 '위안부' 문제에 대한 한일 역사 인식에서 출발했지만 지금도 계속되고 있는 전쟁에서 여성에게 가해지고 있는 전시성폭력과 국가폭력의 문제를 인식하였고, 평화의 소중함을 되새기는 활동으로 의식을 확장해 갈 수 있었다.

남자고등학교에서 다루기 조심스러운 주제였지만 학생·학부모·교사와 마을 사람들이 모여 '성평등'이라는 주제 안에서 세계시민으로 함께 성장하고자 노력했다. 지구촌에서 더불어 살아가는 세계시민이 되어 인류 공동의 문제들, 예를 들어 환경파괴, 빈곤, 갈등과 분쟁 등을 해결하기 위해서는 우리 모두가 인식을 전환하고 지속적인 실천을 계속해야 한다.

"엄마의 하나밖에 없는 아들로 태어나 성평등 프로그램에 참여하고 키비처 활동하는 동안에는 가끔 힘들기도 했지만, 지나고 나면 문득문득 생각도 나고 키비처로 활동한 것에 자부심을 느껴요."

"무엇보다 지속적인 키비처 활동을 통해 개인적으로 한 단계 한 단계 성장하는 시기였던 것 같아요. 직접 만나서 말씀을 녹취해서 구술사로 풀어냈던 김복동 할머니께서 돌아가셔서 아쉬워요. 속상하고 힘들기도 했지만 더 나은 세상 만들기 위해 더 열심히 키비처로 활동하는 것이 할머니 뜻을 이어받는 정의로운 행동인 것 같아요."

포텐시아, 그림책에 담은 아시아의 꿈

정애경_세계시민교육연구소

"어, 저게 뭐지?"

안개가 가득 찬 운동장에서 우뚝 서 있는 검은 그림자를 보고 나는 소스라치게 놀랐다. 새벽녘 침낭 속에서 꼼지락거린 지 30여 분, 겨우 마음을 다잡고 교실 문을 열고 나왔을 때 나는 놀란 나머지 그 자리에 굳어 버렸다. 짙은 새벽안개 속에 무엇인가 왔다 갔다 하고 있는 것이 눈에 띄었기 때문이다.

네팔 룸비니는 안개로 유명하다. 너무나 짙은 안개가 밤부터 끼기 시작하여 오전 10시 가까이 되어서나 걷히는 때가 많았다. 그래서 새벽에 깨어 화장실 가는 것이 가장 힘겹고 불편한 일이었다. 바로 앞도 잘 보이지 않아 화장실 방향도 제대로 잡지 못하는 때가 많았고, 안개 속에 무언가가 불쑥 나타날 것만 같은 두려움 때문에 한밤중에 눈을 뜨는 것은 여간 곤혹스러운 일이 아니었다. 그날도 이런 불편 때문에 침낭 속에서 복부 팽만의 고통을 참고 있다가 겨우 마음을 굳게 먹고 나왔는데 짙은 안개 속에 어렴풋이 움직이고 있는 물체를 발견하게 된 것이었다.

"누~ 구세요? Hello~"

기어들어 가는 목소리로 겨우 이렇게 말하고 나는 그 자리에 굳어 버렸다.

"어, 누구세요? 저 아림이에요."

"아니, 너 거기서 뭐 해? 짐승이 학교에 들어왔나 하고 얼마나 놀랐는데."

"선생님이세요? 저 화장실 갔다가 운동장 돌고 있어요."

룸비니 거뜸부타 학교의 새벽안개 낀 운동장을 겁도 없이 걷고 있었던 그 학생은 내게 고등학생 국제교육자원활동단을 만들어야겠다는 생각을 하게 해 준 친구였다.

"선생님, 제가 네팔에 온 이유는요. 제 자신에 대해 좀 더 분명히 알고 싶어서예요. 고등학교 1학년이면 아직도 시간이 넉넉하다고 말할지 모르지만 이 겨울이 지나면 2학년이잖아요. 이제는 제가 해야 할 일의 방향을 찾아야 한다고 생각하거든요. 저는 국제활동을 하고 싶은데 그런 분야에 대해 학교에서 경험한 적이 없어요. 그래서 고민스러워요."

짙은 안개 가득한 머나먼 네팔 오지의 학교 운동장을 잠도 이루지 못한 채 헤매게 했던 순수한 고뇌가 교육활동에 대한 반성과 성찰의 계기가 되었다.

사랑으로 발견한 아이들의 숨은 힘

2013년 새 학기가 시작되면서 나는 국제교육자원활동 학생동아리를 모집하였다. 단순한 국제교류 활동이 아니라 국제사회를 이해하고 여러 나라의 문화에 대해 공부하면서 올바른 관계를 맺을 수 있는 역량을 기르기 위한 자율동아리로 뜻을 같이하게 된 12명의 학생들. 그것이 포텐시아의 출발이었다. '포텐시아potencia'는 '가능성 있는, 또는 잠재력의'라는 의미를 가진 학생 국제교육자원활동 동아리이다. 말 그대로 자신들 속에 숨어 있는 재능과 끼를 찾아보려는 그들의 의지로 똘똘 뭉친 동아리였다.

학교교육과정에서도 국제사회 분야의 내용이 많아서 훨씬 다양한 영역의 연구와 연결하기 용이할 뿐 아니라 학교 전체의 분위기와도 맞아서 자신감 넘쳐 출발했던 포텐시아의 활동은 실제적으로 학생 중심의 체제로 움직이기에는 다소 어려운 점이 많았다. 과중한 학교생활이 전문성을 요구하는 동아리 활동의 발목을 잡은 것이다.

그래도 힘겨워하는 아이들을 격려하여 다시 일으켜 세울 수 있었던 것은 아시아 드림 프로젝트 1탄으로 실시해 본 2014 연합 그림책 전시회, 코캇텔Korean Got Tales이었다. 코캇텔 활동은 아마추어 일러스터 학생들이 '이웃과 함께하는 따뜻한 그림책, 아시아의 어린이들에게 꿈을'이라는 슬로건으로 전시부터 후원금 모금까지 기획하고 진행하는 일련의 프로젝트 활동이었다. 또한 그 과정에서 자신의 역량도 개발하는 의미 있는 시간을 만들고 싶었던 의지도 있었다. 포텐시아에 소속한 일러스터 학생들이 그려 낸 『ASTORY』는 단순한 그림책이 아니라 아시아의 어린이들에게 선물한 꿈과 희망이었다. 네팔과 라오스 오지 학교의 어린이들에게 아시아를 알리고 싶다는 소박한 마음으로 밤을 새워 그림을 그렸다. 북서울중학교 학생들과 연합해서 실시한 전시회는 아이들의 사랑이 작은 실천으로 나타난 첫 번째 활동이었다.

희망을 나누는 데에도 배움이 필요해요

2013년 네팔 국제교육자원활동을 기반으로 하여 출발한 포텐시아는 그 후 '찾아오는 KOICA' 프로그램의 하나로 국제리더십키우기 교육을 이수하며 학교 자체 활동을 디자인하고 다양한 행사도 전개했다. 12월에는 네팔과 라오스로 교사 역량 강화 지원 활동을 나가는 선생님들의 교과별 수업지도안을 영어로 번역하는 작업을 했으며, 일러스트팀에서는 아시아 드림 프로젝트 2탄으로 그림책 출판하기에 도전했다.

학교 중심에서의 포텐시아 활동이 공식적인 절차를 통해 학교 밖으로 진출하게 된 것은 2015년 인천 송도 세계교육 포럼 행사에서였다.

"선생님, 그렇게 큰 행사에 우리가 나가서 무슨 일을 할 수 있죠?"

"학업 시간 제끼고 3일이나 나간다는 것은 좀 무리인 거 같아요."

공부에 연연한 녀석들은 이렇게 말하기도 했다.

'능력도 없다, 시간도 없다, 뭘 해야 좋을지 모르겠다.' 막상 국제적으로 큰 행사에 자신들이 참여해야 한다는 사실에 지레 겁을 먹고 난감해하는 녀석들을 부추겨서 치러 낸 세계교육 포럼은 국내 활동을 통해서도 국제교류와 문화소개 그리고 세계인들과의 만남을 체험하게 해 준 중요한 배움의 장이었다.

"난 내 그림책 퍼즐을 보고 외국인들이 그렇게 재미있어할 거라고는 생각하지 못했어."

"내 그림책을 달라고 해서 얼마나 당황했는지 몰라. 너무 흥미로워서 자기네 학교 학생들에게 소개해 주고 싶다던 에티오피아 선생님한테 좀 미안하더라."

"아프리카 학교에도 학생 그룹이 있나 봐. 우리 동아리 이야기를 하니까 케냐 선생님은 자기 학교도 비슷한 동아리가 있다고 하던데."

그동안 그려 놓았던 아시아 전래동화를 전시하고, 서울시교육청 교사국제교육자원활동 네팔 편을 소개하는 자리에서 아이들은 저마다의 경험을 쏟아 놓았다.

"포텐시아, 우리 이 작은 그림책을 책으로 인쇄해 보면 더 좋지 않을까? 너희 생각은 어떠냐?" 이런 나의 제안을 출발로 1년 동안 아시아 전래동화를 모으고 새롭게 재구성하며 그림 그려서 만든 것이 바로 『ASTORY』였다. 일러스트팀이 그림을 새롭게 그리고 번역팀이 아시아 여러 나라 전래동화를 선정하여 영어로 번역했다. 아마추어들이라서 다소 어려웠지만 성북시립미술관의 미술교육 프로그램을 맡고 있던 몇몇 선생님들의 도움으로 책으로 인쇄되기 전 간단한 전시회도 개최할 수가 있었다.

북서울 시립미술관 전시에 이어 두 번째로 실시된 포텐시아 그림책 전시회. 거창하게 내보이는 것 하나 없이 차근차근 그리면서 스스로 성숙해 왔던 그들만의 시간이 고스란히 전해지는 순수하면서도 아름다운 전시회. '포텐시아'라는 이름에 걸맞게 자신의 잠재력과 의지에 대한 신념을 담아낼 줄 알게 된 포텐시아 친구들의 작품은 많은 사람들의 시선을 사로잡았다. 상설도 아닌 동아리가 그야말로 자율로 이

루어 낸 착하고 따뜻한 성과였다.

"선생님은 1, 2월 모두 국제교육자원활동에 참여해야 돼. 『ASTORY』 인쇄 작업 마무리는 너희들이 해야 하는데 가능할까 걱정된다."

"전시회도 한번 치러 보았으니 배운다는 마음으로 해 볼게요. 사실 이미지를 인쇄 레이아웃과 연결하라는 등 인쇄 기사님이 말할 때는 그게 무슨 뜻인지도 모르겠더라고요. 아이구 떨려서."

조금은 엄살을 부리는 녀석들을 모른 체하고 네팔과 라오스를 다녀온 후, 나는 몽상적이면서도 마음 깊숙이 다가오는 꿈꾸는 아시아의 그림책 『ASTORY』를 받아 볼 수 있었다.

"야, 전문가 솜씨네. 이런 그림책이면 우리 학교에서 교재로 써도 손색이 없겠는데."

다른 기관에서도 아시아 그림책을 만들어서 선보인 곳이 여럿 있었지만, 이렇게 학생들의 순수한 솜씨로 자유롭고 편안하게 그리고 전문성 짙게 만든 그림책은 거의 없었다.

"『ASTORY』 만드는 것 힘들었지? 공부해야 하는 시간 쪼개서 이런 활동을 해 주어서 고맙다."

"저희들도 이 과정 거치면서 생각도 많이 하고 공부도 많이 했어요.

생각한다는 것이 어떤 것인지 느낌이 와요. 저희가 마치 생각하면서 크는 나무 같은 거 있죠."

인쇄된 그림책을 돌려 보면서 소감을 나누는 자리에서 아이들은 한결같이 자신들의 마음속에 숨어 있던 수많은 고민을 꺼내 놓았다. 그림을 그리면서 많이 울었다는 녀석, 중간에 포기하고 싶어서 나한테 거짓말을 했었다고 고백하는 녀석, 공부 안 하고 그림 그린다는 부모님의 역정에 속이 상했었다는 녀석, 약속된 시간에 그림을 완성하지 못하고 변명만 하는 친구들 때문에 애를 태우고 갈등에 싸였던 녀석까지 우리 포텐시아의 나무들은 나름대로의 고민과 갈등 그리고 힘겨움을 통해 조금씩 자라나고 있었다.

2012년 겨울에는 동아리로서가 아니라 조그만 일러스트팀으로 시작한 포텐시아가 2013년에 정식으로 자율동아리 등록을 했고, 2015년 송도 세계시민교육 부스 운영에 참석한 것을 계기로 아시아 드림 프로젝트를 활성화시켜 지금까지 이어 오고 있다. 사실 그동안 침체기가 없었던 것도 아니었지만 사생적으로 성찰하고 꾸려 나가려는 힘이 유난히 강해 그런 굴곡들도 하나의 배움의 과정이라는 생각을 하게 되었다.

올해 초 일러스트팀만 구성을 해서 아시아 드림 프로젝트 3탄을 준비하였다. 『ASTORY』 2집을 출판하려고 계획했기 때문이다. 학교 축제에서 포텐시아를 소개하는 부스를 만들어 포텐시아의 활동을 다른 아이들에게 안내하던 듬직한 친구들은 일러스트팀을 제외하고는 잠시 휴지기에 들어갔다. 동아리의 진정한 정체성을 위해 자신들이 스스로 고민하는 시간을 갖기 위해서였다. 포텐시아, 참 특이한 동아리다. 다른 동아리 같으면 무슨 일이 있어도 명맥을 유지하려고 안간힘을 쓸 텐데, 툭툭 털고 또 한 번의 도약을 약속하며 잠시 쉬어 가고 싶다는 아이들의 말을 들었을 때는 좀 불편한 마음이 들더니 지금은 다르게 아이들이 느껴진다.

2018년 11월 초에 마치 긴 동면에서 깬 것처럼 포텐시아 모집이라는 안내문을 내걸고 18명이 다시 모여 포텐시아를 열었다. 그동안 두서없이 활동해 왔던 체제를 벗어나 이제는 전문성을 목표로 하여 자체적인 시스템을 가동하고 싶다는 비전을 가진 똘망똘망한 마음들이 뭔가 일을 낼 것 같다.

새로운 관계는 기다림에서부터

정애경_세계시민교육연구소

"답사가 유익할 것 같고 흥미가 있어서 신청했는데, 학교에서 강사료까지 내주면서 한다면 조금은 부담스럽네요. 취소하고 싶어요, 선생님."

"특별지원학교 예산이라고 교육청에서 준 거예요. 좋은 기회인데 다시 생각해 보실 수 없을까요?"

몇 번의 문자와 전화 상담도 다 실패로 끝났다. 2년 정도 학부모 모임을 지속적으로 해 오면서 그들의 열정도 알고 있고 해서 제안했는데, 결국 성북동 문화답사는 히무히게 끝나 버리고 말았다.

"학교와 학부모가 이렇게 다른 생각을 하는지 몰랐어요."

이번 행사 진행을 위해 애쓴 사서 선생님을 보며 무언가 중요한 것을 학교 안에서 놓치고 있다는 생각이 들었다.

기다린 끝에 만나게 된 학부모 자율모임

예전에 샤프론이라는 학부모 봉사동아리가 있었다. 학부모들의 의견을 대변하고 학생들과 함께 봉사활동을 하면서 학교 안팎으로 영향력을 보여 주었다. 이에 힘입어 학교에서는 부모교육도 실시하고 농촌 봉사활동도 했다. 학부모와의 연대감을 확대하기 위해 학교 텃밭 만들기를 비롯하여 학교 환경 조성 봉사활동으로까지 확장해 나갔다. 이런 활동들이 학교와 가정을 자연스럽게 연결하고, 함께 교육공동체를 만들어 간다는 점에서 내심 뿌듯했다. 그런데 이상하게 모임이 이어질수록 의견 충돌이 생기고 학교와도 대립하는 상황에 이르렀다. 그러다가 결국 자의 반 타의 반으로 학부모 활동은 거의 이루어지지 못하고 말았다.

"학부모들과 의견을 자유롭게 나누고 서로 조율하기가 쉽지 않아요. 많은 노력이 필요한 것은 알겠는데 해결해야 할 문제들도 많지요."

선생님들마다 학부모와의 소통이 필요하다는 걸 인정하면서도 효과적인 방법을 찾아내는 데 곤혹스러워했다. 그동안 학교에서 함께 배추도 심고 김장도 하면서 가졌던 소통의 시간이 그리웠다. 그러나 우리는 가까이하기엔 너무 먼 관계가 되었다.

"선생님들과 만나서 마음을 터놓고 이야기한다는 것은 불가능하지 않나요? 우선 괜히 평가받는 것 같아 불편하고요. 선생님들도 워낙 바쁘시잖아요. 아이에 대한 정보를 알 수가 없어서 좀 답답하기는 하지만 학교에 가는 게 쉽지는 않아요."

학부모들을 만날 때마다 공통적으로 듣는 말 중의 하나다. 평가하는 사람, 자기 아이에 대해 불편한 진실을 말하는 사람. 그래서 더욱 연대하기가 어려운 존재로서의 교사. 학부모와 교사는 서로가 커다란 벽을 느끼고 있었다.

학부모 독서모임을 통해 세계시민교육을

이렇게 단절되었던 학부모들과의 만남이 8년 만에 다시 이루어졌다. 매월 1회 대여섯 분의 학부모가 자율적으로 학교도서관에 모여 독서모임을 한다는 이야기를 들은 것은 작년이었다. 학부모 자율모임이라는 말에 부쩍 관심이 갔다. 가정을 중심으로 한 인성교육이 세계시민교육의 전제라고 늘 생각하고 있었기에 행복한 연대를 다시 꿈꾸었다. 올해는 학부모 독서모임을 통해 세계시민교육을 해 볼까 하는 마음이 든 것이다.

"아이고 선생님, 우리 눈높이에 좀 맞춰 주세요. 저희는 지금 세계시민교육이라는 말을 처음 들었어요. 도무지 무슨 말인지 이해하기가 어렵네요."

아차 싶었다. 너무 성급했나? 스스로 한심하다는 생각이 들었다. 마음이 앞서서 상대방의 이해가 어느 정도인지 전혀 배려하지 않고 무작정 덤빈 것 같아 미안한 생각도 들었다. 어떤 이야기를 해야 어머니들이 세계시민이나 세계시민교육을 쉽게 이해할 수 있을까? 자녀와 관련된 이야기라면 그래도 관심이 생기겠다 싶어 수업 이야기로 다시 시작했다.

"그럼 우리 아이들이 이번 학기 '현대문학 감상' 시간에 어떤 내용을 배웠는지 먼저 말씀드릴게요. 지금 여기 국제반 어머님들 계시죠? 저는 이번 학기에 국제반을 대상으로 베트남 문학을 가르쳤습니다."

이렇게 시작된 베트남 이야기는 왜 베트남 문학을 수업시간에 선정했는지, 베트남 문학의 특성은 어떤 것인지, 문학 작품 속에 나오는 주인공들에 대한 이야기에서부터 베트남에 대해 우리가 어떤 오해를 하고 있는지에 관한 내용으로까지 이어졌다. 그러면서 자연스럽게 한자 문화권에 있는 베트남의 역사, 한국 군인이 참전했던 베트남 전쟁 그리고 한국에 와 있는 베트남 결혼이주여성들의 이야기까지 하게 되었다.

"베트남 사람들이 우리나라에 많이 와 있는데 그동안 베트남에 대해 알려고조차 하지 않았네요. 그래도 같은 아시아니까 다른 나라보다 관심은 더 가요. 사실 베트남 전쟁만 알았었는데 요즘은 박항서 감독과 축구 얘길 더 많이 들어요. 이렇게 다른 나라에 대해 새롭게 보고 이해하게 되는 것, 그게 선생님이 말씀하신 세계시민의식인가요?"

"그렇죠! 그런 생각과 태도가 세계시민의 출발점입니다. 주변 나라에 대해 알게 되면 관심이 생기게 되지요. 그러면 그들이 겪는 어려움에 대해서도 생각할 수 있고요. 어려움의 원인에 대해서도 알아보게 되고, 그것을 해결하려는 마음도 생기기 쉽겠지요. 아이들은 이번에 베트남 문학을 통해 베트남 사람들에 대해 새롭게 알게 되었다고 말했습니다. 이런 것이 어디 베트남뿐이겠어요? 나의 행동이 다른 사람들에게 영향을 준다는 것을 이해하고, 주변에 어려운 일이 있으면 함께 해결하려고 노력하는 마음이 세계시민의 모습이지요."

"그럼 촛불집회나 미투 운동 같은 것에 참여하는 것도 세계시민으로서의 자세가 될 수 있겠네요."

"사실 요즘은 내 문제, 네 문제 따로 있는 게 아니더군요. 지난여름 너무 더워서 사람들이 에어컨을 많이 사용했다가 아파트에 전기가 몇 시간 멈춘 적이 있었어요. 그 이후로 기후변화라는 말이 꽤 심각하게 느껴졌어요."

여기저기서 자신들이 직접 경험했던 일들을 가지고 이야기꽃을 피우기 시작했다.

"아이들도 교실에서 다른 나라에 대해 생각해 보고 서로 토론하면 좋겠네요. 이런 활동이 세계시민교육이라면 그렇게 어려운 게 아니라는 생각이 듭니다. 앞으로 독서모임에서 이런 것에 관심을 가지고 책을 선정해야 될 거 같아요."

한 어머니의 말씀에 다른 분들도 기꺼이 동조했다. 이론적으로만 접근하려고 했던 성급함으로 의기소침했던 마음이 확 풀렸다. 좀 더 상대의 눈높이에 맞추어서 이야기를 나누려는 배려가 부족했던 그동안의 내 모습이 못내 후회가 되기까지 했다.

학교 안 세계시민교육

두 번째로 열린 KOICA 세계시민교육 워크숍에서 세계시민교육연구소(이하 세시연)는 '학교 안 세계시민교육' 섹션을 맡아 진행했다. 교사와 학생들의 발표가 끝나고 학부모 발표가 이어졌다. 세계시민교육 관련 연수나 세미나를 실시하면서 학부모한테까지 문을 연 적이 없었는데, 이번에는 학부모 세계시민교육 코너를 열어 보자고 제안하여 마련한 시간이었다. 우리 학교 학부모의 발표를 들은 청중들의 반응은 의외로 뜨거웠다.

"안녕하세요. 저는 서울국제고 1학년 학생 엄마이고 주부이면서,

학부모 독서모임인 베리타스 3기 1학년 조장을 맡고 있습니다. 5월부터 1학년 학부모 독서모임을 진행해 오다가 10월에 선생님의 제안으로 서울에너지드림센터에서 열리는 세계시민교육 답사에 참여하게 되었고요, 그 일을 계기로 오늘 이 자리에까지 서게 되었습니다. 세상에 우연은 없다고 생각하는데요, 전 이 자리가 무척 소중하고 감사할 뿐입니다."

"이야기를 듣고 보니 놀랍네요. 선생님과 학부모 그리고 학생이 함께 답사를 하며 배움의 시간을 가진다는 점이 특히 인상적이었어요. 지방에 있는 학교에서도 이런 모임을 가지려면 어떻게 해야 하나요? 저도 다른 학부모들과 세계시민교육을 함께하고 싶어요."

세계시민교육 워크숍에 참가하려고 새벽에 통영에서 기차를 타고 올라왔다는 학부모의 말은 그 자리에 있던 모든 사람들에게 커다란 울림이 되었다.

"저는 세계시민교육이 국제사회에 대한 교육인 줄만 알았어요. 그런데 이번 답사에 참여하고서는 생각이 달라졌습니다."

도시재생을 주제로 한 세시연 답사에도 참석했던 조장 어머니는 이야기를 계속 이어 나갔다.

"저도 늘 하늘공원의 억새풀 구경만 하고 돌아가곤 했는데요, 처음으로 다른 경험을 해 보게 되었습니다. 그곳에 서울에너지드림센터와 문화비축기지가 있는 줄 지금까지 모르고 있었더라고요. 이번 답사의 주제는 〈서울에너지드림센터와 문화비축기지 탐방을 통한 지속가능한 건축-주거환경 및 도시재생 고찰〉이었어요. 처음엔 주제가 너무도 낯설어서 아무것도 모른 채 선생님을 쫓아다니기에만 바빴죠. 그러나 함께 이야기 나누고 찬찬히 둘러보면서 세계시민교육이라는 것도 조금은 알게 되었어요. 세계시민교육은 자기 주변의 일에 대한 관심에서 시작되는 것이며, 개인 주변의 일이 바로 세계의 문제와 연결된다는 사실을 이해하게 되었습니다. 아이와 함께 경험한 이번 답사는 새로운 세상을 접하는 계기가 되었습니다."

"이번 학기 학부모 독서모임에서는 『랩걸』이라는 책을 읽었어요. 이 책을 읽은 후 자연스럽게 카페에서 더 이상 일회용 컵을 쓰지 않겠다고 마음먹었습니다. 다음 모임부터는 모두들 텀블러를 가져오거나 컵을 이용하고 있답니다. 그리고 마트에서도 비닐 사용을 최대한 자제하고 재활용 물품을 잘 닦아 분리하고 있어요. 세계시민교육은 가정에서부터 출발한다고 생각합니다. 옳은 방향을 정하고, 어떤 행동에 리듬이 생기고, 그것이 문화가 된다면 우리는 지금보다 좀 더 나아질 수 있다고 봐요."

"맞아요. 환경파괴를 줄이기 위해서는 작은 불편함을 귀찮아하지 않아야 한다고 생각해요. 서로 격려하면서 자연스런 문화로 받아들이기까지 우리 활동을 계속해 나가야 할 것 같아요. 무엇보다 집안일을 책임지는 사람들이 먼저 실천해야 한다고 생각합니다. 이것이 나로부터의 세계시민교육의 첫걸음이 될 것이고, 이 마음을 나누는 순간 우리의 세계시민교육이 되는 것이라 생각해요, 그렇지 않나요?"

연수도 받은 적 없고 세계시민교육이라는 용어도 접한 지 한 달밖에 안 된 어머니들의 말씀에 나도 모르게 존경심에 고개가 숙여졌다. 이런 생각을 지닌 어머니들과 가정이 많아질수록 우리 삶에 긍정적인 변화가 생길 것이고, 지속가능발전이 있는 미래를 만들어 가는 데 디딤돌이 되리라는 확신이 들었다.

세시연 워크숍에 참여했던 조장 어머니의 마지막 말은, 학교와 사회 그리고 가정을 중심으로 세계시민교육이 어떻게 나아가야 하는지에 대한 답을 주었다.

"저도 학부모지만 무엇보다 학부모들의 참여가 중요하다고 생각합니다. 학교와 학부모 사이가 늘 좋은 관계일 수는 없겠죠. 그렇지만 그런 것들은 어디에나 존재하는 작은 어려움이 아닐까요? 중요한 가치가 있다면 용기를 내서 서로 손을 잡고 나아가야 합니다. 우리 학교 독서모임에 참여하는 어머니들 마음속에 그런 용기들이 내재되어 있다고 생각해요. 누군가 마중물 한 바가지만 부어 주면 행동들이 콸콸 쏟아질 수 있다고요. 우리 학부모들도 용기를 낼게요. 그러니까 마중물은 학교와 선생님들이 되어 주시면 어떨까요?"

3장

세계시민교육연구소와
함께 자라다.

네팔, 첫발을 내딛다

이춘희_서울문성초등학교

첫 출근, 첫아이, 첫사랑… 처음이라는 단어에는 뭔가 어설프고 부족하지만 순수함과 열정이 느껴진다. 세계시민교육연구소(이하 세시연)의 제10차 네팔 교육자원활동이 마무리되었다. 차수가 진행되면서 경험이 쌓였고 많은 연륜과 내공이 생겼다. 무식하면 용감하다고 했던가? 설익음과 무모함, 도전 정신 하나로 용감했던 타르푸 초등학교에서의 제1차 네팔 국제교육자원활동의 기억은 첫사랑처럼 강렬하다.

타르푸 스리빈두 케서르 초등학교는 우리나라 덕유산 정도의 해발 1,200미터 산간지역에 위치한 두 번째 휴먼스쿨[1]로, 학교 건물은 아직 신축 중이라고 했다. 네팔의 수도인 카트만두에서 서북쪽 방향으로 95킬로미터, 히말라야 트레킹 코스로 유명한 랑탕히말라야로 가는 길목인 트리슐리 지역에서 25킬로미터 서쪽으로 떨어진 곳이다. 이곳은 네팔 주요 산업인 관광산업과는 거리가 멀고, 계단식 밭농사가 주업인 극심한 빈곤 지역이며, 문명의 혜택이 거의 닿지 못한 곳이었다.

그쪽 학교의 교육과정과 학사일정은 물론이고 어떤 과목을 어떤 교

---

1. 엄홍길휴먼재단이 2009년부터 네팔 오지마을에 세운 학교이다. 세계시민교육연구소는 현재까지 여러 휴먼스쿨을 매해 1월마다 국제교육자원활동으로 방문하고 있다.

과서를 사용해서 가르치고 있는지, 그들에게 필요한 것이 무엇인지 등의 요구 분석도 없는 상태에서 수업과 지역 협력을 준비한다는 것은 마치 장님이 코끼리를 만지는 것과 같이 막막했다.

그렇지만 우리는 나름대로 열심히 준비를 했다. 1박 2일의 워크숍, 두 차례의 수업 시연, 네팔 식당 방문 등 빡빡한 사전 일정을 마치고 2011년 1월 21일 드디어 대망의 제1차 사제동행 네팔 국제교육자원활동단이 네팔을 향해 출발했다. 장시간의 비행 끝에 카트만두에 도착했다. 잘할 수 있을까 하는 걱정과 새로운 경험에 대한 기대감이 함께 밀려왔다.

네팔에서는 되는 것도 없고 안 되는 것도 없다

다음 날 아침 일찍 카트만두를 출발하여 타르푸로 향했다. 개인용 여행 가방과 교육활동에 필요한 공용 물품, 벼룩시장 물품 등 많은 짐을 25인승 버스 뒷자리와 지붕에 나누어 실었다. 건기여서 먼지를 뽀얗게 뒤집어쓰고 있는 도로변의 건물과 아무렇게나 버려진 쓰레기들, 도로 위에 늘어서 있는 시장 등 카트만두 사람들의 사는 모습을 보며 한참을 달리다 보니 시내를 빠져나간 버스는 고속도로를 달리고 있었다. 강원도 고갯길처럼 구불구불한 도로를 한 시간 반 정도 달렸을까? 버스는 비포장도로로 들어섰다.

버스에는 더벅머리의 조수가 있다. 벨트 없는 청바지를 엉덩이에 걸치고 맨발에 슬리퍼를 신은 10대 소년인 조수는 버스 운행에 없어서는 안 될 필수 요원이다. 좁은 길을 빠져나갈 때는 특유의 리듬으로 버스를 두드려 기사에게 신호를 주기도 하고, 때로는 버스 지붕에 올라가 늘어진 전깃줄이 버스에 걸리지 않도록 하는 일도 한다.

"오라잇~~!"

"탕 탕!"

우리의 기억 속에도 특유의 리듬으로 버스를 두드려 기사에게 신호를 주기도 하고 사람이 많을 때는 출발하는 버스에 매달려 몸으로 승객을 밀어 넣던 안내양과 언젠가는 운전기사가 되겠다는 꿈을 안고 운전과 정비기술을 배우기 위해 따라다니던 트럭 조수가 있었다. 지금은 모두 사라진 직업이지만….

산이 많아 좁고 험한 네팔의 도로에서 큰 트럭이나 버스를 운전하고 달리는 운전기사는 선망의 직업이고 꿈을 이룰 수 있는 몇 안 되는 직업이다. 더벅머리 조수 청년도 언젠가는 자기 손으로 버스나 트럭을 몰고 가는 꿈을 키우고 있겠지.

한참을 가니 픽업트럭 한 대가 요철에 걸려 서 있고 운전기사도 사라지고 없는 상태였다.

"네팔에서는 되는 것도 없고 안 되는 것도 없다"라는 말이 있다고 한다. 번다[2]를 만나면 마냥 몇 시간이고 기다려야 하는 일이 비일비재한 네팔 사람들은 이런 일에 익숙한 듯 우리더러 내려서 윗마을로 걸어 올라가라고 한다.

---

2 Banda 또는 Bandha, 네팔어로 '닫다, 닫혀 있다'라는 말로 파업·궐기·데모 등의 의미로 쓰인다. 일종의 총파업, 네팔 사람들의 시위 방식으로 번다가 일어나게 되면 대중교통과 개인 차량 운행이 중지되고 가게나 음식점 등도 문을 닫아야 한다.

　견인차도 올 수도 없는 외딴 산길에서의 이 상황을 어떻게 해결할지 참 궁금했다. 날쌘 다람쥐 같은 네팔 가이드 끼솔은 기사를 찾으러 산길을 위로 아래로 뛰어다녔다. 드디어 픽업트럭의 기사가 오고 곡괭이나 삽 등의 간단한 도구가 동원되어서 요철을 깎아 내더니 픽업트럭에 줄을 매어 당기기 시작했다. 우리 버스의 기사와 소수, 동역, 주방 식구들이 다 모인 십여 명의 힘으로 당기니 트럭이 움직이기 시작했다. 트럭이 비탈진 언덕까지 빠져나온 후 방향을 돌려 오던 길로 다시 되돌아 올라가고 우리 버스도 움직일 수 있었다.

　시간에 대한 욕심을 버리니 그들을 이해할 수 있었다. 시간은 좀 더 걸렸지만 언젠가는 목적지에 도착하고, 멈춰 버린 버스 덕에 걸어가면서 네팔의 풍경과 산골마을을 두 발로 굳건하게 체험할 수 있다. 시간이 지나니 문제는 해결되었다.

　"네팔에서는 되는 것도 없고 안 되는 것도 없다!"

학교는 공사 중

버스가 더 이상 들어갈 수 없는 오르막 산길 입구에 도착했다. 큰 짐은 트럭으로 보내고 작은 배낭을 메고 산길을 걸어가기 시작했다. 가이드는 20분 거리라고 했지만 40~50분은 족히 걸리는 산길을 헉헉거리며 올라갔다. 인절미 콩고물같이 고운 먼지가 소복소복 쌓여 있는 길을 걸을 때마다 하얀 흙먼지를 만들면서 우리는 그렇게 학교에 도착하였다.

마을 사람의 집과 딱 붙어 있는 학교는 시멘트 골조를 그대로 드러낸 채 모래더미 벽돌더미 삐걱거리는 발판 등이 그대로인 말 그대로 공사 중이었다. 조심조심 학교 건물을 지나가니 벽 밑동이 남아 있는 산비탈 작은 논에 책상과 의자가 붙어 있는 긴 책걸상이 놓여 있었다.

우리가 도착한 것은 토요일 오후였다. 네팔은 토요일이 휴일이다. 하지만 초롱초롱 빛나는 눈망울에 뽀얀 먼지를 뒤집어쓴 꼬질꼬질한 교복을 입은 아이들 몇 명이 우리를 기다리고 있었다. 호기심에 가득 찬 아이들의 눈빛을 보고 가만있을 수 없었던 엄 선생님이 간단한 영어 몇 마디에 우리말을 섞어 아이들과 놀아 주었다. 아이들은 멀리 한국에서 온 사람들이 신기한 듯 한참 동안 우리를 구경했고 어둑어둑해지자 산길을 걸어 집으로 돌아갔다.

우리는 공사 중인 교실을 숙소로 사용했다. 시멘트 바닥에 얇은 깔개를 깐 다음 침낭에 들어가 자야만 하는 상황이었다. 창문은 틀만 있고 유리가 없다. 입을 수 있는 만큼 다 껴입고 침낭 속으로 들어갔

지만 침낭 자락을 아무리 여며도 바닥에서 올라오는 냉기와 밖에서 들어오는 찬 바람을 막기에는 역부족이었다.

활동을 마치고 돌아오는 길에 트레킹을 갔던 치소파니의 추위는 내 평생 처음 겪는 어마어마한 추위였다. 치소는 네팔어로 차다는 뜻이고, 파니는 물이다. 얼음물, 우리의 얼음골 정도 되지 않을까? 2,215미터 산 정상에 있는 롯지의 밤은 추위도 너무 추웠다. 옹기종기 이불 속에 발을 묻고 진실게임도 하고 이런저런 이야기도 하면서 서로의 체온으로 잠시 추위를 잊어 보려 했지만 도저히 잠을 이룰 수가 없었다. 이불을 뒤집어쓴 채 뜬눈으로 지새우며 어서 날이 밝기를 간절히 바랐다. 우리는 하룻밤이지만 그곳 사람들은 변변한 두꺼운 옷이나 이불도 없이 밤을 지내고 따뜻한 한 잔의 차로 추위를 이기며 살고 있었다.

그해의 추위에 혼난 이후 우리는 몇 가지 생존 지혜를 얻었다. 옷은 무작정 껴입는 것보다 적당히 입어야 하고, 침낭 속의 온수 팩 하나가 얼마나 따뜻한 밤을 만들어 주는지, 창문은 비닐로 꼭 막아야 한다는 것 등.

공사 중인 학교는 화장실 역시 골조공사 중이어서 임시 화장실 두 동이 준비되었다. 텐트를 열고 들어가면 작은 구덩이 위에 발판이 올려져 있는 나름 아늑한 공간이었다. 새벽녘에 자다 일어나 혼자 손전등을 들고 화장실을 가야 할 때는 어린 시절 시골집 마루에 놓여 있던 요강이 그립기도 했지만, 쏟아지는 새벽 별 보는 재미가 귀찮음을 보상해 주었다.

깨끗한 화장실과 비데 문화에 익숙해 있던 고등학생들은 처음에는 간이화장실을 잘 이용하지 못했다. 그러나 이틀 사흘 시간이 지나면서 모두 자연스럽게 화장실을 이용하게 되었다.

네팔 사람들은 손으로 식사를 한다. 나도 한 번은 따라 해 보았지

만 익숙하지 않아서 불편했다. 식사를 할 때 오른손을 사용하니 화장실에서는 왼손을 사용하겠지? 오른손잡이인 나는 화장지를 사용하지 않는 네팔 시골 사람들의 화장실 모습이 궁금했다. 나중에 홈스테이를 지냈던 섬자나네의 화장실은 깨끗한 화변기가 설치되어 있고 입구에는 물통이 놓여 있었다. 궁금하다. '이 물통 어떻게 사용하는 걸까?'

너와 나의 마음열기

드디어 본격적인 자원활동이 시작되었다. 타르푸 학교의 출근은 아침 10시이다. 교장 선생님 외 다섯 분의 선생님들과 만나 간단한 인사를 한 다음 교사 워크숍을 진행하였다. 자원활동 전반에 관한 논의 후에 운동장으로 장소를 옮겨 마음열기 활동을 진행하였다. 서로가 친밀감을 느끼고 가까워질 수 있는 활동으로 몸과 마음을 어느 정도 워밍업을 한 다음 우리가 준비해 간 다음 수업에 관하여 의견을 주고받았다. 네팔 선생님들과 영어로 소통이 제대로 잘 안 되어서 가이드가 통역을 맡았다. 워크숍 내내 선생님들이 고개를 옆으로 까딱거려서 당황했다. 알고 보니 예스라는 표현이었다.

오후에는 네팔 선생님들의 수업을 참관할 기회를 가졌다. 네팔 선생님들에게 쉬는 시간이 언제냐고 물었는데 영 의사소통이 되지 않아 답답했다. 쉬는 시간이 없는 시간표! 교무실 벽 한쪽에 붙어 있는 시간표를 보고서야 이해되었다. 10시부터 11시까지 네팔어, 11시부터 12시까지 수학 이런 식이다. 정확한 시종 시간 속에 수업을 하는 한

국 선생님들에게 네팔의 시간표는 이해하기 어려운 부분이었다. 도대체 언제 쉬고, 언제 화장실을 가는지? 그건 선생님 마음인 듯했다. 그런 그들의 시스템에서 한-네팔 선생님들의 협력수업과 네팔 선생님의 단독 수업 등을 넣어 시간표를 짜는 우리가 의아했을 것 같다. 아마도 '너희들이 무엇을 하려고 하는지 모르겠지만 어디 한번 해 봐.' 뭐 이런 마음이 아니었을까?

학생들은 야외교실(정확히 말하면 논이다)에 책상이 함께 달린 긴 나무 의자에 앉아 있었다. 유치원부터 5학년까지 있었는데 각 학년별로 모두 햇볕을 등지고 앉아 있었다. 의자가 부족해서인지 4명 정도 앉는 의자에 6~7명이 끼어 앉아 있었다. 유치원 어린이들은 그나마 그 의자도 없어 논바닥에 시멘트 포대를 깔고 앉아 있었다. 책이나 공책 등을 준비해 온 아이는 별로 없었고, 있는 것마저도 다 낡고 일부는 찢어진 상태였다. 여자들은 묶은 머리에 연필이나 볼펜을 비녀처럼

꽂고 다녔고 가방도 거의 없어 대부분 책을 옆구리에 끼고 다녔다. 몇 몇은 낡은 헝겊 가방을 들고 있었고 비닐봉투를 가방으로 이용하기도 하였다. 열악한 교육환경에서 따라 읽기, 셈하기 등 기초적인 공부가 이루어지고 있었다. 가끔 쓰기 활동도 있었으나 많은 아이들이 연필이나 공책 등이 없어서 제대로 이루어지지 못했다.

워크숍 다음 날 드디어 한국 교사들이 수업을 하고 네팔 교사들이 보조를 하는 협력수업을 실시하였다. 한국문화, 수학, 과학, 체육 과목을 2시간씩 이틀에 걸쳐 2학년~5학년 어린이들에게 실시하였다.

수학은 패턴 블록, 탱그램, 쌓기나무 블록, 원 블록, 모자이크 블록의 다양한 색채의 블록으로 구성된 탐구 블록을 활용한 수업으로 준비하였다. 통역의 부족으로 수업을 영어로 해야 했는데 워크숍을 한 덕에 필요할 때마다 두르가 선생님이 네팔어로 설명을 해 주었다. 알록달록한 원색의 탐구 블록은 너무나 신기한 물건이었다. 학년에 따라 수준을 달리하여 색깔 맞추기, 종류별 분류하기, 모양 만들기 등의 활동을 하였다. 본능적으로 규칙성을 찾아 모양을 만드는 아이, 같은 모양으로 자신의 이름을 만드는 아이, 꽃보다 더 환한 미소를 지으며 꽃을 만드는 아이들까지 보는 사람을 더 행복하게 만드는 풍경이었다. 등하굣길이나 이동 중에 수학 시간에 사용되었던 집중구호와 칭찬구호를 놀이 삼아 하고 다니는 학생들을 보는 것은 또 하나의 신기한 모습이었다.

우리는 네팔 현장에 가장 적절한 교구를 고르고자 많은 논의를 했다. 수학과 과학은 만국 공통 교과목이며 교구와 학습 자료가 절대 부족한 네팔 오지의 학교에서는 실험 도구를 만져 보고 실험과정을

보는 것이 의미 있는 일이다. 그래서 '허파모형 만들기', 색에 대한 학습 도구인 '크로마토그래피', '원소불꽃놀이' 그리고 '인체모형 만들기' 등을 준비하였다.

허파모형 수업시간이었다. 한국 선생님이 허파의 역할, 모양 등에 대해 열심히 설명을 하자 모두 신기한 듯 허파모형을 만져 보았다. 네팔 선생님이 줄을 세웠고 저기 보이는 나무까지 달려갔다 오라고 했다. 힘껏 달려온 아이들이 숨차 헐떡거릴 때 허파에서 하는 일을 설명하니 학생들이 아주 쉽게 이해했다. 사전에 실시한 한-네팔 교사 워크숍이 빛을 발하는 순간이었다.

사람과 사람, 따뜻함과 열정으로 맺어지다

한국의 의식주, 국가 상징 등에 관한 한국문화 수업도 이루어졌다. 어느 나라든 아이들은 체험을 좋아한다. 양국의 국기도 색칠해 보고 한복도 입어 보았다. 황 선생님이 사전에 만들어 간 전통 과자인 매작과는 아주 인기가 좋았다. 빨갛고 물렁한 떡볶이는 그들에게 매우 낯선 음식이었다. 반쯤 먹다가 산에서 내려오는 호스의 중간 연결 부위를 빼서 벌컥벌컥 물을 마시러 달려가는 아이들이 많았다.

긴줄넘기, 비석치기, 고무줄놀이, 콩주머니 놀이, 제기차기 등의 활동으로 이루어진 체육 수업도 인기가 있었다. 타르푸 학교에는 아예 체육 시간이 없다. 그래서인지 체육 시간에 운동화를 신은 아이들은 한 명도 없었다. 등산화를 신고도 비탈길을 오르내릴 때 조심조심 기었던 우리와는 달리 슬리퍼를 신고도 아이들이 얼마나 날렵하게 잘 뛰는지 모른다. 수업 중간 화장실 갈 시간에는 아이들이 일제히 산으로 흩어졌다 돌아오곤 했는데 아이들은 마치 날다람쥐처럼 날렵했다. 5학년 아이들이 콩주머니 피구를 할 때 두세 번 던지면 콩주머니가 터져 버렸다. 네팔 선생님이 더 흥분에서 온 힘으로 던지는 모습이 웃음을 자아내게 했다. 별다른 구경거리 없는 조용한 산간마을의 학교는 마을 사람들의 모임 장소이기도 하고 재미있는 볼거리가 많은 곳이기도 했다. 긴줄넘기를 할 때는 온 동네 사람이 다 와서 훈수를 두고 아이들을 채근하는 바람에 시행착오를 통해 스스로 문제 해결을 하는 법을 알게 해 주고 싶었던 수업자의 의도와 다른 수업으로 전개되었다.

네팔의 어린이들은 온갖 좋은 학습 자료와 재미있는 영상 매체 등을 활용하지 않아도 멀리서 온 선생님들을 바라보며 호기심 가득한 두 눈을 반짝거리며 집중하였다. 그런 학생들의 모습은 그 자체로 일상에서 지쳐 있던 선생님들에게 치유(힐링)와 만족의 기회를 주었다.

오랜 원조의 역사와 수많은 국제 NGO 활동 등으로 네팔 사람들은 받는 것에 익숙한 편이라고 한다. 하지만 외국의 원조나 국가의 지원을 많이 받는 카트만두 시내 학교나 사립학교와는 달리, 네팔 오지 지역 학교에는 교원 재교육의 기회도 없었고 부족한 물자와 교육 자료 등 열악한 환경과 더불어 교육을 개선하려는 교원들의 의지도 부족했다. 처음에는 그들이 의아해했지만, 선생님이라는 공통점을 바탕으로 서로 나누다 보니 역시 서로 깊이 공감을 하게 되었다. 적지 않은 비용을 내고 귀한 시간을 들여 준비하고 참가한 선생님들에게 네팔이 주는 보상이었다.

해가 일찍 떨어지는 산간마을의 겨울에는 저녁마다 일정 시각 정전이 되었다. 삼삼한 실내에 들어갈 수도 없고 딱히 무엇을 하기에도 애매한 시간, 학교 마당에는 매일 모닥불이 지펴졌다. 모닥불 주변은 자연스럽게 우리 일행들과 네팔 주민들이 모이는 집합 장소가 되었다. 비록 말은 안 통했지만 눈빛과 노래로 마음을 나누었다. 우리도 미리 배워 갔던 네팔의 민요 '레삼삐리리'가 선창되자 누군가 앞으로 나와서 노래에 맞춰 춤을 추었다. 비슷하게 따라 추었더니 손뼉을 치고 난리가 났다. 그러다가 네팔 노래와 한국 노래의 배틀이 시작되었고, 노래방 문화로 인해 가사를 기억하지 못하는 우리는 큰 난관에 봉착했다. 그나마 기억력 좋은 젊은 시절에 불렀던 노래로 시작해서 급기야

동요까지 등장했다.

"사과 같은 내 얼굴 예쁘기만 하지요. 텔레비전에 내가 나왔으면 정말 좋겠네에~ 정말 좋겠네."

'저분들은 이 노래들이 동요인 줄 알까….'

유난히 추웠고 경험이 없었고 부족한 것도 많았지만, 그래서 더 잊을 수 없는 제1차 네팔 국제교육자원활동 이후 세시연은 매년 1월 지속적으로 네팔로 향하고 있다. 비록 단기 교육자원활동이지만 최소한 같은 지역을 세 번 정도 지속적으로 방문하여 교류하고 있다. 사람과 사람 사이의 정이 쌓이고 진행팀의 노하우가 쌓여 더욱더 다양한 활동들이 이루어지고 있다. 지역에 따라 교원, 학생, 지역민들의 반응에 다소 차이가 있기는 하지만 교육을 매개로 사람과 사람 사이에 맺어진 따뜻함과 열정은 늘 감동을 준다.

반짝거리는 아이들의 눈동자가 보고 싶다면, 자신이 잘 살고 있는지 돌아보고 싶다면, 치열한 경쟁과 상대적인 박탈감으로 자신이 덜 행복하다고 느끼는 사람이 있다면, 세시연의 네팔 교육자원활동에 참가해 보라고 권하고 싶다. 이미 충분히 많이 가지고 있다는 것을 깨닫게 되고, 깊이와 자신감으로 나를 채워 행복을 느끼게 될 것이다. 한-네팔 선생님들과의 워크숍, 협동 수업, 문화 교류를 통해서 그들이 조금씩 조금씩 변하는 것을 보는 것 역시 우리가 계속 네팔에 가는 이유이다.

시즈바 선생님, 집에 안 가세요?

정애경_세계시민교육연구소

"좋은 사과를 얻기 위해서 사과나무 가지를 쳐내듯, 내 인생의 좋은 결실을 얻기 위해 내가 하는 많은 일들 중에서 가지치기를 하고 싶어요. 그래서 떠나는 겁니다."

인도 동북부 히말라야 산맥 남사면에 위치한 나라, 에베레스트 산을 비롯해 칸첸중가나 안나푸르나 등 8,000미터 이상의 고봉으로 에워싸인 나라, 바로 그곳 네팔로 10박 11일의 국제교육자원활동을 떠나는 어느 선생님의 각오가 남다르다.

초·중등 선생님들의 교육 전문성을 바탕으로 네팔 교사들의 교육 역량 개발을 위해 시작한 국제교육자원활동은, 2011년부터 해마다 1월이면 세계시민교육연구소(이하 세시연)에서 실시하고 있다. 초·중등 선생님들과 학생들이 자비를 들여 네팔의 휴먼스쿨로 향했다. 우리는 교수법을 비롯하여 다양한 프로그램을 네팔 교사들과 협력하여 함께 진행했다. 지금까지 타르푸 초등학교를 시작으로 룸비니 초등학교, 비레탄티 세컨더리 스쿨, 껄레리 세컨더리 스쿨 등 7개 학교에서 국제교육자원활동을 전개하였다.

네팔 선생님들은 아무것도 요구하지 않았다

"네팔은 우리와는 많이 다르겠지요? 나와 모든 면에서 다른 그 누 군가를 알게 된다는 것이 좀 부담스럽네요. 그리고 우리가 가서 할 수 있는 일이 뭐가 있을까요? 제가 뭐 많이 아는 것은 아니지만 그 나라 사람들도 그 나름대로 행복하다고 생각합니다. 후진성을 전제로 한 교 육 지원은 위험하다고 생각해요. 그래서 더 신중해야 하는데, 사실 걱 정이 많이 되네요."

9년째 네팔로 국제교육자원활동을 떠날 때마다 선생님들은 나름대 로의 꿈과 포부를 말하면서도 곧 직면하게 될 네팔의 상황에 대해 하 나같이 걱정을 하곤 한다. 올해도 사전 준비 때부터 선생님들은 이렇 게 말했다.

"우리가 가는 네팔 학교에서 요구하는 것이 무엇인지 먼저 알아야 죠. 상대가 요구하는 것을 해 주어야 하는 거 아닙니까?"

맞는 말이었다. 그러나 네팔 오지의 학교 선생님들은 우리에게 아 무것도 요구하지 않았다. 요구할 수가 없었다. 오지 학교에서 아이들 을 대상으로 하는 교육은 국가 차원의 교육과정을 따른 것이 아니라, 자기가 배웠던 과목을 그대로 가르치고 있었기 때문이었다. 대부분의 네팔 선생님들은 그 마을에서 자신이 다니던 학교를 졸업한 사람들이 었다. 교수법에 대한 지식은 전무한 상황이었고, 굳이 새로운 방법을 생각할 필요도 없는 구조였다. 가장 기본적인 따라 읽기와 베껴 쓰기 가 중심인 수업 모습을 보며, 초기에는 네팔 선생님들과 함께하는 협 력수업을 계획하는 것이 무리하고 의미 없는 활동이라는 생각이 들었

다. 뿐만 아니라 상호 협력적인 상황에서 본다면 우리의 국제교육자원
활동의 방법은 반성할 것이 많았다.

"입장을 바꿔서 생각해 보면 금방 확실해지잖아요. 우리 학교에 미
국이나 다른 선진국의 선생들이 갑자기 와서 좋은 학습 방법을 가르
쳐 줄 테니 수업시간을 내놔라, 시간표를 바꿔라 하면 기분 좋겠어요?
네팔 선생들도 비슷할 거라고요."

상호 존중을 통해 교육활동이 이루어져야 한다고 생각하는 어느
선생님은 이렇게 꼬집기도 했다.

"지금 학교에서 가르치고 있는 교육과정에 대해 요청도 하고, 어떤
과목을 선택하여 협력수업을 하고 싶은지 이야기해 달라고 요청한 지
가 두 달이 지났습니다. 휴먼재단을 통해 전달된 바는 한국 교사들이
해 주는 대로 배우겠다는 거예요. 몇 번을 물어도 똑같은 대답이에요.
교육과정도 없다, 교과서도 없다. 이런 상황에서 배려한다고 그쪽에게
만 선택권을 주는 것이 바람직하다고는 생각하지 않아요."

단 한 차례의 국제교육자원활동을 위해 다섯 번이나 실시되는 사전
교육에서 거의 절반의 시간을 이런 문제로 선생님들은 옥신각신했다.
사실 열정과 의욕이 넘쳤던 초기의 선생님들도 같은 문제로 갈등을
겪었다. 상대가 무엇을 원하는지 제대로 알아보지도 않고, 그저 우리
가 좋아서 우리가 주도하는 활동은 위험하다는 것을 그때도 알고 있
었기 때문이다.

처음 국제교육자원활동을 시작하면서 세시연은 자원봉사라는 말을
하지 않기로 약속했다. 진정한 발전은 상호 동등한 교류에 기반을 두
어야 한다는 원칙이 있었기 때문이다. 자원봉사라는 말 대신 자원활

동이라는 말을 그래서 사용하기로 했다. 자원활동은 일방적으로 베푸는 것이 아니라 서로가 가지고 있는 능력이나 특성을 나누고 배우는 데 중점을 두고 있다. 네팔 오지의 선생님들이 가진 문화와 그들 나름대로의 교육 철학이나 교육 방법도 우리는 알아야 한다. 그래야 서로 나눌 수 있고 서로를 지지하고 격려할 수 있을 것이다.

그러나 늘 고민이 많았다. 국제교육자원활동이라고 내세우면서 우리가 실질적으로 네팔 선생님들과 무언가를 나누려고 노력했던가? 우리가 가져가서 보여 주었던 여러 가지 학습 자료나 학습 방법이 네팔 교실에 실제적인 도움이 될지 고민하고 논의를 했었던가? 국제교육자원활동이라는 것이 학습에만 국한되는 것인가? 교사가 교사를 지원하는 교육공동체를 추구하는 세시연은 파트너십을 자신 있게 실행했다고 말할 수 있을까? 네팔 선생님들과의 공감대 형성을 학습 방법 지원보다 더 중요하다고 여기고 있었을까?

시즈바 선생님의 꽃밭

채 3시간도 못 자고 눈을 떴다. 혹시 네팔 선생님들이 와 있는 게 아닌가 싶어 화들짝 놀라 밖으로 나가 보았지만 지척을 구분할 수 없을 정도로 운동장 가득 차 있는 것은 진한 회색빛 안개뿐. 안개 속에서 아침마다 경전을 읽는 시간인지 낭송 소리가 멀리서 아련하게 들려온다. 정말 네팔 룸비니에 왔구나.

1차로 갔던 타르푸 학교와 달리 새로운 장소인 룸비니 거쩜부타 학교는 두 번째 실시하는 네팔의 국제교육자원활동지였다. 특히 여기는 부처님 탄생지라서 성지순례의 장소로도 잘 알려져 있었던 터라 뭔지 모를 은근한 끌림도 있었다. 더구나 아침마다 이 몽롱하고 진한 안개는 몽환적 분위기와 함께 마음까지 처연하게 만들었다.

"여기는 아침 10시까지도 안개가 걷히지 않는데요. 옛날 말인지 모르겠지만 룸비니 지역 사람들은 화장실이 따로 없다더군요. 아침 10시 정도까지는 바로 앞도 안 보이니 들판 여기저기에 가서 용무를 본다고 합니다."

네팔 코디의 말을 들으니 그럴듯했다.

네팔 선생님들과 만난 것은 거의 11시가 다 되어서였다. 희미한 안개 속에서 아이들이 하나둘 나타나더니 멀리서 자전거 벨 소리를 내며 선생님들도 한 사람 두 사람 운동장으로 들어오고 있었다. 안개를 뚫고 서서히 다가오는 사람들과 자전거의 실루엣이 현실로 다가오지 않았다.

이 학교에는 네팔 선생님이 다섯 명, 학생들은 200여 명이다. 선생님들 중 교장 선생님만 교사자격증이 있었다. 25살의 젊은 교장 선생님은 이미 아들이 있는 가장이었고, 나머지 선생님들도 대체로 비슷한 연령대였다. 교장 선생님을 제외하고는 모두 이 마을에 살고 있었다. 선생님들의 월급도 마을 주민이 거둬서 주고 있었다.

유일한 여 선생님인 시즈바 선생님은 유아들을 담당하면서 1·2학년들에게 네팔어와 산수를 가르치기도 했다. 그녀는 네팔 사람으로는 드물게 안경을 쓰고 있었다. 동그란 얼굴에 또랑또랑한 목소리, 그리고 날카로운 눈빛이 무척 낯설었다. 상당히 엄격해서 아이들이 무척 무서

위하는 것 같았다. 아침 조회 시간에 시즈바 선생님이 서로 투닥거리는 아이들을 향해 손가락질만 하여도 아이들은 얼음이 되었다.

"시즈바 선생은 능력이 많아요. 그런데 선생님들하고는 잘 어울리지 않지요. 여기 온 지 3년이 넘었는데 우리와 거의 말을 안 합니다."

정말 시즈바 선생님은 말이 없었다. 아이들에게 책을 읽어 주거나 야단을 칠 때를 제외하고는 학생들이나 다른 네팔 선생님들과도 거의 대화를 하지 않는 것 같았다.

시즈바 선생님과의 껄끄러운 관계가 시작된 것은 첫날부터였다. 네팔 선생님들과 협력수업을 위한 교사 워크숍을 했을 때도 시즈바 선생님은 참석하지 않았다. 그래서 유아반을 대상으로 한 활동을 계획했던 우리 팀의 고등학생들은 유치원 아이들을 만날 수가 없었다. 다른 사람 말로는 집이 멀어서 늦게 온다고 했지만, 가만히 보니 그런 것도 아닌 것 같았다. 우리 학생들이 교장 선생님의 도움으로 유치원 아이들을 모아서 놀고 있을 때, 시즈바 선생님이 그제야 도착했다. 다른 선생님들은 이미 한국 선생님들과 파트너가 되어 협력수업을 할 준비가 다 되었는데, 시즈바 선생님만 설명을 듣지 못한 상황이었다.

시즈바 선생님은 우리 학생들이 유치부 아이들을 맡은 후부터는 매일 늦게 출근하기 시작했다. 1·2학년 아이들의 수업시간이 되어서야 느릿느릿 자전거를 타고 나타나서는 뚝 떨어진 나무 밑 교실에서 혼자서 수업을 하고, 수업이 끝나자마자 집으로 가 버리는 것이었다. 다른 선생님들은 저마다 한껏 호기심에 들뜬 표정으로 우리와 이야기도 하고 수업도 같이 하는데, 시즈바 선생님은 늘 혼자 있거나 아예 집으로 가 버리니 만날 수조차 없었다. 이런 거리감은 우리를 당혹스럽게 만들었다. 우리가 뭐 잘못한 게 있는지 혹시나 우리 행동이 시즈바 선생님의 기분을 상하게 하지 않았는지 걱정이 되었다. 이렇게 끝나서는 안 된다는 생각에 마음이 조급해졌다.

"시즈바 선생님, 우리 이번에 학교 마당에 꽃밭을 만들려고 해요. 룸비니 시내에서 꽃을 사 왔거든요. 우리랑 같이 꽃밭을 만들면 아이들도 좋아할 거 같아요."

횅하니 넓은 운동장 한 부분에 인부들이 먼저 꽃밭 터를 대충 만들어 주었다. 우리의 제안에 시즈바 선생님은 시큰둥해했다. 아직 공사도 끝나지 않은 진흙과 돌투성이 운동장에다 꽃을 심겠다고 법석을 떠는 우리를 한심하게 쳐다보기까지 했다.

"여기 물도 부족한데 이런 거 심어 놓으면 누가 돌보나요? 아이들이 밟거나 말라 죽을 수도 있어요."

"선생님, 지금이야 공사 중이지만 일단 꽃밭이 만들어지면 아이들도 좋아할 거예요. 꽃밭에 물 주기는 유치원 아이들 놀이교육으로 하면 어때요?"

꽃밭 터를 고르고 사 가지고 온 꽃을 심는 작업은 쉽지 않았다. 수업을 마치고 꽃밭을 만들어야 하므로 시간도 넉넉하지 않았다. 돕겠다고 너스레를 떨던 다른 선생님들은 하나둘 집으로 돌아갔다. 다른 선생님들보다 집이 멀리 있는 시즈바 선생님은 평소에는 그들보다 더 빨리 퇴근하는 편이었다. 그런데 오늘은 이상했다. 처음 시작할 때는 불편해하고 못마땅한 모습이더니 지금은 혼자 남아서 땀을 줄줄 흘리면서 흙을 고르고 있었다. 말이 통하지 않아 그녀의 얼굴만 보고 있었는데, 훨씬 편안해 보이고 경계하던 눈빛도 없어진 것 같았다. 땀범벅

이 되어 함께 땅을 파고 흙을 고른 지 벌써 3시간 반째.

"어, 시즈바 선생님 어떻게 해요? 벌써 어두워지네. 집에 빨리 가야 하잖아요?"

"괜찮아요. 네팔 사람들은 깜깜한 밤에도 자전거 타고 잘 다녀요. 그리고 오늘 땅을 다 골라 놓아야 내일 꽃을 심지요. 모레는 선생님들 떠나는 날이잖아요."

시즈바 선생님은 우리가 떠나는 날을 생각하고 있었던 것 같았다. 룸비니 와서 시즈바 선생님과 처음 나누어 본 따뜻한 대화였다.

"꽃밭을 만들어야겠다는 생각을 한 번도 한 적이 없어요. 꽃밭을 만들려고 흙을 고르니까 마음이 편안해지네요. 함께 일하니까 좋기도 하고요."

다음 날부터 시즈바 선생님은 일찍 출근하기 시작했다. 나무 밑에 칠판을 걸어 놓고 네팔어를 아이들에게 소리 내어 읽어 주다가, 멀리서 사진을 찍고 있던 우리에게 가까이 오라고 손짓까지 했다. 그때 찍었던 나무 아래 교실은 세시언 리플릿의 대문 사진이 되었다.

우리, 함께, 변화의 힘을 느끼다

우리가 룸비니 학교를 떠나오던 날, 시즈바 선생님은 우리에게 종이 쪽지 하나를 건넸다. 편지에는 서툰 영어로 그녀의 이야기가 적혀 있었다.

'나는 고아예요. 그리고 계급도 낮지요. 아무도 나에게 관심이 없어요. 운 좋게 교사가 되기는 했지만 나를 가깝게 대해 주는 사람은 별로 없었어요. 항상 외톨이였지만 꿋꿋하게 잘 참고 있습니다. 한국 선생님들한테 미안해요. 내가 나이가 어려서 두려운 것이 많은가 봐요. 그래서 항상 나를 숨기지요. 그런데 여러분은 이런 나를 그냥 받아 주고 이해하려고 노력하더군요. 꽃밭도 함께 만들었고요. 무언가 함께 해 주는 사람, 그런 사람이 나에게도 생겼어요. 그런 사람이 친구겠지요. 나한테도 이제 친구가 생겼네요. 그래서 기뻐요. 많이 그리울 겁니다.'

수줍게 악수를 건네던 시즈바 선생님의 눈가에 작은 이슬이 맺혀 있었다.

"그동안 미안했어요. 아이들과 꽃밭을 잘 가꿀게요. 내년에 다시 오면 더 친하게 지내요."

영어, 수학 같은 교과보다 꽃을 심기 위해 함께 땀을 흘리던 시간이 서로의 마음을 열게 해 주었다. 시즈바 선생님은 우리가 자신을 기다려 주었다고 생각하는 것 같았다. 그것만으로도 마음이 편하고 자신감이 생겼다고 말했다. 비로소 국제교육자원활동의 진정한 가치가 무엇인가를 깨닫는 순간이었다. 교사가 가져야 하는 자긍심과 자존감의 회복은 그 어떤 것보다도 중요한 요소임을 알게 된 것이다.

사전 교육에서 우리를 힘들게 했던 교육과정 문제도, 네팔 교사들의 요구를 알아내지 못해서 국제교육자원활동의 효과를 검증할 수 없다는 논박도 어쩌면 그렇게 중요하지 않을지도 모른다. 그저 저마다의 어려움으로 힘겹게 살아가고 있는 아시아의 선생님들과 친구가 되기 위해 노력하는 마음, 그것이 그 어떤 준비보다 더 중요한 것이 아닐까.

"올해 벼룩시장에서는 우리 네팔 선생님들이 주도적으로 할 수 있도록 했으면 합니다. 작년에는 너무 정신이 없어서 학부모인지 주민인지 구분도 제대로 하지 못하고 물건만 팔았어요. 이번에는 이를 개선했으면 합니다. 우리 학교 학부모와 아이들을 대상으로 물건을 파는 게 좋겠어요."

이 말을 듣는 순간 우리는 가슴이 뛰었다. 한국 선생님들이 워크숍을 해도 협력수업을 해도 아무 의욕도 없이 구경꾼처럼 방관하던 네팔 선생님들이, 스스로 의견을 제시하는 것은 놀라운 일이었다. 참여자로서의 적극성을 보이는 것 같아 기쁘기까지 했다.

거떰부타 학교에서 국제교육자원활동을 한 지 3년째 되던 올해, 우리는 네팔 선생님들과 지역 주민들의 변화를 목격했다. 우리를 자신의 집으로 데리고 가 가족들에게 인사를 시키는데 주변 이웃들이 모두 나와서 환영을 해 주었다. 학교에서 네팔 선생님들과 함께 워크숍을 하고 협력수업을 하는 동안에도 마을 주민들은 학교를 떠날 줄 몰랐다. 그리고 주민들이 네팔 선생님들을 대하는 태도도 많이 변했다는 것을 느낄 수 있었다. 아이들도 자신들을 가르치는 네팔 선생님에 대한 자부심이 생긴 것 같았다. 선생님들이 출석을 부르며 아이들을 하나하나 살펴보고 꽃밭도 여전히 가꾸게 하는 것을 보면서, 예전에는 선생님이 들어오지 않아 빈 교실에서 아이들이 흙장난을 하던 모습이 떠올랐다.

"거떰부타 학교 교장 선생님이 잡초 제거에 대해 이야기해 주었어요. 한국 선생님이 가르쳐 주었다고 하더군요. 저희도 한번 해 보았는데 효과가 좋았어요. 우리 학교 선생님들이 마을 일에도 관심을 가지게 된 것 같아 기분이 좋습니다."

오랜만에 만난 마을 이장 격인 할아버지의 말씀에 마음이 훈훈해
졌다.

'그래, 이거야. 이렇게 서로를 지지하고 잠재된 능력을 찾아내서 자
신과 주변을 변화시킬 힘을 키우는 것, 이것이야말로 우리가 꿈꾸고
있는 국제교육자원활동의 본질이 아닌가.'

네팔 교사들에 대한 신뢰는 한국 교사들에 대한 따뜻한 존중과 유
대감으로 이어졌다. 학교의 변화가 마을을 변화시킬 수 있다는 가능
성을 다시 한번 확인하는 시간이었다.

라오스의 미소에서 배우다

정애경_세계시민교육연구소

"일단 한번 가 보세요. 생각이 달라진다니까. 사람들이 욕심이 없어, 욕심이. 그렇게 착한 사람들은 처음 봐요."

같은 부서에서 2년 동안 함께 근무를 했던 동료 선생님은 라오스를 몸과 마음으로 진정 사랑하는 사람이었다. 얼마나 욕심이 없기에 이리도 입에 침이 마르도록 칭찬하는가? 호기심이 생겼다. 막연하게나마 네팔과는 다른 분위기일 것 같은 생각이 들었다. 그때 마침 세계시민교육연구소(이하 세시연)의 운영위원 한 분이 한국-라오스 친선협회에서 자원봉사를 하고 있었다. 라오스와의 교육적인 접촉을 할 수 있는 방법에 대해 그녀와 논의한 것이 라오스 국제교육자원활동의 시작이었다.

그렇게 착한 사람들은 처음 봐요

아시아 교육공동체 발전을 목표로 시작한 네팔 국제교육자원활동 4년째, 이제는 우리 스스로의 힘으로 아시아의 교육 네트워크를 만들고 싶었다. 그동안 휴먼재단을 통해 연결한 네팔 휴먼스쿨에서의 경험을 기반으로 하여 아시아 교육공동체 프로젝트를 진행하고 싶은 의욕이 있었다. 세시연의 홀로서기를 한번 실험해도 될 때라고 생각했다. 아시아를 중심으로 국제교육자원활동과 국제이해에 대한 역량을 가지는 것이 세시연의 중요한 활동 목표의 하나였던 만큼, 온전히 우리만의 힘으로 국가를 선정하고 학교와 교사를 대상으로 한 네트워크를 구축할 수 있는지 시험해 보고 싶었다.

2015년 2월, 라오스 국제교육자원활동을 위한 사전 답사에 나섰다. 아무래도 현장에 직접 나가 보는 것이 계획을 세우거나 프로그램을 만드는 데 도움이 될 것 같아서였다. 사실 네팔은 사전 답사 없이도 국제교육자원활동이 가능했다. 휴먼재단이 세운 휴먼스쿨에서 하는 활동이었기에 첫 출발지로서의 어려움은 그렇게 많지 않았다. 그런데 라오스는 세시연이 직접 네트워크를 구축하여 국제교육자원활동을 위한 기반 작업을 해야 하고 활동 대상도 찾아야 하는 만큼, 여러 가지 사전 작업이 많이 필요하다는 생각이 들었다.

"먼저 라오스 교육부와 접촉해 보는 것이 좋겠습니다. 교육부 스포츠팀에 한국으로 유학 왔던 공무원이 한 사람 있어요. 그 사람을 소개해 줄 테니 한번 도전해 보시지요."

한국-라오스 친선협회장의 소개로 우리는 라오스 교육부를 방문했다. 공식적인 루트를 통해 라오스 교육행정의 중심부와 일을 추진한다는 생각이 들어서 힘이 부쩍 났다. 네팔에서는 경험해 보지 못한 또다른 상황이었다. 공산주의 국가의 교육부에 가서 세시연이라는 단체를 소개하고 우리가 하는 교육활동을 인정받을 수 있다는 생각에 가

습부터 벅차올랐다. 약간의 긴장과 불안함을 안고 교육부의 중요 인물들과 만났을 때의 두근거림은 지금 생각해도 생생하다. 라오스 국제교육자원활동이 운명이었을까. 막상 라오스에 도착했을 때부터 모든 일정이 물 흐르듯이 진행되는 것이 오히려 놀라웠다. 교육부에 있는 임원들이 보여 준 우호적인 자세에서부터 초중고 학교를 직접 섭외까지 해 주는 그들의 적극성에 그동안 품고 있었던 불안과 긴장이 해소되는 것 같았다.

세시연의 안내 리플릿 하나도 만들지 못한 상황에서 달랑 한 장의 단체 소개서와 간단한 연혁, 그리고 네팔에서 보여 주었던 한국 선생님들의 열정과 성실한 활동 이야기만이 우리의 능력을 증명해 줄 수 있는 것들이었다. 그 당시 나를 지배했던 것은 우리의 국제교육자원활동이 ODA 국가 교사들을 도울 수 있는 좋은 방법이며, 이것을 함께 실현한다면 틀림없이 아시아 교육을 발전시킬 수 있을 것이라는 신념이었다. 지금 생각해 보면 신념 하나만 믿고 너무 무모하고 대책 없이 라오스 활동에 나선 것 같은 생각도 든다. 공산국가 체세라 행정적 절차를 중요시하고 모든 과정이 까다롭다고 들어서 적잖이 걱정을 했는데, 협의하는 과정에서 의외로 반응이 좋았다.

아시아 교육공동체 발전을 위해 한 걸음 더!

그러나 라오스 국제교육자원활동의 어려움은 그다음에 나타났다.
"선생님, 라오스에도 야학이 있어요. 영어 방과 후 학교인데 우리가 그곳을 꼭 방문해야 한대요."

현지에 와 보니 라오스는 권력의 힘을 빌리지 않으면 여러 가지 불편한 일이 많이 일어나는 나라였다. 다행히 교육부의 NGO를 담당하고 있던 공무원과 연결되어서 일사천리로 일이 처리되는가 했는데, 외국인이 들어와 활동할 때는 의무적으로 해야 하는 일이 있다는 말에 당황스러웠다.

우리를 담당한 공무원은 라오스로 들어오는 세계 NGO 기관들에 대한 업무를 맡고 있었다. 그는 매년 라오스에 들어오는 NGO 기관들로 하여금 자신이 개인적으로 운영하고 있는 야학을 방문하게 했다. 그리고 공연도 보여 주고 수업도 참관시키면서 후원금을 받아 내고 있었다. 세시연도 예외는 아니었다. 삼백 달러 정도 후원금을 내고 돌아서면서 라오스의 교육현장 하나를 체험했다는 느낌보다는, 매년 올 때마다 의무적으로 이런 통과의례를 거쳐야 한다는 부담감이 더 들었다. 결국 국제교육자원활동을 하는 대가로 후원금을 내야 한다면 이것을 과연 진정한 교육자원활동이라고 할 수 있을까라는 의구심마저 들었다.

어려움은 그뿐이 아니었다. 라오스 초중고 학교에서 국제교육자원활동 프로그램을 운영하는 데 문제가 생긴 것이다. 라오스 초중고 선생님들과는 의사소통을 전혀 할 수 없었다. 초등 선생님들은 영어를 전혀 하지 못했고, 중등 영어 선생님조차 영어로 이야기를 전달할 수 없는 상황이었다. 한국어 통역을 찾기는 몹시 어려웠고, 영어를 라오어로 통역해 주어야 하는데 또 다른 문제가 생긴 것이다 라오스 교육부 공무원이 지원해 준 통역은 바로 자기 동생이었는데, 한 문장의 영

어 내용이 반 토막만 전달되거나 다른 단어로 대체되는 광경까지 벌어졌다. 다음 해 국제교육자원활동을 하러 초등학교나 중등학교에 오면 그 공무원은 또 자신의 친척을 통역으로 내세워 우리를 힘들게 할 것이 뻔했다. 왜냐하면 라오스는 하나의 사업을 할 때 일가친척들을 모두 동원하는 것이 다반사였기 때문이다. 그들의 문화라고 하더라도 공적인 부분까지 이런 것은 받아들이기 어려웠다. 그리고 공산주의 국가이다 보니 학교 섭외도 매년 교육부의 승인을 받아야 하고, 활동 내용을 통제받아야 하는 어려움도 있었다. 진퇴양난이었다. 의욕을 가지고 시도했던 라오스 국제교육자원활동이 이런 복병을 만날 줄 몰랐던 것이다.

라오스 국제교육자원활동을 포기해야 하지 않을까 하는 고민에까지 이르게 되었다. 그러나 해결의 열쇠는 너무나 가까운 곳에 있었다. 우연히 비엔티안에서 얼마 멀지 않은 지역에 위치한 반끈 사범대를 알게 되었다. 라오스에 대해 눈을 뜨게 해 주었던 동료 선생님이 2년 휴직을 하고 라오스 반끈 사범대에 KOICA 단원으로 나가 있었던 것이다. 한 치의 망설임도 없이 그에게 바로 연락을 했다. 억지 후원과 친척들을 동원한 위탁 통역의 문제가 해결되었다. 더욱 반가운 것은 라오스 교육부의 간섭을 일일이 받지 않아도 된다는 사실이었다. 반끈 사범대로 세시연에 대한 소개와 국제교육자원활동 신청 공문을 보냈다. 한 달 동안의 심사를 거쳐 반끈 사범대에서는 초청 공문을 보내 주었다. 우리에게는 새로운 시도였다. 네팔과는 차별화된 교육자원활동의 내용과 시스템을 가지게 된 것이다. 더구나 우리 힘으로 처음 개척한 국제교육자원활동이라는 점에서 더욱 뿌듯하고 즐거웠다.

라오스 국제교육자원활동의 주요 대상은 반끈 사범대 예비교사들이었다. 대학을 졸업하고 라오스 각지의 초등이나 중고등학교의 교사

로 일할 예비교사들에게 한국 선생님들이 교육자원활동을 하는 한 단계 업그레이드된 자원활동이었다. 거기다가 예비교사들을 가르치는 사범대 교수들과의 워크숍은 한국 선생님들에게는 자신의 교과에 대한 성찰과 좀 더 전문화된 교과활동을 전개할 수 있는 역량을 키워 주는 기회가 되었다.

다만 반끈 사범대에서의 국제교육자원활동은 영어로 모든 과목을 준비해야 했다. 반끈 사범대 영어교육과 교수들과 기본 워크숍을 하고, 그 교수들이 직접 통역을 해 주기로 했기 때문이다. 영어를 못하는 다른 전공 교수들과의 워크숍과 사범대 대학생들과의 협력수업에서는 영어교육과 교수들이 코티칭도 해 주었다. 그러다 보니 한 교실에 3명의 선생님들이 들어가서 함께 수업을 하는 장면이 만들어지기도 했다. 반끈 사범대 학생들은 이런 광경을 무척 신기해했다. 매 시간 흥미진진한 모습과 집중도를 보여 주었다.

"정말 다행이에요. 그렇게 라오스를 좋아하시더니 우리 세시연 선생님들이 그 덕을 보게 되네요. 학교급도 대학으로 올라가서 네팔과 차별성이 생겨서 좋고요. 더구나 예비교사들에게 다양한 학습 방법을 소개한다는 데 큰 의미가 있는 거 같아요. 그 과정에서 교수진들과의 교류와 연수활동도 무척 인상적이고요."

네팔에서의 국제교육자원활동이 초중고 교사들의 역량 개발과 학생들의 학습력 향상을 위한 협력수업에 그 목적을 두었다면, 라오스는 예비교사인 대학생들을 중심으로 그들의 교육역량을 개발하는 것이 주목적이었다. '우물을 깊게 파려면 먼저 우물을 넓게 파라'는 말이 있다. 네팔을 기반으로 하여 라오스까지 세시연의 활동을 넓히는

것은, 바로 아시아 교육공동체 발전을 심화시키기 위한 첫걸음이라는
생각이 들었다.

새로운 세상을 읽게 되다

우리가 두 번째 라오스 반끈 사범대를 방문했을 때였다. 미술교육
을 주제로 워크숍을 하고 협력수업을 하던 어느 여자 교수님이 이렇게
말했다.

"지금 우리 학생들이 사용하고 있는 저 색연필, 한국에 도로 가져
가실 건가요? 혹시 남는 것이 있으면 저에게 좀 주시면 안 될까요?"

처음 그 말을 들었을 때는 '참 성미도 급하지. 어차피 수업을 하고
나면 사용했던 학습 도구들은 영어교육과 사무실에 두고 가려고 했
는데…'라고 생각했다. 더구나 개인적으로 요구하는 것이 조금은 불
편하게 느껴졌다. 그러나 그런 불편함이 일시에 사라진 것은 그 여
교수님과 함께 반끈 사범대 근처의 어느 공립 유치원을 방문하고서
였다.

"아니, 이런 바닥에서 아기들이 놀아요?"

3살에서부터 7살까지의 어린이들이 하루 종일 놀고 낮잠도 잔다
는 2개의 유치원 교실. 교실 벽은 얼기설기 박아 놓은 나무판자로 되
어 있었고, 여기저기 못이 튀어나와 있어서 여간 위험해 보이지 않았
다. 교실 바닥은 울퉁불퉁한 맨땅에 얇은 비닐을 깔아 놓은 상태였다.
마침 우리가 방문했을 때는 아이들이 모두 집으로 돌아간 뒤라서 자

세히 시설을 살펴볼 수 있었다. 장난감 하나 없는 창고 같은 교실, 학습 도구라고는 떨어진 헝겊으로 만든 콩 주머니 같은 것 몇 개, 그리고 운동장 가운데 있는 큰 나무에 시커멓고 낡은 타이어가 하나 덩그렇게 매달려 있는 것뿐이었다.

"이게 우리 아이들의 유일한 놀이기구입니다. 이 타이어에 여러 아이들이 매달려 놀다 보니 위험한 경우도 많아요."

한국의 유치원에 있는 미끄럼틀이나 놀이기구는 생각도 못 하는 상황이었다.

"이 유치원에 색연필이라도 있으면 그림이라도 그리고 놀 수 있는데, 가진 게 아무것도 없어요."

그제야 그 교수님이 왜 남는 색연필이 있으면 자기에게 달라고 했는지 이해할 수 있었다.

"이 유치원은 공립입니다. 얼마 전만 해도 저는 이 유치원의 학부모였어요. 우리 아이가 여기 다닐 때도 정말 힘들었답니다. 오늘 우리 사범대 학생들과 그림 수업을 하다가 여기 유치원 아이들 생각이 났어요. 유치원 아이들이 이렇게 예쁜 색연필을 보면 참 좋아할 거 같아요."

그 말을 듣자 색연필을 반끈 사범대 영어교육과에 모두 주고 온 것이 후회되었다. 그리고 내년에 올 때는 색연필이나 크레용을 더 많이 가지고 오겠다고 약속했다. 유치원 선생님들의 근무 환경도 열악했다. 교무실은 마치 부엌 같았다. 화덕이 있고 냄비도 있어 간단한 음식도 조리해 먹을 수 있는 작고 컴컴한 부엌. 한쪽에 개인 가방이며 옷가지가 흩어져 쌓여 있는 것을 보면서 우리가 어떻게 그들을 도울 수 있을까 하는 생각이 들었다.

"여기 유치원 교사들은 영어를 거의 못해요. 그래서 다른 기관이나 나라들로부터 후원도 제대로 못 받아요. 그저 주어진 상황에서 아이들을 열심히 가르치고 착한 마음을 갖도록 지도하고 있지요. 학부모로서 보았을 때도 정말 안타까운 마음이 많이 들었습니다."

이것이 2018년 세시연에서 라오스 유치원 교육개발을 시작한 배경이 되었다. 교사가 교사를 돕는 교육개발협력NGO, 교육개발보다는 교육협력에 더 중점을 두고 시작한 아시아 국제교육자원활동. 아시아 교육공동체의 지속적인 발전을 꿈꾸는 세시연이 지금 이렇게 어려운 처지에 놓인 유치원 교사들을 도와야 하는 것은 당연한 일이었다.

그러나 그동안 초등학교를 위한 계획을 세우기는 했어도 유치원 교육은 처음 하는 활동이었다. 이번에는 4명의 고등학생과 2명의 대학생, 그리고 선생님으로 구성된 국제교육자원활동단이 유치원 교육을 담당했다. 다행스러웠던 것은 처음 우리가 본 유치원이 일 년 사이 초등학교 건물로 이사를 했다는 사실이었다. 위험하고 열악한 교실 환경은 최소한 벗어나 있었다. 그네도 타이어가 아니라 녹이 슨 벤치 그네로 바뀌어 매달려 있었다.

라오스 교수님은 우리가 자신과 했던 약속을 잊지 않고 유치원을 찾아와 준 것에 한없이 고마워했다. 한국에서 라오스 국제교육자원활동을 준비하는 도중, 그 교수님으로부터 세시연이 유치원 화장실 만드는 것을 도와주었으면 좋겠다는 요청을 받았다. 그래서 그것은 우리 세시연에서 할 수 있는 일이 아니라고 거절하자, 유치원에두 오지 않을 것이라고 생각했던 모양이다. 그런데 생각과는 달리 우리가 유치원에 필요한 학습 도구, 놀이 도구 등을 가지고 와서 유치원 교육자원활동을 시작하자 진정으로 기뻐하며 고마워했다. 자신의 무리한 요구 때문에 우리가 마음이 상해 오지 않을까 봐 걱정했다며 눈물을 글썽이는 교수님을 보면서 세시연이 진정으로 지켜야 하는 것이 무엇인지에 대한 확신이 들었다.

교수님은 3일 내내 아침부터 오후 4시까지 꼬박 유치원 교육자원활동을 세심하게 도와주었다. 피곤에 힘들어하는 활동단 학생들을 자기 집에 데려가서 잠깐 쉴 수 있도록 배려해 주기도 하고, 영어를 못하는 유치원 선생님들과 자원활동단이 서로 소통할 수 있도록 끝까지 세세하게 통역해 주었다. 우리 활동단보다 교수님이 더 힘들고 피곤한 날들이었다.

"고맙습니다. 잊지 않고 오셔서 우리 어린아이들을 위해서 여러 가지로 힘써 주셔서 감사합니다."

함께 온 고등학생들의 손을 일일이 잡으면서 인사를 하는 교수님과 유치원 선생님들을 보면서, 유치원 교육자원활동에 참가했던 고등학생들도 교육이 왜 중요한지, 교사란 어떤 역할을 해야 하는지에 대해 깊이 생각하는 것 같았다. 이번 유치원 교육자원활동은 사제동행으로 마음을 합쳐서 무언가 새로운 일을 해냈다는 자긍심, 그리고 신의와 책임감을 가지고 주변의 어려움을 함께 극복하고 해결하기 위해 노력했다는 점에서 커다란 도약이었다는 생각이 들었다.

유치원 아이들이 집으로 돌아가는 시간, 오토바이를 타거나 자전거를 타고 아이들을 데리러 온 어머니와 아버지들이 우리에게 보내 주었던 미소는 잊을 수가 없다. 말로 표현할 수 없는 소박하고 온화한 얼

굴을 보면서, 비로소 '라오스의 미소' 속에 담긴 따뜻한 속마음을 느낄 수 있었다. 라오스 국제교육자원활동은 새로운 세상을 읽을 수 있는 마음의 눈을 뜨게 해 주었다.

솔롱고스의 꿈을 가진 선생님들을 만나다

정애경_세계시민교육연구소

몽골은 그동안 세계시민교육연구소(이하 세시연)에서 국제교육자원 활동을 갔던 네팔과 라오스보다 지리적으로도 가깝고, 역사적으로도 우리와 밀접한 관계를 가진 나라다. 몽골 사람들은 우리나라를 솔롱고스 즉 무지개 나라라고 불렀고, 한국에 와서 자신의 꿈을 펼치고 싶어 하는 이들이 많다고 들었다. 하지만 우리가 몽골 국제교육자원 활동을 하게 된 결정적인 계기는, 광장동에 있는 재한몽골학교 교사들과의 합동 워크숍을 여러 차례 진행하는 동안에 몽골에서 열심히 가르치는 현지 교사들에게도 좋은 기회를 주었으면 한다는 그들의 바람을 접하면서다.

마두금 소리 그리운 몽골과의 인연

개인적으로 몽골은 2002년도부터 인연을 맺었던 나라다. 울란바토르에서 고비사막까지 자전거를 타고 가서 나무심기 활동을 했던 것이 그 시작이다. 2007년도에 아이들을 인솔하고 몽골 오지의 어느 캠프

장에서 문화교육봉사를 했던 경험까지 센다면 벌써 네 번이나 몽골을 방문했다. 그런데 이상하게도 나에게 몽골은 영원한 로망이다. 2002년 몽골의 살을 에는 것 같은 여름밤 추위도 잊을 수 없을 뿐 아니라, 2007년 쏟아지는 별에 취해서 게르 밖에서 맨발로 떨었던 아련한 기억은 몽골을 내 마음 깊숙이 자리 잡게 했다. 한국에 돌아와서도 몽골 남학생이 캠프에서 연주하던 마두금 소리가 귀에 쟁쟁하여 운전을 하다가도 멍하니 하늘을 바라본 적도 많았다.

세시연에서 몽골 국제교육자원활동을 계획했을 때 내심 얼마나 기뻤는지 모른다. 전생에 몽골 사람이었나 싶게 몽골의 하늘과 땅이 그리웠으니까. 거기다 이번에는 나와 같은 교육자들을 만나러 가는 활동이니 더 흥겨웠다.

그러나 몽골 국제교육자원활동은 시작부터 녹록지 않았다. 처음 울란바토르에 가 보니 여름방학이라 고향으로 가 버린 몽골 선생님들을 다시 모집하여 연수를 진행했는데, 여러모로 진땀을 빼던 기억은 거의 악몽에 가까웠다. 아무것도 확실하지 않은 상황이라 몽골국립사범대 기숙사에서 넋 놓고 앉아 있던 우리들의 모습이 아직도 눈에 선하다. 하지만 9시에 시작해서 오후 5시까지 하나라도 놓칠세라 무섭게 집중하며 듣던 몽골 선생님들의 모습은 매일매일 우리를 놀라게 했다. 피곤할 때는 유제품이 최고라며 집에서 만들어 온 우유과자를 슬쩍 건네주던 몽골 선생님의 눈빛이 새삼 떠오른다.

올해도 몽골의 현지 사정을 훤히 아는 것은 아니었기에 사실 무모한 부분이 있었다. 유네스코나 코이카같이 큰 기관에서도 현지에 대

한 정보 오류 때문에 다양한 어려움을 겪고 있다는 이야기를 많이 들었기에, 우리는 작년부터 몽골 교원능력개발원과의 MOU 체결에 공을 들였다. 그 결과 올해는 연수받을 교사를 사전에 모집해 준다는 기쁜 소식은 받았지만 상세한 정보는 여전히 부족해서 또다시 맨땅에 헤딩하는 기분이었다.

올해도 몽골로 출발하기 일주일 전까지 연수 대상자 명단과 인원, 학교급도 파악되지 못했으니 얼마나 애간장을 졸였는지 모른다. 우리 나름대로 준비를 철저히 한다고 반 년 전부터 사전 작업을 해 왔는데, 결국 한국 측에 전달된 정보는 거의 없었다. 국제전화를 해도 아예 받지를 않았고, 겨우 메일이 닿으면 출장이다 휴가다 하면서 다시 연락 두절. 이렇게 서너 달 보내고 나면 노심초사하던 우리도 진이 다 빠지게 된다. 올해도 몽골 국제교육자원활동은 출발하기도 전에 무한한 수용과 인내를 요구하였다. 9년간의 네팔 국제교육자원활동 경력에도 불구하고 아직도 익숙하지 않은 것은 좀처럼 거리가 좁혀지지 않는 문화적 차이 때문이 아닐까 싶다.

현지로 떠나기 전 실시하는 사전 교육은 언제나 느끼는 것이지만 여러 차례 모여도 항상 부족한 감이 드는데, 변화무쌍한 현지 상황과 몽골 문화에 대한 이해 부족 그리고 교육과정 설계를 효율적으로 하지 못했다는 조바심이 들어 마음이 내내 편치 않았다. 그럼에도 불구하고 시작 단계에서 겪는 이러한 혼돈과 어려움이, 국제교육자원활동에 참여하는 모든 선생님들에게도 배움의 시간이 되리라고 위안하면서 떠나기 전 마지막 당부를 했다.

"몽골에서의 활동은 우리가 해 왔던 네팔이나 라오스와는 차이가 있습니다. 오로지 교사들의 교육역량 강화에 목적을 두고 활동을 합니다. 그런 만큼 동등한 파트너십, 신뢰를 바탕으로 한 연대감 형성을 위해 우리의 노력이 더욱 필요합니다."

교사 활동에만 집중하므로 어려움이 생기면 함께 극복하고 해결해 나가야 하는, 한-몽 교사 간의 협력적인 관계가 다른 지역보다 더 많이 요구되고 있음을 강조했다.

몽골 사람들은 신의와 의리를
가장 중요하게 생각하지요

"몽골 사람들은 신의와 의리를 가장 중요하게 생각하지요. 유목인이 기댈 수 있는 것은 친구에 대한 무한한 믿음 아닙니까? 부끄러움을 많이 타서 처음엔 관계를 맺기가 어려워도 한번 우의가 싹트면 절대로 그 끈을 놓지 않아요."

우연히 아시아태평양교육원에서 만난 몽골 선생님으로부터 들은 이 말은 준비과정에서 겪었던 수많은 어려움을 상쇄시켜 주었다. 우리가 열심히 준비하면 그들이 동료로서 마음을 열 것이라는 확신이 들었다. 그리고 그 마음의 힘이 마침내는 한국 선생님들과 몽골 선생님들을 하나로 묶을 수 있는 에너지가 되리라.

올해 몽골 국제교육자원활동의 핵심 연수 내용은 '심화영어 학습방법 공유'였다. 이번에도 몽골 측과 충분한 협의 과정을 거치지 못하

고 연수 교과를 정할 수밖에 없는 상황이라, 작년 설문 내용을 바탕으로 몽골 교사들이 가장 요구했던 과목인 영어를 준비했다. 그중에서도 심화영어 교수법과 기초영어 과정을 따로 운영한다는 계획과 연수 내용을 꼼꼼히 준비한 후 우리는 몽골로 출발했다.

"이제 몽골도 세계시민교육을 비롯하여 다양한 교육 영역에 대해 관심을 가져야 한다고 생각합니다. 일부 유네스코 활동을 하는 교사들에게만 주어졌던 혜택이 이렇게 다수의 선생님들에게 전달되어서 기쁩니다. 다음에도 지속적으로 이런 프로그램을 소개해 주세요. 우리도 연수받은 내용을 학교에서 활용할 수 있도록 노력할게요."

연수 대상자의 50% 정도를 차지했던 장학사들부터 초·중등교사에 이르기까지 반응이 좋았다. 선풍기 하나 없이 무더운 교실에서 5일 동안 진행한 교육을 하나도 놓치지 않으려던 몽골 선생님들의 모습이 지금도 눈에 선하다. 연수를 통해 배운 사소한 것이라도 자신의 학교에, 자기 학급에서 꼭 실천해 보겠다고 하던 그들의 약속과 의욕적인 모습이 그동안의 힘겨움을 모두 날려 주었다.

"처음에는 한국에서 온 모르는 사람들이라고 생각해서 경계가 많았어요. 그런데 이제 두 번째 만났잖아요. 작년에 연수 마치고 평가회 할 때 생각나시죠? 우리 서로 울기도 했는데… 비록 두 번째 만나지만 한국 선생님들의 노력과 정성은 알고 있습니다. 그냥 느껴져요. 이미 친구 같아요. 사실 작년에 한국으로 돌아가신 이후에 일 년 동안 한국 선생님들을 많이 기다렸어요. 이렇게 다시 만나니 정말 반갑네요."

작년에 연수를 받았던 선생님들이 이번에도 다시 연수를 신청했던 것이다. 어떤 사람은 교사에서 장학사가 되어 다시 우리를 만나기도 했다.

돌이켜 생각해 보니 몽골로 출발하는 날까지도 속을 바글바글 끓이게 했던 1차 몽골 국제교육자원활동에 이어 2차에서도 힘든 면은 많았지만, 몽골 선생님들과 함께 무엇인가를 해냈다는 뿌듯함으로 가득 찬 시간이었다.

연대와 협력, 소통과 배려의 동료애

국제교육자원활동, 정말 쉬운 일이 아니다. 그리고 함부로 잘한다, 못한다고 판단할 수 있는 일은 더더욱 아니라는 생각이 든다. 국제교육자원활동은 수시로 변하는 상황에 대처하는 유연한 자세를 기를 수 있고 우리의 능력을 끝없이 진화시키는 장점이 있지만, 다양한 상황이 한꺼번에 공존하는 현장은 언제나 우리에게는 힘겨운 훈련장이다. 이러한 어려움 속에서도 몽골 선생님들이 우리를 동료로서 지지하고 격려하며 함께 연수를 만들어 가고 있었다. 우리가 혼자가 아니라는 생각, 함께하면 더 큰 희망을 가져올 수 있다는 믿음을 갖게 해 준 것이 바로 몽골 국제교육자원활동인 것 같다. 그래서 이 어려운 일을 꾸준히 하고 있는지도 모르겠다.

이제 와 떠올려 보니 처음 만난 몽골 선생님들한테 고마운 마음이 다시 또 든다. 방학이라 시골에서 울란바토르로 돌아오기 너무도 애매한 시기에 연수를 실시했음에도 불구하고, 멀리서 온 한국 교사들이 진행하는 연수에 자신의 시간과 열정을 몽땅 투자해 주었기 때문이다. 연수 준비 때문에 받은 엄청난 스트레스와 불안감을 모두 씻어 줄 만큼, 성실하게 교육역량 강화 연수에 임해 주었던 32명의 몽골 선생님들이 있었다. 한 사람 한 사람 최선을 다해 우리를 대하는 모습에서 연수보다 중요한 것이 바로 참다운 신뢰 관계라는 것을 배웠다. 그리고 그런 관계는 행정 절차나 시스템보다 우선한다는 것을 알았다.

그때 음악 줄넘기 연수에서 자신의 잠재된 능력을 처음 알게 되었다던 어느 몽골 선생님의 고백과 눈물은 지금 생각해도 가슴 뭉클하다. 처음에는 별 관심도 없어 보였고, 늘 무뚝뚝한 눈빛으로 연수를 듣던 그 선생님이 강당에서 실시한 음악 줄넘기 연수 시간에는 얼마나 열심히 하시는지…. 다른 사람들이 잠시 휴식을 취할 때도 혼자서 구석에 가서 열심히 줄넘기를 하던 그 선생님이 마지막 날 평가시간에 들려주었던 고백은 우리 모두를 울컥하게 만들었다. 자기 자신에 대한 자신감도 없어지고 교사라는 정체성마저도 흔들리고 있을 때 우연히 함께하게 된 한국 선생님들과의 연수, 음악 줄넘기가 자신감을 회복해 주고 잠시나마 불안하고 혼란스러웠던 마음을 위로해 주었다는 말을 들었을 때 우리가 왜 몽골에 왔는지를 확실히 알 수 있었다. 국제교육자원활동에서는 효과적인 학습 방법을 공유하고 교수법에 대한 연수와 자기계발에도 도움을 주어야 하겠지만, 몽골 선생님들의 심리적 고통을 위로하고 친구의 입장에서 격려하는 활동도 중요하다는 것을 깨달았다.

"이렇게 몽골 교사들을 위해 한국 선생님들이 연수단을 꾸려서 몽골 현지에 온 것은 처음입니다. 몽골은 한국과 여러 면에서 가깝지요. 그래서인지 한국에서 교육에 종사하던 사람들이 여기에 학교도 많이 세웠습니다. 우리 후레 대학교도 그런 학교 중의 하나지요."

몽골 선생님들을 모을 수 없다는 소식을 듣고 본인이 비용을 지불해서라도 한국 선생님들을 돕겠다고 서슴없이 말하던 후레대 총장님은 우리 활동에 놀라움을 감추지 않았다. 학교를 세우는 것보다 교육의 주체인 선생님들에 대한 교육이 더 중요하다고 평소 자신도 생각은 했지만 교사 연수가 이루어지지 못해 안타까웠는데, 이제는 마음이 놓인다고 말씀하신다.

몽골 국제교육자원활동을 하는 동안 좋은 사람들을 많이 만났다. 처음 만났는데도 불구하고 저마다 팔을 걷어붙이고 도와주었다.

"후레대부속초등학교 선생님들께 연락을 할게요. 우리 선생님들 중에는 한국어를 하는 사람도 있어요. 통역할 수 있도록 지원할 테니 걱정하지 마세요."

후레대부속초등학교 교장 선생님께서는 밤늦은 시간에 공항까지 마중을 나왔고, 연수기간 내내 우리 활동을 물심양면으로 도와주었다. 국제교육자원활동이라는 것이 혼자만의 힘으로 되는 것이 아니라는 것을 새삼 깨달았다. 많은 사람들이 도와주고 격려해 주는 것이 국제교육자원활동을 추진하는 또 하나의 에너지가 된다는 것을 다시금 느꼈다. 연수 장소에서 숙소인 사범대 기숙사까지 그 무거운 짐들을 옮겨 주었던 몽골 청년들, 먼 한국에서 왔다고 집으로 초대해 다양한 문화체험을 할 수 있도록 마음을 열어 주신 몽골의 어르신들, 연수를 마친 후에는 우리를 위해 투어를 도와주고 식사까지 대접했던 몽

골 선생님들. 우리들에게 힘을 주고 우리 활동의 가치를 느끼게 해 주었던 사람들이 있었다.

국제교육자원활동의 진정한 묘미란, 문화 차이로 인해 겪었던 어려움과 갈등을 극복하고 국경을 초월하여 같은 일을 하는 사람끼리 모이는 것, 그리고 공동 목표를 향해 서로의 능력과 생각을 나누며 진정한 배움의 자리를 만들어 가는 것이다. 서로가 서로에게 지지와 위로를 해 주면서 어려움을 함께 헤쳐 나갔던 한국 선생님과 몽골 선생님들 간의 동료애는 세상을 보다 가치 있게 만들 수 있겠다는 신념을 가지게 했다. 이것이 바로 국제교육자원활동의 큰 힘이리라.

네팔과 라오스 그리고 몽골로 연결되는 세시연의 국제교육자원활동. 시간이 흐르면서 우리가 실시하는 국제교육자원활동에 대한 신뢰가 조금씩 쌓여 가고 있다. 네팔에 도착해 마을 주민들에게 인사를 다니면 너도나도 나와서 함박웃음을 보이며 합장하고 인사하던 귀한 시간들, 사범대를 졸업하고 학교현장에 나가야 하는 라오스 예비교사들에게 지지와 자신감을 이끌어 냈던 협력수업, 진정한 휴머니티를 깨닫게 해 준 몽골의 선생님들. 깨달음이란 스스로의 문제이기도 하지만 다른 사람들과 함께 알아 가고 성찰하는 것이다.

국제교육자원활동을 통해 또 하나 얻은 것은 내공의 힘이다. 국제교육자원활동에서 중요한 대상은 바로 우리 스스로라는 것, 한국 선생님들의 연대라는 사실을 깨달았다. 다른 나라 사람들을 알기 전에 우리 팀이 서로를 알아 가며 배려하는 것이 국제교육자원활동의 성패를 좌우하는 가장 중요한 요소이다. 국제교육자원활동에서는 예상하지 못한 어려움이 많이 발생하고 그로 인한 갈등도 빈번하게 생기기 때문이다. 사실 어떤 활동에도 어렵고 힘겨운 상황은 있기 마련이고 예상치 못한 결과로 치닫는 경우도 많지만, 이럴 때일수록 팀의 협력은 빛을 발하게 된다.

"이건 말도 안 돼요. 몽골 초등학교 선생님들을 대상으로 하는데, 그들이 영어를 얼마나 하는지에 대한 정보도 주지 않고 프로그램을 만든다니… 한 학급 학생들의 수조차도 알지 못하고 연수를 진행한 것도 잘못이라고 생각합니다."

그랬다. 하나도 틀린 말이 아니었다. 이번에 초등 영어를 담당했던 어느 선생님은 충분하게 제공되지 못한 정보로 인해 자신이 진행하는 연수에 차질이 생기자 무척 속상해했다. 일과를 마치고 평가를 하는 시간에 이 말을 듣자 서로 불편해졌다. 현지 학교에 대한 정보 없이 연수를 실시하거나, 연수 대상자들의 눈높이에 대해 인지하지 못한 채 연수를 진행하거나, 명확하지 않은 안내와 숙박 장소의 불편함에 대한 불만들이 나오기 시작한 것이다. 좋을 때는 편하게 넘어가던 문제도, 불편해지면 슬금슬금 고개를 들기 마련이다.

그러나 그 시간이 우리를 성숙하게 한 통과의례였다는 생각이 든다. 그 이후 우리는 다른 나라 사람들과의 교류와 소통뿐 아니라 함께 활동하는 구성원 간의 소통과 배려 그리고 존중이 국제교육자원활동의 중요한 자질이라는 것을 이해하게 되었다. 그러자 서로의 마음을 진솔하게 열어 보이기 시작했다. 마음을 열자 갈등 해결의 실마리도 보였다.

"막상 회의할 때는 너무 가슴 아프고 속상했는데, 다음 날 연수 진행하면서 우리의 어려움들이 몽골 선생님들과의 활동 속에서 해결될 때에는 정말 기쁘더군요. 어떻게 그런 일이 일어날 수 있는지 놀랍기도 해요. 이렇게 열심히 하는 몽골 선생님들을 보면 또 오고 싶다는 생각이 든답니다."

어찌 보면 실패라고 평가할 수 있는 상황도 긍정적인 확신과 적극적인 실천의 밑거름이 되기도 하고, 새로운 발견과 더 나은 현상을 이루어 내기도 하나 보다.

올해 몽골 국제교육자원활동에서는 유난히 반성을 많이 하였다. 한국 선생님들과 함께 나누었던 성찰의 시간도 소중했고, 몽골 선생님들과의 관계 속에서 얻은 깨달음과 지혜도 우리에게 큰 힘이 되었다. 특히나 몽골 선생님들과 한국 선생님들이 서로를 진정한 동료로서 포용하는 모습은 잊히지 않는다.

몽골의 넓은 초원에서 부는 바람이 아직도 내 귀에 생생하게 되살아나는 것은, 그들이 내 마음속을 가득 채우고 있기 때문이리라.

가까이서 만나는 세계시민,
재한몽골학교

조정호_전 공연초등학교

사람들은 누구나 남을 돕고자 하는 마음을 가지고 태어난다. 그래야 사람이다. 성장 과정에서 그런 점이 더욱 발현되거나 아니면 퇴화되거나…. 교사란 직업을 가진 사람들은 가르치는 재능을 타고난 사람이라고 할 수 있다. 교사가 된 이후에는 학생들에게 남을 도우며 살라고 하는 것을 가르치면서 더욱 강화되는 듯하다.

세계시민교육연구소(이하 세시연) 선생님들은 학교에서뿐만 아니라 글로벌 교사가 되기 위해 노력한다. 그런 활동이 국제교육자원활동이다. 대표님의 주관으로 일사천리로 세시연의 재한몽골학교 국내교육자원활동도 진행되었다.

칭기즈칸의 나라, 초원의 나라로만 알고 있던 몽골. 몽고반점과 몽골어가 우랄알타이어 계통의 언어라는 것 정도만 알고 있던 몽골. 몽고와 몽골의 차이점도 몰랐던 우리들. 더구나 광장동에 재한몽골학교가 있다는 것조차 몰랐던 우리가 몽골학교와 첫 인연을 맺는다는 것은 무척 설레는 일이었다.

친구가 되어 가는 활동

첫날 연수 장소인 학교 도서관에 들어가니 몽골 전통악기 마두금, 몽골 전통 의상, 생소한 몽골어로 되어 있는 책들이 이국적인 느낌을 주었다. 그런데 우리가 말이 통하지 않는 몽골 선생님들에게 무엇을 어떻게 알려 드려야 한단 말인가? 사전에 고민이 매우 많았음에도 불구하고 그냥 부딪쳐 보기로 한 데에는 재한몽골학교에 세시연 회원으로 함께 활동하는 에르뎀 툭스 선생님이 있었기 때문이다. 우리는 그녀를 툭다르크라고 부르는데 그녀의 몽골과 교육에 대한 열정 때문이다. 첫 자원활동부터 지금까지 툭스 선생님은 우리의 수업을 몽골어로 통역과 번역을 함께 해 주고 있다.

대부분의 수업은 마음열기부터 시작한다. 말이 다 통하지는 않지만 몸으로 부딪히며 함께 깔깔대며 웃다가 게임으로 나도 모르게 친구가 되어 가는 활동이다. 지식을 나누는 것도 중요하지만 서로에 대해 신뢰를 쌓는 것도 자원활동의 큰 목표이다.

마음열기 이후부터는 한국의 선생님들이 현장에서 쌓아 온 노하우를 몽골 선생님과 나누는 시간으로 채워진다. 과목별 학습지도법뿐만 아니라 코딩교육, 학급운영, 인성교육 등 다양한 분야의 수업들로 이루어진다. 각 과목의 수업을 할 때 학생 못지않은 초롱초롱한 눈망울로 열심히 메모해 가며 듣는 몽골 선생님들의 모습에서 큰 보람을 느낄 수 있었다. 산골 소녀처럼 순박한 미소를 가진 몽골 선생님들이셨지만 글씨는 그림으로 그린 듯 수려했고, 소감을 말할 때에는 표현력도 매우 우수하셨다. 교사로서 어려운 점을 토로할 때에는 국경이 없

는 선생님들만의 공통 화제로 숙연해지는 그런 시간들이었다. 열정과
동지의식을 보여 주는 몽골 선생님들과의 만남은 소중한 방학임에도
불구하고 시간을 내어 자원활동을 하는 우리들에게 매해 행복을 선
사한다.

몽골 선생님들은 재한몽골학교 자원활동에 많은 감사의 말씀을 남
기곤 했는데 그 글들을 읽으며 우리가 더 감동하곤 한다.

"다양한 내용으로 선생님들을 연수해 주셔서 정말 감사해요."

"세계시민교육연구소 여러 선생님들 덕분에 좋은 교사가 될 수 있
는 길이 더 넓어진 것 같아요."

"재한몽골학교 학생들은 몽골 현지 학생들과 달라서 지도하기가 어
려웠는데 학생들에 대해 많은 이해를 하게 되었어요."

"방학 때마다 만나서 그런지 이제는 친구 같고 가족 같은 마음이
들어서 좋아요."

대한민국 서울에서 만나는 아시아-몽골.

무더위를 뚫고 뜨겁게 진행되는 재한몽골학교 자원활동은 활동에 참여하는 선생님들에게는 세계시민으로 성장하는 기회가 된다. 더불어 아시아 교육공동체를 구현하고자 하는 세시연의 꿈도 매해 힘차게 자라고 있다.

• 재한몽골학교

서울 광진구 광장동에 위치한 재한몽골학교는 1999년 12월에 당시 광진구 구의동에 위치한 외국인 근로자 선교회 나섬공동체의 유해근 목사가 몽골 이주노동자 가정 자녀 8명의 학생들로 시작하였다.

광진구를 중심으로 몽골 이주노동자 자녀들의 교육을 위해 시작한 재한몽골학교는 유해근 이사장, 교장과 교직원들의 노력으로 2001년 몽골사립초등학교협회의 정식 회원으로 등록하였고, 2005년에는 대한민국 정부로부터 외국인 학교로 인가를 받은 후 2006년에는 몽골교육문화과학부로부터 초중고등학교로 인가를 받게 되었다. 2018년 6월 11일을 기준으로 그동안 총 312명의 졸업생을 배출하였고, 현재는 학생 300여 명 정원에 입학하기 위해 대기하고 있는 학생들이 30여 명인 학교로 성장하였다. 몽골 교육과정을 적용하고, 몽골과 대한민국에서 학력이 인정되며, 학교 교직원들의 열정으로 나날이 발전하고 있다. 2018년 12월 이강애 교장을 비롯하여 14명의 몽골 교사, 3명의 이중언어강사, 8명의 교직원이 근무하고 있으나 안타깝게도 몽골 국가나 대한민국 정부로부터는 행정적·재정적 지원은 받지 못하고 있다고 한다.

봉사활동으로 찾은 진정한 행복

김미선_서울창림초등학교

살면서 누군가에게 작은 도움이라도 줄 수 있다면 이 세상에 태어난 보람이 조금이나마 있지 않을까? 나의 인생 계획 중 퇴직 후 봉사를 하면서 사는 것은 어떨지 깊게 생각해 본 적이 있다. 부족하지만 누군가에게 작은 웃음이라도 줄 수 있다면 더 행복할 것 같다는 그런 생각 말이다. 돌이켜 보니 남을 돕기보다는 나 자신이 더 행복해지기 위해 '서울교원봉사단'과의 인연을 맺게 된 것 같다.

2014년 8월 마지막 토요일! 시립동부노인전문요양센터에서 봉사를 하면서 나도 모르게 눈물이 왈칵 쏟아진 일이 있다. 목욕을 하기 위해 대기하신 어르신 모습에 마음이 참 아팠던 기억이다. 침상에 누워 계신 어르신께 이런저런 이야기를 했는데 주변에서 그 어르신은 치매라 말을 걸어도 잘 모르신다고 하셨다. 하지만 그 어르신이 내 눈을 마주 보며 따뜻한 눈빛을 보내주셨을 때, 나도 모르게 울컥 눈물이 났던 기억을 아직도 잊을 수가 없다. 아마도 그때 그 어르신을 보면서 연로하신 엄마의 모습이 떠올라 주책없이 눈물이 흘렀던 것 같다.

이날 치매 어르신들, 편마비 어르신들께 해 드릴 수 있는 나의 역할은 많지 않았다. 거동을 못 하고 계신 분들께 안마를 해 드리거나 말동무를 해 드리는 것이 전부였지만, 어르신들은 고맙다며 환하게 웃어 주셔서 그저 감사했던 기억이요 미력으로 몇시 뜻한다.

우리의 삶을 다시 설계하게 해 주는 분들

40대 중반이었던 나는 자신뿐만 아니라 가족들도 잘 챙기지 못하는 부족한 사람이었다. 그저 삶의 부족함에 투정 부리며 살았었지만, 어렵게 도전했던 봉사의 첫걸음은 감사할 줄 알고 따뜻한 삶을 설계하는 데 큰 도움이 되었다. 더 늦기 전에 삶의 감사함을 느끼게 되는 계기가 되어 정말 다행이다.

초등학교 5학년인 둘째 아이는 친할머니가 사랑으로 키워 주신 덕에 정이 참 많은 아이다. "경태야, 엄마랑 같이 봉사활동 갈래?"라고 물으면 "좋아요"라며 천진하게 따라나섰다.

아이와 함께 봉사하는 첫날! 의사소통도 안 되고 몸도 불편하신 어르신들께 어떻게 다가갈지 걱정도 되었지만, 살갑게 대하는 아이의 진실된 모습에서 내가 도리어 한 수 배웠다.

포동포동한 아이는 어르신들을 무척 좋아했고 볼을 비비며 애교도 부렸던 기억이 난다. 기타 연주도 해 드리고 말벗도 해 드리고…. "고 녀석 참 귀엽네!" 어르신들도 아들을 손주처럼 예뻐해 주셨다. 특별하게 잘하는 게 없어 엄마에게는 늘 부족하게만 느껴졌던 아이가 요양센터에서 4년간 꾸준히 봉사를 했다. 그 덕분에 '따뜻한 심성'만큼은 빛을 발하는 장점을 갖춘 아이로 변화하는 기회가 되어 얼마나 감사한지 모른다.

아들은 초등학교 때 학습 속도가 느려 영어·수학 학원을 다니다 중도에 그만두어야 하는 일도 종종 있었다. 그때는 야단도 치면서 성적을 잣대로 상처를 주기도 했다. 가족 봉사활동을 통해 우리 가족은 성적보다는 행복한 삶을 꾸려 가는 시간들을 더 만들어 갔다.

아들과 봉사를 함께하면서 더 가까워졌고 그 무섭다던 중2의 사춘기도 무사히 통과할 수 있었다. 지금은 엄마를 보살펴 주는 든든한 아들이자 마음이 통하는 봉사 파트너가 되었다. 얻는 게 더 많아 더 행복했고 봉사와 인연을 맺은 축복받은 시간이었다. 이 경험이 인생을 살아가는 큰 에너지가 되어 힘든 일도 현명하게 풀어 나가기를 응원한다.

화창했던 날도, 무더웠던 날도, 눈이 펑펑 내려 꼼짝하기 어려웠던 날도 내 발길은 요양센터로 향한다. 매달 다른 활동 프로그램으로 2층부터 4층까지 어르신들을 만나러 가는 것은 서울교원봉사단에게는 의미가 크다. 매달 봉사를 하고 나면 어르신들이 "봉사단 또 언제 와?" 하고 물으신다. "매월 마지막 토요일에 꼭 올게요"라는 약속을 지켜온 지 60회가 넘었다.

봉사자들은 주로 교사, 학생, 학부모가 참여하고 만들기 활동, 말벗, 식사 보조, 공연 봉사도 하면서 작은 나눔을 실천하다

우리가 돌보는 어르신들은 요양센터 프로그램 참여가 어려우신 분들이라 침상에 누워 계신 분들이 대부분이다. 어르신들과 소통이 안 될 때도 있고, 어르신들 건강 상태에 따라 활동을 하지 못할 때도 있다. 하지만 책도 읽어 드리고, 손도 잡아 드리며 매달 아름다운 동행이라는 약속을 잘 지켜 가고 있다.

이제는 어르신들이 주황 조끼를 입은 서울교원봉사단을 가족처럼 반갑게 맞아 주신다. 봉사자들 손바닥에 파랑새 그림을 정성껏 그려 주시던 90세 어르신! "너무 고마워!"라면서 봉지커피 2개를 손에 쥐어 주셨던 어르신! 그때의 행복했던 기억이 아직도 눈에 선하다.

그때의 파랑새 그림처럼 이곳에서 또 다른 삶의 행복함을 얻었다. 진정한 행복은 가까이에 있음을 잊지 않고 나눔과 봉사를 통해 따뜻한 삶을 가꾸어 가려다.

- 서울교원봉사단

  세계시민교육연구소에서 국내자원활동을 실천하는 교원 중심의 자원활동 모임. 학생, 학부모와 함께 자원활동과 봉사활동을 통해 세계시민교육에 대해 함께 고민하고 배우며 실천하고 있다. 매월 마지막 주 토요일 9시~13시, 서울시립 동부노인요양센터에서 어르신의 정서 지원과 식사 보조 및 재능기부를 하고 있다.

  참가 신청은 서을교원봉사단 카페(https://cafe.naver.com/happystv)에서 할 수 있다.

도시 속의 지속가능성을 찾는 하루 여행

이선화_신현고등학교

오늘은 세계시민교육연구소(이하 세시연)에서 주관하는 '도시 속의 지속가능성 탐구-창신동 편' 답사가 있는 날이다. 몇 주 전부터 자료집 제작과 지역 활동가의 특강 섭외는 했으나 진행자로서 소소한 걱정은 있기 마련이다. 아침에 일어나자마자 창밖 하늘을 쳐다보니 청명하기 그지없다. 답사는 날씨가 절반인데 다행이다. 종로03번 마을버스를 타고 종점인 낙산공원에서 내리니 일찌감치 와 계신 선생님들이 보인다.

"안녕하세요? 오늘 처음 오셨나 봐요?"

"학교에서 연수 게시판에 올라온 걸 보고 호기심이 생겨 왔어요."

"환영합니다, 선생님!"

"그런데 도시 속의 지속가능성이란 말이 낯설어요. 다른 데서 하는 답사와 뭐가 다른가요?"

"세시연에서는 일 년에 두 번 5월과 10월 셋째 주 토요일에 답사를 하고 있어요. 우리가 사는 지역에 대해 관심을 갖고, 지역의 문제를 세계의 문제와 연결하여 고민해 보는 거죠. 이런 태도를 지닌 사람이 세계시민이 아닐까요? 학생들을 가르치기 전에 교사인 우리가 먼저 구석구석을 걸어 보며, 공간 안에서 씨줄과 날줄처럼 엮인 역사·사회·문화를 이야기해 보려 합니다. 자, 출발할까요?"

역사·사회·문화를 이야기하다

여러 학교에서 온 20여 명의 선생님들이 맑은 하늘과 아침 햇살 아래 서울 풍경을 바라본다. 낙산공원은 우리가 살고 있는 서울이 얼마나 빠르게 변해 왔는지를 한눈에 담을 수 있는 장소 중 대표적인 곳이다. 조선시대 한양의 외곽을 둘러싸고 있던 북한산 자락이 그림처럼 펼쳐지고, 새롭게 정비된 한양성곽은 구불구불 이어지고, 타워가 높이 솟아 있는 푸른 목멱산(현재의 남산) 아래로는 빌딩과 아파트가 가득하다. "와~~, 여기서 바라보니 몇백 년의 시간이 동시에 느껴지네요"라고 어디선가 놀라움에 가득 찬 목소리가 들려온다.

오늘의 답사지인 창신동은 조선 한성부의 행정구역 가운데 인창방仁昌坊과 숭신방崇信坊에서 한 글자씩을 따서 1914년에 제정되었다고 한다. 이곳은 한양 동쪽에 위치하여 예로부터 선비들이 별장을 세우거나 산책 코스로 이용하였고, 다른 지방으로 가는 길목이라 사람들이 자주 오가는 곳이었다는 설명을 한다. 그리고 성곽을 따라 동대문 방향으로 내려가면 '한양도성 박물관'도 있으니 일정이 끝나고 꼭 들러보라는 말도 잊지 않는다.

창신동 일대는 동대문역에서부터 올라오면 엄청난 경사의 오르막이기에 오늘은 낙산 삼거리에서부터 천천히 내려오는 걸 선택했다. 길

양옆으로는 붉은색 벽돌의 다
세대 빌라가 보이고, 1층에는
소규모 가게들이 줄지어 있는
모습도 보인다. 문 안쪽으로는
스팀다리미에서 하얀 김이 치
익- 하고 뿜어져 나오고, 온
갖 종류의 천이 탁자마다 쌓
여 있으며, 재봉틀(미싱은 일본
어의 잔재) 앞에 앉아 바쁘게
일하는 분들이 보인다. 그런데
가게 입구마다 같은 색상으로
된 삼각형 깃발이 눈에 들어
온다. 상호와 함께 서로 다른
그림이 있어 자세히 살펴보니
가게마다 어떤 의류를 다루는

지 쉽게 알 수 있도록 하였다. 도시재생사업의 한 부분임을 알 수 있
다. 오늘도 열심히 일하는 분들에게 폐가 되지 않도록 사진 촬영이나
시끄러운 대화는 미리 조심하도록 부탁드렸는데, 이를 지키는 선생님
들의 모습을 보자 미소가 저절로 생긴다. 또한 삼각형 깃발이 아닌 이
색적인 문구의 간판도 눈에 들어온다. '뭐든지 도서관, ○○○간, 창신
동 라디오방송국 덤[1], 아트브리지…' 뭐 하는 곳일까? 상상력을 자극

---

1. '창신동 라디오 덤'은 현재도 팟캐스트 방식으로 다양한 주제로 새로운 주민 DJ들이 등
   장하여 창신동 이야기를 들려준다.

한다.

골목 풍경을 훑어본 후 선생님들과 함께 '뭐든지 도서관'으로 들어 갔다. '창신동 라디오 방송국 덤'에서 일하는 지역 활동가의 특강을 듣 기 위해서다.

"도서관이 아기자기하니 예뻐요. 이곳은 어떤 곳인가요?"

"여러분이 이미 둘러보셨다시피 창신동은 맞벌이 부부가 많은 편이 에요. 방과 후 갈 곳 없는 아이들을 위해 몇몇 지역 단체와 서울시가 힘을 합쳐 2012년 말에 열었습니다. 지역 주민의 사랑방도 되고, 아이 들 공부방도 되고, 글쓰기 교실처럼 취미 교실도 열리고요. 주민들의 품앗이 봉사로 운영하고 있습니다."

"창신동 라디오 덤은 어떻게 들을 수 있나요?"

"라디오 주파수는 법적으로 개인이 사용하기 어렵게 되어 있어요. 그래서 저희도 팟캐스트 방식으로 일주일마다 1개씩 업데이트하고 있 습니다. 2013년 1월 27일에 첫 방송을 했는데요, DJ는 라디오 교실을 수료한 지역 주민이 하고 있고요. 개국했을 때 주민들은 내가 아는 사 람의 목소리가 나오는 것에 다들 신기해하셨죠. 나중에라도 저희 방 송을 꼭 한 번 들어 보셨으면 해요."

그 외에도 지역에서 이루어지는 다양한 행사를 소개하며 창신동 사 람들의 살아 있는 이야기를 맛깔나게 풀어낸다.

"지역 활동가로서 어려움은 없나요?"

"제가 봉제 일을 하는 게 아니니까 처음에는 마음을 안 열어 주셨 어요. 하지만 저도 창신동에 산 지 이제는 10년이 넘어가니까요. 앞으 로도 행복한 공동체 문화를 만들어 가는 일은 계속할 거예요."

특강을 마친 후 다시 가파른 길을 내려온다. 덕산파출소 옆 작은 골목 안으로 들어오자 서울에서 보기 힘든 색다른 풍경이 펼쳐진다. 높다란 돌산 절벽 위에 아슬아슬하게 지어진 집들이다. 이곳은 조선시대에는 우수한 품질의 화강암을 채취했던 곳이며, 일제 강점기인 1924년부터는 경성부 직영 채석장으로 사용했다고 한다. 하지만 채석의 어려움이 생기자 한동안 버려졌다가 판잣집들이 우후죽순처럼 생겨났고 지금의 모습으로 이어져 온 것이다. 시간과 공간이 교차되면서 그때그때마다 사람들의 치열한 삶이 녹아들어 전혀 다른 형태의 터전이 되었음을 알 수 있다.

위로 난 계단을 계속 오르면 '창신동 소통공작소'라는 독특한 건물이 나타난다. 이곳은 2012년 주민들의 문화 향유를 목적으로 서울시가 만들었다. 오늘도 공방에서는 목공예와 천 염색이 한창이다. 옥상으로 올라와 주변 풍경을 둘러본 후 못다 한 이야기를 한다.

"사람에게도 생로병사가 있듯이 마을과 도시도 늘 변화합니다. 긍정적이든 부정적이든 변화를 이끌어 내는 힘은 바로 사람이고요. 근대

화가 되면서 광장시장 안에 있던 수많은 봉제공장들이 창신동으로 이전을 해요. 그래서 지금도 봉제업에 종사하는 분들이 많은 거고요. 또한 창신동은 다른 지역과 달리 뉴타운 재개발을 추진하려다가 주민들의 반대에 부딪혀 무산됩니다. 아파트나 높은 빌딩이 들어서면 현재의 주민들은 갈 곳이 없어지는 일이 생길 거란 우려에서겠죠. 그 이후 창신동은 2014년 '서울형 도시재생 선도 지역'으로 지정되었고, 오늘 보고 들은 것처럼 새로운 마을공동체를 이루기 위한 다양한 노력을 하고 있습니다. 하지만 모든 일에는 명암이 있기 마련입니다. 외부에서 온 젊은이들과 오랫동안 살아온 주민들과의 마찰도 무시할 수 없을 것이고, 젠트리피케이션[2]으로 인한 경제적 갈등도 있을 수 있고요. 선생님들께서 먼저 이런 문제들에 관심을 기울이면서, 아이들과 답사를 진행할 때에도 지속가능한 발전을 위해 우리 모두가 함께할 수 있는 일이 무엇이 있을지 생각해 보았으면 합니다."

옥상에서 다리쉼을 한 후 회오리길을 따라 내려오니 어느새 봉제거리[3]이다. 봉제에서 사용되는 용어, 봉제인의 24시 등을 골목 곳곳에 디자인해 놓았다. 옷감용 천 두루마리를 높게 실은 오토바이가 아슬아슬하게 좁은 골목길을 누빈다. 그들이 지나간 자리에는 땀으로 얼룩진 삶이 바퀴 흔적처럼 남는다. 봉제거리를 한 바퀴 돌아 나오면 건물에 낯익은 얼굴이 펄럭인다. 1970년대 어린 나이로 재봉인들의 열악한 노동 환경을 고발하고 개선을 요구하며 한 줌의 재로 사라진 전태

---

2. 젠트리피케이션(gentrification)은 낙후된 지역이 탈바꿈하면서 기존의 주민들 중 치솟는 주거비용을 감당하지 못하고 살던 곳에서 쫓겨나는 현상을 말한다.
3. 답사를 했던 2016년 당시에는 '이음피움 봉제역사관'이 건립되기 전이라 이 글에는 소개가 빠졌다.

일이다.

"이곳에는 전태일 재단이 있는데요, 오늘은 주말이라 들어가 볼 수가 없는 게 무척 아쉽네요. 아이들과 답사를 진행할 때는 사전 예약하면 노동인권 강의를 비롯해서 다양한 체험을 할 수 있습니다. 또한 선생님께서 답사를 운영하면서 직접 설명하는 데 어려움이 있다면 종로구청에서 운영하는 골목길 해설사 프로그램을 신청할 수도 있어요."

모든 일정을 마치고 동대문역으로 향한다. 유난히도 네팔어와 중국어로 된 음식점 간판이 많다. 봉제업에도 외국인 노동자가 그만큼 많아졌다는 뜻이리라. 도시 속의 지속가능성을 찾는 하루 여행은, 나와 가족의 울타리에서 벗어나서 지역 주민으로서 어떻게 살아야 하는지 그리고 세계시민으로서 어떻게 살아야 하는지를 온몸으로 느끼는 시간이다.

• 도시재생이란?

2015년 UN에서 결의한 SDGs(지속가능발전목표 Sustainable Development Goals) 17개 중에서 11번 'Sustainable Cities and Commuties(도시와 주거지를 포용적이며 안전하고 복원력 있고 지속가능하게 보장하는 것)'과 연관 지을 수 있다. 그리고 '서울형 도시재생'은 지역 여건에 따른 다양한 맞춤형 재생으로 함께 성장하고, 민간과 주민의 적극적인 참여 등 재생 주체를 확대하여 시민이 함께 체감하고 지속적으로 만들어 가는 것을 최종 목표로 정하고 있다.

• 세계시민교육연구소가 진행한 '도시 속의 지속가능성 탐구'

1. 해방촌 일대 코스

   108 계단과 스웨터 가내공업-신흥시장 및 4평 학교(상인에게 듣는 해방촌 과거)-해방촌 교회와 해방촌 성당-보성여자중·고등학교 및 교내 역사관-협동조합 빈 가게와 공동체은행 빈고(지역활동가 특강)

2. 종묘와 세운상가 코스

   해설사와 함께하는 종묘-세운상가 및 옥상 정원

3. 문래동 코스

   문래예술촌 지도 따라가기-어반아트 게스트하우스(지역활동가 특강)-올드 문래 카페(지역활동가 특강)

4. 서울역 일대 코스

   강우규 동상-문화역서울 284-서울로 7017-약현성당

5. 성북동 일대 코스

   해설사와 함께하는 한양도성 혜화동 전시안내센터-혜화문-한양성곽 낙산 코스-장수마을

6. 문화비축기지 코스

   해설사와 함께하는 에너지 드림센터-문화비축기지

7. 서울새활용플라자

   해설과 함께하는 투어-하수도박물관 투어

북 토크, 혐오와 평화를 말하다

이선화_신현고등학교

　세계시민교육연구소는 서울초중등세계시민교육연구회와 함께 매월 셋째 주 토요일 오후에 자율연수를 꾸준히 해 왔다. 작년 주제는 '평화로 살펴보는 세계시민교육'으로 전문가들의 강의를 통해 이론을 배우고, 평화교육 실천 사례도 나누었다. 그러다가 책을 통해 함께 토의하고 이야기하는 시간을 가져 보는 건 어떨까 하는 제안이 나왔고 북 토크를 기획하기로 했다.

　이번에 선정한 책은 홍성수의 『말이 칼이 될 때』이다. 이 책을 정한 이유는, 최근 들어 혐오가 팽배한 우리 사회를 보면서 세계시민의 한 사람으로서 어떻게 바라보고 이를 해결하기 위해 무엇을 실천할지 함께 고민해 보기 위해서이다.

　1부에서는 저자가 직접 책을 정리하여 소개한 〈세상을 바꾸는 15분 (세바시)〉 동영상을 다 같이 보았다. 세바시 동영상이나 네이버의 오디오북 클립을 잘 활용하면 책을 미리 읽어 오지 못한 사람들도 북 토크에 좀 더 쉽게 참가할 수 있는 장점이 있다. 2부에서는 모둠별로 핑거 맵 토의 활동을 했다. 핑거 맵은 비주얼 씽킹의 일환으로 손가락 모양을 이용하여 여러 사람이 일관된 주제로 토의하는 데 효과적이다.

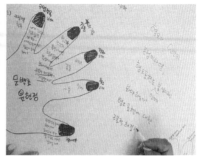

　"모둠별로 커다란 종이 한 장에 각자 마음에 드는 색연필을 선택하여 자신의 손 모양을 그리고, 손목에는 예쁜 장식을 그려 주세요. 손바닥에는 본명이나 별칭을 적으면 됩니다."

　"다 그리셨나요? 좋아하는 색깔이 다르고, 시계나 팔찌 등 장식도 다 다르죠? 이처럼 우리 사회는 각기 다른 개성과 취향을 지닌 사람들이 모여 살고 있습니다. 그런데 요즘 들어 이러한 다양성이 무시되면서 입에 담긴 어려운 혐오표현들로 인터넷과 아이들의 언어가 얼룩지고 있어요. 그래서 오늘은 혐오표현을 통해 평화와 공존에 대해 생각해 보는 시간을 마련했습니다.

　아까 그린 손 모양에서 엄지손가락에는 오늘 연수에 참가한 계기를 간단히 적어 주세요. 검지에는 혐오나 증오심을 연상할 수 있는 단어 1~2개를, 중지에는 평화 하면 떠오르는 단어 1~2개를 적겠습니다. 다 적으면 모둠원끼리 10분 이내로 적은 내용을 바탕으로 이야기를 나눠 보세요."

　"다 끝나셨나요? 무슨 이야기를 나누는지 저도 다니면서 들어 보았는데요, 가장 멀리서 온 분이 계세요. 선생님, 어디서 어떻게 참가하게 되셨나요?"

"저는 충북 옥천에서 온 변○○입니다. 세계시민교육연구소는 올해 충북에서 실시한 세계시민교육 직무연수에서 처음 들었고요, 정기 모임 안내 문자를 받자마자 신청한 후 아침 일찍 버스 타고 왔답니다."

"변 선생님, 환영합니다! 그리고 이쪽 모둠원 네 분은 선생님이 아니시던데요. 대표로 한 분이 소개 좀 해 주실래요?"

"저희는 서울국제고 학부모들입니다. 그동안 학부모 독서 동아리로 모여서 다양한 책도 읽고 세계시민교육에 대한 의견도 나누었는데요, 오늘 책과 관련한 모임이 있다고 해서 한걸음에 달려왔어요."

핑거 맵 활동 중 1단계는 분위기를 편하게 하는 아이스 브레이킹에 해당한다. 모둠별로 연수 참가 이유를 이야기하는 동안, 참가자들이 쓴 단어 중에서 인상적인 것을 워드 클라우드 생성기에 모아 이미지로 저장한 후 전체 화면으로 띄웠다. 워드 클라우드는 단어를 다양한 모양으로 디자인하여 한눈에 정리하는 방법이다.

"여기 화면을 잠시 봐 주세요. 오늘 북 토크의 핵심 키워드인 혐오

와 평화가 크게 보이죠? 그리고 작은 글씨는 핑거 맵 활동에서 여러분이 적은 답어 중에서 몇 가지를 선정한 것입니다. 학생들이 인터넷이나 일상에서 무심코 사용하는 혐오표현들이 보입니다. 이에 대해서는 잠시 후 자세히 이야기를 나누려고 합니다.

아까 그린 손 모양 중에서 약지에 오늘 나누고 싶은 질문을 하나 만들어 주세요. 예를 들어 '학생들이 자주 쓰는 혐오표현은 무엇이 있고, 어떤 차별이 담겨 있는가?' 같은 거죠. 그리고 새끼손가락에는 수업 아이디어나 가정에서 해결할 수 있는 일을 적어 주시면 됩니다.

다 적으면 모둠원끼리 돌려 읽으면서 좋은 질문에 별 표시를 해 주세요. 그 질문이 오늘의 질문이 됩니다. 모둠별로 정해진 질문을 크게 가운데에 다시 적은 후 20분 동안 토의를 하겠습니다. 시작해 볼까요?"

지금부터는 크게 두 가지의 주제로 그날 나눈 이야기를 전하고자 한다.

혐오표현은 무엇이고, 어떤 문제가 있나?

홍성수는 "혐오표현hate speech이란 소수자에 대한 편견 또는 차별을 확산시키거나 조장하는 행위 또는 어떤 개인, 집단에 대해 그들이 소수자로서의 속성을 가졌다는 이유로 멸시·모욕·위협하거나 그들에 대한 차별, 적의, 폭력을 선동하는 표현"(『말이 칼이 될 때』, 31쪽)이라고 정의했다.

뉴스를 보면 정당의 대표나 대중에게 영향력을 미치는 사람들이 공적인 자리에서 부끄러움 없이 막말하는 경우를 종종 본다. 자신의 정치적 지지층을 모으려는 방법이라 할지라도 적정선을 넘는 발언들이 대부분이다. 그 속에는 소수자에 대한 편견과 갈등을 조장하려는 의도가 담겨 있는 말도 있다. 그런데도 그들은 인구人口에 회자膾炙가 된 후에야 그런 혐오의 뜻이 있는 줄 몰랐다는 변명과 무책임한 태도를 보일 뿐이다. 게다가 요즈음에는 익명성에 기대어 인터넷 댓글에서 혐오표현이 극에 달하고 있다.

그렇다면 학교는 이러한 혐오표현으로부터 안전할까?

학생들은 SNS나 인터넷 게임 등을 통해 접한 혐오표현을 마치 유행을 이끄는 것처럼 포장하여 친구를 놀리거나 무시할 때 다시 사용한다. 유행이 되면 마치 일상 언어처럼 자연스러운 호칭으로 사용하기에 이른다. '애자, 호모'라는 말은 학생들이 가장 빈번하게 사용하는 혐오표현인데, 장애인과 성소수자에 대한 편견이 밑바탕에 깔려 있다. 대입 자기소개서에는 특수학급 친구를 도와주는 활동을 했다고 쓰면서도 일상 언어에서는 무의식적으로 이런 혐오표현을 사용하는 것이다.

최근에는 혐오하는 대상에 벌레 충蟲을 붙여 쓰곤 한다. '한남충, 틀딱충, 맘충' 등이 그 예이다. 교사로서 조언을 자주 하는 나 역시도 '진지충'이라는 표현에서 자유롭지 못했다. 카프카의 소설 속 주인공도 아닌데 왜 우리는 스스로를 벌레로 치부하려 드는지 답답하기만 하다.

이와 같이 지금의 학생들은 혐오표현의 위험 수준을 인지하지 못한 채 너도나도 아무렇지 않게 말하고 있다.

홍성수는 "혐오표현의 유형을 차별적 괴롭힘, 편견 조장, 모욕, 증오 선동"(같은 책, 58쪽)'으로 나누고, "혐오표현과 증오범죄는 표출 형태만 다를 뿐, 원인과 배경이 동일하기 때문에 같은 맥락에서 이해되어야"(같은 책, 97쪽) 한다고 경고했다.

학생들이 무심코 사용하고 있는 혐오표현은 자신의 사고를 규정하고 바람직하지 못한 행동으로 나타날 위험이 크다. '애자'라는 말을 정상적인 신체를 가진 사람끼리 쓰는 것이 뭐가 문제냐고 학생들이 반문할 수도 있다. 그런데 이 혐오표현은 신체가 불편한 사람을 당연히 모욕해도 된다는 잠재의식에서 나온 말이다. 하나의 단어에 부정적인 감정이 실리고 오랜 시간 고착되면 결국 장애인들을 향한 범죄가 발생할 가능성도 높아질 수 있다.

아파트 인근에 장애인학교 건립을 반대하는 뉴스를 들은 적이 있다. 이를 단순히 경제적 이익만을 추구하려는 님비(Not In My Back Yard) 현상으로만 보아서는 안 된다. 장애인도 똑같이 교육받을 권리가 있고, 국가는 이를 지켜야 할 의무가 있다. 그럼에도 불구하고 개인의 재산권을 방패로 장애인들에게 잠재적 가해자가 되고 있음을 모른 척하고 있다. 더구나 폭력을 행사해서라도 건립을 막겠다는 것을 보면 이는 혐오조직의 한 형태라고 봐도 무방할 것이다.

우리 사회는 장애인뿐만 아니라 다양한 소수자들이 이제야 사회 구성원으로 자기 목소리를 내기 시작했다. "소수자에게 표현의 자유는 자신의 인권을 실현하기 위한 핵심적 가치"(같은 책, 150쪽)라고 저자는 말한다. 그런데도 그들을 향한 무차별적인 혐오표현이 여기저기서 만들어지고 있다. 혐오표현은 차별을 낳고 차별은 증오범죄로 이어질 수 있다. 나치 독일이 자국민의 우월성을 강조하기 위해 홀로코스트라는 끔찍한 만행을 저지른 것이 남의 이야기로만 치부해서는 안 된다는 생각을 해 본 시간이었다.

혐오표현을 해결하기 위해서 우리는 무엇을 해야 하나?

다른 토의 모둠에서는 '가정과 학교에서 혐오표현을 어떻게 해결할 것인가?'에 대한 대화가 이어졌다. 학부모 자격으로 북 토크에 참가한 분들은 혐오표현의 정확한 의미와 사회 현상을 제대로 아는 것이 중요하다는 의견을 내주었다. 아이들이 사용하는 언어에서 부모나 교사가 이해하지 못하는 말들이 점점 많아지고 있다. 그러니 굳이 그 뜻을 알아보려고 노력조차 하지 않게 되었다. 그러나 밥상머리 교육의 중요성이 계속 강조되듯이 학부모들도 혐오표현에 담긴 사회적 차별을 정확히 알고, 아이들이 스스로 줄여 나가도록 꾸준히 지도하는 것이 필요하다는 것을 알게 되었다고 한다.

교사들은 학교에서 할 수 있는 해결책으로 다양한 교수학습 방법이나 행사들을 제안하였다. 그중에서 그림책을 활용한 독서 프로그램을 예로 들어 보자. 그림책 활용은 초등뿐만 아니라 중등에서 텍스트로서도 효과가 높다. 독서에 어려움을 느끼는 학생들도 부담 없이 참여할 수 있고, 완독하는 데 시간이 많이 걸리지 않는다는 장점이 있다.

또 주제 토의(말하기)와 협력적 글쓰기까지 연계할 수 있어 정해진 시간에 더욱 깊은 사고를 나누기에 적합하다.

『초코곰과 젤리곰』(얀 케비)이란 동화는, 세계인권운동의 발단이 된 흑인 차별을 다룬 실화 속 인물 로자 파크스를 모티프로 한 작품이다. 초등학교에서는 두 곰의 차이가 무엇인지, 차이와 차별이 어떻게 다른지를 다룰 수 있다. 중등에서는 실제 사건의 내용을 조사해 보고 그 문제점을 토의할 수 있을 것이다. 그리고 학생들이 '흑형'이라는 혐오표현을 사용하는 것과 연결한다면 언어에 담긴 사회문제로 확대하여 생각해 볼 수 있고, 흑인 차별을 다룬 영화도 엮어서 본다면 보다 풍성한 수업이 되리라 생각한다.

초·중등 교장과 교감으로 이루어진 모둠에서는 문제점의 발견에서 해결책에 이르는 내용을 사회, 학교, 학급 등 전 학교적 차원에서 제시하였다. 이처럼 모둠원의 구성에 따라 다양한 이야기를 나눌 수 있기도 하다.

홍성수는 "혐오표현이 발화되더라도 그 영향력이 국지적 차원에서 일시적으로 머무르게 하려면 사회가 힘을 합쳐서 혐오표현을 고립시켜야 한다"(같은 책, 208쪽)면서 "웃어넘기거나 침묵하지 않고 조목조목 문제점을 따지는 등의 일상적인 실천이 중요한 의미를 갖는다"(같은 책, 222쪽)고 주장한다.

혐오표현은 나와 동시대를 살아가고 있는 타인의 다름과 차이를 이해하고 인정할 때 사라질 것이다. 우리가 한 권의 책을 읽는다고 단번에 가치관이 변화하지는 않는다. 다만 그 문제점을 알게 되면 일상에서 말 한마디와 행동 하나를 조심하게 될 것이고, 누군가가 무심코 던진 말도 예민하게 들을 것이다. 공존은 이러한 태도가 하나씩 쌓여 갈 때 가능한 일이리라.

부록

세계시민교육연구소 Q&A

1. 세계시민교육연구소(EGC, 이하 세시연)는 어떤 기관인가요?

　　세계시민교육연구소는 2013년에 창립하였습니다. 국제이해와 지속가능발전을 기반으로 세계시민의식을 키우고 실천하는 교육개발협력전문 NGO입니다. 현재는 서울특별시 국제교류과에 등록되어 있습니다.

2. 세계시민교육연구소의 활동에는 어떤 것들이 있나요?

　　세시연은 세계시민교육을 바탕으로 아시아 교육 문제의 근본적인 해결을 위해 한국을 비롯하여 아시아 교사들의 교육역량을 개발하고, 지역사회 교육과 학생들의 보편적 교육활동을 지원함으로써 아시아 교육공동체 발전에 힘을 기울이고 있습니다.

　　세시연은 교사, 학생, 학부모, 다양한 분야의 교육 전문가들이 자발적으로 참여하여 국내교육자원활동을 하고 있습니다. 또한 글로벌 네트워크를 중심으로 한 국제교육자원활동도 전개하고 있습니다.

　　국내교육자원활동으로는 이론과 체험을 경험할 수 있는 자율연수를 매월 셋째 주 토요일에 정기적으로 실시하고 있으며, 11월에는 자체적으로 세계시민교육 포럼을 합니다. 그리고 재한 외국인 교사들을 지원하기 위해 재한몽골학교 몽골 교사 역량 강화 워크숍도 연 2회 진행하고 있습니다. 교육가족을 중심으로 구성한 서울교원봉사단은 시립동부노인요양센터에서 노인케어활동을 매월 마지막 주 토요일에 하고 있습니다.

국제교육자원활동은 2010년부터 네팔을 출발로 하여 2015년 라오스 그리고 2017년 몽골로 확대되었습니다. 세 나라의 교사들과 학생들의 교육역량 개발을 위한 맞춤형 교육자원활동을 해마다 꾸준히 실시하고 있습니다. 네팔에서는 교사와 학생 그리고 지역 주민 교육을 중심으로 전개하고 있으며, 라오스에서는 예비교사인 사범대 학생들과 교수들을 대상으로 전문 영역 교육자원활동을 해 왔고, 몽골에서는 교사 중심의 교육역량 개발 워크숍을 진행하고 있습니다.

3. 세계시민교육연구소가 아시아 교육에 중점을 두는 이유는 무엇입니까?

세시연은 아시아 교육이 21세기 글로벌 사회의 요구와 미래 사회를 대비한 교육적 잠재력을 지니고 있다는 신념을 가지고 아시아 교육공동체 형성을 활동 목표로 설정하였습니다. 교육개발협력을 통해 아시아 교사들과 협력함으로써 아시아의 발전에 동참하고 아시아 교육연대를 형성하는 것이 지속가능한 교육 발전을 위해 중요하다고 생각했기 때문입니다.

4. 세시연에는 선생님들만 활동 가능한가요?

세시연은 교육개발협력 NGO 전문단체입니다. 그래서 교육 전문성을 갖추고 있는 교사들이 중심이 되어 운영하고 있습니다. 참여 회원들도 초중고 교사들이 가장 많습니다. 그러나 세계시민교육 학생동아리, 세계시민교육을 주제로 활동하는 학부모동아리의 구성원들도 함께 활동하면서 세계시민교육에 대한 교육 전문성을 공유하고 있습니다.

5. 세시연에서 활동하려면 어떻게 해야 하나요?

세시연은 전국 단위로 회원을 모집하고 있습니다. 세계시민교육 및 아시아 교육활동에 관심을 가진 누구나 회원이 될 수 있습니다. 회원이 되시면 다양한 교육 정보를 공유하고, 공동체 중심의 협력 활동을 함께할 수 있으며, 전문성을 기를 수 있는 다양한 강연도 들을 수 있을 뿐 아니라 자신의 사례를 공유하는 기회도 갖게 됩니다.

회원신청은 네이버 카페(http://cafe.naver.com/eiu4u)에서 회원신청서를 다운로드해서 기록하신 뒤 사무국(nhbs789@naver.com)으로 제출해 주시고, 회비를 납부해 주시면 됩니다.

(국민은행 463537-0100-5795/예금주 세계시민교육연구소)

회원들은 모든 연수에 우선적으로 참여할 수 있으며, 국제교육 자원활동 신청에도 우선권을 부여합니다.

6. 세시연의 국제교육자원활동 참여 신청은 서울 이외의 지역에서도 가능한가요?

　세시연에서 추진하고 있는 국제교육자원활동은 아시아 교육현장을 중심으로 전개되고 있으며, 한국 교사들의 교육 전문성을 아시아 ODA 국가 교사들과 공유하여 그들의 교육적 역량을 기르고 교육에 대한 열정을 되살리기 위한 지속가능발전 프로젝트입니다.

　세시연에서 하는 모든 활동은 전국의 선생님들이 함께 참여할 수 있습니다. 네팔, 라오스, 몽골의 국제교육자원활동도 전국 선생님들이 자유롭게 신청할 수 있습니다. 9월(네팔), 10월(라오스), 11월(몽골)에 각 지역 교육청으로 신청 공문을 보내 드립니다. 만약 단위 학교에서 전달받지 못했을 때는 그 시기에 세시연 네이버 카페(http://cafe.naver.com/eiu4u) 공지란을 참고해 주시기 바랍니다.

7. 세시연의 국제교육자원활동에 대해서 자세히 알고 싶어요.

　국제교육자원활동 시기는 매년 1월 초에는 네팔, 2월 중순에는 라오스, 여름방학에는 몽골로 나누어 실시됩니다.

　국제교육자원활동은 한국 선생님들의 다양한 교육역량으로 ODA 국가 교사들의 교육 활성화를 지원하는 것이 주요 목표입니다. 일반적으로는 아시아 교사들과 함께 현지에서 요구하는 과목을 중심으로 교과별 학습 방법과 학습 자료들을 소개하며 협력수업 계획을 짭니다. 그리고 해당 지역의 학교에서 꼭 필요한 교육과정, 예를 들면 독서교육, 진로교육 등을 지원하기도 합니다.

그 외에도 네팔에서는 지역 주민들과 함께 지역을 돌아보고 소통하는 시간을 가집니다. 지역 주민들을 위해 다양한 교육 프로그램을 운영하면서 지역 주민들의 삶과 문화를 체험해 봅니다.

라오스에서는 사범대 학생들과 사범대 교수들을 대상으로 학과별 협동 수업을 실시하고, 비영어권 교수들을 위한 영어연수를 진행하고 있습니다. 함께 간 한국의 대학생 자원활동단이 또래 라오스 대학생들과 문화 교류 수업을 실시하고 있어 문화다양성을 현장에서 직접 체험해 보기도 합니다. 그리고 고아원학교를 방문하여 사제동행 문화교실을 운영하고 있습니다.

몽골은 우리가 가는 여름이 방학이라서 학생이 아니라 몽골 교사들을 중심으로 한 교육역량 워크숍을 실시합니다. 몽골 초중등 교사들을 대상으로 현지에 필요한 교육활동을 함께 나누고 배우는 시간을 마련하고 있습니다.

※ 더 궁금한 내용은 네이버 카페(http://cafe.naver.com/eiu4u)에 오셔서 질문해 주시기 바랍니다.

세계시민교육연구소 자율연수 주제

2021년

시기	주제	강사	소속
1월	세시연 청년단 GYIA 기초연수 1 (세계시민교육에 대한 이해)	정애경	세계시민교육연구소
	학부모자원활동단 기초연수 3 (세계시민교육과 아세안의 만남)	유진숙	(전) 한-아세안센터
2월	세시연 청년단 GYIA 기초연수 2 (세계시민과 나)	김예은 외	세시연 청년단
	세계시민으로 용산 만나보기 (학부모자원활동단 용산탐방)	정애경	세계시민교육연구소
3월	봉사학습 프로젝트 활용 방법에 대하여	이지향	서울대학교
	교육공동체로서의 학부모의 역할	정애경	세계시민교육연구소
4월	한국과 아세안, 마음이 통하는 이웃	유진숙	(전) 한-아세안 센터
	질문으로 풀어보는 세계시민교육	김예은 외	세시연 청년단
5월	봉사학습 프로젝트 개발과 실제	유명현	서울고 교사
	지속가능발전을 위한 제11차 도시답사	박범철	경문고 교사
6월	다문화 교육의 새로운 방향에 대한 탐색	조현희	홍익대학교
	세계시민교육 강사역량 강화 방안	정애경	세계시민교육연구소
7월	학생캠프 운영을 위한 강사로서의 역량	정애경	세계시민교육연구소
	교사 멘토링 지원단 활동의 이해와 실제 (세계시민, 토닥토닥)	박경희	서울상경초등학교

8월	세계시민교육 전문강사 역량강화 연수	정애경	세계시민교육연구소
0월	세계시민교육 이해를 위한 다문화언어강사 교류 연수	이정심	서울잠전초 교사
10월	지속가능발전을 위한 제12차 도시답사	박범철	경문고 교사
	다문화언어강사 세계시민교육역량 연수	정애경	세계시민교육연구소
11월	봉사학습 프로젝트에 대한 향후 개선책 모색에 대한 연구	장재훈	세시연 청년단
	극단화 사고 유연화 가능 세계시민교육 수업 모듈	하승천	인천장아초 교사
	시대와 만나는 교육, 탄소중립중점학교 실천 사례	변지윤	안양신성중 교사

2020년

시기	주제	강사	소속
6월	동작구 역사문화길 탐방–심훈문학공원, 한강대교	박범철	경문고 교사
7월	학부모가 바라보는 세계시민교육	정애경	세계시민교육연구소
8월	여성과 인권의 현장–성평등 도서관 '여기' 탐방	박범철	경문고 교사
9월	〈북 토크〉 평화를 만드는 말: 『말이 칼이 될 때』	정애경	세계시민교육연구소
10월	성북구 역사문화길 탐방	이순애	성북동 아름다운 사람들
	학습몰입도 향상을 위한 게임의 교육적 활용 방안	김나연	여의도여자고 교사
11월	노동과 인권의 현장–청계천 문화 답사	이선화	신현고 교사
	학부모 자원활동단 기초연수 1	정애경	세계시민교육연구소
12월	세계시민으로서 청년의 역할은 무엇인가?	정애경	세계시민교육연구소
	학부모 자원활동단 기초연수 2	정애경	세계시민교육연구소

2019년

시기	주제	강사	소속
3월	세계시민으로 살아가기: SDGs의 이해와 교육적 활용	최영미	KOICA 국민소통센터
4월	통일교육으로 본 세계시민교육: 평화, 새로운 시작	조창완	상현중 교사, 좋은교사운동
5월	도시 속의 지속가능성 탐구: 새활용으로 만나는 세상		서울새활용플라자
6월	교실에서의 평화교육 사례 나눔-초등	엄은남	전 서울탑동초 교사
	교실에서의 평화교육 사례 나눔-고등	박범철	경문고 교사
9월	세계시민교육 이야기	정우탁	서울특별시교육청 세계시민교육정책 자문관
	〈북 토크〉 평화를 만드는 말: 『말이 칼이 될 때』	이선화	신현고 교사
10월	도시 속의 지속가능성 탐구: 여성의 시선으로 본 전쟁과 평화		전쟁과여성인권박물관
11월	평화, 인권, 그리고 세계시민교육	정동혁	서울회복적생활교육 연구회 회장
	마을과 학교의 평화 기반 공동체 활동	백용범	서울길음초 교감
	앱을 활용한 세계시민교육	임재민	서울송전초 교사

2018년

시기	주제	강사	수속
3월	풀뿌리 세계시민은 가능한가?	공석기	서울대학교 아시아연구소
4월	무역게임으로 알아 가는 세계화	윤지아	서울계남초 교사
	교실 속 세계시민교육 알아 가기	이용민	건대부고 교사
	세계화 이슈를 중심으로 한 헥사토론게임	정애경	세계시민교육연구소
5월	도시 속의 지속가능성 탐구: 이화마을, 장수마을	이화마을, 장수마을	
6월	세계화와 디지털 세대의 학생 문화	이성회	한국교육개발원
	현대 문학과 세계시민교육	김○○	서울국제고 학생
	지구촌 체험에서 본 세계화	정지현	KOICA 지구촌체험관
9월	외국 교육가에게 듣는 세계화와 세계시민교육 이야기	Netsanet Weldeeyesus FOGHI	에티오피아 교육부 전문가
		Faoumatta COLLEY	감비아 대학 강사
		Moletsane SEBASA	유네스코 레소토 국가위원회 코디네이터
	이미지로 풀어 보는 세계시민교육	박순용	연세대학교 교육학부 교수
10월	도시 속의 지속가능성 탐구: 서울에너지드림센터, 문화비축기지	서울에너지드림센터, 문화비축기지	
11월	필리핀 지역사회 참여학습 사례 발표	이미화	세계시민교육연구소
	국제교육자원활동과 내러티브 세계시민교육	안정선	서울신도초 교사
	교사들이 만들어 가는 세계시민교육과정	윤지아	서울계남초 교사
	세계시민교육 연구학교 사례 발표-안천초	임재민	서울송전초 교사
	세계시민교육 연구학교 사례 발표-공연초	심현영	서울공연초 교사
	글로벌 역량 교육정책 및 실태 분석을 위한 국제협동연구	이혜원	한국교육과정평가원 교육과정연구원

2017년

시기	주제	강사	소속
3월	4차 산업혁명의 시대, 우리는 무엇을 해야 하나	김정훈	동아사이언스 SW 융합교육팀장
4월	미래 학교와 세계시민교육	이화성	창덕여중 교장
5월	도시 속의 지속가능성 탐구: 서울 문래동	문래예술창작촌, 어반아트, 올드문래	
6월	기후변화 시대, 생태적 삶과 교육의 방향	이상배	교육농업연구소장
7월	미래교육을 위한 세계시민성	정애경	세계시민교육연구소
	놀이와 게임 지도를 통한 세계시민성 함양	윤현정	서울시흥초 교사
9월	제4차 산업혁명과 세계시민교육	정영식	전주교대 컴퓨터교육과 교수
10월	도시 속의 지속가능성 탐구: 교통으로 살펴본 지속가능성 탐구	서울로 및 서울역사 일대	
11월	Zoom In & Zoom Out: 세계시민교육의 지형도	조현희	고려대 연구교수 아시아에듀허브사업단
	프로젝트 학습을 활용한 세계시민교육의 실천 수업 사례	박재준	서울공연초 교사
	자유학기제 선택 프로그램을 활용한 세계시민교육 사례	홍윤빈	정원여중 교사
	도시 속의 지속가능성 탐구 현장연수 사례	이선화	신현고 교사
	4차 산업혁명과 SW교육-아이팝콘 실습	김정훈	동아사이언스 SW융합교육팀 팀장

2016년

시기	주제	강사	소속
3월	지속가능발전과 지역개발	서정기	평생배움연구소 에듀피스 대표
4월	지속가능발전목표(SDGs)에 대한 이해	김지현	KOICA
	VR(가상현실)로 알아보는 전쟁 난민의 현실	정용민	건대부고 교사
	수업 아이디어 공유	김규리	수락중 교사
5월	도시 속의 지속가능성 탐구: 서울 창신동		절벽마을, 창신소통연구소, 회오리길, 봉제거리 및 전태일기념재단
6월	국제교류 활동으로 실천하는 세계시민교육	조성준	대전복수고 교사
	일본 교사가 말하는 한국과 일본의 문화 교육	카니에 미유키	일본 아이치현 나고야시 고로모다이고교 영어교사
9월	도시재생과 세계시민교육	정애경	세계시민교육연구소
	도시답사를 활용한 수업 사례	박범철	경문고 교사
	지역사회와 연계된 수업 사례	정용주	서울염경초 교사
10월	도시 속의 지속가능성 탐구: 종묘 일대		종묘, 세운상가
11월	교사가 지녀야 할 세계시민교육에서의 비판적 사고력	하승천	인천약산초 교사
	학교 활동으로 이루어지는 세계시민교육	임재민	서울송전초 교사
	동아리 중심으로 이루어지는 세계시민교육	홍윤빈	정원여중 교사
	프로젝트 기반(PBL) 세계시민교육	조성주	서울공연초 교사
	지속가능한 도시답사 체험 사례	안상원	신도중 수석교사
	학생 중심 세계시민교육 프로그램 개발 발표	전○○	서울 국제고 학생

삶의 행복을 꿈꾸는 교육은 어디에서 오는가?

● **교육혁명을 앞당기는 배움책 이야기** 혁신교육의 철학과 잉걸진 미래를 만나다!

한국교육연구네트워크 총서

 01 핀란드 교육혁명
한국교육연구네트워크 엮음 | 320쪽 | 값 15,000원

 02 일제고사를 넘어서
한국교육연구네트워크 엮음 | 284쪽 | 값 13,000원

 03 새로운 사회를 여는 교육혁명
한국교육연구네트워크 엮음 | 380쪽 | 값 17,000원

 04 교장제도 혁명
한국교육연구네트워크 엮음 | 268쪽 | 값 14,000원

 05 새로운 사회를 여는 교육자치 혁명
한국교육연구네트워크 엮음 | 312쪽 | 값 15,000원

 06 혁신학교에 대한 교육학적 성찰
한국교육연구네트워크 엮음 | 308쪽 | 값 15,000원

 07 진보주의 교육의 세계적 동향
한국교육연구네트워크 엮음 | 324쪽 | 값 17,000원
2018 세종도서 학술부문

 08 더 나은 세상을 위한 학교혁명
한국교육연구네트워크 엮음 | 404쪽 | 값 21,000원
2018 세종도서 교양부문

 09 비판적 실천을 위한 교육학
이윤미 외 지음 | 448쪽 | 값 23,000원
2019 세종도서 학술부문

 10 마을교육공동체운동: 세계적 동향과 전망
심성보 외 지음 | 376쪽 | 값 18,000원

 11 학교 민주시민교육의 세계적 동향과 과제
심성보 외 지음 | 308쪽 | 값 16,000원

 12 학교를 민주주의의 정원으로 가꿀 수 있을까?
성열관 외 지음 | 272쪽 | 값 16,000원

한국교육연구네트워크 번역 총서

 01 프레이리와 교육
존 엘리아스 지음 | 한국교육연구네트워크 옮김
276쪽 | 값 14,000원

 02 교육은 사회를 바꿀 수 있을까?
마이클 애플 지음 | 강희룡·김선우·박원순·이형빈 옮김
356쪽 | 값 16,000원

 03 비판적 페다고지는 세상을 변화시킬 수 있는가?
Seewha Cho 지음 | 심성보·조시화 옮김
280쪽 | 값 14,000원

 04 마이클 애플의 민주학교
마이클 애플·제임스 빈 엮음 | 강희룡 옮김
276쪽 | 값 14,000원

 05 21세기 교육과 민주주의
넬 나딩스 지음 | 심성보 옮김 | 392쪽 | 값 18,000원

 06 세계교육개혁: 민영화 우선인가 공적 투자 강화인가?
린다 달링-해먼드 외 지음 | 심성보 외 옮김 | 408쪽 | 값 21,000원

 07 콩도르세, 공교육에 관한 다섯 논문
니콜라 드 콩도르세 지음 | 이주환 옮김
300쪽 | 값 16,000원

 08 학교를 변론하다
얀 마스켈라인·마틴 시몬스 지음 | 윤선인 옮김
252쪽 | 값 15,000원

 09 존 듀이와 교육
짐 개리슨 외 지음 | 김세희 외 옮김
372쪽 | 값 19,000원

 10 진보주의 교육운동사
윌리엄 헤이스 지음 | 심성보 외 옮김
324쪽 | 값 18,000원

 혁신학교
성열관·이순철 지음 | 224쪽 | 값 12,000원

 행복한 혁신학교 만들기
초등교육과정연구모임 지음 | 264쪽 | 값 13,000원

 서울형 혁신학교 이야기
이부영 지음 | 320쪽 | 값 15,000원

 대한민국 교사, 어떻게 가르칠 것인가?
윤성관 지음 | 320쪽 | 값 15,000원

 아이들을 어떻게 가르칠 것인가
사토 마나부 지음 | 박찬영 옮김 | 232쪽 | 값 13,000원

 모두를 위한 국제이해교육
한국국제이해교육학회 지음 | 364쪽 | 값 16,000원

♦ 비고츠키 신집 시리즈 발달과 협력의 교육학 어떻게 읽을 것인가?

 생각과 말
레프 세묘노비치 비고츠키 지음
배희철·김용호·D. 켈로그 옮김 | 690쪽 | 값 33,000원

 성장과 분화
L.S. 비고츠키 지음 | 비고츠키 연구회 옮김
308쪽 | 값 15,000원

 도구와 기호
비고츠키·루리야 지음 | 비고츠키 연구회 옮김
336쪽 | 값 16,000원

 연령과 위기
L.S 비고츠키 지음 | 비고츠키 연구회 옮김
336쪽 | 값 17,000원

 어린이 자기행동숙달의 역사와 발달 I
L.S. 비고츠키 지음 | 비고츠키 연구회 옮김
564쪽 | 값 28,000원

 의식과 숙달
L.S 비고츠키 | 비고츠키 연구회 옮김
348쪽 | 값 17,000원

 어린이 자기행동숙달의 역사와 발달 II
L.S. 비고츠키 지음 | 비고츠키 연구회 옮김
552쪽 | 값 28,000원

 분열과 사랑
L.S. 비고츠키 지음 | 비고츠키 연구회 옮김
260쪽 | 값 16,000원

 어린이의 상상과 창조
L.S. 비고츠키 지음 | 비고츠키 연구회 옮김
280쪽 | 값 15,000원

 성애와 갈등
L.S. 비고츠키 지음 | 비고츠키 연구회 옮김
268쪽 | 값 17,000원

 비고츠키와 인지 발달의 비밀
A.R. 루리야 지음 | 배희철 옮김 | 280쪽 | 값 15,000원

 흥미와 개념
L.S. 비고츠키 지음 | 비고츠키 연구회 옮김
408쪽 | 값 21,000원

 정서학설 I
L.S. 비고츠키 지음 | 비고츠키 연구회 옮김
584쪽 | 값 35,000원

 관계의 교육학, 비고츠키
진보교육연구소 비고츠키교육학실천연구모임 지음
300쪽 | 값 15,000원

 수업과 수업 사이
비고츠키 연구회 지음 | 196쪽 | 값 12,000원

 비고츠키 생각과 말 쉽게 읽기
진보교육연구소 비고츠키교육학실천연구모임 지음
316쪽 | 값 15,000원

 비고츠키의 발달교육이란 무엇인가?
비고츠키교육학실천연구모임 지음 | 412쪽 | 값 21,000원

 교사와 부모를 위한 비고츠키 교육학
카르포프 지음 | 실천교사번역팀 옮김
308쪽 | 값 15,000원

 비고츠키 철학으로 본 핀란드 교육과정
배희철 지음 | 456쪽 | 값 23,000원

 혁신교육, 철학을 만나다
브렌트 데이비스·데니스 수마라 지음
현인철·서용선 옮김 | 304쪽 | 값 15,000원

 경쟁을 넘어 발달 교육으로
현광일 지음 | 288쪽 | 값 14,000원

 혁신교육 존 듀이에게 묻다
서용선 지음 | 292쪽 | 값 14,000원

 독일 교육, 왜 강한가?
박성희 지음 | 324쪽 | 값 15,000원

 다시 읽는 조선 교육사
이만규 지음 | 750쪽 | 값 33,000원

 핀란드 교육의 기적
한넬레 니에미 외 엮음 | 장수명 외 옮김
456쪽 | 값 23,000원

 대한민국 교육혁명
교육혁명공동행동 연구위원회 지음
224쪽 | 값 12,000원

 한국 교육의 현실과 전망
심성보 지음 | 724쪽 | 값 35,000원

● 교과서 밖에서 만나는 역사 교실 상식이 통하는 살아 있는 역사를 만나다

 전봉준과 동학농민혁명
조광환 지음 | 336쪽 | 값 15,000원

 남도의 기억을 걷다
노성태 지음 | 344쪽 | 값 14,000원

 응답하라 한국사 1·2
김은석 지음 | 356쪽·368쪽 | 각권 값 15,000원

 즐거운 국사수업 32강
김남선 지음 | 280쪽 | 값 11,000원

 즐거운 세계사 수업
김은석 지음 | 328쪽 | 값 13,000원

 강화도의 기억을 걷다
최보길 지음 | 276쪽 | 값 14,000원

 광주의 기억을 걷다
노성태 지음 | 348쪽 | 값 15,000원

 선생님도 궁금해하는
한국사의 비밀 20가지
김은석 지음 | 312쪽 | 값 15,000원

 걸림돌
키르스텐 세룹-빌펠트 지음 | 문봉애 옮김
248쪽 | 값 13,000원

 역사수업을 부탁해
열 사람의 한 걸음 지음 | 388쪽 | 값 18,000원

 진실과 거짓, 인물 한국사
하성환 지음 | 400쪽 | 값 18,000원

 우리 역사에서 사라진
근현대 인물 한국사
하성환 지음 | 296쪽 | 값 18,000원

 꼬물꼬물 거꾸로 역사수업
역모자들 지음 | 436쪽 | 값 23,000원

 즐거운 동아시아사 수업
김은석 지음 | 240쪽 | 값 15,000원

 노성태, 역사의 길을 걷다
노성태 지음 | 324쪽 | 값 17,000원

 교과서 밖에서 배우는 역사 공부
정은교 지음 | 292쪽 | 값 14,000원

 팔만대장경도 모르면 빨래판이다
전병철 지음 | 360쪽 | 값 16,000원

   빨래판도 잘 보면 팔만대장경이다
전병철 지음 | 360쪽 | 값 16,000원

 영화는 역사다
강성률 지음 | 288쪽 | 값 13,000원

 친일 영화의 해부학
강성률 지음 | 264쪽 | 값 15,000원

 한국 고대사의 비밀
김은석 지음 | 304쪽 | 값 13,000원

 조선족 근현대 교육사
정미량 지음 | 320쪽 | 값 15,000원

 다시 읽는 조선근대 교육의 사상과 운동
윤건차 지음 | 이명실·심성보 옮김 | 516쪽 | 값 25,000원

 음악과 함께 떠나는 세계의 혁명 이야기
조광환 지음 | 292쪽 | 값 15,000원

 논쟁으로 보는 일본 근대 교육의 역사
이명실 지음 | 324쪽 | 값 17,000원

 다시, 독립의 기억을 걷다
노성태 지음 | 320쪽 | 값 16,000원

 한국사 리뷰
김은석 지음 | 244쪽 | 값 15,000원

 경남의 기억을 걷다
류형진 외 지음 | 564쪽 | 값 28,000원

 어제와 오늘이 만나는 교실
학생과 교사의 역사수업 에세이
정진경 외 지음 | 328쪽 | 값 17,000원

우리 역사에서 왜곡되고 사라진
근현대 인물 한국사
하성환 지음 | 348쪽 | 값 18,000원

● 4·16, 질문이 있는 교실 마주이야기 통합수업으로 혁신교육과정을 재구성하다!

통하는 공부
김태호·김형우·이경석·심우근·허진만 지음
324쪽 | 값 15,000원

내일 수업 어떻게 하지?
아이함께 지음 | 300쪽 | 값 15,000원
2015 세종도서 교양부문

인간 회복의 교육
성래운 지음 | 260쪽 | 값 13,000원

교과서 너머 교육과정 마주하기
이윤미 외 지음 | 368쪽 | 값 17,000원

수업 고수들
수업·교육과정·평가를 말하다
박현숙 외 지음 | 368쪽 | 값 17,000원

도덕 수업, 책으로 묻고 윤리로 답하다
울산도덕교사모임 지음 | 320쪽 | 값 15,000원

체육 교사, 수업을 말하다
전용진 지음 | 304쪽 | 값 15,000원

교실을 위한 프레이리
아이러 쇼어 엮음 | 사람대사람 옮김
412쪽 | 값 18,000원

마을교육공동체란 무엇인가?
서용선 외 지음 | 360쪽 | 값 17,000원

교사, 학교를 바꾸다
성진화 지음 | 372쪽 | 값 17,000원

함께 배움
학생 주도 배움 중심 수업 이렇게 한다
니시카와 준 지음 | 백경석 옮김 | 280쪽 | 값 15,000원

공교육은 왜?
홍섭근 지음 | 352쪽 | 값 16,000원

자기혁신과 공동의 성장을 위한
교사들의 필리버스터
윤양수·원종희·장군·조경삼 지음 | 280쪽 | 값 14,000원

함께 배움 이렇게 시작한다
니시카와 준 지음 | 백경석 옮김 | 196쪽 | 값 12,000원

함께 배움 교사의 말하기
니시카와 준 지음 | 백경석 옮김 | 188쪽 | 값 12,000원

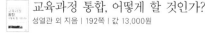
교육과정 통합, 어떻게 할 것인가?
성열관 외 지음 | 192쪽 | 값 13,000원

학교 혁신의 길, 아이들에게 묻다
남궁상운 외 지음 | 272쪽 | 값 15,000원

미래교육의 열쇠, 창의적 문화교육
심광현·노명우·강정석 지음 | 368쪽 | 값 16,000원

주제통합수업,
아이들을 수업의 주인공으로!
이윤미 외 지음 | 392쪽 | 값 17,000원

수업과 교육의 지평을 확장하는 ### 수업 비평
윤양수 지음 | 316쪽 | 값 15,000원
2014 문화체육관광부 우수교양도서

교사, 선생이 되다
김태은 외 지음 | 260쪽 | 값 13,000원

교사의 전문성, 어떻게 만들어지나
국제교원노조연맹 보고서 | 김석규 옮김
392쪽 | 값 17,000원

수업의 정치
윤양수·원종희·장군 지음 | 280쪽 | 값 14,000원

학교협동조합,
현장체험학습과 마을교육공동체를 잇다
주수원 외 지음 | 296쪽 | 값 15,000원

거꾸로 교실,
잠자는 아이들을 깨우는 수업의 비밀
이민경 지음 | 280쪽 | 값 14,000원

교사는 무엇으로 사는가
정은균 지음 | 292쪽 | 값 15,000원

마음의 힘을 기르는 감성수업
조선미 외 지음 | 300쪽 | 값 15,000원

작은 학교 아이들
지경준 엮음 | 376쪽 | 값 17,000원

아이들의 배움은 어떻게 깊어지는가
이시이 준지 지음 | 방지현·이창희 옮김
200쪽 | 값 11,000원

대한민국 입시혁명
참교육연구소 입시연구팀 지음 | 220쪽 | 값 12,000원

교사를 세우는 교육과정
박승열 지음 | 312쪽 | 값 15,000원

전국 17명 교육감과 나눈 교육 대담
최창의 대담·기록 | 272쪽 | 값 15,000원

들뢰즈와 가타리를 통해 유아교육 읽기
리세롯 마리엣 올슨 지음 | 이연선 외 옮김
328쪽 | 값 17,000원

학교 민주주의의 불한당들
정은균 지음 | 276쪽 | 값 14,000원

프레이리의 사상과 실천
사람대사람 지음 | 352쪽 | 값 18,000원
2018 세종도서 학술부문

혁신학교, 한국 교육의 미래를 열다
송순재 외 지음 | 608쪽 | 값 30,000원

페다고지를 위하여
프레네의 『페다고지 불변요소』 읽기
박찬영 지음 | 296쪽 | 값 15,000원

노자와 탈현대 문명
홍승표 지음 | 284쪽 | 값 15,000원

선생님, 민주시민교육이 뭐예요?
염경미 지음 | 244쪽 | 값 15,000원

어쩌다 혁신학교
유우석 외 지음 | 380쪽 | 값 17,000원

미래, 교육을 묻다
정광필 지음 | 232쪽 | 값 15,000원

대학, 협동조합으로 교육하라
박주희 외 지음 | 252쪽 | 값 15,000원

입시, 어떻게 바꿀 것인가?
노기원 지음 | 306쪽 | 값 15,000원

촛불시대, 혁신교육을 말하다
이용관 지음 | 240쪽 | 값 15,000원

라운드 스터디
이시이 데루마사 외 엮음 | 224쪽 | 값 15,000원

미래교육을 디자인하는 학교교육과정
박승열 외 지음 | 348쪽 | 값 18,000원

흥미진진한 아일랜드 전환학년 이야기
제리 제퍼스 지음 | 최상덕·김호원 옮김 | 508쪽 | 값 27,000원
2019 대한민국학술원우수학술도서

폭력 교실에 맞서는 용기
따돌림사회연구모임 학급운영팀 지음
272쪽 | 값 15,000원

그래도 혁신학교
박은혜 외 지음 | 248쪽 | 값 15,000원

학교는 어떤 공동체인가?
성열관 외 지음 | 228쪽 | 값 15,000원

교사 전쟁
다나 골드스타인 지음 | 유성상 외 옮김
468쪽 | 값 23,000원

시민, 학교에 가다
최형규 지음 | 260쪽 | 값 15,000원

교육과정, 수업, 평가의 일체화
리사 카터 지음 | 박승열 외 옮김 | 196쪽 | 값 13,000원

학교를 개선하는 교장
지속가능한 학교 혁신을 위한 실천 전략
마이클 풀란 지음 | 서동연·정효준 옮김 | 216쪽 | 값 13,000원

공자던, 논어는 이것이다
유문상 지음 | 392쪽 | 값 18,000원

교사와 부모를 위한
발달교육이란 무엇인가?
현광일 지음 | 380쪽 | 값 18,000원

교사, 이오덕에게 길을 묻다
이무완 지음 | 328쪽 | 값 15,000원

낙오자 없는 스웨덴 교육
레이프 스트란드베리 지음 | 변광수 옮김
208쪽 | 값 13,000원

끝나지 않은 마지막 수업
장석웅 지음 | 328쪽 | 값 20,000원

경기꿈의학교
진흥섭 외 지음 | 360쪽 | 값 17,000원

학교를 말한다
이성우 지음 | 292쪽 | 값 15,000원

행복도시 세종,
혁신교육으로 디자인하다
곽순일 외 지음 | 392쪽 | 값 18,000원

나는 거꾸로 교실 거꾸로 교사
류광모·임정훈 지음 | 212쪽 | 값 13,000원

교실 속으로 간 이해중심 교육과정
온정덕 외 지음 | 224쪽 | 값 13,000원

교실, 평화를 말하다
따돌림사회연구모임 초등우정팀 지음
268쪽 | 값 15,000원

학교자율운영 2.0
김용 지음 | 240쪽 | 값 15,000원

학교자치를 부탁해
유우석 외 지음 | 252쪽 | 값 15,000원

국제이해교육 페다고지
강순원 외 지음 | 256쪽 | 값 15,000원

선생님, 페미니즘이 뭐예요?
염경미 지음 | 280쪽 | 값 15,000원

평화의 교육과정 섬김의 리더십
이준원·이형빈 지음 | 292쪽 | 값 16,000원

학교를 살리는 회복적 생활교육
김민자 · 이순영 · 정선영 지음 | 256쪽 | 값 15,000원

 수포자의 시대
김성수 · 이형빈 지음 | 252쪽 | 값 15,000원

 교사를 위한 교육학 강의
이형빈 지음 | 336쪽 | 값 17,000원

 혁신학교와 실천적 교육과정
신은희 지음 | 236쪽 | 값 15,000원

 새로운학교 학생을 낳게 하다
새로운학교네트워크 총서 02 | 408쪽 | 값 20,000원

 삶의 시간을 잇는 문화예술교육
고영직 지음 | 292쪽 | 값 16,000원

 세월호가 묻고 교육이 답하다
경기도교육연구원 지음 | 214쪽 | 값 13,000원

 혐오, 교실에 들어오다
이혜정 외 지음 | 232쪽 | 값 15,000원

 미래교육, 어떻게 만들어갈 것인가?
송기상 · 김성천 지음 | 300쪽 | 값 16,000원
2019 세종노서 교양부문

 혁신교육지구와 마을교육공동체는 어떻게 만들어지는가?
김태정 지음 | 376쪽 | 값 18,000원

 교육에 대한 오해
우문영 지음 | 224쪽 | 값 15,000원

 선생님, 특성화고 자기소개서 어떻게 써요?
이지영 지음 | 322쪽 | 값 17,000원

 혁신교육지구 현장을 가다
이용운 외 4인 지음 | 344쪽 | 값 18,000원

 학생과 교사, 수업을 묻다
전용진 지음 | 344쪽 | 값 18,000원

 배움의 독립선언, 평생학습
정민승 지음 | 240쪽 | 값 15,000원

 혁신학교의 꽃, 교육과정 다시 그리기
안재일 지음 | 344쪽 | 값 18,000원

 교육혁신의 시대
배움의 공간을 상상하다
함영기 외 지음 | 264쪽 | 값 17,000원

 학습격차 해소를 위한 새로운 도전
보편적 학습설계 수업
조윤정 외 지음 | 225쪽 | 값 15,000원

 서울의 마을교육
이용윤 외 지음 | 352쪽 | 값 18,000원

 물질과의 새로운 만남
베로니카 파치니-케처바우 지음 | 240쪽 | 값 15,000원

평화와 인성을 키우는 자기우정
따돌림사회연구모임 우정팀 지음 | 240쪽 | 값 15,000원

 미래교육을 열어가는 배움중심 원격수업
이윤서 외 지음 | 332쪽 | 값 17,000원

● **살림터 참교육 문예 시리즈** 영혼이 있는 삶을 가르치는 온 선생님을 만나다!

 꽃보다 귀한 우리 아이는
조재도 지음 | 244쪽 | 값 12,000원

 선생님이 먼저 때렸는데요
강병철 지음 | 248쪽 | 값 12,000원

 성깔 있는 나무들
최은숙 지음 | 244쪽 | 값 12,000원

 서울 여자, 시골 선생님 되다
조경선 지음 | 252쪽 | 값 12,000원

 아이들에게 세상을 배웠네
명혜정 지음 | 240쪽 | 값 12,000원

 행복한 창의 교육
최창의 지음 | 328쪽 | 값 15,000원

 밥상에서 세상으로
김흥숙 지음 | 280쪽 | 값 13,000원

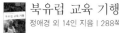 **북유럽 교육 기행**
정애경 외 14인 지음 | 288쪽 | 값 14,000원

 우물쭈물하다 끝난 교사 이야기
뉴기창 지음 | 380쪽 | 값 17,000원

 시험 시간에 웃은 건 처음이에요
조규선 지음 | 252쪽 | 값 15,000원

 오천년을 사는 여자
염경미 지음 | 272쪽 | 값 16,000원

 다정한 교실에서 20,000시간
강정희 지음 | 296쪽 | 값 16,000원

● 더불어 사는 정의로운 세상을 여는 인문사회과학 사람의 존엄과 평등의 가치를 배운다

밥상혁명
강양구 · 강이현 지음 | 298쪽 | 값 13,800원

좌우지간 인권이다
안경환 지음 | 288쪽 | 값 13,000원

도덕 교과서 무엇이 문제인가?
김대용 지음 | 272쪽 | 값 14,000원

민주시민교육
심성보 지음 | 544쪽 | 값 25,000원

자율주의와 진보교육
조엘 스프링 지음 | 심성보 옮김 | 320쪽 | 값 15,000원

민주시민을 위한 도덕교육
심성보 지음 | 500쪽 | 값 25,000원
2015 세종도서 학술부문

민주화 이후의 공동체 교육
심성보 지음 | 392쪽 | 값 15,000원
2009 문화체육관광부 우수학술도서

교과서 밖에서 배우는 인문학 공부
정은교 지음 | 280쪽 | 값 13,000원

갈등을 넘어 협력 사회로
이창언 · 오수길 · 유문종 · 신윤관 지음
280쪽 | 값 15,000원

오래된 미래교육
정재걸 지음 | 392쪽 | 값 18,000원

동양사상과 마음교육
정재걸 외 지음 | 356쪽 | 값 16,000원
2015 세종도서 학술부문

대한민국 의료혁명
전국보건의료산업노동조합 엮음 | 548쪽 | 값 25,000원

교과서 밖에서 배우는 철학 공부
정은교 지음 | 280쪽 | 값 14,000원

교과서 밖에서 배우는 고전 공부
정은교 지음 | 288쪽 | 값 14,000원

교과서 밖에서 배우는 사회 공부
정은교 지음 | 304쪽 | 값 15,000원

전체 안의 전체 사고 속의 사고
김우창의 인문학을 읽다
현광일 지음 | 320쪽 | 값 15,000원

교과서 밖에서 배우는 윤리 공부
정은교 지음 | 292쪽 | 값 15,000원

카스트로, 종교를 말하다
피델 카스트로 · 프레이 베토 대담 | 조세종 옮김
420쪽 | 값 21,000원

한글 혁명
김슬옹 지음 | 388쪽 | 값 18,000원

일제강점기 한국철학
이태우 지음 | 448쪽 | 값 25,000원

우리 안의 미래교육
정재걸 지음 | 484쪽 | 값 25,000원

한국 교육 제4의 길을 찾다
이길상 지음 | 400쪽 | 값 21,000원
2019 세종도서 학술부문

왜 그는 한국으로 돌아왔는가?
황선준 지음 | 364쪽 | 값 17,000원
2019 세종도서 교양부문

마을교육공동체 생태적 의미와 실천
김용련 지음 | 256쪽 | 값 15,000원

공간, 문화, 정치의 생태학
현광일 지음 | 232쪽 | 값 15,000원

교육과정에서 왜 지식이 중요한가
심성보 지음 | 440쪽 | 값 23,000원

인공지능 시대의 사회학적 상상력
홍승표 지음 | 260쪽 | 값 15,000원

식물에게서 교육을 배우다
이차영 지음 | 260쪽 | 값 15,000원

동양사상과 인간 그리고 사회
이현지 지음 | 418쪽 | 값 21,000원

왜 전태일인가
송필경 지음 | 236쪽 | 값 17,000원

장자와 탈현대
정재걸 외 지음 | 424쪽 | 값 21,000원

한국 세계시민교육이 나아갈 길을 묻다
유네스코태평양 국제이해교육원 지음 | 260쪽 | 값 18,000원

놀자선생의 놀이인문학
진용근 지음 | 380쪽 | 값 185,000원

**코로나 시대,
마을교육공동체 운동과 생태적 교육학**
심성보 지음 | 280쪽 | 값 17,000원

포스트 코로나 시대, 예술과 정치
현광일 지음 | 288쪽 | 값 16,000원

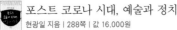

참된 삶과 교육에 관한
생각 줍기

중력의키스

중력의 키스

GRAVITY'S KISS

Harry Collins

중력파의 직접 검출

해리 콜린스 지음
전대호 옮김
오정근 감수

글항아리 사이언스

차례

- **BBH(Binary Black Hole)** 블랙홀 쌍성계.

- **BNS(Binary Neutron Star)** 중성자별 쌍성계.

- **CBC(Compact Binary Coalescence)** 고밀도 쌍성계 병합.

- **CED(Coherent Event Display)** 결맞는 사건 보기.

- **cWB(coherent Wave Burst)** 결맞는 파동 분출.

- **DAC(Data Analysis Committee)** 데이터 분석위원회.

- **DC(Detection Committee)** 검출위원회.

- **Detchar(Detector Characterization)** 검출기 특성 연구팀. 검출기의 특성을 파악하고 각종 기기, 환경 잡음을 제거하는 일을 하는 연구 그룹.

- **DQ(Data Quality)** 데이터의 품질 상태. 잡음이 얼마나 많은지 나타낸다.

- **EPO(Education and Public Outreach)** 교육 및 대중홍보 위원회.

- **ER8(Engineering Run 8)** 여덟 번째 시험 가동.

- **ESD(Electrostatic Drive)** 시험 질량 거울에 힘을 가하는 데 쓰는 장치.

- **FAP(false alarm probability)** 오경보확률.

- **FAR(false alarm rate)** 오경보율. 실제 신호가 아닌데 오인하여 실제 신호로 경보를 내리는 비율. 1년당 횟수를 단위로 한다.

- **IFAR(inverse false alarm rate)** 오경보율의 역수.

- **LHO(LIGO Hanford Observatory)** 라이고 핸퍼드 관측소.

- **LLO(LIGO Livingston Observatory)** 라이고 리빙스턴 관측소.

- **LSC(LIGO Science Collaboration)** 라이고 과학 협력단.

- **LVC(LIGO-Virgo Collaboration)** 라이고-비르고 협력단.

- **LVT(LIGO-Virgo Trigger)** 라이고-비르고 트리거.

- **NSBH(Neutron Star-Black Hole)** 중성자별-블랙홀 쌍성.

- **oLIB(omicron-LAL Inference-Bursts)** 폭발체를 찾는 웨이블릿 변환 기반
  의 라이고 소프트웨어.

- **PE(parameter estimation)** 모수 추정.

- **PN(Post-Newtonian)** 포스트 뉴턴 근사법.

- **PTA(Pulsar Timing Array)** 펄서 때맞춤 배열.

- **pyCBC(python Compact Binary Coalescence)** CBC의 병합 신호를 찾는 파
  이프라인 중, 파이썬 언어 기반의 코드를 개발하고 운용하는 연구팀.

- **ROM(Reduced Order Model)** 수치 시뮬레이션에서 수학적인 계산의 복잡도
  를 줄이기 위한 기법.

- **QNM(Quasi-Normal Mode)** 준정규모드. 두 천체가 병합한 직후에 벌어지는
  일을 가리킨다.

- **SNR(signal to noise ratio)** 신호 대 잡음 비율.

- **SN(supernova)** 초신성.

- **TF(time-frequency)** 시간 주피수.

일러두기
숫자로 매겨진 각주는 지은이의 것, 기호로 매겨진 각주는 감수자의 것이다. 옮긴이 주는 본문 안
에 괄호로 넣었다.

1장

첫째 주:
정합성을 찾았다

2015년 9월 14일. 나는 무릎 위에 노트북을 얹고 서재의 소파에 앉아 있다. 요새 나는 집에서 일하는 쪽이 더 좋아서 깨어 있는 시간 대부분을 이런 식으로 보낸다. 때는 저녁이고 나는 매일 몇십 통씩 들어오는 이메일의 제목들을 대충 훑어보고 있다. 중력파 공동체에서 온 것들이 가장 많은데, 평소에 나는 그것들을 읽지 않고 삭제한다. 나는 지금까지 40년 넘게 그 공동체와 함께 일해왔다. 현재 활동 중인 중력파 과학자들은 단 1명만 빼고 모두 나보다 신참이다. 중력파 공동체의 이메일들이 나중에 내 관심을 끌 경우를 대비하여 나는 6개월 정도마다 1번씩 그것들을 한 폴더에 저장하곤 한다. 나는 과학 연구가 실제로 어떻게 이루어지는지를 실시간으로 연구한다.

내 시선이 한 이메일에 꽂힌다. 제목은 "ER8●에 포착된 매우 흥미로운 사건". 영국 서머타임으로 정오쯤에 온 것이다. cWB 분석 '파이프라인

pipeline*'이 흥미로운 사건을 발견했다는 내용이다. "cWB"는 '결맞는 파동 분출coherent wave burst'과 그 폭발원을 탐색하는 팀을 뜻하는 약자다. 그 팀은 예상되는 파동의 형태(파형)에 대한 선입견 없이 중력파 분출을 탐색하는 것을 임무로 삼고 있다. 요컨대 cWB 파이프라인이 방금 흥미로운 파동 분출처럼 보이는 무언가를 검출했다. 파이프라인이란 간섭계들에서 쏟아져 나오는 데이터 급류에 적용하는 수학적·통계학적 절차를 말한다. 다양한 팀들이 다양한 원리에 기초를 둔 다양한 파이프라인을 작동시켜—한 팀이 2개 이상의 파이프라인을 운용할 수도 있다—그 데이터 흐름을 감시하면서 중력파 신호처럼 보이는 모든 것을 자동으로 찾아낸다. 파이프라인들이 원활히 작동하면, 일주일에 몇 건의 발견 경보가 울릴 수 있다.

내 눈에 띈 이메일의 수신자는 일차적으로 CBC팀이지만 다른 팀들도 수신자로 되어 있다. 'CBC'는 '고밀도 쌍성계 병합compact binary coalescence'을 뜻한다. 이 팀의 임무는 일생의 막바지에 이른 쌍성계에서 나오는 중력파 신호를 분석하는 것이다. 그 신호는 회전하면서 팔을 오므리는 스케이트 선수처럼 한 쌍의 별이 서로 접근하면서 점점 더 빠르게 회전하다가 결국 하나의 무거운 별로 병합하는 '감쇠 나선운동inspiral' 과정의 마지막 1초 정도의 구간에 방출된다. 이론에 따르면, 그런 쌍성계에서 새로 태어나는 별이 우주적 울음처럼 분출하는 중력파는 인간이 지상에 설치한 중력파 검출기에 포착되기에 충분할 만큼 강할 수 있다. 그 감쇠 나선운동과 병합을 모형화할 수 있다. 하지만 중력파의 정확한 파형은 병합하는 별들 각

---

*   시험 가동을 의미하는 'Engineering Run'의 약자로, 여덟 번째 시험 가동을 의미한다.

각의 질량과 회전 방식에 따라 달라지기에, 가능한 조합들의 개수는 거의 무한하다. 그리하여 cWB 파이프라인과 달리 CBC 파이프라인은 중력파를 탐색할 때 그 팀이 정한 '파형 견본 뱅크template bank'에 들어 있는 가능한 모형 25만 개 중 하나와 유사한 신호를 탐색한다. 파형 견본 뱅크는 불특정한 가능성의 세계를 검출 가능한 현실들로 나눈다. 그 첫 번째 이메일은 아래와 같다. 마르코 드라고가 보낸 것이다.

2015년 9월 14일 월요일 11시 56분(10월 25일까지의 모든 시각은 영국 서머타임이다. 그 후의 시각은 그리니치 표준시.)

여러분,
cWB가 방금 매우 흥미로운 사건 하나를 그레이스DBgracedb에 올렸습니다.
https://gracedb.ligo.org/events/view/G184098

CED는 다음과 같습니다.
https://ldas-jobs.ligo.caltech.edu/~waveburst/online/ER8_LH
_ONLINE/JOBS/112625/1126259540-1126259600/OUTPUT
_CED/ced_1126259420_180_1126259540-1126259600
_slag0_lag0_1_job1/L1H1_1126259461.750_1126259461.750/

앤디가 만든 큐스캔Qscan도 보세요.
https://ldas-jobs.ligo.caltech.edu/~lundgren/wdq/L1_1126259462
.3910/
https://ldas-jobs.ligo.caltech.edu/~lundgren/wdq/H1_1126259462
.3910/

우리가 서둘러 조사한 바로는, 하드웨어 주입 신호가 아닙니다. 이것이 하드웨어 주입이 아니라는 점을 확증해줄 수 있는 분 없나요?

'그레이스DB'(gracedb, 정확히는 GraceDB)는 '중력파 후보 데이터베이스 Gravitational wave candidate database'의 약자다. 이 데이터베이스는 흥미로울 법한 사건들을 보여주는 웹페이지며, 대개 파이프라인에서 추출된 사건이 특정한 문턱을 넘기만 하면 자동으로 그 데이터를 수록한다. 그레이스DB 는 수많은 사건을 수록하지만, 진짜 중력파로 밝혀진 것은 지금까지 한 건 도 없다.

이런 이메일은 엄선된 집단에 속한 사람만 읽을 수 있다. 이메일에 언급 된 URL에 접속하려면 패스워드가 필요한데, 내가 알기로 과학계 외부에서 그 패스워드를 보유한 사람은 오직 나뿐이다. 그 엄선된 집단의 명칭은 '라 이고-비르고 협력단LIGO-Virgo collaboration', 약자로 LVC다. 레이저 간섭계 중력파 관측소(라이고, LIGO)와 비르고Virgo를 중심으로 모인 이들의 집단 이다. 라이고 연구팀은 미국에 4킬로미터 길이의 간섭계 2대를 보유하고 있 으며, 비르고는 피사 근처의 3킬로미터짜리 간섭계 하나를 보유한 프랑스-이탈리아 공동 연구팀이다(지금 거론하는 중력파 추정 신호가 포착되었을 당시 에 비르고는 가동 상태가 아니었다). 하지만 세계 곳곳의 과학자 1000여 명이 라이고-비르고 협력단에 참여하고 있다.[1] 나는 그 웹사이트들을 살펴보고, 각각 루이지애나주와 워싱턴주에 있어서 서로 3200킬로미터 떨어진 대형 간섭계 2대—L1과 H1(H1의 남동쪽에 L1이 있음)—에서 동시에 검출된 듯 하고 규모가 커 보이는 몇몇 흔적을 발견한다. 하지만 나는 심드렁하다. 이 런 데이터는 수시로 나오기 때문이다. 간섭계는 엄청나게 민감해서 항상 흔 들리면서 허위 경보를 발령한다. 우리가 중력파를 보기 위해 기다려온 세 월이 벌써 50년이다. 이 신호가 중력파일 가능성은 매우 낮다.

20분 뒤에 날아오는 둘째 이메일은 역시나 나를 그다지 흥분시키지 않지만 적어도 관련 이메일들을 자체 폴더에 저장할까 생각하게 만든다. 이번 이메일에는 "Mchirp = 27 Mo인 멋진 감쇠 나선운동입니다"라고 쓰여 있다. 무슨 뜻이냐면, 진동수가 낮고 '감쇠 안정화ringdown' 윤곽을 띠는 그 파동의 파형을 분석해보니 처프 질량•이 우리 태양의 27배를 훌쩍 넘는 천체들이 그 신호에 연루되어 있다는 것이다. 이는 그 천체들 가운데 적어도 하나는 블랙홀이 틀림없음을(아마도 두 천체가 모두 블랙홀임을) 의미한다. 블랙홀이 아닌 고밀도 별(compact star, 백색왜성, 중성자별, 블랙홀의 총칭.— 옮긴이)의 최대 질량은 우리 태양 질량의 약 2.5배이기 때문이다(여전히 연료를 태우면서 중력 붕괴에 저항하고 있는 별은 실량이 더 클 수 있다). 만일 그 두 천체 모두 상당한 규모의 블랙홀이라면, 이론상 그것들이 병합할 때 다량의 중력파가 방출된다고 예측되므로, 그 신호가 진짜 중력파일 개연성이 이번

1　　정확히 말하면 약 1250명이지만, 나는 이 책에서 1000명이라는 근삿값을 일관적으로 사용할 것이다. 라이고-비르고 협력단은 그 자체적으로 경쟁을 유발하는 요소들을 지닌다. 비르고는 원래 미국과 경쟁할 목적으로 출범한 완전히 독립적인 프로젝트였지만 자금 지원이 상대적으로 부실했고 (처음에는 이탈리아와 프랑스가 구성한) 다국적 협력체이다보니 극복해야 할 조직 문제가 더 많았다. 이런 난관들 때문인지, 비르고의 간섭계는 정밀도에서 늘 라이고에 뒤처져온 실정이다. 최초의 중력파 검출에 기여할 수 없다면 비르고 과학자들은 매우 실망할 것이었다. 미국-영국의 지오600도 원래는 경쟁 장비로 구상되었지만 상대적으로 자금이 부족했으며, 얼마 지나지 않아 지오600의 가장 중요한 역할은 라이고에 기술적 도움을 주는 것이라는 점이 명확해졌다. 지오600은 그 역할을 매우 성공적으로 수행해왔다. 이런 내력이 있기는 해도, 온갖 팀에서 온 과학자들은 라이고가 포착한 신호의 의미를 분석하고 결과를 논문으로 작성하는 일에서는 하나의 팀으로서 상당히 매끄럽고 원활하게 활동해왔다. 요컨대 데이터를 다루고 발표하는 일에서 그들은 꽤 탄탄하게 뭉친 하나의 팀이다(물론 라이고 연구팀과 비르고 연구팀 사이에는 경쟁의 앙금이 어느 정도 남아 있다. 그 앙금은 '빅 독' 사건[2장 참조]에서 가끔 표출되는 듯했지만 지금 거론하는 사건과 관련해서는 전혀 드러나지 않는다). 반면에 장비를 제작하는 일에서 그들은 훨씬 더 독립적이고 경쟁적이다.

•　　처프질량은 아인슈타인 방정식에서 나타나는 두 물체의 질량의 조합으로 구성된 질량으로, $M_{chirp} = (m1 m2)^{3/5} / (m1 + m2)^{1/5}$로 주어진다.

이메일을 통해 더 높아진다.

2분 뒤에 나는 아래 이메일을 받는다.

LLO 주입 로그 기록에 따르면, 마지막 주입 시도가 성공적으로 이루어진 시각은 1125400499(2015년 9월 4일 11시 14분 42초 UTC)입니다. 앤디의 큐스캔에 수록된 시각인 1126259462 근처의 LLO 주입 스케줄을 살펴보았습니다. 가장 가까운 주입 스케줄은 아래와 같습니다.

1126240499 2 1.0 hwinj_1126240499_2_
1126270499 2 1.0 hwinj_1126270499_2_

둘 다 3시간 넘게 떨어져 있어요.

무슨 말이냐면, 문제의 사건 전후 3시간 이내에는 아무도 공식적이며 의도적으로 가짜 신호를 간섭계들에 주입injection하지 않았다는 것이다. 적어도 과학자들이 알아챌 수 있게 가짜 신호가 주입된 일은 없었다. 가짜 신호 주입은 과학자들이 수행 평가와 장비 조정을 위해서 하는 작업이다.

7분 뒤에 날아온 이메일. "정말 매우 흥미롭네요! 고질량 감쇠 나선운동 같지 않나요?" 하지만 이 이메일의 작성자는, 왜 다른 비(非)cWB 분석 채널들—신속한 검출을 위해 특수하게 설계된 이른바 저지연low-latency 채널들—에는 그 사건이 포착되지 않았을까 하는 의문을 제기한다. 잠시 후에 답변이 나온다. 그 채널들은 현재 고질량 사건을 기록하지 못하도록 차단되어 있으므로 그런 무거운 블랙홀들이 일으키는 사건을 포착할 가망이 없다고 한다. 중력파 공동체가 내쉬는 안도의 한숨이 느껴진다. 이메일로도

중력의 키스

한숨을 느낄 수 있다면 말이다.

이 연구는 이런 식으로 진행된다. 간섭계는 루이지애나주와 워싱턴주에 있지만, 내가 이제껏 언급한 이메일 4통은 독일 하노버, 플로리다주, 오스트레일리아 멜버른, 파리에서 왔다. 오늘날 실험 장비의 물리적 위치는 거의 중요하지 않다. 실험 데이터를 분석하는 사람들의 물리적 위치도 마찬가지다. 공교롭게도 지금 미국은 밤이어서 대다수 사람이 잠들어 있다. 이것이 사건을 맨 먼저 알아챈 과학자들의 물리적 위치가 유럽—정확히 하노버—인 이유다.

분석자의 위치가 중요하지 않다는 말에 휘둘려 그들이 오랫동안 직접 만나면서 신뢰의 공동체를 형성한 덕분에 지금 이렇게 원격으로 작업할 수 있다는 점을 간과하면 안 된다. 그런 직접 만남의 역사가 쌓인 현재에는 1년에 2번쯤만 직접 만나도 원격 공동 연구를 이어가기 충분하다. 따라서 인터넷에 접속해 있기만 하다면 어디에서나 대부분의 작업을 할 수 있다.

내가 이 공동체와 직접 대면해온 역사도 길고 생생하다. 1990년대 초부터 2000년대 중반까지 나는 이 집단의 모임에 거의 다 참석했고 검출기가 있는 곳을 자주 방문했다. 매년 세계 곳곳에서 열리는 모임에 최소 대여섯 번 참석했다. 최근 몇 년 동안에는 대략 1년에 1번 모임에 참석하여 눈도장만 찍어왔지만, 불과 몇 주 전에도 부다페스트에서 공동체와 만남을 가졌다. 나는 따뜻한 환영을 받았으며 여전히 공동체의 정회원에 가깝다. 물론 연구가 확대되다보니 내가 아는 사람의 비율은 과거보다 줄었다. 그럼에도 나는 지금 이렇게 우리 집 소파에 편안히 앉은 채로 상황의 중심에 있다.

수십 번의 직접 만남은 이 정도의 신뢰를 얻기 위해서뿐 아니라 과학자들이 주고받는 이메일을 어느 정도 이해하기 위해서도 필요했다(나의 전문성에 대해서는 책의 막바지에 더 길게 논할 것이다). 내가 소파에 앉은 채로 상황의 중심에 있을 수 있다고 해서, 이런 소파와 패스워드만 갖추면 어떤 '일반인'이라도 지금 벌어지는 상황을 이해할 수 있으리라고 생각하면 오산이다. 전혀 그렇지 않다.[2] 나도 지금 오가는 이메일들을 대충 — 무언가 흥미로운 일이 벌어지고 있으며 토론의 주제가 어느 분야에 관한 것인지 알 정도로 — 이해할 수는 있지만 여러 전문적 세부 사항은 이해하지 못한다. 데이터 분석 기법을 상세히 공부한 적이 없기 때문이다. 나는 대부분의 데이터 분석을 신뢰할 따름이다. 그러나 지금 오가는 이야기만큼은 잘 이해한다. 운 좋게도 내 친구 피터 솔슨1954~은 내가 이메일로 던지는 질문들에 계속해서 기꺼이 답변해준다. 그는 뉴욕 시러큐스 대학교 물리학 교수이며 중력파 물리학 분야의 고위 인사다. 인류학자라면 그를 나의 '신뢰할 만한 정보 제공자'라고 부를 것이다(「책을 쓴 과정과 도움을 준 사람들」 참조). 나는 거의 다 이해한 것에 대해서만 질문하려고 애쓴다. 따라서 우리가 주고받는 이야기는 대개 진지한 문답이라기보다 편한 대화의 성격을 띤다.

계산 방법을 알았더라면, 이튿날 나는 그 사건에 연루된 천체들의 총 질량이 태양의 약 50배이며 그 천체들 가운데 질량이 태양의 약 11배보다 작은 놈은 없다는 것이 최초 데이터 분석이 의미하는 바임을 알았을 것이다. 하지만 나는 하루나 이틀이 더 지난 뒤에야 이 사실을 알게 된다(최종 결론

---

2 이 점을 강조하는 것은, 과학에 실제보다 훨씬 더 쉽게 접근할 수 있다는 일부 사회과학자와 일반인의 믿음 때문이다(「사회학적 철학적 주석」 1번 참조). 광범위한 사회적-철학적 질문들에 관한 모든 주석은 487쪽 이하의 「사회학적 철학적 주석」에 모아놓았다. 주석의 내용을 덜 강조하면서도 그 분야에 관심이 있는 독자가 하나의 독자적인 장처럼 읽을 수 있도록 그렇게 편집했다. 주로 과학에 관심을 둔 독자는 그 주석들을 읽지 않아도 된다.

은 천체들 각각의 질량이 태양의 약 36배와 29배라는 것이다). 정확한 기록이 있는 것은 아니지만, 내가 이 이메일들을 독자적인 폴더에 모으기로 결정한 때는 화요일인 것 같다. 낭시에는 이 시간이 중력파 시호라는 것을 의심할 이유가 수두룩하다. 그러나 이 특별한 사례에서는 이메일이 쌓임에 따라 의심의 신뢰성이 감소하는, 거의 전례 없는 경향이 뚜렷이 나타난다. 과거에는 거의 항상 의심이 급격히 커져 애초의 희망을 압도했는데 말이다.

내 인생의 43년을 투자한 일이 마침내 완성되는 중일 수도 있다는 엄청난 가능성을 지금 나름대로 정당화하며 받아들이는 중이므로, 내가 이 책을 꼭 쓰기로 결정한 시점은 화요일로부터 꼬박 이틀이 더 지난 목요일 아침이었다고 해두자. 정확히 10시다. 영국 서머타임으로 2015년 9월 17일 목요일 오전 10시.

믿음이 싹트다

지난 이틀 동안 나는 약 140통의 이메일을 읽고 저장했다. 그리고 지금 나는 몹시도 회의적인 이 공동체가 이것을 진짜 사건으로 믿기 시작하는 것을 감지한다. 중력과 지상地上 검출의 세계에서 혁명이 일어났다는 믿음이 싹트는 중이다. 아래는 그런 엄청난 견해를 제대로 밝히기 시작하는 최초의 이메일이다.

이 이메일은 사건의 실재성을 확증하기 위해 공동체가 무엇을 해야 하는가를 논한다. 전문적인 사항에 신경 쓸 필요는 없다. 믿음의 변화를 보여주는 대목은 마지막 부분의 괄호 속 문구 "물론 자연Nature은 명백히 우리를 곧장 무대로 이끈 것으로 보이지만"이다. 대문자 N으로 시작하는 "Nature(자연)", 그 신성한 명칭이 언급된 적은 이제껏 없다. 세상에, 그 신성한 이름이 호명되다니!

뒤따라 더 격식을 갖춘 형태로 변화의 조짐이 이어진다. 먼저 분출팀은 강한 확신을 선언하면서 정말 그럴싸한 중력파 후보들을 다루기 위해 오래 전에 고안해놓은 메커니즘을 가동하기를 요구한다. 그 메커니즘의 가동이 요구된 것은 지금까지 딱 2번인데, 모두 암맹 수입blind injection으로 인해 유발되었다(즉, 장비들이 신호를 검출할 수 있는지 알아보기 위해 과학자들이 가짜 신호들을 '주입'했기 때문에 발생한 사례들이었다. 2장 참조).

2015년 9월 16일, 오후 9시 30분

분출팀 지도부는 G184098로 명명된 사건의 최초 검출(M1500042)을 주장하는 절차의 1단계를 공식적으로 시작하려 합니다.

이 사건은 오류 경보일 가능성이 200년당 1회보다 낮다고 추정되며 3개의 분출 파이프라인에서 유의미한 듯합니다. 검출기 담당팀과의 최초 교차 점검에서 밝혀진 바로는, 이 사건이 발생할 당시에 L1과 H1은 모두 잘 작동하고 있었습니다. 우리는 분출 검출 목록 점검에 착수했으며 이 검출 후보를 더 잘 이해하기 위한 다른 연구들에도 착수했습니다.

이 흥미진진한 사건을 더 많이 알아보기 위한 전면적인 공동 연구를 기대합니다!

성공을 기원하며,
분출팀의 익 시옹 헹, 에릭 캐산드모틴, 요나 칸너

L1과 H1은 거대한 간섭계인데, 각각 4킬로미터 길이의 팔 2개로 이루어져 있다. L1은 루이지애나주 리빙스턴에, H1은 워싱턴주 핸퍼드에 있다.

반 시간 뒤, 리이고-비르 고 협력단의 선임급 인물인 대변인으로부터 아래와 같은 답장이 온다.

친애하는 요나, 시옹, 에릭,

이 기쁜 소식에 감사합니다. 정말 흥분되는 순간이군요. 고급 검출기의 시대가
당신들을 환영합니다.

개비.

그리고 다음날, 공동체의 한 구성원이 보낸 이메일.

축하합니다, 분출팀 분들!!!

이 변화는 정말 놀랄 만큼 신속하게 일어났다. 50년 동안의 불신이 단 이
틀 만에 기꺼이 성과를 인정하는 태도로 바뀐 것이다. 인간적인 관점에서
보면 정말 소름 끼치는 일이다. 우리 인간은 거대한 변화란 천천히 일어나
기 마련이라고 전제하면서 정치적, 경제적 결정을 내리곤 한다. 그러나 비록
아주 작은 규모에서지만 이 변화는 우리가 사는 연약한 세계가 하룻밤 사
이에 전혀 달라질 수 있음을 일깨운다. 그런 변화들은 대개 끔찍하다. 하지
만 지금 일어난 것은 좋은 변화다.

중력의 키스

어떻게 처음 눈에 띄었을까

덧붙이건대, 나를 비롯한 공동체의 전형적인 구성원은 처음엔 회의적이다. 한 달 반이 지난 시점에서 한 물리학자는 이때를 다음과 같이 또 다른 맥락에서 회고한다.

10월 29일 원격 회의에서: 여러분 중 다수도 저와 똑같은 경험을 했으리라 짐작해요. 여러분도 9월 14일 아침 일찍 일어나서 무언가 흥미로운 데이터가 나왔다는 소식을 들었겠죠. 아마 곧바로 여러분은 의도적 주입이었거나 암맹 주입이었거나 실수였거나 소프트웨어 버그거나 뭐 그런 것이려니 했을 거예요. 그리고 지금까지도 우리 모두 스스로 자문하고 있는 것 같아요. 아시잖아요? 이렇게 완벽하고 뚜렷한 신호가 어떻게 가동하자마자 그렇게 빨리 나타날 수 있었을까? 모든 일이 좀 개연성이 없는 것 같아요.

최초 발표 후 두 달 남짓이 지났을 때 나는 맨 처음 이메일을 발송한 마르코 드라고와 원격 회의를 하면서 당시의 자초지종을 묻는다. 그는 그레이스DB가 무엇이든지 발견하면 자동으로 알려주는 이메일 경보 시스템을 가동하고 있었다고 한다. 파이프라인이 그레이스DB에 자료를 올리는 데 약 3분이 걸리고, 그는 그 직후에 경보를 받는다. 따라서 그 사건이 일어나고 몇 분 지나지 않았을 때 그는 그레이스DB를 살펴봐야 한다는 것을 알았다. 이런 작업을 공동체 전체가 하지는 않는다는 점을 유념하라. 그레이스DB가 무언가를 발견했다고 하더라도 그것은 중력파가 아닐 것이라는 점을 공동체 구성원들은 안다 혹은 적어도 2015년 9월 14일까지는 그렇게 알았다. 따라서 일반적으로 그들은 눈을 부릅뜨고 앉아서 데이터 흐름을 감시하지 않는다. 물론 경보들은 모두 점검되지만, 점검의 긴급성은 통상적으로 요구되지 않는다. 게다가 당시에 레이저 간섭계 중력파 관측소는 검출 활동을 하고 있지 않다고 여겨졌다. 라이고의 '고급advanced' 버전인 '에이 라이고aLIGO'는 얼마 전에야 가동을 시작하여 마지막 시험 단계들을 거치는 중이었다. 정식 가동에 앞선 시험 가동 중이었다는 얘기다. 9월 14일에 우리는 8차 시험 가동(ER8)을 하는 중이었고, 1차 정식 관측 가동(O1)은 일주일쯤 뒤에야 이루어질 예정이었다. 따라서 그레이스DB의 알림은 시험용 주입이거나 잡음, 또는 잡음이 너무 많이 섞여 깨끗한 신호로 간주할 수 없는 데이터일 확률이 높았다. 마르코의 설명에 따르면, 그는 ER8이 진행되는 중에 나중에 무의미한 것으로 밝혀진 신호 2건을 살펴본 다음에야 그 사건을 주목했고 그 후 O1이 개시될 때까지 그런 신호 2건을 더 살펴보았다. 하지만 그 사건의 신호는 이례적으로 깨끗했다. 그래서 그는 동료 앤드루 룬드그렌에게 연락하여 그 경보가 울린 시점에 시험용 주입이 있었는지 알아봐달라고 부탁했다. 돌아온 대답은 "없었다"였다. 그 후 그들은 항상 열려 있는 원격 회의 연결선을 통해 미국 중력파 검출 시설들의 통제실과 접촉하여 야간 근무자들에게 혹시 시험용 주입에 대해서 아는 바가 있으면 알려달라고 요청했다. 이번에도 대답은 "없었다"였다. 또한 그들은 검출기들이 잘 작동하고 있다는 얘기도 해주었다. 그리하여 최초 경보가 울린 지 거의 정확히 1시간 후, 그러니까 중앙 유럽 표준시로 오후 12시 55분, 영국 서머타임으로 오전 11시 55분에 드라고는 공동체에 이메일을 배포했고, 그 이메일을 내가 몇 시간 뒤에 본 것이다.[3]

믿음의 이유

지금은 '고급 검출기 시대'다

그 사건이 정말로 최초의 중력파 지상 검출일 수도 있다는 생각의 근거 하나는, 앞서 본 이메일이 말하는 대로 지금이 "고급 검출기 시대Advanced Detector Era"의 출발점이라는 것에 있다. 미국의 대형 간섭계 검출기들은 2010년 말에 가동을 중단하고 검출의 감도와 거리를 향상시키기 위한 개축에 들어갔다. 많은 개량이 계획되었다. 최저 10헤르츠(Hz)까지의 지진파를 차단한 것도 한 가지 개량이었는데, 이 개량은 큰 차이를 빚어낸 듯하다. 그 밖에 시험 질량의 크기와 무게가 향상되었으며 거울도 코팅이 더 우수한 것들로 설치되었고, 거울을 다단계로 매달아 고정하는 장치에 더 우수한 섬유가 투입되었으며, 검출기 내부를 빛으로 채우는 데 필요한 출력보다 20배 높은 출력의 레이저들이 20배 향상되었고(최대 출력은 아직 사용된 바 없다), 가열에 의한 왜곡을 막기 위해 거울 온도 보정 장치가 설치되었다. 또 원할 경우 검출기의 가장 민감한 주파수를 조정할 수 있게 해주는 새로운 '신호 리사이클링signal recycling' 시스템이 설치되었고(아직 가동되지는 않음), 양자 이론을 이용하여 일부 측정값들의 근본적 불확실성을 줄이고 그 대가로 덜 흥미로운 상보적 측정값들의 불확실성은 늘리는 '빛 조임squeezed light'이라는 특이한 기술도 몇 년 안에 적용될 것이다.● 이 기술 중 일부는

3　　광학적 필서의 첫 검출을 다루는 가핑클, 린치, 리빙스턴의 1981년 논문 참조. 「사회학적 철학적 주석」의 2번 주석을 보라.

●　　신호 리사이클링과 빛 조임 기술은 2020년 4월 현재 적용되어 가동에 이용되고 있다.

세계 곳곳에 있는 더 작은 규모의 '개발형' 간섭계들에서 다듬어졌다. 널리 알려진 개발형 간섭계로 독일-영국의 지오600GEO600이 있다. 이 간섭계는 하노버의 한 경작지 귀퉁이에 있다. 5년 뒤인 2015년, 핸퍼드와 루이지애나의 간섭계들, 곧 레이저 간섭계 중력파 관측소가 다시 가동된다. 이 중력파 검출 시설은 과거에 '라이고'라는 약자로 불렸지만 이제 '고급 라이고'(약자로 에이 라이고)로 불린다.

중력파 검출기의 검출 범위는 각각의 질량이 태양의 약 1.4배인 중성자별 2개로 이루어진 쌍성계가 감쇠 나선운동의 마지막 구간과 병합을 겪는 것—이 사건이 '표준 촛불standard candle'이다—을 얼마나 먼 곳에서 적정한 신뢰도로 검출할 수 있느냐에 의해 정해진다. 2010년에 라이고의 '중성자별 쌍성계 검출 범위BNS range', 줄여서 '검출 범위range'는 약 17~18메가파섹(Mpc, 1Mpc은 약 31×10^5킬로미터)이었다. 1메가파섹은 약 326만 광년이다. 당시에 라이고는 1년 남짓 관측 활동을 했지만 중력파를 검출하지 못했다. 이 결과는—적어도 물리학자들의 이론들이 옳다면—아마도 많은 중력파들이 그 검출기를 건드렸겠지만 그 충격이 배경 잡음을 뚫고 두드러지게 나타날 만큼 강했던 적은 한 번도 없음을 의미한다. 충분히 강한 사건이 라이고의 범위 안에서 일어나지 않았다는 점에서, 혹은 어쩌면 라이고가 가동 중이지 않을 때 그런 사건들이 몇 번 일어났으리라는 점에서 라이고는 불운했다고 우리는 말하곤 한다. 중력파 검출기는 매우 섬세한 기계여서 총 가동률이 50퍼센트 정도에 불과하다. 유지를 위해서, 또는 환경의 교란이나 고장 때문에, 중력파 검출기는 가동하지 않는 상태로 전체 시간의 절반을 보낸다. 고급 라이고는 범위가 200메가파섹에 이르도록 설계되었지만, 앞으로 2~3년에 걸쳐 모든 혁신들이 차례로 도입되고 필수적인 시운

전 기간을 거쳐야만 그 범위에 도달할 것이다. 아무튼 개량의 첫 단계는 책정된 예산 내에서 예정보다 더 일찍, 대단히 성공적으로 완료되었다. 현재 고급 라이고의 범위는 약 60~70메가파섹이다.•

검출기의 감도를 시각의 감도에 빗대면 쉽게 이해할 수 있듯이, 검출 범위가 증가하면 감도도 대폭 증가한다. 2015년의 에이 라이고는 2010년의 라이고에 비해 검출 범위가 3배 남짓 증가했으므로 후자가 볼 수 있던 우주 공간보다 반지름이 3배 남짓 큰 우주 공간의 끄트머리까지 볼 수 있다. 우리의 '국소적' 영역을 벗어난 우주에서는 별들이 균일하게 분포한다고 가정하면, 반지름이 3배 큰 구는 부피가 $3 \times 3 \times 3$배(약 30배) 크므로 거기에 포함된 별의 개수도 그만큼 더 많다. 따라서 이제 우리가 중성자별 쌍성계의 감쇠 나선운동(또는 그 운동에서 산출되는 중력파의 주파수대와 비슷한 중력파를 강하게 방출하는 임의의 사건)을 관측할 확률은 30배 높아졌다. 게다가 고급 라이고는 낮은 주파수대에서 과거의 라이고보다 훨씬 민감하다. 다른 조건들이 동일하다면, 2015년 말에 고급 라이고로 하루 동안 하는 관측의 가치는 2010년에 라이고로 한 달 동안 하는 관측과 맞먹는다. 관측의 가치를 중력파 검출 확률로 따진다면, 고급 라이고를 통한 처음 10일 동안의 관측이 현재까지 이루어진 모든 관측과 대등한 셈이다. 바로 이것이 반세기에 걸친 노력이 드디어 결실을 맺은 것일 수도 있다는 생각을 과학자들이 품은 이유다. 비록 이렇게 신속하고 명확하게 결실을 맺은 것이 매우 기이하고 일반인들이 보기에 미심쩍더라도, 과학자들의 낙관에는 이유가 있다.

•   2020년 현재 고급 라이고의 가동 범위는 약 120메가파섹에 달한다.

파형의 일관성

그림 1.1은 '그 사건'이 중력파 검출기에 남긴 최초 흔적들 중 하나를 그런 대로 이해할 만하게 보여준다. 그림에 표시된 2개의 선은 각각 루이지애나와 핸퍼드에 위치한 2대의 검출기(L1과 H1)에서 나온 출력을 나타낸다. 수평 좌표로 설정된 시간은 왼쪽에서 오른쪽으로 흐른다. 그림에서 한 선은 다른 선보다 약간 옅게 그어져 있다. 약 10.38초부터 시작되는 역동적인 구간이 '그 신호'(중력파 신호.—옮긴이)다.

한 선을 시간상에서 7.8밀리초(msec, 1밀리초는 1000분의 1초)만큼 이동시켜 다른 선과 더 잘 포개지게 했다. 7.8밀리초는 광속으로 퍼져나가는 그 신호가 두 검출기에 도달하는 시점의 차이와 같다고 여겨진다. 두 검출기는 서로 3200킬로미터 떨어져 있어서, 루이지애나에 위치한 검출기가 핸퍼드

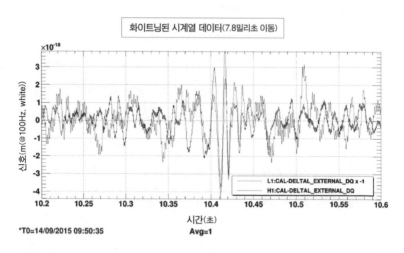

그림 1.1 '그 사건'의 최초 흔적들 중 하나(화이트닝이란 주파수 대역에 따라 진폭이 들쭉날쭉한 원래 데이터를 정규화하여 모든 주파수 대역에서 진폭이 비슷해지게 만드는 데이터 보정 기법이다. 세로축의 "신호(m(@100Hz, white))"는 100헤르츠 주파수 대역의 진폭을 기준으로 화이트닝하여 얻은 신호라는 뜻으로 추정된다.—옮긴이).

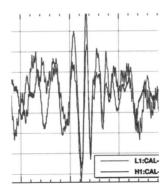

그림 1.2 그림 1.1의 중앙부를 확대한 그림. 신호들의 정합성이 드러난다.

에 위치한 검출기보다 더 먼저 신호를 검출했다고 말이다(정확한 시간 이동 값은 7.8밀리초가 아니라 6.9밀리초라는 것이 나중에 밝혀진다). 그림의 양쪽 가장자리에서 두 선은 사뭇 다르다. 때로는 한 선의 마루가 다른 선의 골과 포개진다. 또한 두 선이 모두 무작위한 잡음처럼 보인다. 반면에 약 10.38초부터 10.45초까지, 훨씬 더 뚜렷한 요동이 일어나는 구간에서는 두 선의 마루와 골 들이 거의 일치한다. 그 중앙 구간을 확대해서 보여주는 그림 1.2에서 두 선의 일관성을 더 선명하게 볼 수 있다(이메일로 유포된 원본 그림에서는 선들이 빨간색과 파란색으로 표시되어 있어서 그 일관성을 더욱더 명확하게 알아볼 수 있다).

4개의 주기에 걸쳐서 두 선이 거의 완벽하게 포개진다. 그 구간에서 두 신호는 역동적일 뿐 아니라 두 검출기에서 '정합'한다. 따라서 그 신호들이 대수롭지 않은 잡음들의 우연한 정합을 나타낼 가능성은 희박하다. 두 검출기에 포착된 잡음들이 일관성을 가질 확률은 매우 낮기 때문이다(『중력의 유령Gravity's Ghost』[University of Chicago Press, 2011] 75쪽 참조). 2010년

9월의 암맹 주입은 '빅 독Big Dog' 사건으로 불리는데, 그 사건 당시 과학자들이 주입을 진짜 중력파 신호로 믿은 것도 신호들의 정합 때문이었다. 비록 공식적으로 제시된 이유는 그 주입이 우연히 일어날 확률이 통계적으로 낮다는 것이었지만 말이다(아래와 2장 참조). 그림 1,2를 보면, 아주 멀리 떨어진 두 검출기에 포착된 신호들이 우연히 이토록 정확하게 들어맞을 가능성은 희박함을 알 수 있다. 또 곧 보겠지만, 이 신호들의 주파수, 신호들이 강해지고 약해지는 방식이 모두 블랙홀 쌍성계의 감쇠 나선운동 및 병합에서 발생하는 중력파 신호와 일치한다. 나는 이 그래프가 완벽한 확신을 심어준다고 느낀다.

나는 피터 솔슨에게 이메일을 쓴다.

9월 18일 금요일 8시 59분: 화이트닝된 시계열 데이터가 매우 확실해 보이는데 아무도 언급이 없는 이유가 뭘까요?

피터는 중력파 연구에 종사하는 친구들과 주말을 보내는 중이다. 두 친구 모두 최고참자다. 피터가 답장한다.

9월 21일 월요일 12시 25분: Re: 시계열 데이터: 걱정 마세요, 외톨이가 아니니까. (고위급 중력파 과학자가) 말하기를, 자기도 그 그래프를 단 하나의 가장 중요한 증거로 보고 이것이 진짜라고 확신했다는군요. 저도 그쪽 편이에요. 왜 아무도 언급이 없냐는 질문에 답하자면, 아, 그건 사회학적 질문이죠 :-) 하지

중력의 키스

만 한 가지 가능성을 말해볼게요. 우리는 그 시계열 데이터 자체를 탐구하고 그 것이 이론과 일치하는지, 잡음에 의해 얼마나 훼손되었는지 등을 알아내는 기술들을 그리 많이 보유하고 있지 않아요.

그 그래프를 볼 때 우리는 직관을 사용하죠. 이유가 무엇이건 간에, 우리는 직관의 기술을 여러 방향으로 더 많이 발전시켜왔어요. 예컨대 저에게 이것이 진짜라는 확신을 심어준 아주 중요한 둘째 증거는 그 데이터가 BBH〔블랙홀 쌍성계binary black hole〕 연구에서 나온 견본 파형들과 매우 유사하다는 점이에요. … 데이터의 똑같은 단기 지속short-duration 부분에서 일군의 교란 요인이 작용을 멈추는 일이 양쪽 검출기 모두에서 동시에 일어났어요. (물론 정확히 똑같은 교란 요인들은 아니지만, 이쯤 되면 해리 당신도 잡음이 끼어 있다고 생각하진 않겠죠.) 그 사건의 새로운 SNR〔신호 대 잡음 비율〕는… 상당히 커요. 각각의 검출기에서 10.5가 넘는다고요. 이건 그 신호들이 우리가 발견하려 애쓴 견본 파형들처럼 보인다는 뜻이에요. 흥분되는 일이죠! 반면에 글리치들은 파형 데이터 전체에 널려 있는, SNR가 평범한 사건들의 '탑tower'처럼 보여요.

아무튼 해리 당신의 제안에 대해서 이야기해볼게요. 화이트닝된 시계열 데이터에서 신호의 일부를 단박에 볼 수 있을 정도로 SNR가 높다는 점을 감안해서 우리가 반드시 그 시계열 데이터에 '정답 견본winning template'을 중첩해보아야 한다는 것에 전적으로 동의합니다. 그러면 모두가, 우리도 그렇고 논문의 독자들도 그렇고, 아주 강하게 확신하게 될 거예요.

2장

의심들과 문제들:
악의적인 신호 주입?

역평행

간단한 것은 없다. 적어도 모든 과학에서는 그러하다. 이 흔적들이 간단히 어느 거인이 두 간섭계에 찍은 날것 그대로의 중력파 지문이라면 참 깔끔할 것이다. 그러나 현실은 그렇지 않다. 데이터 처리가 없으면 아무것도 보이지 않는다. 이 사실은 이미 명백하다. 왜냐하면 한 흔적을 다른 흔적과 일치시키기 위해 시간상에서 몇 밀리초만큼 이동시켜야 했으니까 말이다. 그러나 그렇게 시간적으로 이동된 데이터에서 무언가 흥미로운 것이 드러나려면 훨씬 더 많은 가공加工이 이루어져야 한다.

간섭계는 '중앙기지center-station'로 불리는 곳에서 서로 직각으로 연결된 두 팔로 이루어져 있다. 팔들의 반대쪽 끝은 '종단기지end-station'라고 한

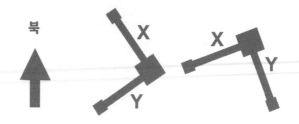

그림 2.1 핸퍼드와 리빙스턴 간섭계의 방향.

다. 즉, 당신이 중앙기지에 서 있다면, 팔들은 그래프의 축들처럼 뻗어 있다. x축은 오른쪽으로 뻗어나가고, y축은 곧장 앞으로 뻗어나간다. 그래서 'X 팔', 'Y팔'이라는 용어가 쓰인다. 중력파가 간섭계에 영향을 미치면, (이를테면) 먼저 X팔이 짧아지는 동시에 Y팔이 길어지고, 그다음에는 중력파가 반주기만큼 진행하여 정반대의 변형이 일어날 것이다.

그림 2.1은 라이고를 이루는 두 간섭계의 지리적 배치를 보여준다. 왼쪽이 핸퍼드 간섭계, 오른쪽이 리빙스턴 간섭계이며, 위쪽이 북쪽이다. 보다시피 두 간섭계의 방향이 거의 정반대다. 따라서 핸퍼드 간섭계의 X팔이 짧아지고 Y팔이 길어진다면, 리빙스턴 간섭계에서는 거의 정반대의 반응, 즉 X팔이 길어지고 Y팔이 짧아지는 반응이 일어날 것이다. 따라서 두 간섭계에서 산출되는 파형들은 거의 정반대다. 그러므로 그것들을 대충이라도 일치시키려면 한 간섭계의 출력에 −1을 곱해야 한다.

그러나 이것은 조정 절차의 시작에 불과하다. 먼저 곱셈 항을 −1이라는 간단한 값에서 다른 값으로 조정해야 할 것이다. 왜냐하면 두 간섭계가 정확하게 역평행을 이루지는 않기 때문이다. 더 나아가 이 간섭계들은 종이 위에 그린 장치들이 아니라 현실 세계에 있는 장치들이라는 사실을 감안

중력의 키스

해야 한다. 첫째, 지구의 표면은 평면이 아니라 구면이다. 따라서 두 간섭계의 수평축 방향도 약간 다를 것이다. 이밖에도 많은 속성에서 두 간섭계는 미세하게 다를 것이다. 그 간섭계들은 실제 거울, 실제 작동 장치, 실제 진공관, 실제 전자 부품 들로 이루어져 있기 때문이다. 간섭계들을 면밀히 보정하고 데이터를 처리할 수 있으려면 이 모든 차이를 이해해야 하며, 그 이해를 위해서는 각각의 간섭계에 다양한 주파수와 세기의 신호들을 집어넣고 간섭계의 반응을 정확히 측정하는 작업이 필요하다. 몇 주 뒤에 나는 원격회의에서 이런 말을 듣는다.

> H1과 L1에서 ESD의 작동 함수가 서로 달라요. 어느 시점에선가(XXXX) (리빙스턴 간섭계에서) 특정 저항기가 교체되었다고 에이-로그a-log●에 기록되었기 때문입니다. 그 저항기를 교체한 것은 옳은데, 핸퍼드에서는 그 교체가 이루어지지 않았어요.

이런 차이들을 모두 측정한 다음에야 올바른 '필터filter'를 설계하여 각각의 간섭계에 포착된 신호를 조정할 수 있다. 그 조정을 거쳐야만 신호가 각각의 관측 지점에서 똑같은 장치로 포착한 신호처럼 (대충이나마) 보이게 된다. 우리가 주목하고 있는 흔적들은 이 필터링 작업의 대부분이 완료된 뒤에 수집되었으므로 이미 그 자체로 많은 꼼꼼한 작업의 산물이다. '날것

●　　라이고의 정비 기록, 관찰 기록, 문제 해결 방법 등을 기록해두는 일종의 온라인 웹 일지.

raw'의 신호 따위는 존재하지 않는다. 검출기들에서 출력되는 최초 데이터는 잡음 더미처럼 보인다(『중력의 유령』 74쪽 참조).

암맹 주입?

다른 한편으로 우리는 다양한 이유에서 의심하고 조심해야 한다. 첫째 이유는 악명 높은 '암맹 주입'이다. 암맹 주입이란 은밀히 검출기에 주입되는 가짜 신호를 말한다. 한두 명의 연구자로 이루어진 팀이 가짜 신호를 만들어서 진짜 신호처럼 보이도록 간섭계에 집어넣는다. 취지는 공동체를 이룬 연구자들이 정신을 바짝 차리고 진짜 신호를 검출할 준비를 갖추도록 강제하는 것이다. 연구자들은 신호가 진짜라고 믿고 절차를 진행할 수밖에 없다. 왜냐하면 오직 신호를 주입한 팀과 공동체의 지휘자만이 신호가 암맹 주입인지, 아니면 잠재적인 진짜 신호인지 알기 때문이다. 나의 전작인 『중력의 유령과 빅 독Gravity's Ghost and Big Dog』(University of Chicago Press, 2013)은 각각 2007년 9월 중순과 2010년 9월 중순에 이루어진 두 차례의 암맹 주입을 서술한다. 그런데 공교롭게도 지금은 2015년 9월 중순이다![1]

암맹 주입은 은총이자 저주다. 나에게는 암맹 주입들이 은총이었다. 그것들 덕분에 중력파 검출 절차를 세심히 분석한 책을 2권이나 쓸 수 있었으니까 말이다. 주어진 원초 신호(原初-, proto-signal)가 새로운 발견이라고

---

1 『중력의 유령과 빅 독』(이하 『빅 독』)은 페이퍼백이지만, 원래 『중력의 유령』(2011)은 독자적인 양장본으로 출판되었다.

중력의 키스

온 세상에 선포할 준비가 되었는지에 관해서 과학자들이 결론에 도달하는 과정이 그 책들의 주제였다. 아무도 진짜 신호와 암맹 주입의 차이를 모르므로, 내가 그 책들에서 서술한 바는 진짜 발견에서 일어날 일과 동일하다고 할 만하다. 요컨대 나는 이 순간을 예행연습 한 바 있고, 과학자들도 마찬가지다.『중력의 유령』에서 분석한 암맹 주입인 '추분 사건Equinox Event' 이 과학계에 보고할 수 있을 만한 사건인지 여부를 과학자들이 판정하는 데 걸린 시간은 18개월이었다. '빅 독' 사건에서는 그 시간이 3분의 1로 단축되어, 6개월 만에 판정 과정이 완료되었다. 다음 사건(이를테면 이 사건)을 분석하는 데는 3개월이면 충분하다고 전망된다. 따라서 그 예행연습들은 훈련으로서 가치가 있다고 볼 수 있다. 나의 입장에서 말하면, '빅 독' 사건에 대한 나의 서술은 실제 발견의 세부적이고 전문적인 사항들에 관한 예행연습이다. 그 예행연습 덕분에 여기에서는 그 전문적 세부 사항들을 반복해서 서술할 필요가 없다. 이 책의 전문적인 세부 사항 서술이 너무 허술하다고 느끼는 독자들에게는『중력의 유령과 빅 독』을 권한다.

과거사가 있기 때문에 누구나 처음에는 이렇게 생각한다. "아, 젠장. 또 암맹 주입이로군!" 꽤 강경한 일부의 반발을 무릅쓰고 암맹 주입 프로그램을 지속한다는 계획이 정해진 이래로 어느 정도의 반감이 퍼져 있는 상태다. 과학자들은 암맹 주입으로부터 무언가 얻기는 하겠지만, 암맹 주입을 분석하는 작업은 소득 없이—적어도 과학자로서의 명성은 얻지 못하면서—고된 노동을 하는 것과 같다. 몇몇 과학자들이 과거 연습들에 몹시 분개한 나머지, 시간 낭비인 작업을 피하려고 부정행위로 분석 채널들을 들여다보다가 접근 금지 조치를 당했다는 이야기가 들려온다. 이제 암맹 주입을 없애서 만일 원초 신호가 있으면 누구나 그것이 정말로 분석할 가치가 있음을 알게 해야 한다는 견해가 점점 더 힘을 얻는 중이다. 나는 새로운 신호 주입으로부터 얻을 것이 전혀 없다. 나는 예행연습을 추가로 할 필요가 없다. 암맹 주입에 관한 책을 한 권 더 쓸 수도 없다. 새로운 암맹 주입은 과학자들보다 나에게 더욱 심한 시간 낭비다.

그러나 단박에 이것은 암맹 주입이 아니라고 생각할 근거가 있다. 9월 14일에 라이고는 공식적인 가동 상태가 아니었다는 것이 그 근거다. 라이고는 오늘(지금은 9월 18일 금요일이다)에야 가동을 시작했다. "공식적인 가동 상태가 아니었다"라는 말은 무슨 뜻일까? 8월 17일부터 라이고는 ER8로 불리는 시험 가동을 거치는 중이다. 시험 가동은 검출기를 안정화하는 작업의 일환이며, 시험 가동 중에 과학자들은 여러 가지를 변경하고 시도할 수 있다. '과학 가동science run'(현재 쓰이는 용어로는 '관측 가동observation run')에서는 그런 변경과 시도가 허용되지 않는다. 관측 가동에서 검출기는 최대한 안정된 상태를 유지한다. 그래야 데이터의 요동이 실제 사건일 확률이 높아진다. 검출기가 최대한 안정을 유지해야만, 신호의 실재성(즉, 통계학적 유의도)을 판정할 때 참조하는 배경 잡음을 최대한 완전하고 확실하게 파악할 수 있다.[2] 첫 관측 가동(이른바 'O1')은 오늘, 곧 9월 18일에 시작될 예정이다. 그 신호가 포착될 당시에 라이고가 가동 상태가 아니었다면, 그때 이미 암맹 주입 프로그램이 시작되었을 개연성은 낮다.

나를 확실히 포함한 많은 관련자의 입장에서 볼 때, 그 관측이 그토록 일찍 이루어진 것은 대단한 행운이다. 만약에 며칠 뒤 O1이 시작될 때 관측

2　이 배경 잡음을 계산하는 방법을 『중력의 유령과 빅 독』에서 상세히 논한다.

이 이루어졌다면, 그 신호가 암맹 주입일 가능성을 배제할 수 없었을 것이다. 그런 상황은 나에게 참사였을 것이다. 이미 암맹 주입에 관한 책을 2권이나 쓴 내가 또다시 인생의 여러 달을 암맹 주입에 매달려 보낼 수는 없었을 테니까 말이다. 과학자들도 비슷한 문제에 직면했을 것이다. 암맹 주입에 진지하게 매달리는 것은 그들의 인생이 중대한 혼란에 빠지는 것을 의미하기 때문이다.

그러나 그 사건이 O1이 아니라 ER8 중에 일어났다 하더라도, 그 사건이 어떤 기이한 유형의 암맹 주입일 가능성을 완전히 배제할 수는 없다. 그리하여 지금 자신이 시간 낭비를 하고 있지 않음을 확실히 확인하고자 하는 과학자들의 이메일이 공동체 내부를 폭풍처럼 휩쓸며 돌아다닌다.

9월 14일 월요일 13시 55분: 당연한 말이지만, 이것이 ER8를 위해 계획된 암맹 주입 시험이라면, 우리는 O1을 준비하기 위해 쓸 수 있는 시간을 엄청나게 낭비하는 셈입니다. 암맹 주입에 대한 데이비드의 염려가 다시 한번 입증되는 셈이고요.

9월 14일 월요일 16시 31분: 우리는 암맹 주입 기반 설비가 준비되지 않았다고 생각하며 따라서 이것은 암맹 주입일 리 없다는 믿음에 이르렀습니다.

9월 14일 월요일 16시 38분: 동의합니다. 지금이 암맹 주입 시험 기간이라면, 우리는 여기에 많은 자원을 소비하기 전에 그 사실을 알아야 합니다. 우리에게는 후속 조치를 할 수 있는 신속 대응팀Rapid Response Team이 있지만, 그들은 금요일로 예정된 O1의 개시를 위해 검출기를 준비시키느라 바쁩니다. 진짜 급선무가 아니라면 우리는 그들을 그 임무에서 빼내고 싶지 않아요.

9월 14일 월요일 18시 10분: G184098 후보 사건 도중에 일시적 주입은 없었습니다. L1에서 진행 중이던 연속 중력파 주입continuous wave injection 외에는 어떤—암맹 주입과 그렇지 않은 주입을 막론하고—하드웨어 주입도 없었습니다.

9월 15일 화요일 11시 10분: 맞습니다. 암맹 주입과 기타 주입을 막론하고, 그 시간에는 어떤 주입도 없었습니다.

9월 16일 수요일 17시 54분 (LIGO 지휘부에 속한 최고위급 인사로부터): 이것이 주입이 아니었음을 강조하는 것이 중요합니다. 우리는 암맹 주입 시험 모드에 있지 않았습니다. 모든 주입 채널이 깨끗했습니다.

[그러나 9월 17일 목요일에 나에게 온 개인적인 이메일에서는]: 우리 대다수는 어쩌면 이것이 '비밀 암맹 주입secret blind injection'일 수도 있다는 편집증적인 느낌을 가지고 있어요. LSC(라이고 과학 협력단.—옮긴이)가 준비되지 않았다거나 뭐 그런 지적을 하고자 하는, 라이고 연구 공동체 내부의 일부 고위급 인사들이 꾸민 일이라는 느낌이 드는 거죠. 나는 이 가능성을 생각하면서 하룻밤을 새웠고, [XXXX]도 그 느낌을 언급했어요. 그는 누군가가 그에게 연락해서 (반쯤 농담으로?) 혹시 그가 벌인 일이냐고 물었다는 얘기도 했어요. 이 느낌은 큰 문제예요. 만약에 이 느낌이 옳다면, 신뢰가 완전히 무너질 테니까요. 내가 보기에는 모두가 그 느낌을 떨쳐내고 편집증에서 벗어나려 애쓰는 중입니다.

　　과학 공동체가 이런 의심을 품을 수 있다는 점이 흥미로우면서도 약간 불안하지만, 위 이메일의 작성자가 말하듯이, 의심을 잊어버리는 것 말고는 달리 방도가 없다. 다른 한편으로, 주입의 긍정적 효과 중 하나가 중대 사건이 터진 것을 언론인 앞에서 부인할 여지를 확보하는 것이라면—어떤 중력파 징후라도 잠재적 암맹 주입으로 간주할 수 있다(뒤에 추가로 설명할 것이다)—고위급 인사들이 실제로 암맹 주입을 해놓고 언론 앞에서 그런 식으

　　　　　　　　　　　　　　　　　　　　중력의 키스

로 상황의 중대성을 부인하는 것은 터무니없다. 이 경우 그들이 언론인들을 상대로 '암맹 주입의 가능성'을 거론하려면 거짓말이 불가피할 터이기 때문이다. 이 과학자들은 오로지 기만하기 위해 거짓말하는 것을 싫어한다 (이 특징은 13장에서 논의될 것이다).

이 모든 확신의 근거에도 불구하고 이것이 의도적인 (공동체의 일부 최고 위층이 주입한) 암맹 주입으로 밝혀진다면 나는 심한 배신감을 느껴 어쩌면 프로젝트를 포기할지도 모른다. 나는 과학자들의 현재 관행 하나를 못마땅하게 여긴다. 나는 그들이 병적으로 비밀에 집착한다고 생각한다. 과학자들은 자기들이 특정 사건을 탐색하고 있다는 사실을 아무도 모르게 하기로 작정했다. 자기들이 그 사건에 대한 분석을 마치고 논문을 쓰고 그 논문이 동료들의 심사를 거쳐 최우수 저널에 실릴 때까지는 아무도 모르게 하기로 말이다. 나는 이 관행이 잘못되었다고 생각하며 13장에서 대안을 제시할 것이다.

여기에서는 이것만 말해두겠다. 나는—또한 다른 사람들도—그런 유형의 관행이 유지될 수 없다고 생각한다. 전쟁에서도 서로 맞선 장군들은 단지 적의 활동량만 보고 공격의 조짐이나 비밀 주둔지를 눈치채는 경우가 많다. 수많은 차량들의 바큇자국이나 식량과 연료를 공급하는 활동 등이 단서가 된다. 이 사건도 그와 똑같은 방식으로 과학자들의 행태를 변화시키고 있다. 더 많은 원격 회의가 개최되고, 더 많은 비공개회의가 열린다. 어쩌면 장거리 모임도 늘어나고 몸짓언어의 사용에도 변화가 있을 것이다. 사정을 아는 사람들은 서로를 예사롭지 않게 바라볼 것이다. 머지않아 나는 내가 이 비밀을 아내 앞에서 하루 넘게 은폐할 수 없음을 깨닫는다. 주변에 물으니, 다른 사람들도 파트너에게 이실직고했다고 한다. 당신의 과학자 경력에서 가장 큰 사건이 일어나는 중일 때는 당신의 측근들도 도덕적 의무를 지게 된다. 특히 파트너는 당신의 태도와 행동 패턴의 변화를 가장 먼저 알아챌 것이다(나는 평소에도 소파에서 보내는 시간이 많지만 지금은 더 많은 시간을 소파에서 보내고 있다!). 미국 국립 과학 재단National Science Foundation 중력 물리학 책임자를 지낸 한 인물을 비롯한 사람들의 사교 모임이 이번 주말에 걸쳐 열리고 있다는 소식이 들려온다. 이 전직 책임자는 라이고를 위한 예산을 가장 먼저 챙기고 초기에 치명적인 문제들이 발생했을 때 지혜를 발휘하여 라이고를 살아남게 하는 데 누구보다 크게 기여한 인물이다.[3] 그에게 비밀을 공유하는 것을 연구 공동체 지휘부로부터 특별히 허가받아야 했다고 한다! 당연한 말이지만, 소식을 들은 모든 사람은 비밀을 지키기로 맹세한다. 그러므로 나는 다음과 같이 이해한다. 그들의 어머니, 아버지, 자식은 소식을 듣지 못한 것이다.

거듭되는 말이지만, 고위급 과학자들이 암맹 주입을 좋아하는 이유 하나는, 설령 외부인들이 특이한 낌새를 알아채더라도 "우리가 무언가를 탐구하는 중인 것은 맞지만 그것이 암맹 주입일 가능성도 충분히 있으므로, 호들갑을 떨 일은 아니다"라는 식으로 눙칠 가능성이 열리기 때문이다. 하지만 이것이 암맹 주입의 한 동기인 한에서 나는 암맹 주입이야말로 비밀 유지를 위해 엄청난 자원과 사람들의 시간과 에너지를 낭비하는 짓이라고 느낀다. 더욱 심각한 문제는 암맹 주입이 연구의 생산성을 저해할 가능성이다. 결국 크게 실망할 가능성이 있음을 아는 과학자들은 자신들을 한계까

3　라이고가 초기에 직면한 어려움에 대한 상세한 서술은 『중력의 그림자Gravity's Shadow』(University of Chicago Press, 2004) 참조.

중력의 키스

지 밀어붙이는 데 필요한 열정을 낼 수 없을지도 모른다.

나는 과학자들이 연구를 비밀에 부치려 애쓸 이유가 있다는 점을 이해한다. 그들은 미디어가 호들갑을 떨며 보도한 성과가 나중에 진짜 발견이 아닌 것으로 밝혀지는 상황을 원치 않기 때문이다. 특히 중력파 물리학에서는 그런 실수를 범하지 않으려는 욕구가 다른 분야들에서보다 두드러진다. 이는 근거가 없는 것으로 밝혀진 주장들의 역사 때문이다.[4] 그러나 나는 구성원의 삶을 황폐화하고 심지어 과학을 망칠 만큼 많은 에너지를 비밀 유지를 위해 투입하는 것에는 반대한다. 모종의 방식으로 우리는 새로운 과학적 발견의 최초 조짐은 항상 잠정적이라는 점을 이해하도록 대중을 교육해야 한다. 중력파 연구에서는 바이셉투BICEP2의 전례가 있다.[5] 2014년 3월, 미국 바이셉투팀은 우주배경복사에서 원시 중력파의 흔적을 검출했다고 주장했다. 그러나 그 발견은 우주 먼지가 빚어낸 현상인 것으로 추정되었다. 라이고 과학자들의 활동이 활발해진 것을 언론이 눈치채면, 과학자들은 바이셉투의 전례를 되새기면서, 최고 수준의 저널에 논문을 제출하고 그 논문이 동료 심사를 거쳐 받아들여질 때까지는 아무 말도 할 것이 없다는 입장만 밝히면 된다. 그때까지는 검출기들에 포착되는 모든 것을 진짜 신호가 아니라 모종의 잡음이라고 간주해야 한다.

4　　그 역사에 관한 자세한 서술은 『빅 독』 참조.

5　　'바이셉BICEP'은 '우리 은하 외부 우주배경복사 편광의 영상화Background Imaging of Cosmic Extragalactic Polarization'의 약자다.

악의적 신호 주입?

지금 나는 또 다른 가능성에 대한 경고를 접한다. 바로 악의적 주입이다. 어떤 해커나 장난꾸러기 들이 간섭계에 신호를 집어넣어 과학자들에게 망신을 주려 하는 것일지도 모른다. 지난 마지막 검출기 가동 때에는 이 가능성을 진지하게 고려하여 이를 검토하는 특별위원회까지 꾸린 바 있다.[6] 2010년에 그랬던 것처럼 이제 이 가능성이 검토되고 있다. 그런 신호를 고의로 주입하기가 얼마나 어려울까? 아래의 이메일 2통은 이 질문에 대답한다. 첫째 이메일은 약간 길지만 전문적 세부 사항을 이해하기 위해서가 아니라 전반적인 감을 잡기 위해서 읽을 가치가 있다. 나는 두 이메일의 몇몇 구절을 강조했다. 보다시피 부정적 대답—'그런 악의적 주입은 불가능하지는 않더라도 매우 어려울 것이다'—의 근거는 사회학적 고찰이다.

9월 18일 금요일 19시 12분: 몇몇 사람이 저에게 G184098이 악의적 주입일 수도 있다고 생각하느냐고 물었습니다.

저는 그럴 가능성은 거의 없다는 결론에 도달하고 있습니다. 이유는 다음과 같습니다.

1) 모든 통상적 주입 채널이 점검되었습니다. — 입력되는 것은 칼 라인cal line뿐이었습니다.

---

6 『빅 독』 206~207쪽 참조.

2) 그런 사건을 추후에 프레임에 추가하는 것은 거의 불가능합니다. 그 신호는 모든 유형의 추가 채널(PD A & B, 제어 채널 등)에서 나타납니다. **한 사람이 모든 프레임을 조작하는 방법을 알면서 동시에 어떤 채널들에 신호를 추가해야 하고 어떤 채널들이 함수를 전달하는지도 알 수는 없으리라고 저는 생각합니다.**

3) 따라서 소프트웨어나 하드웨어상에서의 실시간 주입 가능성만 남습니다. 프런트 엔드front end에서 악의적 c-코드를 삽입하려면, [XXXX]와 [YYYY]의 버전 추적verson tracking을 우회해야 할 것입니다. 우리는 마지막 모드 시간mod time의 목록뿐 아니라 임의의 시간에 무엇이 작동하고 있었는지에 관한 기록도 가지고 있으며 코드를 살펴볼 수 있습니다. **물론 [XXXX]와 [YYYY] 같은 사람은 아마도 몰래 신호에 접근하는 방법을 알아낼 수 있겠지만, 어떤 모양과 세기의 신호를 어디에 주입해야 하는지에 관한 전문 지식까지 갖추고 있지는 않을 것입니다.**

4) **마찬가지로, 악의적인 소프트웨어를 설계해서 작동 계열에 집어넣는 것은 대단한 공학적 성취일 테고 철저히 비밀에 부치기 어려울 것입니다. 한 사람이 그런 일을 감쪽같이 해낼 가능성은 매우 낮다고 저는 생각합니다.**

5) 그리고 어쩌면 이것이 가장 중요할지도 모르는데, 우리는 지금 규칙적인 하드웨어 주입을 얻기 위해 여러 번의 시도를 거쳐 여전히 공개적으로 애쓰는 중입니다. **그런데 누군가가 와서 아무도 모르게 단 한 번의 시도로 완벽하게 하드웨어 주입을 해낸다? 저는 그럴 가능성을 믿지 않습니다……**

결론을 요약하자면, 그런 일을 완벽하게, 감쪽같이 해내려면 파형, 간섭계 제어, CDS 컴퓨팅, 데이터 보관에 관한 전문 지식을 갖춘 팀이 필요합니다. 그런 팀을 비밀리에 운영할 수는 없을 것입니다.

9월 18일 금요일 20시 25분: 저는 [그 수치들이 그림 1.2가 보여주는 것과 같은] '고도의 정합성'을 [나타낸다는 점을] 받아들입니다. 이것이 중요한 이유 하나는, **짓궂은 주입을 흔적 없이 데이터에 삽입할 줄 아는 사람들과 정합하는 주입을 만들 줄 아는 사람들이 거의 겹치지 않는다는 점입니다.**

과학자들과 대화할 때 내가 쓰는 잔꾀 중 하나는 달 착륙이 애리조나 사막에서 꾸며낸 사기극이 아니라는 점을 당신은 어떻게 아느냐고 묻는 것이다. 과학자들의 대답은 항상 전문적인 사항들을 지적한다. 이를테면 우주선이 달의 뒤쪽을 지날 때는 전파 신호가 없어진다는 것, 달에는 대기가 없어서 깃발이 펄럭이지 않는다는 것, 달 표면의 먼지가 천천히 가라앉는다는 것 등이다. 그러면 나는 달 착륙을 날조하는 사람이라면 그 모든 전문적인 사항뿐 아니라 생각해볼 수 있는 어떤 사항이라도 아주 쉽게 꾸며낼 수 있을 것이라고 받아친다. 요새 할리우드가 해내는 일들을 생각해보라면서 말이다. 이어서 나는 달 착륙이 사기극이 아니라고 우리가 확신하는 이유는 본질적으로 사회학적이라고 지적한다. 만약에 그것이 사기극이었다면, 거기에 아주 큰 음모가 연루되었을 테고, 그 음모는 누출되었을 터이다. 더 나아가 모든 것을 감시하는 러시아인들이 그 음모와 사기극을 지적하지 않는다는 것은 상상하기 어렵다. 그런데 러시아인들은 자신들의 패배를 묵묵히 인정했다. 사회적인 것을 날조하는 작업은 전문적인 것을 날조하는 작업보다 거의 항상 훨씬 더 어렵다. 앞 이메일들이 보여주듯이, 여기에서도 마찬가지다. 진하게 표시된 대목들은 2명 이상이 연루된 일을 비밀에 부치기는 어렵다는 점을 지적하면서 다른 한편으로 공동체 구성원들의 능력에 대한 추측을 근거로 삼는다. 즉, 또 다른 사회학적 사실에 대한 추측을 근거로 삼는 것이다. 요컨대 악의적 주입의 가능성은 금요일에도 여전히 거론되지만, 사회학적 고찰을 통해 그 가능성을 거의 배제했다.

중력의 키스

벌써 무언가가 관측되었어야 한다?

9월 14일 사건이 진짜라면, 그와 유사하게 뚜렷한 사건이 2009년이나 2010년에도 관측되었어야 마땅하다는 소문이 사건 당일이나 그 직후부터 나돌기 시작한다. 과거에 그런 사건이 관측되지 않았을 확률은 겨우 50분의 1이라고 한다. 이 계산은 관측 범위의 3단계 향상과 그런 사건들이 (일부는 더 가까운 곳에서 더 강력하게) 일어났을 확률 같은 일반적인 사항들에 대한 고찰에 근거를 둔 듯하다.

이미 설명했듯이, 이 사건은 무거운 블랙홀 쌍성계가 겪는 일생의 마지막 순간인 것으로 보인다. 이런 사건은 감쇠 나선운동을 하는 중성자별 쌍성계보다 훨씬 더 많은 에너지를 방출한다(참고로 간섭계의 관측 범위를 계산하는 기준은 감쇠 나선운동을 하는 중성자별 쌍성계다). 그런데 우주의 별은 전 세계 해변의 모래알보다 더 많다. 따라서 이런 사건이 하나 관측되었다면, 이런 사건들은 더 많이, 가깝거나 먼 은하들에 대체로 고르게 분포해 있어야 한다. 왜 라이고는 이런 극적인 사건을 더 일찍 관측하지 못했을까?

의문 제기에 대응하여 계산이 이루어지고 이메일을 통해 보고된다. 과거의 라이고가 그런 사건을 관측하려면 얼마나 민감해야 했을까? 대답은 실제보다 훨씬 더 민감했어야만 신호를 잡음으로부터 선명하게 가려낼 수 있었다는 것이다. 그 주요 이유는 신호의 저주파수 대역에 있다. 고급 라이고는 저주파수 대역에서 과거의 라이고보다 훨씬 더 민감하다. 이 감도 향상은 중성자별 쌍성계의 감쇠 나선운동을 관측할 수 있는 범위의 단순한 확장 그 이상이다. 이로써 또 하나의 걱정거리가 제거된다.

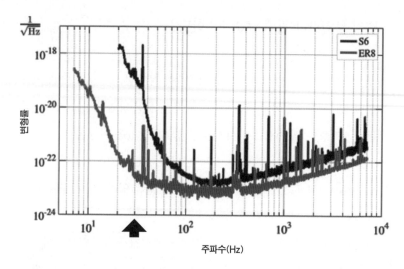

그림 2.2 라이고의 S6 당시 감도와 ER8 당시 감도 비교. 저주파수에서의 감도 향상이 상대적으로 큼을 보여준다.

한 이메일 작성자는 이 중대한 문제를 더 자세히 논한다. 에이 라이고(고급 라이고)는 표준 촛불, 곧 중성자 쌍성계의 감쇠 나선운동을 관측하는 능력을 기준으로 3단계 감도 향상을 거쳤다. 그러나 저주파수 대역에서의 감도는 지진파 차단과 거울을 매단 장치의 개량 덕분에 표준 촛불과 관련이 있는 고주파수 대역에서보다 훨씬 더 많이 향상되었다. 그 작성자의 말마따나, 잠재적 진짜 사건에 대한 감도를 따지면, 저주파수 대역에서의 향상 폭은 사실상 무한대다. 무슨 말이냐면, 과거의 라이고는 저주파수 대역에서 아무것도 볼 수 없었던 반면, 에이 라이고는 볼 수 있다. 무거운 블랙홀들이 연루된 이번 사건은 중성자별 쌍성계의 감쇠 나선운동보다 훨씬 더 낮은 주파수 대역의 중력파를 방출한다. 이런 유형의 사건에 대한 감도는 에이 라이고가 과거의 라이고의 3배를 훨씬 능가한다. 따라서 이런 사건이

중력의 키스

과거 세대의 중력파 관측소에서는 관찰되지 않았는데 현재의 에이 라이고에서 관찰되는 것은 충분히 가능한 일이다. 그림 2.2는 과거 검출기들과 에이 라이고의 차이를 보여준다. 위의 짙은 선이 과거 검출기들, 아래의 옅은 선이 에이 라이고를 나타내는데, 보다시피 저주파수 대역에서의 감도 향상이 중간 주파수에서의 향상보다 훨씬 더 크다(주파수가 낮을수록 감도 향상의 폭이 더 크다). 화살표는 이번 사건에서 중요한 주파수—약 30헤르츠—를 가리킨다. 계산해보면 알 수 있지만, 이 주파수에서 에이 라이고는 2010년의 라이고보다 약 1만 배 더 민감하다(그래프의 수직 좌표는 간섭계 팔들의 길이 변화를 포착하는 감도를 보여주는데, 수직 좌표가 작을수록 그 감도가 높은 것이다. 그래프에서 한 칸 아래로 내려가면 감도가 100배 높아진다). 한마디 보태자면, 현재 에이 라이고의 관측 범위는 60~70메가파섹으로 여겨지지만, 이 범위는 표준 촛불을 기준으로 계산된 것이다. 이번 사건이 방출하는 거대한 에너지를 감안할 때, 이번 사건은 300~600메가파섹 떨어진 곳에서 일어났다고 과학자들은 말한다. 여기에서도 저주파수 사건들을 관찰하는 능력의 효용을 알 수 있다.

다른 한편으로 별의 개수가 어마어마하다는 점을 감안하면, 이것이 진짜 사건이라는 것은 훨씬 더 많은 진짜 사건들이 관측되어야 함을 의미한다. 실제로 일부 과학자들은 에이 라이고가 설계된 감도에 접근하면 너무 많은 사건이 관측되어 개별 사건을 식별하기가 불가능해질 수 있다고 생각한다. 즉, 관측된 사건들이 '스토캐스틱 배경stochastic background'•을 이룰 것이라고 말이다(그런 확률적 배경의 신호들을 음파로 변환한다면, 프라이팬 위에서 팝콘이 튀겨지는 것과 유사한 소리가 날 것이다). 만일 O1으로 명명된 정식 관측이 시작되고 3개월 내에 추가로 사건들이 관측되지 않는다면, 문제가 심각해질 것이라는 경고가 나온다.

이번 사건이 진짜 발견이라고 발표할 수 있을 만큼 데이터 분석이 이루어지려면 약 3개월이 걸릴 것이다(실제로는 5개월이 걸렸다). 그 3개월 동안에 유사한 사건들이 추가로 발견되지 않는다면, 이번 사건의 신뢰성이 떨어질 것이라고 많은 과학자는 생각한다. 실제로 이번 사건의 데이터 분석을 O1이 공식적으로 시작될 때까지 미루기를 원하는 사람들은 이번 사건이 진짜라면 곧바로 다른 사건들도 관측될 개연성이 높다는 것을 자신들의 견해를 뒷받침하는 논거의 하나로 내세워왔다(추가 설명은 뒤 참조). 이 연구 공동체의 조심성을 아는 나는 분석이 완료되어감에 따라 과학자들이 발견을 공표하는 쪽으로 나아가다가 추가 신호들이 관측되지 않자 다시 퇴각하는 모습을 상상할 수 있다. 나는 그런 일이 일어나지 않기를 바란다. 또한 끔찍한 얘기지만—나는 강한 죄책감이 든다—나는 다른 사건들이 관측되지 않기를 바란다. 만일 관측된다면 이 발견이 너무나도 쉬운 것이 될 테고 따라서 사회학적 관심사로서는 중요성이 감소할 터다. 사회학은 압박을 받는 공동체, 어려운 결정을 해야 하는 공동체에서 가장 쉽게 불거지기 때문이다. 다른 한편으로, 만일 다른 사건들이 관측된다면, 나는 동료들을 생각하며 엄청나게 기뻐할 것이다. 반세기에 걸친 그들의 노력이 마침내 미운 오리 새끼에서 아름다운 백조로, 중력파 천문학이라는 성공적인 과학 분야로 변신한 것을 어찌 기뻐하지 않을 수 있겠는가.

• 　　중력파 망원경의 해상도가 중력파 개별 사건을 분해할 해상도에 도달하지 못하면, 통계적으로 산출한 중력파가 뭉친 구름처럼 보인다. 이것을 스토캐스틱 배경 혹은 스토캐스틱 중력파 배경이라 한다. 은하의 개별적인 별이 구분되어 보이지 않고 은하수의 형태로 보이는 것과 같은 이치다.

중력의 키스

물론 단일한 사건에 기초하여 유사한 사건의 발생을 예측하는 것은 일부 과학자들의 지적대로 위험한 추론이다. 에이 라이고가 단지 매우 운이 좋았을 따름이며 앞으로 3개월 동안 훨씬 더 많은 사건이 관측되어야 한다는 것은 부적절한 추론일 가능성이 여전히 열려 있다. 이 사건이 유일무이하다고 전제하면, 이 상황이 정말로 흥미로워지기 시작한다. 또한 다른 두 측면에서도 이 사건은 사회학적으로 특별히 흥미로워질 개연성이 매우 높다. 첫째, 다른 주요 검출기인 이탈리아-프랑스의 비르고는 비가동 상태다. 여전히 감도 향상을 위한 개량 작업이 진행 중이기 때문이다. 훨씬 더 작은 지오600 검출기도 이번 사건 당시에 비가동 상태였다(아닐 가능성이 더 높지만, 만약에 가동 중이었다면 지오600이 이번 사건의 연구에 어느 정도 도움이 되었을 가능성을 배제할 수는 없다). 게다가 점점 더 설득력이 높아지는 추측대로 이번 사건의 원인 요소가 2개의 블랙홀이라면, 이번 사건에서 방출된 전자기파는 없을 것이다. 즉, 통상적인 천문학이 포착할 수 있는 신호는 없을 것이다. 따라서 O1 도중에 추가 사건들이 관측되지 않는다면, 이번 사건이 진짜 발견이냐는 질문을 미국 간섭계가 독자적으로 감당해야 할 것처럼 보인다.

관측 가동이 아니라 시험 가동이다

중력파인 듯한 신호가 포착될 당시에 에이 라이고가 아직 시험 가동 중이었다는 사실은 그 신호가 암맹 주입이었다는 우려를 제거하는 데는 도움이 될지 몰라도 여러모로 문젯거리다. 첫째, 당시에 에이 라이고 검출기들은 관측 준비가 완전히 끝나지 않은 상태였다. 아직 마지막 조정과 점검을 거치는 중이었다. 이것은 세 가지 의미에서 문젯거리다. 우선 간단히 말하자면 이번 사건은 일어나리라고 예상된 사건이 아니다. 과학자들 가운데 적어도 1명은 이 문제를 심각하게 느껴 이렇게 쓴다.

> **9월 15일 화요일 1시 27분**: (사건을 진지하게 받아들일지 여부를 판정하는) 결정 기준 중 하나는 사건이 실제 관측 가동 중에 일어나야 한다는 것 아닙니까? 우리가 이제 와서 소급하여 정식 가동이 어제 시작되었다고 선언하지 않는 한, 그 조건은 충족되지 않았습니다.

이 견해가 퇴짜를 맞자, 동일한 작성자는 이렇게 말한다.

> **9월 15일 화요일 2시 11분**: 왜 우리가 관측 가동 중이지 않았느냐는 중요하지 않다고 봅니다. 중요한 사실은 관측 가동 중이 아니었다는 점이에요. 바꿔 말해 만일 우리가 관측 가동 이외의 시간에 검출에 성공했다고 주장하려 한다면, '관측 가동'이라는 문구는 확실히 무의미해지므로 우리는 그 문구를 사용하지 말아야 합니다.

그러나 이 반론은 오래 살아남지 못한다. 또 다른 이메일이 지적하는 대로, 주요 장비들이 유지와 관리를 위해 가동을 멈추면, 감도가 낮은 장비들은 이른바 '천문 감시astrowatch'에 들어간다. 즉, 후자는 가까운 초신성 폭발과 같은 (감도가 낮은 장비로도 검출할 수 있는) 예상 밖의 큰 신호가 발생할 경우에 대비하여 관측 준비 태세를 유지한다. 천문 감시 상황에서는 관측의 표준 조건들이 무시된다. 우리가 천문 감시 중이라면, 시험 가동 중에 발생하는 신호라도 그것이 충분히 명확하다면 받아들일 수 있다.

그러나 어떤 신호라도 시험 가동 중에 포착되면 덜 명확할 개여성이 있다. 장비가 아직 조정되고 조작되는 중이니까 말이다. 문제는 신호가 배경 위로 얼마나 불거지느냐가 신호의 신뢰성을 좌우한다는 점이다. 이미 언급했듯이, 장비들은 항상 요동하면서 틀린 경보들을 산출한다. 잡음이 우연히 동시에 분출하면, 경보가 울리는 것이다. 따라서 이런 세기와 일관성을 지닌 신호는 우연히 발생할 수 없다는 것을 입증해야 한다. 정확히 말하면, 이런 신호가 우연히 발생할 확률은 5시그마 수준이거나 그보다 더 작음을 보여주어야 한다.[7] 이를 위해서 '배경 잡음'을 추정해야 하며, 이 작업은 '시간 슬라이드time slide'를 제작함으로써 이루어진다.[8]

시간 슬라이드 제작법은 이러하다. 우리는 L1의 연속적 출력 흔적과 H1의 연속적 출력 흔적을 나란히 놓은 다음에, 한 흔적을 이를테면 2초만큼 이동시킨다. 그런 다음에 두 검출기의 출력이 일치하는 곳들을 찾아낸다. 그곳들에서의 출력 일치는 중력파와 같은 공통의 외부 원인에서 비롯된 것일 수 없다. 왜냐하면 한 검출기의 출력과 다른 검출기의 출력이 시간적으로 어긋날 때 나타나는 일치니까 말이다. 바꿔 말해 우리가 찾아낸 것은 오직 잡음에 의해 생겨난 사이비 일치들이다. 두 검출기의 출력이 일주일 동안 지속되었다면, 우리는 그런 사이비 일치의 개수를 세어서 일주일 동안 얼마나 많은 순수 잡음 일치가 산출되는지 알아낼 수 있다. 이어서 우

7　　『빅 독』 참조.
8　　시간 슬라이드에 관한 전문적이고 세부적인 설명은 나의 전작들 참조.

리가 2초만큼 이동시킨 출력을 또 한 번 2초만큼 이동시킨 다음에 이 작업을 반복하면, 우리는 2주 동안 잡음에 의해 산출되는 사이비 일치들을 수집하게 될 것이다. 곧 보겠지만, 2초라는 시간 간격은 특별할 것이 전혀 없다. 한 출력을 3초만큼 이동시켜도 된다. 실제로 이 문제에 관한 모든 기존의 토론들에서 형성된 통설은 그 시간 간격이 너무 짧으면 안 되며 아마도 약 2초가 최솟값이라는 것이다. 그러나 일부 과학자들은 이 통설에 의문을 제기할 것이다(더 자세한 논의는 3장 참조).

2초 간격의 시간 슬라이드 2개를 제작하는 것으로 만족한다면, 우리는 지금 주목되는 원초 신호만큼 강하고 정합적인 잡음 일치는 2주 동안 없었음을 발견하게 될 것이다. 따라서 우리는 그런 신호의 오경보율(false alarm rate, FAR)이 2주에 1회 미만이었다고 말할 수 있다. 하지만 이 정도로는 확신을 주지 못한다는 점이 문제다. 정말로 확신을 주려면, 오경보율이 이를테면 수만 년에 1회 미만이라고 말할 수 있어야 한다. 이를 위해서는 풍부한 배경 잡음 데이터와 수많은 시간 슬라이드가 필요하다. ER8(8차 시험 가동) 중에 검출기들이 지속적으로 가동된 시간은 그리 길지 않기 때문에, 확신을 주기에 충분할 정도로 배경 잡음을 산출하는 것이 불가능할지도 모른다. 그러나 — 이 시점에 이것이 옳은지 확신할 수는 없지만 — 이 문제는 막 시작된 관측 가동 O1에서 배경 잡음 데이터를 산출함으로써 해결할 수 있을 것이다. O1에서 장치들이 ER8에서와 유사하게 작동한다고 말할 수 있다면 — 문제의 원초 신호가 O1 직전에 포착되었다는 점, 따라서 그 시점에 장치들의 상태는 O1 중의 상태와 같을 개연성이 높다는 점을 상기하라 — O1 배경 잡음을 ER8 데이터 분석용 시간 슬라이드 제작에 사용해도 무방해야 한다.[9]

중력의 키스

원초 신호가 ER8에서 포착된 것에 관한 셋째 우려는 더 '철학적'이라고 할 수 있으며 긴 역사를 지녔다. 모든 정량 과학은 '실험자 효과experimenter effect'로부터 자유롭지 않다. 바꿔 말해 과학자는 자신의 기대로 인해 편향된 방식으로 실험 결과를 해석하기 십상이며 그렇게 하지 않기가 엄청나게 어렵다고 느낀다. 그렇기 때문에 일반적으로 신약의 효과는 '이중맹검double-blind test'에서 입증되어야만 인정받는다. 이중맹검이란, 어떤 환자가 진짜 약을 투여받고 어떤 환자가 가짜 약을 투여받는지를 환자들도 모르고 의사들과 과학자들도 모르는 상황에서 실행되는 검사다. 이 상황에서 효과를 낼 때만 신약의 효과가 환자들에게서, 혹은 환자들과 의사들 사이의 상호작용에서, 혹은 의사들과 과학자들이 실험 결과를 해석하는 방식에서 일어난 모종의 심리적 효과에서 유래하지 않았다는 점이 인정된다.

이와 관련해서 중력파 검출 작업을 어렵게 만드는 문제는 데이터를 적용해 검사하고 어떤 것이 가장 잘 작동하는지 확인해야만 검출기와 통계적 분

---

9 오경보율, 오경보확률, 시간 슬라이드에 관한 전문적 사항들과 논리는 『빅 독』 참조.

석 알고리듬을 개량할 수 있다는 점이다. 일반적으로 이 문제는 데이터의 작은 일부 — 이를테면 10퍼센트 — 를 떼어놓고 기계와 알고리듬을 거기에 적합하게 조율하는 방법으로 해결된다. 이 마지막 절차들이 합의되고 '동결'된 다음에야 비로소 과학자들은 데이터 대부분이 들어 있는 '상자를 연다'. 그다음에는 조율 절차나 분석 절차에서 아무것도 변경되면 안 된다. 이렇게 하면 과학자의 기대가 분석 방식을 편향시켜 발견의 통계적 유의도statistical significance를 높이는 것을 확실히 막을 수 있다. 중력과 물리학의 과거 역사를 보면, 유의미한 (지금은 진짜로 인정받지 못하는) 결과들이 임시방편적 편향으로 인해 산출된 것으로 보이는 사례를 다수 발견할 수 있다.[10]

문제는 데이터 분석과 관련해서 과학적으로 정말로 중요한 무언가가 상자를 연 다음에 비로소 발견되었을 때 발생한다. 악명 높은 '비행기 사건'이 그러했다. 그 사건에서 검출기들은 한 신호를 포착했는데, 낮게 날던 비행기 한 대가 그 신호의 원인임이 거의 확실하다는 것이 '상자를 연' 다음에 비로소 발견되었다. 비행기의 존재는 분석 절차가 동결되기 전에 예측되지 않았기 때문에, 공식적으로 그 비행기를 원인으로 고려할 수는 없었다. 그리하여 기이한 토론이 발생했는데, 나는 전작에서 그 토론을 서술했다.[11] 당연한 말이지만, 실험자 효과가 문제라 하더라도 비행기 사건의 경우에 유일한 길은 그 비행기를 고려하는 것이었다. 방법론적 규칙을 지키기 위해 그 비행기가 없었던 척하는 것은 거의 미친 짓이었을 것이다.[12] 지금 우리가 주목하는 사

---

10 중력과 물리학에서 실험자 효과에 관한 논의는 『중력의 유령』 104~107쪽 참조. 또 「사회학적 철학적 주석」 3번 참조.
11 『중력의 유령』 27~32쪽 참조.

건에서도 데이터 해석의 편향이 발생할 위험이 있다. 그 사건은 조정 및 분석 절차의 일부가 아직 동결되지 않았을 때인 ER8 중에 일어났기 때문이다. 그리하여 그 새로운 사건에 대한 분석을 맹검에서처럼 눈을 감고서가 아니라 빤히 뜨고서 하는 것이 어느 정도까지 허용되느냐에 관한 염려로 가득 찬 이메일들이 오가고, 그 사건의 모수들 — 감쇠 나선운동을 하는 천체들이 무엇으로 추정되는지 등 — 을 서술하는 이메일들에는 다음과 같은 경고 문구가 실린다. "눈 감은 상태를 유지하고 싶은 사람은 읽지 마시오!" 또한 공개된 이메일들을 통해 이미 많은 토론이 이루어진 지금에 와서 눈 감은 상태로 분석을 이어가는 것은 불가능함을 지적하며 어깨를 으쓱하거나 우려를 표하는 사람들도 있다. 한 이메일 작성자가 말하듯이 "배는 이미 출항했다".

내가 아는 한, 이 편향의 문제는 분석되는 신호가 잡음과 매우 유사할 때만 정말로 중요해진다. 만일 신호가 뚜렷할뿐더러 그림 1.2가 보여주는 일관성을 비롯한 신호의 특징들을 명백하게 지녔다면, 맹검 규칙에 쫀쫀하게 매달릴 필요는 (편향의 위험을 염두에 두는 한에서) 없다. 비행기 사건은 이 사실을 예증한다. 나는 팔다리 골절상을 치료하는 상황에서 이중맹검 규칙은 터무니없는 귀결들을 함축한다는 점을 서술한 바 있다. 또한 『영국 의학 저널British Medical Journal』에 실린 아주 재미있는 한 논문은 만일 우리가 맹검 규칙을 진지하게 받아들인다면 낙하산 사용도 주의해야 한다고 지적한다. 낙하산의 효과와 가짜 약의 효과를 비교하는 검사는 이제껏 실시된 적이

12　　내가 보기에 거의 미친 짓이었다는 말이다. 일부 과학자들은 그 비행기가 없었던 척하는 것이 옳은 길이라고 확신했다. 심지어 한 과학자는 그 비행기를 원인으로 고려하는 것에 항의하며 프로젝트에서 탈퇴했다. 이 모든 이야기는 '엄격한 전문가주의'와 과학적 판단 사이의 갈등을 생생히 보여준다고 나는 믿는다. 이 책에서 나중에 그 갈등을 다룰 것이다.

없으니까 말이다.[13]

아무튼 이제 중력파 검출 물리학에서 (시험 가동이건 관측 가동이건 상관없이) 맹검 규칙을 쫀쫀하게 지키는 것이 불가능한 이유가 하나 더 생겼다. 그 이유는 공동체가 '저지연low-latency' 탐색을 받아들였다는 점이다. 저지연 탐색은 신호를 포착하여 최대한 신속하게 대략적으로 분석한다. 이번 사건에서 그런 저지연 탐색이 이루어졌다. 연구자들이 원초 사건에 관한 정보를 통상적인 천문학자들—전자기파 천문학자들—이나 중성미자 검출기를 보유한 과학자들에게 최대한 많이 전달하고자 하기 때문이다. 그러면 천문학자들은 그 사건의 잠재적 파원을 향해 망원경을 돌려서 그 사건의 전자기파 흔적—빛이나 엑스선의 분출—을 탐색할 수 있다. 또는 장비들이 고정되어 있다면, 그들의 관심이 그 사건이 일어난 때와 장소로 쏠리게 만드는 것이 이 공동체의 바람이다. 중력파 신호에만 의존하는 것보다 이런 '다

---

13 「사회학적 철학적 주석」 3번 참조.

중 신호multimessenger'천문학을 하는 편이 더 낫다. 특히 사람들이 믿기를 주저할 만한 최초 검출이 이루어지고 있는 이 시기에는 더욱 그러하다. 실제로 비르고 검출기를 착안했으며 한때 비르고팀의 지휘자였던 아달베르토 지아조토1940~2017는 2009년 부다페스트에서 중력파 검출을 최초로 선언하려면 반드시 전자기파 관측이 뒷받침되어야 한다고 말했다. 요컨대 저지연 탐색은 불가피하고, 맹검 규칙은 좋건 싫건 절충된다. 이 같은 사정은 이번 사건의 분석에서 맹검 규칙이 완벽하게 지켜지지 않고 있다는 점을 우려하는 사람들이 느끼는 압박감을 덜어줄 가능성이 있다. 저지연 탐색과 더 철저한 분석 사이의 이러한 갈등이 상황의 전개에 따라 어떻게 불거지는지를 우리는 차차 보게 될 것이다. 관련 논쟁의 싹 하나를 제3주에 배포된 이메일에서 볼 수 있다.

10월 2일, 15시 43분: 우리 중 여러 명이 한동안 이야기해온 바는 이것입니다. 오프라인 탐색이 아직 조정을 마치지 않았을 때 곧바로 저지연 상자들을 열면 가능한 최선의 비가동 탐색을 저해할 수 있습니다. '빅 독' 사건 때는 오프라인 탐색이 안정 상태에 진입한 다음에 저지연 CWB 유발자들이 포착되었기 때문에 이 문제를 모면할 수 있었습니다.

당연한 말이지만, 저지연 분출 탐색에서 발견된 CBC 신호라면 충분히 강한 신호여서 조정 상태가 최적이 아닌 CBC 탐색에서도 포착되어야 할 개연성이 높습니다. 우리가 GW150914를 진짜 중력파 신호로 주장할 수 있다면, 조정을 동결한 원래 탐색에서도 그 신호가 뚜렷하게 포착되어야 합니다. 또한 우리가 채택할 수 있는 다른 합리적인 조정 상태에서도 포착되어야 합니다.

이 대목에서 유의할 점이 있다. 만일 이번 사건의 파원이 블랙홀 쌍성계라면, 전자기복사나 중성미자의 방출은 없을 것이다. 블랙홀의 본성이 그런 방출을 허용하지 않기 때문이다. 방출될 만한 모든 것은 블랙홀 내부로 빨려 들어간다. 따라서 만일 이번 사건이 진짜 중력파 검출로 확증된다면—그렇게 확증될 가능성이 매우 높아 보이는데—그 확증은 전자기파 천문학의 뒷받침 없이 이루어질 것이다. 나는 지아조토에게 이런 확증에 대한 그의 견해를 물었는데, 그의 답변은 잠시 후에 거론하겠다. 다른 한편으로 긍정적인 관점에서, 이번 사건이 확증된다고 했을 때 전자기파 천문학의 뒷받침 없이 확증될 것이라는 사실은 대단한 경사다. 이번 사건은 오직 간섭계만 관측할 수 있는 사건으로 인정받을 것이기 때문이다. 요컨대, 무거운 블랙홀 감쇠 나선운동의 빈도를 대충 추정한 값을 전제하면, 우주에서 무수히 일어나는 특정 유형의 사건들을 오로지 이 연구 공동체만 볼 수 있고 알 수 있다는 점을 모두가 인정하게 될 것이다!

천체물리학자들은 서로의 주위를 도는 블랙홀 쌍이 우주에 존재한다고 오래전부터 믿어왔다. 그런 블랙홀 쌍성계가 감쇠 나선운동을 거쳐 병합하면, 다른 일반적인 파원에서 나오는 중력파보다 에너지가 훨씬 더 높은 중력파가 방출되리라는 것도 오래전에 알려졌다. 2004년에 나는 어느 유명 천체물리학자의 대중 강연에 참석했다가 충격을 받은 것을 기억한다. 그 강사가 말하기를, 고급 라이고는 기존 라이고보다 성능이 훨씬 더 좋아서 우주 끄트머리에서 방출되는 중력파도 관측할 수 있을 것이라고 했기 때문이다. 나는 에이 라이고의 설계 관측 범위가 200메가파섹이라는 것을 알고 있었다. 우주의 끄트머리는 200메가파섹보다 훨씬 더 멀다. 또한 나는 그 천체물리학자가—내가 보기에 상당히 엉큼하게도—기준을 중성자별 쌍성계 감쇠 나선운동의 검출 가능성에서 블랙홀 쌍성계 감쇠 나선운동의 검출 가능성으로 바꿨다는 것을 알아챘다. 더욱 심각한 점은 —바로 그 자리에서 다른 이론가로부터 들었는데— 블랙홀 쌍성계 감쇠 나선운동이 존재하는지 여부조차 당시에는 아직 밝혀지지 않았다는 사실이다. 블랙홀 쌍성계의 운동량은 어마어마하게 크기 때문에 소진되려면 아주 긴 시간이 걸린다. 충분히 많은 에너지를 소진하고 감쇠 나선운동을 하는 블랙홀 쌍성계가 존재하기에는 우주의 나이가 너무 어릴 가능성도 충분히 있다고 그 이론가는 말했다. 요컨대 그 천체물리학자 강사는 중력파 검출기의 검출 범위를 이례적인 방식으로 말하면서 그 이례성을 명확히 밝히지 않았을뿐더러 존재하지 않을 수도 있는 중력파 파원을 거론했던 것이다.

내가 지상의 검출기들로 중력파를 검출하려는 노력에 매료되어 보낸 세월이 무려 43년이다. 나는 세대가 바뀜에 따라 기술이 변화하는 방식에, 결국 오류로 밝혀진 검출 주장들을 둘러싼 싸움에, 물리학자 공동체가 작동하는 방식에 매료되었다. 그러나 내가 천체물리학 자체에 매료된 적은 한번도 없다. 나는 하늘에 있는 것에 대해서는 대체로 관심이 없다. 단지, 그것에 관한 지식을 얻는 수단들에 관심이 있을 따름이다. 그러나 지금 내가 스스로 느끼기에 나는 세계에서 1000명 정도만 아는 천문학 지식을 안다. 그 지식을 모르는 사람 중에는 세계 최고 수준의 대학에서 일하지만 중력파 물리학자가 아닌 천문학자와 천체물리학자 수천 명도 있다. 이번 사건이 진짜 중력파라고 전제하면, 우주의 역사는 일부 블랙홀 쌍성계들이 감쇠 나선운동을 거쳐 병합하기에 충분할 만큼 길다는 결론이 나온다는 것을 나는 안다.[14] 나는 천체물리학과 우주의 본성에 관해서 다른 사람들은 거의 다 모르는 대단한 것 하나를 안다. 지금 이 순간, 나의 아내 수전과 나는 천체물리학의 이 부분에 대해서만큼은 스티븐 호킹보다 더 많이 안다. 사정이 이러한데 내가 어떻게 흥분하지 않을 수 있겠는가!

확신의 추가 단서들

과학자들의 확신은 수그러들기는커녕 점점 더 강해지고, 어느새 나는 'GWdel'이라는 이름의 새 폴더를 만들어놓았다. 내가 삭제하는 중력파 관련 이메일들을 보관하는 폴더다. 그냥 삭제해버린다면 일주일쯤 후 이메일들이 자동으로 영구히 소멸할 것이다. 나는 그것들을 보관하기로 한다. 나중에 돌이켜 이 자료를 뒤질 일이 생기거나 이 자료의 역사적 중요성이 드러날 경우를 대비해서다. 아래 이메일은 나의 확신을 강화하는 단서의 한 예다.

> **9월 19일 토요일 4시 40분:** … 중력파 검출일 가능성이 있는 G184098은 확률론적 탐색에 관한 중요한 귀결들을 지시합니다. 이번 주 초에 저는 넬슨과 타냐에게 이메일을 보내 "만일 일주일 뒤에도 사건이 여전히 살아 있고 무사하다면" 이 계산을 살펴보자고 제안했습니다. 그러나 지난 며칠 동안 CBC팀, 분출팀, 검출기 특성 연구Detector Characterization, Detchar 팀의 노력 덕분에 그 후보에

14　　중력파 검출을 선언하는 논문의 초안에 포함된 한 단락은 아래와 같다(부록2 참조). "GW150914는 질량이 별과 유사한 블랙홀(별질량 블랙홀)의 존재를 더없이 명확하게 입증할 뿐 아니라, 자연에서 블랙홀 쌍성계가 형성될 수 있다는 것, 그리고 그렇게 형성된 블랙홀 쌍성계가 지닌 물리적 속성들의 귀결로 허블 시간 내에 블랙홀 쌍성계의 병합이 일어날 수 있다는 것을 명확히 보여준다."

대한 조사가 대폭 진전되었습니다. 이제 G184098이 진짜 중력파라고 전제하고 작업을 진행할 때가 되었다고 생각합니다.

아래 이메일은 앞서 언급한 맹검 규칙에 관한 논쟁과도 관련이 있다.

9월 19일 토요일 6시 38분: 우리가 포착한 신호는 명확하고 강합니다. cWB 팀의 최초 추정이 보여주듯이, 그 신호의 빈도/확률은 매우 낮습니다. 따라서 우리는 그 신호를 사건 후보로 진지하게 받아들여야 합니다. … 요컨대 색안경을 벗고, 우리의 기존 지식 때문에 미래의 통계학적 결론에 비합리적 편향이 끼어들지 않도록 경계심을 유지해야 한다고 생각합니다. 사실 나는 pyCBC팀이 시간 슬라이드 제작에 쓸 모수들을 이미 정했다고 믿습니다. 그러므로 여러분이 그 모수들을 고수하고 이번 사건을 두둔하는 방향으로 결과를 심하게 편향시키지 않는 변화만을 허용한다면, 이제 색안경은 쓰레기통에 던져도 된다고 주장하겠습니다. 아시다시피 가장 흥미진진한 점 중 하나는, 이 신호가 매우 강하기 때문에 현재 진행 중이거나 곧 진행될 심층 탐색에서 검출 문턱 근처에 위치한 다른 약한 신호들이 드러날 확률이 상당히 높다는 것입니다. **그 신호들**이 진짜인지 허구인지 가려낼 때는 그 팀이 개발하여 완성한 '맹목' 기법이 결정적인 구실을 할 것입니다.

"이 강렬하고 흥분되고[!] 잠을 잊은 시간[!](9월 19일 토요일 9시 31분)"에 사람들은 열심히 일하고 있다. "아무튼, 이제 우리는 **진짜** GW 데이터를 보유했다!!(9월 19일 토요일 9시 31분)"

토요일 오후 4시 15분에 현재의 분위기를 알려주는 단서가 추가로 입수된다. 한 물리학자가 그 사건을 가리키는 암호명을 고안하자고 제안한다. 모두가 그 사건을 G184098(이 명칭의 의미를 나는 모른다) 또는 GW150914(숫자는 검출 날짜를 뜻한다)로 부르는 현재 상황을 개선하자는 취지다. 과거에 있었던 2건의 암맹 주입 사건은 공동체 내부에서 쓰이는 쉬운 암호명을 부여받았다. 하나는 '추분 사건'(주입 날짜가 추분이었다), 다른 하나는 '빅 독'(그 사건의 파원이 큰개자리에 있는 듯했다)이다. 그 이메일 작성자는 암호명을 공모한 다음에 투표를 하자고 제안한다. 아래는 2015년 9월 19일 금요일 현재 암호명 후보들의 초기 목록이다(https://wiki.ligo.org/DAC/G184098#Proposed_codenames).

• 천체들의 질량이 큽니다. 신호가 강합니다. 이 사건은 우리가 준비를 갖추기 전에 검출기들을 강타했습니다. 녀석이 화가 났다 하더라도, 이 정도일 거라 생각하지는 못했습니다. '헐크'라는 암호명을 제안합니다.

• 우리는 준비를 갖추고 **있었으며** 지금도 준비를 갖추고 **있다.**

• 이름 짓기 놀이가 언제 시작되는지 궁금했어요. 온라인 사전 '프리 딕셔너리'에 나오는 '**더 빅 엔칠라다**'를 제안합니다. 한 기업이나 분야에서 가장 중요하고 강력한 인물, 또는 가장 값지거나 중요한 사물을 가리킵니다.

• 중력파 + 블랙홀: '**알베르트**'(아인슈타인) 사건이라고 하면 좋지 않을까요?

• 2015년은 일반상대성이론 탄생 100주년입니다. '**백주년**' 사건으로 부를 수 있을 법합니다.

• '**여명**' — 왜냐하면 이것이 우리의 최초 검출일 가능성이 있으니까— **중력파 천문학 시대의 참된 여명.**

- 분위기를 망치기는 정말 싫지만, GW150914가 기억하기 쉽다고 생각합니다. 그 사건이 2015년 9월 14일에 일어났으니까요. 또 GW150914는 다른 묘사적인 선택지들보다 전문적인 인상을 줍니다. 어쩌면 GW150914를 고수해야 할지도요.

- 마르코의 의견에 동의합니다. '따분한' 명칭이 더 전문적이라고 느껴져요. 별명을 짓자는 제안에 반대하지만, 우리가 그 방향을 선택한다면 최선의 선택은 저명한 물리학자를 이용하는 것이라고 봅니다. 아인슈타인, 보어, 페르미, 퀴리 등요. 저라면 이번 사건을 '알베르트'로 명명하여 유명 물리학자의 성이 아니라 이름을 사용한 유일한 사례로 만들겠어요.

- '히드라의 머리'. (XXXX)와 저는 CWB가 포착한 신호가 방출된 곳일 가능성이 가장 높은 위치의 별자리를 찾아봤는데, 바다뱀자리의 '머리' 부분이 그곳에 해당했습니다. '히드라의 머리'라는 명칭에는, 지금 이 사건이 관측된 것에서 아직 관측되지 않은 많은 사건이 존재함을 알 수 있다는 의미가 숨어 있습니다(그리스 신화 속 히드라는 머리가 여러 개다.—옮긴이). 단 한 번의 사건이어서 믿지 않는 사람들도 일부 있을지 모르죠. 그러나 히드라의 머리를 자르면, 그 자리에서 또 하나의 머리가 자라납니다.

나도 용기를 내어 일요일 아침에 나름의 제안을 내놓는다.

9월 20일 일요일 7시 53분: 이 사건이 진짜라면, 중력파 천문학의 출발점일 것입니다. 그래서 저는 '창세기Genesis'를 제안합니다. 암맹 주입이 아닌 것을 알고 있으므로, 감히 거창한 이름을 지을 수 있습니다.

의심의 단서들

그러나 머지않아 나는 분위기를 잘못 파악했음을 감지한다. GW150914나 그 비슷한 명칭을 고수하고 싶다는 이메일 작성자가 점점 더 늘어난다.

9월 20일 일요일 4시 12분: 기괴하며 망신당할 위험이 매우 높은 짓입니다. 우리는 쌈박한 이름을 고를 자격이 전혀 없으니 제발 그만합시다. 이 일이 나쁘게 종결될 확률이 아주 높습니다. 이 사건은 G184098, GW150914, ER8 후보, 발견 후보 등입니다. 제발 사실에 충실한 그리고/또는 전문적이고 서술적인 명칭을 유지합시다.

미리 말해두면, 그 사건의 공식 명칭—관련 논문의 제목과 과학적 토론에서 사용되는 명칭—은 'GW150914'로 굳어지지만, 비공식적인 논의에서 과학자들은 그 사건을 '그 사건The Event'이라고 부르게 된다. 우리는 앞으로 이 책에서 거의 늘 '그 사건'이라는 명칭을 사용하고 가끔 'GW150914'라는 명칭도 사용할 것이다.

명칭을 둘러싼 논쟁에서부터, 상당수의 과학자보다 내가 더 기꺼이 이 사건을 진짜 발견으로 확신하는 것처럼 보이기 시작한다. 그리고 내가 하루나 이틀 전에 예견한 의심들이 고개를 들고 강력한 힘으로 판을 어지럽히기 시작한다. 단 하나의 사건을 근거로 빈도를 추정할 수 있다는 생각에 다른 과학자들은 우려를 표한다.

9월 20일 일요일 22시 55분: 이 사건이 고질량 CBC임을 시사하는 증거들이 많이 있지만, 몇 가지 이상한 점도 있습니다.

우리가 감지할 수 있는 거리에서의 고질량 CBC들은 공간적으로 대략 균일하게 분포할 것으로 예상됩니다. 즉, 이번에 검출된 CBC로부터의 거리에 따른 사전 분포는 거리의 제곱에 비례하여 증가합니다(즉, 2배 멀리 있는 사건을 관측할 확률이 4배 높다. 바꿔 말해 가까운 사건보다 먼 사건이 관측될 가망이 높고, 따라서 신호가 강하지 않고 약할 개연성이 높다). 우리 네트워크의 선택 효과를 감안하여 안테나 패턴 모양의 부분 모집단을 배제하면, 이 질량의 '전형적' BBH는 훨씬 더 멀리 있어서 SNR이 문턱 값에 가까울 것이며, 라이고 검출기들이 위치한 곳의 위쪽 하늘에서 사건이 발생했을 것입니다(검출기들의 위쪽 하늘에서 사건이 일어날 때 검출기들이 가장 민감하게 반응한다). 그런데 이 사건은 SNR이 문턱 값보다 훨씬 높으며 안테나 패턴의 정점에서 멀리 벗어나 있습니다(따라서 진짜일 개연성이 희박하다).

물론 그런 사건이 검출되는 것이 불가능하지는 않지만, BBH들이 곧 더 많이 발견되리라고 예상해야 마땅합니다. 후속 발견이 이루어지지 않는다면, 이 사건은 섬뜩할 정도로 이례적입니다. 혹은 어쩌면 이런 이상한 점들은 다른 유형의 파원 분포를 시사하는지도 모릅니다(개연성이 희박한 사건이 일어났거나, 고질량 CBC의 분포에 맞지 않는 다른 유형의 사건이다).

9월 21일 월요일 1시 44분: CBC 모형에 대한 최선의 검증은 곧 추가 사건들이 관측되는지 여부라는 (XXXX, YYYY 등의) 견해에 동의합니다(모든 것을 신중하게 정량화할 필요가 있지만, 최초 추정은 관측 시간으로 2~3주 안에는 확실하게 추가 사건이 관측될 것임을 시사합니다). 만일 추가 사건들이 관측되지 않는다면 무언가가 근본적으로 잘못된 것이며, 이번 검출을 의문시해야 할 것입니다. 반면에 추가 사건들이 관측된다면, 의심의 다리를 태워버릴 수 있습니다.

이 이메일 작성자들이 주장하는 바는 다음과 같다. 그런 사건들이 하늘에 균일하게 분포한다고 전제하면, 이번 사건이 최초로 관측될 개연성은 낮다. 하늘의 다른 지점에서 나온 더 약한 신호가 관측될 개연성이 더 높기 때문이다. 더 나아가 2~3주 안에(!) 유사한 사건이 관측되지 않는다면, 우리는 이번 사건이 진짜 사건이 아니었다는 의심을 품어야 마땅하다. 그리고 검출기들이 3개월 동안 정식으로 가동되는 O1이 종료될 때까지도 추가 관측이 이루어지지 않는다면, 무언가가 '섬뜩할 정도로' 또한 '근본적으로' 잘못된 것이다.

나는 이 주장들이 위 이메일의 작성자들이 생각하는 만큼 설득력 있다고 보지 않는다. 초기 라이고 프로그램은 검출기가 운 좋게 중력파를 포착하리라는 기대에 기반을 두고 시작되었다. 검출 가능한 신호를 산출하기에 충분할 만큼 가까운 곳에서 사건이 터질 확률은 몹시 낮았다. 그런데 이제는 행운이 배제되고 있다. 지금 그들이 행운의 여신을 비웃는 과학적 근거는 다음과 같다. 그 사건은 최초 라이고가 관측하리라고 예상된 범위보다 훨씬 더 먼 곳에서 일어났다. 그리고 거리가 멀다는 것은 천체의 분포가 더 균일하다는 것을 의미한다. 하지만 이런 근거가 있다 하더라도, 천체물리학자가 아닌 나는 그 사건과 같은 유형의 사건들이 균일하게 분포하되 아주 드물다고 상상할 수 있다. 우주의 진화에서 지금은 우주에 블랙홀 쌍성계들이 수두룩하지만 아주 드물게만 병합하는 그런 시기여서, 과거의 라이고보다 훨씬 더 넓은 구역을 탐색하는 에이 라이고조차도 블랙홀 쌍성계의 병합을 관측할 확률이 매우 낮은 것일 수 있지 않을까? 그 사건이 검출된 것은 다름 아니라 에이 라이고가 희망한 로또 당첨이 아닐까? 추정된 빈도를 근거로 그 사건의 비존재를 논증하는 것은 내가 보기에 우주의 다른 곳에서 지적인 생명의 증거가 발견될 때까지는 지구에 지적인 생명이 존재한다는 것을 받아들일 수 없다고 논증하는 것과 유사한 듯하다.

요컨대 내가 보기에 이 단계에서 이토록 많은 의심이 제기되는 것은 오류에 대한 해묵은 공포, 거의 병적인 공포가 여전히 복도에서 어슬렁거리며(아니, 공중에 떠다니며) 발견의 기쁨을 압도하고 있다는 뜻인 듯하다. 추가 사건들이 관측되지 않는다면, 향후 몇 달은 정말 흥미진진할 것이다!

수정된 견해를 담은 또 다른 이메일이 날아온다.

> **9월 21일 월요일 13시 48분**: 만일 GW150914가 신호라면 그 빈도가 귀결하는 바가 무엇인지 탐구한 페이지를 첨부합니다. … 이번 사건이 진짜라면, O1에서 많은 추가 사건들이 관측될 확률이 높습니다. 물론 추가 사건이 (O1에서) 관측되지 않을 확률도 최대 약 15퍼센트에 이르지만 말입니다.
> ― 이번 신호가 강력하다는 점은 빈도 추정에 아무런 영향을 미치지 않습니다.

이 이메일 작성자가 옳다면, 연구 공동체는 설령 논문 출판을 위해 필요한 모든 분석이 완료될 때까지 추가 사건이 관측되지 않더라도 이번 사건을 진짜 사건으로 받아들일 근거를 확보할 수 있다. 그때까지 추가 사건이 관측되지 않을 확률이 15퍼센트나 있다.

하지만 일주일 뒤에 다시 의심이 고개를 든다.

> **9월 30일 15시 51분**: 우리가 ― 실제로 지금 그렇게 하듯이 ― 최대한 신속하게 움직여서 장비들과 천체물리학과 이번 관측의 중요성을 둘러싼 질문들을 이해하는 것이 필수적이라는 점은 당연하지만, 여전히 가동이 진행되고 있는

상황에서 그 사건 근처 며칠의 데이터에만 기초하여 최초의 중력파 검출을 서둘러 공표해야 할 이유를 저는 모르겠습니다.

존 프레스킬은 1984년에 자기단극magnetic monopole에 대한 연구를 논평하면서 이렇게 썼습니다. "… 이 글을 쓰는 현재(1984년 초반), 아무도 (자기단극) 하나를 본 적이 없다고 확신할 수 없다. 하지만 아무도 2개를 본 적이 없다는 것은 확실한 듯하다."(Annual Review of Nuclear and Particle Science 34: 461) 2025년에 우리는 중력파 연구를 논평하면서 똑같은 말을 하게 될 것 같습니다.

　자기단극을 발견했다는 섣부른 주장을 담은, 중력파 공동체의 뇌리를 떠나지 않는 논문은 이번 관측에 관한 논문을 제출받을 저널인 『피지컬 리뷰 레터스Physical Review Letters』에 1982년 발표되었다. 그 논문에서 블라스 카브레라1946~는 빈틈없이 잘 설계된 듯한 실험을 서술하고서 사상 최초로 자기단극을 발견했다고 보고했다. 그러나 그 후 자기단극이 추가로 발견된 일은 없고, 카브레라의 실험은 오류로 여겨진다. 사람들은 그가 겸손한 어투로 발견을 보고한 덕분에 간신히 '경력의 마감'을 면했다고 말한다. 이 전례는 중력파 공동체의 조심성을 옹호하는 논거 중 하나다(『빅 독』 223쪽 참조).
　피터는 나에게 다음과 같은 이메일을 보내온다.

9월 30일 21시 27분: 맞아요, 확실하지 않죠. 실제로 우리는 서둘러 논문을 출판할지 여부, 아주 잘 측정된 FAR/FAP를 고집할지 여부, SNR가 더 낮은 두 번째(혹은 다수의) 검출을 고집할지 여부를 놓고 약간 혼란스러운 상태예요… 어떻게든 헤쳐나가겠죠 ;-)

둘째 사건이 관측되지 않는 한, 첫째 사건을 보고하는 논문을 발표할 자신 감을 가질 수 없다고 느끼는 것일까? 만일 라이고 공동체가 그렇게 느낀다 면, 그것은 과학의 본성에 대한 오해라고 볼 수 있을 만한, 확실성에 대한 강박이라고 나는 느낀다.

전자기 파트너

이미 언급한 대로 공동체는 그 사건을 바깥세상에 비밀로 부치고 분석 의 순수성을 유지하려 필사적으로 애쓴다. 그러나 양쪽 다 실행 불가능하 다. 문제는 '전자기 파트너EM partner'다. 전자기 파트너란 '전자기파 천문학 자electromagnetic astronomer'를 말한다. '간섭계 과학자interferometeer'들은 전 자기 파트너들이 GW150914의 잠정적 위치에서 나온 빛, 엑스선, 감마선, 적외선, 전파 신호, 그밖에 무엇이라도 포착하여 자신들의 발견을 입증해주 기를 바란다. 그런데 전자기 파트너들은 잠재적 사건에 관한 정보를 최대한 신속하게 입수해야만 그 입증 작업을 가장 잘 해낼 수 있다. 빛이나 엑스선 등의 번쩍임은 오래 지속하지 않을 것이다. 중력파 펄스의 최초 증거가 포 착된 직후에 망원경들이 옳은 방향으로 향해 있지 않다면 전자기파 섬광 을 포착할 수 없을 것이다. 이미 설명했듯이, 이런 이유로 저지언 탐색이 있 는 것이다.

이 잠재적 사건에 관한 소식은 이틀 전에 많은 세부 설명 없이 전자기 파 트너들에게 전달되었다. 공동체의 취지는 진정한 확신을 품지 않은 상태에 서 그 소식을 다른 많은 소식과 다를 바 없이 전달하는 것이었다고 나는 생각한다. 많은 소식을 전달하는 이유는, 순전히 중력파 신호의 세기만을 증거로 삼아서는 정당화할 수 없는 주장도 전자기파 신호가 추가로 있으면 정당화될 가능성이 있기 때문이다. 바로 이것이 다중 신호 천문학이다. 다른 한편으로 초기 경보들은 흔히 모호하다. 따라서 신호의 본성에 대한 탐구의 결론이 확실하게 나오지는 않을 것이다. 이제 발등에 떨어진 불과 같은 질문은 이것이다. 언제, 얼마나 많은 정보를 전자기 파트너들에게 넘겨줄 것인가? "부탁하는데, 이 방향을 관측하고 무엇이든지 보이면 우리에게 알려줘"라고 말할 수도 있겠지만, 이 초기 상황에서 공동체가 지목한 방향은 틀릴 수 있고(실제로 그러했다), 관측이 성공할 확률은 천문학자들이 무엇을 주목해야 하는지 어느 정도 알면서 관측할 경우에 대폭 향상된다. 게다가 망원경 관측 시간은 매우 비싸고 수요가 많다. 따라서 중력파 공동체가 "늑대가 나타났다!"라는 외침을 남발하면, 전자기 파트너들은 협조에 호흡해질 가능성이 높다. 천문학자들의 협조는 엄청나게 소중한 것으로 간주된다. 그들은 우주를 볼 수 있을 뿐 아니라 애당초 라이고 건설에 반대한 것으로 악명 높기 때문이다. '라이고LIGO'라는 약자에 들어 있는 마지막 O는 '관측소(천문대, Observatory)'를 뜻한다. 그 O를 계기로 삼아 결집한 천문학자들은, 검출 시도가 거듭해서 실패하는 상황에서 물리학자들이 자신들의 생득권을 훔쳐가려 한다고 느낀다. 따라서 천문학자들의 관심과 지원이 차츰 증가하는 것은 말하자면 물리학자들의 선견지명이 승리하는 것으로 여겨진다. 마침내 진정한 중력파 천문학의 성과를 공표한다는 목표에 접근하고 있는 물리학자들의 승리로 말이다.[15]

15　초기에 천문학자들과 벌인 분쟁에 대해서는 『중력의 그림자』 참조.

이 모든 사정 때문에, 전자기 파트너들에게 무엇을 말해줘야 하고 그 사건의 정체가 확정되어감에 따라 얼마나 정기적으로 갱신된 정보를 주어야 하는가를 둘러싸고 열띤 토론이 벌어진다. 맨 처음 단계에는 비밀 유지뿐 아니라 은폐도 중요하다. 중력파 연구자들은 전자기파 탐색이 기대 효과 expectancy effect로 인해 저해되지 않기를 바라는데, 천문학자들이 잠재적 사건의 본성에 대해서 너무 많은 정보를 얻으면 그 결과를 피할 수 없다. 그리하여 익숙한 긴장이 발생한다. 천문학자들은 지금 다른 무언가를 관찰하는 중이므로 충분한 정보를 전달받아 문제의 사건을 놓치지 말아야 한다. 그러나 탐색의 순수성에 대한 확신이 감소할 정도로 많은 정보를 전달받지는 않아야 한다. 따라서 앞으로 2주 정도는 그리 많은 정보가 전달되지 않을 것이다.

9월 28일 15시 12분: 이 사건에 대한 분석이 여전히 진행 중입니다. 예비적으로 재구성된 파형은 (만일 이것인 진짜 GW[중력파. ─옮긴이] 사건이라면) 100메가파섹보다 더 먼 블랙홀 쌍성계가 병합할 때 발생하리라고 예상되는 파형과 일치합니다.

10월 4일 13시 5분: 2015년 09월 14일에 식별된 중력파 사건 후보 G184098에 관한 업데이트가 가용합니다. 이 사건에 대한 분석은 여전히 진행 중입니다. 예비적으로 재구성된 파형은 (만일 이것이 진짜 중력파 사건이라면) 예측되는 블랙홀 쌍성계 파형과 일치하는 듯합니다.

또 다른 보안 경보도 돌아다닌다.

친애하는 동료들께,

O1이 시작되면 여러분은 라이고 트리거trigger*에 관한 정보를 받았느냐는 질문이나 그 트리거의 세부 사항에 관한 질문을 받을 가능성이 있습니다. 우리는 여러분이 비밀을 지키리라 믿는다는 점을 상기시켜드립니다. 여러분은 라이고/비르고 중력파 트리거에 관한 정보를 받기로 합의했다는 말, 그리고 우리가 그 합의를 실행하고 있다는 말을 할 수 있습니다. 그러나 실제로 전달받은 트리거의 개수, 시간, 속성에 관해서는 어떤 정보도 제공하지 말아주십시오. 만일 여러분의 팀에 우리 공동체에 직간접으로 연루된 다른 사람들이 있다면, 그들도 이 보안 권고를 존중하도록 확실히 조치해주십시오. 기타 다른 정보가 보안 사항인지 확신이 서지 않을 때는 그 정보를 공개하기에 앞서 LVC(라이고-비르고 협력단) 연락 담당자들(마르시아, 레오, 피터)에게 조언을 구하십시오.

시간이 지남에 따라 관건은 맹목 탐색에서 비밀 유지로 바뀌고, 전자기 파트너들에게 얼마나 많은 정보를 전달할지는 향후 몇 달 내내 핵심 논쟁거리의 하나로 유지될 것이다. 우리는 이 문제를 10장과 13장에서 다시 살펴볼 것이다.

첫 주에 받은 이메일들에 대한 분석

표 2.1은 내가 첫 주에 그 사건과 관련해서 받은 이메일의 개수를 보여준

---

* 통상적으로는 특정 조건을 만족하는 '신호 대상'을 의미한다. 여기서는 중력파로 의심할 수 있는 조건의 '신호 후보'를 뜻한다.

중력의 키스

다. 공동체 전체에서 더 많은 이메일이 오고 간 것은 당연한 사실이다. 소집단들 내부에서 오간 이메일들, 내가 수신을 요청하지 않은 이메일들 등이 추가로 있다. 그러나 이 표는 연구자들의 활동이 어떻게 급증했는지를 어느 정도 보여준다. 내가 삭제한 이메일 대비 저장한 이메일의 비율이 감소하는 것은 전문적 세부 사항을 다루는 이메일이 증가하는 것―과학자들이 원리에 대한 토론과 대조되는 분석 노동에 착수하는 것―을 반영한다. 이메일 개수가 상황을 정확히 알려주는 것은 아니다. 예컨대 그 사건의 암호명을 놓고 꽤 긴 토론이 벌어졌지만, 그 토론은 과학과는 별로 상관없이 그저 달아올랐다가 사그라졌다. 그런데도 그 토론 때문에 이메일의 개수가 급증했다.

	9월 14일 월 11:56~	화	수	목	금	토	일	9월 21일 월 ~11:56	9월 21일 전체
저장	39	65	26	50	32	47	17	10	23
삭제	8	28	49	56	130	144	114	44	129
하루 총계	47	93	75	106	162	191	131	54	152
168시간 총계								859	

표 2.1 첫 주(2015년 9월, 그 사건이 포착된 주)에 내가 받은 이메일 개수.

3장

반세기에 걸친
중력파 검출의 역사

지상의 장치로 중력파를 검출하려는 노력은 1950년대 말에 조지프 웨버1919~2000의 연구에서 시작되었다. 1960년대 후반에서 1970년대 초반까지 웨버는 여러 논문을 발표하여 무게가 1톤가량인 알루미늄 실린더의 진동에서 중력파를 검출했다고 보고했다. 그의 실린더들은 그가 재직하는 대학교—메릴랜드 대학교—와 시카고에 있었다. 그렇게 멀리 떨어진 두 실린더에서 동시에 진동이 일어나면, 그것은 중력파의 효과로 간주되어야 했다. 그런데 그런 장치들은 항상 진동하기 때문에, 웨버는 검출기들에서 실시간으로 발생하는 일치의 개수와, 한 검출기에 포착된 신호를 시간적으로 이동시켜서 다른 검출기의 신호와 비교할 때(이 경우에는 공통 원인이 두 신호의 일치를 일으킬 수 없다) 발생하는 일치의 개수를 비교하는 묘수를 썼다. 이 묘수는 중력파 검출을 가능케 하는 아이디어 중 하나로 지금도 쓰인다. 문제는 우리가 중력파를 끌 수 없다는 점이다. 우리는 중력파가 검출기에 영향을 미칠 수 있게 해놓고 한동안 실험한 다음에 또 한동안은 중력파가 검출기에 영향을 미칠 수 없게 해놓고 실험할 수 없다. 이런 유형의 켜짐/꺼짐 대비는 많은 유형의 섬세한 관찰이나 실험에서 필수적인데도 말이다.

'켜짐'과 '꺼짐' 사이에 차이가 있으면, '켜짐' 기간에 무언가 특별한 일이 벌어졌음을 우리는 안다. 그리고 우리가 탐색하는 것은 그 '무언가'다. 그런데 우리가 두 검출기에서 출력되는 신호들을 시간차를 두고 비교하여 어떤 겹침도 공통 원인을 가질 수 없도록 만들면, 우리는 사실상 검출기를 '끈' 효과를 얻게 된다. 반대로 실시간 출력을 비교하여 공통 원인을 가진 신호가 겹칠 수 있게 만들면, 사실상 검출기를 '켠' 효과를 얻게 된다. 따라서 이 두 효과를 통해 우리가 바라는 대비를 성취할 수 있다.

웨버의 실험 결과들은 대단히 주목할 만했고, 그 영향으로 다른 연구팀들도 유사한 검출기를 제작했다. 그러나 간단히 말하면, 다른 팀들은 아무것도 발견하지 못했다. 아니, 실제 상황은 훨씬 더 복잡했다. 적어도 한 팀은 신호로 추정되는 데이터를 놓고 고민하고 있었는데, 웨버는 "컵이 반이나 비었다"라는 마음가짐이 아니라 "반이나 찼다"라는 마음가짐으로 분석하면 몇몇 연구팀의 결과는 자신의 결과와 양립 가능하다고 주장했다. 이 책은 약 반세기에 걸쳐 진행된 발견 하나를 다루지만 분량이 500쪽을 넘는다. 웨버의 실험 결과들을 둘러싼 논쟁은 10여 년 동안 계속되었다. 그때 일을 지금 시점에서 돌이키며 한 페이지 남짓으로 요약하는 것은 결코 그 논쟁을 제대로 다루는 방식일 수 없다.

하지만 이 책의 주제는 조지프 웨버가 아니라 조지프 웨버가 일으킨 일이다. 그 사건의 특이성을 충분히 이해하려면 그전 반세기 동안 진행된 일

중력의 키스

을 어느 정도 알아야 한다. 이 책은 내가 중력파 탐사에 관하여 쓴 저서들 가운데 다섯 번째다. 첫 책『틀 바꾸기: 과학 실행에서 재현과 귀납Changing Order: Replication and Induction in Scientific Practice』(University of Chicago Press)은 1985년에 출판되었으며 과학에서 재현(replication, 똑같은 실험을 반복하기)이 이루어지는 과정을 분석하며 초기의 중력파 검출 주장들을 부분적으로 거론한다.『틀 바꾸기』를 위한 현장 조사는 대부분 1972년부터 시작해 1975년까지 완료되었으며 분석은 사뭇 철학적이다.

　다음 3권의 저서들은 전적으로 중력파 과학을 다루며, 모두 과학에 대한 서술과 사회학적 숙고·분석을 병행한다. 첫째 저서는 분량이 875쪽에 달하는『중력의 그림자: 중력파 탐사』이며 2004년에 출간되었다. 이 책은 웨버의 시대까지 거슬러 올라 처음부터 2000년대 초반까지의 이야기를 들려준다.『중력의 그림자』는 평화로운 시기의 활동을 서술하지만, 만연한 회의주의와 적극적 반대와 심지어 조롱을 무릅쓰고 그런 프로젝트를 진행하는 데 필요한 생활과 정신의 붕괴, 이례적인 참을성에 관한 이야기도 들려준다. 나는 조너선 밀러에게 편지를 써서『중력의 그림자』를 바탕으로 삼아 오페라를 창작하라고 제안하기도 했다(밀러는 답장하지 않았다). 지금도 나는 중력파 물리학을 소재로 창작물을 만들면 풍부한 멜로드라마와 영웅적인 캐릭터들을 통해 푸치니와 치열하게 경쟁할 수 있다고 생각한다. 아주 짧은 책인『중력의 유령: 21세기의 과학적 발견』은 2011년에,『중력의 유령과 빅 독: 21세기의 과학적 발견과 사회적 분석』은 2013년에 출간되었다. 『중력의 유령』은 '추분 사건'으로 명명된 '암맹 주입'에 대한 분석을 담고 있다. 한편 페이퍼백으로 나온『중력의 유령과 빅 독』은 '추분 사건'과 더불어 두 번째 암맹 주입인 '빅 독' 사건을 다룬다. 기억하겠지만, 암맹 주입이란 고의로 가짜 신호를 검출기에 주입하여 연구 공동체가 정신을 바짝 차린 상태를 유지하게 만드는 조치를 말한다. 가짜 신호가 주입되었다는 사실은 마지막 순간까지 비밀에 부쳐진다.

비교적 역사적이고 전문적인 세부 사항이나 철학적 사회학적 분석이 필요할 때 나는 자주 과거의 저서들을 언급할 것이다. 1970년대 초반의 사건들이 어떻게 전개되어 오늘에 이르렀는지를 이 책에서 2015년의 중력파 탐지를 서술하는 만큼 상세하게 이해하고 싶은 독자는 나의 과거 저서들을 읽어보기 바란다. 여기에서 우리는 다만 역사의 주요 전환점들을 훑어보는 것으로 만족할 것이다.

1975년경에 이르자 웨버의 실험 결과를 믿는 사람은 극소수밖에 없었다. 그러나 웨버는 현재 수십억 달러짜리 국제적 연구 사업으로 발전한 일을 시작했다. 대다수 과학자는 웨버를 중력파 과학의 선구자로 인정한다. 외견상 터무니없는 그의 중력파 검출 노력이 없었다면 오늘날의 중력파 과학은 존재하지 않을 것이라고 말이다. 그 노력은 터무니없었다. 왜냐하면 웨버의 검출기의 감도를—웨버 본인이 개발한—표준적인 방법으로 계산한 결과와 중력파가 보유한 에너지를 감안할 때, 그가 중력파를 검출할 가망은 없었으니까 말이다. 그럼에도 그는 단지 결과를 보기 위해 실험을 해보기로 결정했고, 미국 국립과학재단은 그 실험을 위해 수만 달러를 지원했다. 만약에 웨버가 실험 결과를 오해하여 물리학계를 망신시키지 않았다면, 중력파 지상 검출은 첫걸음조차 떼지 못했을 개연성이 있다(많은 물리학자가 그렇게 평가한다). 웨버의 업적은 다른 과학자들이 제대로 된 중력파 연구에 필요한 긴 여정에 나설 의지와 자원을 짜내도록 강제한 것이다. 그 여정이 오늘날의 발견으로 이어졌다. 이것이 결정적인데, 웨버는 중력파의 증거를 정말로 발견한 것 같았을 때 기꺼이 그렇다고 말했다. 그의 발견은 불가능했는데도 말이다. 1970년대 초에도 그는 강하게 주장하고 있었다. 웨버는 중력파를 보았다는 믿음을 여전히 품은 채로 2000년에 사망했다.

웨버 이후, 사람들은 그의 검출기와 유사하지만 액체 헬륨의 온도나 그 이하로 냉각된 장치—이른바 '극저온 막대cryogenic bar'—를 제작했다. 이 연구가 가장 번창한 국가는 미국(루이지애나 주립대학교), 이탈리아(로마, 파도바), 오스트레일리아(퍼스)였는데, 해당 연구자들은 늦지 않게 간섭계로 전향하게 된다. 극저온 막대는 이론적으로 (웨버는 몇 번 의문을 제기했지만) 실온 장치보다 훨씬 더 민감했다. 웨버는 극저온 막대 제작에 착수했지만 완성하지 못했다. 이탈리아 연구팀 하나는 극저온 막대로 중력파를 검출했다는 발표를 2번 이상 했지만 지속적인 신뢰를 확보하지 못했다. 그러는 사이에, 비용이 훨씬 더 많이 드는 간섭계 프로그램이 추진력을 얻기 시작했다(중력파 검출용 간섭계의 실용적 세부 사항은 1970년대 초에 라이너 바이스 1932~가 개발했다). 소형 간섭계 프로젝트들이 자금을 확보했고, 미국의 대형 간섭계들도 마침내 1992년에 자금을 확보함에 따라 중력파 검출용 '공진 막대resonant bar'는 서서히 고사해갔다. 이 변화를 둘러싼 치열한 싸움의 세부 사항은 『중력의 그림자』를 참조하라. 2015년 가을에 여전히 가동 중이던 극저온 공진 막대는 2대였으며 모두 이탈리아에 있었다. 그 2대 중 하나를 운영한 과학자에 따르면, 그의 팀의 검출 범위는 5킬로파섹이었으며 그 범위에서 예측되는 사건의 빈도는 50년당 초신성이나 거성 불꽃 몇 회였다. 이 과학자는 극저온 공진 막대가 다른 검출기들이 가동하지 않던 시기에 '천문 감시'를 훌륭하게 해냈다고 믿었다. 그러나 확실한 중력파 검출이 이루어지고 나면, 극저온 공진 막대는 가동을 멈출 것이라고 그는 예상했다. 또 다른 막대를 운영한 과학자는 그 막대가 암흑 물질과 관련이 있을지도 모르는 우주 복사선들과 기타 독특한 입자들의 검출에서 여전히 흥미로운 역할을 하고 있다고 믿었다. 현재 간섭계가 검출한 바를 염두에 두고 돌이켜보면, 그 막대는 성과를 낼 가망이 전혀 없는 듯하다. 그러나 당시에 그 막대는 낙관론 쪽으로 전선이 이동하고 있음을 나타냈다.

기억하기 어렵지만, 공진 막대는 무려 30년 동안 중력파 검출 분야의 주도적 기술이었다. 이 과학 분야의 탄생이 얼마나 멜로드라마적이었는지 이제 기억하기 어렵지만, 실제로 그 탄생은 한 편의 멜로드라마였다. 그 멜로드라마의 주요 인물 하나는 웨버다. 그는 당시로서는 불가능했던 중력파 탐지를 선동한 영웅이었다. 웨버는 끔찍한 실수를 몇 번 저질렀다. 예컨대 그는 자신이 검출하는 중력파 신호가 24시간 주기의 규칙성을 띤다고 주장했다. 지구는 중력파를 차단하지 않으므로 중력파 신호는 12시간 주기의 규칙성을 띠어야 하는데도 말이다. 또한 그는 자신의 검출기와 중력파 검출을 회의하는 한 경쟁자의 검출기에서 일치하는 신호들이 발견된다고 주장했다. 그 두 검출기는 다른 시간대에서 작동하고 있었으므로 일치하는 신호는 전혀 없었는데도 말이다. 이 사건은 미국에서 가장 유력한 물리학자 중 한 명이 웨버의 발견과 실험 방법을 반박하기 위해 벌인 이례적으로 난폭한 촌극이었다. 웨버는 자신의 막대가 원래 이론에서 예측되는 수준보다 10억 배 더 민감하다는 것을 함축하는 새로운 이론을 고안했다. 한 신진 이론물리학자(현재는 고인이 되었음)는 처음에 웨버의 이론들이 불가능하다고 주장하는 논문을 썼다가 표변하여 결국 웨버가 옳았다고 주장하는 또 다른 논문을 써서 결과적으로 신뢰를 잃었다. 웨버의 신뢰성은 침식되었지만, 그는 삶의 마지막까지 자신의 주장을 버리기를 완강히 거부하며 자신은 자살할

의도는 없다는 말로 나를 안심시키려 했다. 첫 번째 경쟁 기술인 극저온 막대들이 개발되었고, 그 기술을 채택한 연구자들이 적극적 주장들을 내놓았지만 차례로 반박되었다. 실용적인 간섭계 기술을 사실상 발명한 인물은 처음에 자금 지원을 거부당했고, 간섭계에 관한 아이디어는 다른 곳에서 발전했다. 간섭계 기술에 대한 자금 지원을 놓고 격렬한 싸움이 벌어졌다. 천문학계는 그 자금 지원을 단호히 반대했다. 기술 간의 싸움에 달아오른 국제적—이번에는 이탈리아와 미국이 맞선—열기는 간섭계 기술이 천문학자들로부터 위협을 받았기 때문만이 아니라 그 기술의 막대한 자금 수요가 중력파 검출을 위한 다른 모든 접근법을 위협했기 때문에 최고조에 달했다. 간섭계 기술에 대한 비판들은 직업적 비양심과 통계적 조작에 대한 비난에 가까웠다. 막대 기술 옹호자들이 고통스럽게 내린 결정에 따라 분석 방법을 단 한 가지로 선택한 후 우정은 붕괴되었다. 모두가 동의하지 않을 경우에는 경쟁자가 자신의 주장을 내놓지 않는 것을 불문율로 유지시키던 우정의 붕괴로 말이다. 결국 간섭계 기술이 자금을 확보하고 나자, 그 기술을 주도하는 과학자들 사이에서 격렬한 개인적 충돌이 일어났다. 곧이어 라이고의 지휘 구조가 대대적으로 개편되었고, 새로 영입된 지휘자 하나가 신속하게 떠났다. 더 성공적이었던 또 다른 지휘자도 결국 해고되었다. 새로운 간섭계의 많은 주요 특징을 고안한 천재적인 발명가는 프로젝트로부터 격리되었고 그가 개발한 원형原型 장치가 있는 건물에 다시는 발을 들이지 말라는 말을 들었다. 죽음의 문턱까지 내몰린 라이고를 고에너지 물리학 high-energy physics 분야에서 영입한 새 지휘자들이 간신히 구조해냈다. 라이고 프로젝트의 고위급 과학자들 다수가 한꺼번에 떠났다. 그리고 무수히 많은 문제들이 프로젝트의 완성을 지연시켰다.[1] 이제 이런 우여곡절은 딴

CALTECH/MIT PROJECT

FOR A

LASER INTERFEROMETER

GRAVITATIONAL WAVE OBSERVATORY

December 1987

LIGO-M870001-00-M

By comparing the source strengths and benchmark sensitivities in Figure II-2 and in the periodic and stochastic figures A-4b,c (Appendix A), one sees that *(i) There are nonnegligible possibilities for wave detection with the first detector in the LIGO. (ii) Detection is probable at the sensitivity level of the advanced detector. (iii) The first detection is most likely to occur, not in the initial detector in the LIGO but rather in a subsequent one, as the sensitivity and frequency are being pushed downward*.

그림 3.1 최초 연구비 신청용 문건. 밑줄은 이 문건을 나에게 준 과학자가 그은 것이다.

서약서 내용: 캘리포니아 공과대학교/매사추세츠 공과대학교의 레이저 간섭계 중력파 관측소 프로젝트//1987년 12월//파원의 강도와 그림 II-2와 주기적 확률적 그림들인 A-4b,c(부록 A)에서 드러나는 감도를 비교하면 다음을 알게 된다. (i) 라이고의 최초 검출기로 중력파를 검출할 가능성을 무시할 수 없다. (ii) 고급 검출기의 감도 수준에서는 검출에 성공할 개연성이 높다. (iii) 최초 검출은 라이고의 최초 검출기가 아니라 후속 검출기에서 주파수에 따른 감도가 더 좋아짐에 따라 이루어질 개연성이 가장 높다.

나라의 이야기처럼 느껴지기 시작한다. 그 사연을 요약하려 하는 것은 『오디세이아』의 『리더스 다이제스트Reader's Digest』 버전을 제작하려 하는 것과 비슷하다고 할 만하다. 『중력의 그림자』는 그 사연을 875쪽에 걸쳐 서술한다. 나는 언젠가 그 책을 읽기 편한 형태로 축약할지도 모르지만, 몇 문단으로 축약하는 것은 불가능하다. 그런 짧은 책을 쓰면서 놀림감이 되지 않으려면 신중해야 할 것이다.

---

1 첫 세대 대형 간섭계들이 완성되기까지의 사연은 『중력의 그림자』 참조.

일반적으로 받아들여지는 이론이 옳다면, 에이 라이고는 천상의 파원이 방출하는 중력파에 관한 이론과 검출 가능한 중력파에 관한 이론이 대체로 일치하는 상황을 실현할 수 있는 검출기의 첫 세대다. 따라서 이제껏 아무것도 관측되지 않았다는 사실은, 앞의 연구비 신청용 문건 한 대목(그림 3.1)에서 보듯이 일종의 성공이라고 할 수 있다.

그러나 이 주장은 자잘한 세부 사항에 관한 것이라고 할 만하다. 이 주장은 검출의 개연성에 대한—이제는 잊힌—전혀 다른 믿음의 역사를 은폐한다. 10년마다 발간되는 천문학 보고서는 심지어 공진 막대 시대에도 몇 년 내에 중력파가 검출될 것이라고 약속했다. 중력파 공동체에 제시된 라이고의 감도 곡선은 최초 라이고의 검출 범위 안에 중력파 파원이 있음을 보여주는 듯했다. 비록 자잘한 세부 사항은 그 파원들이 존재할 개연성이 희박함을 암시했지만 말이다. 또한, 처음부터 서로 멀리 떨어진 검출기 2대가 건설되었다. 만약에 그 검출기들이 감도가 너무 낮아서 중력파 파원을 검출할 수 없다고 연구자들이 진심으로 믿었다면, 그 프로젝트를 비판한 한 고위급 인물의 주장대로 모든 개발 작업을 한 검출기에 집중할 수도 있었을 터이다.[2] "개량형 라이고enhanced LIGO"•—대화와 상상 속에서 최초 라이고에 흡수된 장비를 가리키는, 이제는 잊힌 듯한 명칭이다—를 건설해야 한다는 주장이 제기될 당시에 이를 정당화한 논리 중 하나는 검출 범위를 2배 정도 확장하면 반드시 검출이 이루어지리라는 것이었다. 이것은 근거 없는 추정기법extrapolation from zero이므로 그릇된 논증이라고 내가 지적했을 때, 한 최고위급 과학자는 나를 벽으로 밀어붙이더니 나는 아무것도 모른다고 내 얼굴에 대고 소리쳤다. 요컨대 자잘한 세부 사항에 관한 주장이 어쩌하든 간에, 과학자들은 라이고가 성과를 내지 못하는 것에 크게 실망했다. 특히 도박회사 래드브룩스Ladbrokes를 상대로 2010년 이전에 발견이 이루어진다는 쪽에—비록 승률은 낮았지만 기꺼이—돈을 걸었던 많은 사람의 실망이 컸다(나도 100파운드를 잃었다). 그럼에도 과학자들과 연구비 지원자들이 관측 가능한 중력파가 정말로 존재하며 다음 세대의 검출기는 틀림없이 중력파를 검출하리라는 이론적 확신을 토대로 기꺼이 난관을 헤쳐나간 것은 인간의 인내력이 거둔 커다란 승리다. 그러나 역사는 승리자에 의해 쓰인다. 그리 멀지 않은 과거에 첨단 기술이었던 공진 막대는 이제 형편없는 장비로 느껴지고, 과거 세대의 간섭계들은 단지 이 승리를 향한 여정에 놓인 원형들에 불과한 것처럼 느껴진다. 이것은 실제 사건들의 순서가 역사 서술을 통해 뒤바뀌는 하나의 사례다.

---

2   『중력의 그림자』에서 나는 과학적 개발 작업을 위해서는 하나의 검출기로 충분했겠지만 검출기 2대를 건설하는 것이 다양한 인간적, 경제적 이유에서 훨씬 더 현명한 선택이었다고 주장한다. 그러나 나와 논쟁하는 과학자들은 변함없이 "우리는 2대를 건설해야 했다. 그러지 않으면 우리는 일관성을 확인할 수 없었을 테고 아무것도 관측할 수 없었을 터이다"라고 나에게 말한다. 검출기 1대로 충분하다는 주장은 원래 리처드 가윈이 내놓은 것이다. 그는 아래와 같이 말했다.

"그럼에도 나는 여전히 라이고의 실제 건설은 매우 느리게 진행되어야 한다는 입장입니다. 큰 비용이 드는 건설 단계로 넘어가기 전에 모든 자동 제어장치가 가용해야 하고 짧은 거리에서 입증되어야 한다는 조건을 고집해야 마땅합니다. 또한 2대를 동시에 건설하지 말고 우선 1대만 건설해야 합니다. 나는 검출기 1대로 충분하다는 것을 절대적으로 확신합니다. 이 확신 덕분에 우리 팀의 실험은 아주 쉬워졌습니다. 웨버가 아무것도 관측하지 못했음을 최종적으로 입증하기 위해 우리에게 필요했던 것은 (다행히 잘 작동한) 단 1대의 검출기뿐이었습니다. 첫째 검출기가 잘 작동하면, 당연히 검출기 2대를 건설하고 싶어지겠죠. 그러나 완전히 개발된 장비를 배치하는 불확실성이 없는 상황에서도, 사람들은 작업을 한꺼번에 하기보다 순차적으로 하기를 원할 것입니다. 둘째 검출기가 신속하게 건설된다고 해도, 규모가 작고 직접적으로 응용 가능한 물리학이 입을 타격을 정당화할 수는 없습니다." (1993년 1월 7일에 가윈이 존 기번스에게 보낸 편지)

•   라이고는 초기 라이고(iLIGO, initial LIGO)와 개량형 라이고(eLIGO, enhanced LIGO), 그리고 2020년 현재의 고급 라이고(aLIGO, advanced LIGO)의 단계를 거쳐 발전되었다.

4장

둘째 주와 셋째 주.
동결, 소문

보안

9월 21일, 라이고 대변인이 이메일을 배포하여 외부인의 곤란한 질문에 어떻게 대응해야 하는지 설명한다.

> 친애하는 LVC 구성원 여러분,
>
> 우리는 지금 O1을 시작했습니다. 고급 검출기의 시대가 여러분을 환영합니다! 천문학자 파트너들에게도 정보를 제공했으며(아래 메시지 참조) FAR가 대략 1개월당 1회인 사건보다 더 중요한 사건들의 트리거 관련 정보도 제공할 계획입니다. …

GW150914에 관해서는, 현재 분출팀이 대변인과 검출위원회 등에 그 사건을 중력파 후보로 간주해줄 것을 요청한 상태입니다. 따라서 우리는 지금 검출 절차의 1단계를 실행하는 중입니다. 이 사건에 관한 전문적 세부 사항이 제2단계를 시작하기에 충분할 만큼 밝혀지면, LVC 구성원들과 소통할 것입니다. 그때까지 2주나 그 이상이 걸릴 수도 있습니다(배경 잡음 추정을 위한 데이터가 여전히 수집되는 중입니다).

이 후보에 관해서 보안을 엄격히 유지할 것을 모든 구성원에게 상기합니다. 어떤 이유에서든 누군가에게 말할 필요를 느끼면, 당신이 그 누군가를 신뢰하더라도, 말하기 前에 풀비오와 개비에게 조언을 구하십시오. 자주 들을 법한 질문들에 대한 가능한 답변 몇 개를 아래에 재차 제안합니다. LVC 구성원이 아닌 사람으로부터 이 후보에 관한 질문을 받거나 그런 사람이 이 후보에 관해서 언급하는 것을 들으면, 그 사실을 풀비오와 개비에게 알려주십시오. 질문할 것이 있다면 주저 없이 말씀하십시오.

개비, 풀비오, 데이브, 앨버트, 페데리코.

————

— 데이터를 수집하기 시작했나?
우리는 9월 18일에 시작된 1차 관측 가동을 준비하기 위하여 9월 초부터 과학적 수준의 데이터를 수집하기 시작했다. 약 3개월 동안 데이터 수집을 이어갈 계획이다.

— 데이터에서 무언가 발견한 것이 있나?
우리는 천문학자들에게 신속하게 정보를 제공하여 그들이 사건 트리거를 추적할 수 있도록 비교적 낮은 통계적 유의도(약 1개월당 1회의 FAR)를 기준으로 삼아 '온라인으로' 데이터를 분석한다. 우리는 소통 절차의 세부 사항을 조율해왔으며 자동화할 수 있는 모든 단계를 아직 자동화하지 못했다. 그러나 합의된 문턱을 넘는 사건이 발생하고 우리가 그 트리거를 식별할 수 있으면, 우리는 최대한 신속하게 천문학자들에게 경보를 보낼 것이다. 중력파 데이터에서 신호의 후보를 선정하고 승인하기 위한 분석은 여러 달이 걸릴 수 있으므로, 우리는 단

기적인 데이터에서 나온 결과들에 대해서는 아무 말도 할 수 없을 것이다. 준비가 되면 모든 결과를 공유할 것인데, 아마도 관측 가동이 끝나기 전에는 그런 일이 벌어지지 않을 것이다.

— 당신들이 한 중력파 트리거에 관한 정보를 천문학자들에게 이미 전달했다고 들었다. 그것이 사실인가?
O1 중에 우리는 비교적 낮은 유의도를 문턱으로 채택하여 그 문턱을 넘은 모든 사건을 천문학자들에게 경보할 것이다. 우리는 ER8에서 천문학자들과의 소통을 연습해왔다. 우리는 사건 트리거를 즉시 추적할 관측 능력을 보유하고 있는, 합의한 파트너들과 더불어 이 방침을 따르고 있다. 우리는 충분한 통계 자료와 분석을 확보할 때까지 중력파 사건을 승인할 수 없으므로, 공유한 모든 트리거에 관해서 비밀을 지키기로 합의했다. 그리고 우리는 모든 관련자가 그 규칙을 준수하기를 바란다.

이런 식의 보안 반사reflex, 심지어 보안 '페티시fetish'가 향후 다섯 달을 특징짓는다. 그러나 무슨 일이 일어나는지 아는 사람이 1000명이나 된다. 그들의 파트너 1000명도 아마 현재 상황을 알 것이다. 비서들이 중력파 검출과 관련한 면담을 잡아도 상사가 이례적으로 많은 시간을 연구에 할애하는 바람에 외부인과의 약속을 어쩔 수 없이 어기게 된다. 곧 사람들의 노동 패턴이 바뀔 것이다.

동결

그 사건의 통계적 유의도가 높음을 입증하기에 충분한 배경 잡음 데이터가 수집될 때까지 검출기들을 정상 상태steady state로 유지해야 한다는 결정을 검출위원회가 9월 25일에 내렸다는 것을 나는 알게 된다. 기억하겠지만, 통계적 유의도는 신호를—즉, 양쪽 검출기에서 동시에 포착되는 에너지 변이를—사이비 일치들과 비교함으로써 입증된다. 사이비 일치를 산출하려면, 시간 슬라이드를 이용해 한 검출기의 '글리치glitch'•잡음 신호와 다른 검출기의 글리치를 포개야 한다. 즉, 한 검출기의 출력을 시간적으로 이동시켜 동일한 글리치가 두 검출기에서 서로의 맞은편 데이터에 나타날 때까지 출력을 미끄러뜨린 다음에 양쪽 출력을 포개야 하는데, 그 결과로 발생하는 글리치 일치 각각을 신호의 본질인 진짜 일치와 비교하는 작업이 핵심이다. 연구자들은 사이비 글리치 일치의 개수와 형태를 신호와 비교함으로써 통계학적 신뢰도를 계산한다. 그런데 높은 신뢰도를 확보하려면 다량의 배경 잡음 데이터가 필요하고, 그 배경 잡음은 신호가 포착될 당시의 배경 잡음과 유사해야 한다. 따라서 검출기들은 신호가 포착될 당시와 대략 같은 상태를 한동안 유지해야 한다. 이 책이 서술하는 '그 사건'의 경우에, 검출기들의 정상 상태 유지 기간은 동시 가동 시간으로 따져서 16일(달력의 날수로는 약 32일)이었다. 요컨대 그 동결 기간은 10월 20일에야 끝나게 된다. 동결 기간에는 일부 유지 관리 작업이 미뤄져야 한다. 아래는 검출위원회가 보낸 메시지다.

• 　정상적인 신호의 패턴에서 벗어나는 비정상적이고 불규칙적인 잡음원을 일컫는 용어. 규칙적으로 반복되는 신호 속에서 다른 원인에 의해 묻혀 있는 단발성 이상 신호 같은 것이다. 그 원인이 알려져 있는 경우도 있지만, 알 수 없는 원인으로 인해 전파된 신호들이 많다. 이런 이상 신호는 중력파의 검출 대역에서 보통 검출기의 전자기 신호, 환경적 요인에 의한 이유(지진, 교통, 온도, 기압 등)로 인해 발생하므로 신호 검출에 방해가 된다. 이를 제거하고 저감하여 저잡음 데이터 품질을 유지하는 것이 중요하며 이를 연구하는 그룹이 검출기 특성 연구팀Detchar group이다.

검출위원회는 아래 조건들이 충족될 때까지 검출기들을 GW150914 상태로부터 변화시키는 것을 최소화하기를 권고합니다.

1. CBC팀이 요청한 대로 그 상태에서 5일 분량의 사용 가능한 일치 데이터가 수집되었다. 2. 사용 가능한 데이터가 보정되었다. 3. CBC 오프라인 분석이 실행되었다. 4. 결과가 최소한 예비적으로 DAC와 DC에 제출되었다.

만일 CBC 결과가 예상 밖의 질문을 야기하면, 추가로 상태 유지가 필요할 수도 있습니다.

이 조건들이 오늘로부터 2주 내에 충족될 수 있으리라 예상하면서 위와 같이 권고합니다.

우리는 나중에 이 '동결freeze'을 다시 논할 것이다. 또한 이즈음에 내려진 결정으로 관측 가동 O1을 한 달 더 연장하여 1월 12일까지 하게 된다. 그렇게 하면 O2의 준비를 위해 관측기들의 가동을 중지하기 전에 추가 사건이 관측될 가망이 높아질 것이라고 사람들은 기대한다.

9월의 소문들

열하루가 지나자 소문이 댐을 뚫고 새어나가기 시작한다. 9월 26일 토요일 오전 6시 30분경, 나는 이메일 함에서 『네이처Nature』가 보낸 이메일을 발견한다.

저는 런던의 『네이처』 뉴스팀에서 일하는 언론인입니다. 어쩌면 선생님도 들으셨겠지만, 고급 라이고가 중력파 신호를 '보았다'는 소문이 있습니다. '보았다'에 따옴표를 붙이는 것은 그 소문을 처음 퍼뜨린 사람들조차도―그들은 장난꾸러기들이 아니라 선의의 협력자라고 전제합시다―이 단계에서는 그 신호가 암맹 주입인지 여부를 알 길이 없기 때문입니다.

날짜를 보니 어젯밤에 발송된 이메일이다. 언급된 소문의 출처는 대중적 지식인이자 유명한 이론물리학자인 로런스 크라우스다. 9월 25일 오후 1시 39분에 그는 이런 트윗을 날렸다.

라이고 검출기에서 중력파가 검출되었다는 소문. 정말이라면 경이로운 일. 소문이 가라앉지 않으면, 세부 사항들을 게시하겠음.

나는 그 토요일에 부재중이었기에 이튿날 라이고 대변인 개비 곤살레스와 상의한 뒤 그 기자에게 답장을 보낸다.

크라우스발 소문을 알려주어서 고맙습니다. 또한 다른 과학자들이 크라우스와 무관하게 전해 들은 소문 중에 무엇이라도 저에게 알려주신다면 유익할 것입니다. 사회학자로서 저는 이런 유형의 소문이 어떻게 생겨나고 확산하는지, 공동체가 이런 소문을 어떻게 다루는지에 관심이 있습니다.

다른 한편, 중력파 공동체의 손님으로서 저는 어떤 말도 하지 않습니다. 미국

정치인들이 하는 말대로, 저는 소문들을 긍정하지도 않고 부정하지도 않습니다. 그 소문은 현재 진행 중인 과학의 실체에 관한 것입니다. 그들이 그 연구를 해왔으므로, 이것은 그들이 맡을 일입니다. 당신의 질문을 받을 인물은 (참조에 넣은) 가브리엘라 곤살레스입니다.

그러나 만일 기자님이 암맹 주입의 일반 원리와 원초 신호를 사건으로 공표할 수 있을지 알아내는 데 얼마나 오래 걸리는가(여러 달이 걸립니다)에 관해 대화하고 싶다면, 저는 즐겁게 대화에 응할 것입니다. 그 대화는 『중력의 유령과 빅독』의 내용에 관련된 것이 될 테니까요.

하지만 혹시 그 언론인에게 유용할 수 있지 않을까 하는 생각에 나는 아래 인용문을 덧붙이기로 한다.

"그 검출기들은 지름이 몇 마일에 달하는 거미줄이다. 과학자들은 아주 작은 각다귀 한 마리가 그 거미줄을 빛의 속도로 통과하는 것을 감지해야 한다. 거미줄은 바람에 흔들리기 때문에, 쓰러지는 나무들 때문에, 지나가는 열차들 때문에, 먼 해안의 파도 때문에, 지구 반대편의 지진 때문에, 그 밖에 당신이 생각할 수 있거나 없는 모든 것 때문에 애초부터 떨린다. 따라서 거미들이 자신들을 깨운 떨림이 지상에서 유래한 것이 아니라 천상에서 유래했다는 판단을 내리려면 여러 달에 걸친 보정과 통계적 분석이 필요하다."

그 언론인은 위 인용문을 사용하지 않는다.

서양 사회들의 가장 확실한 특징 중 하나는 비밀을 유지하기가 어렵다는 것이다(자유, 안전을 지키고 음모론으로부터 우리를 방어하기 위해 우리는 비밀에 의지한다). 나는 중력파 공동체의 일 처리를 특징짓는 비밀 강박을 정말 싫어한다. 물론 과학자들을 강제하여 원천 데이터를 내놓도록 함으로써 누구든지 그 데이터를 분석할 수 있게 하자는 말은 아니다(어리석게도 다양한 진영들에서 이 제안을 지지하지만). 하지만 방위산업 이외의 분야에 종사하는 과학자가 자신이 연구를 하고 있다는 사실 자체를, 유망한 발견이 이루어졌다는 사실 자체를 비밀에 부쳐야 하는가는 전혀 다른 문제다.

왜 그들은 비밀을 유지하고 싶어할까? 첫째, 소식이 퍼지면 언론인들의 끝없는 질문을 감당해야 하기 때문이다. 하지만 확실히 이것은 언론 담당자 1명이 처리하면 될 문제다. 둘째, 그들이 무언가 발견한 것처럼 보이다가 결국 희망이 무너졌을 때 명색이 과학자로서 바보처럼 보이는 것이 두렵기 때문이다. 하지만 그들이 바보처럼 보이는 것은 오로지 과학은 오류를 범하지 않는다는 이미지를 그들이 유지하려 하기 때문이다. 그런 이미지 게임은 오래전에 끝났다. 과학은 끝없이 오류를 범한다는 것을 누구나 안다. 우리가 확고히 해야 하는 것은 과학은 우리가 보유한 최선이라는 점, 그리고 과학이 최선인 이유 하나는 과학자들의 정직함에 있다는 점이다. 과학자들은 '자신들의 연구를 보여줄' 수 없다. 과학과 민주주의를 논하는 일부 철학자와 사상가는 그런 보여주기를 요구하지만 말이다. 그 이유는 현재 진행 중인 연구를 과학자들 본인도 제대로 이해하지 못하기 때문이다. 그들은 측정, 논증, 신뢰가 어떻게 미묘하게 상호작용하여 다른 결론이 아니라 이 결론에 이르는지 서술할 수 없다. 과학자들이 서술할 수 있는 것은, 발견의 과정에서 논문 출판이 가능한 수준의 확실성이 위태롭게 성장하거나 실망스럽게 붕괴하는 일이다. 이것이 사실이 아닌 척하는 가식은 제발 집어치워라. 나는 중력파 물리학자들의 공동체를 사랑하지만, 이런 비밀 강박은 좋지 않다. 13장에서 이 문제를 다시 다룰 것이다.

비밀 유지가 천문학자들과의 관계에 악영향을 끼치다

비밀 유지가 연구에 해를 끼치는 방식 하나는 전자기 파트너들, 곧 천문학자들과의 관계를 냉각시키는 것이다. 엄청나게 많은 이메일이 천문학자들에게 어떤 정보를 줄 것인지 논한다. 절대 만만치 않은 사안이다. 일부 천문학자는 LVC의 구성원이어서 지금 무슨 일이 벌어지는지를 당연히 아는 반면, 다른 일부는 LVC의 구성원이 아니기 때문이다. 문제는 LVC 구성원이 아닌 천문학자들에게 무엇을 알려줄 것인가다. 그들은 망원경을 돌리라는 요청을 매우 신속하게 받는다. 그러나 그들은 무엇을 탐색해야 하는지 모른다. 어디에 중점을 두고 관측해야 하는지를 옳게 판단할 수 있으려면 그들도 중력파 과학자 못지않게 많은 정보를 보유해야 할 것이다. 포착된 신호가 무엇인지 확실히 아는 사람이 아무도 없기 때문이다. 최초의 짐작은 신호의 파원이 아주 무거운 놈이라는 것이 전부다. 그런데 그놈이 충분히 무겁다면, 아무것도 관측할 것이 없을 것이다. 병합하는 블랙홀 2개는 모든 것을 빨아들일 터이기 때문이다. 그렇기 때문에 이름이 블랙홀이 아닌가. 더구나 데이터 보정이 아직 완료되지 않았고 분석이 불충분해서 그 파원이 병합하는 블랙홀 쌍성계라고 단정할 수 없다. 요컨대 신호의 파원이 무엇인가는 아직 각자가 판단할 문제다. 그리고 중력파 공동체는 다른 사람들의 판단을 위해 정보를 내놓는 것을 원하지 않는다. 그러나 아래 사례에서 보듯이 일부 과학자들은 우려를 표한다.

9월 25일 14시 26분: 첫째, 제가 확신하건대, 분석의 진행을 [공동체의 웹사이트와 이메일을 통해) 지켜봐온 사람이라면 누구나 만일 그것이 진짜 신호라면 거의 확실히 블랙홀 병합이라고 믿고 있을 것입니다. 그것이 공식적으로 발견으로서 공표되거나 DAC에 의해 '검토되지' 않았다고 지적하는 관점을 저는 이해합니다. …

그 기본 밑그림은 후속 전자기파 관측의 필요성을 함축합니다. 지금 관건은 (설령 그 사건이 진짜라고 하더라도) 확신하는 것이 아니라 지식에 기초한 추측을 통해 최초 관측과 후속 관측을 계획하는 것입니다. 정량적 측정과 모수의 불확실성이 머지않아 발견될 수 있습니다. 솔직히 저는, 블랙홀 가설에 따라 사건으로부터 11일이 지난 지금 관측자들이 관련 현상을 굳이 공들여 탐색할 필요가 없다고 상당히 확신합니다. 그러나 현재 그들은 그것을 모릅니다. 일부 관측자들은 여전히 … 어리석게 자원을 소모하고 있을지도 모릅니다.

그러니 파트너들에게 우리가 말할 수 있는 바를 말하고, 입장을 명확히 밝혀 소문이나 오해를 막고, 무엇이 불확실한지 솔직히 알립시다. 우리가 그들에게 줄 더 나은 정보가 아직 없다면, 그것도 좋습니다. 마냥 침묵하지 말고, 더 나은 정보가 없다고 말하고 그 이유도 말합시다. 우리 메시지의 태도와 어감도 내용에 못지않게 중요합니다. 그들이 누설할 것을 염려하여 정보 공유를 거부하는 것은 우리가 애써 창출한 협동 정신과 여러 MOU를 통해 확립한 신뢰의 틀에 반합니다. 어쨌거나 우리는 조만간 정보를 공유해야 할 것입니다. … 우리의 상세한 연구 결과들을 마지막 난세까지 공개하지 않을 수 있지만, 일반적인 밑그림에 기초하여 전자기 협력자들에게 계속 정보를 주고 그들의 관측과 관련이 있는 모든 것을 알려야 합니다.

이것은 이 사건 후보에 국한된 문제가 아닙니다. 우리와 천문학자들 사이의 관계에 관한 문제, 우리가 중력파 검출을 천문학적 성과로서 확립하려 할 때 그들이 우리를 존중할 것이냐에 관한 문제입니다. … 우리가 우리 데이터에서 알아내는 바를 내놓지 않는다면, 우리는 그들이 그들의 데이터로부터 알아낸 바를 묻기 어려울 것입니다.

중력의 키스

셋째 주

9월 27일 월요일, 나의 느낌은 안티클라이맥스anticlimax(실망스러운 결말,—옮긴이) 쪽으로 기울어 있다. 앞서 언급했듯이, 겨우 이틀이 지났을 때 새로운 표준이 재건되었고, 이제는 새로운 평범함이 명명백백히 퍼져 있다. 중력파가 포착된 것은 엄연한 사실이다. 2주 전에 나는 충분히 오래 산다면 네 번째 저서를 쓰겠다고 농담하고 있었다. 모든 것이 순조로운 지금, 나는 네 번째 저서를 쓰고 43년짜리 프로젝트를 완결할 것이다. 그런데 이 모든 것이 내가 노망이 나거나 죽기 전에 완성할 수 없을 성싶은 업적이기는커녕 끔찍하게 평범한 일로 느껴진다. 과거에는 중력파가 라이고나 기타 간섭계들에 포착될 가망이 단적으로 희박하게 느껴졌다. 그도 그럴 것이, 우리는 귀납적으로 추론하는 성향이 있다. 그리고 지난 43년 동안 우리는 "내일 꿀단지를 받게 된다"라는 약속을 들어왔지만 실제로 받은 것은 꿀 냄새를 살짝 풍기는 빈 단지가 전부였다.[1] 그 단지가 다시 꿀로 채워지리라고 믿는 것은 불가능했다. 하지만 우리가 그 귀하고 진한 꿀을 한입 가득 삼킨 지금, 모든 것이 약간 따분해졌다. 맛보기는 처음 딱 한 번만 할 수 있다.

이 문제의 한 원인은 '빅 독'이다. 빅 독 사건이 일으킨 흥분은 그 사건을 탐구하는 6개월 내내 지속되었다. 마침내 봉투가 열리고 그 신호가 진짜인지 아니면 암맹 주입인지가 드러나는 절정의 순간이 곧 도래하리라는 점도 비교적 사소한 하나의 이유였다. 더 근본적인 이유는, 그 신호가 발견으로

1　물론 당신이 이 문장을 읽는 시점에서는, 43년이 아니라 45년에 가까울 것이다.

보고하기에 충분할 만큼 중요한 사건(혹은 원초-사건)으로 밝혀질지 여부가 마지막 순간까지 의문이었고 논쟁거리였다는 점에 있었다. 그 신호가 '발견' 혹은 '증거'일까를 놓고 사람들은 최후까지 논쟁했다. 빅 독이라는 발견의 리허설을 거치고 난 지금, 무언가 심각한 문제가 있지 않다면 이번 신호는 진짜로 밝혀지리라는 것이 누가 봐도 명백하다. 지금은 과학자들이 3개월에 걸친 계산을 통해 그 신호가 진짜임을 밝혀내는 것만 기다리면 된다. 우리의 삶의 형태는 이제 달라졌다. 새로운 삶의 형태는 비교적 평범하다. 검출기들의 감도가 대폭 향상된 것을 감안하면 그 사건에는 이례적인 구석이 전혀 없기 때문이다. 원래의 라이고에서 검출이 이루어졌다면, 어떤 발견이든 간에 중력파의 세기에 관한 기존 전제들을 의문시할 계기가 되었을 것이다. GW150914는 블랙홀 쌍성계가 충분히 오랜 생애를 거쳐 지금 붕괴할 수 있음을 알려주지만, 이는 예상 밖의 사실이 아니라 단지 알려지지 않았던 사실이다. 만약에 내가 천문학자나 천체물리학자였다면 느낌이 달랐을 것이다. 나의 전문 분야에서 신세계가 열리는 중일 테니까 말이다. 그러나 나는 사회학자다. 이 책이 완성되고 나면, 중력파 물리학의 세계는 나에게 폐점한 가게와 다름없다. 조금이라도 흥분이 되살아날 희망은 O1 중 추가 관측 여부에 달려 있다고 생각한다. 만일 추가 관측이 이루어지지 않는다면, 흥미진진한 긴장이 발생할 수 있을 것이다. 추가 관측이 이루어진다면, 나도 잠시 좋아하겠지만 주로 천체물리학자들이 감격할 것이다. 현재 시점에서 돌이켜 구성하는 설명들이 용암의 흐름처럼 분출하여 엄청난 속도로 새로운 세계를 형성한다. "당연한 말이지만, 우리는 그 초기 검출기들로 중력파를 검출하리라고 전혀 기대하지 않았다. 검출기들이 요구되는 감도에 도달한 다음에야 중력파들이 관측되리라는 것을 우리는 늘 알았

다. 그리고 지금 우리는 민감한 기계들을 건설해놓았으며 중력파 천문학의
세계에 들어섰다. 과거의 모든 극저온 막대들은 가망이 없었다. 그것들은
10억 년에 1건의 사건을 관측할 정도의 성능이었다. 그리고 조지프 웨버가
관측에 성공할 확률은 그보다 1000배 낮았다. 10억 년에 1회도 이미 엄청
나게 낮은 비율이라는 점을 감안하면, 그보다 1000배 더 낮다고 해서 달라
질 것은 없지만 말이다."

소문이 잦아들다

놀랍게도 로런스 크라우스에서 시작된 소문은 널리 퍼지지 않는다. 아래
는 우리가 9월 28일 아침에 처음 발견한 트윗 3건이다.

1.　　Marco Piani, @Marco_Piani, 9월 26일
@LKrauss1 진실이라면 경이롭네요. 하지만 과학자로서 우리는 특히 공개
된 공간에서는 소문의 확산을 막고 사실을 알게 될 때까지 기다려야 하지 않
을까요?

2.　　Harry Bateman, @GeoSync2016, 9월 28일
@Marco_Piani @LKrauss1 참조! 이번 신호는 그들이 자기점검을 위해 전
기적으로 삽입한 보정 신호인 것이 거의 확실합니다.

3.　　Lawrence M. Krauss, @LKrauss1, 9월 28일
@GeoSync2016 @Marco_Piani 저는 소문을 전달했고요…… 그 이상의
주장은 하지 않았습니다.

『네이처』의 언론인은 기사를 썼는데, 어찌 된 일인지 그는 모든 것이 암맹 주입일 수도 있기 때문에 주목할 가치가 없다는 인상을 가지고 있다. 이 일은 나중에 다시 다룰 것이다.

알고 보니 그리 평범하지 않다

9월 28일, 나는 과학자 피터 솔슨과 오랫동안 통화한다. 지금 벌어지는 일의 세부 사항을 이해하기 시작하면 현 상황이 따분하고 평범하다는 느낌이 줄어든다는 것을 일깨워주는 통화다. 그 세부 사항은 내가 스스로의 능력으로 이메일들에서 추출할 수 없는 유형의 것이다. 현 상황이 그리 평범하지 않은 이유 중 하나는, 원하는 수준의 통계적 유의도에 도달하기 위해 필요한 만큼의 배경 잡음을 O1을 통해 수집할 수 있다는 전제가 내가 생각한 것보다 훨씬 불명확하다는 점에 있다. 그 전제는 오류로 밝혀진다. 검출기들의 이미 알려진 몇 가지 결함 때문이다. 그리고 한 무리의 과학자들은 그 결함들을 수리하기를 원한다. 그러나 얄궂게도 그 결함들을 수리하면 검출기들은 그 사건이 포착될 당시의 검출기들과 '동일하지' 않게 되고, 따라서 수리된 검출기들이 산출하는 배경 잡음은 그 사건 당시의 배경 잡음과 무관하게 된다. 일부 과학자들은 검출기를 끄라고 강력하게 주장하고, 다른 과학자들은 계속 가동하라고 강력하게 주장한다. 맥락을 알고 아래 이메일을 보면, 양쪽 압력의 대립을 명확히 읽어낼 수 있다.

9월 28일 21시 43분: 지난 금요일 모임에서 검출위원회는 검출기의 현재 상태를 유지하는 문제를 주제로 토론했습니다. 우리는 아래 권고에 합의했으며, 그 권고는 검출기의 변화에 관한 최종 결정을 담당하는 가동 관리자들에게 전달되었습니다.

******

검출위원회는 아래 조건들이 충족될 때까지 검출기들을 GW150914 상태로부터 변화시키는 것을 최소화할 것을 권고합니다.

1. CBC팀이 요청한 대로 그 상태에서 5일 분량의 사용 가능한 일치 데이터가 수집되었다. 2. 사용 가능한 데이터가 보정되었다. 3. CBC 오프라인 분석이 실행되었다. 4. 결과가 최소한 예비적으로 DAC와 DC에 제출되었다.
만일 CBC 결과가 예상 밖의 질문들을 불러오면, 추가로 상태 유지가 필요할 수도 있습니다. 이 조건들이 오늘로부터 2주 이내에 충족될 수 있으리라 예상하면서 위와 같이 권고합니다.

******

압박을 주는 한쪽 문젯거리는, 그 사건이 ER8 중에 일어났으며 시간 슬라이드 제작에 필요한 저잡음 일치 가동 데이터quiet coincident running●가 며칠 분량에 불과하다는 사실에서 유래한다. 문제를 더 심각하게 만드는 것은 배경 잡음이 꽤 강할 수 있다는 점이다. 그 사건은 저주파수 사건이며 잡음은 항상 저주파수에서 더 강하다.

또 다른 문젯거리는 시간 슬라이드 제작 방법에 관한 지속적인 논쟁이

● 저잡음모드에서 2대의 검출기가 모두 관측 상태에 있는 것을 말함. 2개의 일치된 데이터가 있으면 분석이 유리해진다.

다. 한 진영에서는 시간 슬라이드의 이동 폭을 0.2초로 정하자고 제안하고, 다른 진영에서는 최소 3초로 정해야 한다고 제안한다. 만일 첫째 진영이 논쟁에서 이긴다면, 둘째 진영이 이길 때보다 15배 더 많은 시간 슬라이드가 제작될 것이다. 바꿔 말해 통계학적 결론을 뒷받침하는 배경 잡음 데이터가 15배 더 많이 확보될 것이다. 그러나 문제는—내가 이해하는 바로는 다음과 같은데, 첫째 진영은 다음의 귀결을 반박한다—시간 슬라이드의 이동 폭이 그렇게 짧으면 단일한 글리치 잡음 쌍에서 1개 이상의 사이비 사건이 산출되는 경향이 있다는 점이다. 글리치의 길이가 몇 초에 달할 수 있기 때문이다. 따라서 배경 잡음 데이터는 부풀려지고 통계적 유의도는 떨어질 것이다. 둘째 진영은 이를 증명하는 분석을 해놓았고, 그 분석은 과거의 암맹 주입들에서 합의된 듯했던 바와 확실히 일치한다.[2] 첫째 진영은 이 견해를 반박하는 새로운 전문적 논증들을 제시한다. 나는 그것들을 이해하지 못하는데, 나만 그런 것은 확실히 아니다. 그러나 첫째 진영이 논쟁에서 이겨가는 듯하다. 둘째 진영은 시간 슬라이드 간격을 줄이면 그 폭이 커지지는 않아도 외견상 배경 잡음 데이터가 명백히 증가함을 보여주는 그래프들을 내놓는다. 그러나 그 분석은 GW150914보다 더 높은 주파수의 글리치 잡음에 대한 것이다. 피터 솔슨은 나에게 이렇게 일러준다.

> 우리는 0.2초 간격의 시간 슬라이드들을 가지고 하기에는 위험한 어떤 일을 하게 될 거예요. 빈약한 배경 잡음 데이터만 가지고서는 이 사건이 쓰레기통에서

2　『중력의 유령』 125쪽 참조.

요컨대 현 상황은 내가 생각한 것보다 덜 따분하다.

비록 아무도 대놓고 말하지 않지만, 나는 또 다른 방향의 압박이 있음을 느낀다. 지금 이 연구 공동체의 과학자들은 '중력파 행복'이라고 할 만한 상태에 빠져 있기 때문이다. 그들은 중력파를 검출했다고 확신하고 있으며 곧 추가 검출이 이루어지리라고 생각한다. 그래서 그들은 이번 검출에 대한 걱정을 덜 한다. 과거 빅 독 사건 때 나는 그것이 암맹 주입이라고 확신했다. 만일 지휘자가 그것이 암맹 주입임을 몰랐다면, 검출기들을 계속 가동하여 더 많은 배경 잡음 데이터를 수집할 수도 있는 상황에서 다음 업그레이드에 착수하기 위해 검출기들을 끄는 일은 벌어지지 않았을 것이라고 확신했기 때문이다(공동체 지휘부의 부인에도 불구하고 나는 여전히 이 추론이 옳다고 믿는 편이다). 만일 빅 독이 진짜 신호라면, 그 신호가 포착된 것은 엄청난 행운이고 가까운 장래에 추가로 중력파가 포착되는 일은 일어나지 않으리라는 것을 당시에 다들 알았다는 점이 중요하다. 반면에 지금은 검출기들의 감도가 이론이 요구하는 수준에 부합한다. 그러므로 과학자들은 추가 사건들이 곧 포착되리라 생각하면서, 이번 사건을 소중히 여기고 돌보는 데 들이는 정성을 약간 줄이고 빅 독 사건 때의 가동 중단과 마찬가지인 검출기 재조정을 더 기꺼이 고려한다.

많은 사람이 말하고 있어요. "어허 참!" 이것이 아무튼 어떤 조짐이라면, 우리는 곧 또 다른 사건을 검출하게 될 거야, 라고요. 앞으로 2달 동안 아무도 걱정하지 않을 거예요. 또 다른 사건이 일어날 테니까요. 우리가 결국 도달하는 신뢰도가 매우 낮더라도 2개의 사건이 있으면 확실히 [충분할 겁니다]. (피터 솔슨, 9월 25일의 전화 통화에서)

나는 그들이 바보들의 낙원에서 살고 있는 것이 아니기를 바란다. 이것이 공연한 걱정인지 아닌지 곧 알게 될 것이다.

40헤르츠 비정상성

피터 솔슨과의 통화에서 드러나는 또 하나의 사실은 한 과학자가 그 사건의 파형에서 비정상적인 구석을 발견한 듯하다는 것이다. 그림 4.1은 핸퍼드 간섭계(H1)에서 출력되어 필터를 통과한filtered 흔적을 보여주는데, 거기에서 그 비정상성을 볼 수 있다. 루이지애나 간섭계(L1)에서 유래한 거의 동일한 흔적도 웹사이트에 게재된다.

그림에서 0.42초까지는 모든 것이 감쇠 나선운동을 하는 블랙홀 쌍성계의 모형에 들어맞는다. 병합 직후의 '감쇠 안정화'는 0.41초 근처의 조밀한 고주파수 구역으로 나타난다. 그러나 그다음에 진폭이 감소하는 저주파수 구간이 4주기 혹은 5주기 동안 이어진다. 이런 구간은 전혀 예상 밖이며 어떤 천체물리학 모형에서도 예측되지 않는다. 피터의 설명에 따르면, 이것

중력의 키스

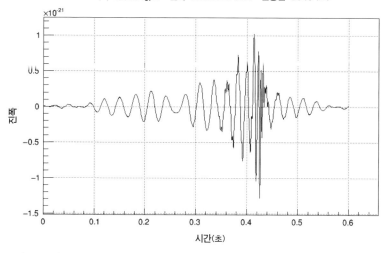

시작: 0.000 (gps) - 길이: 0.599609 (sec) - 진동률: 2048 (hz)

그림 4.1 40헤르츠 비정상성.

을 발견한 사람은 진지하게 대해야 하는 인물이므로 논문을 출판하기 전에 이 비정상성을 설명해야 할 것이다. 결론적으로 GW150914는 내가 생각한 것보다 훨씬 더 흥미진진하다. 그것이 사상 최초로 블랙홀을 '직접' 관측한 업적이 될 것이기 때문만이 아니다. 그것이 (다른 기술로는 완벽하게 검출할 수 없는) 블랙홀 쌍성계의 감쇠 나선운동을 사상 최초로 관측한 업적이 될 것이기 때문만도 아니다. 그것이 중력파 천문학의 출발점이 될 것이기 때문만도 아니다—이 모든 것들은 이미 일상적인 성취로 격하되었다. GW150914가 매우 흥미진진한 것은, 그 관측이 쌍성계 병합의 동역학에 관한 우리의 지식을 전면 개정할 것을 요구할 가능성이 있기 때문이다. 그 요구는 논쟁을 일으킬 수밖에 없다.

그 밖에 어떤 일들이 벌어지고 있을까?

나에게는 모든 것이 일상적이고 따분하게 느껴질지 몰라도, 중력파 공동체는 지금 벌집을 쑤셔놓은 것 같다. 나는 사람들의 결혼 생활이 파탄에 이르는 중이라는 이야기를 듣는다. 사람들이 하루에 18시간씩 일한다는 말도 듣는다. 지금 벌어지는 일을 따분한 일상이라고 표현하는 것을 듣는다면 그들은 몹시 화를 낼 것이다.

이번 사건이 명백하게 중력파라면, 그들은 대체 무엇을 하고 있는 것일까?

> 첫째 주에는 공황과 망상이 널을 뛰었고, 지난주엔 진짜 흥분에 휩싸였죠. 그리고 이번 주. 그래, 어쩌면 우리는 이제야 정신을 차리고 걸음을 내딛기 시작한 거예요. 전진할 준비를 하고 제대로 일하기 시작한 겁니다.(피터 솔슨, 9월 25일의 전화 통화에서)

걸음을 내디딘다는 것은 구체적으로 무슨 뜻일까?

> 우리가 포착하는 신호는 … 그 크기가 어떤 의미에서 (시계열 데이터의 변이에) 비례해요. 하지만 이 비례관계가 실은 주파수의 함수예요. (검출기는 특정 주파수에 더 많이 반응한다. 따라서 검출기가 출력하는 최초 흔적은 굵직굵직한 잡음을 걸러낸 다음에도(『중력의 유령』 74쪽 참조) 파형의 마루들과 골들의 크기를 정확히 알려주지 않는다.) 그 함수가 무엇인지 알아내려면 간섭계에 관한 수많은 세부 사항을 이해해야 해요. … 거울들을 움직이는 장치에 관한 세부 사항, 제어 시스템에

들어가는 다양한 필터에 관한 세부 사항을 이해해야 하는 겁니다. 그러려면 엄청나게 많은 측정을 하고 그 결과가 채택된 모형과 맞아떨어지는지 확인해야 해요. 그런 다음에, 이게 가장 중요한데, 시간 영역 필터[검출기의 다양한 반응 강도들을 표준화하는 기법]에 이 기록[최초 변형률 흔적]을 집어넣어서 몇 퍼센트 이내로 정확한 새로운 시계열 데이터를 생산하는 거죠. (피터 솔슨, 9월 25일의 전화 통화에서. 대괄호는 나의 주석.)

앞서 우리가 (그림 1.1에서) 본 화이트닝된 시계열 데이터는 각각의 주파수에서의 진폭을 보여주지 않는다. 단지 신호의 모든 특징을 최대한 명확하게 보여줄 따름이다.

모수를 추정하기 위해서는 어쩌면 정확한 변형률 흔적을 확보하는 것이 신호의 존재를 증명하는 것보다 더 중요할 것 같다고 나는 말한다. 그러나 피터는 그렇지 않다고 한다. 신호를 CBC팀의 파형 견본 뱅크와 비교함으로써 도달할 수 있는 유의도 수준에서 신호의 존재를 증명하려면, 다양한 주파수에서 진폭이 정확한 신호를 확보해야 하기 때문이라는 것이다.

신호 대 잡음 비율[SNR]도 견본과의 일치 정도에 따라 달라져요. 그리고 우리는 높은 SNR를 확보함으로써 그게 잡음에서 비롯된 우연한 사건이 아니라는 점을 입증하려 하니까, 견본을 하나라도 버리면 우리의 작업은 그만큼 더 어려워지죠. 이것이 신호라는 것을 확증하려면 보정이 필수적이에요. 물론 '그 사건'의 포착을 위해서는 [다행히] 보정이 필수적이지 않았지만. (피터 솔슨, 9월 25일의 전화 통화에서. 이 절에서 인용한 모든 발언은 통화 시작 후 17분경에 나왔다.)

합의 형성

그러나 측정과 보정이 지금 진행되는 일의 전부는 아니다. 사람들의 생각을 변화시키는 데도 시간이 걸린다. 물론 이번 사건은 놀랄 만큼 신속하게 진짜 사건으로 인정받았다. 그러나 오류에 대한 염려는 여전히 존재한다. 따라서 이번 사건을 세상에 공표하는 것에 관한 두려움도 여전하다.

우리가 실제로 얼마나 빨리 해낼 수 있냐고요? (진짜 신호를 검출했음을 충분히 높은 통계적 유의도 수준으로 입증할 수 있느냐?) … 우리가 정말 서둘러서 가동이 시작되기 전에 모든 준비를 마친다면 3개월 안에 해낼 수 있다고 작년에 우리가 말했죠. 하지만 지금 사람들은 이 신호가 아주 강하다는 점을 감안해서 어쩌면 두 달 안에 해낼 수 있다고 말하고 있어요. **합의 형성에 큰 어려움이 없으니까요. 사실 합의는 이미 형성되었고**, 해리 당신도 알다시피 합의된 내용의 상당 부분은 참이에요. 하지만 예상 밖의 난관에 부딪혀 심호흡을 해야 할 경우는 말할 것도 없고, 최소한의 절차만 밟더라도 어느 정도 시간이 걸릴 겁니다. **그다음에는 이것을 어떻게 서술할지를 놓고 다시 처음부터 토론해야겠죠. 그 토론은 아주 오래 걸릴 겁니다. 우리는 어느 정도의 신뢰도에 도달하면 논문 출판을 강행할까요?** 사람들은 바이셉투 실험의 사례를 아주 따끔한 교훈으로 여겨요. 그 사건은 더 경이로운 발견이었어요. 진실이었다면 노벨상감이었죠. 그래서 밀어붙였던 것이고. (피터 솔슨, 9월 25일의 전화 통화에서, 볼드체는 강조를 위해 덧붙임.)

바이셉투 과학자들을 이야기할 때 '유령들'이라는 단어가 사용된다고 한다. 그들은 2014년에 중력파를 발견했다고 주장했으나, 그들이 발견한 것은 우주 먼지로 판명되었다.

중력의 키스

여담인데, 위 인용문 끝의 괄호 속에는 "강조를 위해"라는 표현이 쓰였지만, 이 경우에는 아마도 "압박stress을 위해"가 옳은 표현일 것이다.

아무튼, 지금 우리가 보고 있는 것은 사회적 변화다. 관건은 합의 형성, 그리고 위험이냐 모험이냐 하는 것이다. 과학사에는 실패한 모험의 사례들이 수두룩하다. 반세기 전에 중력파 연구를 독점했던 조지프 웨버를 돌이켜보라. 엊그제 일 같은 바이셉투의 시체는 이제야 무덤 속에서 싸늘해졌다. 바이셉투의 유령은 지금 부끄러운 얼굴로 과학의 대기실 안을 떠돈다.

이제 우리는 그 사건의 진실성과 관련해 최소한 세 가지 논점을 아래와 같이 정리할 수 있다.

(1) 무엇이 과학자들(그리고 나)로 하여금 그 진실성을 믿게 만드는가—신호의 일관성에 관한 광범위한 증거들이 결정적이다.

(2) 과학자들은 언론을 피하고 싶을 때 무엇을 믿는다고 말하는가—"아직 아무것도 믿지 않는다".

(3) 물리학계 전반을 만족시킬 수 있는 신뢰 기준에 도달하기 위해서 과학자들은 무엇을 해야 한다고 생각하는가—통계학적 데이터를 생산해야 한다.

상자를 열라는 요청

셋째 주가 끝날 무렵 과학자들은 검출기와 파이프라인을 가지고 해야 할 일은 다 했다고 생각한다. 그들은 '상자를 열고' 시간 슬라이드 분석을 할 준비를 마쳤다. 그리하여 상자를 열라고 요청한다. 지금까지 그들은 양질의 일치 데이터를 겨우 5일 분량만 수집했다. 두 간섭계 모두가 상태 변화 없이 관측을 지속하고 데이터의 질이 양호한 기간이 5일이었다. 5일 분량으로는 최종적인 통계적 유의도를 산출하지 못할 테지만—더 많은 배경 잡음 데이터가 필요할 테지만—협력단 내부 기준에 따라 그 사건이 발견인지 여부를 판정하고 과학계 전반이 그 사건을 결국 발견으로 인정할지 여부를 짐작하기에는 그 데이터만으로도 충분할 것이다.

10월 3일 17시 36분: 금요일에 DAC는 CBC팀이 월요일 오전 8시(태평양 연안 표준시) 팀스피크TeamSpeak●에서 "BNS/BBH/NSBH/파형 판정" 온라인 회의 중에 "상자를 열" 것을 고려하라고 요청했습니다. 상자 개봉은 상자가 닫힌 상태에서의 결과에 대한 모든 점검이 끝났다고 그 팀이 판단할 때만 이루어져야 합니다.

나는 우리 모두가 상자 개봉 준비에 대한 CBC 전문가들의 의견을 존중할 것을 요청합니다. … 우리는 장님이 아니며, cWB가 포착한 후보에 대한 (우리가 기대하기에) 가장 민감한 분석의 결과를 다들 애타게 기다리고 있습니다. 그러나 우리가 일을 올바로 하고 있는지 확실히 해둘 필요가 있습니다. 이것은 우리의 과학자 경력에서 가장 중요할 성싶은 논문을 위해서 그 무엇보다도 중요합니다.

상자는 넷째 주에 열리게 된다.

● 라이고 내부에서 온라인 회의 도구로 사용되는 온라인 화상 회의 프로그램.

중력의 키스

5장

넷째 주·
상자가 열리다

지금은 2015년 10월 5일 월요일, 그 사건으로부터 21일이 지났다. 넷째 주의 시작이며, "상자가 열렸다". 이 말은 무슨 뜻일까? 지금까지 과학자들은 하루에 18시간씩 일하며 열심히 데이터를 보정하고 통계적 분석 기법을 다듬어왔다. 보정을 거친 정합적 신호에서 각 부분의 크기는 파동의 각 성분의 세기를 검출기의 특징(검출기가 '다른 주파수가 아니라 이 주파수에' 더 민감하게 반응하는 것)에 따른 왜곡 없이 충실히 반영한다. 따라서 보정을 마친 신호는 방대한 파형 견본 뱅크(다양한 질량과 배치의 쌍성계들이 감쇠 나선운동과 병합을 겪을 때 발생하는 중력파의 파형들을 계산한 결과)와 정확히 일치할 수 있다. 통계적 분석 기법을 다듬어온 목적은 그 기법이 견본 파형에는 최대한 민감하도록 만들고 라이고 검출기들처럼 민감한 장치에 늘 발생하기 마련인 다양한 잡음(글리치)에는 최대한 둔감하도록 만들기 위해서다. 물론 이 작업을 완벽하게 해낼 수는 없지만, 과학자들은 자신들이 아는 한 보정과 통계학적 개선이 편향되지 않도록 최선을 다해왔다. 분석 기법을 '신호에 맞추기', 곧 얻고 싶은 신호를 강화하는 최선의 방법을 염두에 두고 분석 기법을 조정하는 것은 금물이다. '신호에 맞추기'는 모든 통계적 분석을 망친다. 예컨대 조지프 웨버의 주장은 환상의 신호에 분석 기법을 맞춘 결과였다고 오늘날 모든 사람은 믿는다. 따라서 지금까지 중력파 공동체의 보정과 개선은 '그 사건'을 살펴보지 않고 오직 일부 잡음만 살펴보면서 이 최신형 간섭계들에 적합한 절차를 다듬는 방식으로 진행되었다. 모든 점검과 개선이 완료되었다는 합의가 이루어진 '다음에만' 모든 데이터가 담긴 상자가 열리고, 그 사건을 포함한 일주일 분량의 데이터 전체에 새로운 기법을 적용하여 시간 슬라이드를 최대한 많이 제작하게 될 것이다. 한마디 덧붙이자면, 시간 슬라이드의 이동 폭을 0.2초로 정할 것이냐, 3초로 정할 것이냐에 관한 논쟁은 소멸한 듯하다. 0.2초로도 충분하다는 입장이 대세다.

나는 '다음에만'에 따옴표를 붙였는데, 그 이유는 상자를 열기 전에 해야 할 일이 상당한 시간을 필요로 한다는 점을 강조하기 위해서다. 그 일은 그 일주일 분량의 데이터 중 일부에 최대한 많은 시간 슬라이드를 적용해보는 것이다. 『빅 독』을 읽은 독자는 기억하겠지만, 그 주입 사건 때는 그 '사건'의 통계적 유의도를 거의 발견의 수준까지 높이는 데 필요한 시간 슬라이드를 모두 제작하는 데 여러 주가 걸렸다. 이번에는 일이 더 수월하다. 첫째, 프로그램들이 개량되었고, 둘째, 계산 성능이 대폭 향상되었으며, 셋째, '빅 독' 사건 때는 3개월 분량의 데이터가 있었지만 이번에는 단 일주일 분량의 데이터만 있기 때문이다. 마지막 이유로 시간 슬라이드를 적용하는 작업을 훨씬 더 신속하게 완료할 수 있다. 하루나 이틀이면 족하다. 그렇지만 엄청나게 많은 계산이 필요한 것도 사실이다. 한 간섭계에서 출력된 모든 '글리치' 각각을 약 25만 개의 견본들과 또한 다른 간섭계에서 출력된 글리치들과 맞춰봐야 한다. 만일 한 견본과 일치할뿐더러 다른 간섭계의 글리치와도 일치하는 사례가 발견되면, 경보가 울린다. 더구나 그 일치가 실시간으로 (두 간섭계에서 동시에) 발생했다면, 환희가 차오른다. 우리가 잠재적 신호 하나를 발견한 것이니까 말이다. 그런데 만일 그런 신호들 중 하나가 두 간섭계에서 시간차를 두고 발생했다면, 상황은 비극으로 돌변한다. 왜냐하면 그런 시간차 일치의 사례는 우리의 잠재적 신호가 오로지 잡음으로 인해서도 발생할 수 있음을 보여주기 때문이다. 따라서 실시간 일치들의 통계학적 가치도—추측하건대 치명적으로—떨어진다.

이번 사건에서 분석 작업은 상자가 열리기 전에 이미 완료되었다. 단지 분석 결과가 밀봉되었을 뿐이다. 10월 5일에 과학자들이 상자를 열기 전에 해야 할 모든 작업이 완료되었다는 것에 마침내 합의한다면, 이제 남은 일은 그들이 몇몇 파일들에 대한 '봉인을 해제하고' 분석 결과를 살펴보는 것뿐이다. 만일 그들이 모든 작업이 완료되었다는 것에 합의하지 않는다면, 추가 작업이 완료될 때까지 봉인은 유지될 테고, 시간 슬라이드 분석은 새로운 조건들 아래에서 처음부터 다시 실행될 것이다.

드디어 10월 5일이 되자 세계 곳곳에 흩어져 있는 집단이 모여 원격 회의를 연다. 회의 시작은 캘리포니아 시간으로 오전 8시, 뉴욕과 플로리다 시간으로 오전 11시, 영국 시간으로 오후 4시, 독일, 프랑스, 이탈리아 시간으로 오후 5시다. 물론 회의 참석자들은 언급한 장소들보다 훨씬 더 많은 곳에 흩어져 있지만 말이다. 회의는 채 2시간이 걸리지 않을 것이며 150개가 넘는 개인 혹은 집단이 참여할 것이다. 원격 회의에 가시적으로 참여하는 노드node 각각에 몇 명의 개인이 있는지는 아무도 모른다.[1] 목소리들을 들어보면, 모든 것이 아주 차분하게 진행된다. 개선 작업에 참여한 개인 혹은 집단 각각을 차례로 호명하여 현재까지의 작업이 만족스럽다면 이제 상자를 여는 것에 동의하냐고 묻는 일에 2시간의 대부분이 소요된다. 일단 상자를 열고 나면, 추가 개선은 금지된다. 신호에 대한 지식 때문에 과학자들의 시각이 본의 아니게 편향될 염려가 있기 때문이다.

회의 종료를 약 10분 앞두고 마지막 집단이 상자 개봉에 동의한다. 봉인이 뜯기고, 그 신호가 시간 슬라이드에서의 우연한 잡음 일치에 의해 통계학적 가치가 절하되지 않은, 강하고 명확한 신호임이 공개된다. 데이터 속에 숨어 있던 실시간 신호들이 추가로 발견되었을 가능성도 있었다. 그 가능성이 실현되었더라면 커다란 환희의 물결이 일었겠지만, 아쉽게도 추가 신호는 발견되지 않았다. 이 점만 제외하면, 결과는 더 바랄 것이 없을 만큼 좋다. 그럼에도 목소리들은 여전히 차분하다—마치 아무 일도 일어나지 않은 듯하다. 이 이야기를 처음 들었을 때 나는 물리학자들이 계속 집중력을 발휘하면서 가능한 실수들을 찾아내기가 어려워질 정도로 흥분하지 않으려고 얼마나 애쓰는지에 관해서 글을 쓰기로 마음먹었다. 그러나 실은 발언의 배후에서 환호가 터져나오고 있었다. 피터 솔슨은 나중에 나에게 이렇게 전했다.

1　당시에 나는 캐나다 뉴펀들랜드주 포트 렉스턴에 있었으며 그곳 시간으로 오후 12시 30분에 회의가 시작되었다. 안타깝게도 나는 회의에 참여할 길이 없었지만 회의 결과는 즉시 전달받았으며 회의를 녹음한 음원과 문자 발언들은 이튿날에 입수했다.

10월 6일 21시 00분: 당연히 환호가 있었죠. 팀스피크(당시에 사용된 원격 회의 소프트웨어)의 특징을 알아야 해요. 그 소프트웨어에서는 거의 모든 마이크가 거의 항상 꺼져 있어요. 하지만 제가 확실히 얘기하는데 여기 SU에 있던 15명은 그 모든 일에 경탄하면서 웃고 환호하고 난리를 쳤어요. 그러고는 곧장 맥주 마시러 갔죠.

나는 나중에야 문자 발언 기록을 봤는데, 보다시피 거기에는 환호가 고스란히 담겨 있다. 아래는 문자 발언 기록의 편집된 일부다. 시간은 중부 유럽 표준시이며, 발언자는 익명으로 처리했다.

〈18:37:38〉 "(AAAA)": 모두에게 행운을!!!
〈18:39:17〉 "(BBBB)": 하노버 전체에서 유의미한 사건이 딱 하나만 보여. 내 눈이 정상인 거 맞지?
〈18:39:24〉 "(CCCC)": 맞아, BBBB.
〈18:39:28〉 "(DDDD)": 내 눈도 그래.
〈18:39:32〉 "(EEEE)": 내 눈도.
〈18:39:42〉 "(FFFF)": 샴페인!
〈18:40:01〉 "(EEEE)": FFFF, 난 더 센 게 좋아.
〈18:40:04〉 "(GGGG)": 그래, 뭐든지 다 좋아.
〈18:40:05〉 "(BBBB)": 그러니까 약한 건 빼.
〈18:40:10〉 "(HHHH)": 딱 한 잔만.
〈18:40:17〉 "(EEEE)": 이런 천하에 몹쓸 말이 있나?
〈18:41:35〉 "(AAAA)": 우린 IIII의 아파트에서 한 병 따는 중이야!
〈18:48:28〉 "(DDDD)": 대단해요!
〈18:48:32〉 "(JJJJ)": 암, 대단하지.

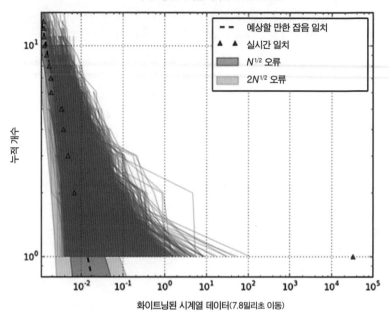

화이트닝된 시계열 데이터(7.8밀리초 이동)

- -	예상할 만한 잡음 일치
▲ ▲	실시간 일치
■	$N^{1/2}$ 오류
■	$2N^{1/2}$ 오류

화이트닝된 시계열 데이터(7.8밀리초 이동)

그림 5.1 상자가 열렸을 때 드러난 바를 보여주는 그림.

그림 5.1은 당시에 과학자들이 보고 있던 그림이다(실제 그림을 내가 약간 단순화했다). 이 그림이 보여주는 것은 그 사건을 둘러싼 일주일 동안 두 검출기에서 출력된 데이터를 가지고 제작한 시간 슬라이드 1만1974개에서 발견된 글리치와 견본의 일치 사례들('사건들')이다. 모든 회색 선들은 잡음에 의해 발생한 일치 사건들을 연결하여 그은 것이다. 그것들은 동시적이지 않기 때문에 잡음에 의해 발생한 일치들일 수밖에 없음을 우리는 안다. 삼각형들은 실시간 일치 사건들이다. 따라서 각각의 삼각형은 진짜 중력파일 수도 있고 그저 실시간 잡음 일치에 불과할 수도 있다. 규모가 작은 잡음 일

중력의 키스

치는 항상 규모가 큰 잡음 일치보다 더 흔하다. 즉, 작은 잡음 일치들은 많고, 큰 잡음 일치들은 상대적으로 적다. 실시간 일치가 중력파인지 아니면 그저 잡음 일치인지 우리는 일단 판정할 수 없지만, 처음에는 그것들이 잡음 일치라고 전제해야 한다. 수평축은 각각의 사건을 잡음의 맥락 안에 넣어서 그런 규모의 잡음 일치가 얼마나 자주 일어날 법한지를 보여준다. 회색 선들이 이룬 패턴 전체는 오른쪽으로 갈수록 하강하는 내리막을 이룬다. 왜냐하면—이미 설명했듯이—규모가 큰 사건일수록 더 드물게 발생하기 때문이다. 보다시피 10년에 1번 이상 일어날 법한 규모의 사이비 일치(한 검출기에서 출력된 신호와 다른 검출기에서 출력된 신호가 시간차를 두고 일치하는 사례들)는 꽤 흔하다. 100년에 1번 일어날 법한 사이비 일치는 겨우 한두 개뿐이다. 삼각형으로 표현된 실시간 일치들도 딱 하나만 빼면 마찬가지 패턴으로 분포한다. 즉, 거의 모든 삼각형들이 의미하는 바는 규모가 작아서 1년에 10회 이상 발생할 법한 실시간 일치(진짜 신호 또는 잡음 일치)다. 따라서 그것들은 실시간 일치라 하더라도—거듭 강조하는데—잡음 일치로 판정하는 것이 합당하다. 그러나 그림 우하귀에 위치한 단 하나의 삼각형이 의미하는 바인 GW150914(**그 사건**)는 결코 작은 규모가 아니다. 그런 규모의 실시간 일치가 우연히(단지 잡음들의 우연한 일치로) 일어날 확률은 1만 년에 1번보다 낮다. 따라서 그 실시간 일치는 우연이 아닐—중력파와 같은 외부 요인에 의해 유발되었을—확률이 엄청나게 높다. 그리고 이 엄청나게 높은 확률이 그 사건에 발견의 지위를 부여한다. 바로 이것이 지금—그 사건이 처음 포착된 지 3주가 지난 시점에서야—샴페인이 터지고 있는 이유다. 그 사건이 진짜 중력파라는 것은 애당초 두 검출기의 출력을 포갠 그림(그림 1.1)을 보았을 때부터 직관적으로 명백했을 수 있다. 그러나 물리학계 전체가 그 사건을 기꺼이 발견으로 인정할 것이라는 결론은 통계적 분석을 통해 이제야 나온 것이다.

이 모든 과정에 행운이 개입했음을 주목하라. ER8가 진행된 일주일 동안 검출기들이 비교적 안정적인 상태를 유지한 덕분에 충분히 많은 시간 슬라이드를 제작할 수 있었고, 그 덕분에 이 통계학적 근거를 확보할 수 있었다. 만약에 검출기들이 불안정해서 데이터의 질이 더 불량했다면, 안정적인 배경 잡음 데이터가 충분히 확보되지 않았을 수도 있다. 그랬다면 충분히 많은 시간 슬라이드를 제작하여 이렇게 탄탄한 통계학적 근거를 확보하는 것이 불가능했을 수도 있다. 물론 그 경우에도 GW150914는 직관적으로 보기에 여전히 진짜 중력파였겠지만 말이다.

요컨대 이 '발견'은 일종의 '층 쌓기 원리'로 이루어졌다. 처음에 우리는 이례적으로 규모가 큰 사건을 포착했다. 그다음에 우리는 그것이 일부러 주입한 신호와의 시험용 일치가 아님을 확인했다. 그다음 두 검출기들 사이의 일관성을 확인했고, 이어서 그 사건이 악의적인 장난질일 가능성은 희박함을 확인했고, 이제 그 사건이 바깥세상에 자랑스럽게 내놓아도 될 만큼의 통계적 유의도를 지녔음을 확인했다. 깨달음은 단박에 오지 않았다. 단일한 "아하" 순간은 없었다. 오히려 "아—하—하—하—**하!**"의 과정이 있었다고 하는 편이 더 옳다.

마지막 "**하!**"는 특별히 크게 발음해야 한다.

10월 6일, 13시 22분

친애하는 해리,

중력의 키스

해리 당신도 관심이 있을 것 같아서 말하는데, 어제의 상자 개봉을 계기로 많은 사람의 감성이 풍부해졌어요. 나는 즉각 레이(라이너 바이스)에게 축하 이메일을 보냈죠. 나도 어젯밤에 제자 XXXX(최근에 ZZZZ 교수직에서 은퇴한 친구죠)에게서 축하 전화를 받았고 SU 대학원생이었고 지금은 PPPP에서 박사후 연구원으로 있는 YYYY에게서 축하 이메일을 받았어요. 사람들은 정말로 지금을 인생의 전환점으로 느끼고 있어요.

피터

사회학 대 물리학

10월 13일에 나는 혼자 간직할 생각으로 짧은 글을 쓴다. 모든 물리학자는 또 다른 사건이 포착되어 그 사건이 인공물이 아니라 진짜라고 확신할 수 있기를 바란다. 그리하여 중력파 천문학이 정말로 시작되었음을 확인하고 싶은 것이다. 그러나 죄책감을 느껴야 마땅하게도 나는 추가 사건이 포착되지 않았으면 좋겠다고 적는다. 왜냐하면 사회학 연구는 관찰 대상으로 삼은 사람들이 힘겨운 상황에 처했을 때 더 쉽게 수행할 수 있기 때문이다. 중력파 검출 사건이 딱 하나뿐이라면, 그 사건의 골격을 보기가 더 쉬워질 것이다. 중력파 검출 사건이 둘이거나 셋이라면, 다들 편안해질 테고 덜 의심할 것이다. 나는 사회학자인 나 자신의 이 같은 입장이 약간 야비하다고 느낀다. 나의 또 다른 일부는 나의 친구들과 동료들을 위하여 더 많은 검출이 이루어지기를 바란다.

피터 버거는 저서 『사회학에의 초대Invitation to Sociology』(한국어판은 문예 출판사, 1995)에서 우리가 지금 거론하는 상황과 관련하여 '교대alternation' 라는 개념을 언급한다. 사회학자는 연구 대상인 사람들의 세계관과, 멀찌감치 떨어져서 혹은 '소외되어서estranged' 어떤 다른 '자명한 현실' 속에 사는 분석가의 세계관을 교대로 채택할 수 있어야 한다.

신호의 비정상적인 꼬리와 암묵적 지식

앞선 그림 4.1은 신호의 비정상적인 꼬리를 보여준다. 그것은 선명한 40헤르츠의 떨림인데, 견본을 참고하면 그런 꼬리는 존재하지 않아야 한다. 하지만 이 문제는 이제 사라져버렸다. 이 문제를 지적한 매우 신뢰할 만한 인물도 그 꼬리가 인공물이라는 것에, 즉 간섭계 내부의 어떤 떨림이며 무시해도 된다는 것에 동의했다. 나는 이 사실을 피터가 10월 13일에 보낸 이메일을 통해 알게 된다. "그건 그렇고, 제가 어제 YYYY와 다른 사안들에 대해서도 이야기했는데요, 그가 확실히 말하더라고요. 자기는 그 신호가 모종의 40헤르츠짜리 특징을 정말로 지녔다는 믿음을 이미 버렸다고 말에요." 그 인물은 매우 신뢰할 만한 과학자다. 따라서 그가 그 비정상적인 꼬리를 무시하는 데 동의했다는 것은 그 꼬리를 무시해도 된다는 것을 의미한다.

하지만 지금은 그와 유사한 비정상성 하나가 추가로 지목되었다. 이번에는 신호의 한 위치에 있는 30헤르츠짜리 떨림이 문제다. 블랙홀 병합 과정에 관한 우리의 지식에 따르면, 그 위치에는 아무것도 없어야 한다.

그림 5.2의 타원형 구역은 그 비정상성을 보여준다. 그 구역의 바로 왼쪽에는 조밀한 '감쇠 안정화' 구간이 있다. 이 구간은 1초도 안 되는 짧은 시

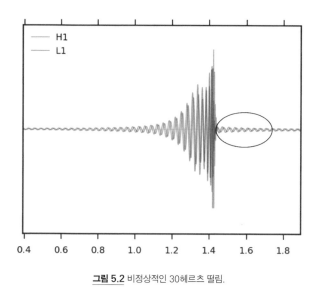

그림 5.2 비정상적인 30헤르츠 떨림.

간 동안 지속하지만 거기에 담긴 정보는 이 사건을 블랙홀 병합으로 특정하는 데 필요하다고 일부 과학자들은 생각한다. 그 구간이 'QNM(quasi-normal mode, 병합한 블랙홀의 일시적인 떨림을 특징짓는 준정규모드)'의 지문이라고 말이다. 그 구간 다음에는 더 큰 새로운 블랙홀 하나가 떨림 없이 존재해야 한다. 그러나 우리는 그림 5.2에서 계속되는 떨림을 확인할 수 있다 (부연하자면, 관측·분석 과정에서 다음과 같은 합의가 이루어진다. 즉, 신호 대 잡음 비율이 너무 낮기 때문에 감쇠 안정화를 파형에서 읽어내는 것은 가능하지 않으며, 파형에서 나타나는 감쇠 안정화의 특징에 관한 이 모든 논의는 희망적인 생각일 뿐이라는 것이다).

그런데 만약에 누군가가 이메일에서 이 문제를 언급하지 않았더라면 나는 그 30헤르츠 꼬리를 전혀 모를 뻔했다는 점을 지적해두고 싶다. 순전히 우연이지만, 그 문제를 언급한 인물은 피터 솔슨이다.

10월 12일 19시 21분

친애하는 XXXX, YYYY, ZZZZ 외 여러분,

우리가 보고 있는 파형들에 대한 물리학적 해석/어림짐작과 관련해서 질문을
하나 해도 되겠습니까? … 진폭이 크고 주파수가 높은 파동이 고밀도로 뭉쳐
있는 것이 보이네요. … 진폭이 가장 클 때 주파수도 가장 높습니다. 그다음에
는 파동이 아주 신속하게 잦아들어요. 나는 이것이 준정규모드 진동이라고 보
는데, 내 생각이 맞죠?

여기까지는 내가 옳죠?

자, 이제 나로서는 막막하기만 한 질문을 던지겠습니다. 시계열 그래프에서 마
지막 0.5초 구간에서 나타나는 약간 감쇠하는 작은 진폭, 저주파수의 진동은
무엇입니까?

여러분이 도움을 기대하며 미리 감사의 말씀을 드립니다.

이 이메일에 대한 답장으로 피터는 그 비정상성의 원인을 설명하는 이메
일을 여러 건 받는다. 예컨대 이런 답변이 돌아온다.

10월 12일: 그 파형은 주파수 영역 ROM•을 역푸리에 변환해서 그린 것 아닌
가요? 그렇다면 피터가 지적하는, 감쇠 안정화 이후의 진동은 아마도 푸리에

영역에서의 윈도잉windowing이 완벽하지 않아서 생겨났다고 설명할 수 있을 것입니다.

아래는 한 설명에 대한 피터의 재답장이다.

10월 12일 22시 14분

친애하는 AAAA,

설명을 제시해줘서 고맙습니다. 그러니까, 나를 가장 막막하게 만드는 그 특징이 진짜가 아니라는 것이 당신이 제시한 설명의 요점이라고 이해하는데, 제가 옳게 이해했나요?

그렇다면, 더 신뢰할 만한 시간 영역 파형을 얻을 좋은 방법이 있을까요? 혹시 사람들이 h(t) 시계열 데이터의 그 부분을 주목하지 않는 것은, 그 부분이 명백히 가짜이기 때문입니까?

내친김에 하나 더 묻겠습니다. 푸리에 변환을 시간 영역으로 되돌릴 때 생기는 문제들 때문에 발생하는 특징이 그 비정상적인 꼬리 말고 또 있습니까?

피터와 내가 이 문제에 깊이 빠져들었기 때문에, 그는 나에게 더 상세한 설명을 제공한다.

•   Reduced Order Model. 수치 시뮬레이션에서 수학적인 계산의 복잡도를 줄이기 위한 기법.

10월 13일 1시 43분

친애하는 해리,
전 순진하게 던진 질문인데, 그것 때문에 상당히 많은 설명들이 나왔어요.

해리 당신도 이해했겠지만, 확실히 해둡시다. 그 파형 뒤 떨림에 관한 짧은 답변은, (데이터와 견본 사이의 상관성을 주파수 영역에서 계산할 때 필요한) 그 파형의 푸리에 변환을 (탐색의 주파수 하한선인) 30헤르츠에서 갑작스럽게 잘라냈기 때문에 그 떨림이 생겨났다는 거예요. 그런 푸리에 변환을 역 FFT(fast Fourier transform, 고속 푸리에 변환. ─옮긴이)해서 다시 시간 영역으로 돌아오면, 시간 영역 파형은 사인파처럼 보이는 가짜 특징을 그 하한선 주파수에서 가지게 돼요. 우리가 본 것은 바로 그런 가짜 특징이라는 것이 그 설명의 요점이죠. 그 파형 뒤 떨림이 대략 30헤르츠였잖아요.

어쩌면 cWB에서 파형을 재구성할 때 이와 비슷한 논의가 있었으려나요?

잘 지내길.

피터

이번만큼은 피터가 내 입에 넣어준 것을 내가 다 소화할 수 없다. 이 분야에 대한 나의 이해는 항상 기술보다 원리에 중점을 두어왔다. 하지만 지금 무슨 일이 벌어지고 있는지는 나도 어느 정도 감지한다. 신호와 견본을 대조하려면 우선 신호를 '푸리에 변환Fourier transform'해야 하는 모양이다. 푸리에 변환이란 복잡한 파형을 더 단순한 (수학적으로 분석하기가 훨씬 더 쉬운) 파형들의 집합으로 분해하는 수학적 기술이다. 그리하여 실제로 신호와 견본의 상관성을 탐색할 때는, 그 단순한 파형들의 집합을 서술하는 숫자들을 사용하게 된다. 그러다가 무언가 흥미로운 것이 발견되면, 그것을 다시 통상적인 '시간 영역time domain'으로(신호가 시간상에서 이어지는 패턴대로) 역변환할 수 있다. 그런데 이 작업을—지금 이 공동체에서처럼—축약된 방식으로 수행하면, 가짜 성분이 발생할 수 있다. 우리가 거론한 30헤르츠 꼬리는 그런 가짜 성분이다.

결국 가짜 성분에 불과한 30헤르츠 꼬리에 대해서 이렇게 길게 이야기하는 이유가 있다. 이 이야기에서 우리는 이 중력파 공동체의 흥미로운 특징을 엿볼 수 있다. 피터는 분석 전문가들의 집단으로부터 충분히 거리를 두고 있기 때문에 현재까지 이루어진 작업을 완벽하게 이해하지는 못한다. 그런 피터가 30헤르츠 꼬리의 문제를 주목했다. 분석 전문가들은 나와 마찬가지로 그 문제를 알아채지도 못했다. 그러나 그 이유는 전혀 다르다. 나는 예리한 눈썰미를 갖출 만큼의 지식이 없기 때문에 알아채지 못했다. 반면에 그 전문가들은 눈썰미가 너무 예리해서 알아채지 못했다. 바꿔 말해 그들은 현재 상황을 너무나 잘 알기 때문에 그 문제에 관심을 두지 않았다. 그 30헤르츠 꼬리는 전문가라면 누구나 암묵적으로 아는 푸리에 변환의 전형적인 가짜 산물이다. 요컨대 이 사례에서 우리는 전문성의 수준이 제각각인 세 부류의 사람들이 동일한 대상을 다르게 보는(혹은 보지 않는) 상황을 접하게 된다. 나는 전문성이 없어서 아무것도 보지 못한다. 전문가들은 말하자면 '친숙하면 무시하기 마련'이어서 아무것도 보지 못한다. 그리고 피터는 이 양극단 사이에 (물론 나보다는 전문가들 쪽에 훨씬 더 가까이) 있기 때문에 문제를 본다.

피터는 중력파 공동체가 바깥세상에 무엇을 보여줄 것인지에 대해서 걱정이 많다. 바깥세상 사람들은 전문가들만큼 정교한 지식을 갖추지 못했을 것이다. 만일 그 사람들이 천체물리학에 대해서 조금 안다면, 중력파 공동체가 무슨 대단한 것을 발견했다고 주장하는지 궁금해하며 관심을 기울일 것이다. 피터는 분석 전문가들에게 바깥세상에 더 '물리적인physical' 파형을 보여줄 수 있도록 저주파수를 잘라낸 분석을 다시 할 것을 요청한다.

10월 13일 1시 32분

친애하는 XXXX, YYYY, ZZZZ 외 여러분,
나를 가르치는 것과 별도로(도움이 필요했던 것은 분명하지만 나도 반쯤은 알고 있었습니다) 우리는 우리의 발견 주장에 대해서 이러쿵저러쿵 떠들 다양한 사람에게 이 문제를 설명하는 최선의 방법을 고민해야 합니다. (예컨대) 모수 추정에 관한 논문에 가장 적합한 한 언어/표현이 있다면, 우리의 과학자 동료들을 위한 FAQ(자주 묻는 질문.—옮긴이) 해설문에는 또 다른 언어가 최적일 터이며, 어쩌면 일반 대중/언론인을 위해서는 셋째 언어가 최적일 것입니다. 당연한 말이지만, 우리 주파수 영역 견본(그리고/또는 화이트닝된 시계열 데이터)의 역 FFT는 모수 추정 논문을 읽는 전문가 독자들에게는 소중할 수도 있습니다.

그러나 우리가 실제로 발견한 것을 일반 대중에게 설명하려면 아마도 가장 정확한 시간 영역 파형이 필요할 것 같습니다. 설령 그 파형이 우리가 탐색에 사용한 파형과 정확히 일치하지는 않더라도 말이죠. 그래서 나는 시계열을 30헤르츠보다 훨씬 더 앞쪽까지 확장할 것을 제안합니다. 그것이 우리가 실제로 일어났다고 생각하는 일이니까요. 그러면서 우리의 잡음 분석에서 나온 결론에 따라서 우리가 마지막 몇 주기만 탐색에 사용한다는 설명을 덧붙입시다. 그리고 간곡히 부탁하는데, 물리적이지 않은 것은 또한 눈에 띄지 않게 되도록 확실히 조치해주십시오.

중력의 키스

이 사례의 중대한 교훈은 이것이다. 과학자 공동체의 해석에 의지하지 않고 과학적 데이터를 이해하는 것은 절대로 불가능하다.

6장

다섯째 주에서 10월 말까지;
단순명쾌함, 블랙홀

10월 16일 00시 37분

친애하는 모든 동료 여러분,
첨부된 문서에 담긴 좋은 뉴스를 보시기 바랍니다. LIGOL1500147-v1에도
있습니다. 뉴스의 결론을 복사해서 아래에 붙입니다.

**제시된 문서들에 기초하여 우리는 검출 사례 GW150914가 검출 절차의 제
2단계를 진행하기에 충분할 만큼 강력하다고 판단합니다.**

'검출 절차Detection Procedure'(정식 명칭은 The Process for Making a First
Detection)는 상당히 긴 문서이며 이 책에 부록1로 실려 있다. 우리는 이 발

견의 이야기를 풀어가면서 때때로 그 문서를 언급할 것이다. 흥미롭게도 그 문서는 사회적 절차를 서술한다. 발견된 내용은 한 집단(또는 위원회)에서 다른 집단으로 옮겨가고, 각각의 집단이 나름의 판단을 내려서 전달한다. 나중에 보겠지만, 검출 절차는 네 단계로 이루어진다. 마지막 단계는 협력단의 연합 모임이며, 그 모임의 임무는 발견에 관한 논문의 최종안이 선정된 저널에 기고하기에 충분할 만큼 좋은지 판정하는 것이다.

검출 절차는 발견 과정에서 길잡이로 구실할 것이기 때문에 중요하다. 검출 절차의 제도화는 지름길이 존재할 수 없음을 의미한다. 제도화된 검출 절차 덕분에 공동체의 지휘부는 발견 과정이 한참 진행된 뒤에도 공동체가 그 절차의 모든 단계들을 거친 것은 아니므로 아직 발견이 이루어진 것은 아니라고 선언할 수 있다. 이 사실이 중요하다는 점은 나중에 드러난다.

> 검출 절차가 진행됨에 따라 검출 사례 GW150914가 확증되기를 기대하지만, 이 후보에 관한 협력단의 최종 판정을 고려할 수 있게 되기 전에 이 후보를 검토하는 과정에서 상당량의 작업이 필요함을 모든 동료들에게 상기시킵니다.

위 인용문에서 발견은 검출 절차의 완료로 정의되어 있다. 요컨대 검출 절차는 사회적 과정일 뿐 아니라 또한 발견이 이미 이루어졌다고 생각하는 이들을 억누르는 데 유용한, 발견에 대한 관료주의적 정의를 제공한다.

10월 초에 예상된 아래 일정표는 검출 절차보다 훨씬 더 짧은 문서다.

이것은 가능한 로드맵일 뿐이며 검출 절차가 진행되고 우리가 분석팀들로부터 더 많은 정보를 얻음에 따라 조정될 것이다. 날짜들은 미확정이며, 각각의 단계가 필요한 만큼 오래 지속되어야 한다. 우리는 그 사건이 논문과 언론 발표를 보장할 만큼 중대하리라는 것, 우리가 (전부가 아니라) 일부 (O1) 데이터만 논문에 사용하리라는 것, 다른 중대한 사건들은 없으리라는 것을 암묵적으로 전제한다. 이 전제들 중 어느 것이라도 타당하지 않게 되면, 우리는 이 계획을 재검토해야 한다.

사건은 9월 14일에 있었으며, 그날을 기점으로 주週의 번호를 '제N주'의 형태로 매기고, 1주를 시간 단위로 삼는다.

*제3주(10월 5-11일): 검출 사례(그리고 제1단계의 기타 결과물들)가 대변인들에게 전달된다. 보정된 ER8 데이터와 X주 분량의 O1 데이터가 포함된(나는 X=4라고 가정한다. 따라서 9월 12일부터 10월 16일까지의 O1 데이터가 포함된) 논문이 제안된다. 대변인들은 발견 계획을 확정하고 언론 발표와 FAQ를 위해 EPO와 상의한다. 검출위원회는 체크리스트를 검토한다.

*제4주(10월 12-18일): 대변인들은 (적절한 사람들과 상의하여) 제2단계로 나아가기로 합의하고 논문 조율팀을 선임하며 다음 주에 LVC 전체 원격 회의를 연다고 발표한다. DA 지휘부와 검토위원회는 결과를 얻고 검토하는 데 필요한 기간을 추정한다(그 기간을 4주로, 그러니까 제8주까지로 가정하자). 검출위원회는 질문들을 제기하고 체크리스트를 검토한다.

*제5주(10월 19-25일): 최신 정보가 확보된 상태에서 LVC-원격 회의가 열린다. 검출위원회는 질문을 제기하고, 논문 조율팀은 논문의 뼈대와 보고서를 준비하기 시작한다.

*제6-8주(10월 26일-11월 15일): DA팀들, 검토위원회들, EPO는 임무를 완료하고, 논문 조율팀은 2건의 초안(제6주 초의 논문 뼈대와 제7주 말의 논문 뼈대)을 배포하며, 검출위원회는 질문들을 던지고 정보와 논문을 검토한다.

*제9주(11월 16-22일): LSC/비르고 지휘부가 소집한 모임에서 제2단계의 결과물들이 취합된다. 제3단계로 나아가자는 결정이 내려진다면, 검출위원회는 검출 사례를 검토해야 한다. 새로운 논문 초안이 배포된다. 논문 기고와 신속한

심사를 위해 PRL(물리학 저널, 『피지컬 리뷰 레터스Physical Review Letters』—옮긴이)과 접촉한다.

*제10-11주(11월 23일-12월 6일, 추수감사절 포함): 검출위원회는 전체 상황과 논문을 검토한다. DA팀들은 곧이어 출판될 가능성이 있는 협력단의 기타 관련 논문들을 작성하기 시작한다. 검토위원회들은 그 논문들을 검토한다. DA팀들과 검토자들은 검출위원회의 질문에 답한다.

*제12주(12월 7-13일): 검출위원회가 평가서를 발표하고 (긍정적인 평가라고 가정하자) 최종 논문 원고가 배포된다. LVC 전체 모임을 열어 논문 제출에 대해 토론하고 표결한다.

*제13-14주(12월 14-27일): 논문이 제출되고, 심사 보고서들을 검토한다. 언론 발표를 준비한다.

*제15주(12월 28일-1월 3일): 기자회견을 위한 자료를 준비한다.

*제16주(1월 4-10일): 기자회견을 연다.

앞으로 보게 될 것처럼, 이 로드맵은 한 달 늦어지게 된다.

이것은 중력파를, 심지어 블랙홀을 '직접' 관측한 사례일까?

바야흐로 내가 예상하지 못한 일이 벌어진다. 라이고나 그 비슷한 장치들의 감도를 계속 높이면 확실히 중력파가 검출되리라는 전망은 수십 년 전부터 제기되어왔다. 우리는 한편으로 검출기들의 성능을 향상시켜왔고, 다른 한편으로 천체에 대한 지식을 늘려왔다. 2005년에 이론적인 문제 하나가 풀렸다. 그것을 풀기 위한 노력을 '원대한 도전The Grand Challenge'이라고 부를 정도로 난해한 문제였다. 그 문제는 블랙홀 쌍성계의 감쇠 나선운동을 모형화하는 것이었다. 오랫동안 온갖 방법으로 공략했지만 그 문제는 난공불락이었다. 정확한 해들은 타당하지 않았고, 컴퓨터로 작동시키는 수치 모형numerical model은 '무한'에 부딪혀 붕괴했다. 2005년에 캐나다 출신의 한 과학자가 타당한 수치 모형 코드를 작성하는 방법을 제시했다.[1] 가용한 계산 자원을 감안할 때, 그 코드로 해를 계산하려면 여러 달이 걸릴 수도 있었지만 아무튼 간섭계 신호와 대조할 블랙홀 감쇠 나선운동 모형의 뱅크를 구축하는 것이 원리적으로 가능해졌다. 이 성과는 중력파 탐색을 더 수월하게 만들었고, 거기에 힘입어 2004년에 라이고의 검출 범위는 (그 유명한 천체물리학자의 주장을 그대로 옮기면[58쪽 참조]) 우주의 끄트머리까지 확장되었으며 신호에서 더 많은 정보를 추출하는 것도 가능해졌다.[2] 앞서 설명한 대로, 나는 '그 사건'이 그 유명 천체물리학자가 언급하지 않은 다음과 같은 문제를 해결했다고 느꼈다. 블랙홀 쌍성계가 충분히 많은 에너지를 소진하여 감쇠 나선운동 단계에 이를 수 있을 정도로 우주의 나이가 충분히 많을까? 갑자기(적어도 나는 '갑자기'라고 믿었다) 나와 나의 아내, 그리고 다른 1000여 명의 사람들은 우주의 나이가 충분히 많음을 알게 되었다. 또한 라이고가 우주의 끄트머리까지 볼 수 있다는 그 유명 천문학자의 주장이 옳다는 것도 알게 되었다. 물론 그 발언 당시에 그는 자신의 주장이 옳음을 확실히 알았을 리 없지만 말이다. '그 사건'으로부터 대략 2달 뒤에

1　　Frans Pretorius, "Evolution of Binary Black Hole Spacetimes" (블랙홀 쌍성계 시공의 진화), *Physical Review Letters* 95(2005): 121101.

2　　중력파 검출용 간섭계가 가장 먼저 검출할 천체가 블랙홀이라는 예측은 아무리 늦춰 잡아도 2000년에 이미 나왔다.

중력파 공동체에 속한 한 천체물리학자는 이메일에 이렇게 언급한다.

11월 4일 15시 59분: 그 파원은 자연에서 블랙홀 쌍성계가 형성될 수 있다는 것뿐 아니라, 일부 블랙홀 쌍성계는 자신의 물리적 속성 때문에 허블 시간(허블 상수가 빅뱅 이후 불변했다고 가정할 때 우주가 현재 크기로 팽창하는 데 필요한 시간.—옮긴이) 내에 병합할 수 있다는 것도 보여줍니다.

그런데 나의 예상 외로 중력파 공동체는(적어도 그 공동체의 일부 구성원들은) '그 사건'의 파원이 블랙홀 쌍성계인지 여부가 전혀 확실하지 않다고 판단한다.

내가 보기에는 황당한 판단인 것 같다. 병합하는 블랙홀 쌍성계는 중력파 검출의 파원이 될 가망이 가장 높은 후보로 꼽혀왔다. 왜냐하면 블랙홀 쌍성계의 감쇠 나선운동은 중성자별 같은 더 가벼운 천체들의 감쇠 나선운동보다 더 강력하기 때문이다. 블랙홀 쌍성계의 감쇠 나선운동에서 방출된 중력파가 검출되리라는 전망에 따라 유명 과학자들이 전열을 갖췄다. 지상 검출기를 낮은 주파수에서 민감하게 만드는 난해한 기술적 문제를 해결하기 위해 엄청난 노력이 투입되었다. 매우 강력하지만 상대적으로 굼뜬 그 감쇠 나선운동의 흔적이 잡음 위로 도드라지려면 검출기가 낮은 주파수에서 민감해야 하기 때문이다. 그리고 이 모든 노력이 결실로 이어졌다. 우리는 원대한 도전에 성공한 덕분에 견본들을 갖췄고, 검출기의 감도를 향상시켰다. 그리고 자랑스럽게도, 잡음 위로 까마득히 솟아 있으며 한 견본과 일치하는 신호를 검출하는 쾌거를 이뤄냈다. 그 신호는 우리가 정식 관측을 시작하기도 전에 우리 품에 안겼다. 그런데도 일부 물리학자들은 여전히 이것이 블랙홀 쌍성계에서 나온 신호인지 여부가 불확실하다고 한다!

10월 16일경에 시작되는 논쟁의 출발점은 그 신호의 파원이 블랙홀이라는 주장을 최초 '발견' 논문에 담을 것인가 아니면 별도의 논문에서 그 주장을 펼 것인가 하는 질문이다. 그 파원이 블랙홀이라는 것을 증명하려면 다량의 정교한 계산이 필요할 텐데,『피지컬 리뷰 레터스』같은 저널에 실리는 논문은 대개 길어야 4쪽이므로, '발견' 논문에 그 계산을 담을 길이 없을 것이라고 일부 과학자들은 주장한다. 아무튼 블랙홀 주장은 별도의 논문에서 다룰 가치가 있다는 평가도 덧붙인다.[3] 이 주장은 나중에 변신하여, 확보된 증거가 정말로 그 파원이 블랙홀임을 증명하는지 여부에 관한 문제 제기 쪽으로 기운다. 블랙홀 모형화에 깊이 관여한 한 과학자는 그 증명이 실제로 성립한다고 주장한다.

10월 16일 20시 20분: 우리가 보고 있는 것이 블랙홀 쌍성계의 단일 블랙홀로의 병합이라는 사실을 수치상대론numerical relativity이 증명한다고 생각합니다. 우리는 감쇠 나선운동의 마지막 단계, 병합, 그리고 감쇠 안정화를 보고 있

3　실험물리학자와 별개로 자신들의 고유한 주장을 내놓으려는 이론물리학자들의 욕망이 이 주장에 얼마나 반영되어 있는지 확신하지는 못하겠다. 다만, LVC에 속하지 않은 천체물리학자들이 이번 발견 논문을 입수하고 해석하기 전에 천체물리학 논문을 출판하기를 원했던 일부 LVC 과학자들의 욕망을 놓고 많은 토론이 벌어졌다는 것만큼은 틀림없는 사실이다. 이 문제는 나중에 다시 거론될 것이다.

는 것입니다. 순전히 수치상대론에 기초하여 계산한 파형을 그 신호와 포개놓고 보면, 블랙홀 쌍성계의 고유한 '지문'이 드러납니다.

내가 아는 한, 이 특수한 파형을 가질 만한 다른 일반상대성이론의 해는 없습니다.

그러나 이튿날 날아오는 다른 과학자의 이메일은 위 견해에 의문을 제기한다.

10월 17일 6시 56분: 이것이 거의 확실히 블랙홀 쌍성계 병합이라고 말할 수는 있겠지만 ⋯ 그런 블랙홀이 존재한다는 증거가 존재하지 않는다는 증거보다 확실히 더 강력한지 저는 확신하지 못하겠습니다. 확실히 감쇠 안정화가 있기는 하지만, 이를테면 보손 별boson star도 그런 감쇠 안정화 파형을 산출할 가능성을 배제할 수 없습니다. 적어도 2개의 QNM의 비율ratio을 밝혀낼 때까지는 우리가 '증명'을 주장하지 말아야 한다고 나는 생각합니다. ⋯

요컨대 제가 느끼기에 관건은 "이것은 블랙홀 쌍성계와 일치한다"와 "이것이 블랙홀 쌍성계의 존재를 증명한다"를 구별하는 것입니다.

기억하겠지만, QNM은 '준정규모드quasi-normal mode'의 약자이며, 두 천체가 충돌한 직후에 벌어지는 일을 가리킨다. 충돌의 결과로 생겨난 천체가 거대한 구형 젤리 덩어리라고 상상해보라. 그 젤리 덩어리는 이리저리 떨리다가 영원한 안정 상태에 정착한다. 그런데 그 떨림의 특정한 특징은 블랙홀 젤리에서만 나타난다. 따라서 오직 그 떨림—QNM—만이, 감쇠 나선 운동의 결과로 생겨난 천체가 새로운 블랙홀임을 증명할 수 있다고 위 이메일은 주장하고 있는 것이다.

여기에서 문제의 핵심이 드러나는데, 나는 피터와 다른 주제를 놓고 대화하면서 이 문제를 이미 논한 바 있다. 이 책(103쪽)에서 나는 이 사건이 얼마나 흥분되는 일인지 이야기하면서, 흥분의 이유 중 하나로 "그것이 사상 최초로 블랙홀을 '직접' 관측한 업적이 될 것"이라는 점을 꼽았다. 그러나 성급한 판단이었다. '직접 관측'이 무엇을 의미하는가는 격한 논쟁거리이기 때문이다. '직접 관측'의 의미에 관한 논쟁과 그 역사는 『빅 독』 197~199쪽에 정리되어 있는데, 나에게 놀라운 점은 과학자들이 최초의 '직접' 검출을 주장하기를 극구 꺼린다는 점이다. 나는 이틀 전에 피터와 이 문제를 논하면서, 만일 모든 것이 잘 풀린다면 피터 자신은 '그 사건'을 블랙홀 직접 검출로 간주하겠느냐고 물었다. 피터는 이렇게 답변했다.

10월 5일 20시 49분

친애하는 해리,
네, 저는 d자로 시작되는 그 단어('직접direct'.— 옮긴이)를 기꺼이 사용할 것 같아요 ;-) 우리 모수 추정팀은 그 파형의 마지막 구역이 병합한 블랙홀의 감쇠 안정화와 일치한다는 것을 보여줄 수 있을 거라고 믿기 때문입니다. 제 기준으로 보면, 우리가 블랙홀을 '직접' 관찰했음을 증명하기 위한 조건은 그 블랙홀의 사건 지평event horizon의 떨림을 관찰했음을 보여주는 것이거든요. 그러니까 내가 소식을 제대로 들었고 그 소식이 여전히 참이라면, 우리가 정말 엄청난 업적을 이뤄낸 것으로 밝혀질 거예요.
감쇠 안정화의 일치를 제쳐두더라도, 우리가 관측한 것이 블랙홀 쌍성계라는 점은 이미 사실상 확실한 듯해요. 이 약한 주장의 근거는 추정된 질량, 그리고 계산된 파형과 그 신호의 일치뿐이에요. 만일 이 약한 주장만 입증된다면, (엄청난)^2(^2는 '제곱'을 뜻함) 업적은 아니고 그냥 엄청난 업적만 될 테죠;-)

보다시피 피터는 '직접'이라는 표현은 오직 우리가 병합된 천체의 사건 지평의 떨림을 볼 때만 적용될 것이라고 한다. 즉, 우리가 블랙홀을 보았다고 말하기에 충분할 만큼 신호의 파형이 계산 결과와 일치하더라도, 그 일치만으로는 '직접 관찰'이라는 표현을 쓸 수 없다는 것이다. 그러나 그 사건 지평이 모형에 맞게 떨린다는 것만 관찰하면, 우리가 블랙홀을 정말로 보았다고 말할 수 있다는 것이 피터의 입장이다.

한 최고위급 분석가가 쓴 아래 이메일을 읽으니 내가 조금 더 영리해지는 듯하다. 전문적인 사항들을 깔끔하게 정리하는 내용이기 때문에 그 이메일의 대부분을 인용하겠다.

> **10월 17일 20시 47분:** 저의 질문은 블랙홀 쌍성계가 방출한 중력파를 검출한 것이 블랙홀의 존재를 증명하지 않는다는 당신의 의견에 관한 것이었습니다. 당신은 QNM을(병합된 천체의 진동 모형들을) 통해 병합의 잔재(즉, 최종 단일 블랙홀)를 관찰해야만 블랙홀의 존재가 증명될 것이라고 말하는 듯한데, 그 이유를 이해하지 못하겠습니다. 이 문제를 제기하는 것은 다른 사람들도 이 견해를 공유하고 있는 듯하기 때문입니다.
>
> (많은 사람들이 이미 PE(모수 추정parameter estimation, 곧 천체들의 질량, 거리 등을 알아내기) 작업에서 하고 있는 대로) 우리가 검출한 신호가 수치상대론 시뮬레이션(흔히 'NR 시뮬레이션'으로 줄여 쓰며, 감쇠 나선운동 및 병합의 컴퓨터 모형을 의미한다. 최초의 NR 시뮬레이션을 컴퓨터로 작동시키는 데 여러 달이 걸렸다)이 예측하는 블랙홀 쌍성계의 중력파와 일치함을 보여줌으로써 우리는 블랙홀의 존재를 우리 장비의 정확도 한계 내에서 증명하게 될 것입니다. 이 결론의 근거는 그 신호가 '유일무이하게' 2개의 블랙홀이 방출하는 중력파 파형이라는 사실에 있습니다. 또한 이 유일무이함은 감쇠 나선운동, 충돌, 병합, 감쇠 안정화에서, 바꿔 말해 병합 과정 전체에서 확인됩니다. …

중력의 키스

> 그 두 천체가 블랙홀이 아니라면, 감쇠 나선운동, 병합, 충돌, 감쇠 안정화에서 위상, 주파수, 진폭의 진화가 다르게 전개될 것입니다. 블랙홀의 존재를 증명하기 위해 계속해서 오직(혹은 주로) 병합 잔재의 QNM에 초점을 맞추는 것은 제가 보기에 이 문제를 바라보는 구식 관점입니다. 또한 우리가 2005년에 블랙홀 쌍성계 문제를 풀었으며 감쇠 나선운동, 충돌, 병합, 감쇠 안정화의 과정 내내 중력파 신호가 어떻게 진화할지 이해하기 위한 연구에 지난 10년을 투자했다는 사실을 무시하는 관점입니다. 물론 당신은 QNM 단계만을 주제로 삼아 별도의 연구를 할 수 있을 것입니다. 그러나 제가 보기에, 우리가 블랙홀을 발견했다는 증명은 블랙홀 쌍성계가 방출하는 중력파와 일치하는 신호를 발견했다는 것에서 이미 이루어질 수 있습니다.

현재의 모든 이론에 따르면, 고밀도이며 질량이 우리 태양의 3배보다 큰 임의의 천체는 결국 특이점으로, 곧 블랙홀로 붕괴할 수밖에 없다. '그 사건'의 모수를 추정한 결과는 우리가 다루는 천체들의 총 질량이 태양의 50배 정도라고 알려준다. 따라서 우리가 다루고 있는 대상이 틀림없이 블랙홀이라고 생각할 수도 있을 것이다. 그러나 만일 이론들이 틀렸다면, 그렇게 생각할 수 없다. 만일 질량이 태양의 3배, 심지어 30배보다 더 커도 붕괴하지 않는 보손 별이 존재할 수 있다면, 그렇게 생각할 수 없다. 보손 별이 존재한다는 증거는 전혀 없지만, 그 존재의 가능성을 배제할 수는 없다. 따지고 보면 블랙홀도 그 존재에 대한 증거가 전혀 없던 시절에 하나의 개념으로서 고안되었고, 중력파 실험도 중력파가 존재한다는 증거가 나오기 전에 시작되지 않았는가.

가설적인 보손 별은 광자, 중력자 등으로 이루어졌는데, 이 입자들은 아원자입자의 성분들만큼이나 그 실재성을 확인할 수 없다. 중성자별은 지름이 겨우 10킬로미터여도 질량은 우리 태양의 2~3배에 달한다. 중성자별 표면에서 물질 덩어리가 1센티미터 위로 상승하는 데 필요한 노력은 여기 지구에서 에베레스트산에 오르는 데 필요한 노력과 맞먹는다. 그러나 보손 별과 비교하면 중성자별은 민들레 씨앗 정도에 불과하다. 내가 이해하는 한에서 말하면, 문제는 천체물리학자들이 새로운 개념들을 끝없이 고안할 수 있다는 점에 있다(이미 다중 우주, 웜홀, 인류 원리anthropic principle가 고안되지 않았는가). 이를 감안하면, 우리는 그 어떤 것도 증명할 수 없다. 어쩌면 QNM도 아직 고안되지 않은 다른 무언가와 일치할 수도 있을 것이다.[4]

그리하여 나와 피터는 "머리카락을 쥐어뜯으며"라는 제목의 이메일들을 주고받기 시작한다. 쥐어뜯기는 것은 나의 머리카락이다. 나는 지금 완전히 참여자의 마음가짐인 데다가 과학을 논리학과 유사한 무언가로 오해하는 것에 기초를 둔 논증이 '나의' 블랙홀을 내 손아귀에서 앗아가는 것을 납득하기 어렵기 때문이다. 이 토론의 와중에 피터가 블랙홀의 존재에 대해서 과학이 아는 바를 이렇게 설명한다.

> **10월 18일 13시 07분:** ··· 블랙홀 발견에도 등급이 있어요. 우리는 벌써 여러 번 발견을 이뤄냈습니다. 엑스선 쌍성계(백조자리 X-1)에서는 질량이 대략 태양의 10배이며 빛을 내지 않는 천체가 발견되었어요. 그 천체는 블랙홀이겠죠.

---

4   블랙홀 쌍성계와 보손 별을 구별할 수 없다는 주장은 나중에 철회되었다.

10월 27일 6시 37분: 앞서 저는 당신이 2개 이상의 QNM을 연구해야 할 것이라고 말했지만, 그때 저는 당신이 주파수 성분과 품질quality 인자를 모두 보유했음을 잊고 있었습니다. 그러므로 블랙홀이 아닌 어떤 시스템이 이 파형을 산출한다면, 정말로 특이한 일일 것입니다.

그러나 이것은 기술적인 이유에서 비롯된 입장 변화이므로, 강한 주장이 일으킨 철학적 질문은 여전히 남아 있다.

중력의 키스

은하(대표적인 예로 M87)의 중심에서는 질량이 태양의 100만 배에서 10억 배에 달하고 부피는 아주 작으며 빛을 내지 않는 천체들이 발견되었어요. 초대질량 블랙홀supermassive black hole이에요. 현재까지 나온 최고의 성과는 두 가지 유형의 엑스선 쌍성계에 관한 라메시 나라얀의 추론입니다. 한 유형에서는 물질이 중성자별로 떨어질 때 발생하는 엑스선이 포착되는데, 다른 유형에서는 물질이 어떤 천체로 떨어지는 것은 확실한데 엑스선이 포착되지 않아요. 그래서 후자에서는 물질이 블랙홀 내부로 떨어지고 있다는 추론이 제기되었죠(저는 이것이 엄청나게 '단순하지만' 아름다운 추론이라고 봐요).

요컨대 중력파 공동체가 블랙홀을 최초로 직접 검출했다고 발표하기 전에 주춤하는 이유 중 하나는 이런 다른 '증명들'의 존재다. 그렇게 말하려면 무언가 특별한 것이 필요하다고 이 공동체는 느낀다. 기존 증거도 상당히 강력한데 공연히 거기에 맞서서 너무 큰 공로를 자처하는 듯한 인상을 풍기고 싶지 않기 때문이다.

더 나아가 피터는 다른 과학자가 증명으로 인정할 만한 성취를 이뤄내는 것이 기술적으로 얼마나 어려운지 설명한다.

사람들(예컨대 ZZZZ)은 유사한 기본 모드를 지닌 천체들을 발명할 수 있기는 하지만 여러 모드들 (사이 관계)의 스펙트럼에 차별점이 있다고 지적하고 있어요. … 그것이 '증명'과 관련한 까다로운 문제랍니다. 엄밀성의 기준을 어떻게 정하느냐에 따라서, 결론을 못 박으려면 더 많은 증명이 필요하다는 주장을 항상 제기할 수 있어요. … [ZZZZ의] 기준에 도달하기는 정말로 어려울 거예요. 그 스펙트럼에서 상위 모드들은 약하게만 활성화되기 때문입니다. 그 모드들을 포착하려면 경이로운 신호 대 잡음 비율이 필요할 거예요.
… 어쩌면 우리는 'p로 시작하는 그 단어'[증명proof]가 아닌 다른 단어를 써서

관점을 바꿔서 사회학적·철학적 고찰을 시도해보자. 한 이메일에서 피터가 지적한 대로, 핵심어는 (i) '검출' 혹은 '유력한 증거', ― 이를 둘러싼 논쟁은 아직 시작되지 않았지만 곧 시작될 것이며 빅 독 사건에서 끝없이 진행된 바 있다 ― (ii) '직접direct', (iii) '증명'이다.

> "엄밀성의 기준을 어떻게 정하느냐에 따라서,
> 결론을 못 박으려면 더 많은 증명이 필요하다는
> 주장을 항상 제기할 수 있어요"

지금 우리는 물리학의 일상적 관습에 따른 사회적 선택이 철학적 문제로 표출되는 모습을 보고 있다. 이는 과학사회학의 초창기부터 중요한 주제였다. 엄밀성의 기준은 사회적 합의로 정해진다. 바꿔 말해 무언가가 적절한 기준에 부합하는지 여부는 사회적 합의로 판정되고, 즉 무언가가 '발견'인지 여부도 사회적 합의를 통해 판정된다. 이 측면에서 다양한 과학 분야의 문화는 제각각 판이하다. 한 분야, 예컨대 물리학 안에서도 곳에 따라, 또 연대에 따라 문화가 다르다. 통계적 유의도의 기준의 다양성만 살펴봐도 이 사실을 쉽고 빠르게 확인할 수 있다. 대다수의 과학 분야는 무작위한 오류로 인해 관찰이 이루어졌을 확률이 5퍼센트보다 낮기만 하면―즉, 통계적 유의도가 '2시그마' 수준만 되면―그 관찰을 논문으로 발표할 가치가 있다고 인정한다. 물리학은 1960년대에 3시그마―오류 확률 0.1퍼센트―를 요구했지만 세월이 흐르면서 기준을 5시그마―오류 확률 3500만 분의 1―로 높였다.[5] 그러나 모든 과학이 통계적 분석과 기준을 사용하는 것은 아니다. 이제껏 내 연구의 대부분은 '참여 이해participant comprehension'를 목적으로 삼았다고 나는 자부한다. 즉, 나는 한 공동체가 어떻게 작동하는지 이해할 때까지 나 자신을 그 공동체에 통합시키고 그런 다음에 그 결과를 보고했다. 이것은 어떤 의미에서 '주관적' 방법이지만, 내가 보기에는 대단히 유익하고 강력하며, 누구라도 나의 연구를 다시 하면 똑같은 발견에 도달하리라는 의미에서 전적으로 '과학적'이다.[6] 그러나 나의 방법은―물론 나는 그 방법이 물리학자들의 방법보다 더 신뢰할 만하다고 주장하지만―물리학계 내에서 수용할 만하다는 판정을 절대로 받지 못할 것이다.[7]

한편, 물리학계가 이런 방식에 더 수용적이었던 시절도 있었다. 로버트 밀리컨의 유명한 기름방울 실험을 생각해보라. 그는 전하량이 무한히 분할

5　이런 통계학적 사안들에 관한 상세한 논의는 『중력의 유령』 5장 참조.

6　일부 사회 분석가들은 발견에 대한 개인적 해석이 발견의 확실성과 재현 가능성보다 더 중요하다고 여기며, 그 방식이 더 인문학적이라고 본다. 지금 나는 참여적 방법을 확실히 과학적인 방법으로 간주하는―아마도 소수일―사람들만을 향해 발언하고 있다. 「사회학적 철학적 주석」 4번 참조.

7　나의 주장은 리빙스턴 라이고 검출기에서 개리 샌더스와 벌인 토론까지 거슬러 올라간다. 당시에 샌더스는 나의 방법을 비웃고 있었다. 나는 그에게 이렇게 말했다. 배턴루지에서 버스를 타본 적이 없더라도 우리는 배턴루지에서 버스에 올라 자기 옆자리를 비워둘 목적으로 표 2장을 요구할 수는 없다는 것을 안다. 바로 이런 것이 사회가 어떻게 작동하는지 이해한다는 말의 의미다. 그러나 최초 중력파 검출에 대해서는 이보다 더 강하게 확신할 수 없다.

가능하지 않고 특정한 최소 단위를 가진다는 것을 증명하기 위해 그 실험을 했다. 그러나 그의 실험 노트를 면밀히 재검토하면, 밀리컨이 자신의 가설을 위반하는 듯한 기름방울들을 관찰했지만 자신의 과학자로서의 직감에 기대어 그것들을 신호가 아니라 잡음으로 취급해도 된다고 느꼈고 그래서 그것들을 무시했다는 사실이 드러난다.[8] 요새도 물리학자들은 실험을 수행하면서 잡음과 신호를 분별하지만, 밀리컨의 방식대로 분별하지는 않는다.

중력파 지상 검출에 국한해서 말하면, 이제 물리학자들은 조지프 웨버의 방식으로 신호와 잡음을 분별하지 않는다. 웨버가 뜻하지 않게 무심코 자신의 데이터를 조작하여 결과들을 생산했는지 여부는 제쳐두기로 하자. 다만 그의 방법이 어느 면으로 보나 오늘날의 방법보다 훨씬 덜 정교했다는 점만 주목하자. 이 차이 역시 물리학을 실행하는 문화의 변화를 반영한다. 참으로 고마운 변화가 아닐 수 없다. 오늘날의 방법이 훨씬 더 낫기 때문에 이런 말을 하는 것이 아니다. 과거에는 물리학 실행 방법이 훨씬 덜 엄격했기 때문에 웨버가 중력파 검출 물리학이라는 분야를 정초할 수 있었다는 것이 내 말의 취지다. 만약에 웨버가 오늘날의 기준에 구속되었더라면, 지금 중력파 검출용 간섭계도 존재하지 않을 것이며 이런 책도 집필되지 못할 것이라고 생각할 근거가 있다.

또 다른 사회학적 논점을 짚어보자. 과학자들은 자신들이 발견이라고 주장하는 바의 '증명력evidential significance'에 관한 선택권을 가지고 있다. 트

8　「사회학적 철학적 주석」 5번 참조.

레버 핀치는 레이 데이비스의 태양 중성미자solar neutrino 검출을 분석하는 과정에서 이 사실을 처음으로 주목했다.**9** 데이비스의 실험에서 중성미자가 포착되었다는 증거는 대형 탱크 속 염소 원자들이 아르곤 원자들로 변환되는 것이었다. 핀치가 지적했듯이, 이 결과를 발표할 때 그냥 액체 세제 탱크 속에서 아르곤 원자들이 발견되었다고 할 수도 있을 것이다. 혹은 고에너지 입자들에 의한 변환의 결과로 아르곤 원자들이 출현했다고 발표하거나, 그 변환이 태양 중성미자들에 의해 유발되었을 수 있다고 발표할 수도 있을 것이다. 각각의 선택지에서 '증명력'은 순차적으로 증가한다. 또한 과학적 위험scientific risk도 순차적으로 증가한다. 틀렸을 가능성이 있는 전제들, 곧 받아들여야 하는 하위 가설들이 순차적으로 증가하기 때문이다.**10** 우리는 여기에서 똑같은 일이 벌어지는 것을 본다. 라이고-비르고 협력단LVC은 중력파를 발견한 것일까? 혹은 블랙홀의 진화 역사에 관한 증거와 더불어 블랙홀을 관측한 것일까? 혹시 블랙홀을 최초로 '직접' 관측한 것일까? 우리는 13장에서 발견의 사회철학을 더 일반적으로 논할 것이다.

9　핀치는 이 생각을 1985년에 발표한 글에서 제시하고, 1986년에 출판한 저서 *Confronting Nature*(자연을 마주하기)에서 레이 데이비스의 실험에 관한 완전한 서술과 설명을 덧붙인다.
10　『중력의 그림자』 5장 참조. 거기에서 나는, 의심의 바다가 조지프 웨버를 둘러싸고 차오를 때 그가 원뿔 모양의 섬에 매달리려 애썼던 사례를 들어 이를 논한다. 그는 매달릴 수 있었지만, 그러기 위해서 물리학이 당연시하는 세계의 점점 더 많은 부분을 기꺼이 버리면서 주류에서 점점 더 멀리 이탈해야 했다. 「사회학적 철학적 주석」 6번 참조.

10월 22일 LVC 전체 원격 회의

10월 22일, 활성화된 노드 330개가 참여하는 협력단 전체 원격 회의가 열린다.[11] 우선 다양한 구성원이 이제까지의 발견 과정을 보고한다. 1시간여 동안은 이미 논의된 내용들만 거론된다. 이어서 과학자들에게 어떤 의심이든지 주저 없이 제기하고 특히 준비되고 있는 논문에 대해서 치열하게 토론할 기회가 주어진다. 지휘부는 과거 관행을 깨고, 동료 심사와 논문 채택과 기자회견에 앞서 연구 결과를 '아카이브arXiv'(아직 출판되지 않은 물리학 논문들을 제공하는 서버)에 올리지 않을 것임을 명확히 한다.

'그 사건'이 진짜인지 의심을 표하는 사람들은 극소수다. 이것은 거의 명백한 발견이며 이제 남은 일은 미리 정한 점검 및 판정 단계들을 거치고 팀 보고서를 작성하는 것뿐이라고 거의 모두가 인정하는 듯하다. 예상대로, 단 하나의 사건만 포착되었다는 사실에 관한 의심도 제기된다. 이 정도 세기의 사건이 포착되었다면, 적어도 일부 사람들은 추가 사건이 포착되리라고 기대할 만하다면서 말이다. 지금은 9월 14일로부터 5주가 지난 시점이며, 두드러진 추가 사건은 포착되지 않았다. 그래서 사람들은 걱정하기 시작한다. 거짓 경보일 확률이 한 달에 1회 미만일 정도로 신호 대 잡음 비율이 높아서(이 비율 문턱을 넘어야만 경보가 전자기 파트너들에게 전달된다) 자동 경보가 울린 일은 두세 번 있었지만, 이것은 지극히 평범한 일이어서 어떤 진짜 사건의 관측으로 간주할 수 없다. 참으로 이상하게도, 그 경보들 중 하

11　여러 노드 각각이 작은 집단을 대표하므로, 얼마나 많은 개인이 원격 회의에 참여하는지는 아무도 모른다.

나는 현재 G194575라는 추한 명칭으로 거론되는데, 나는 그 경보를 둘러싼 토론이 충분히 이색적이라고 느껴 "10월 22일 경보"라는 특수한 폴더를 만들고 그 날짜의 막바지에 약 25통의 이메일을 그 폴더로 옮긴다. 그러나 원격 회의에서는 그 경보가 거의 언급되지 않는다. 그러니까 나는 그 경보를 처음 접했을 때 흥미롭다고 느꼈지만, 중력파 공동체는 훨씬 덜 흥미롭다고 느끼는 것이다. 이 또한 나의 암묵적 지식과 그 공동체의 암묵적 지식이 어긋나는 사례다. 실제로 10월 22일이 끝날 무렵이 되자 그 경보는 다른 비슷한 경보들과 마찬가지로 배제되고 '그 사건'만 홀로 남는 듯하다. 그리하여 '그 사건'의 유일무이성에 관한 염려가 더욱 높아진다.

참고로 아래는 그런 '근사 사건near event'들에 관한 전형적인 이메일 보고다.

10월 25일 11시 02분: 오늘 아침, FAR(오경보율) 추정치가 1.6e-7로 경보 과정을 시작하기에 충분할 만큼 낮은 oLIB 트리거가 있었지만, 알아보니 바로 그 시간 즈음에 H1에서 명백한 장비 문제가 발생한 것으로 밝혀졌습니다. 따라서 우리는 그 트리거를 배제했습니다. 관련 내용을 다음 링크에 로그 메시지로 요약해놓았습니다. https://gracedb.ligo.org/events/view/G195294

앞서 보았듯이 원격 회의 소프트웨어 팀스피크는 음성 발언과 문자 발언의 기회를 제공한다. 아래는 '그 사건'에 관해 아주 일찍부터 제기된 염려에 동의하면서, 유일무이하며 한 번도 재현되지 않은 것으로 유명한 자기단극 탐지를 유사 사례로 언급하는 문자 발언이다.

17시 07분 58초

"[XXXX]": 저의 주요 질문: 그 사건이 그토록 일찍 포착되었으므로, 라이고 외부의 모든 사람은 "왜 여태 두 번째 사건을 관측하지 못했는가?"라고 물을 것입니다. 혹시 이 모든 상황이 자기단극 검출과 똑같은 것 아닐까요?

잠시 뒤에 질문자는 거듭 우려를 표한다.

17시 20분 08초

"[XXXX]": [@YYYY]: 관측 시점에 관한 소문들을 들으면서 제가 받는 인상은, 추가 사건이 관측되지 않았다는 점을 우리가 살짝 걱정하기 시작할 때가 이미 되었다는 것입니다. 질문을 정량적으로 다룰 필요가 있어요. 어쩌면 당신이 언급하는 논문들에서 그렇게 하고 있나요? 발견 논문을 위해서 말하는데, 두 번째 검출이 이루어진다면, 족히 10개의 관에 못이 박힐 것입니다.

답변은 아래와 같다.

17시 21분 27초

"[YYYY]": [@XXXX]: 그렇습니다. (제가 링크한 논문을 비롯해서) 여러 팀들이 그 질문을 정량적으로 다루고 있습니다. 대답은 무엇을 우선시하느냐에 달렸지만, 우리가 O1을 충분히 오래 수행할 때까지는 본질적으로 *아무 염려 없습니다.* 'GW150914 외에 추가 사건이 관측되지 않은 것'의 통계적 유의도는 O1의 막바지에 0.05/0.01에 근접할 것입니다.

O1은 발견 논문이 출판될 시기 즈음 종료될 것인데, 그때까지는 걱정할 것이 없다는 얘기다. 그때가 되더라도 걱정할 것 없다는 주장도 제기된다. 단 한 번의 관측에 기초하여 빈도를 추정할 수는 없으므로 무엇이 관측되어야 하는가에 대한 강한 의미의 예측은 불가능하기 때문이라는 것이다. 그러나 훨씬 더 민감한 검출기 쌍이 가동될 것으로 예상되는 O2에서도 추가 사건이 관측되지 않는다면, 정말로 걱정할 필요가 있다는 것에 모두가 동의한다. 그리고 살짝 무자비한 나의 사회학적 자아는 그런 일이 벌어지기를 바란다. 반면에 과학자들은 O1이 종료되기 전에 둘째 사건이 포착되리라는 희망을 품고 있다. 앞서 언급했듯이, O1은 12월 중순까지에서 1월 중순까지로 연장되었다.

그러나 이 원격 회의의 열기가 제대로 달아오르는 것은 논문 출판을 둘러싼 토론에서다.

17시 26분 54초

[ZZZZ]: 그 신호와 사건을 서술하는 정보는 경이로운 성과입니다. 이 모든 것을 최초로 검출한 것은 자연이 우리에게 준 절대적인 특혜입니다.
이 검출의 직접적 귀결로서 우리가 발견한 놀라운 천체물리학과 물리학의 기초를 다루는 논문들의 목록을 어디에서 볼 수 있나요? (예컨대 우리는 10억 달러의 비용에서 나온 성과를 납세자들에게 입증하는 논문을 쓸 필요가 있어요.)

나는 논문 출판에 대한 일부 입장과 우려에 매우 놀란다. 또한 토론의 대단한 활기에도 놀란다. 지금 벌어지는 일을 차근차근 풀어내려면, 이번 발견이 마치 한 '점'을 발견한 것과 같은 협소한 성과가 아니라는 점을 이해해야 한다. 이번 발견은 새로운 천문학과 새로운 천체물리학의 시초이기도 하다. 발견의 핵심은 50년의 노력 끝에, 중력파 검출용으로 특별히 건설한 지상 검출기들을 통해 최초로 중력파를 검출한 것이다. 하지만 이 검출은 검출된 중력파 파원의 정체를 파악하는 일과 밀접한 관련이 있다. 이제는 머나면 지질학적 시대처럼 느껴지는 1990년대 중반에 중력파 검출용 간섭계 기술과 공진 막대 기술의 우열을 놓고 큰 싸움이 벌어졌을 때, 간섭계를 옹호한 측의 주요 근거 하나는 간섭계 기술이 '광대역broadband'이라는 것이었다. 즉, 간섭계는 중력파의 에너지뿐 아니라 파형도 관측할 수 있다는 것이었다. 파형을 관측할 수 있다면 실효 검출 감도도 향상될 전망이 높았다.[12] 그런데 이제 그 전망이 실현된 것이다. 이 명백한 발견의 '명백함'은 포착된 파형이 블랙홀 쌍성계가 감쇠 나선운동 및 병합할 때 방출되는 중력파 파형의 견본과 일치한다는 사실에서 나온다. 이처럼 검출 주장의 신뢰성과 천체물리학은 서로 뗄 수 없게 관련되어 있다. 그 관련을 대표하는 것은 모수 추정,—그 블랙홀들의 질량이 얼마이고 놓여 있는 방향과 회전이 어떠한가 따위를 알아내는 작업—그리고 그런 천체들이 우주에 얼마나 많고 관측될 가능성이 얼마나 높은지에 관한 천체물리학적 추론이다. 논문 출판 문제는 이제까지의 긴밀한 공동 연구를 분열시키고 개별 팀의 독자적 연구를 활성화할 가능성이 있다. 모수 추정과 천체물리학적, 천문학적 추론은 다양한 전문가 팀의 몫이며, 그 팀들은 검출을 주요 임무로 맡은 팀들과 별개이기 때문이다.

---

12   간섭계가 공진 막대를 밀어내고 승리한 과정에 대한 상세한 서술은 『중력의 그림자』 참조.

한마디 보태자면, 앞으로의 연구는 고에너지물리학이나 천문학과 약간 유사해지리라고 예상할 수 있다. 이런 분야에서 입자가속기와 망원경을 제작하고 운영하는 사람들은 50년에 걸친 중력파 검출 기획의 정점에 위치한 사람들과 역할이 같다고 할 만하다. 그런데 이 분야에서 그들은 기술자나 공학자와 그리 다르지 않은 낮은 지위로 취급된다(입자가속기를 운영하는 한 과학자가 억울함을 토로하며 쓴 표현을 빌리면, "물리학자들의 물리학자physicists' physicist"로 간주되지 않는다).[13] 참된 과학은 데이터가 존재하기 위한 조건을 갖추는 사람이 아니라 데이터를 해석하는 사람에 의해 수행된다고 여겨지기 때문이다. 이와 똑같은 일이 '중력파 검출의 참된 과학'을 놓고도 벌어지면서—이 주제는 나중에 한 장에서 상세히 다룰 것이다—어느 정도 갈등이 발생하기 시작한다.

한편, 검출 논문을 제출할 저널은 『피지컬 리뷰 레터스』로 합의된 듯하다. 이 저널은 암맹 주입으로 밝혀진 추분 사건과 빅 독 때에도 논문 제출처로 예정되었던 곳이다. '뉴스가 더 풍부한' 저널은 『네이처』지만, 중력파 천문학계는 중대한 주장을 담은 논문을 발표할 때 늘 『피지컬 리뷰 레터스』를 선택해왔다. 검출 주장을 담은 논문이 가장 먼저 제출될 것이라는 점은 명확한 듯하지만, 그 논문에 어떤 주장을 담을 것인지는 덜 명확하다. 『피지컬 리뷰 레터스』는 논문의 길이를 4쪽으로 엄격히 제한하는데, 4쪽으로는 모수 추정에 관한—관측된 천체의 질량, 회전 등에 관한—세부 사항들을 담기에 충분하지 않을 것으로 보인다. 또한 그 추정된 조건들을 갖춘

13　　　『중력의 그림자』 486쪽 참조.

천체들의 분포—빈도—에 관한 추정도 논문에 담을 수 없을 것이다. 이런 이유로—오로지 지면의 부족 때문인지, 혹시 천체물리학 전문가들의 직업적 자부심이 어느 정도 반영된 것은 아닌지를 나는 가늠할 수 없다—한 편이 아니라 두세 편의 논문이 작성될 것이다. 천체물리학 전문가들은 자신들의 논문을 쓰는 데 필요한 기간이 검출 논문을 쓰는 데 필요한 기간보다 더 길 것이라고 생각하는 듯하다. 그래서 자기들이 따라잡을 수 있도록 주主 논문의 작성을 지연시키려는 경향이 있다.

나는 그들이 '추월당하는 것'을 그토록 염려하는 것이 참으로 기이하다고 느낀다. 중력파 검출 뉴스가 발표되자마자—이 발표와 더불어 협력단은 검출 데이터를 공공에 공개해야 한다—협력단에 속하지 않은 천문학자와 천체물리학자 들이 뛰어들어 나름대로 '그 사건'의 의미를 해석하는 논문을 출판할 것이라고 전문가들은 생각한다. 더구나 그 논문들은 상대적으로 적은 전문 지식을 기초로 삼을 것이므로 틀린 결론들을 도출할 수도 있다. 한 분석가는 음성 발언을 통해 아래와 같은 의견을 내놓는다.

> [회의 시작 후 약 1시간 40분 경과] 협력단이 천체물리학 논문을 쓰려면 짧게 써서 검출 논문과 함께 발표될 수 있게 해야 합니다.
>
> 안 그러면 우리는 몇 달 뒤에 중력파 검출에 관한 열 번째 천체물리학 논문을 쓰게 될 거예요.

이 연구단 소속 과학자들은 외부의 과학자들보다 적어도 3개월 먼저 데이터를 입수했다. 그런데도 추월당할 위험이 있다고 생각하는 이유를 나는 이해하지 못한다. 어쨌거나 이 모든 내용을 함께 출판할 수 있도록 주 논문의 작성을 미루라는 요구가 있다.

이 지연을 요구한 또 다른 한 회의 참여자는 매우 집요하다. 여러 차례 끼어드는 그는 공동체가 어떤 실수도 없음을 확인하기 위하여 모든 유형의 분석을 수행할 수 있도록 논문 작성을 여러 달 미루기를 원한다.

(약 1시간 33분 경과) 저는 우리의 공격적인 일정 계획이 약간 걱정되네요. 우리는 그 사건을 최초로 발견한 후 4개월 내에 논문을 출판하는 것에 대해서 토론하고 있어요. 중대한 발견이라는 점을 감안하면 매우 이례적이에요. 대단히 야심적이고 거의 전례가 없어요. 더구나 그 발견에 대해서는 우리가 추월당할 리 없다는 점을 감안하면, 정말 이례적이죠. 그래서 저는 … 몇 달 더 기다리자고 말하고 싶어요. 시간을 들여서 출판하려는 논문들을 완성하자는 거예요. 장비들을 완전히 설명하고 우리의 연구를 완전히 설명하고, 우리가 이것을 확실한 최초 검출로 믿는 이유를 상세히 설명하는 논문들을 갖춰서 발견을 선언하자는 거죠. …

기본적으로 저는 이런 호들갑이 이해가 안 돼요. 지금 당장 결과를 발표하고 몇 달 뒤에 훨씬 더 확실한 논증을 덧붙이라는 압력이 외부 과학계에서 들어오는 것도 아니잖아요. 검출 선언을 뭐랄까 훨씬 더 두루뭉술하게 하라는 압력이 있는 것도 아니고요. 무엇보다도 다른 협력단들의 전례가 많이 있습니다. … 저는 우리 상황에 적합한 모범 사례가 있을 거라고 생각해요.

아래는 단체 대화방에서 오간 반응 중 일부다.

17시 34분 10초: [PPPP]: [@QQQQ]: 전 반대합니다. 최대한 빨리 발표할 필요가 있어요. 다른 사람들이 빠듯한 일정에 맞춰서 논문을 써야 해요. 다른 논문들이 완성되지 않았다는 이유로 발견 발표를 늦추면 안 됩니다.

17시 34분 33초: [RRRR]: [@PPPP]: 왜 그렇게 빨리 발표해야 하죠?

17시 35분 11초: [PPPP]: 이건 중대한 사안이에요. 발견은 확실하고요. 세상에 알립시다.

17시 35분 23초: [SSSS]: 맞아요.

17시 35분 26초: [TTTT]: 옳습니다.

17시 35분 38초: [UUUU]: 동의합니다.

17시 35분 38초: [ZZZZ]: [PPPP]가 옳아요. 라이고 외부에 거대한 천체물리학계가 있습니다. 우리가 우리 논문을 제때 완성할 수 없다면, 그 천체물리학자들이 그 논문들에 기여할 수 있게 해줄 필요가 있어요.

협력단의 최고위 구성원 중 하나는 음성 발언을 통해 이렇게 덧붙인다.

[회의 시작 후 약 1시간 45분 경과]: 제가 생각하기에 검출 논문은 그 자체로 정말 특별히 중요합니다. 우리는 그 논문을 간과하지 말아야 해요. 우리가 제대로 쓴다면, 그 논문은 물리학의 고전 논문이 될 겁니다. 그러니까 그 논문이 더없이 우수하게 작성되고 우리가 원하는 모든 내용이 그 한 편의 논문에 담겨서 그것이 다른 논문들을 능가하는 논문이 되도록 최선을 다해야 해요. 저는 아무것도 격하하지 않아요. 블랙홀 쌍성계의 천체물리학을 발견한 성과를 얕잡아보지 않습니다. 하지만 중력파 관측 성과는 거의 모든 면에서 나머지 성과들을 능가합니다. 요컨대 우리는 고전 논문이 될 논문을 써야 해요. 저는 이 일정표대로 그 논문을 작성할 수 있다고 생각합니다. 우리는 지금 추가 사건 관측에 대한 언급에 주의를 기울이려 하는데, 저는 그 점을 염려하지 않아요. 그 문제를 논문에 어떻게 포함시킬지 혹은 포함시키지 않을지는 [고민해봐야 할] 열린 질문입니

다. 그러나 제가 보기에 지연은 완전히 무의미합니다.

하지만 토론이 끝난 것은 아니다.

17시 39분 21초: [QQQQ]: [@PPPP]: 왜 이렇게 서두르죠? 검출 발표와 동시에 장비와 과학 모두를 다루는 논문을 출판하는 쪽으로 방향을 잡지 않는 이유가 뭔가요? 몇 달 기다리는 것이 왜 문제라는 것인지 전 이해가 안 가요. 현재 일정표대로 하면 철저한 작업이 단적으로 불가능합니다. 짧은 논문 3편 정도로는 안 돼요.

17시 40분 36초: [PPPP]: [@QQQQ]: 왜 10년에 1번 이루어질 만한 발견의 발표를 이론 논문 때문에 늦춰야 한다는 것인지 이해할 수 없어요. 왜 그 논문들을 신속하게 작성할 수 없죠?

17시 40분 43초: [VVVV]: [@QQQQ 등]: 우리가 어떻게 이 비밀을 6개월이나 세상이 모르게 지킬 수 있을지 모르겠습니다. 시간이 지난다고 발견이 더 확고해지는 건 아니에요. 데이터는 데이터예요.

17시 44분 05초: [QQQQ]: [@VVVV]: '세상'은 발견 발표를 6개월 먼저 듣는 것보다 우리가 (앞서 말한 대로) 철저히 작업하는 것을 훨씬 더 선호할 겁니다. 세상은 벌써 100년이나 기다려왔어요. 6개월 더 기다려도 괜찮다고 전 생각합니다. 반면에 우리는 주목할 만한 성과를 내놓을 필요가 있어요. 단 한 편의 짧은 논문으로는 그렇게 할 수가 없습니다.

이런 식으로 논쟁이 계속되지만, 나는 이쯤에서 결정이 내려지리라고 생각한다. 가능한 한 빨리 발견 논문을 출판하자는 쪽이 대체로 더 고위급이며 경험이 많고 권력이 큰 구성원이기 때문이다. 발견 발표와 더불어 한두 편의 논문이 추가로 출판될 것이라고 나는 생각한다. 제때 그 논문들을 완성하는 것은 개별 팀들이 책임져야 할 것이다. 설령 긴 논문이 아니라 짧은 논문을 써야 하더라도 말이다.

나는 이틀 뒤에 고위급 위원회가 소집되었고, 중력파의 파원은 감쇠 나선운동하는 블랙홀 쌍성계이며 그 모수들은 이러이러하다는 내용을 포함한 발견 논문 한 편만 출판하기로 표결했다는 소식을 듣는다. 오직 모든 것을 그 한 편의 논문에 담을 수 없다고 느껴질 때만 둘째 논문을 고려하게 될 것이다. 그 논문(혹은 꼭 필요할 경우, 그 논문들)의 출판을 의도적으로 지연하는 일은 없을 것이다. 흥미로운 것은 정확히 얼마나 많은 내용을 얼마나 강하게 주장할 것이냐라는 문제다. 그러나 이 모든 계획은 발견 발표와 동시에 출판하기 위해 작성된 추가 논문들에 의해 뒤엎인다.

협력단의 주류와 경쟁하는 진영이 논문 출판과 저자에 관한 주장을 내놓기 시작한다. 협력단이 스스로 정한 출판 규칙 때문에 한 가지 문제가 발생한다. 그 규칙에 따르면, 최소한 1년 동안, 협력단이 생산한 데이터에 기초를 둔 모든 출판물은 협력단 전체를 저자 목록에 올려야 하며 그 저작권을 모든 구성원이 보유한다. 이 규칙에 따라 모든 출판물이 제출되기 전에 공동체 내부에서 꼼꼼히 검토되어야 한다. 면밀한 검토는 출판을 지연시킬 것이다. 협력단은 발견 논문이 출판되자마자 '그 사건'을 뒷받침하는 모든 데이터를 공개해야 하기 때문에, 협력단 구성원들은 자신들이 3개월 먼저 시작했음에도 협력단 전체를 저자로 등재한 논문들을 출판하느라 시간을 지체해서 외부 과학자들에게 추월당할 것을 걱정한다. 외부 과학자들은 데이터를 입수해서 '밤새' 분석하고 '아침에' 출판 준비를 마칠 수 있으니까 말이다. 훌쩍 도약하여 11월 말의 상황을 미리 이야기하면, 나는 이 문제에 관한 흥미로운 이메일 교환을 하게 된다.

　나는 협력단의 한 구성원—피터 쇼핸—에게 이메일을 써서 그가 발견 논문을 위해 작성한 그림 하나를 내 책에 인용할 계획인데 혹시 그 그림을 개선해줄 의향이 있느냐고 묻는다. 그러다 나는 아주 흔한 실수를 저지른다. 피터 쇼핸이 보낸 이메일에 '답장' 버튼을 누르다가 실수로 협력단 전체에 나의 답장 이메일을 뿌린다. 곧바로 내가 오래전부터 알던 누군가로부터 우호적인 경고가 날아온다. 그는 나에게 조심하라고, "햇불과 쇠스랑을 든 자들이 당신의 집으로 달려올지도 모른다"라고 말한다. 그는 무엇을 출판 해도 되는가를 둘러싼 열띤 논쟁을 언급한다. 나는 이렇게 답장한다.

> 출판을 둘러싼 논쟁 소동이 저에게까지 미치는 것을 상상할 수조차 없군요. 저는 새로운 물리학을 하려는 것이 아니라 단지 당신들의 물리학을 보고할 뿐인걸요.

그러나 그는 이렇게 답변하여 나를 크게 웃게 만들었다.

> 합리적으로는 당연히 당신이 옳아요. 하지만 사람들은 지금 탐스러운 보물을 나누는 해적처럼 허둥대는 중이에요. … (저는) 물속으로 밑밥을 더 뿌리는 것을 우려할 따름입니다.

악의적 주입의 가능성을 재검토하다

2장에서 보았듯이, '그 사건'이 악의적 주입일 가능성은 고려되었지만 신중한 숙고 끝에 기각되었다. 그런 주입을 위해 필요한 공모를 조직해내는 것은 불가능해 보였다. 그러나 이 결론을 철저히 검증하고 그 결과를 공식적으로 내놓지 않는 한, 중력파 공동체를 완전히 만족시킬 수 없다. 이 발견의 특이한 점 하나는 이것이 장난질이 아님을 확인하는 데 상당한 시간이 소모된다는 점이다. 나는 경험이 아주 많은 고위급 과학자 몇 명에게, 또한 위조 가능성을 조사하는 팀의 지휘자에게 질문 이메일을 (11월 1일에) 보내 이번 일과 유사한 선례를 혹시 아느냐고 묻는다. 돌아오는 답변들은 이번 일이 완전히 새롭다는 점을 시사한다. 요컨대 '그 사건'은 자연계의 새로운 특징 하나를 발견했을 뿐 아니라 과학적 방법론에 있어 새로운 특징을 낳았다. 바로 장난질에 대한 두려움이다.

과거에도 장난질의 가능성이 고려되었다는 점은 틀림없는 사실이다. 예컨대 악명 높은 카브레라 자기단극 실험을 검토할 당시에 사람들은 검출기가 감독자 없이 작동하는 밤중에 누군가가 실험실에 들어가 신호를 위조했을 가능성을 생각했다. 그 결과로 원래 결과를 확증하기 위한 실험들이 준비될 때는 위조를 예방하는 조치들이 더 강화되었다. 다른 실험들에서도 위조 데이터 주입의 가능성이 고려되었다. 당연한 말이지만, 위조 데이터는 중력파 탐색에 내재하는 한 부분이다. 암맹 주입만을 염두에 두고 이렇게 말하는 것이 아니다. 루이지애나 공진 막대 연구팀이 위조된 출발점들을 포함한 데이터 고리loop를 생산한 것도 위조 데이터와 중력파 탐색의 밀접한 관련성을 보여준다. 이 사례들에서 과학자들은 데이터가 분석되는 방식을 통제하고자 했다. 과학자들이 진짜 데이터와 가짜 데이터를 구별할 수 없다면, 데이터를 생산한 과학자의 동의 없이 그 데이터를 사용하여 결론들을 도출할 수 없었다. 그러나 여기에는 어떤 악의도 없다. 여기에서 위조는 과학적 방법의 한 부분이다.[14] 반면에 이번 사건에서 방법론적 혁신은 악의적 위조를 배제하기 위해 엄청난 노력이 투입된다는 점이다. 왜 이 경우에는 사기fraud를 배제하기 위해 그런 노력이 투입되는 것일까? 세 가지 이유가 있는 듯하다. 첫째 이유는 발견의 본성과 관련이 있고, 둘째 이유는 기술과, 셋째 이유는 시대의 변화와 관련이 있다.

발견의 본성부터 이야기하면, 중력파 탐색은 장기적이며 고비용이고 세간의 이목을 끄는 실험이다. 사기꾼이 군침을 흘리며 바라볼 만한 실험이라는 얘기다. 또한 중력파 검출은 '단발적' 사건이기 때문에, 통계적 유의도를 끌어올리기 위해 천천히 데이터를 축적하는 (힉스 보손 같은 새로운 기본입자를 발견하기 위한 실험에서 전형적으로 수행되는) 과정을 위조하기보다 중력파 검출을 위조하기가 훨씬 더 쉽다. 더 나아가 힉스 보손의 발견에서는 서로 사뭇 다른 두 가지 검출기가 동원되었다(물론 동일한 빔 튜브에 그 검출기들을 적용했지만). 따라서 일종의 실험 재현이 (비록 통합된 재현이지만) 이루어졌다. 고에너지 물리학자들은 이런 식의 점검이 필요하다는 점을 의식한다고 배리 배리시가 나에게 설명한다.

14　『중력의 그림자』 426~427쪽 참조.

11월 2일 16시 31분: 추가 비용을 들여서 가속기 실험을 2번 하는 것은 항상 각각의 실험을 독립적으로 검증할 수 있다는 전제하에 정당화되어왔습니다(그 검증은 신뢰할 수 없는 발견을 색출하기 위한 것일 뿐 아니라 잘못된 결론을 막아주는 다양한 하드웨어, 소프트웨어, 분석 기법 등을 위한 것이기도 합니다). 그런데 샘 팅 은 또 다른 흥미로운 방법을 써왔어요. 그의 모든 연구에서 그랬지만, 확실히 제이프사이J/Psi 입자 발견 실험에서 그랬죠. 그는 연구단을 서로 독립적인 데 이터 분석팀 2개로 나눕니다. 양쪽 팀은 서로 소통하지 않고 심지어 데이터 분 석용 프로그램도 공유하지 않아요. 그러다가 막판에 두 팀이 마치 각각 독립적 으로 대형강입자충돌기LHC 실험을 한 두 연구단처럼 만나죠.

그런데 GW150914를 포착한 중력파 공동체에서는 이 사건을 뒷받침하는 다른 사건들을 축적하는 작업이 아니라 이 단일한 사건의 통계적 분석에 모든 시간이 소요되고 있다. 물론 과학자들은 O1 중에 다른 무언가가 포착 되기를 바란다. 그러나 그들은 최소한 분석을 시작하고, 추가 사건이 포착 되지 않으리라는 전제 아래 발견 논문의 초안을 써야 한다. 실험 재현에 대 해서 말하면, 중력파는 잡음과 거의 구별할 수 없을 지경일 수 있다. 그렇기 때문에 서로 멀리 떨어진 검출기들의 반응을 비교하는 것이 근본적으로 중 요하다. 전통적으로 받아들여지는 전제는 두 검출기에서 동시에 신호가 포 착될 때만 진짜 신호가 존재한다는 것이다. 이번 검출에서 신호의 파형은 이례적으로 선명할뿐더러 잘 이해된 모형과 일치한다. 따라서 내가 생각하 기에는 두 검출기에서 나온 출력으로부터 한 신호가 합성되었다고 말하는 대신에 동일한 신호가 두 검출기에서 포착되었다고 말해도 될 성싶은데, 과 학자들은 그렇게 말하지 않는다. 요컨대 일단 근사적으로 말하면, 단 하나

중력의 키스

의 사건이 존재한다. 그리고 단 하나의 사건을 위조하기는 두 사건을 위조하기보다 더 쉽다.

다음으로 기술에 대해서 언급하면, 이번 중력파 탐색 실험은 거의 전적으로 컴퓨터에 의존한다. 데이터의 추출과 분석뿐 아니라 생산을 위해서도 컴퓨터가 필수적이다. 무슨 말이냐면, 이 실험에서 데이터는 중력파의 힘에 맞서 거울을 정지 상태로 유지하기 위해 필요한, 컴퓨터로 생산한 되먹임 데이터다. 따라서 검출기의 출력은 '어두운 가장자리dark fringe'에 머무를 수밖에 없다. 실제로 어두운 가장자리는 미세한 변화를 측정하기에 가장 좋은 장소다. 레이 바이스는 나에게 이렇게 쓴다.

11월 2일 14시 27분: [우리의 초기 마이크로파 배경 복사 검출 실험들에서도] 이미 컴퓨터는 데이터를 저장하고 처리하는 수단이었습니다. 컴퓨터는 문제를 해결할 수 있게 해주는 장치죠. 공책과 종이를 가지고 문제를 해결하려면 일이 훨씬 더 고됩니다. 공책에서는 삭제한 흔적과 줄을 그어 지운 흔적이 아주 명백하게 남죠. … 컴퓨터는 우리가 지금 하는 규모의 데이터 분석을 가능하게 해줍니다. 컴퓨터가 없다면, 우리는 장비 통제의 측면에서나 데이터 분석의 측면에서나 라이고 실험을 수행할 수 없을 것입니다. 하지만 그렇기 때문에 어느 정도의 위험도 발생하죠.

요컨대 이 실험은 해커의 공격에 취약할 수 있다. 이 실험의 결과가 컴퓨터와 이토록 밀접하게 관련되어 있기 때문이다.

셋째이자 내가 생각하기에 가장 중요한 이유는 시대의 변화다. 물리학과 기타 과학 분야의 실험은 수십 년 전부터 컴퓨터에 의존했지만, 해킹이 정보 수집과 보안 시스템 무력화를 위해 쓰이고 전쟁 무기가 되고 대규모 금융 범죄에 쓰이는 것은 최근에야 나타나기 시작한 현상이다. 컴퓨터 해킹을 의식하지 않는 사람은 이제 아무도 없다. 해커들은 우선 장난질로 자신의 솜씨를 보여주고 언론의 주목을 받음으로써 보안 분야에서 경력을 쌓을 수 있다. 20년 전이었다면, 설령 이번 실험과 똑같은 실험을 수행하더라도 신호가 악의적 위조가 아니라는 점을 확인하기 위해 본격적으로 노력할 필요가 있다는 생각을 아무도 하지 않았을 것이다. 지금 우리가 목격하는 것은 필시 과학을 실행하는 방식의 변화일 것이다. 이제부터 세간의 주목을 받는 모든 실험들은 아마도 반드시 보안을 중시하게 될 것이다. 그러나 한마디 덧붙이자면, 중력파 발견 논문은 악의적 장난질의 가능성을 전혀 언급하지 않게 된다. 즉, 악의적 장난질을 막는 보안 조치가 아직은 과학의 정규적인 부분으로 자리 잡지 않았다고 할 만하다.[15]

10월 29일에 열린 원격 회의는 악의적 주입의 가능성을 반증하는 작업에 초점을 맞춘다. 그 회의의 결론은 2장에서 논의된 악의적 주입 문제의 첫인상과 똑같다. 원격 회의 참여자들은 자기 컴퓨터에서 파워포인트 슬라이드와 유사한 자료에 접속할 수 있다. 한 슬라이드에서 다음과 같은 명확한 진술이 등장한다.

GW150914의 위조가 불가능하다고 말할 수는 없지만, 그 위조를 위해서

15　피터의 지적에 따르면, 특히 이 발견에서 장난질이 중요하게 거론되는 이유들이 있다. 그것들은 과거의 암맹 주입에서 비롯된 마음가짐, 그리고 신호의 놀라운 강도와 선명성이다. 이런 신호 앞에서 장난질을 논외로 할 수는 없다.

는 우리 중 가장 박식한 사람들의 내부 공모가 필요하다고 말할 수 있다.

바꿔 말해, 위조에 필요한 사회적 조직social organization을 상상할 수 없다는 것이다. 위조가 그토록 복잡한 사회적 작업인 이유의 상당 부분은 다음과 같은 사정에 있다. 검출 과정의 초기에 악의적 주입을 실행하려면, 두 검출기에서 동시에 주입이 이루어져야 하는데, 두 검출기는 서로 미묘하게 다르다. 더구나 검출기 보정 작업 이전에는 두 검출기의 차이가 완전히 알려지지도 않았다. 따라서 누군가가 두 검출기에 꼭 맞는 두 신호를 위조해낸다는 것은 상상하기 어렵다. 악의적 주입을 배제하는 임무를 맡은 분석가는 원격 회의에서 이렇게 발언한다.

[회의 시작 후 약 58분 경과]: 두 검출기에서 이루어지는 필터링이 서로 다르다는 점을 알 필요가 있습니다. 그렇기 때문에 H1과 L1에서의 ESD가 서로 다른 활성화 함수를 가져요. 어느 시점엔가 레이나가 어떤 저항을 교체해서 에이-로그에 기록했기 때문에 이 이유가 더 유력해집니다. 올바른 저항으로 교체한 것이지만, 핸퍼드에서는 그런 교체가 이루어지지 않았어요. 거듭 말하지만, 이 위조를 해내려면 아주 세부적인 정보를 알 필요가 있습니다. 위조범들은 두 검출기 모두에 방문하고 진입하고 위조 준비를 갖춰야 할 거예요. 만약에 우리 중에 극소수가 두 검출기 모두에 방문한다면, 우리는 그들이 누구인지 알 테죠. 위조범들이 직접 두 검출기 모두에 가지 않는다면, 공모자들을 구해야 할 테고요.

[약 1시간 09분 경과]: 아날로그 해킹을 생각해볼 수는 있지만, 실제로 아날로그 해킹이 이루어졌을 가능성은 배제할 수 있다고 봅니다. 그 해킹을 성사시키려면 모종의 내부 공모가 필요하기 때문이에요. 최소한 두세 명이 필요하지 않은 방식으로 아날로그 해킹을 해낼 길을 상상하기는 쉽지 않을 겁니다. 아마도

각각의 검출기에 공모자 두세 명이 필요할 거예요. 그러므로 위조범들의 인원을 상당한 정도로 추정할 수 있고, 따라서 그런 일을 할 동기가 있는 사람들만 살펴보면 된다는 결론이 나옵니다.

[약 1시간 15분 경과]: 우리가 제시할 수 있는 유일한 결론은 이렇습니다. 신호를 위조하기가 불가능하다고 말할 수는 없지만, 신호를 위조하려면 아마도 꽤 큰 규모의 핵심 내부자 집단이 공모할 필요가 있습니다. 그런 공모의 가능성까지 고려하라는 것은 보안의 기준을 최대한 높이는 것일 테죠. 어떤 유형의 과학 활동에서든지 그럴 거예요. … 우리가 지금 거론하는 것은 임의의 지구인이 아니에요. 우리는 소수의 핵심 내부자들을 거론하고 있어요. 시스템을 정말로 잘 아는 사람들을 거론하는 거예요. 그런 사람들은 상대적으로 드물죠. 2명 이상의 핵심 내부자들이 신호 위조가 어떤 식으로든 유익하다고 판단했을 가능성은 매우 희박하다고 저는 판단합니다.

이 진술의 논리는 검출기 간의 차이에 기초를 둔다는 점에서 흥미롭다. 검출기들의 미묘한 차이 때문에 양쪽 모두에서 동일한 신호로 나타나는 신호를 주입하기가 매우 어렵다는 사실이 이 논리의 토대다. 그런데 따지고 보면 이 논리는—고에너지 물리학에서와 마찬가지로— 서로 별개이며 차이가 있는 두 장비에서 동일한 파형이 재현된 것이 이번 사건의 본질이라는 것을 의미한다. 하나의 신호가 두 장비에서 동시에 포착되었다는 것은 본질이 아니다. 나는 중력파 공동체가 이 사실을 굼뜨게 깨닫는다고 생각한다.

위 결론의 또 다른 특징은 이미 지적한 바 있다. 우리는 이것이 장난질이라고 믿지 않는다. 이런 장난질은 사회학적으로 개연성이 없기 때문이다. 이것은 우리가 사는 세계 안에서 과학적 발견이 어떤 과정을 거쳐서 인정받게 되는지 이해하기 위한 열쇠다.

7장

11월:
물결, 믿음, 두 번째 월요일 사건

『중력의 그림자』에서 나는 중력파 탐색을 설명하면서 레이저 간섭계 중력파 관측소(라이고)가 선택한 로고를 언급했다(그림 7.1). 라이고는 실제로 중력파를 관측해낸 미국의 검출기 쌍이다.

라이고의 로고는 감쳐 나선운동이나 초신성 등에서 방출되는 중력파를 표현한다. 『중력의 그림자』에서 나는 그 로고가 진실의 절반만 보여준다는 점을 강조했다. 실제로는 그림 7.2에서처럼 2개의 파동이 존재한다.

그림 7.2 왼쪽 위의 옅은 물결은 한 천체에서 나오는 중력파를 보여준다. 그 중력파는 시공 속으로 퍼져나가 검출기(검은색 원반)에 충격을 준다. 오른쪽 아래의 짙은 물결은 그다음에 벌어지는 일을 표현한다. 즉, 중력파 발견의 물결이 사회적 시공 속으로 퍼져나가는 것을 표현한다. 과학자들은 자신들이 관측한 것에 관하여 서로 대화하기 시작하고 그것이 중요한지 여부

그림 7.1 라이고의 로고.

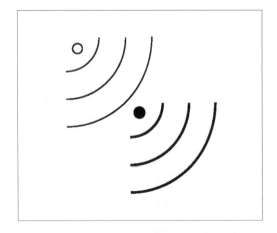

그림 7.2 중력파 검출과 관련이 있는 2개의 파동.

를 판정하려 애쓴다. 이것이 첫째 짙은 물결이다. 이 첫째 짙은 물결에서 과학자들은 무언가를 발견했음을 확신하려 애쓴다. 『중력의 그림자』와 『중력의 유령과 빅 독』에서 보았듯이, 이 분야에서 살아남지 못한 주장들의 역

중력의 키스

사를 감안할 때 과학자들이 스스로에게 확신하는 것은 결코 쉬운 작업이 아니다. 그러나 이번 사건에서는 그 작업이 며칠 만에 이루어졌다.

과학자들이 사회적 시공에서 협상을 통해 스스로 확신할 수 있을 경우, 그들은 모여서 논문을 쓴다. 논문 집필의 목적은 과학계를 설득하여 그들의 믿음이 정당함을 믿게 만드는 것이다. 이 같은 과학계의 수용이 둘째 짙은 물결이다. 과학계 안에서도 상대적으로 멀리 떨어진 구역들과 세계 전체의 수용은 셋째 짙은 물결이다. 12월의 이메일들 중 뽑아낸 아래 이메일은 과학자 공동체가 세계를 설득할 방법을 어떤 식으로 궁리하는지 살짝 보여준다.

> **12월 20일 11시 58분:** 저의 제안은 그림 3b에 그 신호 전후의 cWB 배경 잡음을 집어넣자는 것입니다. 리틀 독스Little Dogs를 포함시킬 때와 마찬가지로 (이 부분은 이 책에서 이후 설명한다) 데이터를 그렇게 제시하는 것이 훨씬 정직하다고 생각합니다. 우리의 분석 방식에 대해서 정직하고 열린 태도를 취하는 것이 독자로 하여금 우리의 결과를 안심하고 믿게 만드는 최선의 길입니다.

이 책에서 우리가 지금까지 본 것은 첫째 짙은 물결이다. 여태 우리는 많은 사람이 주목할 가치가 있는 무언가가 발견되었다는 결론이 나오기까지의 대화를 보았다. 이제 우리는 둘째 짙은 물결을 보기 시작한다. 즉, '그 사건'의 의미를 서술하고 과학계에 설명하는 산물인 문서가 작성되는 과정을 볼 것이다.

돌이켜 봄: 믿음의 성장

둘째 물결로 시선을 돌리기에 앞서 우리가 여기까지 온 과정을 돌아보자. 무엇이 과학자들로 하여금 기꺼이 논문을 쓰게 만들고 간섭계 시대 최초로 자신들의 발견을 바깥세상에 내놓으려 하게 만든 것일까? 공진 막대 시대에 과학자들이 자신들의 주장을 바깥세상에 내놓은 일이 많이—15번쯤—있었지만(『중력의 그림자』 참조), 그 주장들은 모두 살아남지 못했다. 그것들을 신뢰할 수 없다는 사실은 간섭계 공동체에 의해 뚜렷이 밝혀졌다. 그 공동체는 자신들의 (비용이 훨씬 더 많이 드는) 검출 방법이 옳다고 확신했다. 그러므로 그들은 공진 막대팀들의 주장이 틀렸음을 보여주어야 했다. 그리하여 그들은 뿌리 깊은 비판적 성향을 발달시켰고, 이 마음가짐을 뒤집으려면 항상 무언가 특별한 계기가 필요하게 되었다. 간섭계 공동체의 비판적 마음가짐이 뒤집힌 계기들은 아래와 같다.

(a) **신호 포착 시점이 감도 향상 시점과 일치한다는 사실**. 그러나 돌이켜보면 이 계기는 당시에 생각한 만큼 결정적이지 않다. 설계 감도에 도달할 때까지 에이 라이고가 아무것도 포착하지 못했더라도 아무도 놀라지 않았을 터이기 때문이다. 오히려 그토록 빨리 신호가 포착되었다는 것이 놀라웠다. 그 성과는 예상 밖이었다.

(b) **신호의 세기**. 그 신호는 심지어 빅 독 주입보다 더 강했다. 양쪽 간섭계 모두에서 그 신호의 크기는 양쪽 간섭계의 어떤 잡음 사건보다도 컸다.[1]

(c) **파형**. 파형 포착은 간섭계가 이뤄낸 쾌거였다. 공진 막대 기술에 맞서 오랜 싸움을 벌이면서(『중력의 그림자』 3부) 간섭계 과학자들은 간섭계가

광대역이어서 최선의 기술이라고 주장했는데, 그 주장이 승리한 것이다. 공진 막대는 중력파에 의해 막대에 삽입된 에너지만 포착할 수 있었다. 반면에 간섭계는 신호의 모양을 포착할 수 있다. 신호의 모양을 볼 수 있으면 확신을 가질 수 있다. 천문학 연구도 할 수 있다. 즉, 사건이 관측되었다는 말뿐 아니라 "'이 사건'은 이런 유형이다"라고 말할 수도 있다. 예컨대 이번 사건은 질량이 얼마 얼마인 블랙홀 쌍성계의 감쇠 나선운동이라고 말할 수 있다.

논문 초안을 쓰는 위원회에 제출된 아래 문단은 광대역의 위력을 정확히 요약한다(그러나 이 문단은 첫 번째 정식 원고에서 삭제되었다).

모형화되지 않은 일시적 현상 탐색●에서 이 사건이 매우 유의미하게 밝혀졌으므로, 천체물리학적이지 않은 파원을 주장하는 임의의 가설은 이제껏 라이고 데이터에서 발견된 가장 중요한 일시적 현상이 또한 일반상대성이론의 예측에 부합하는 파형을 나타낸다는 '우연의 일치'를 설명해야 할 것이다. 이 정성적 증거는 이 논문에서 서술된 고밀도 천체 병합 시나리오를 강력하게 뒷받침한다.[2]

---

1 빅 독 사건에서는 한 간섭계의 몇몇 잡음 사건이 (한 간섭계에서만 포착된 사건들이므로 잡음인 것을 알 수 있다) '신호'보다 더 컸다. 이 때문에 '리틀 독스' 역설이 발생했다. 즉, 만일 빅 독 신호가 진짜라면, 그 신호와 그 잡음 사건들을 결합할 경우 미심쩍은 배경 잡음이 산출된다. 따라서 빅 독 신호는 실재성이 약하게 느껴졌다. 반면 이번 사건에서는 모든 잡음이 신호보다 작다. 그렇기에 '리틀 독스' 문제가 발생하지 않는다.

● 이론적으로 파형을 산출할 수 없는 천문 현상을 일컫는다. 예를 들어 초신성 폭발이 있다.

(d) **양쪽 검출기에서 신호의 일관성.** 1장에서 보았듯이, 서로 멀리 떨어진 두 간섭계에 포착된 파형이 거의 완벽하게 일치했다. 그렇기 때문에 많은 물리학자가 처음부터 이 사건이 진짜라고 믿었다. 하지만 보충 설명이 필요하다. 신호의 정합성에 대한 반응은 빅 독 사건 때에 예행연습된 바 있다. 그때는 신호가 그리 완벽하지 않았다. 빅 독 사건에서 신호의 신뢰성의 큰 부분은 두 검출기에서 포착된 신호가 일치한다는 점에서 나왔다. 그 신뢰성이 암맹 주입의 가능성으로 인해 심하게 희석되었지만 말이다. 신호가 훨씬 더 약했던 추분 사건(『중력의 유령』 74~75쪽)에서도 마찬가지다.

(e) **'그 사건'의 통계적 유의도.** 거의 모든 구성원이 '그 사건'이 진짜라는 판단을 각자 내린 뒤에 한참 지나서 통계적 유의도의 계산 결과가 나왔다. 언젠가 피터 솔슨은 나에게 이렇게 말했다. "빅 독을 경험했기 때문에 우리는 '그 사건'이 중요해질 것을 알았어요." 요컨대 계산이 이루어지기 전에도 통계적 유의도에 대한 모종의 감이 있었던 것이다. 그러나 '그 사건'으로부터 3주 뒤인 10월 5일에 상자가 열릴 때까지는 아무도 확신할 수 없었다. 일찌감치 예상된 그날의 잔치 분위기는 '그 사건' 때문이라기보다 이제는 이 진짜라는 믿음에만 머물지 않고 세상에 대고 '그 사건'을 이야기할 수 있고 세상 사람들을 믿게 만들 수 있다는(두 번째 짙은 물결로 이동할 수 있다는) 사실 때문이었다.

2　'그 사건' 포착에서 성취된 바를 염두에 두고 돌아보면, 공진 막대 기술의 야심이 제한적이었다는 점이 충격적으로 다가온다. '그 사건'에서 추출된 정보와 최고의 공진 구resonant sphere● 배열에서 추출될 수 있었을 정보를 비교해보라.

●　　구형 모양의 공진 가능한 중력파 검출기.

　　　　　　　　　　　　　　　　　　　　　　　　중력의 키스

내가 탐구하려는 바는 과학자 공동체가 '그 사건'을 믿게 만든 다양한 계기들이 어떻게 작용하는가 하는 것이다. 이 대목에서 다양한 집단의 권력이나 그 집단이 당연시하는 물리적 세계에 대한 전제들, 또는 이 발견을 의심할 수 있는 다양한 방법들을 논하려는 것은 아니다. 이 논의는 책의 막바지에 이루어질 것이다. 오히려 나는 중력파 물리학자 공동체와 물리학계의 주류 내부에서 믿음이 형성된 방식을 이야기하고자 한다.

두 번째 월요일 사건

신뢰도 높은 검출 가능한 중력파가 없던 구세계에서, 지상에서 검출 가능한 중력파가 존재한다는 것이 상식인 신세계로의 전환은 아직 보장되지 않았다. 주요 이유를 대자면, 오로지 한 사건이 (라이고의 간섭계 2대를 한 검출기로 간주하면) 한 검출기에서 포착되었기 때문이다. 정확히 말하면, 지금까지는 그러하다고 할 만했다. 그러나 11월 초에 두 번째 사건의 존재가 명백해진다. 그 사건은 10월 12일에 일어났지만, 11월 초인 지금까지 아무도 그 사건을 알아채지 못했다. 너무 약해서 어떤 저지연 탐색 파이프라인에서도 포착되지 않았기 때문이다. 그 사건은 10월 8일부터 20일까지 수집한 데이터 상자를 열고 pyCBC(여기서 CBC는 '고밀도 쌍성계 병합'을 뜻한다)라는 파이프라인을 이용하여 그 데이터 전체에 견본 대조 작업을 실시했을 때 비로소 나타났다.

10월 12일은 월요일이었으며 9월 14일도 월요일이었기 때문에, 이 사건은 (난해한 숫자로 된 코드명도 있기는 하지만) '두 번째 월요일 사건'으로 불리게 된다. 나도 이 명칭을 사용할 것이다. 양쪽 간섭계의 상태를 동시에 변함 없이 유지하기가 어렵고 일부 기간의 데이터는 글리치 잡음이 많거나 주변 환경에서 유래한 다른 신호들이 섞여 있다는 이유로 배척되었기 때문에, 배경 잡음 분석에 필요한 16일 분량의 데이터를 모으는 데 5주가 걸렸다. 이런 이유로 10월 20일에야 데이터 수집이 종료되었다. 같은 이유로, 두 번째 월요일 사건은 10월 12일에야 일어났음에도, '동결'되어 '그 사건'의 배경 잡음 분석에 쓰인 16일 분량의 데이터에 포함되었다. 이것이 의미하는 한 가지는 저자들이 원한다면 발견 논문에 두 번째 월요일 사건을 언급할 수 있다는 것이다. 나는 이 소식을 피터 솔슨에게 듣는다.

11월 2일 17시 11분

친애하는 해리,
'진짜 변방의' 사건 하나가 1시간 전에 이루어진 PyCBC 상자 개봉에서 발견되었어요.

https://www.atlas.aei.uni-hannover.de/~miriam.cabero/LSC/O1/final_analysis3_c00_v1.2.4/7._result/

3시그마 사건이어서 일이 더 고되겠지만, 잘되기를 기대하고 있습니다.

또 다른 이메일 작성자는 이렇게 말한다.

> **11월 2일 23시 02분**: cWB 기준으로 보면 정말 약한 사건이지만 시간 영역과 TF(time-frequency, 시간-주파수) 영역 모두에서 아름다운 파형을 지녔습니다.

두 번째 월요일 사건은 뒤늦게 그레이스DB에 수록되었고 그 데이터베이스에서 "G197392"라는 기억하기 어려운 명칭을 얻었다. 그레이스DB에 등재된 바에 따르면, 중력파 파원 성분 질량들의 최초 추정치는 태양의 32배와 14.6배다. 이 추정이 옳다면, 이것은 '그 사건'보다 더 작고 약하긴 하지만 또 하나의 블랙홀 감쇠 나선운동이다.

이 중력파 신호는 결코 최초 검출 사례로 인정받지 못했을 것이며 '그 사건'이 없었다면 이미 잊혔을 것이다. 그러나 이 신호는 '그 사건'을 더 잘 이해하는 데 도움이 되기 때문에 논의될 가치를 얻었다. 현실은 이미 변화하는 중이다! 검출위원회의 위원장은 다음과 같은 견해를 밝힌다.

> **11월 10일 20시 07분**: … 이 사건이 독자적으로 검출위원회를 가동시킬 수 없다는 점은 매우 명백하지만, 이 사건이 검출 논문에 포함되어야 할 것이고 그 논문에서 어느 정도 논의될 개연성이 있으므로 검출위원회는 이 사건을 살펴봐야 합니다. '그 사건'보다는 약간 덜 포괄적인 방식으로 살펴보더라도 말입니다.

또 다른 이메일 작성자의 견해는 이러하다.

12월 12일 00시 40분: … 협력단은 두 번째 사건의 중요성을 심하게 절하하고 있습니다. 두 번째 사건이 독자적인 5시그마 검출이 아니라는 점은 명백하지만, GW150914에서 추론한 빈도를 전제로 받아들이면, 이 사건은 여전히 약 95퍼센트의 확률로 진짜입니다! 이 정도 확실성을 갖춘 후보라면 대다수 관찰 천문학자들의 사랑을 받을 것이라고 생각합니다.

이제 두 번째 월요일 사건의 의미, 그 사건을 발견 논문에서 언급할지 여부, 혹은 어떻게 언급할지에 대하여 긴 토론이 벌어진다.

12월 7일 05시 57분: 모종의 혼란이 있다고 생각합니다. '마법'은 전혀 없어요! 이 사건의 오경보확률false alarm probability은 3퍼센트입니다. 이것이 전부예요. 다시 말해 "이것은 신호다"라는 진술은 똑같은 실험을 100번 할 때 두세 번만 틀릴 거예요. 이 사건은 신호입니다. … 이 사건은 최초 검출 주장에 요구되는 5시그마 신뢰성을 갖추지 못했어요. 만약에 다른 사건이 이미 포착되지 않았다면, 우리는 이 사건을 무시했을 테죠. 하지만 이것은 최초 검출이 아닙니다.

우리가 검출하기에 충분할 만큼 강한 중력파의 파원들이 이 우주에 많다고 우리는 믿습니다. 이것은 최초 검출이 우리에게 가르쳐준 바죠. 이 사건은 신호이고, 이 신호에서 천체물리학적 결론을 추출하는 작업을 통해 탄탄한 결론들이 나올 것입니다.

사람들이 '검출 논문'에서 오직 첫 번째 사건이 검출이라는 결론에 이르게 된 과정만 논하기를 원한다면, 그렇게 할 수도 있겠죠. 하지만 이 데이터에 2개의 신호가 들어 있지 않다고 넌지시 내비치는 것은 확실히 옳지 않아요. 우리 인간은 최초 검출의 높은 신뢰성에 신경을 쓰지만, 오직 데이터가 우리에게 말해주

반면에 또 다른 이메일 작성자는 공진 막대 기술의 시대를 상기시킨다. 그 시대에 제기된 주장들은 살아남지 못했다. 그 주장들은 내가 『중력의 그림자』(22장)에서 '증거 집단주의evidential collectivism'로 명명한 정신에 기대어 제기되었다. 증거 집단주의란 추측된 결과를 출판하여 더 광범위한 과학자 집단이 수용하거나 배척하게 하는 것을 옹호하는 입장인데, 나는 이 입장이 납득할 만하고 사리에 맞는 전략이라고 주장하는 사람이다. 비록 발견의 책임이 개인이나 개인들의 연합에 있다고 보는 대다수 미국인은 증거 집단주의를 배척하지만 말이다. 그러나 방금 언급한 이메일 작성자는 증거 집단주의의 귀환을 두려워한다.

12월 5일 시간 불명: 우리가 (두 번째 월요일 사건의) 시스템 모수를 언급해야 한다는 견해를 많은 사람이 표명한 것으로 압니다. 저는 이 견해에 적극 반대합니다. 그 언급은 혼란스러운 메시지를 전달하기 때문입니다. 한편으로 우리가 그것을 검출로 주장하지 않는다는 메시지를 전달하면서, 다른 한편으로 우리가 그것을 검출로 여긴다는 것을 독자들에게 은근히 알리면서 파원 모수들을 제시하는 셈이니까요.

여러 해 전에 한 중력파 공진 막대팀이 한 논문을 발표했죠. 거기에서 그들은 어떤 검출도 주장하지 않았지만 검출기가 우리 은하의 중심에서 벌어지는 일에 가장 민감할 때 포착되는 사건들의 빈도가 과도하게 높다고 보고했어요. 그 논문은 격한 비판을 받았습니다. 여러 이유가 있었지만, 논문의 양면성이 가장 큰 이유였죠. **우리가 두 번째로 강한 사건을 신호로 여기는 이유를 명확히 제시할 생각이 아니라면, 그 사건을 다루는 것을 자제해야 한다고 나는 생각합니다.**

증거 집단주의에 대한 경계심이 역력하다.

이처럼 두 번째 월요일 사건을 둘러싼 갈등이 있다. 일부 과학자들은 그 사건이 너무 약해서 언급할 가치가 거의 없다고 보는 반면, 다른 과학자들은 그 사건을 언급하지 않으면 독자들이 데이터를 오해하게 될 것이라고 생각한다. 나는 '그 사건'이 인공물일 확률을 두 번째 월요일 사건이 확실히 낮춰준다고 느낀다. '그 사건'이 워낙 크므로, 더 작은 사건들도 포착되리라고 기대할 만하다. 대다수 사건은 멀리 떨어져 있고 따라서 신호는 더 약할 개연성이 높다. 더 먼 우주에서는 더 많은 사건이 일어나기 때문이다. 공간의 부피는 거리의 세제곱에 비례하니까 말이다. 두 번째 월요일 사건은 이 모형에 들어맞는다. 그 사건은 가능한 약한 사건들의 상한선upper limit이 "왜 강한 사건 하나만 있고 약한 사건들은 없지?"라는 질문을 유발할 만큼 엄격하지 않음을 보여준다. '재현'은 통계적으로 유의미할 만큼 상한 또 다른 사건일 것이다. 두 번째 월요일 사건에도 불구하고 '그 사건'은 여전히 단발 사건이다. 그러나 두 번째 월요일 사건이 없다고 가정할 때보다는 약간 더 신뢰할 만한 단발 사건이다.

단 하나의 고립된 사건만 있다면 어떻게 될까?: 이미지와 논리

빅 독 때에는 단일 사건을 검출로 간주할 수 있는지 여부가 아직 불명확했다는 사실을 상기하자. 비르고 프로젝트의 지휘자를 지낸 아달베르토 지아조토는 2009년 헝가리에서 열린 학회에서 중력파 검출로 인정받기 위한 까다로운 조건들을 제시했다. 그 조건들은 중력파 공동체의 많은 사람을 놀라게 할 만큼 까다로웠다. 아래는 그의 파워포인트 자료를 내가 요약한 것이다.

- 재현 불가능한('낮은' 감도로 인해 드물게 포착되기 때문에) 사건들이 있을 수 있다. 우리가 그 사건들을 검출로 인정하기 위해 필요한 조건들은 무엇일까?
- 반드시 천체물리학적 관찰(중성미자 탐지, 광학적 관측, 전파 관측…)과 '일치'해야 한다.
- 높은 통계적 유의도.
  - 통계적 유의도의 기준이 미리 정해져야 함.
  - 검출위원회가 핵심 역할을 해야 함.
  - 검출위원회와 데이터 분석위원회가 긴밀히 상호작용해야 함.
- 추가redundant 재분석.
- 중력파 네트워크에서의 '일치'.
  - 가능한 최대 범위의 모든 네트워크를 활용해야 함.
  - 네트워크 내의 일부 ITF(interferometer, 간섭계)에 의해 '관측되지 않은' 사

건: 중요한 정보로 활용되어야 함.

— 일치 전략을 미리 정해야 함.

— DA 파이프라인들의 다양화를 북돋워야 함.

현재 지아조토는 '그 사건'에 관한 논문을 작성하는 팀의 일원이므로, 나는 그에게 과거 그의 발언과 현재 그의 집필을 어떻게 조화시킬 수 있느냐고 묻는 이메일을 쓴다. 그는 약한 사건을 가지고 발견 주장을 내놓아야 하는(이것이 빅 독 때의 상황이었다) 압박이 덜하기 때문에 지금은 그때처럼 강한 기준이 필요하다고 느끼지 않는다는 답장을 (11월 16일에) 보내온다. 공진 막대 연구팀들의 실패한 주장들은 이제 먼 과거가 되었으므로 그다지 신경 쓸 만한 걱정거리가 아니라고 그는 덧붙인다. 요컨대 이번 신호는 매우 강하며 블랙홀 쌍성계 감쇠 나선운동에서 방출되는 중력파의 파형과 아주 잘 일치하므로 "단 한 번의 검출로도 발견을 주장할 수 있다"라는 것이다(나중에 이 논점을 다시 다룰 것이다). 또한 지아조토는 미래의 중력파 천문학은 약한 신호들을 다수 다루게 될 것이므로 전자기파 관측, 중성미자 검출 등을 통해 발견을 확증하려는 노력은 앞으로도 중요할 것이라는 견해도 밝힌다.

비록 이 신호가 한 번의 검출로도 발견을 주장하기에 충분할 만큼 강하고 뚜렷하더라도, 통계학적 확증을 뚜렷한 파형의 본성과 어떻게 조화시킬 것인가라는 흥미로운 질문은 여전히 남는다. 기억하겠지만, '그 사건' 후 첫날 아니면 둘째 날에 솔슨은 그 자신과 또 다른 고위급 물리학자는 나와 마찬가지로 그 파형의 일치를 확실한 증거로 여기지만 "그 그래프를 볼 때 우리는 직관을 사용하는 것"이라고 나에게 말한 바 있다. 반면에 증명은 통계적 분석에서 나올 것이라면서 말이다(29쪽 참조).

단발 사건에 기초한 발견의 전례를 물리학자들은 단 2건밖에 댈 수 없는 듯하다. 그중 한 건은 결국 불행하게 무너진 카브레라의 자기단극 발견이다. 다른 한 건은 '오메가마이너스Omega-minus' 입자 발견이다. 머리 겔만 1929~2019은 이 발견의 공로로 1969년에 노벨상을 받았다. 이 발견[3]은 거품 상자 내부에 생긴 단 하나의 흔적에 기초를 두었으며 통계적 분석은 전혀 이루어지지 않았다.

11월 1일 16시 12분: … 역사를 살펴보면, 물리학에서 단 하나의 사건에 기초하여 발견이 주장되고 인정된 사례는 극히 드뭅니다. 고전적인(유일한?) 사례는 「기묘도가 마이너스 3인 하이퍼론의 관찰Observation of a Hyperon with Strangeness Minus Three」이라는 제목의 3쪽 분량 논문(http://journals.aps.org/prl/abstract/10.1103/PhysRevLett.12.204)을 통해 보고된 오메가마이너스 입자의 발견입니다. 과학계가 그 관찰을 발견으로 인정한 것은 일어난 사건을 전적으로 명확하게 설명해주는 붕괴 사슬에 관한 이론이 있었기 때문이라고 저는 이해합니다. 사실 그 입자는 '빠진 퍼즐 조각'이었죠. 저는 우리가 운 좋게도 그와 유사한 대단한 사건을 관찰했다고 믿어요. 하지만 독자들이 단 하나의 예에 기초한 발견을 인정하리라는 것을 당연시하지 말아야 합니다. '확증'의 필요성은 과학 보고 관행과 많은 과학 공동체에 뿌리 깊게 내재합니다. 정말로 우리가 이 단일한 사건을 발견으로 주장하는 것이라면, 이 사건을 부정할 수 없다는 것을—이 사건이 자기단극 발견과 유사하지 않고 오메가마이너스 입자 발견과 유사하다는 것을—논문 전체가 일관되게 논증해야 할 것입니다.

3　　V. E. Barnes, P. L. Connolly, D. J. Crennell, 등이 쓴 "Observation of a Hyperon with Strangeness Minus Three"(1964)에서 보고됨.

위 결론의 당연한 귀결 하나는, 우리가 O1에서 산출될 데이터를 모두 확보할 때까지 기다리지 않고 지금 논문을 출판하는 이유를 직접 설명하는 문구를 논문에 포함시킬 필요가 있다는 점입니다(개인적으로 나는 지금 논문을 출판하는 것이 옳다고 확신하는데, 그 이유는 오로지 이 사건이 대단히 괄목할 만하다는 점에 있습니다).

단일 사건에 기초한 이번 발견 주장은 과거의 자기단극 발견 주장과 유사할까, 아니면 오메가마이너스 입자 발견 주장과 유사할까? 이번 주장은 정합하는 하나의 파형에만 기초해서도 제기될 수 있고, 통계적 분석은 고작 케이크 위의 장식 같은 것일까? 나는 오랫동안 라이고의 지휘자였으며 경험이 엄청나게 많은 고에너지 물리학자인 배리 배리시에게 이메일을 써서 내 나름의 견해를 제시하고 논평을 요청한다.

11월 8일 10시 41분: 제가 보기에 공동체가 이 사건을 믿는 것은 완벽한 파형과 탁월한 정합성 때문이지, 통계적 유의도 때문은 아닌 것 같습니다. 물론 이 사건을 세상에 납득시키기 위해서는 통계적 유의도가 중요해지겠지만 말입니다. 모든 사람이 약 3일 뒤부터 이 사건을 믿었습니다. 그때는 통계학적 계산이 완료되지 않았는데도요. 유일한 문제는, 그 사건을 넓은 세상에 내놓는 데 필요한 통계적 유의도를 산출하기에 충분할 만큼 우량한 배경 잡음을 확보할 수 있을지뿐이었어요. 이런 측면에서 (공진 막대가 아니라 간섭계를 통한) '광대역' 중력파 검출은 대다수의 고에너지 물리학 실험이 지니지 않은 특징을 지닌 듯합니다. 즉, 관찰 가능한 파형이 있고, 그 파형이 서술하는 복합적인 사건들이 있어요. 그러니까 그 파형을 보는 것은 복합적인 사건을 보는 것과 같습니다. 다시 말해 한낱 '단일 사건' 말고 무언가가 추가로 있는 것이죠. 이것이 저 문단이 말하는 바입니다. 내가 이해하기에 고에너지 물리학에는 단지 이론과 통계

마지막으로 밝힌 나의 느낌이 어리석다는 것이 드러난다. 나는 전례로 언급되는 단일 사건이 1964년에 관찰되었다는 점을 주목하지 않았다. 1964년 당시의 고에너지 물리학은 통계학이 아니라 거품상자 사진에 기초를 두었다.

배리는 2통의 이메일로 자기 관점을 설명한다. 정합하는 파형 때문에 '공동체'가 2~3일 안에 이 사건을 믿게 되었다는 나의 주장은 그가 보기에 너무 단순하다.

11월 13일 21시 19분: 며칠 뒤의 시점에는 사람들이 보고 이해한 바가 엄청나게 분산되어 있었습니다. 그래서 '전문가들'의 견해가 주도권을 쥐는 경향이 있었죠. 하지만 논문이 수정되고 특히 내부적으로 검토되는 단계에서는 틀림없이 상황이 다를 겁니다. 제가 생각하기에 일부 사람들에게는 통계적 유의도가 결정적이며 어쩌면 가장 중요한 단일 정보입니다. 물론 그게 이야기 전체는 아니지만 말입니다. 역사 속의 많은 사례에서 사람들은 통계적 유의도가 그리 높지 않은 상황에서 어리석음을 범했습니다. 그래서 새로운 발견을 주장하려면 5시그마의 통계적 유의도가 필요하다는 전통적인 요구 조건이 생겨났습니다. 라이고의 데이터 분석가 다수는 우리가 기대하는 바를 보려는 편파성이 아주 강합니다. 그들이 보기에 이번 사건은 아주 명백하게 … 진동수와 진폭이 증가하는 감쇠 나선, 그리고 병합 — 정확히 밝혀지지 않았지만 추측하건대 강한 중력 — 그리고 전형적인 감쇠 안정화 진동수와 행태예요. 매우 확실한 파형이죠. 하지만 '확실함'을 어떻게 정량화할 것인가가 관건입니다. 모든 잠재적 신호 각각을 아주 많은 잠재적 파형과 비교해야 해요. 따라서 신호가 한 파형과 일치할 경우, 그 일치가 통계학적으로 얼마나 중요한지를 따져야 합니다.

마지막 논점은 신호와 약 25만 개의 강한 표본들을 맞춰보는 CBC 분석법에 관한 것이다. 다른 한편, cWB(결맞는 파동 분출 그룹)는 블랙홀 쌍성계 감쇠 나선운동처럼 보이는 신호 하나를, 어떤 파형 견본 뱅크도 없이(즉, 모형화 없이) 추출해놓았다. 비록 cWB 파이프라인이 "모형화 없이"라는 말에 정확히 부합하게 어떤 모형도 전혀 전제하지 않았느냐에 대해서는 논문의 최종 원고가 작성되는 시점까지도 논쟁이 이어지게 되지만 말이다. 모든 파이프라인 각각은 모종의 선입견(예컨대 중력파가 광속으로 퍼져나간다는 것)에 의존한다. 문제는 단지 가능한 파형에 관한 지식이 cWB에 얼마나 많이 개입했냐 하는 것이다. cWB가 통계적 분석에 기여한 바를 보여주는 그림의 적절한 형태(최종 원고 그림 4의 왼쪽)는 최종 원고가 작성될 때에도 여전히 논쟁거리였다.

그러나 같은 이메일에서 배리는 나의 일부 지적에 기꺼이 동의하는 듯하다.

> 또 다른 사안이자 아마도 당신의 질문과도 관련이 있는 문제는 어떻게 지신뿐 아니라 과학계도 확신시킬 수 있느냐 하는 것입니다. 기대하던 바(예컨대 파형의 진화)를 보았다는 것을 입증하기는 어려워요. 누구나 통계적 유의도를 따질 줄 알기 때문이에요. 따라서 거의 확실히 논문의 주요 논증은 통계적 유의도에 관한 것이어야 합니다. 설령 우리 모두가 그 논증 때문에 확신에 이른 것은 아니라 하더라도 말이죠.

같은 날 나중에 보낸 이메일에서 배리는 '그 사건'과 오메가마이너스 입자 발견 사이의 중요한 차이점을 설명한다.

중력의 키스

11월 13일 21시 45분: [오메가마이너스 입자 발견] 사건은 우리의 파형 논증보다 더 명백하게 조건에 부합했습니다. 그 입자의 질량과 세부 특징들이 예측되어 있었고, 빔beam의 에너지가 정의되어 있었으며, 표적 거품상자는 수소였기 때문이에요. 이것들이 의미하는 바는 그 사건과 비교할 가설이 단 하나뿐이었다는 것입니다. 반면에 이번 경우에 우리는 감쇠 나선운동과 병합과 감쇠 안정화를 정성적으로 확보했어요. 하지만 그 행동들은 두 천체의 질량에 의존하고 회전, 정향orientation 등에는 덜 의존하지요. 우리는 질량 등이 다양한 여러 가설을 데이터와 비교합니다. 따라서 파형이 뚜렷하기는 하지만 유일무이하지는 않죠. 반면에 오메가마이너스 입자는 유일무이했어요. 이런 이유로 이번 경우에 한 사건에서 파형을 관측한 것에 기초하여 발견을 입증할 수 있는지가 덜 명백한 것입니다. 물론 LLO와 LHO에서 동시에 강력한 분출이 포착된 것으로 볼 때 그 분출이 배경 잡음일 확률은 아주 낮지만 말입니다(이것이 통계학적 논증이에요). 고에너지 물리학의 다른 발견들―이를테면 힉스입자 발견―은 거의 전적으로 통계학적 논증에 의지합니다. 그럼에도 결국 우리는 관찰된 파형이 일반상대성이론의 파형들과 아주 잘 일치한다는 점과 통계적 유의도가 5시그마 이상이라는 점을 알 수 있었어요. 이렇게 두 가지 조건이 갖춰졌기 때문에 한 사건에 기초한 발견 주장이 설득력을 발휘했던 것입니다.

빅 독 주입 때에는 이런 논의가 전혀 이루어지지 않았다는 점, 당시의 논점은 오로지 통계적 유의도였다는 점이 충격적으로 다가온다.

다음으로 나는 물리학계의 기준 변화에 관한 책을 쓴 앨런 프랭클린에게 이메일을 쓴다(『빅 독』 239~240쪽, 그리고 프랭클린의 책 『변화하는 기준 Shifting Standards』[University of Pittsburgh Press, 2013] 167쪽의 오메가마이너스 입자 발견에 관한 서술 참조). 나는 그에게 오메가마이너스 입자 발견이 현재 물리학계의 기준에 부합한다고 생각하느냐고 묻는다. 물론 내가 마음속에 품은 질문은 '그 사건'의 비통계학적 측면이 현재 물리학계의 기준에 얼마나 잘 부합할까 하는 것이지만, 알다시피 '그 사건'은 아직 비밀이므로 그것을 직접 언급하지 않는다. 앨런은 오메가마이너스 입자 발견에 대해서 이렇게 쓴다.

> **11월 16일 18시 41분**: 몇몇 동료들과 검토한 결과 저의 의견은, 판단하기가 매우 어렵긴 하지만 그것(오메가마이너스 입자 발견)이 발견으로 인정될 가능성이 있다는 것입니다. 그 실험은 배경 잡음을 개략적으로만 추정했기 때문에 확률과 시그마(표준편차)를 추정할 수 없었을 것입니다. 그 실험은 시그마 기준조차 존재하지 않았을 때 이루어졌어요. 그러나 측정된 질량이 예측과 8중으로 들어맞았습니다. 그렇다면 진짜 발견일 가능성이 높겠죠. 제 생각은 그것이 발견으로 인정될 가능성이 있다는 것입니다.

오메가마이너스 입자 발견은 입자물리학의 역사를 다룬 고전인 갤리슨의 『이미지와 논리Image and Logic』(University of Chicago Press, 1997)에서도 논의되었다. 갤리슨은 (22쪽에서) 그 발견을 다른 '황금빛 사건golden event' 들과 함께 한 부류로 묶는다. "아주 선명하고 뚜렷해서 인정할 수밖에 없는 단 하나의 그림"으로 분류하는 것이다(그림 7.3 참조).

갤리슨은 저서에서 구름 상자, 사진유제photographic emulsion, 거품상자에서 산출된 이미지와, 스파크 상자 등에서 산출된 다중 입자 흔적에 대한 통계적 분석의 논리 사이의 밀고 당기기를 서술한다.[4] 우리가 지금 던지는 질문은, '그 사건'을 이미지로 간주하는 것이 최선이냐 아니면 논리로 간주하는 것이 최선이냐 하는 것이다. 발견 논문의 한 초기 원고에는 이미지의 힘

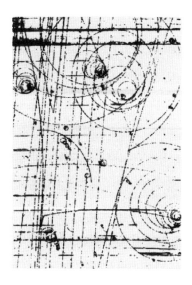

그림 7.3 오메가마이너스 입자의 존재를 나타내는 거품상자 안의 이미지.

을 표현하는 (곧 삭제된) 다음과 같은 대목이 포함되어 있다.

모형화되지 않은 일시적 현상 탐색에서 이 사건이 매우 유의미하게 밝혀졌으므로, 천체물리학적이지 않은 파원을 주장하는 임의의 가설은 이제껏 라이고 데이터에서 발견된 가장 중요한 일시적 현상이 또한 일반상대성이론의 예측에 부합하는 파형을 나타낸다는 '우연의 일치'를 설명해야 할 것이다. 이 정성적 증거는 이 논문에서 서술된 고밀도 천체 병합 시나리오를 강력하게 뒷받침한다.

---

4 갤리슨이 이미지와 논리를 구분하는 것에 대한 비판적 논의는 켄트 스탤리의 1999년 논문 "Golden events and Statistics" (황금빛 사건들과 통계학) 참조.

그러나 더 면밀히 분석해보면, '그 사건'은 전적으로 이미지인 것도 아니고 정확히 논리인 것도 아니며 오히려 그 양자의 혼합물이라는 생각에 이르게 된다. 이미지를 출발점으로 삼아보자. 나의 주장에 따르면, 과학자들을 확신시킨 것은 신호 파형의 이미지가 예측된 블랙홀 감쇠 나선운동 파형과 거의 완벽하게 일치한다는 사실이다. 실제로 사려 깊은 한 과학자는 나에게 보낸 이메일에서 5시그마 주장은 터무니없으며 결과에 대한 확신은 전적으로 그 신호 파형의 선명성에서 나온다고 말했다. 그러나 이 선명성은 오메가마이너스 입자의 선명성과 다르다. 첫째, 전자는 유일하게 예측된 파형과 정확히 일치하는 것이 아니라 예측된 25만 개의 파형들 가운데 하나와 일치한다. 반면에 오메가마이너스 입자의 궤적은 단 하나의 예측과 일치했다는 점을 상기하라! 바로 이것이 배리시가 지적하는 바다. 더구나 따로 떨어진 검출기들에서 산출된 그런 이미지 2개가 거의 완벽하게 포개진다는 사실에서 '그 사건'의 높은 확실성이 나오기 때문에 '그 사건'은 황금빛 사건이 아니다. 또한 엄밀히 말하면 '그 사건'은 구름 상자, 사진유제, 혹은 거품상자에서 발견되는 이미지와 유사한 이미지가 아니다. 사건과 이미지 사이의 인과 사슬이 훨씬 더 길고 훨씬 덜 직접적이기 때문이다. 입자물리학에서 산출되는 이미지에서 흔적은 입자의 이동으로 인해 '직접적으로' 또한 국소적으로 발생한다. 물론 입자가 흔적을 남길 수 있도록 실험 조건이 꼼꼼히 갖춰지고, 목적에 맞게 제작된 가속기에서 생산된 아원자입자의 이동으로 인해 그 흔적이 발생한다고 말해주는 잘 정립된 이론이 존재한다는 전제 아래에서 그렇다는 말이다. 반면에 '그 사건'의 경우에는 국소적인 기계에서 의도적으로 일으킨 어떤 일이 아니라 약 13억 광년 떨어진 곳에서 13억 년 전에 발생한 어떤 일이 잠정적 원인이다. 더구나 국소적 결과는 특정 거울들이 받는 힘이며, 되먹임 고리들을 통해 그 힘을 소거하면 일련의 숫자들이 나오는데, 그 숫자들에 기초하여 한 흔적을 재구성할 수 있다. 또한 그 흔적에서 잡음을 걸러내고 한 검출기에서 출력된 신호를 조작하고 시간상에서 이동시켜 다른 검출기에서 출력된 신호와 일치하게 만들어야만, 그 흔적이 한 견본과 일치한다고 말할 수 있다. 따라서 이 흔적 '이미지'는 실은 이미지가 아니다. 그것은 일련의 숫자들에 기초한 재구성물이며 따라서 갤리슨이 말하는 '논리'에 더 가깝다.

아무튼 설령 우리가 '그 사건'을 이미지로 간주하더라도, 그런 일치가 우연히 일어날 개연성은 까마득한 세월에 1회 미만이라는 통계적 분석의 '논리' 없이 '그 사건'을 발표하여 세상을 확신시키려 하는 것은 허용되지 않을 것이다. 그리고 그 논리는 오랜 가속기 가동 시간에 걸쳐 통계적 유의도를 축적하는 입자 스파크의 논리와 다르다. '그 사건'은 단일한 황금빛 '통계학적 사건'이다. 왜냐하면 이 경우 통계적 유의도는 사건을 많이 수집함으로써 축적할 수 있는 것이 아니라, 겨우 16일 동안의 실제 관측에 기초한 배경 잡음을 시간 슬라이드를 통해 대폭 늘리는 작업을 통해 축적할 수 있기 때문이다.

이처럼 거의 모든 측면에서 '그 사건'은 고에너지 물리학 모형에 부합하지 않는다. 신뢰도의 측면에서도 '그 사건'은 또 다른 매우 중요한 방식으로 고에너지 물리학의 선례들과 다르다. 고에너지 물리학의 신뢰도는 최초의 거품상자, 구름 상자 등에서부터 점점 더 강력한 가속기 세대에 이르기까지 오랜 세월에 걸친 실험들의 성공을 거쳐 축적되었다. 각각의 가속기 세대가 이론에 부합하는 새 입자를 발견했다. 그것은 의기양양한 축적 과정이었다. 매 단계에서 가속기의 성능이 향상되고 제작비가 증가했다. 반면에 중력파 검출은 전혀 다르다. 이 분야도 오랜 역사를 지녔다. 50년, 또는 아인슈타인의 일반상대성이론을 출발점으로 친다면 100년에 걸친 역사를 말이다. 중력파 검출을 추구하는 사람들도 점점 더 강력하고 비싼 검출기들을 제작했다. 여러 세대의 검출기가 나왔고, 거의 모든 세대의 새로운 검출기들이 중력파를 검출했다고 주장했다. 그러나 그 모든 주장은 틀린 것으로 판명되었다. 50년에 걸친 노력에도 불구하고 중력파 지상 탐사 분야에서는 아무것도 발견되지 않았다. 그리고 쉽게 짐작할 수 있듯이 그 분야는 자신들에게 올 수도 있는 연구비가 이 낭비적인 기획에 투입된다고 느끼는 다른 과학자들로부터 신랄한 비판을 받았고, 연구비 걱정은 없지만 중력파 지상 탐사가 돈키호테의 풍차 공격과 마찬가지라고 여기는 사람들로부터 비웃음을 당했다. 그러나 놀랍게도 새로운 검출기 세대 각각은 자금을 지원받았다. 실패뿐인 실적에도 불구하고, 내가 『중력의 그림자』에서 주장했듯이, 오로지 대단한 경영 솜씨와 책임감을 보여주어 돈이 낭비되고 있지 않음을 보증함으로써 자금을 끌어들인 것이다. 결론적으로, 이번 사건을 믿는 방향으로 움직일 근거가 전혀 없다. 중력파 탐사 분야는 인정을 받아내고 대세를 바꾸기 위하여 고에너지 물리학보다 훨씬 더 많은 것을 성취해야 한다. 고에너지 물리학은 늘 기존 성취를 조금씩만 더 발전시키면 되었지만 말이다.

8장

11월:
발견 논문 쓰기

공로 배정

빅 독 사건 때에도 원초 논문이 작성되었으며, 그 사건을 서술하는 저서(『빅 독』)에서 나는 그 논문의 제목을 둘러싼 논쟁에 초점을 맞췄다. 쟁점은 이런 질문으로 요약되었다. 우리 앞에 놓인 것은 '발견'일까, 아니면 단지 새로운 현상의 존재를 뒷받침하는 '유력한 증거'일까? 과학자들은 '유력한 증거'라는 표현을 선택했고, 『빅 독』은 그 이유와 역사적 맥락을 서술한다. 여기에서 나는 초점을 확대하여 '그 사건'을 다루는 논문의 제목뿐 아니라 논문 전체를 다루고자 한다.

우선, 공로를 어떻게 배정해야 할 것인가에 대해서는 그리 뜨거운 논쟁이 벌어지지 않는다. 뜨거운 열기가 있다면, 그 열기는 앞으로 작성될 동반 논문과 부수 논문 들에 관한 논의와 외부 과학자들에게 추월당하지 않으려면 어떻게 해야 하는가에 관한 논의에서 발생한다. 우리는 이 논의들을 이미 거론한 바 있다. 다양한 국적의 연구팀에게 공로를 배정하는 방식에 관해서도 약간의 논쟁이 발생한다. 빅 독 원초 논문을 쓸 때는 이 사안을 놓고 조금 더 뜨거운 토론이 벌어졌지만, 여기에서는 '그 사건' 시점에 가동 중이던 충분히 민감한 장비는 미국의 라이고 검출기들뿐이었으므로, 오직 라이고만이 그 사건을 포착했다는 점이 명백하다. 일부 사람들은 '라이고'를 논문 제목에 집어넣어야 한다고 주장하지만, 공동체는 편 가르기의 위험을 감안해 그 주장을 배척한다. 라이고의 한 고위급 구성원은 이렇게 논평한다.

> 개인적으로 ('라이고'를 제목에 넣는 것이) 어색하다고 느낍니다. 이 연구는 공동 연구이니까요. 라이고, 비르고, 지오 사람들이 모두 데이터 분석에 참여했습니다.

일부 사람들은 공식적인 저작권법이 라이고와 비르고를 동등하게 대우한다는 점에서 비르고가 라이고의 등에 '무임승차'한다는 견해를 버리지 않는다. 비르고팀은 이번 발견의 모든 측면에 본격적으로 기여했지만 중력파 신호에 반응할 수 있는 기계를 제작하는 데는 기여하지 않았다. 이런 실상을 반영하면 동등한 대우는 적합하지 않다. 역시 본격적으로 공동 연구에 참여한 지오600의 구성원들은 라이고의 하드웨어에 중요하게 기여했다. 예컨대 거울을 매단 새로운 장치들을 설계하고 공급했다. 그러나 비르고에 비해 지오는 라이고와 훨씬 더 가까운 사이이기 때문에, 지오의 공식적 가

시성은 위태로운 상태다. 즉, 지오의 존재는 라이고의 존재에 흡수되었다. 반면에 비르고의 존재는 그렇지 않다. 물론 모든 팀의 모든 개인이 1000명이 넘는 논문 공저자 중 하나로 이름을 올릴 것이며 그들의 소속 대학도 약 133곳의 관련 기관 목록에 등재될 것이다.

공로 배정에 관한 라이고의 태도가 이례적으로 후하다고 나는 늘 느껴 왔다. 2대의 검출기를 보유한 라이고는 원한다면 (약간 놀랄 만하기는 하지만) 독자적인 최초 발견을 선언할 수 있는 유일한 실험 팀이다. 라이고는 가장 근접한 경쟁 상대보다 크고 비용이 더 많이 드는 프로젝트이며 실행과 감도에서 늘 나머지 팀들을 앞서왔다. 그런 라이고가 자기 구성원들이 가능케 한 업적을 기꺼이 국제적 성취로 발표하려 한다. 덕분에 협력단의 분위기는 화기애애하다.

논문: 제목

과학자들이 논문 제목을 숙고하기 시작하면서 다음과 같은 제안들이 나온다.

11월 1일: 「블랙홀 쌍성계 병합에서 유래한 중력파의 직접 관측」
11월 2일: 「블랙홀 쌍성계 병합을 시사하는 파형을 지닌 중력파 사건을 라이고에서 직접 관측함」
11월 4일: 「블랙홀 쌍성계 병합에서 나오는 중력파와 일치하는 신호를 레이저 간섭계들로 동시 관측함」

이 제안들을 내놓은 이메일 작성자는 이렇게 덧붙인다.

> 저는 카브레라의 성과(자기단극 발견)와 비교되는 것이 우려됩니다. … 이 성과가 해킹 때문에 이루어진 것일 수도 있으니까요. 우리의 주장을 보수적으로 표현하는 것이 중요하다는 점에 동의합니다.

또 다른 이메일 작성자는 이렇게 제안한다.

> **11월 4일**: 어쩌면 간단히 '중력파 직접 관측'이라고 하는 것이 좋을 듯합니다.
>
> 개인적인 견해를 말하면, 저는 '최초'도 덧붙이고 싶어요. 그 단어를 쓰는 걸 『피지컬 리뷰 레터스』가 막을 수도 있다는 점은 사실이지만, 제가 생각하기에 이것이 중력파 신호의 최초 직접 관측이라는 점은 논란의 여지가 없습니다. 우리의 성취에 대해서 자신감을 가지고 세계에 발표합시다! :-)

논문: 초록

논문 초록을 쓰는 임무는 최고위급 과학자 4명이 맡았다. 그들은 11월 1일부터 4일까지 원고를 주고받는다. 원고1을 과학자2가 수정한 후 과학자3이 수정하고, 다시 과학자4가 수정한다. 매번의 수정에서 원고가 개선된다는 점에 4명 모두 동의한다. 이 대목에서 나는 초록 작성에서 중요한 점들을 언급하고자 한다. 논문을 제출할 저널은 『피지컬 리뷰 레터스』다. 이 저널의 지침에 따르면 초록이 (공백 포함, 알파벳 기준) 600자 이하여야 한다. 그러나 협력단의 과학자들은 이렇게 중요한 발견에서는 저널이 규칙을 완화하도록 설득할 수 있으리라고 생각한다. 그리하여 처음에 모두가 만족한 넷째 원고는 1700자로 작성된다. 나는 초록 원고들에 1부터 4까지의 번호를 매길 것이다.

모든 원고의 첫 문장은 앞머리가 동일하지만 몇 단어 뒤부터 제각각 달라진다.

(1) 2015년 9월 14일 그리니치 표준시 09:50:45에 레이저 간섭계 중력파 관측소(라이고)가 블랙홀 쌍성계 병합에서 유래한 중력파를 검출했다.

(2) 2015년 9월 14일 그리니치 표준시 09:50:45에 레이저 간섭계 중력파 관측소(라이고)가 블랙홀 쌍성계의 감쇠 나선운동, 병합, 감쇠 안정화의 특징을 지닌 큰 중력파 신호를 검출했다.

(3) 2015년 9월 14일 그리니치 표준시 09:50:45에 레이저 간섭계 중력파 관측소(라이고)의 간섭계 2대가 블랙홀 쌍성계 병합에서 유래한 강한 중력파 신호를 관측했다.

(4) 2015년 9월 14일 그리니치 표준시 09:50:45에 레이저 간섭계 중력파 관측소(라이고)의 간섭계 2대가 블랙홀 쌍성계의 병합에서 방출될 것으로 예측되는 파형과 일치하는 강한 중력파 신호를 관측했다.

과학 문헌을 분석할 때 유용한 개념 하나는 '양상modality'이다. 이미 여러 번 지적된 대로, 과학 발견이 실험실을 벗어나 세계로 나오고 이어서 과학적 '당연지사'로 간주됨에 따라, 발견을 서술하는 문구는 변화한다. 구체적으로 말하면, '양상'을 표현하는 문구들이 제거된다.[1] 즉, 발견이 특정한 역사적 사건으로 서술되는 대신에 세계의 일반적 특징으로 서술된다. 개략적으로 말하면, 발견이 모든 과학자의 상식이 되어감에 따라, 우리는 "9월 며칠에 스미스가 X의 존재에 부합하는 증거를 발견했다"라는 서술을 볼 수 없게 된다. 대신에 "X는 Y를 강하게 산란시킬 수 있다"와 같은 서술이 등장한다. 바꿔 말하면, X의 발견—X의 역사—에 관한 언급이 제거되었다는 사실은 X가 이제 우리 세계의 한 특징이 되었음을 시사한다. 이것은 일상 언어로 개와 감자를 언급할 때 개가 늑대에서 어떻게 진화했고 감자가 처음에 어떻게 식재료로 쓰였는지 언급할 필요가 없다고 생각하는 것과 마찬가지다. 우리의 세계 안에서 개와 감자는 그냥 존재하기 때문이다.

아래 문구들에서 그 차이를 볼 수 있다.

(1) 블랙홀 쌍성계 병합에서 유래한 중력파를 검출detect했다.
(2) 블랙홀 쌍성계의 특징을 지닌 큰 중력파 신호를 검출했다.
(3) 블랙홀 쌍성계 병합에서 유래한 강한 중력파 신호를 관측observe했다.
(4) 블랙홀 쌍성계의 병합에서 방출될 것으로 예측되는 파형과 일치하는 강한 중력파 신호를 관측했다.

문구 (1)과 (3)은 (2)와 (4)보다 훨씬 더 강하다. 그 문구들은 메커니즘 언

1　「사회학적 철학적 주석」 7번 참조.

급 없이 간단히 검출 혹은 관측을 말하기 때문이다. (1)과 (3)은 (마치 "우리는 개를 보았다"라고 말하듯이) "우리는 블랙홀을 보았다"라고 말하는 반면, (2)와 (4)는 (마치 "우리는 늑대에서 진화했을 가능성이 있는 무언가를 보았다"라고 말하듯이) 우리가 본 것이 블랙홀이라고 생각하는 이유를 제시한다.

이런 분석의 맥락에서 보면, 문장 앞머리와 뒤쪽의 거의 변함없는 몇 단어들이 특별히 흥미롭게 다가온다.

> 2015년 9월 14일 그리니치 표준시 09:50:45에 [라이고가] … 검출했다/발견했다.

이 문구는 지금 보고하는 바가 단일한 역사적 사건임을 분명히 한다. 그 사건이 50년에 걸친 탐색의 정점으로서, 역사적으로 대단히 중요한 사건으로서 보고되고 있다. 초록 원고4의 마지막 문장은 그 역사적 중요성을 더없이 선명하게 부각한다.

> 이것은 중력파의 최초 직접 관측이며 블랙홀의 최초 직접 관측이다.

이 문장은 다섯 번째 원고에서 아래와 같이 약간 수정된다.

> 이것은 중력파의 최초 직접 관측이며 블랙홀 **동역학**의 최초 직접 관측이다(강조는 저자).

이 문장에 따르면, 이것은 여전히 역사적 사건이지만 과학적으로 더 약한 사건이다. 다른 과학자의 관측들, 예컨대 쌍성계의 한 별에서 방출되어야 할 엑스선이 방출되지 않는다는 사실의 관측보다 이번 관측이 더 먼저인 것은 아니다. 그러나 '동역학'이라는 단어는 최종 원고에서 삭제된다.

협력단의 한 구성원이 지적한 대로, 천문학적 관측은 본질적으로 역사적이라는 점을 간과하지 말아야 한다. 이것은 이번 논문이 역사적인 색채를 띠게 된 또 하나의 원인이다. 참고로 힉스 보손의 발견은 본질적으로 역사적이지 않다. 왜냐하면 힉스 보손은 개체로서의 정체성이 없기 때문이다. 반면에 별들은 특정한 위치를 지녔고, 폭발하는 별들은 폭발 날짜가 있으며, 일부 천문학적 사건—예컨대 초신성 1987A—은 고유한 이름까지 지녔다. 이번에 관측된 것은 특정 날짜에 생애의 종말에 이른 한 블랙홀 쌍성계다. 하지만 이를 감안하더라도, 이 초록 원고들은 물리학 논문 초록으로서는 이례적으로 역사적이고 양상이 풍부하다.

내가 이 대목을 저술하는 지금은 11월 초인데, 현재 상황을 나만 주목하고 있는 것은 아니다. 한 과학자는 이렇게 쓴다.

11월 8일 9시 39분: 중요한 발견을 보고하는 검출 논문의 초록이라기에는 신선함이 부족합니다. 적어도 제가 보기에는 초록의 첫머리가 (본문의 세부 사항으로서만 유의미한 날짜와 시간까지 들어 있어서) 너무 극적입니다. 논문 작성팀의 대단한 노력을 너무 비판하고 싶지는 않아요. 이 방면에서 그분들이 저보다 경험이 훨씬 더 많죠. 하지만 지적한 사실 때문에 저는 논문의 독자로서 다른 견해를 갖게 됩니다.

또 다른 비판자는 이렇게 쓴다.

중력의 키스

11월 15일 21시 52분: 도입부의 역사적인 내용을 대폭 줄여야 합니다. 그다음에는 우리가 본 것이 무엇인지에 관한 짧은 개요가 이어져야 합니다. 이를 위해 관측 결과 부분의 일부 내용을 도입부로 옮겨야 합니다.

나중에 보겠지만, 여기에서 비판당하는 역사적 스타일은 논문의 도입부와 결론에서 관철된다. 거듭 말하지만, 이것은 매우 이례적인 논문이다. 왜냐하면, 이 논문은 수동태를 강조하면서 독자를 연구소에서 일어난 일의 '가상 목격자virtual witness'로 만들려고 하는 통상적인 '글쓰기 기술literary technology'을 포기하기 때문이다.[2] 논문 초록의 첫머리는 능동태로 되어 있다. 그 대목은 특정 시간에 과학자들이 한 일을 보고한다. 과학자들이 언제 어디서나 바라보기만 하면 마주쳤을 세계의 상태를 보고하는 것이 아니다. 검출기들은 중력파와 마주친 것이 아니라 중력파를 검출했다. 그 검출 활동이 특정 시간과 장소에서 이루어졌으므로, 논문 독자가 가상 목격자가 되는 것은 불가능하다. 요컨대 이 논문은 과학 논문보다 역사 서술에 더 가깝다. 그리고 그 이유는 당연히 이 논문을 쓰는 과학자들이 자신들의 역사적 위치를 (내가 이 사건들을 관찰하면서 그들의 역사적 위치를 의식하는 것과 마찬가지로) 의식하는 것에 있다.[3]

대조적으로 누군가는 이후의 원고에 대해서 이렇게 쓰게 된다.

2　「사회학적 철학적 주석」 7번 참조.

이처럼 두 가지 주장이 있다. 첫째, 발견된 바를 서술하는 방식은 비역사적이어야 한다는 주장이 있다. 그 방식이 역사적이면 글이 과학 논문의 통상적인 사실성 이상의 색채를 띠게 된다. 그러나 둘째 주장은 발견의 과정을 역사적 사건으로서 서술해야 한다는 것이다. 그렇게 서술하면 그 과정은 통상적인 수준의 과학 논문보다 수동성을 훨씬 덜 띠게 된다. 요컨대 이례적으로 진짜이며 비역사적인 무언가가 발견되었고, 그 발견은 위대한 역사적 사건이다. 참으로 멋진 상황이다.

3　　역사적 위치와 관련해서 한마디 덧붙이자면, 나는 이메일들이 오가며 논문의 도입부가 다듬어지는 과정을 지켜보다가, 내가 『중력의 그림자』의 첫 페이지에서 역사적 오류를 범했음을 알게 된다. 공로 배정이라는 민감한 문제를 건드리는 일이지만 다음과 같은 나의 과거 서술이 틀렸다고 판단한다. 방금 언급한 저서에서 나는 중력파가 존재한다는 주장이 "1993년 노벨 물리학상이 천문학자 러셀 헐스와 조지프 테일러에게 수여됨을 통해 인정받았다. 그들의 공로는 중력파의 존재를 간접적으로 확증한 것이었다"라고 말하고 각주에서 이렇게 설명했다. "헐스와 테일러는 쌍성계의 공전 궤도가 오랜 세월에 걸쳐 느리게 감쇠하는 것을 관측했고 그 현상이 아인슈타인의 이론에 따른 중력파 방출과 맞아떨어짐을 보여주었다." 그러나 지금 나는 그들에게 노벨상을 안겨준 공로는 특정 쌍성계를 발견한 것에 있었고, 그 쌍성계는 더 나중에야 중력파 발견에 이용되었다는 것을 알게 된다. 헐스는 그 쌍성계를 발견할 당시에 천문학자였지만 그 발견에 대한 분석이 완료되기 전에 천문학계를 떠났다. 그 발견의 중력파 관련 부분의 공로를 테일러와 공유해야 마땅한 인물은 그의 동료 조엘 와이즈버그였다.

논문들: '그 사건' 논문 대 빅 독 논문

'그 사건' 논문의 역사적 색채가 정확히 얼마나 이례적인지는 『피지컬 리뷰 레터스』에 실린 모든 논문을 훑어보지 않으면 판정하기 어렵지만, 그 논문을 빅 독 사건 때 작성된 원초 논문과 비교함으로써 그 판정에 어느 정도 접근할 수 있다. 빅 독 원초 논문을 작성할 당시에 과학자들은 빅 독이 역사적 사건인지 암맹 주입인지 공식적으로는 몰랐다.[4] 어쩌면 그러했기 때문에 빅 독 원초 논문은 11월 초에 작성된 '그 사건' 논문의 원고와 사뭇 다르다. 빅 독 원초 논문의 초록은 길이의 측면에서 『피지컬 리뷰 레터스』 논문의 규칙에 맞는다. 반면에 '그 사건' 논문의 초록은 그 규칙을 무시한다. 이 논문이 워낙 중요하기 때문에 『피지컬 리뷰 레터스』가 이 논문을 특별 대우하리라고 예상하기 때문이다.[5] '그 사건' 논문은 초록이 1000자를 넘고 초기 원고가 10쪽을 넘는다. 빅 독 원초 논문의 초록은 사뭇 다르게, 더 표준적인 방식으로 시작된다.

---

4 사실 여러 주요 과학자는 그것이 암맹 주입임을 알았다. 주입 과정에서 '게임을 누설하는' 작은 오류들이 발생한 것을 깨닫거나 모종의 속임수가 쓰였음을 깨닫고 일부 과학자가 주입 채널들을 조사했기 때문이다. 설령 이 근거들이 타당함을 입증할 수 없다 하더라도 빅 독이 암맹 주입이라고 믿을 이유가 다른 많은 과학자에게도 충분히 있었다. 만약 그 근거들을 타당하다고 믿는다면, 그 근거들이 실제로 타당한지 여부는 중요하지 않다. 예컨대 나는 빅 독이 암맹 주입이라고 확신했다. 비록 다른 사람들은 내 근거가 타당하지 않다고 나를 설득하려 했지만 말이다. 많은 과학자도 나처럼 생각했다.
5 과학자들은 악명 높은 바이셉 논문을 선례로 꼽는다. 그때 『피지컬 리뷰 레터스』는 25쪽짜리 논문(공식 상한선은 4쪽)과 2100자짜리 초록(공식 상한선은 600자)을 출판했다.

우리는 라이고, 비르고, 지오600 검출기의 공동 과학 가동에서 얻은 데이터에서 중력파 신호를 관측했다고 보고한다.

또한 빅 독 원초 논문의 첫머리는 아래와 같다.

일반상대성이론의 예측에 따르면, 중력으로 서로를 끌어당기며 궤도운동을 하는 두 질량은 중력파의 형태로 에너지를 방출하면서 나선운동을 하게 된다.

이 문장을 '그 사건' 논문의 11월 5일 원고에 포함된 아래 문장과 비교해보라.

1915년에 일반상대성이론 장場 방정식이 최종적으로 정식화되고 1년 후, 알베르트 아인슈타인은 중력파의 존재를 예측했다.

빅 독 원초 논문과 11월 5일 원고의 결론으로 눈을 돌리면, 각각의 첫 부분과 끝부분은 아래와 같다.

빅 독 원초 논문

여기에서 서술한 사건은 고밀도 쌍성계 병합 탐색에서 나타나는 배경 잡음으로부터 놀랄 만큼 잘 분리된다.

이 사건은 다음 세대의 중력파 검출기들[12, 13]이 기존 예상보다 훨씬 더 많은 블랙홀 병합을 검출할 수 있으리라는 점을 시사한다.

　중력의 키스

11월 5일 원고

앞에서 보였듯이, 라이고 간섭계들에 의해 중력파 신호 하나가 매우 높은 신뢰도로 관측되었다. 반세기에 걸친 발전 끝에 이제 중력파 검출이 이루어진 것이다. 중력파 스펙트럼을 통해 우주를 탐사하는 작업의 첫걸음이 내디뎌졌다.

중력파 천문학이라는 새로운 분야의 미래 전망은 참으로 밝다.

'그 사건' 논문의 원고가 이례적으로 역사적 색채를 띠었다는 추가 증거는 다음과 같은 이메일을 쓴 과학자에 의해 제시된다.

11월 23일 11시 56분: 주요 발견 논문들(제이프사이 입자 논문 2편, 타우 렙톤 논문, 글루온/양자색역학QCD 논문, W 보손 논문, 꼭대기 쿼크top quark 논문, 우주 팽창 논문 2편, CDMS2 논문, 바이셉 논문 등)을 훑어보았는데, 모든 논문의 첫 문장은 "우리는 … 보고한다" 또는 "우리는 … 제시한다" 또는 "우리는 … 관측했다"입니다. 전례를 따라야 한다는 규범과 상관없이 저는 이 표현이 좋습니다. 우리가 과학계에 우리 실험의 결과를 공평무사하게 보고한다는 것을 시사하는 표현이니까요. 저는 초록의 첫머리를 아래처럼 수정할 것을 제안합니다.

"우리는 레이저 간섭계 중력파 관측소(라이고)의 간섭계 2대에서 강한 동시 신호 하나를 관측했다고 보고한다. 그 신호는 2015년 9월 14일 협정세계시 09시 50분 45초에 검출되었으며 진동수가 30헤르츠에서 250헤르츠까지 상승하며 0.2초 동안 간섭계들을 통과한 것으로 관측되었다. 중력파로 인한 변형의 최댓값은 1×10^{-21}이었다. 그 신호는 정합 필터링matched filtering(입력 신호에 대해 최대의 출력을 나타내는 필터를 통해 신호를 보정하는 작업.—옮긴이)에 의해 신호 대 잡음 비율 23.6으로 복원되었으며 검출기에서 유래한 데이터에서 선명하게 볼 수 있다. 사건 시각 즈음의 간섭계들의 상태를 면밀히 조사한

> 결과, 장비나 환경에서 그 신호를 유발할 만한 원인은 드러나지 않았다. 추가 관측 데이터를 활용해 추정한 그 신호의 통계적 유의도는 4.9시그마보다 크다. 이것은 1만 년에 1회 미만의 오경보율에 해당한다."

이런 정서가 대세로 자리 잡지는 못하지만, 경계의 징후들이 늘어나기 시작한다. 이 장의 주제인 논문 작성 과정을 충실히 다루기 위해 이 대목에서 잠시 미래로 도약하자. 즉, 12월에 쓰인 이메일들을 살펴보자.

논문: 삼가기

> **12월 15일 00시 38분:** 우리는 첫 문단 마지막 문장에서 '아인슈타인 역사'를 뺐으면 합니다. 삭제할 수 있을 만한 역사적 여담이 초록 전체에 많습니다(예컨대 "아인슈타인과 슈바르츠실트의 기초적 예측들로부터 한 세기 후…").
>
> **12월 15일 00시 01분:** 일반적 제안:
> "직접"이라는 단어에 관한 논란을 피하고 또한 그 단어의 의미를 명확히 하기 위하여 적절하다면 "중력파 직접 검출"을 "중력파 변형률 직접 검출"로 교체하는 것을 고려하십시오.

'중력파 변형률gravitational wave strain'은 전문용어다. '중력파'와 달리, 나는 이 전문용어의 의미를 제대로 알지 못한다. 지금 중요한 것은 논문의 본성과 표적 독자층이다. 논문이 겨냥하는 독자층은 과학계 전반의 전문가들이다. 그들은 '중력파 변형률'을 그리 잘 이해하지 못할 것이다. 나중에 이 문제를 다시 다룰 것이다.

또 다른 이메일 작성자는 블랙홀 쌍성계 관측에 관한 주장을 더 섬세하게 다듬기를 바란다.

12월 10일 15시 41분: 처음 두 문단은 약간 오해의 소지가 있으며 다음처럼 압축할 수 있지 않을까 생각합니다: 쌍성계 병합 과정에서 산출되는 중력파는 궤도가 축소됨에 따라 진동수와 진폭이 상승할 것이다. 이어서 병합 후 계가 정상 배열stationary configuration에 정착함에 따라 중력파의 진폭은 지수적으로 감소한다. 이 같은 형태적 특징이 데이터에서 관측된다. 적당한 궤도운동으로 라이고의 검출 주파수 대역에 맞는 중력파를 산출하는 쌍성계를 이룰 수 있을 만큼 밀도가 높은 천체는 블랙홀과 중성자별뿐인 것으로 알려져 있다. 그러나 중성자별 쌍성계는 병합에 앞서 주파수가 킬로헤르츠 대까지 상승하는 중력파를 산출할 것이다. 관측된 중력파의 주파수는 그보다 낮다. 결론적으로 이 시스템은 블랙홀 쌍성계일 개연성이 매우 높다.

요컨대 이 이메일 작성자는 '관측'보다 '개연성'을 거론하고 싶어한다.

직접이냐 아니냐, 그것이 문제다

12월 둘째 주에 수십 통의 이메일이 폭풍처럼 협력단을 휩쓴다. 논문에서 이번 발견을 중력파 '최초 직접 관측'으로 제시할 것이냐(혹은 그보다 먼저, 직접 관측을 거론할 것이냐)에 관한 주장을 담은 이메일들이다. 이 문제는 전반적으로 '삼가는' 태도의 귀결로 볼 수도 있지만, 논문이 일으키려는 것이 어떤 물결이냐가 불명확하기 때문에 발생하는 것이기도 하다. 이번 논문이 의도하는 것은 둘째 물결일까, 아니면 셋째 물결일까? 우선, 셋째 물결이라고, 즉 논문의 표적 독자층은 다른 분야의 과학자들과 일반 대중 가운데 과학 지식을 갖춘 사람들이라고 가정해보자. 그렇다면 이번 사건은 한낱 중력파 관측을 넘어서는 특별한 점이 있기 때문에 독자들이 듣거나 읽은 다른 중력파 관측, 관측 실패 들과는 차별된다는 이야기를 논문에 담을 필요가 있다고 나는 느낀다. 그 차별성을 대표하는 단어가 바로 '직접direct'이다.

안타깝게도(당신이 사회학자의 임무를 어떻게 보느냐에 따라서 어쩌면 그리 안타깝지 않을 수도 있겠지만) 마치 나 자신의 견해가 없는 척하면서 사건들의 전개를 보고하기만 하는 것이 나에게는 불가능하다. 나의 견해는, 다른 조건들이 동일하다면 강한 주장을 내놓는 것이 물리학에서는 옳다는 것이다. 물리학자는 주장을 내놓는 것에 동반되는 책임을 회피하려 하지 말아야 한다. 나는 이 주장을 책의 막바지에 상세히 펼칠 것이며 두 번째 월요일 사건에 대한 견해들을 살필 때도 제시할 테지만, 내가 이런 견해를 옹호하는 편이라는 점은 『빅 독』에서도 드러난 바 있으므로 은폐할 수 없다. 나는 시카고 대학교 출판부의 의뢰로 그곳의 블로그에 올린 글에서도 이미 나의 견해를 밝힌 바 있다. 바이셉투의 주장이 제기되었을 당시에 많은 사람은, 조지프 웨버와 함께 첫걸음을 내디딘 과학자들이 1960년대부터 탐색해온 중력파가 마침내 발견되었냐는 말이냐고 물었다. 또한 중력파가 발견되었으므로 나의 프로젝트는 이제 완료된 것이냐고 묻는 사람도 많았다. 내가 시카고 대학교 출판부를 위해 쓴 블로그 게시문은, 설령 바이셉투의 결론이 확증된다 하더라도(그 결론은 1년도 안 되어 반증되었다) 그 연구팀은 원시 중력파를 발견한 것이지, 웨버 이후 간섭계 과학자들이 성배로 여기는 바를 발견한 것이 아니며, 그 연구팀의 발견은 내가 추적해온 과학과 그다지 관련이 없다고 설명했다. 아래는 내가 2014년 3월에 쓴 그 블로그 포스트의 일부다.

중력파를 검출하는 다른 방법들이 있으므로 문제는 복잡해진다. … 이미 헐스와 테일러—1993년 노벨 물리학상 수상자들이다—가 이 방법으로 중력파를 검출한 바 있다. 그들은 서로 멀리 떨어진 두 별로 이루어진 쌍성계의 궤도가 천천히 축소되는 것을 10년 동안 관측했고 그 축소가 중력파를 통한 에너지 방출에 부합함을 보여주었다(이 대목에서 나는 와이즈버그를 언급했어야 한다.—이 장의 각주 3번 참조). … 라이고와 국제 간섭계 네트워크가 관측을 시작하면, 헐스와 테일러가 관측한 것과 다른 주파수 대역의 중력파가 관측될 것이며 다양한 유형의 현상들이 훨씬 더 많이 포착될 수 있을 것이다. 쌍성계 감쇠 나선운동이나 초신성, 또는 중성자별의 성진(星震, starquake)을 관측하는 작업은 몇십 년이 아니라 몇 초 안에 완료될 것이며, 감도가 완전히 향상되면 1년 동안에도 많은 사건이 검출될 것이다. 하지만 간섭계의 진정한 정당성은—충돌하는 블랙홀들의 중심을 최초로 들여다보는 것을 비롯한—중력파 천문학에서 나온다. 중력파 직접 발견은 흥미진진하겠지만 과거처럼 놀랍지는 않을 것이다.

만일 바이셉의 발견이 확증된다면, 그 연구팀은 또 다른 간접적 방법으로 중력파를 관측한 것이다. 그 팀은 전자기파(마이크로파 배경복사)의 편광 패턴으로부터 중력파의 존재를 추론했다. … 순전히 비전문가로서—과학에 대한 관심이 학생 수준이지만 중력파 과학자들과의 오랜 접촉 때문에 어쩌면 편향이 생긴 일개 시민으로서—말하면, 나는 절묘할 정도로 덧없는 중력파를 포획할 수 있는 엄청나게 섬세한 그물을 제작하는 것이 별들의 운동이나 훨씬 더 강한 전자기파 스펙트럼으로부터 중력파의 존재를 추론하는 것보다 흥미롭다고 생각한다. 그 그물이 제공하는 것은 새로운 지식에 머물지 않기 때문이다. 그 그물은 자연에 대한 우리의 전례 없는 통제력과 자연의 비밀을 들춰내는 우리의 수단의 영웅적인 확장을 예증한다.

이 블로그 게시문은 '직접'으로 간주되는 것과 '간접'으로 간주되는 것에 관한 논의도 담고 있어서 아래에서 서술할 내용을 미리 말했다고 할 만하다. 하지만 내가 그 게시문에서 한 말의 거의 전부가 나와 무관하게 12월 하순의 이메일들에서 등장하게 된다. 나의 결론과 가장 정확하게 일치하는 것은 어쩌면 아래 이메일일 것이다. 12월 13일 저녁에 배포된 이 이메일은 또 다른 이메일 작성자로부터 즉각 지지를 받았다.

12월 13일 일요일 12시 47분 46초: '검출'을 강조하면 오해가 생긴다고 생각합니다. 우리의 목표는 검출 그 자체가 아니에요. 우리가 전혀 새로운 방식의 정량적 천체물리학을 시작하는 중이라는 점을 강조할 필요가 있습니다. 다행히 우리는 이 방법이 유효하다는 것과 우리가 이 논문에서 논의된 새로운 물리학을 이미 발견하는 중이라는 것을 보여줄 수 있습니다.

12월 13일 23시 07분: 전적으로 옳습니다!

이것이 이번 논문에 담을 주장의 매우 특별한 점이다. 발견이 아니라 전혀 새로운 천문학 및 천체물리학 분야의 정초가 핵심이다. 그런데 이런 유형의 성취는 오로지 내가 전례 없는 유형의 자연에 대한 통제력의 예증이라고 부른 것 덕분에 가능하다. '직접'이라는 단어의 의미는 명확히 그 예증이라고 나는 느낀다. 이번 발견이 '직접' 검출이 아니라 또 다른 유형의 간접 검출이라면, 새로운 천문학 및 천체물리학 분야는 정초되지 않을 것이다.

반론들—'직접'이라는 단어를 사용하지 말아야 한다는 논증들—은 이러하다. (a) 겸손이 바람직하다. (b) 중력파를 검출하는 다른 방식들도 '직접'이라고 믿는 사람들이 정치적 불쾌감을 느끼는 것을 피해야 한다. (c) 전문가라면 누구나 무엇이 성취되었는지를 정확히 이해할 것이므로, '직접'이나 그 비슷한 단어를 발설하지 않으면 많은 문제와 갈등을 피할 수 있는데도 굳이 그 단어를 발설할 필요는 없다.

(c)부터 살펴보자. 전문가라면 누구나 이번에 성취된 것이 무엇인지, 또 그것이 과거 성취들과 어떻게 다른지 알 것이라는 말은 틀림없이 옳다. 그러나 여기에서 간과하지 말아야 할 것은 논문의 목표가 불분명하다는 점이다. 지금 작성되는 논문은 더 먼 사회적 물결까지 내다보고 있다. 즉, 중력파 전문가들 외에 훨씬 더 광범위한 과학자들, 더 나아가 일반 대중과 언론까지 고려하고 있다. 이들은 이번 발견이 기존의 중력파 발견들과 어떻게 다른지 이해하지 못할 것이 틀림없다. 과거에 많은 사람이 나에게 바이셉투의 성취는 내 프로젝트의 종료를 의미하냐고 물었다는 사실이 그 방증이다. 이번 논문이 바깥세상을—셋째 물결뿐 아니라 넷째 물결이라고 부를 만한 역사까지—내다본다면(협력단의 구성원은 누구나 이번 논문이 고전이 되어 오랫동안 읽힐 것이라는 점에 동의한다) 기존 성취들과 최대한 차별화할 필요가 있다. 이것은 중력파 천문학 및 천체물리학을 정초할 논문이다. 중력파를 최초로 '직접' 관측했다는 보고와 블랙홀을 최초로 직접 관측했다는(비록 이 관측의 직접성은 더 불명확하지만) 보고가 담긴 논문이다. 또한 확실히 블랙홀 쌍성계 감쇠 나선운동의 최초 직접 관측을 보고하는 논문이다. 보손 별 등을 논외로 하면, 이 사실은 거의 이론의 여지가 없다. 이런 관점

에서 보면, '최초'와 '직접'이라는 단어는 가능한 모든 곳에서 언급되어야 한다. 이번 논문은 말해주지 않아도 이해할 사람들을 표적으로 삼는 것이 아니라 말해줘야 이해할 사람들을 표적으로 삼기 때문이다.

한 이메일 작성자는 논문이 겨냥하는 독자층에 관한 사회학적 핵심 문제를 찌른다. 내가 할 일을 대신 해주는 셈이다. 그는 이렇게 쓴다.

12월 12일 23시 40분: 어쩌면 우리는 중력파 직접 검출과 간접 검출을 대중이 어떻게 받아들이는지 살펴봐야 하지 않을까요? 구글에서 "중력파 검출" 뉴스를 검색해봤습니다. 아래는 제 브라우저에 맨 먼저 뜬 결과 몇 개입니다. 제가 보기에 대중의 수용 태도가 어떠한지, 사람들이 우리로부터 무슨 얘기를 듣기를 기대하는지는 매우 명확합니다.

http://www.economist.com/news/science-and-technology/21679433
-novel-approach-observing-heavens-orbit-gravitys-rainbow
"물리학자들은 중력파가 실재한다는 설득력 있는 간접 증거를 가지고 있다 (1993년 노벨 물리학상은, 서로의 주위를 도는 초고밀도 쌍성을 관측한 공로에 수여되었다. 그 쌍성의 궤도는 감쇠하고 있는데, 오직 그 쌍성의 운동량 일부가 중력파의 형태로 방출될 때만 그 궤도 축소를 설명할 수 있다). 그러나 연구자들이 중력파를 직접 관측한 적은 없다."

http://www.bbc.com/news/science-environment-34815668
"이것이 성공이라면, 아인슈타인의 가장 위대한 예측 중 하나가 최초로 직접 관측된 것이다."

http://www.space.com/27510-gravitational-wave-detection-
method.html
"연구자들은 지상과 우주에서 레이저를 동원한 실험들을 통해 중력파를 검출하기 위해 계속 애쓰고 있지만, 중력파 직접 관측은 아직 이루어지지 않았다."

http://www.nature.com/news/freefall-space-cubes-are-test-for-gravitational-wave-spotter-1.18806

"거의 정확히 100년 전에 알베르트 아인슈타인이 일반상대성이론의 한 부분으로서 치초로 예측한 중력파는 직접 관측된 적이 없다. 우주 연구에 활용된 적은 더 말할 것도 없다."

http://www.cbsnews.com/news/esa-spacecraft-to-test-gravity-wave-detection/

"중력파는 '일반상대성이론이 직접적으로 예측하는 바지만, 아직 직접 검출되지 않았다'라고 그는 말했다."

http://www3.imperial.ac.uk/newsandeventspggrp/imperialcollege/newssummary/news_1-12-2015-15-42-15

"중력파는 우주에 충만해야 마땅하지만 워낙 작기 때문에 아직 직접 검출된 적이 없다."

http://gizmodo.com/a-groundbreaking-physics-laboratory-is-about-to-blast-i-1745273245

"목표는 간단하다. 그 우주선은 자유낙하 하는 4.6센티미터짜리 금-백금 정육면체 2개의 상대적 위치를 레이저 간섭계들을 이용하여 정확하게 측정할 것이다. 각각 전극 상자에 담긴 채로 겨우 38센티미터 간격을 두고 자유낙하할 그 실험용 물체들은 태양풍과 기타 모든 외력external force으로부터 보호받을 것이며, 따라서 중력파로 인한 미세한 운동들이 검출될 것이다."(이것은 또 다른 중력파 검출 실험에 관한 글이다.―저자)

http://nation.com.pk/blogs/02-Dec-2015/in-search-of-einstein-s-gravitational-waves

"그러나 일반상대성이론의 한 예측은 아직 입증되지 않았다. 즉, 에너지를 중력복사로 운반하는 중력파―시공 구조의 물결 혹은 요동―에 대한 직접 증명은 이루어지지 않았다. 중력파가 간접적으로 관측된 적은 있지만 직접 검출된 적은 한 번도 없다."

"고급 라이고가 막 완성되어 가동 중이고 고급 비르고가 곧 가동을 시작한다는 점을 감안할 때, 중력파를 최초로 확정적으로 검출하는 성과가 일반상대성이론 100주년에 나온다면, 그것은 정말 안성맞춤일 것이다. 틀림없이 우주는 우리를 놀라게 할 것이며, 그 놀라움은 아인슈타인의 가장 큰 선물로 밝혀질 수도 있을 것이다."

등등……

이것이 대중의 여론이다. 중력파는 아직 직접 검출되지 않았지만, 아무튼 일부 사람들에 따르면, 라이고 등이 직접 검출에 성공할 가능성이 있다.

직접 대 간접 논쟁은 빅 독 사건 때에도 벌어졌으며, 그에 관한 서술을 『빅 독』197~200쪽에서 읽을 수 있다. 바이셉의 주장은 배척되었으므로, 문제는 테일러, 헐스, 와이즈버그가 중성자별들의 궤도를 관측한 것이 중력파 직접 관측이냐 하는 것이다. 또한 티보 다무르도 빼놓지 말아야 한다. 그는 테일러와 와이즈버그의 중력파 존재 증명을 가능케 한 모형을 구성하고 계산을 한 인물이다. 테일러와 와이즈버그는 관측 데이터를 이론적 곡선과 일치시킴으로써 그 증명을 해냈다. 헐스는 이 분야를 떠난 지 오래되었고, 와이즈버그는 직접 대 간접 논쟁에 적극적으로 참여하지 않는 듯하다. 그러나 테일러와 다무르는 자신들의 업적을 직접 관측으로 간주해야 한다고 믿는다. 비록 이들에게 동조하는 사람은 거의 없지만 말이다. 다무르는 2011년 3월에 나에게 이렇게 썼다(아래는 『빅 독』에서 재인용함).

> 확실히 여기에서 모종의 사회학이 작동하고 있습니다. 조지프 테일러와 나 같은 사람들은 여러 논문에서 그런 (검출의 직접성을 함축하는) 진술을 했습니다. … 반면에 라이고 등의 자금을 확보하기 위해 싸우는 사람들은 펄서pulsar 실험/일반상대성이론 일치의 직접 증거로서의 가치를 깎아내리는 경향을 보였습니다. 아마도 그들은 지구에 도달한 중력파를 최초로 직접 검출하는 성과의 새로움을 (또한 중력파 천문학으로 인해 열릴 중요한 과학적 전망을) 강조하고 싶었겠죠.

중력파 공동체에서 비교적 고위급인 구성원들은 테일러와 다무르를 아주 좋아하고 그들의 업적을 엄청나게 존경한다. 따라서 그들에게 폐를 끼치지 않기를 바라는 사람들이 많다.

논쟁의 분위기를 맛보기 위해 이제부터 몇몇 이메일을 발췌한 인용문을 살펴보자. 나는 이메일을 시간 순서로 배열하지 않고 이야기의 전개에 맞게 재배치할 것이다. 하지만 어차피 논증 전체가 지속된 기간도 겨우 며칠에 불과하다. 나는 조심스러운 이메일을 먼저 인용한 다음에 이번 논문에서 중력파의 최초 직접 검출을 명확히 주장해야 한다고 믿는 사람들의 반론으로 눈을 돌릴 것이다. 이미 설명했듯이, 겸손한 이메일은 논문의 일곱 번째 원고와 그다음 원고들이 작성될 즈음에 뚜렷하게 나타나는 일반적 경향 곧 '삼가기'의 일부다. 처음 원고들은 자신감 넘치는 환희로 가득 차 있었지만, 이제 사람들은 자신들이 너무 기뻐하는 기색을 보이면 불쾌해할 수도 있는 사람들을 염려하기 시작하면서, 간단히 사실들을 진술하고 과학계로 하여금 스스로 결론들을 도출하게 하는 것이 더 낫지 않을까, 라고 묻는다. 빅독 사건 때에도 이와 유사한 일이 벌어졌다.

12월 12일 00시 58분: 우리는 위대한 업적을 이뤘습니다. 그리고 저는 우리가 과학계 전반에서 어떤 앙심이나 반감을 자아내는 상황을 목격하기가 정말 싫습니다. 제가 생각하기에 우리는 이 논문에서 겸손한 어투를 써야 합니다. 이 논문에서 우리는 과학자 동료들에게 말하는 것이므로 우리가 무엇을 했는지 간단하고 명확히 말하고 그것이 얼마나 중요한지에 관한 주장은 하지 말아야 합니다. 이것이 중력파의 최초 검출이라거나 블랙홀 쌍성계의 최초 검출이라는 말을 (거듭해서) 할 필요는 없다고 생각합니다. 이 말을 결론에서 한 번만 할 것을 제안합니다. 최상급 표현들은 이 업적이 일반 대중에게 전달될 때 주요 통로로 구실할 트윗과 블로그에 맡깁시다.

또 '직접 관측'과 '직접 검출'이라는 문구를 피하자고 제안하고 싶습니다. 최소한 제목, 초록, 도입부에서는 이 문구들을 쓰지 맙시다. 우리가 우리 연구와 다른 중력파 검출 방법들을 차별화하기 위한 수단의 하나로 이 표현들을 사용한다는 것을 저도 알지만 … 과학계 전반에는 이 용어들이 자기 업적의 중요성을 깎아내릴 의도로 사용된다고 생각하는 사람들이 있을 것입니다. 겸손한 어투를 옹호하는 사람으로서 이 특정한 용어들을 사용해서 얻는 이득이 무엇인지 모르겠습니다. 실제로 추가 정의가 없다면 그 용어들은 명확한 의미를 전달하지 못합니다. … 우리는 위대한 성과를 거뒀습니다. 이 용어들이 없더라도 그 성과가 덜 위대해지지는 않을 것입니다.

12월 12일 01시 30분: 개인적으로 저는 직접 검출 문구에 전혀 고무되지 않았으며 그 문구가 부적절하다고 생각했습니다. 우리는 특정 질량들(우리의 관측에서는, 거울들)이 중력파의 영향 아래 운동하는 것을 보았습니다. 헐스, 테일러, 그리고 테일러의 후기 동료들은 특정 질량(그들의 관측에서는, 중성자별)이 중력파의 영향 아래 운동하는 것을 보았습니다. 차이가 뭐죠?

차이는, 테일러 팀은 멀리 떨어진 중력파 파원을 관측하고 그 파원이 어떻게 작동하는지 알아냈다는 점입니다! 우리는 충분히 민감한 중력파 수신기를 제작하는 법을 알아냈고, **그 수신기를 제작했으므로 그것이 어떻게 작동하는지 정확히 압니다.** 굵게 표시한 부분이 시시하다고 느끼는 분이 있다면, 바이셉투와

> 플랑크Planck가 오늘날까지 어떤 경험을 했는지 살펴보십시오. 굵게 표시한 부분은 중력파 물리학과 천문학의 엄청난 진보를 표현합니다.

다수의 논쟁 참여자들은 이번 성과를 중력파 직접 관측으로 부를 것인지 아니면 간접 관측으로 부를 것인지의 문제를 마치 철학자들처럼 해결하려 애쓴다. 위 이메일을 한 예로 들 수 있다. 테일러와 다무르도 마찬가지다. 테일러는 나에게 이렇게 썼다(『빅 독』에서 재인용).

> 펄서 쌍성계 실험에서, 또한 라이고와 유사한 실험에서 중력파의 존재는 중력파가 '검출기'에서 일으키는 현상에 기초하여 추론됩니다. 라이고의 시험용 질량들의 변위를 자로 측정할 수 있다면, 나는 그 검출이, 우리 은하의 반지름만큼 떨어진 곳에서 궤도운동 하는 펄서의 운동 시간 측정에 기초한 검출보다 더 '직접적'인 듯하다고 인정할 것입니다. 그러나 라이고는 자를 사용할 수 없습니다. 대신에 자동 제어 메커니즘과 매우 민감한 전자장치를 사용합니다. … 그리고 마지막으로 많은 계산을 통해서 중력파가 지나갔다는 것을 추론하죠. 이런 검출이 펄서 쌍성계 때맞춤timing 실험과 마찬가지로 대다수 사람이 말하는 '직접'에서 여러 단계 떨어져 있다고 할 수 있습니다.

이 방향이 옳다는 생각도 든다. 이 방향은 12월 12일 1시 30분 이메일(앞 페이지 참조)이 가리키는 방향과 같다. 직접 관측인지 여부를 알고 싶다면, 관측 혹은 실험의 상세한 메커니즘을 살펴보고 '직접'의 의미가 무엇인지 숙고하라고 이 이메일들은 권한다. 그러나 문제는 이런 식으로 방향을 잡으면 현대물리학에서는 직접 관측에 해당하는 것이 전혀 없다는 결론이 나온다는 점이다. 요새는 모든 관측 장비에서 정교한 센서를 사용하고 컴퓨터 데이터뱅크를 이용하여 수치들을 다루며 복잡한 통계학적 추론을 통해 그 수치들의 의미를 알아내기 때문이다. 심지어 갈릴레오도 천체들을 직접 관측하지 않았다. 그의 눈에 도달한 빛은 복잡한 렌즈 시스템에 의해 매개되었으니까 말이다. 이런 유형의 논리적 탐구로 수학에서처럼 증명에 도달할 수는 없다. 오히려 물리학계 내부에서 용어들의 통상적인 용법에—말하자면 수준 높은 물리학자들의 상식에—기초하여 논증을 펼쳐야 한다. 테일러, 와이즈버그, 다무르는 쌍성의 궤도를 측정함으로써 중력파의 존재를 증명의 수준으로 추론했다. 그들이 중력파의 존재를 직접 증명했다고 해도 과언이 아닐 정도다. 그러나 한 이메일 작성자가 지적했듯이, 설령 중력파가 그 펄서에서 지구까지 이동하는 도중에 무언가가 끼어들어 중력파를 산란시켜서 중력파가 지구에 도달하지 못하더라도, 그들의 추론은 달라지지 않았을 것이다. 그 펄서들의 운동 방식을 알려주는 전파가 여전히 지구에 도달하기만 한다면 말이다. 반면에 라이고의 경우에는, 중력파를 감지하고 전기 신호로 변환하여 측정할 목적으로 특별히 제작한 장비에 중력파가 가하는 충격이 관측된다. 그리고 그 이메일 작성자의 말마따나 만일 무언가가 중력파를 가로막고 다른 곳으로 산란시킨다면, 라이고는 그 중력파를 관측하지 못할 것이다. 따라서 상식적인 어법—즉, 물리학을 구성하는 모종의 상식에 맞는 어법—에 따르면, 오직 둘째 경우에서만 중력파가 장비에 영향을 미친다. 이런 유형의 직접성은 다른 유형의 직접성보다 훨씬 더 직접적이라고 느껴진다.

다른 이메일 작성자들은 더 사회학적인 일을 하기로 결심한다.

12월 12일 14시 04분: "중력파 직접 검출"이라는 문구와 관련해서 우리는 두 가지 논점을 짚어보아야 합니다.

— 사회학적이고 정치적인 논점: 우리가 이번 사건을 중력파 최초 직접 검출이라고 주장하면 불쾌감을 느낄 사람들이 있을 겁니다. 그들은 쌍성계의 에너지 손실을 관측한 것이 직접 검출이라고 생각하니까요. 누가 옳으냐를 떠나서, 이 용어를 둘러싼 싸움을 피하려는 우리의 바람이 이것을 "직접 검출"이라고 부르려는 우리의 바람보다 더 클 수도 있을 것입니다.

싸움에 대한 우려는 매우 현실적인 듯하다. 이 분야의 한 고위급 인물이 그 우려를 표한다.

12월 13일 08시 45분: 지난주에 한 모임에 참석해서 받은 인상을 전하고자 합니다. ⋯ 제 강연이 끝나자(당연히 저는 '그 사건'을 언급하지 않았습니다) 청중 가운데 누군가가 다음과 같은 통상적인 질문을 했습니다.

중력파 최초 직접 검출이 언제 이루어지리라고 예상하십니까?

내가 대답할 새도 없이 가장 영향력 있는 [유럽 국가의] 천문학자 중 하나가 청중 속에 있다가 그야말로 폭발하듯이, 이 질문은 다른 사람들의 업적에 대한 노골적인 무시라면서 중력파는 이미 발견되었다고 말했습니다. 그 후 휴식 시간에 긴 토론이 이어졌고, 저는 다른 사람들이 이 문제에 강한 감정을 가진다는 것을 처음으로 명확히 알았습니다.

이제 저는 우리가 직접이나 최초라는 단어를 논문에, 특히 논문 제목에 써서 득이 될 것이 없다고 전적으로 확신합니다! 그렇게 하면 일부 동료들의 감정을 건드려 우리가 널리 알리고자 하는 주요 메시지조차 흐트러질 위험이 있습니다.

"블랙홀 쌍성계 병합에서 유래한 중력파 관측(혹은 검출)"이라는 표현 정도가 간략하고 듣기 좋고 사실에 부합합니다.

나는 이 고위급 인물에게 이메일을 썼고, 그는 자신이 언급한 고위급 천문학자는 중력파 검출 프로젝트에 전반적으로 매우 우호적이며 따라서 내가 천문학자들과 물리학자들 사이의 관계에 대해서 한 말은 아마도 이 경우에는 적용되지 않을 것이며 아무튼 추측일 뿐이라고 답변했다. 여기에서 추측이란 이 논쟁의 열기 중 일부는 물리학자들과 천문학자들 간 경쟁의 맥락에서 유래한다는 것이다. 라이고가 자금 조달을 위해 싸우던 시절에 천문학자들은 반대 진영에 있었다. 당시에 천문학자들은 '라이고LIGO'에 들어 있는, '관측소'를 뜻하는 철자 "O"에 격분했다. 라이고는 천문학자들의 연구비를 끌어들일 수도 있는 관측소가 아니라 물리학자들의 자금으로 건설해야 할 장비라고 그들은 주장했다. 또한 라이고가 관측에 성공할 가망은 아주 먼 미래까지도 희박하며, 망원경이 우주에 관한 새로운 사실을 매일 발견하고 있으므로, 라이고가 마침내 가동을 시작하더라도 그리 많은 성과를 내지 못할 것이라고 했다. 그리고 실제로 라이고는 자금을 확보한 날로부터 23년 동안 어떤 긍정적 성과도 내지 못했다. 따라서 당시에 천문학자들은 불합리한 주장을 하고 있었던 것이 아니다. 천문학자들은 중력파를 포착하겠다는 라이고의 호언장담에 대해서 23년 동안 앙심을 품어왔을 수도 있다. 또한 소수의 천문학자는 기존 망원경을 이용하여 일반상대성이론의 중력파 예측을 입증해냈다. 어떤 추가 자금도 없이 그들의 급여만 쓰면서 말이다. 게다가 천문학자들은 장비 제작자들의 지위를 높게 평가하지 않으므로, 별들을 관찰하지 않고 기계를 제작하는 물리학자들을 비웃어 왔을 수도 있다. 더구나 이 논쟁이 진행되던 2015년 말 당시에는 중력파가 얼마 전에 검출되었다는 것을 엄선된 1000명 외에는 아무도 몰랐다는 사실을 상기하라. '그 사건'은 여전히 비밀이었다. 따라서 천문학자들은 여전히 라이고를 낙관론적이며 값비싸고 이행 날짜가 계속 미뤄지는 호언장담으로 간주할 만했다.

직접이나 최초라는 표현을 "쓰지 말자"는 진영에서 나온 이메일을 몇 통 더 보자.

12월 14일 09시 12분: 이유: 우리가 느끼기에 이 용어들이 정당화될 수도 있고 그렇지 않을 수 있다 하더라도, 그것들은 한마디로 전혀 불필요하며 최악의 경우에는 해만 끼칠 수 있습니다. 이 논문은 오직 자신의 (엄청난) 과학적 가치만을 내세울 것입니다. 우리의 가치를 과장하거나 다른 사람들의 가치를 폄하하는 의미로 받아들여질 수 있는 개인적 평가나 수식어를 덧붙일 필요가 없습니다. 무엇이 "최초", "직접" 등이었는지는 역사와 과학계가 판정하게 될 것입니다. 이런 판정은 논문에서 배제되어야 합니다.

오직 사실만을 진술하는 태도를 견지합시다!

12월 13일 15시 25분: 또한 *직접*과 *최초*를 발견 논문과 동반 논문 들에서 삭제하는 것을 옹호합니다. 사실들이 스스로 말해야 합니다. 이 결과가 얼마나 중요한지에 대한 독자의 평가를 위해서 우리가 앵커처럼 나설 필요는 없습니다.

이제 스펙트럼의 반대편 끄트머리로 이동하자. 라이고의 성취와 천문학자들의 성취를 차별화하기를 원하는 사람들은 아래와 같은 이메일들을 쓴다.

12월 12일: 우리는 중력파를 전기 신호로 변환하는 기계를 아무런 기반도 없이 처음부터 새로 제작했습니다. '직접'이라는 단어의 전형적 용법에 따르면, 이번 성과는 명백히 '직접' 측정입니다. 우리 분야에 자리 잡은 사람이 아니라면 누구나 그렇다고 동의할 것입니다.

이번 성과는 또한 우리 외에는 누구도 주장할 수 없는 경이로운 업적입니다. 그러므로 우리가 중력파 '최초 직접 검출'을 깨끗한 양심으로 주장할 수 있다고 단언합니다.

12월 13일 16시 24분: 천문학자로서 얘기하는데, 평소에 저는 라이고가 하는 일을 '검출'이 아니라 '관측'이라고 표현합니다. 우리는 검출기를 제작했고, 한 물리 현상이 그 검출기에 에너지를 투입했어요. 이 메커니즘을 통해 우리는 그 현상을 관측한 것입니다. 헐스-테일러의 연구에서와 달리 우리가 관측하고 있는 물리 현상은 중력파가 아니라 궤도의 축소 그 자체입니다. 거듭 말하지만 천문학에 빗대면 라이고는 파원을 직접 관측하는 망원경에 더 가깝습니다. 헐스-테일러 연구에서의 중력파 "검출"은 별들의 질량이 수소의 소모로 인해 변화하는 것을 관측하고 그것을 토대로 별들이 빛난다는 사실을 추론하는 것과 유사합니다. 그것은 별들의 빛 자체를 검출하는 것과 달라요. 물론 그 현상을 이론의 여지 없이 지목하는 것이기는 하지만요.

이 분개한 천문학자에게 다음과 같은 답장이 날아간다.

12월 13일 20시 01분: 정치가 문제입니다. 20년 뒤에 사람들은 우리 논문도 읽고 헐스-테일러 논문도 읽게 되겠죠. 그리고 중력파 최초 직접 검출을 주장한 사람은 없다는 것을 확인하게 되겠죠. … 저는 정치가 과학을 능가해야 한다고 생각하지 않아요. 그리고 저는 이 분야 전체에서 직접 검출 주장을 뒷받침하는 과학적 논증을 단 하나도 본 적이 없어요. 중력파의 증거를 확보했다는 주장이 아니라 중력파를 직접 검출했다는 주장을 담고 심사를 통과한 논문을 혹시 아는 분이 있나요? (틀린 것으로 밝혀진 웨버 등의 논문은 논외로 합시다.) 만일 직접 검출을 주장하는 논문이 있다면, 우리는 그 논문을 반박하지 않고는 우리가 최초라고 주장할 수 없겠죠. 그러기에는 약간 늦은 거죠. … 저는 괴롭힘당하기 싫어요. 유감이네요.

또 다른 이메일 작성자는 헐스와 테일러의 노벨상 수상에 관한 보도자료를 언급한다.

궤도에 관해 관측된 값과 이론적으로 계산된 값이 잘 일치하는 것은 **중력파의 존재에 대한 간접 증명으로 간주된다. 중력파의 존재에 대한 직접 증명은 아마도 다음 세기에나 이루어질 것이다.**
http://www.nobelprize.org/nobel_prizes/physics/laureates/1993/press.html

더욱 얄궂게도 한 이메일 작성자는 라이고의 목적을 스스로 설명하는 한 웹사이트에서 직접 검출을 언급한 것을 찾아낸다.

라이고 과학 협력단LSC은 중력파를 최초로 직접 검출하고 중력파를 이용하

> 여 중력에 관한 기초물리학을 탐구하고 신생 중력파 과학 분야를 천문학적 발견의 도구로 발전시키는 것을 추구하는 과학자 집단이다. (http://www.ligo.org/about.php)

또 다른 이메일 작성자는 라이고가 스스로 밝힌 임무에서 직접성이 언급된 것을 발견한다.

> 라이고 연구소 헌장에 정의되어 있듯이, 라이고의 임무는 중력파 직접 검출을 통해 중력파 천체물리학 분야를 여는 것이다. (https://www.ligo.caltech.edu/page/mission)

또 다른 이메일 작성자는 이렇게 말한다.

> **12월 14일 18시 50분**: 잠시 끼어들자면, 저는 이것이 어느 모로 보나 중력파 최초 직접 검출이라고 생각합니다. '직접'이라는 단어를 제목에 넣을 필요는 없다고 생각해요('라이고'는 제목에 넣을 필요가 있고요). 하지만 우리가 논문 전체에서 '직접'이라는 단어의 사용을 피해야 한다고 생각하지는 않습니다. 라이고가 중력파 최초 직접 검출을 추구한다고 오랫동안 말해놓고서 정작 때가 되니 그 성취를 주장하기를 두려워하는 것은 우스꽝스러워 보입니다.

또 다른 이메일 작성자의 말도 들어보자.

> **12월 15일 16시 40분:** ⋯ 사람들은 우리에게 직접 검출 능력을 갖춘 장비를 제작할 돈을 주었고, 우리는 내내 직접 검출을 거론해왔습니다. 누구나 직접 검출을 기대합니다. ⋯ 그리고 마침내 직접 검출이 이루어졌는데, 직접 검출을 주장하고 싶지 않다고요? 우리는 기대에 부응하기가 두려운 것일까요?

이미 언급한 대로, 이것은 온갖 견해를 온갖 강도로 표현하는 수십 통의 이메일 중 일부에 불과하다. 이런 이메일 폭풍에 직면한 가련한 논문 작성자들은 어떻게 해야 할까? 그들에게 미안함을 느끼지 않을 수 없다. 원고를 개선할 방법에 대해서 조언할 권리가 있으며 모든 초안에 대하여 장황하게 논평하기를 꺼리지 않는 사람들 1000명과 함께 논문을 쓰는 일이 얼마나 어려울지 상상해보라. 논문 작성팀이 받은 이메일은 약 2500통에 달한다. 논문 저자 목록에 포함된 사람들 가운데 거의 절반이 이메일을 보냈다.[6] 그 이메일 중 다수는 아주 여러 의견을 담고 있다. 대다수 의견은 '직접'이라는 단어의 사용에 관한 것이다. 그런데도 논문 작성팀은 놀라운 방식으로 반응한다. 적어도 나를 비롯한 두세 명은 깜짝 놀란다. 그 팀은 여론조사를 실시한다! 아래는 그 여론조사에서 제시된 세 가지 질문 가운데 둘이다. 셋째 질문(아래의 둘째 질문)은 약간 더 전문적이며 어떤 의미에서 더 놀랍다.

---

6   이 수치를 알려준 피터 프리철에게 감사를 표한다.

논문 제목 선정을 위한 여론조사: 아래 보기들에 선호하는 순서대로 번호를 붙이시오(가장 선호하는 것이 1번).

A. 블랙홀 쌍성계 병합에서 유래한 중력파 관측
B. 블랙홀 쌍성계 병합에서 유래한 중력파 직접 관측
C. 블랙홀 쌍성계 병합에서 유래한 중력파 검출
D. 블랙홀 쌍성계 병합에서 유래한 중력파 직접 검출
E. 블랙홀 쌍성계 병합에서 유래한 중력파를 라이고가 관측함
F. 블랙홀 쌍성계 병합에서 유래한 중력파를 라이고가 검출함
G. 블랙홀 쌍성계 병합에서 유래한 중력파가 라이고에 의해 관측됨
H. 블랙홀 쌍성계 병합에서 유래한 중력파가 라이고에 의해 직접 관측됨

본문에서 "직접"(검출 그리고/또는 관측)이라는 단어를 사용할지 여부

A. 논문에서 "직접"을 사용하는 것은 문제가 없다
B. "직접"을 도입부와 초록에서 한 번만 사용하자
C. "직접"을 결론에서 한 번만 사용하자
D. "직접"을 사용하지 말자

투표 방법: 마우스 버튼을 이용하여 보기들을 투표용지에 집어넣은 다음에 당신이 선호하는 순서대로, 가장 선호하는 보기가 맨 위에 놓이도록 배열하시오. 투표 기간은 12월 16~17일입니다.

적어도 한 이메일 작성자는 어리둥절하다.

다른 이메일 작성자들은 목록에 없는 제목을 제출한다. 한 저자는 '보기에서 선택할 수 없음'이라는 선택지가 있기를 바란다. 그래야 최종 선정된 제목에 대한 동의 정도를 가늠할 수 있다는 것이다.

12월 17일 현재, 다수 이메일의 취지에 기초하여 나는 논문 제목에 "직접"이 들어가지 않으리라고 짐작한다. 그리고 논문의 나머지 부분에서 "직접"이 등장하리라고 짐작한다(등장하기를 바란다). 그러나 과거에 우리가 우리의 임무에 대해서 스스로 진술한 바를 모두가 상기했는데도 "직접"이라는 단어가 자동으로 논문과 제목에 포함되지 않는다는 사실이 나에게는 여전히 당혹스럽다. 협력단의 한 최고위급 구성원은 내가 이 토론을 어떻게 평가하는지 궁금해했고, 나는 12월 15일에 그에게 이렇게 답변했다.

그러나 12월 17일에 열린 협력단 전체 원격 회의(참여한 노드의 개수는 약 290개)에서 투표 기획자들은 이렇게 말한다. 어쩌면 이토록 중요한 결론을 투표로 도출하는 것에 대한 일부의 부정적 반응을 감안한 발언일 것이다. "우리는 투표 결과를 보조적인 지침으로 사용할 것입니다. 투표로 결정이 내려지는 것은 아닙니다."

아무튼, 투표 결과가 12월 20일에 명확하게 나온다. 비록 투표자 수는 288명으로 협력단 전체의 4분의 1보다 약간 더 많은 수준이지만 말이다.

> 투표 결과1: 제목에 "직접"과 "라이고"를 집어넣지 않는다. 다수가 선호하는 제목은 "블랙홀 쌍성계 병합에서 유래한 중력파 관측 혹은 검출"이다. 투표 결과 3: 본문에서 "직접"(검출/관측)을 사용하는 것은 문제가 없다.

이 논문은 어떤 유형인가?

협력단의 주요 인물들 가운데 아는 사람이 너무 적어서 나는 집단들 간의 경쟁을 어렴풋한 수준으로도 알아채지 못한다. 그럼에도 논문에 무엇을 집어넣을지에 관한 논쟁이 달아오르는 것을 지켜보면서 나는 일부 열기의 출처는 자신들의 특수한 기여나 분석 방식이 곧 유명해질 발견 논문에서 언급되기를 바라는 개인 혹은 집단임을 감지한다. 다른 사람들도 나에게 경쟁이 거세지고 있다고 말해준다. 앞서 언급했듯이, 나는 물속으로 '밑밥'을 더 뿌리는 것에 대한 경고도 받은 바 있다.

일부 사람들은 단순명료함을 추구하는 것보다 정교한 전문성을 드러내는 쪽을 선호하는 듯하다. 그러나 어쩌면 이 문제는 논문이 어떤 유형이어야 하는가에 대한 선택에 달려 있다. 내 생각에 초기 원고들은 다양한 목표를 추구하느라 분열되어 있다.

(1) 50년 동안 애쓰고 틀린 주장들을 내놓은 끝에 드디어 진짜 중력파가 관측되었음을 합리적 의심이 불가능할 정도로 증명하는 것이 논문의 목표일 수 있다. 그렇다면 전문가 공동체를 독자층으로 상정하고 모든 의심을 거론하는 길고 전문적이며 복잡한 논문을 쓸 필요가 있다. 어쩌면 바이셉투 논문을 선례로 삼을 수도 있을 것이다. 그 논문은 『피지컬 리뷰 레터스』 논문의 통상적인 길이 한계가 4쪽인 것에 아랑곳없이 21쪽에 걸쳐서 논증, 데이터, 그림을 제시한다. 바이셉투팀은 자신들의 주장을 증명하려면 논문의 길이가 그 정도는 되어야 한다고 느꼈다. 당연히 얄궂게도 바이셉투 논문은 겨우 몇 달 뒤에 틀린 것으로 밝혀졌다!

(2) 비록 "최초 직접 검출"이라는 표현이 제목에 들어가지는 않더라도, 중력파(또한 블랙홀과 블랙홀 쌍성계 감쇠 나선운동) 최초 직접 검출을 내용으로 하는 읽기 쉬운 고전 논문을 쓰는 것이 목표일 수도 있다. 그렇다면 짧고 단순명료한 논문을 쓰고 세부 정당화는 축약할 필요가 있다. 또는 세부 정당화를, 발견 논문과 동시에 또는 얼마 뒤에 출판될 다른 논문에 위임할 필요가 있다. 발견 논문은 전문가가 아니라 물리학계 전체를 독자층으로 겨냥할 것이다. 비전문가들은 주의 집중 시간이 짧고 장황한 세부 정당화에 지루함을 느낄 것이므로, 이 논문은 짧아야 한다.

과학자들은 '이런저런 것들'을 집어넣는 것이나 빼는 것을 정당화하면서 이런저런 논문 버전을 언급하는 식의 제안들을 계속 내놓지만 어떤 유형의 논문을 원하는지를 명확히 밝히는 경우는 거의 없다. 논문 유형을 둘러싼 갈등이 명시화되는 경우는 드물다. 아래는 그 갈등을 명시적으로 보여주는 이메일들이다.

> **11월 13일 5시 44분:** 첫째, 논문이 제가 원하는 길이보다 훨씬 더 길다는 점을 지적하고 싶습니다. 저는 『피지컬 리뷰 레터스』가 이 길이를 허가할 것이라고 확신하지만, 허가를 받을 수 있다고 해서 꼭 받아야 하는 건 아닙니다. 저는 이 논문이 물리학계에서 널리 읽히기를 바랍니다. 이미 중력파에 관심이 있는 사람들뿐 아니라 우리가 도달할 수 있는 최대한의 물리학자들이 이 논문을 읽기를 바랍니다.

> **11월 16일 2시 38분:** 다른 사람들처럼 저도 논문의 길이에 관한 토론에 끼어들어 "너무 길다"라는 견해를 지지하고 싶습니다. 저는 한걸음 떨어져서 이 분야 외부 사람의 시각으로 논문을 읽어보았고, 결과를 이해하는(또한 믿는) 데 필요한 모든 것이 논문에 들어 있기 때문에 몇몇 부분의 상세함이 일반 독자에게 필요한 수준 이상이며 그런 세부 사항은 동반 보조 논문들을 참조하라는 인급으로 처리할 수 있을 것이라는 생각에 도달했습니다. 어디를 다듬어야 할지는 다른 분들이 좋은 제안을 했습니다.

다음 메일은 한 놀란 최고위급 구성원이 쓴 이메일이다. 그는 논문의 핵심 내용을 알아내는 일을 독자들에게 맡기자고 요구한다. 하지만 이 인물은 이 논문이 고전 논문이 될 것이라는 점을 가장 먼저 강조한 인물 중 하나이기도 하다. 고전 논문이라면 자신이 무엇을 서술하려 하는지를 정확히 설명해야 한다고 나는 생각한다. 고전 논문은 자신의 주장을 명확히 하는 일을 폭넓은 독자들에게 떠넘겨서는 안 된다.

> **11월 16일 21시 16분**: 보수적인 태도를 취하여 "유력한 증거"라는 표현을 사용하는 쪽을 저는 선호합니다. 그렇게 하더라도 결론이 약해지지 않는다고 생각합니다.

아래 이메일의 작성자도 폭넓은 독자층을 강조한다.

> **11월 24일 10시 25분**: 저는 이 논문의 가독성에 관한 우려를 떨칠 수 없습니다. 결국 폭넓은 스펙트럼의 『피지컬 리뷰 레터스』 독자들이 이 논문을 좋아하고 이해할 수 있기를 바랍니다. … 일부 대목들을 과감하게 잘라내어 논문의 길이를 줄일 것을 권고하는 사람들이 많습니다. 거듭 말하지만, 제 목표는 여러분에게 독자를 생각하라고 요청하는 것입니다. 그 독자는 자신의 전공 분야와 상관없이 습관처럼 『피지컬 리뷰 레터스』를 펼치는 임의의 물리학자여야 합니다.

나는 이 이메일의 작성자가 둘째 유형의 논문을 선호한다고 판단하면서 나도 토론에 참여하여 내 입장을 제시해야겠다고 생각한다. 논문에 포함된 그림들이 폭넓은 독자에게 설득력 있는 메시지를 전달하는 데 결정적으로 중요하리라는 점은 처음부터 모두가 동의해온 바다. 아래 이메일 작성자의 말에서도 그 보편적 동의를 확인할 수 있다.

11월 4일 18시 54분: 연구 결과를 독자에게 알려주는 그림들은 이성적 영향력을 넘어서 감정적 영향력을 발휘합니다. 산문이 그런 감정적 영향력을 발휘하는 경우는 드물죠. 우리는 신뢰를 얻으려 하는데, 이성과 감정은 둘 다 신뢰의 주요 성분입니다.

나는 그림의 개수를 줄여야 한다고 강력히 주장한다. 실제로 그 개수는 원고가 진화함에 따라 줄어든다. 따라서 내가 엉뚱한 주장을 한 것일 리 없다. 다른 한편으로 나는, 여러 해에 걸쳐 무수한 '오메가 플롯omega plot'•을 봐서 그것에 익숙한 독자들은 문제가 없지만 그렇지 않은 독자들은 그것을 이해하지 못할 것이라는 주장도 제기한다. 오메가 플롯은 초기 원고에는 있다가 나중 원고에서 사라지지만 그 후의 원고에서 다시 등장한다. 그러니 내가 옳지 않은 주장을 한 모양이다. 그림 8.1의 맨 아랫부분에 오메가 플롯이 있다. 그것들은 여덟 번째 논문 원고에 그림 1로 등장한다. 나는 과학자들이 오메가 플롯을 넣고 싶어하는 이유를 여전히 이해하지 못한다. 내가 보기에 오메가 플롯은 장차 문제를 일으킬 위험이 있다. 신호의 강도가 비교적 약할 경우 오메가 플롯에는 아무것도 나타나지 않기 때문이다. 따라서 그 경우에 오메가 플롯은 관련 주장의 신뢰성을 낮출 것이다.

나는 여덟 번째 원고의 그림 1에 첨부된 설명을 그림 8.1 아래에 수록한다. 나는 그림 8.1을 더 개선할 수 있다고 본다. 오메가 플롯을 포함하지 않

•　시간에 따른 주파수와 진폭의 세기를 나타내는 그림으로, x축은 시간, y축은 주파수, 그림의 색깔 강도는 진폭을 나타내도록 표현한다.

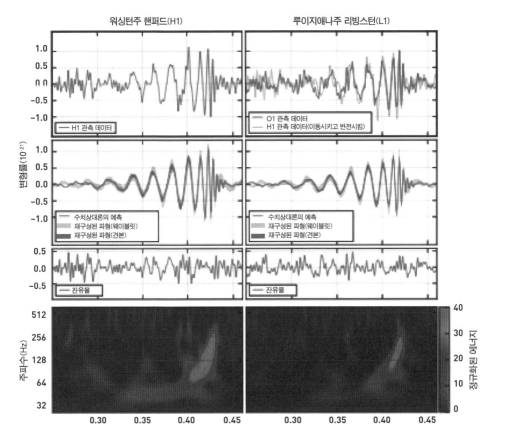

그림 8.1

여덟 번째 (저널에 제출된) 원고에 포함된 그림 1의 최종 버전: "그림 1. 라이고 핸퍼드 검출기(H1, 왼쪽 열)와 리빙스턴 검출기(L1, 오른쪽 열)에 포착된 중력파 사건 GW150914를 2015년 9월 14일 09시 50분 45초(협정세계시)를 기준으로 보여주는 그림이다. 시계열 데이터를 (i) 35~350헤르츠 대역만 통과시키는 필터로 걸러 검출기가 가장 민감한 주파수 대역 외부의 큰 요동들을 억누르고 (ii) 대역 차단 필터band-reject filter로 걸러 그림 3이 보여주는, 장비에서 유래한 강한 스펙트럼선을 제거했다. 첫째 행 왼쪽: H1 변형률. 첫째 행 오른쪽: L1 변형률. GW150914는 L1에 먼저 도달했고 약 7밀리초 뒤에 H1에 도달했다. 시각적 비교를 위해 H1 데이터를 약 7밀리초만큼 이동시키고 (검출기들의 상대적 정향을 감안하여) 반전시켜 함께 표시했다. 둘째 행: 각 검출기에서의 35~350헤르츠 대역의 중력파 변형률, 수치상대론으로 계산한 변형률[31], 재구성된 두 파형의 신뢰도가 95퍼센트인 구역들(어둡게 칠한 구역): 한 파형은 포착된 신호를 사인-가우시안 웨이블릿sine-Gaussian wavelet의 집합으로 모형화한 결과[32, 33]이며, 다른 파형은 그 신호를 블랙홀 쌍성계 견본 파형을 이용하여 모형화한 결과다[34]. 셋째 행: 걸러진 검출기 시계열 파형에서 걸러진 수치상대론 파형을 빼면 남는 잔유물. 넷째 행: GW150914와 결부된 신호 출력의 시간-주파수 분해 결과. 양쪽 플롯 모두 시간에 따라 주파수가 증가하는 중요한 신호를 보여준다."

은 그 개선된 버전은 오메가 플롯의 의미에 대한 나의 설명과 함께 그림 8.3으로 제시될 것이다.

또한 나는 '그 사건'의 통계적 유의도에 관한 수치를 제시하는 방식이 이 분야의 관행을 벗어나야 한다고 주장한다. 그 관행은 오랜 세월에 걸쳐 형성된 관행 중 하나지만, 나 같은 사람들에게는 불합리하다. 그리고 나는 이 논문이 겨냥하는 독자가 나 같은 사람들이라고 주장할 수 있다. 적어도 이 논문이 폭넓은 독자를 위한 고전 논문이기를 바란다면 말이다. 관행상 그림의 수직 좌표—각 유형의 사건(일치나 잡음)의 개수를 나타내는 좌표—는 누적적이다. 이 때문에 그림의 의미를 이해하기가 아주 어려워진다. 나는 일부 과학자들이 이 관행에 주의하라는 경고를 듣는 것에 주목한다. 그리고 나는 좌표가 비누적적으로 되어야 한다고 주장한다. 그러면 그림을 이해하기가 더 쉬워진다고 말이다. 실제로 과학자들은 그림을 바꾼다. 그림 8.2a(최종 원고의 그림 3b 참조)를 보라(나는 웃는 얼굴 이모티콘들을 삽입하고 [그 의미는 9장에서 설명할 것이다] 철자 A와 B도 삽입했다[이 철자들의 의미는 그림 8.2b와 함께 곧 설명할 것이다]). 이 그림에서 수직 좌표는 과거 원고에서 사용된 복잡한 누적 좌표가 아니라 단순한 개수다. 그림들의 수직 좌표에 관한 내 생각은 결국 공동체의 생각과 일치하게 된다.

리틀 독스

이제 우리는 본류인 그림에 관한 논의를 벗어나 '리틀 독스'에 관한 흥미로운 이야기를 살펴보아야 한다. 그림 8.2a를 이해하려면 리틀 독스가 무엇인지 알아야 하기 때문이다. 이제야 말하지만,『빅 독』을 읽은 독자들은 왜 이 책에서는 리틀 독스가 여태 중요하게 등장하지 않는지 의아하게 여기고 있을 것이다.

'리틀 독스'란 빅 독 에피소드에서 매우 중요했던, 중력파 데이터 분석에 관한 흥미진진한 역설이다. 이 명칭은 2010년 9월의 암맹 주입이 '빅 독'으로 불리게 되면서 생겨났다. 그러나 이제 기억으로만 남은 '빅 독'과 달리 '리틀 독스'는 중력파 과학계에 확고히 뿌리를 내렸다. 이 분야에서는 누구나 '리틀 독스'가 무엇인지 안다. 전문가들은 이 명칭이 가까운 시일 내에 바뀔 가능성은 낮다고 본다. 내 책을 읽은 독자들을 빼면, 이 분야 바깥에서는 아무도 이 명칭이 무엇을 가리키는지 모를 테지만 말이다. 이 명칭이 출판된 논문에서 등장하는 일은 전혀 없을 것이다. 상대방이 중력파 물리학 분야의 내부자인지 여부를 검사하는 좋은 방법은 리틀 독스가 무엇이냐고 묻는 것이다. 이 명칭은 영영 일반 물리학의 언어에 진입하지 않을 것이기 때문이다. 이 명칭은 '장인匠人들'의 용어로만 쓰이다가 아마도 언젠가는 완전히 사라질 것이다.

리틀 독스가 발생하는 것은 특정 사건이 우연히 발생했을 확률을 계산하는 시간 슬라이드 기법 때문이다. 기억하겠지만, 전통적으로 중력파 물리학에서 사건으로 간주되는 것은 두 검출기에서—이 경우에는 H1과 L1에서—포착된 신호들이 일치하는 경우다. 진짜 신호는 두 부분을 가진다. 그 부분들을 HS와 LS로 부르자. HS는 H1에서 포착된 신호를 뜻한다. 배경 잡음을 탐구하려 할 때 연구자는 한 검출기에서 출력된 흔적을 시간상에서 이동시킨 다음에 다른 검출기에서 출력된 흔적과 포개놓고 일치하는 부분들을 살펴본다. 이렇게 하면, 두 흔적의 겉보기 일치들—사이비 사건— 은 무작위한 잡음으로 인해 발생한 것일 수밖에 없다. 사이비 사건은 이를테면 한 흔적의 글리치 Ha와 다른 흔적의 글리치 Lz와 일치하는 것일 수도 있고 Hb가 Ly와 일치하는 것일 수도 있다. 연구자는 다수의 시간 슬라이드를 만들어서 배경 잡음으로 인한 사이비 사건들의 평균을 구한다. 리틀 독스는 그런 사이비 사건의 한 성분이 진짜로 추정되는 신호의 한 부분일 때 발생한다. 이를테면 HS와 Lc가 일치하여 리틀 독이 발생하거나, LS와 Hd가 일치하여 리틀 독이 발생할 수 있다. 그런데 문제는 이것이다. 만일 신호 HS+LS가 진짜라면, 배경 잡음 계산에서는 HS와 LS가 등장하지 않아야 한다. 이것들은 잡음의 일부가 아니기 때문이다. 이것들을 잡음에 포함시키면, 잡음이 과장되고, 신호가 잡음 위로 도드라지는 정도가 감소하게 된다. 반대로 만일 신호 HS+LS가 진짜가 아니라면, 시간 슬라이드 분석에서 HS와 LS를 배제할 경우, 배경 잡음이 과소평가되어 긍정 오류false positive가 발생할 수 있다. 따라서 연구자는 HS+LS가 진짜 신호인지 여부를 먼저 알아야 배경 잡음 분석에서 HS와 LS를 배제해야 할지를 알 수 있다. 그러나 HS+LS가 진짜 신호인지 알아내려면, 연구자는 배경 잡음 분석에서 HS와 LS를 배제해야 할지 여부를 알아야 한다. 이미 말한 대로, 이것은 '흥미진진한succulent' 역설이다.

『빅 독』은 리틀 독스에 관한 감탄스러운 논의를 풍부하게 담고 있지만, 이 책이 다루는 '그 사건'과 관련해서는 사정이 훨씬 더 간단하다. '그 사건'에서는 HS와 LS가 간섭계들에 포착된 모든 잡음들보다 크다. 따라서 이를테면 HS+Lz가 HS+LS와 맞먹는 상황이 절대로 발생하지 않는다(빅 독 사건에서는 그런 상황이 발생할 수 있었다). 요컨대 '그 사건'과 관련해서는 리틀 독 문제가 발생하지 않는다. 피터 솔슨은 (11월 9일 14시 24분에) 나에게 보낸 이메일에 이렇게 설명한다. "기적적인 신의 도움으로 그 논쟁을 해결하지 않아도 됩니다."

그럼 신호가 훨씬 더 작은 두 번째 월요일 사건에서는 어떨까? 두 번째 월요일 사건을 탐구하기 위해 배경 잡음을 추정할 때는 '그 사건'의 신호들을 배제해야 한다는 점에 모두가 동의한다. 그리하여 이제 합의된 절차가 존재한다. 연구자는 가장 큰 사건을 출발점으로 삼아서 그 사건의 배경 잡음을 계산한다. 그 배경 잡음은 리틀 독스를 포함한다. 이어서 연구자는 그 리틀 독스를 제거하고 두 번째로 큰 사건으로 옮겨간다. 이 사건도 고유한 리틀 독스를 가질 것이다. 이 사건의 통계적 유의도를 계산할 때는 그 리틀 독스를 포함시켜야 한다. 그러나 그다음에는 그것들을 제거하고, 세 번째로 큰 사건의(그런 사건이 있다면) 배경 잡음을 추정하는 작업으로 옮겨간다. 이런 식으로 탐구가 계속 진행된다.

이제 그림 8.2a로 돌아가서 그 그래프를 더 상세하게 이해해보자. 기호 A가 붙은 검은색 선은 리틀 독스를 포함한 배경 잡음인 반면, 기호 B가 붙은 회색 선은 리틀 독스를 배제한 배경 잡음이다. 165쪽에서 인용한 12월 20일의 이메일은, 리틀 독스를 포함시키면 B선만 있을 때에 비해 그림이 매우 지저분해지는데도 리틀 독스를 포함시키는 이유를 설명한다.

그러나 리틀 독스를 포함시키는 것이 옳은지에 대한 의문은 여전히 남아 12월 초의 짧은 논쟁으로 표출된다. 쟁점은 A선을 제거하여—'리틀 독스를 도살하여'—그림을 단순화하는 것이 더 나은가 하는 문제다. 일곱 번째 원고에 삽입된 통계적 유의도 그림에서는 리틀 독스를 제거했다. 그러나 여덟 번째 원고에서는 리틀 독스가 다시 포함된다.

이제부터 리틀 독스 문제를 내 나름대로 설명하겠다. 설령 연구자가 데

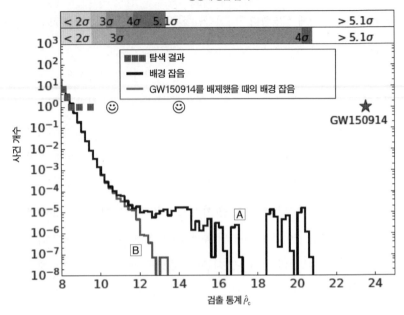

그림 8.2a GW150914의 통계적 유의도를 보여주는 그래프(엄격하게 따지면 빼야 할 기호들이 포함되어 있음).

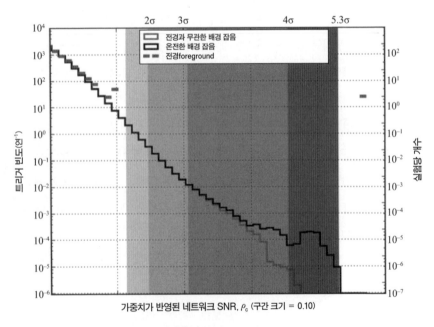

그림 8.2b '박싱 데이Boxing Day'(12월 26일을 뜻함.—옮긴이) 사건(오른쪽 위에 따로 떨어진 작은 사각형)의 통계적 유의도를 보여주는 그래프(9장 참조).

이터 조작 혐의를 피하기 위해 리틀 독스를 포함시키는 것에 동의하더라도, 또한 리틀 독스의 포함 여부가 그것들이 생겨나게 만든 사건의 통계적 유의도를 변화시킬 수 없음에 동의하더라도, 연구자가 사건이 진짜라고 판단한 다음에도 리틀 독스를 포함시킨다면 오해가 발생할 수 있다. '그 사건'은 진짜이거나 아니거나 둘 중 하나다. 그리고 '그 사건'이 진짜라고 판단했다는 것은, '그 사건'과 결부된 리틀 독스는 진정한 배경 잡음이 아니라고 판단했다는 것을 의미한다. 그럼에도 (최종 원고에 삽입된 통계적 유의도 그림을 간소화한) 그림 8.2a에서는 리틀 독스가 배경 잡음의 일부인 것처럼 보인다. 실제로 그 리틀 독스는 '그 사건'이 진짜라고 판정하기 위해 사용한 배경 잡음의 일부일 뿐인데도 말이다.

이제 우리는 그림 8.2a의 또 다른 특징도 이해할 수 있다. 그것은 그래프 위에 표시된 2개의 유의도 눈금이다. 아래쪽 눈금은 리틀 독스를 포함시켰을 때의 눈금이며 '그 사건'(그림에서 별표로 표시되어 있음)의 통계적 유의도를 계산할 때 적합하다. 위쪽 눈금은 리틀 독스를 제거했을 때의 유의도 눈금이며 두 번째 월요일 사건의 유의도를 계산할 때 적합하다. 그림에서 두 번째 월요일 사건은 회색 정사각형들 가운데 맨 오른쪽의 것이며, 그것의 통계적 유의도는 3시그마에 약간 못 미친다. 역시 그림을 보면 알 수 있듯이, '그 사건'의 유의도는 리틀 독스 포함 여부와 상관없이 5.1시그마를 훌쩍 넘는다. 그렇기 때문에 이번에는 사정이 매우 간단한 것이다. 그러나 두 번째 월요일 사건처럼 약한 사건과 관련해서는 리틀 독스를 둘러싼 난해한 논쟁이 발생할 수 있다.

이 대목에서 또 다른 수정 사항을 언급할 필요가 있다. 보다시피 그림 8.2a에서는 '그 사건'의 유의도가 5.1시그마를 훌쩍 넘는 것으로 되어 있지만, 여덟 번째 원고 이전의 모든 원고에서는 4.9시그마를 훌쩍 넘는 것으로 만 되어 있다. 우리는 정확성의 참값을 모른다. 다만, 정확성의 최솟값만 알 수 있으며, 그 최솟값은 시간 슬라이드들을 통해 확보한 데이터의 양으로 결정된다. 그런데 이 중력파 연구 협력단은 연구 결과의 유의도를 '4.9시그 마 초과'로 제시하는 것을 꺼림칙하게 느꼈다. 왜냐하면 연구 결과를 '발견' 으로서 발표할 수 있기 위한 통계적 유의도의 기준은 5시그마이기 때문이다. 그리하여 그들은 쫀쫀한 비판자들을 만족시키려면 유의도의 최솟값이 5시그마에 도달하는 것이 더 낫다고 느꼈다. 하지만 운이 나쁘게도 협력단 은 검출기를 동결 상태로 유지하면서 16일 동안 데이터를 수집한 후 동결 을 풀었는데, 그 데이터를 가지고 간격이 0.2초인 시간 슬라이드들을 만들 어서 도달한 통계적 유의도는 4.9시그마에 불과했다. 따라서 협력단은 이 문제를 해결하기 위해 통계적 유의도를 향상시키기로 결정했다. 그러면서 다른 한편으로 그들은 자신들이 사후에 데이터를 조작한다는 의혹을 살 수도 있다는 점을 염려했다.

통계적 유의도를 높이는 방법은 두 가지였다. 첫째, 데이터는 그대로 둔 채로 시간 슬라이드의 간격을 반으로 줄여 시간 슬라이드들을 2배로 늘리 는 방법이 있었다. 둘째 방법은 O1에서 더 나중에 나온 데이터를 기존의 16일분 데이터에 추가하는 것이었다. 약간의 논의 끝에 시간 슬라이드 간 격 0.1초도 기술적으로 수용 가능하다는 결론이 내려졌다. 이 논의 및 결론 과 상관없이 그 사건에 대한 믿음은 확고하다는 점을 유의하라. 이 시점에 서는 협력단의 모든 구성원이 GW150914가 진짜 사건임을 안다. 통계적 유 의도의 최솟값을 4.9에서 5.1로 높인다 하더라도, 어떤 구성원의 내면에서 도 발견에 대한 확신에 변화가 일어나지 않을 것이다. 하지만 공식적 기준

중력의 키스

— 이 경우에는 '유력한 증거'의 기준이 아니라 '발견'의 기준 — 을 충족시켜야 하기 때문에 이런 문제가 통상적으로 발생한다. 현실에서는 유력한 증거와 발견의 구분이 덜 공식적이다. 그 구분은 '발견'이란 무엇인가에 대한 공동체의 이해에 기초하여 이루어지고 정당화된다. 이 경우에는 발견의 '이미지' 측면이 어마어마한 역할을 암묵적으로 하고 있었다. 어쨌든, 현재 계산된 값이 4.9시그마라 하더라도, 실제 값은 5시그마를 훌쩍 넘는 것이 명백했다. 그럼에도 5시그마 기준에 따라서 '발견' 혹은 '관측'이라는 용어를 사용하는 것이 확실히 정당하다고 공개적으로 말할 수 있는 상황을 만들어내야 한다고 협력단의 구성원들은 느꼈다. 비록 통계적 유의도를 높임으로써 얻는 '과학적' 성취는 전혀 없지만 말이다. 한 이메일 작성자는 이렇게 썼다(원문을 찾을 수 없어서 한 게시판에 올라온 글을 재인용한다).

> — 통계적 유의도 4.9시그마. 저는 논문에서 4.9시그마가 최솟값일 뿐이며 우리가 분석한 데이터의 양이 한정적이기 때문에 그 최솟값이 나왔다는 점을 더 명확히 밝혀야 한다고 생각합니다. 그러나 제가 더욱 염려하는 것은 이런 섬세한 이야기를 모든 독자가 충분히 이해하지는 못하리라는 점, 그리고 그 사건이 4.9시그마 사건으로 보도되리라는 점입니다. 이 문제를 예방하기 위해서 후속 데이터 뭉치를 분석에 포함시켜 5시그마를 초과하는 최솟값에 도달하는 것이 좋지 않을까요?

한 전화 통화에서 상대방은 나에게 상황을 약간 더 생생하게 설명했다.

봐봐요, 공식적으로 4.9를 넘는다는 것이 확인되었어요. 4.9보다 훨씬 더 높아요. (그래프에서 볼 수 있듯이) 5라고요. 하지만 4.9를 받아 적고 5가 아니라고 말할 멍청이들이 있을 거라는 의견이 나왔어요. 그래서 우리는 우리의 기준을 침해하지 않거나 침해하더라도 많이 침해하지 않는 해결책을 찾아냈죠. 4.9가 아니라 5.1이라고 말할 수 있게 해주는 해결책. 그리고 쓸데없는 논의를 종결했어요.

O1에서 추가로 데이터를 입수하여 배경 잡음 데이터를 늘리는 방안에 대해서는 일찍이 9월 22일에 피터 솔슨이 나에게 이렇게 말한 바 있다. "틀림없이 우리는 GW150914(마음에 안 들지만 문제는 없는 이름이죠)의 유의도를 평가하는 데 필요한 배경 잡음을 충분히 확보하기 위해 O1 데이터를 사용하게 될 거예요."(53쪽 참조) 그러나 검출기의 상태를 동결하기로 결정되었고 그 상태에서 수집한 16일분의 데이터만 사용하기로 결정되었기 때문에, O1 데이터를 추가로 동원하는 것이 옳은지는 이제 그리 명확하지 않다. 협력단의 한 고위급 구성원은 11월 말에 이렇게 썼다.

11월 28일 3시 58분: 검출위원회는 유의도 4.9시그마는 최솟값이며 실제 중요성은 훨씬 더 높다는 점을 더 명확히 밝혀야 한다는 제안에 동의합니다. 중요성의 최솟값을 높이는 작업이 너무 어렵지 않다면 그 작업을 하는 것이 좋을 것입니다. 한 가지 방법은 데이터를 늘리는 것일 터입니다. 현재의 데이터를 그대로 두고 시간 슬라이드의 간격을 줄여서 시간 슬라이드의 개수를 늘리는 것도 방법입니다. CBC팀의 일부 구성원들이 0.1초의 배수를 간격으로 삼은 시간 슬라이드의 제작을 시도하고 있다는 것을 우리는 압니다. 그렇게 하면 슬라이드의 개수가 2배로 늘어날 것입니다. 이 성과가 머지않아 나올 가능성이 있습니다. 후속 데이터를 추가하는 방법은 약간 문제가 있습니다. 현재 분석에서 사용되는 데이터는 검출기들이 약한 동결 상태에 있는 동안에 수집된 것입니다. 그 약한 동결은 16일분의 데이터가 수집된 후에 풀렸습니다. 따라서 새 데이터를 추가하려면, 검출기 설정 작업과 새로 포함된 데이터에 대한 검토 작업이 필요합니다. 불가능한 작업은 아니지만, 일정이 약간 지체될 것입니다. … (우리는) 또한 데이터를 추가하거나 시간 슬라이드를 추가하는 것이 너무 심한 데이터 튜닝tuning으로 보일지에 대해서도 토론했습니다. 우리가 가진 것은 유의도의 최솟값뿐이므로, 그 최솟값을 높이기 위한 추가 노력이 추구하는 바는 유의도를 변화시키는 것이 아니라 단지 유의도에 대한 우리의 추정을 향상시키는 것이라고 해명할 수 있을 것입니다. 하지만 우리는 극도로 조심할 필요가 있습니다. 우리가 후속 데이터를 추가하거나 시간 슬라이드의 개수를 늘리기로 결정한다면, 우리는 어떤 결과가 나오더라도 그것을 받아들여야 합니다. 설령 새로운 최솟값이 우리 마음에 들지 않더라도 말입니다.

결국 0.1초 간격의 시간 슬라이드들이 사용되고, 유의도의 최솟값은 5.1시그마로 향상된다. 위 이메일의 마지막 문장에 담긴 경고를 보면, 이 작업이 데이터 튜닝으로 보이지는 않는다. 그러나 무자비한 비판자라면 꼬투리를 잡을 수도 있다.

그 사건이 매우 확실한 이유를 더 명확히 설명해주는 그림

나 같은 독자가 보기에 모든 그림이 가능한 한 명확하지 않은 것 같아, 중력파 과학자인 피터 쇼핸에게 특별히 내 책을 위해서 논문 원고에 삽입된 그림 1의 개선된 버전을 만들어달라고 요청했다. 많은 사람이 그 그림의 다양한 버전을 제시하고 있었는데, 쇼핸의 그림이 내가 원하는 그림에 가장 가까웠기 때문이다. 매우 친절하게도 그는 자신의 그림을 나의 요구에 맞게 다양한 방식으로 개선해주었다. 그림 8.3이 그 개선된 버전이다.[7]

이 그림은 발견의 결정적 증거이며 6개의 '성분'으로 이루어졌다. 3번 성분은 블랙홀들의 감쇠 나선운동, 병합, 감쇠 안정화에 의해 산출될 것으로 예측되는 파형을 보여준다. 4번 성분은 감쇠 나선운동 단계와 병합 단계를 묘사하는데, 과학자들은 이를 '카툰cartoon'이라고 부른다. 3번 성분에서 실선은 이론적인 파형을 보여주는 반면, 거의 겹치는 2개의 점선은 두 검출기의 정향 차이와 신호 도달 시점의 차이를 감안할 때 두 검출기에서 포착되리라고 예측되는 파형들을 보여준다. 검출기들은 온전한 파형을 포착하지 못한다. 예컨대 검출기들의 감도는 낮은 진동수에서 대폭 감소하기 때문이다. 그렇기 때문에 검출기들은 이론적 신호의 왼쪽 부분(블랙홀들이 아직은 비교적 천천히 회전할 때의 신호)을 대부분 놓치리라고 예측된다. 그래서 3번 성분의 왼쪽 부분에서 점선들은 실선과 많이 어긋난다. 각각의 검출기에서 포착되리라고 예상되는 파형들도 서로 약간 다르다. 왜냐하면 검출기들의 제작 방식과 정향에 미세한 차이가 있기 때문이다(이 차이는 악의적 주입의 가능성을 배제하는 과정에서 장점으로 판명되었다.—32쪽 참조).

1번 성분과 2번 성분은 검출기에서 포착된 파형과 3번 성분에 나오는 예

---

7 피터 쇼핸은 이렇게 말한다. "제가 한 일은 스테판 발머와 조시 스미스가 작성한 매트랩Matlab 프로그램을 해킹한 것, 그리고 (적어도 제가 믿기에는) 그래프 2개를 추가하고 포맷을 바꾼 것이 거의 전부입니다." 그는 스테판과 조시의 공로가 인정되어야 한다고 지적한다. 스테판 발머는 나를 위해 몇 개의 그림도 만들어주었다. 그 그림들은 나의 초기 원고에 포함되어 있었지만 이제는 필요하지 않다. 고마워요, 스테판.

중력의 키스

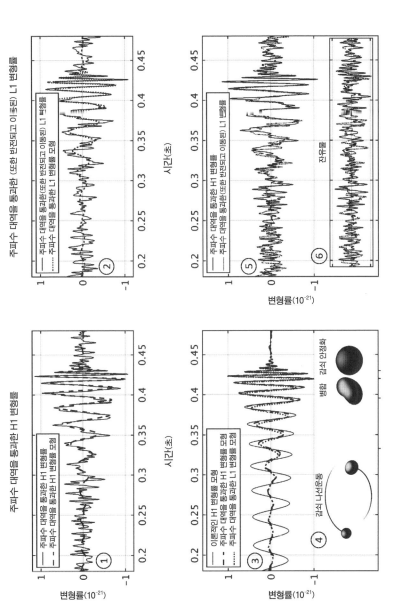

그림 8.3 발견 논문의 그림 1을 피터 쇼핸이 이 책을 위해 개선한 버전.

주파수 대역을 통과한 H1 변형률

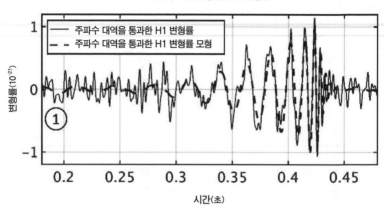

주파수 대역을 통과한 (또한 반전되고 이동된) L1 변형률

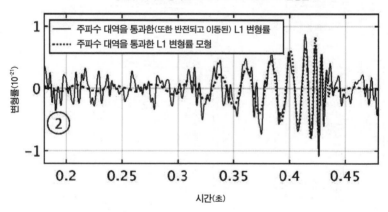

그림 8.4a, b 그림 8.3의 성분들을 확대해서 보여주는 그림들.

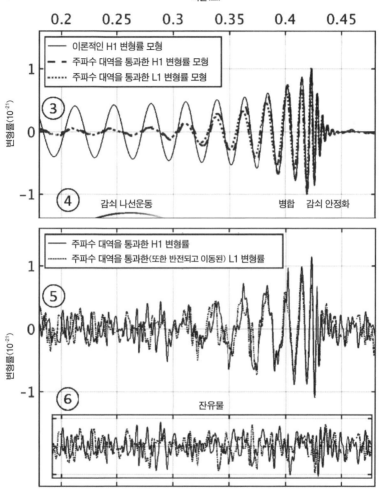

시간(초)

측된 파형을 겹쳐서 보여준다. 보다시피 두 파형은 거의 일치한다. 이는 '그 사건'이 H1과 L1 모두에서 포착된 것이 틀림없음을 의미한다.

5번 성분은 각각의 검출기에서 포착된 파형들을 겹쳐서 보여준다(이 두 파형의 일치는 1번 성분과 2번 성분에서도 이미 드러난다).

6번 성분은 5번 성분에서 예측된 파형을 뺐을 때 남는 잔유물을 보여준다.

그림 원본은 컬러여서 여러 파형들을 구별하기가 더 쉽고 따라서 그 파형들이 일치하는 것을 알아보기도 더 쉽다. 이 그림은 흑백이기 때문에 성분 1, 2, 3, 5, 6을 확대한 그림들을 추가로 싣는다. 그 확대 그림들을 보면, 선들이 확실히 일치하는 것, 혹은 일치하지 말아야 할 곳에서는 확실히 일치하지 않는 것을 더 쉽게 확인할 수 있을 것이다.

여담을 하나 보태자면, 최종 논문은 사망자 3명을 포함해서 1000명이 넘는 사람들을 저자 목록에 올릴 것이다. 그 저자들의 소속 기관은 133곳에 달한다. 이 저자 목록은 중력파 검출 역사의 일부를 담았다고 할 만하지만 그 역사를 완전히 대표하지는 못한다. 그 역사를 일궜지만 이 저자 목록에 포함되지 않은 인물을 몇 명만 꼽으면, 조지프 웨버, 최초의 중력파 검출용 간섭계를 제작한 밥 포워드, 극저온 막대를 옹호한 구이도 피첼라와 마시모 체르도니오, 결정적인 신호 리사이클링 개념의 주요 발명자인 브라이언 미어스, 습지였던 곳에 리빙스턴 검출기가 건설될 수 있도록 터를 닦은 게리 스태퍼, 캘리포니아 공과대학의 40미터 간섭계 연구팀의 지휘자 밥 스페로, 라이고 프로젝트의 지휘자를 지낸 프랭크 슈츠와 로비 보트, 블랙홀의 충돌을 어떻게 모형화할 것인가라는 난해한 문제를 최초로 해결한 프란스 프레토리우스가 있다. 이들 중에서 적어도 1명은 자신의 이름이 저자 목록에 올라가는 것을 거부했으며, 당연히 몇 명은 참고 문헌에 등장한다.

중력의 키스

9장

12월, 열둘째 주에서 열여섯째 주:
증명 퇴행, 엄격한 전문가주의, 셋째 사건

12월은 여러모로 다사다난한 달이다. 우리는 이미 앞 장에서 '직접'을 둘러싸고 12월에 벌어진 논쟁을 살펴보았다. 12월의 다른 사건들은 공동체의 분위기 변화와 결부된 증상들이다. 그 변화는 논문 작성 과정을 포함한 지루한 검출 절차에서 비롯된다. 내가 느끼기에 그 절차는 일종의 증명 퇴행으로 변질되고 있다. "어떻게 하면 우리의 질문이 종결될까?"(다음 절 참조) 심지어 그 절차가 논문의 완성을 영원히 막을 것처럼 보이기까지 한다. 또한 셋째 사건이 검출된다. 이 성과 덕분에 모두가 다시 활기를 얻는다. 그리고 그 성과에 대한 새로운 소문들이 범람하여 모두를 우울하게 한다.

분위기 변화와 '엄격한 전문가주의'

협력단의 분위기가 약간 달라졌다. 아마도 변화의 과정이 한동안 있었겠지만, 이제야 명백하게 변화가 드러난다. 우호적이고 예의 바르던 이메일들이 지금은 '바늘처럼' 까탈스럽다. 어쩌면 이 모든 상황이 너무 오래 지속되어 생긴 불만이 이메일에 스며드는 것일 터이다. 사람들은 누군가와 관계가 틀어지지 않으면서 그에게 동의하지 않기 위해 필요한 힘든 일을—에너지가 너무 많이 들기 때문에—그만두고 이제 그냥 '내놓고' 동의하지 않는다고 밝힌다. 사람들은 질질 끄는 과정과 비밀 유지의 스트레스에 지쳤다. 이제 나는 내가 평소라면 무시하지 않았을 것들을 무시하는 이유를 사람들에게 말하지 않을 수 없음에 지쳐가는 중이다. 어쩔 수 없이 나는 선의를 품고 기꺼이 나를 신뢰해주는 동료들에게 의지하면서 내가 직업에 더 충실해야 한다는 것이 명백할 때면 아무 설명 없이 임무의 일부를 수행하는 형편이다. 사람들은 자신들의 위대한 업적에 대해서 자유롭게 말할 수 있기를 바란다. 그러나 지금은 해가 바뀔 즈음이고, 가장 빠른 기자회견 날짜는 2월 11일이다. 긴장 속에서 보내야 할 시간이 아직 6주나 남았다. 우리는 '그 사건'이 중력파라는 것을 알지만 공식적으로는 모르며 검출 절차가 완전히 마무리될 때까지 그것을 알 수 없다. 논문이 제출되어 채택되고 기자회견이 열릴 때까지 우리는 그것을 누구에게도 말할 수 없다. 게다가 경쟁이 공동체를 갉아먹고 있는 듯하다. 모든 집단과 하위집단 각각이 자신의 역할이 중요하게 보이기를 바란다. 사람들은 길바닥에 뿌려진 지폐를 움켜쥐는 굶주린 사람들처럼 명예를 움켜쥐려 한다. 중력파 업계에 종사하면서 우리는 오랫동안 과학적 보상을 기다려오지 않았던가.

문제는 '그 사건'이 모든 예상을 깼다는 점이다. 놀랍게도 '그 사건'은 거의 첫날부터 신뢰를 얻을 만큼 강력했다. 그러니 3개월 반이 지난 지금, 사람들이 지루함에 지친 것은 놀라운 일이 아니다. 상황의 전개를 돌이켜보면, '그 사건'이 공개적으로 선언할 만한 발견이라는 점은 '그 사건' 시점으로부터 제21일(21일째)인 10월 5일에 상자가 열렸을 때부터 대체로 확실했으며 늦어도 악의적 주입의 가능성이 (제45일인 10월 29일에 공동체 전체 원격 회의에서) 배제되었을 때부터는 거의 논란의 여지가 없었다. 요컨대 '그 사건'으로부터 한 달 반이 지난 시점 이후로 그것이 발견이 아니라고 믿기는 거의 불가능했다고 할 수 있다. 지난 두 달은 모수 추정을 다듬고 논문을 쓰고 검토하는 일에 할애되었다. 무엇을 위해서 그렇게 했을까? 또 한 번의 내부 검토를 위해서였다!

그러나 협력단의 한 고위급 구성원은 나에게 이 과정이 합리적이라고 말한다. 그는 정교한 검출 절차가 훨씬 더 약한 사건을 위해 설계되었다는 점을 인정하면서도, 여전히 그 절차를 온전히 이행할 가치가 있다고 말한다. 통계적 결론이 약간 바뀔 수도 있다는 것이다. 어쩌면 오경보율이 10만 년에 1회가 아니라 11만 년에 1회일 수도 있다고 한다. 이것은 유의미한 차이가 전혀 아니라고, 특히 오경보율 추정 값은 검출기들이 '동일한' 상태라는 것이 무엇을 의미하는가에 관한 임의적인 전제에 기초를 둔다는 점을 감안하면, 11만 년에 1회나 10만 년에 1회나 다를 바 없다고 내가 항의하자, 그는 그럼에도 보유한 능력을 최대로 발휘하여 연구에 공을 들이는 것이 중요하다고 대꾸한다.[1] 향후의 논의를 위해 이런 사고방식을 '엄격한 전문가주의relentless professionalism'라고 명명하자. 엄격한 전문가주의는 때때로 쩨쩨한 현학衒學이다.

'증명 퇴행'과 질문을 멈출 필요성

이 논문을 쓰는 방법은 몇 가지 점에서 문서 생산 방식의 매우 놀라운 혁신이다. 논문의 잇따른 원고들은 무려 1000명으로 구성된 공동체 전체에 제시되고 그 많은 구성원의 논평을 기다린다. 그리고 그들 중 거의 절반이 실제로 논평한다. 한 고위급 구성원이 나에게 말한 대로, 이것이 논문의 자기수정self-correction을 의미하는 한에서 이 과정은 매우 훌륭하다. 모든 주장과 문구를 낱낱이 검토하는 일에 막대한 에너지가 투입된다. 혹시라도 있을지 모르는 오류가 영원한 오류로 굳어지지 않게 하기 위해서다.

그러나 부정적인 면도 있다. 방금 언급한 고위급 구성원이 지적한 대로, 이 과정에서 많은 사람들은 자신의 특수한 기여가 논문에서 언급되게 만들려고 애쓴다. 그 결과로 논문은 생동감을 잃는다. 이 논문은 드라마처럼 인상적인 문장으로 시작되었지만 거대한 공동체가 쓴 논문처럼 될 위험이 있다. 이 공동체가 너무 민주적이고 너무 관료주의적으로 조직되어 있어서 누군가가 지휘권을 쥐고 전체를 통합하는 것은 불가능해 보인다. 대신에 이 성취를 직접 관측으로 칭할 것이냐 같은 중요한 사안들이 막다른 골목에 이르면, 우리는 투표를 한다. 역사적 문서의 문구 선택에 관한 투표를 하는 것이다!

그러나 나와 교신한 한 사람은 내가 이 논문 작성 절차를 완전히 이해하

1　시간 슬라이드의 간격을 0.1초로 잡으면, 오경보율은 20만 년에 1회로 된다(3분의 2 질량 구간을 탐사하기 위한 시도 인자를 허용하지 않는다면 이 값은 60만 년에 1회다. 박싱 데이 사건에서의 상자 개봉에 관한 10장의 논의 참조).

지 못했다고 말한다. 이 절차는 겉보기만큼 민주적이지 않다고 한다. 그는 멋진 비유를 써서, 민주주의적 외관은 투우사의 망토와 같다고 말한다. 그 민주주의-망토가 공동체 구성원들의 주의를 끌고 그들을 안심시키지만, 막후에서는 저자들과 그들 근처의 조언자들이 말이 되는 논문을 쓰려 애쓴다는 것이다. 결국 훌륭한 논문이 작성된다는 점을 감안할 때, 실제로 벌어지는 일에 관한 그 사람의 추정은 신뢰할 만한 듯하다.

철학적으로 더 흥미로운 문제는, 모든 구성원에게 어떤 질문이라도 제기할 기회를 주는 메커니즘은 모든 것에 대해서 질문이 제기되는 결과를 낳는 경향이 있다는 점이다. 뒤앙-콰인 명제Duhem–Quine thesis나 '실험자의 퇴행Experimenter's regress'(367쪽, 그리고 『틀 바꾸기』 참조), 또는 쿤의 '본질적 긴장essential tension', 또는 "과학은 장례식이 열릴 때마다 진보한다"라는 플랑크의 말, 또는 빅 독 주장이 25개의 '철학적' 합의에 근거를 두었음을 보여주는 『빅 독』 14장에서 알 수 있듯이, 무엇이든 질문의 표적이 될 수 있고, 질문의 한계는 과학 공동체의 사회적 응집력에 의해 부과된다. 이것은 강한 의미에서 과학사회학의 중심 전제다. 이 전제는 과학자들이 어떻게 결론에 도달하는가에 대한 사회학적 탐구를 추진하는 엔진이며 이 책 전체에서 거듭 등장할 것이다. 실제로 우리는 '그 사건'이 블랙홀 쌍성계의 감쇠 나선운동에서 유래했다는 주장이 의문시되었을 때—보손 별, 또는 영리한 물리학자들이 생각해낼 수 있는 기타 임의의 천체가 '그 사건'의 파원일 수도 있다는 반론이 제기되었을 때—이미 이 전제와 마주친 바 있다. 그때 나는 내가 머리카락을 쥐어뜯고 있다고 말했는데, 그것은 내가 중력파 과학자의 역할에 너무 깊이 빠져든 탓이었다. 나는 "이봐, 정신들 차려! 물리학자들의 관행대로 말하면, 이건 블랙홀 쌍성계의 감쇠 나선운동이 맞아. 왜 자꾸 의문을 제기하는 거야?"라고 말하고 있었다. 만약에 내가 좀 더 공들여 거리 두기를 실천했더라면, 나는 이렇게 말했을 것이다. "무엇이 의문시될 수 있는가에 관한 한계 설정은 논리의 문제가 아니라 사회적 관행의 문제라는 사실을 보여주는 훌륭한 실례가 아닌가!" 사회학적/철학적 추진력의 존재는 앞으로도 거듭 드러날 것이므로, 나는 이 현상을 표현하는 간단한 문구 하나를 고안하려 한다. 나는 이 현상을 '증명 퇴행proof regress'이라고 부를 것이다. 모든 것을 정확히 옳게 만들려는 결심이 너무 강하면—판단이 필요한 상황에서 너무 엄격한 전문가주의를 고집하면—물리학은 정체될 것이다. 물리학자들은 증명 퇴행을 피해야 한다.

예컨대 우리는 '그 사건'이, 1000명의 사람들이 블랙홀 쌍성계 감쇠 나선운동을 보기를 강력히 욕망하고 집단적으로 생산한 파형을 모종의 소통 경로를 통해 무의식적으로 조율함으로써 만들어낸 염력의 결과일 수도 있음을 안다. 그러나 또한 우리는 '그 사건'이 그런 결과라고 말하지 않는 편이 더 낫다는 것을 안다. 그 말은 사회적 수용 가능성의 한계를 벗어난다(『중력의 그림자』 5장 참조). 그러나 누군가가 악의적으로 가짜 신호를 주입했을 가능성을 진지하게 고려하는 것은 허용된다. 이 가능성은 우리가 기꺼이 공개할 만한 것은 아니지만 최근 들어 사회적으로 수용 가능하게 되었다. 증명 퇴행은 논리에서는 무엇이든지 의문시할 수 있음을 일깨운다. 그러나 실행에서는 무엇이든지 의문시할 수 없다. 만약에 실행에서 무엇이든지 의문시한다면, 과학은 녹아 없어질 것이다.

동결을 완화하려는 시도

이제 나의 관심은 당연시되는 절차의 또 다른 부분에 대한 의문으로 완전히 옮겨왔다. 이 의문은 일리가 있다. 시작은 12월 4일에 나와 한 과학자 집단이 사적으로 벌인 원격 회의다. 우리는 '그 사건'의 발견에서 cWB와 CBC가 한 역할에 대해서 토론한다. cWB는 '결맞는 파동 분출'의 약자이며, 데이터를 샅샅이 훑어서 중력파처럼 보이는 일치 사건을 찾아내는 '파이프라인'을 가리킨다. cWB는 일치 사건이 어떤 모양이어야 하는가에 관한 이론에는 거의 관심을 두지 않는다. '그 사건' 이전에 cWB는 '모형에 기초하지 않은 탐색unmodeled search'으로 불리곤 했다. 그러나 의문 제기 과정에서 심지어 이 파이프라인에도 몇 가지 전제가 내장되어 있다는 지적이 나왔다. 따라서 이것을 '모형화 없는 탐색'이라고 부르는 것은 오해의 소지가 있기 때문에 현재는 그보다 덜 명확한 명칭인 cWB가 쓰이는 것이다. 반면에 CBC('고밀도 쌍성계 병합'의 약자)는 확실히 '모형에 기초한' 탐색이다. 이 탐색 방법은 원초 신호와 25만 개의 견본 사이의 일치를 찾아내기 때문이다. 기억하겠지만 '그 사건'은 cWB에 의해 발견되었다. 왜냐하면 CBC의 '온라인'— 즉, 실시간—검출 알고리듬은 저질량 쌍성계에 국한되어 있었는데 '그 사건'은 고질량 쌍성계였고 따라서 그 알고리듬에 포착될 수 없었기 때문이다. 내가 지금 원격 회의에서 제기하는 의문은, CBC가 '그 사건'을 실시간으로는 포착하지 못했지만 결국엔 찾아냈겠느냐 하는 것이다. 결국엔 그렇게 되었을 것이라고 모두가 나에게 장담한다. 결국엔 모든 데이터가 철저히 검토되었을 것이기 때문이라고 한다. 하지만 그 검토 작업에 2주나 그 이상의 시간이 소요되었을 것이라는 말도 덧붙인다.

하지만 그러면 날카로운 질문 하나가 떠오른다. 기억하겠지만, '그 사건'이 포착되고 이틀 뒤에 협력단의 고위 관리자들은 충분히 많은 배경 잡음을 수집하여 충분히 많은 시간 슬라이드를 제작함으로써 그 신호가 이런 '발견'에 요구되는 통계적 유의도 기준—'5시그마', 즉 표준편차의 5배—에 도달하도록 만들기 위하여 검출기들의 상태를 동결하기로 결정했다(공교롭게도, 시간 슬라이드 간격을 0.2초로 설정한 최초 분석에서 나온 '그 사건'의 통계적 유의도는 4.9시그마였다. 그리하여 시간 슬라이드 간격이 뒤늦게 0.1초로 좁혀졌다. 이는 시간 슬라이드의 개수를 2배로 늘려 그 통계적 유의도를 논문에 기재된 값인 5.1시그마로 높이기 위한 조치였다. 하지만 이것은 별도의 논의 주제다). 필요하다고 여겨진 만큼의 배경 잡음을 수집하기 위하여 검출기들이 약 5주 동안 동결되었고, 그 결과로 검출기들은 '과학모드science mode'— 즉, 관측에 적합한 모드— 에서 16일분의 데이터를 수집했다. '동결'이란 검출기의 작동을 책임지는 사람들이 실시하고자 하는 중요한 보수 작업을 나중으로 미루는 것을 의미했다.

12월 4일의 원격 회의에서 나는 동결을, 그리고 동결과 cWB의 관계에 초점을 맞추면서 이전에 이메일을 통해 제기된 바 있는 의문을 다시 제기한다. 아래와 같은 이메일이 있었다.

11월 8일 00시 27분: cWB의 신속한 GW150914 경보가 일으킨 가장 가치 있는 효과는 매우 짧은 시간 안에 적절한 후속 결정과 행동이 이루어진 것입니다. 우선 라이고 검출기들의 작동 상태가 (이를테면 심층적인 오경보율 탐구에 필요한 균질적인 관측 시간을 확보하기 위하여) 동결되었고, 이어서 LV가 그 특정한 시간대에 주의를 기울였습니다(예컨대 모든 DA/검출기 특성 연구가 시작되고 가

> 속되었습니다. 한마디로 GW150914는 간과할 수 없는 사건이 되었습니다. 실제로 우리는 몇몇 버그/기술적 걸림돌이 다른 파이프라인들에서 신속하게 수정되었음을 압니다).

흥미롭게도 이 이메일 작성자는 이렇게 덧붙였다.

> 신속한 경보의 중요성은 사회학적 중요성에 그치지 않습니다. 그 경보는 실제로 과학에 영향을 미쳤습니다.

이 훌륭한 결론은 나의 43년에 걸친 연구 프로젝트를 애초부터 불필요했던 일로 만든다. 그러나 그런 의도로 내린 결론은 아니라고 나는 확신한다.

　다시 원격 회의로 돌아가자. 나는 회의에 참여한 과학자들에게 이런 의견을 제시한다. 설령 CBC가 결국엔 '그 사건'을 포착했을 것이라고 가정하더라도, 만약에 cWB가 그것을 실시간으로 검출하지 못했다면, 검출기들이 동결되지 않았을 테고, 따라서 통계적 유의도 기준을 충족시키는 데 필요한 만큼의 배경 잡음 데이터가 산출되지 않았을 테고, 결국 '그 사건'은 '발견'으로서 공표될 수 없었을 것이다. 다른 이메일 작성자들도 똑같은 견해를 밝힌 바 있다.

> **10월 11일**: cWB가 이 사건을 신속하게 식별해낸 것은 우리의 큰 행운이라고 많은 이들이 생각할 것입니다. 그 사건이 O1을 위한 준비 과정 중에 식별되었음을 상기하십시오. 신속한 식별 덕분에 우리는 신속하게 반응하여 장비들의

상태를 동결할 수 있었습니다. 안 그랬다면, 장비들의 상태는 예측 불가능한 방식으로 바뀌었겠죠. 그 사건을 몰랐다면, 검출기 가동이 훨씬 더 진행된 뒤에야 오프라인 분석에서 결과가 나왔을 것입니다(이 시점에도 우리가 그 사건을 전혀 모를 수도 있습니다!). 그리고 그 며칠 동안의 데이터는 진지하게 취급되지도 않았을 가능성이 충분히 있습니다.

원격 회의에서 일부 과학자들이 내놓는 답변은 나를 깜짝 놀라게 한다. '검출기 동결' 따위는 없었다고, 검출기들의 상태는 항상 변화한다고 그들은 말한다. 이 말에 몹시 놀란 나머지 나는 이 과학자들이 '나를 속이려' 한다고 생각한다. 나는 "그러니까 여러분은 동결이 해제될 때까지 수집된 16일분의 배경 잡음만 통계적 유의도 계산에 사용할 수 있다는 [협력단의 최고위 구성원의] 선언이 오류였다고 말하는 것입니까?"라는 취지로 반문했다. 그러자 누군가가 나서서 우리의 대립을 무마한다.

원격 회의가 끝난 직후에 나는 '내가 어떤 말을 했어야 하는지' 숙고한다. 나는 이런 취지의 말을 해야 했다. "나는 검출기들의 상태가 항상 변화한다는 것을 안다. 또 그것이 배경 잡음 데이터 생산을 방해하는 문제라는 것도 안다. 그러나 그렇다 하더라도 검출기의 상태를 크게 변화시키면서 그 변화 이전의 데이터를 그 변화 이후의 데이터처럼 사용하는 것이 정당화되지는 않는다." 바꿔 말해, 나는 다음과 같이 느낀다. 시간 슬라이드 분석법은 완벽하지 않다. 검출기의 상태가 변화하기 때문이다. 또한 오래전부터 인정되어온 대로, 무한정 긴 시간 동안 수집한 데이터를 배경 잡음 생산에 사용할 수는 없다. 왜냐하면 그 사건 시각으로부터 멀리 떨어진 데이터는 그 시각에 벌어진 상황을 대표하지 못하기 때문이다(『빅 독』 225쪽, 『빅 독』

중력의 키스

14장의 일곱째 철학적 합의 참조). 그러나 이것은 인정하고 절충하면서 다뤄야 할 문제다. 이 문제를 핑계로 아무 데이터나 마음대로 사용해도 된다고 판단하는 것은 정당하지 않다. 훗날 나는 이 같은 나의 견해를 실험과학자들도 품고 있음을 알게 된다.

  나는 이것이 끝이라고 생각한다. 그러나 놀랍게도 적어도 일부 과학자들은 동결이라는 개념 자체가 성립하지 않는다고 진지하게 말한다. 그들은 내가 12월 4일의 원격 회의 이전에는 간과했던 한 이메일에서 이미 그런 취지의 발언을 한 바 있다.

10월 11일: 장비들을 '동결하는' (심지어 유지 보수 작업도 막는!) 조치가 필수적이거나 바람직했다는 것에 동의하지 않는 사람들이 있다고 생각합니다. 실제로 그 경보로부터 하루 이내에 몇 가지 문제들이 발생하기 시작했고 해결되어야 했습니다. 우리 모두는 그것에 대하여 나름의 견해를 가질 수 있지만, 동결이 없었다면 어떤 일이 벌어졌을지는 결코 알 수 없습니다. 확실히 CBC는 보정된 데이터가 존재하기만 한다면 ER8 전체의 결과를 살펴보고 분석할 계획이었습니다.

더구나 그들은 이 견해를 버릴 생각이 없다.

12월 22일 9시 24분: 그건 그렇고, CBC와 검출기 특성 연구팀 소속의 많은 사람은 이 '검출기 동결' 논증이 한마디로 가짜 논증이라고 생각합니다. 검출기들은 항상 변화하고, 너무 많이 변화하면 원래 상태로 되돌려야 합니다. 9월 15일에 한 검출기에서 심각한 고장이 발생했는데, 그런 경우에 검출기를 원래

cWB가 신호를 조기에 포착한 것의 결정적 중요성은 그 성과 덕분에 검출기 운용자들이 검출기의 상태를 특별히 열심히 기록해야 한다는 경고를 받은 것에 있다는 주장까지 나오면서 논쟁은 지저분해진다. 검출기 운용자들은 자신들은 항상 열심히 일하며 그 경고는 기껏해야 불필요한 훈계였다고 받아친다.

동결의 개념이 취약하다는 점을 내가 알아챌 수도 있었을 것이다. 검출기들이 동일한 상태라고 간주할지 여부에 대한 판단은 내가 꼽은 25개의 '철학적' 판단 가운데 하나이기 때문이다. 그리고 지금 문제가 되는 것은 바로 그 판단이다. 여담인데, 동결 해제 허가는 검출위원회의 장이 10월 9일에 작성한 메모를 통해 내려졌지만, 실제로 동결이 해제된 것은 10월 20일이었다. 아래 이메일은 동결 해제의 기미와 방식을 멋지게 보여준다. 1월 하순에 내가 마이크 랜드리에게 보낸 두 번째 질문 이메일에 대한 답장이다.

1월 30일

안녕하세요. 해리,
당신의 첫째 이메일에 답장하지 않아서 정말 미안합니다. 지금 메시지와 임무가 정말 엄청나게 쏟아지고 있네요. 하지만 상황을 아니까 불평하지는 않습니다.

다들 동결을 거론하는군요. 브라이언과 저는 처음에 강한 동결을 실시했습니다. 9월 15일 화요일의 유지 보수 작업을 취소했고, 심지어 고장 난 부품의 수리도 오랫동안 연기했죠. 하지만 이것은 장기적으로 유지할 수 없는 조치예요. LN2(액체질소 탱크)를 채워야 하고, 심각한 고장이 나면 개입할 수밖에 없습니다.

5시그마 검출을 위한 목표는 16일분의 이중-일치 데이터였습니다. 16일분이라는 것은 추정이었어요. 당시에는 그만큼 데이터를 축적하면 5시그마에 얼마나 근접하게 될지 전혀 명확하지 않았습니다. 9월 14일을 포함한 CBC 분석 결과가 담긴 상자가 열릴 때까지는 그러했습니다. 16일분이 축적되었는지는 cat1 DQ 플래그*에 의해 기각되지 않은 이중-일치 데이터의 양을 기준으로 판단했습니다. 검출기 설정팀의 로라 누탈이 며칠마다 우리에게 기록을 전달하면서 데이터 수집이 완료될 시점을 예고했죠.

브라이언과 나는 로라의 배경 잡음 데이터 기록을 살펴보면서, 우리가 생각하기에 배경 잡음 추정을 약간 더 위태롭게 만들 가능성이 있는 변화들도 자유롭게 실행할 수 있게 될 시기를 가늠했습니다. 예컨대 글리치 발생 빈도를 (아마도 더 나은 방향으로) 심하게 변화시키면 그 후 수집되는 데이터를 GW150914의 배경 잡음 데이터로 사용할 수 없게 될 텐데, 그런 변화도 실행할 수 있게 될 시기를 가늠했던 거죠.

문제들을 해결하기 위한 일부 변화는 배경 잡음 데이터를 수집하는 동안에도 실행되었습니다. 문제들은 검출기의 작동 불능(9월 15일에 발생한 LHO(핸퍼드 검출기) 종단기지의 베코프Beckoff 고장)부터, 스펙트럼에 작고 뾰족한 돌출부가 나타나는 현상(LHO 종단기지 외부의 공기 처리 장치를 9월 29일에 재격리해야 했다), 운용자들이 10월 6일에 LHO의 빔 전환기diverter를 개방 상태로, 종단기지를 EX 상태로 방치한 실수까지 다양했습니다.

주의할 점은 이것입니다. 이 과정 전체에서 글리치 발생 빈도를 크게 바꾼 변화

• Category 1 Data Quality Flag. 라이고에서는 데이터 품질과 잡음 상태에 따라 데이터를 세 가지로 분류해서 딱지를 붙여두고 별도 관리하는데, 그중 첫 번째 데이터 품질 카테고리에 속한다는 뜻이다.

는 전혀 실행되지 않았다고 저는 생각합니다. … 요컨대 강한 동결은 전적으로 납득할 만하고 안전하지만 검출기의 자연적 요동에 부합하는 배경 잡음 비율을 보존하기 위해 필수적이지는 않았습니다.

—마이크

그러나 마이크 랜드리와 브라이언 오라일리만큼 검출기를 잘 아는 다른 사람들은 동결이 적절했다고 믿는다. 아래는 브라이언의 설명이다.

1월 31일

해리,
우리가 배경 잡음을 수집할 때 '촉수觸手 금지'의 태도를 취한 것에는 아주 뻔한 또 다른 이유가 있습니다. 검출기에 손을 대면 심각한 문제가 발생할 위험이 항상 있습니다. 설령 그 위험이 낮더라도 가능한 한 손을 대지 않는 것이 최선이라고 우리는 느꼈어요. 또한 사소한 변화라도 나중에 오랜 시간에 걸친 검출기 설정, 보정, 분석을 불가피하게 만들 수 있습니다. 최소한의 변화라도 장비에 가했다면, 그 변화가 데이터의 중대한 변화를 일으키지 않았음을 입증해야 하기 때문입니다.

이제 동결 연장에 대해서 말하죠. 10월 9일에 작성된 검출위원회 회의록을 살펴보았습니다. 제가 기억하는 대로, 당시의 합의는 장비의 작은 변화를 허용하자는 것이었습니다. 하지만 실질적으로는 마이크와 제가 여전히 완전한 통제권을 보유했지요. 우리는 계속해서 매우 보수적인 태도를 취했습니다. 예컨대 어떤 변화라도 되돌릴 수 있는지 확인했고, 큰 변화에는 절대로 동의하지 않았습니다. 이 보수주의 덕분에 팀들이 10월 20일까지의 데이터를 분석하기로 하는 결정을 쉽게 내렸다고 나는 생각합니다. 바꿔 말해 이 보수주의가 장비들의 변화를 막았다고 생각해요. 5일분의 데이터를 분석한 결과를 담은 CBC 상자는 10월 5일에 열렸지요. 그러나 당시에 분석팀은 이미 (9월 12~26일의 데이터가 담긴) GW150914 상자가 열린 뒤에 수집된 데이터를 추가하는 것을 고려하고 있었습니다.

'전경'이라는 소수만의 용어

또 다른 비판적 논점은 논쟁을 일으키는 힘이 훨씬 약하지만 '그 사건'이 사람들의 관심을 끄는 방식과 논문 작성 메커니즘의 긍정적 측면을 보여준다는 점에서 흥미롭다. 11월 말 즈음에 과학자들은 중력파 검출 분야에서는 평범한 어휘인 '전경(前景, foreground)'이 다른 물리학 및 천문학 분야에서는 쓰이지 않거나 다른 의미로 쓰인다는 점을 주목한다. 더구나 다른 천문학 분야들에서 '전경'은 선명한 신호 포착을 방해하는 또 다른 유형의 잡음을 뜻한다. 이 어법은 구글과 '아카이브arXiv'에서 확인되었다. 또한 협력단이 사용하는 뜻대로 '전경'을 이해할 사람은 중력파 물리학자들뿐이라는 점도 드러났다. 이것은 폭넓은 물리학자를 독자층으로 상정하고 논문을 쓰는 저자들에게 좋은 일이 아니다.

11월 26일 11시 16분: 재미 삼아 구글에서 '천체물리학 전경 사건astrophysics foreground event'을 검색해봤는데, 첫 페이지에 뜨는 결과들 가운에 아마 하나만 빼고 나머지는 모두 중력파 공동체에 관한 것이었습니다. 내가 보기에 이 검색 결과는 중력파 공동체가 이 용어를 사용하는 방식이 천체물리학계에 널리 퍼져 있지 않으며 (세심하게 설명하지 않으면) 혼란을 유발할 수 있음을 시사합니다.

arxiv.org 사이트에서 '전경 사건'을 검색해도 유사한 결과가 나옵니다. '전경'이라는 용어는 SN(supernova, 초신성) 탐색에서 (흔히 정의 없이) 사용되는 듯하며 이미지 속에서 대상의 위치가 관찰자에게 더 가까움을 뜻하는 것으로 보입니다. 뻔한 해석인 셈이죠.

나의 결론은 이렇습니다. '전경'은 우리의 전문용어입니다. 우리가 이 단어를 사용한다면, 그 의미를 설명할 필요가 있습니다.

내가 추측하기에 중력파 물리학에서 쓰이는 '전경'이라는 용어는 더 널리 쓰이는 '배경background'의 반대 짝으로 고안된 듯하다. '배경'이란 잡음을 의미하며, 과학자들은 그 잡음(배경 잡음)으로부터 신호를 추출해내야 한다. 이미 보았듯이, 중력파 물리학에서 배경은 시간 슬라이드에서 나타나는 잡음 일치들을 세는 경험적인 방법으로 생산된다. 이와 대조적으로 '전경'이란 시간 슬라이드 없이 포착되는 실시간 일치들을 뜻한다. 연구 결과의 통계적 유의도를 보여주는, 정사각형들과 별이 기호로 등장하는 그림의 초안들에서는 실시간 일치들이 '전경'이라는 명칭으로 불렸다(그림 8.2a 참조). 그러나 이제 이 명칭을 꼼꼼히 설명하거나 버려야 한다는 것이 명백해지고 있다. 빅 독 사건 때는 이런 문제를 아무도 생각조차 하지 않았다. 암맹 주입의 가능성을 염두에 두다보니, 필시 폭넓은 독자층을 겨냥하고 논문을 쓴다는 의식 자체가 없었기 때문일 것이다.

'오경보율FAR'이란 무엇을 의미할까?

두 번째 수정은 통계적 분석의 주춧돌인 FAR, 곧 오경보율의 의미에 관한 것이다. 의심 많은 과학계가 논문을 꼼꼼히 읽으리라는 것이 분명해진 지금, 협력단의 과학자들은 논문에 등장하는 단어 하나하나를 면밀히 검토하고 또 검토한다. 그 과정에서 통계학에 대한 새로운 사고방식이 등장하여 나를 깜짝 놀라게 한다. 유일한 위안은 협력단의 한 구성원이 문제를 지적할 때까지 나를 비롯해서 거의 모든 사람이 그 문제를 알아채지 못했다는 점이다.

추분 사건(『중력의 유령』 참조), 빅 독(『빅 독』 참조), '그 사건'과 같은 잠재적 중력파 검출의 통계적 분석에서는 올해 12월 15일까지만 해도 '오경보 확률(false alarm probability, FAP)'이라는 용어와 오경보율(false alarm rate, FAR)이라는 용어가 둘 다 쓰였다. 『빅 독』에서 나는 이 두 용어의 관계에 대한 설명을 (220쪽 근처에서) 여러 쪽에 걸쳐 시도했다. 그런데 지금 한 이메일 작성자는 '오경보율'이라는 용어를 아예 버리거나 사용하려면 매우 조심해서 사용해야 한다고 주장한다. 나는 그가 옳다는 생각이 든다. 그 이메일 작성자는 어떤 함정을 경고하고 있는데, 『빅 독』에서 내가 바로 그 함정에 빠졌다. 그 책(220쪽)에서 나는 이렇게 말했다. "오경보율이 1만 년당 1회고 장비가 4만 년 동안 가동된다면, 오경보가 1회 발생할 개연성이 높다." 그러나 이제 나는 이 말이 부정확하며 오해를 유발한다는 것을 알아챘다.

문제의 근원은 배경 잡음을 생산하기 위한 시간 슬라이드 기법에 있다. '그 사건'을 예로 들면서 따져보자. '그 사건'에 대한 연구에서 배경 잡음 분석은 반 동결 상태에서 수집한 16일분의 데이터에 기초를 두었다. 그 데이터 수집 후, 동결은 완화되고 검출기들의 일부 특징이 변화했다. 시간 슬라이드 간격을 0.2초로 정하면, 그 16일분의 데이터를 이용하여 10만 년 분량의 배경 잡음을 생산할 수 있다. 그 10만 년 분량의 배경 잡음에서 '그 사건'과 맞먹을 만한 사건들이 발견되지 않는다면, 오경보율은 10만 년당 1회 미만이라는 결론이 나온다. 그런데 이런 식으로 겨우 16일분의 데이터를 가지고 10만 년 동안 일어날 일을 예측한다는 것이 나는 늘 찜찜했다. 비록 나는 지적 능력과 확신이 부족해서 이 느낌을 논증으로 발전시키지 못했지만 말이다. 대신에 나는 이런 식으로 말했다. "이것은 만일 검출기가 10만 년 동안 작동한다면 1회 미만의 오경보가 발생하리라고 예측된다는 뜻이다." 그러나 이제 이것이 터무니없다는 지적, 16일분의 데이터를 가지고 10만 년을 예측할 수는 없다는 지적이 제기된 것이다. 나는 문제를 제기한 이메일 작성자에게 이렇게 쓴다.

우리는 16일분의 데이터를 가지고 10만 년분의 배경 잡음을 생산합니다. 당신이 제기하는 문제는, 어떻게 16일분의 데이터만 가지고 10만 년 동안의 일에 대해서 말할 수 있느냐는 것이지요. 마치 모자 속에서 토끼를 꺼내는 것처럼 보인다고 당신은 지적합니다(물론 저는 이 배경 잡음 생산의 메커니즘을 압니다만, 당신의 논점은 그 메커니즘이 아니라고 저는 이해합니다).

이렇게 정리하면 어떨까요? "만일 검출기가 그 16일 동안과 똑같은 상태를 계속 유지하고 잡음도 똑같은 특징을 유지한다면, 그 데이터를 통해 10만 년을 내다보고 잡음 속에 그런 신호가 없음을 확인할 수 있을까?"

당연하게도, 이 말은 실제로 10만 년 동안 작동하는 검출기는 전혀 언급하지 않고 단지 상상 속의 검출기만 언급합니다.

중력의 키스

> 이 대답이 대충 옳은가요? 부디 정말로 간단하게 대답해주십시오.

답장이 날아온다.

> 당신의 대답이 정확히 옳습니다(정말로 간단하죠?). 만일 매년 1월 1일마다 소프트웨어 결함으로 일치 사건처럼 보이는 글리치가 발생한다면, 10만 년 동안에 10만 개의 글리치가 발생할 것입니다. 그러나 지금 우리는 그 글리치들을 전혀 예상하지 못할 것입니다.

이로써 나는 참담할 정도로 오랜 세월 동안 오경보율을 오해해오다가 이제야 다음을 깨닫는다. 시간 슬라이드들을 통해 엄청난 세월에 걸친 배경 잡음을 생산한다고 할 때, 그 세월은 실제 세월이 전혀 아니다. 그 세월의 길이는 어떤—이 경우에는, 16일분의 데이터에 기초한 700만 개의 시간 슬라이드와 관련이 있는—계산 결과를 나타내는 수치일 따름이다. 그 세월이 10만 년이라고 할 때, 그 10만 년은 실제 달력이 표현하는 10만 년이 아니다. 그 10만 년은 16일분의 데이터 수집 이후 검출기의 행동에 대해서는 말해주는 바가 거의 없다. 그 행동을 예측하려면 검출기가 장기적으로 얼마나 안정적인지 알아야 하는데, 16일분의 데이터를 보고 검출기의 장기적 안정성을 판단할 수는 없다.

검출 절차

아무튼 '그 사건'이 처음 포착된 때로부터 3개월 반이 지나 12월 말에 이른 지금, 우리는 어디까지 전진했을까? 나는 「최초 검출 절차The Process for Making a First Detection」(부록1)라는 문서를 언급한 바 있다. 이 문서의 골자는 여러 해 전에 작성되었다. 우리는 이 "최초 검출 절차"에서 어느 단계에 이르렀을까? 지금 우리는 2단계의 끝에 접근하는 중이다. 다음 3단계에서 이루어질 작업은 또 다른 층위의 검토다. 하지만 이 발견은 이미 지겹도록 검토된 듯하다. 여러 주에 걸쳐 1000명의 전문가가 발견 주장의 모든 구절을 일일이 검토하지 않았던가. 그런데도 검토를 이어간다는 것은 아무리 좋게 봐도 현학적인 쫀쫀함이다. 나는 그렇게 생각한다(나만 이렇게 생각하는 것은 아니다). 정교한 검출 절차는 최초 사건이 불명확하리라는 예상 아래 설계된 것이다. 따라서 그런 불명확한 사건을 바깥세상에 발표할 주장으로 변환하려면, 또한 중력파 검출의 역사가 망상으로 점철되어 있음을 감안하면 더더욱, 검토 작업을 아무리 철저히 해도 지나치지 않다는 것이 그 절차의 취지다. 이것이 12월 말에 우리가 직면한 문제라고 나는 생각한다. 역설적이게도 너무 일찍 너무 큰 성공이 이루어져서 탈이다. 우리는 사실상 증명된 것을 증명하기 위하여 너무 긴 시간을 투자하는 중이다. 그리하여 스트레스를 받는다.

셋째 사건

'박싱 데이Boxing Day', 곧 12월 26일에 셋째 사건이 검출된다. 이번에도 블랙홀 쌍성계의 감쇠 나선운동이다. 두 블랙홀의 질량은 각각 대략 태양의 20배와 6배다. 내가 보기에는 두 번째 월요일 사건과 다를 바 없는 것 같은데, 중력파 공동체는 내 예상보다 훨씬 더 흥분한다.

> **12월 26일:** 오늘 아침에 보니까 우리 집 크리스마스트리가 약간 이상하더군요. 생각해보니 내가 선물 상자를 여는 것을 깜빡했더라고요. 열어보니, 중력파 사건이 들어 있었어요. ;)

공동체는 이번 사건을 '그 사건'과 맞먹는 사건인 것처럼 취급하고 있다. 피터 솔슨에 따르면, 이번 사건은 우리 모두가 고대해온 '두 번째 행운'이다.

> **12월 29일(콜린스가 솔슨에게):** 하지만 이것이 첫째 발견이었다면, 이 발견을 공표하지 않았을 것입니다.
>
> **(솔슨):** 그랬을 수도 있어요. 곧바로 공표하지는 않았을 겁니다. 3~6개월 동안 확인 작업을 거쳤을 거예요. 하지만 최초 발견 논문을 썼을 수도 있을 만큼 좋은 사건이라고 생각합니다. 이삼 주 후에 다시 물어봐주세요.

내가 상황을 오해하는 듯하다. 처음에 나는 과거에 내가 두 번째 월요일 사건에 대다수 구성원보다 훨씬 더 흥분했었기 때문에 지금 상황을 잘못 파악하는 것이라고 생각한다. 그 사건은 나에게 둘째 행운으로, 최소한 행운의 부스러기로 보였다. 그리고 이번 사건은 그보다 약간 더 큰 부스러기로 보인다. 그래서 나는 대다수 구성원보다 이번 사건을 덜 중대하게 여긴다.

하지만 알고 보니 이번 사건은 정말로 중대하다. 첫째, 이번 사건은 두 번째 월요일 사건보다 더 강하다. 신호 대 잡음 비율SNR을 비교하면, 두 번째 월요일 사건은 9.7, 이번 사건은 11.7이다. 큰 차이인 듯하다. 나는 '그 사건'의 SNR가 24라는 사실을 상기한다. 이 값과 비교하면, 다른 두 사건의 SNR는 거기서 거기로 느껴진다. 그러나 내가 전문성이 없어서 12와 10의 차이가 매우 중요하다는 점을 이해하지 못하는 듯하다. 내가 전문가들과의 교류를 통해서 쌓은 지식은 완벽하지 않다.[2] 중력파 공동체는 이번 사건이 충분히 중요하다고 판단하여 전자기 파트너들에게 경보를 발령했다. 이것은 두 번째 월요일 사건 때는 하지 않았던 행동이다.[3] 여전히 어리둥절한 나는 GW151226이 최초 발견 주장을 정당화할 만하냐고 묻고—두 번째 월요일 사건은 최초 발견을 정당화할 만하지 않음을 알고 있다—"어쩌면 그럴 수도 있다"라는 답변을 듣는다. 누군가가 해준 말에 따르면, 이번 사건은 통계적 유의도가 약 3.5시그마 이상—두 번째 월요일 사건은 약 2시그마 이상—이며, 이 정도면 '유력한 증거' 주장을 정당화하기에 충분하다. 나는 이 말을 반쯤만 믿으면서, 현재 벌어지는 일은 상황이 바뀌었음을 보여주

---

2   「사회학적 철학적 주석」 15번 참조.
3   하지만 박싱 데이 사건이 저지연 탐색에서 포착되었다는 점도 이 경보 발령을 부추겼다.

는 또 하나의 징후라고 생각한다. 내가 보기에 과학자들이 이번 사건을 믿는 것은 그들의 마음가짐이 달라졌기 때문이다. '그 사건'이 존재하지 않았다면, 3+ 사건은 이토록 큰 흥분을 자아내지 않았을 것이다. 한 과학자는 나에게 설령 박싱 데이 사건 하나만 포착되었더라도 협력단은 그 사건에 관한 논문을 출판했을 것이라고 말한다. 나는 그 말을 이해하고 수긍한다. 그 논문은 흥미로운 논문이 되었을 것이다. 그러나 그 논문은 협력단 스스로를 비롯한 누구에게도 확신을 심어주지 못했을 것이라고 생각한다. '그 사건'은 확실히 상황을 바꿔놓았지만, 이번 사건이 독자적으로 상황을 바꿔놓지는 못했을 것이다.

한마디 보태자면, 그림 8.2a에서 왼쪽 웃는 얼굴 기호가 놓인 위치는, 만약에 박싱 데이 사건이 '그 사건'의 분석에 쓰인 16일분의 배경 잡음 속에서 발견되었다면(또한 그 배경 잡음 속에 '포함be in'되었다면["포함"의 의미는 곧 상세히 설명하겠다]) 놓였어야 할 위치와 대략 같다. 물론 박싱 데이 사건은 그 16일분의 배경 잡음 속에서 발견되지 않았으므로, 그 사건의 통계적 유의도를 제대로 보여주는 그림은 그림 8.2a와 다를 것이다. 그럼에도 방금 언급한 웃는 얼굴 기호의 위치는 이 시점에서 박싱 데이 사건이 얼마나 중요한지를 보여주는 좋은 지표다. 이런 식으로 표현해놓고 보면, 박싱 데이 사건과 두 번째 월요일 사건(그림 8.2a에서 맨 오른쪽 회색 정사각형.—옮긴이)은 그리 다르지 않아 보인다. 박싱 데이 사건을 그림 8.2a에 집어넣으려 할 때 생기는 또 다른 문제는 리틀 독스를 포함한 배경 잡음을 나타내는 선을 변경해야 한다는 점이다. 박싱 데이 사건의 통계적 유의도를 세부적으로 옳게 보여주는 그래프는 그림 8.2b다.

그러나 과학자들이 흥분하는 이유가 두 가지 더 있다. 첫째, 박싱 데이 사건이 발견된 방식에 특별한 점이 있다. 내가 나중에야 차츰 이해한 바지만, '그 사건'이 저지연 탐색에서 포착되었을 때 이를 곧바로 발표할지를 둘러싸고 논쟁이 달아올랐는데, 그 열기의 대부분은, 협력단이 저지연 탐색 데이터를 보고 나서 뒤늦게 분석법과 모형을 설계했다는 혐의를 받을 수도 있다는 우려에서 나왔다. 기억하겠지만, 분석팀은 데이터 상자를 연 다음에 분석법을 동결시키는 것에 대해서 소스라치게 놀라며 반발했다. 그것은 이유 있는 반발이었다. 만일 cWB와 같은 저지연 파이프라인에 의해 즉시 상자가 열린다면, 파원의 모수들에 대한 최초 추정—예컨대 파원은 성분들의 질량이 얼마인 블랙홀 쌍성계라는 추정—이 나올 테고, 그러면 오프라인 분석가들은 자신들의 기법을 완전히 다듬기도 전에 손발이 묶이는 기분이 들 것이었다. 바로 이것이 논쟁의 쟁점 중 하나였다. 일부 CBC 옹호자들은 cWB가 어떤 분석도 하지 않기를 바랐다. 요컨대 논쟁의 본질은 협력단 내부의 경쟁이라기보다는 상자를 연다는 것이 어떤 의미인지, 데이터를 보고 나서 분석법을 다듬는 것이 과연 정당한지에 관한 의견 대립이었다. 이 철학적 난제에 대해서도 쫀쫀한 현학적 해결책이 있기는 하지만, 그 해결책은 효과가 없다(『중력의 유령』에서 논의되는 '비행기 사건airplane event' 참조).

나는 이제야 알게 된 바지만, '그 사건'처럼 질량이 태양의 약 40배인 성분들로 이루어진 무거운 시스템이 산출하는 신호는 매우 짧은 것이 특징이다. 바꿔 말해 그런 시스템에서는 병합이 순식간에 일어난다. 따라서 신호와 '글리치'—간섭계에서의 잡음 분출—가 (글리치도 짧은 경향이 있으므로) 아주 쉽게 혼동된다. 비교적 긴 신호는 자신이 글리치가 아님을 드러낼 시간적 여유가 충분히—2~3초—있는 반면, 짧은 신호는 1초도 안 되는 시간—'그 사건'의 경우에는 0.2초—안에 자신의 정체를 드러내야 한다.

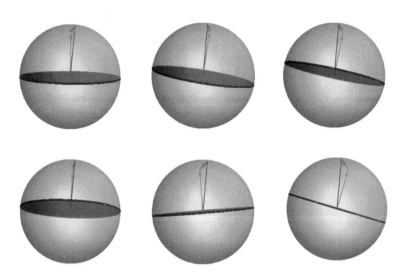

그림 9.1 마크 한남이 제작한, 세차운동하는 시스템을 보여주는 동영상의 정지 장면들.

이런 이유로 온라인 견본-대조 파이프라인들은 저질량 시스템만 주목했고 따라서 '그 사건'을 포착할 수 없었다. CBC팀은 자신들이 잠재적 고질량 발견을 철저히 분석할 능력을 갖추기 전에 너무 많은 정보를 제공받아 손발이 묶이기를 원치 않았다. 그러나 이제 사람들의 태도가 달라졌고, 견본-대조 저지연 파이프라인의 하나인 gstlal은 질량 상한선을 없앴다. 박싱 데이 사건을 포착한 것은 바로 gstlal이다. cWB는 그 사건을 포착하지 못했고 포착할 수도 없었다. cWB는 상당히 강력한 사건들만 포착하도록 설정되어 있기 때문이다. 그래서 cWB는 두 번째 월요일 사건도 포착하지 못했다. 이런 연유로 협력단은 gstlal의 질량 상한선을 없애기로 한 결정을 매우 자랑스럽게 여긴다. 그리고 이 자부심이 박싱 데이 사건에 찬란한 광채를 부여한다고 나는 느낀다.

하지만 둘째이며 더 중요한 흥분의 이유는 적어도 언뜻 보기에 박싱 데이 사건의 파원이 '세차운동precessing'을 하는 듯하다는 점이다. 무슨 말이냐면, 이 사건에 연루된 블랙홀들이 서로의 주위를 돌 뿐 아니라 그것들이 이룬 시스템 전체의 회전축이 가상의 고정축 주위를 회전한다는 것이다. 이 세차운동은 신호의 전반적인 세기가 진동하는 결과를 빚어낸다. 포착된 신호의 지속 시간 안에 그런 진동의 주기가 몇 개 들어 있는 듯하다. 나는 이런 시스템을 모형화하는 작업의 전문가인 마크 한남에게 그 세차운동이 어떤 모습일지 문의하고, 대단히 친절하게도 그는 나를 위해 짧은 컬러 동영상을 제작해준다. 그 동영상은 박싱 데이 사건의 파원과 같은 시스템에서 일어날 만한 운동을 보여준다. 그림 9.1은 그 동영상에서 얻은 일련의 정지 장면이다.

정지 장면들의 순서는 왼쪽이 먼저다. 첫째 장면은 한 블랙홀이 다른 블랙홀 주위를 도는 회전의 평면과 축을 보여주는데, 그 축과 가상의 수직축이 거의 일치한다. 다음 장면에서 회전 평면은 진동하고, 회전축은 운동한다. 지구 방향으로 방출되는 중력파의 세기는 회전 평면의 방향에 따라 달라진다. 따라서 회전 평면의 방향이 변화하면, 중력파의 세기도 변화할 것이다. 만일 이 모든 것이 입증된다면, 박싱 데이 사건은 그 자체로 하나의 발견일 것이다. 세차운동하는 시스템의 존재가 이론적으로 이미 예측된 것은 사실이지만, 박싱 데이 사건은 세차운동하는 블랙홀 쌍성계의 최초 관측 사례로 인정받을 테니까 말이다. 이런 사정이 그 사건에 광채를 추가한다. 그러나 이런 사정은 내가 혼자서 알아챌 만한 성질의 것이 아니다. 나는 천체물리학을 많이 알지 못하기 때문이다. 솔직히 나는 중력파와 중력파 검출기의 상호작용에 관해서만 전문 지식을 갖췄다. 박싱 데이 사건을 둘러싼 반응은 협력단의 많은 사람이 나와 달리 천체물리학에 조예가 깊다는 사실

중력의 키스

을 나에게 명확히 일깨운다. 예컨대 협력단 소속의 한 천체물리학자가 쓴 아래 이메일을 보라. 여기에서도 'N자로 시작되는 단어'("자연nature".— 옮긴이)가 언급된다.

> **12월 27일 04시 01분**: 한마디로 아름답군요……. 자연이 이것을 우리에게 보내고 있음을 알아챌 때 혹시 꿈이 아닌가 싶어 제 살을 꼬집어보지 않을 수 없습니다.

어쩌면 신호가 예상외로 풍부하다는 점—신호 자체가 진동한다는 점—이 신호가 진짜라는 느낌을 더 강화하는 것일지도 모른다. 하지만 안타깝게도 한동안 토론한 끝에 과학자들은 신호 대 잡음 비율이 너무 낮기 때문에 그 시스템이 정말로 세차운동한다고 확신할 수 없다고 결론짓는 듯하다. 나는 2명의 물리학자에게 이메일을 보내 어느 쪽에 문제가 있는 것이냐고 묻는다. 박싱 데이 사건을 대수롭지 않게 느끼는 내가 잘못된 것이냐, 아니면 중력파 공동체가 장밋빛 색안경을 끼고 있는 것이냐 하고 말이다. '그 사건'에 고무된 중력파 공동체가 과거라면 중력파로 인정하지 않았을 신호를 중력파로 인정하는 것일 수도 있다. 한 물리학자의 답변은 내가 박싱 데이 사건과 두 번째 월요일 사건의 세기 차이를 이해하지 못하고 있음을 명확히 지적한다. 나는 그 지적을 받아들일 수밖에 없다. 다른 한편, 최고위급이며 매우 노련하고 약간 조심스러운 한 물리학자가 보낸 또 다른 답변은, 단 하나의 사건만 포착된 것에 대한 염려를 가라앉히는 데 이번 사건이 큰 도움이 된다는 점을 인정한다. 그러나 이 물리학자는 박싱 데이 사건이 최

초 발견 주장을 정당화하기에 충분할 만큼 강한 것은 전혀 아니라는 말도
—내가 묻지 않았는데도— 한다. 그러므로 내가 상황을 제대로 파악하지
못한다는 지적도 옳은 듯하지만, 중력파 공동체가 장밋빛 색안경을 쓰고
있다는 것도 어느 정도 사실인 듯하다. 상황이 바뀌는 중이다.

12월 소문들

이제 새로운 소문들이 들려온다. 12월 말에 아래 이메일이 이리저리 전
달된다. 라이고 대변인의 심각한 경고가 담긴 이메일이다.

12월 16일 19시 37분

친애하는 모든 구성원에게,
라이고의 중력파 검출에 관한 새로운 소문들을 파악했습니다. 최근의 회의와
기타 원천에서 유래한 소문들로 보입니다. LSC 구성원이 아닌 사람과는 어떤
연구 결과도 공유하지 말아야 한다는 점을 잊지 마십시오.

여러분은 GW150914에 관한 검출 논문이 작성되는 과정을 지켜봐왔을 것입
니다. 우리는 내일 세부 사항들을 논의할 것입니다. 거듭 말하지만, 논문 원고
가 LVC 외부의 누구에게도 유출되지 않도록 조심하십시오. 유출되면 심각한
일(예컨대 우리가 원고 검토를 끝내기 전에 GW150914에 관한 다른 논문이 출판되
는 일!)이 벌어질 수 있습니다.

만일 LSC 구성원의 발언이 소문의 원천으로 밝혀지면, 우리는 심각한 조치를
취할 것입니다. 부디 문제에 가담하지 말고 해결에 가담하십시오.

중력의 키스

아래에 제안된 대답들을 지침으로 활용하십시오. 질문자에게 데이브 라이체나 저에게 문의하라고 말하셔도 됩니다.

궁금한 점이 있거나 불편한 질문을 받았거나 어떤 소문이라도 들었다면, 우리에게 알려주십시오.

같은 날 작성된 후속 이메일은 아래와 같다.

12월 17일 02시 24분

친애하는 LSC 동료 여러분,
오늘 여러분이 받은 개비의 메시지가 중요하다는 점을 강조하고 싶습니다. 우리는 최근에 많은 소문을 파악했습니다. 대다수의 소문은 우리의 동료들이나 과학계 내의 지인 사이에서 유통되고 있지만, 언론인들과 과학 저술가들에게서 유래한 소문들도 소수 있습니다. 우리가 오늘 파악한 한 사례를 말씀드리면, 한 언론인이 라이고-비르고 발견에 관해서 매우 구체적인 정보를 가지고 있었습니다.

심지어 LVC 외부의 신뢰하는 과학자 동료들과도 소통하지 말아야 하는 상황에서 언론인에게 정보가 새어나간다면, 심각한 문제에 직면할 수 있습니다. 만일 우리 발견에 관한 이야기가 신문이나 신뢰할 만한 정보를 담은 잡지에 발표된다면, 우리는 어쩔 수 없이 서둘러 기자회견을 열어 발견을 공표해야 할 것입니다. 그렇게 하지 않으면, 언론은 우리를 대신해서 우리 이야기를 자신들이 원하는 대로 떠벌릴 테니까요.

저는 현시점에서 우리가 발견을 공표할 준비를 갖췄다고 생각하지 않습니다. 따라서 이 경고의 중요성을 아무리 강조해도 지나치지 않습니다. 우리의 자문에 응한 미디어 전문가들의 조언에 따라서 우리는 언론 대응 지침을 수정하고자 합니다. **여러분이 언론인과 접촉하게 되면, 어떤 질문을 받건 간에 개비나 풀비오나 저에게 물으라고 대꾸하십시오.** 당신의 협조에 감사드립니다.

… 우리는 앞으로 최소 몇 주 동안 논문을 제출하지 못할 것입니다. 따라서 **여러분이 O1에 관한 새로운 뉴스가 있냐는 질문을 받는다면, 진실대로 이렇게 대답해야 합니다. "우리는 여전히 결과들을 분석하고 검토하는 중이다. 준비가 되면 뉴스를 공유할 것이다."**

… **우리는 LVC 내부의 (고위급 구성원들을 포함한) 여러 사람이 과학계의 '먼 친구들'과 세부 사항을 공유했다는 증거를 가지고 있습니다.** … 그 '먼 친구들'은 당연히 다른 친구들에게 이를 전하고 LVC의 다른 구성원들에게 문의하고 있습니다. 이 때문에 모두가 매우 난처한 상황에 처했습니다.

관행적으로 언론인들은 기사의 내용이 옳음을 두 곳 이상의 출처에서 확인하면 기사를 냅니다. 그들은 이미 다른 출처를 통해 소식을 들었다고(소문을 들었다고!) 여러분에게 말할지도 모릅니다. 그건 단지 여러분의 확인을 받으려는 것일 뿐입니다.

만일 "라이고가 질량이 X이고 스핀이 X인 블랙홀 쌍성계를 X월 X일에 검출했다는 사실을 여러 LVC 구성원이 우리에게 확인해주었다"라는 기사가 향후 몇 주 내에 나온다면, 우리는 서둘러 기자회견을 열어야 할 테고, 대변인과 기타 구성원 들은 "아무것도 확인해줄 수 없습니다. 발표할 뉴스가 준비되면 다시 기자회견을 열겠습니다"라고 말해야 할 터입니다. 그렇게 되면 우리 협력단 이미지는 아주 나빠질 것입니다. (언론인들은 이렇게 생각하겠죠. 대체 뭘 숨기는 거지? 이미 알 텐데 왜 말하지 않는 거지?) 또한 만일 기사의 내용이 우리가 출판할 논문의 내용과 다르다면, 당연히 더 심각한 문제들도 발생할 수 있습니다. (온갖 소문들이 퍼지겠죠. 그들은 첫째 달에 강력한 사건 2개를 검출했다. 짧은 GRB의 일치였다. 그들은 행정 편의주의 때문에 뉴스를 발표하지 않는다.—나는 이 소문 모두를 이미 들었습니다!) …

중력의 키스

우리 분야에 큰돈을 투자한 기관보다 먼저 언론이 소식을 가로채는 것은 좋지 않습니다. 자금 조달에 악영향을 끼칠 수도 있을 것입니다. 부디 문제에 가담하지 말고 해결에 가담하십시오!

　온라인상에는 새로운 것이 없지만, 나는 용케 이 소문들에 관한 정보를 추가로 입수한다. 정보원은 독일의 어떤 팀 혹은 여러 팀이다. 고위급 구성원이 투자 기관 등에 소속된 다른 고위 인물에게 정보를 흘린다. 그 구성원들은 중력파 물리학 분야의 미래를 위해서 그렇게 해야 한다고 생각하고, 정보를 받은 인물은 또 다른 사람에게 전달한다. 지금까지 일어난 최악의 사건은 누군가가 논문을 써서 (정식 출판 이전의 논문을 제공하는 서버) '아카이브arXiv'에 올린 것이다. 그 논문은 간섭계들이 머지않아 '그 사건'과 아주 유사한 사건들을 발견할 것이라고 예측했다. 또 다른 인물은 그런 예측을 공표했다. 명분은 그 예측이 많은 연구비가 드는 몇몇 분야의 미래와 무관하지 않기 때문이라는 것이었다. 중성자별 쌍성계보다 먼저 블랙홀 쌍성계가 검출되리라고는 아무도 예측하지 않았고, 에이 라이고가 설계 감도에 도달하기 위해 개량을 거치는 몇 년 동안 아무튼 무언가가 검출되리라는 예측도 전혀 없었으므로, 이 두 예측은 '그 사건'에 관한 정보에 기초를 둔 듯하다('그 사건'은 아직 비밀임에도 불구하고). 그러나 독일 천체물리학계의 일상적인 대화에서도 중력파 검출을 당연한 기정사실로 받아들이는 분위기다. 위 '예측' 논문에 포함된 검출 시기와 관련 세부 사항은 그 논문이 '그 사건'을 기초로 삼았음을 강하게 시사하지만, '그 사건' 이전부터 중력파 발견에 대하여 숙고해온 그 논문의 저자가 이 예측의 공로(!)를 인정해달라고 요구할지도 모른다고 협력단의 일부 구성원들은 생각한다(잠시 후 『스카이

앤드 텔레스코프Sky and Telescope』 소문을 다룰 때, 때 이른 논문들을 추가로 거론하게 될 것이다). 이런 일들 때문에 사람들은 두려움과 우울을 느낀다. 신뢰하는 동료가 자신들을 배신했다고 느낀다.

10장

1월과 2월:
LVC 전체 모임과 논문 제출

1월 3일 20시 16분: 이런 이유로, 또한 적절한 당사자들과의 협의를 거쳐 **폴 비오와 저는 검출 절차의 3단계로 이행하기로 했습니다.** 이 단계에서는 LIGO-P150914에 올라온 검출 사례를 객관적으로 검토하는 임무가 검출위원회에 부여됩니다.

해설하자면, 어느새 압력이 충분히 강해졌기 때문에, 검출 절차의 2단계가 아직 완료되지 않았음에도 협력단의 지휘자들은 2단계의 나머지 부분—이제까지의 작업을 재검토하는 일—에서 큰 문제가 불거지지 않으리라 전제하고 3단계로 이행하기로 한 것이다. 3단계는 검출 논문에 포함된 주장 전반을 검출위원회가 객관적으로 검토하는 것이다. 이 작업은 신속하게 완결될 것으로 예상된다. 따라서 논문 제출 여부를 결정할 LVC(라이고-비르고 협력단) 전체 모임은 1월 18일이 포함된 주에 열릴 수 있을 것이다. 이 일정은 10월 9일에 제안된 일정보다 약 5주 지체된 것이다. 그 5주는 힘겨웠다. 현시점에서 내다보면, 지금부터 기자회견까지의 6주는 대체로 형식적인 일들을 처리하는 데 소요될 것 같다. 하지만 논문 제출과 기자회견 사이의 간격이 채 4주가 안 된다는 점을 주목하라. 일정이 빡빡한 듯한데, 다행히『피지컬 리뷰 레터스』측과의 일정 조절은 순조롭게 이루어졌다.

다른 한편, 다가오는 미국물리학회APS 모임에 관한 안내문들이 돌아다닌다. 그 모임은 4월에 솔트레이크시티에서 열릴 것이다. 모든 일이 순조롭다면 나는 그 모임에 참석하여 중력파 검출 주장에 대한 물리학자들의 반응을 살펴보게 될 것이다. 당연히 협력단은 그 모임에서 '그 사건'을 발표하기를 원한다. 그러나 그러려면 논문의 초록을 1월 8일까지 제출해야 한다. 이는 협력단이 '비밀을 발설하지 않으면서' 논문 초록을 제출해야 한다는 것을 의미한다. 그리하여 '충분히 모호한' 초록들이 오가기 시작한다. 한 예로 아래 인용문을 보라.

고급 라이고는 최근 첫 번째 관측 가동을 완료했으며, 2015년 9월과 2016년 1월 사이에 전례 없는 감도로 중력파 데이터를 수집했다. 고급 라이고의 주요 목표 하나는, 중성자별 그리고/또는 항성질량 블랙홀 stellar mass black hole을 포함한 고밀도 쌍성계의 병합과 같은 순변 파원 transient source에서 유래한 중력파를 검출하고 그 특징을 밝혀내는 것이다. 이를 위해 과거와 미래의 고급 라이고 검출 후보들에 적용된 노력에 관해 보고할 것이다.

또 다른 초록 저자는 "고급 라이고가 최근에 첫 번째 관측 가동을 성공적으로 완료했다"라는 문장에서 "성공적으로"를 빼라는 경고를 받는다. 왜냐하면 "성공적으로"라는 단어는 무언가 관측되었다는 인상을 풍기기 때문이다. 이런 식으로 불가능한 작업이 진행된다. 누구나 자신이 '그 사건'에 대해서 말하게 되리라는 것을 안다. 그러나 지금은 말해서는 안 된다. 이 모든 일이 벌어지는 때는 1월 4일 즈음이다. 언급한 두 가지 사례는 알고 보니 빙산의 일각에 불과하다. 머지않아 그것들과 유사한 이메일 수십 통이 오간다. 특정 단어나 문구가 너무 많은 정보를 제공한다고 지적하면서 수정 방안을 제안하는 내용의 이메일들이다. 언어 전문가나 첩보 전문가는 그 이메일들을 아주 재미있게 분석할 수 있겠다.

1월 소문들

1월 11일에 두 가지 사건이 일어난다. 첫째, 나는 9월 26일경에 접촉했던 『네이처』 기자(89~91쪽 참조)와의 이메일을 계기로 새로운 소문들을 주목하게 된다. 그 언론인은 자신이 들은 새로운 소문들에 대해서 내가 어떻게 생각하는지 알고 싶어한다. 그 소문들은 상당히 경악스럽다. 한 소문은, 신호가 암맹 주입 프로그램이 시작되기 전인 시험 가동 중에 발생했으므로 암맹 주입일 수 없다는 것이다. 비밀이 새어나가고 있는 것이 틀림없다.

"그런 소문들을 들어본 적 없다"라고 나는 말한다. 한 점 부끄러움 없는 참말이다. 실제로 나는 그런 소문들을 듣지 못했다. 그러나 확실히 나는 기만에 동참하는 셈이며 어쩔 수 없이 그렇게 하는 것이 마음에 들지 않는다.

통화는 30분가량 이어진다. 비록 통화의 많은 부분은 중력파 연구의 초기 역사와 로널드 드레버가 간섭계 기술에 기여한 바 등에 할애되지만, 나는 그 30분 동안 사실상 기만적으로 군다. 옳지 않은 행동이라 나는 기분이 꽤 언짢다. 나는 그 언론인에게 라이고의 대변인 개비 곤살레스와 접촉하라고 권한다.

나는 개비에게 이메일을 써서 내가 겪은 일을 전하면서, 어쩌면 그 언론인이 내가 거짓말을 한다고 짐작했을 수도 있다고 말한다. 이 분야에서 나의 입장을 감안하고 내가 진실을 아직 모른다고 전제한다면, 그 소문을 들었을 때 내가 훨씬 더 흥분했어야 마땅하기 때문이다. 나는 개비가 질문 공세를 '잘 버텨낼지' 우려를 내비친다. 개비는 작심하고 잘 버텨내려 애쓰겠다고 답한다. 그녀는 탐색 결과에 대한 내부 검토조차 아직 이루어지지 않았다고 말할 셈이다. 나는 이런 대응에 뭔가 문제가 있다고 생각한다. 내가 보기에 중력파 과학자들은 진실을 말하는 것보다 자신들의 발견을 가장 극적으로 공개하기 위한 연출에 더 많은 관심을 기울이고 있다. 진실을 말하는 것이야말로 사회에서 그들이 맡은 기본 역할인데도 말이다. 탐색 결과에 대한 내부 검토가 완결되지 않았다는 것은 참말이다. 그러나 협력단의 구성원이라면 누구나 이것이 진짜 발견임을 안다. 그냥 다음과 같이 말해도 될 텐데, 왜 그렇게 하지 않는 것일까? "우리는 무언가를 발견했다고 생각하지만 내부 검토를 마칠 때까지는 확신할 수 없습니다. 바이셉투를 상기하십시오. 우리는 낙관을 품고 있지만 2월 11일에 기자회견을 열어서 우리가 확실하다고 판단하는 바를 발표할 때까지는 공식적인 입장을 내지 않을 것입니다. 예감과 희망만으로 과학을 할 수는 없습니다. 이번 검출처럼 복잡하고 새로운 발견을 확증하려면 여러 달이 걸립니다." 이번에도 역시 나는 불명확한 사건을 위해 설계된 검출 및 공표 절차가 이 기적적으로 뚜렷한 발견의 발목을 잡는다고 생각한다.

그런데 내가 위 문장을 이 책의 원고에 쓴 직후인 1월 12일 오전 8시 45분에 나는 런던에 사는 아들로부터 전화를 받는다. 중력파가 발견되었다고 확신한다는 로런스 크라우스의 발언이 BBC라디오4에서 보도되었다고 아들은 말한다. 아들은 정말로 흥분했으며 반드시 나에게 전화해서 이 소식을 알려야 한다고 느꼈다. 그는 지난 4개월 동안 내가 무엇을 알게 되었는지 당연히 모르지만 이것이 나의 프로젝트라는 점은 잘 안다. 다행히 아들은 출근 중이어서 우리는 길게 통화할 수 없다. 아들을 속이는 것은 더욱 괴로운 일이기에 다행이라는 것이다. 그날 저녁에 아들이 다시 전화를 걸어오면 난처한 상황이 벌어지리라고 나는 예상하지만, 다행히 아들은 전화하지 않는다.

라이고의 공식 입장은 이러하다. "우리는 O1 데이터를 분석 중이며 준비가 되면 뉴스를 공유할 것이다. 참을성을 발휘하는 것이 가장 현명하다고 말씀드리고 싶다." 하지만 이 발언은 현재 데이터가 분석되고 있음을 함축하지 않는가? 그렇다면 나도 이제는 나의 활동이 평소와 다름없는 척하지 않아도 되는 것일까? 내가 이 분석 과정을 여러 달째 지켜봐왔으며 매일 100통쯤의 이메일을 읽는다고 말해도 될까? 가족들이 라디오에서 그 뉴스를 들은 마당에, 내가 그들에게 거짓말을 할 수는 없을 것 같다. 물론 나는 라이고의 공식 입장에 머물면서 아직 확증 절차가 남았다고 설명할 것이다. 그러나 특별한 일이 전혀 없는 양 굴 수는 없을 것 같다. 그럼에도 나는 그렇게 굴고 있다.

아들의 전화를 받기 전에 이메일 1통이 날아왔다. 현재 나도는 소문들을 열거하는 이메일이다.

1월 12일 02시 01분: 모종의 이유로 라이고의 검출(들)에 관한 새로운 소문들이 어제부터 나돌기 시작했습니다.

https://wiki.ligo.org/EPO/GW150914RumorCollectionPage

데이브와 저 등은 오늘 많은 언론인(『테크 인사이더Tech Insider』, 『NRC 한델스블라트NRC Handelsblad』, 『뉴 사이언티스트New Scientist』, 『네이처 뉴스Nature News』, 『비즈니스 인사이더Business Insider』, 『가디언The Guardian』, 『사이언스 뉴스Science News』, …)과 접촉했습니다. 그들은 소문들에 대해 논평을 요청했습니다. 협력단은 여전히 데이터를 처리하는 중이며 결과를 분석하고 해석하고 검토하는 데 여러 달이 걸릴 것이라고 말했습니다. 모두 진실입니다. **우리는 GW150914 논문에 실린 결과들에 대한 검토를 아직 마치지 못했으니까요.**

이런 압력은 우리 활동을 심하게 저해합니다. 특히 우리가 검출 논문에 실린 결과들을 검토하려 애쓸 뿐 아니라 동반 논문들에서 제시하고자 하는 결과들에도 주의를 기울여야 하는 현시점에서는 더욱 그러합니다. 우리가 받은 질문들을 살펴보면 언론인들이 (시험 가동, 고질량 블랙홀, 암맹 주입 등에 관한) 상세한 지식을 갖춘 사람들로부터 정보를 얻은 듯합니다. 부디 LVC 외부의 누구에게도 잠정적 결과에 관하여 발언하는 것을 자제하십시오. 결과를 공유하기에 앞서 우리는 내부 검토뿐 아니라 동료 검토도 거쳐야 하는데 아직 어느 쪽도 완료되지 않았습니다.

최초로 소문을 트위터에 올린 인물인 크라우스가 자신의 정보원들이 '프로젝트' 내부에 있다고 말한다는 점을 유의하십시오. LVC 외부 인물과의 부적절한 결과 공유는 매우 심각한 윤리의 결여일 뿐 아니라 협력단의 규칙을 위반하는 것이므로 심각한 조치를 취할 수 있습니다. 거듭 말하지만, 문제에 가담하지 말고 해결에 가담하십시오!!!

가장 관심을 끄는 소문은 크라우스가 1월 11일에 올린 다음과 같은 트윗이다.

> 네가 잊시 진한 라이고 긴건 소문이 독립저인 전브인든에 의해 하증됨. 계속 주목하시오! 중력파가 발견되었을 가능성이 있음!! 흥분되네.

같은 날 나중에 크라우스는 이렇게 쓴다.

> 라이고 관련. 시험 가동 중에 발견을 모방한 맹검 신호가 주입된다는 경고가 있었으나, 이것은 그런 암맹 주입이 아니라는 소식을 들었음.

크라우스의 트윗은 『가디언』에 게재된 긴 기사의 토대가 되었다.

『네이처』 기자는 내가 길게 대화해준 것에 감사하면서 자신의 정보 출처 한 곳을 알려준다. 그곳은 이례적으로 정보가 정확하며 과학적 수준이 높은 체코의 한 블로그다. 그 블로그의 여러 주장 중 하나는 이러하다.

> 이름을 밝힌 한 인물은 우리에게 라이고가 … 2개의 사건을 검출했다고 말했다. 어제 새로 들은 소문에 따르면, 라이고는 블랙홀 2개가 병합하여 더 큰 블랙홀 하나로 되는 과정에서 방출되는 중력파를 '들었다'(이 사건이 이 문단 첫머리에 언급된 두 사건 중 하나인지 여부는 나도 모른다). (… 그 항성질량 블랙홀들의 질량은 태양의 3배에서 50배 정도로 추정된다.) (http://motls.blogspot. co.uk/2016/01/ligo-rumor-merger-of-2-black-holes-has.html)

이 블로그를 언론계 전반이 주목하는 것 같지는 않지만,『네이처』웹사이트에 이 블로그에 관한 기사가 게재된다.

이런 새로운 소문들이 온라인과 오프라인에서 폭발적으로 확산되지만, 협력단은 기존 입장을 고수하면서 여전히 데이터를 분석하는 중이라는 말 외에는 어떤 발언도 거부한다. 놀랍게도 그런 대응이 유효한 듯하다. 소문들이 거의 잦아든다. 관련 언급을 예컨대 BBC라디오4의 프로그램 「모어 오어 레스More or Less」(의 지역 버전에서 추출하여 국제용으로 배포한 버전)에서 들을 수 있다.[1]

하지만 소문들을 주의 깊게 들어보면 알고 싶은 것을 거의 모두 알 수 있다. 2개의 사건이 관측되었다는 말이 나왔고(당시는 박싱 데이 사건 이전이니, 정확한 소문이다), 적어도 한 사건은 블랙홀 쌍성계라는 말도 (체코의 블로그에서) 나왔다. 또 그 사건이 관측 가동 이전의 시험 가동에서 포착되었으므로 암맹 주입일 리 없다는 말도 (로런스 크라우스에게서) 나왔다.『네이처』의 두 번째 기사는 이 소문들을 요약한다.[2] 1월 13일자『스카이 앤드 텔레스코프』에는 소문계의 거장인 펜실베이니아 주립대학의 물리학자 스타인 시구르드손의 발언이 실린다. 아마도『네이처』는 이 인물을 생각해내지 못한 듯하다. 시구르드손은 전쟁 중에 장군들이 적의 의도를 가늠하기 위해 사용하는 (39쪽에서 언급한) 기술을 채택한다. 병력과 물자의 이동과 집중에 주목한 것이다.[3]

---

1   http://www.bbc.co.uk/programmes/p03fm6b8. 이 프로그램을 알려준 그레이엄 완에게 감사를 표한다.
2   Davide Castelvecchi, "Gravitational-wave Rumours in Overdrive"(중력파 소문 과열), *Nature*, January 12, 2016.

시구르드손은 기이하게도 이번 주에 '아카이브arXiv'에 특정한 주제의 논문들이 한꺼번에 올라왔다는 점을 지적한다. 시구르드손에 따르면, 그 논문들을 쓴 천문학자들은 "블랙홀 쌍성계가 형성되는 방식에 관하여 조금씩 다른 시나리오들을 제시했는데, 그 시나리오들은 한결같이 거의 똑같은 죄송 상태를 예측하고, 저자들은 '보라, 우리의 모형은 라이고가 관측할 가능성이 가장 큰 것은 바로 이 특수한 천체라고 예측한다'라고 말한다".

『스카이 앤드 텔레스코프』는 또 다른 천문학자의 트윗도 인용한다. "상당히 구체적인 중력파 시나리오를 아무 근거 없이 허공에서 만들어낼 수 있겠어요?" 시구르드손은, 한밤중에 피자 배달원들이 펜타곤에 들어가는 것을 관찰하면 언제 큰일이 벌어지는지 알 수 있는 것과 마찬가지라면서 나름의 기술로 더 정확한 정보까지 뽑아낸다.

라이고 구성원인 동료 몇 명이 공교롭게도 새로운 일정과 겹친다면서 계획된 학회에 불참한다고 하면, 눈치채기 마련이다. … 취소된 학회 날짜들에 기초하여 시구르드손은 라이고팀이 2월 11일에 기자회견을 열 것이라고 추측한다.

말할 필요도 없겠지만, 한 치의 오차도 없이 정확한 예측이 무려 한 달이나

3　　시구르드손의 발언을 인용한 기사는 이것이다. Shannon Hall, "About the LIGO Gravitational-Wave Rumor …"(라이고 중력파 소문에 관하여 …), *Sky and Telescope*, January 13, 2016.

앞서서 나온 것이다.

다시 전자기 파트너들

전자기 파트너들에게 무엇을 말해줄 것인가 하는 문제가 1월에 다시 불거진다. 박싱 데이 사건은 우선 경보로 알려야 하지만, 파트너들에게 정보를 제공하는 통상적인 방식은 그레이스DB를 주목하라고 일러주는 것이다. 문제는 앞선 '그 사건'과 마찬가지로 박싱 데이 사건이 이 단계에서 공개하기에는 너무 강력하다는 점이다. 박싱 데이 사건은 너무 심하게 진짜 발견처럼 보일 것이다. 경보의 내용은 경보 문턱을 넘어서는—즉, 오경보확률이 1개월당 1회인—무언가가 발견되었다는 것으로 충분하므로, 협력단은 일단 그레이스DB를 조작하여 전자기 파트너들이 거기에서 너무 많은 정보를 얻을 수 없게 해야 한다. 아래는 한 구성원의 의견이다.

> **12월 4일 14시 57분:** 그레이스DB에 등재된 내용을 수정하는 것보다 더 나은 해결책을 찾아내 천문학자 파트너들과 소통해야 한다고 생각합니다. … 날조된 수치를 데이터베이스에 기록한다는 발상은 섬뜩합니다. 우리 내부의 이해를 위해서도 그렇고 … 우리의 과학적 '체면'을 위해서도 그렇습니다(우리의 연구 결과를 비판적으로 살펴보는 검토자가 다양한 연구 일지들에 상이한 수치들이 적혀 있는 것을 보면 어떻게 생각하겠습니까?).
>
> 따라서 저는 우리 내부 일지에 기록된 수치들을 바꾸거나 공개적 또는 비공개적인 다양한 기록의 동일한 항목에 서로 다른 수치들이 등재되는 결과를 일으키지 않으면서 더 나은 다른 방식으로 외부인들에게 일부 정보를 제공하는 길을 찾아내야 한다고 강력히 주장합니다.

전자기 파트너들에게 통보되는 사건의 하한선은 '발견'을 공표하지 않는 천문 탐색을 정당화하기에 충분하다. 그러나 전자기 파트너들도 자신들이 무엇을 탐색하는지 어느 정도 알아야 하기 때문에, 신호 파원의 천구상 위치가 최대한 상세하게 제시되고 그 파원이 무엇일 가능성이 있는지에 관한 암묵적 정보도 어느 정도 제공된다. 이런 사정 때문에 협력단의 일부 구성원들은, 로런스 크라우스 등의 소문 유포자들이 협력단 구성원으로부터 정보를 얻은 것이 아니라고 말했다는 점을 감안해 소문의 출처는 전자기 파트너일 수밖에 없다는 믿음에 도달한다. 중력파 발견에 그다지 연연하지 않는 전자기 파트너들이 공개적인 발언을 덜 조심하다보니 라이고가 블랙홀 감쇠 나선운동과 일치하는 신호를 검출했다는 사실을 누설했을 가능성이 있다는 의심이 제기된다. 중대한 발견이라는 말까지는 하지 않았더라도, 그 정도의 누설은 일찍부터 퍼진 소문의 대부분을 일으키기 충분할 것이다.

그러나 전자기 파트너들에게 정보를 제공하지 않기로 방침을 정하면 또 다른 유형의 불안이 발생한다. 내가 1월 17일에 받은 사적인 이메일은 그 불안을 이렇게 표현한다.

솔직히 저는 LVC를 둘러싼 침묵의 벽이 허물어지는 것보다 전자기 파트너들에게 부정직하고 느리게 데이터를 제공하는 것이 더 염려됩니다. 그들은 우리와 똑같이 과학을 하려 애쓰는 세계적인 전문가들입니다. 그들은 우리와 마찬가지로 여러 양해 각서MOU에 서명했지만 (제가 모르는 이유로) 인위적으로 배제되었으며, LSC에 참여하여 라이고 데이터에 관한 프로젝트를 수행하는 임의의 학부생이 받는 만큼의 정보도 받지 못하고 있습니다. 그 학부생들은 LVC 전체 이메일들을 받으며 그레이스DB 등도 볼 수 있습니다.

상황의 종료가 다가올수록 갈등은 점점 더 심해진다. 기존 계획은 다수의 전자기 파트너들이 협력단과 제휴하여 수행한 탐색의 모든 결과를 상세히 담은 논문 한 편을 일찌감치 출판하는 것이다. 1월 하순에 그 논문의 원고가—공동저자로 등재될—전자기 파트너들에게 배포될 목적으로 준비된다. 이 원고와 첨부 편지는 정보가 추가로 누출되지 않도록 꼼꼼하게 작성된다. 발견이 이루어졌음을 긍정하는 대목은 전혀 없고, 저자들은 어떤 불확실한 신호를 토대로 대규모 탐색이 실행되었다는 사실만 알린다. 원고에 포함된 초록의 첫머리는 아래와 같다.

중력파일 가능성이 있는 일시적 신호가 2015년 9월 14일에 고급 라이고 검출기들에 의해 포착되었다. 사전 합의에 따라, 사건 후보의 발생 시각, 유의도, 천구상의 위치에 관한 예비적 추정값들이, 전파, 가시광선, 근적외선, 엑스선, 감마선을 지상과 우주의 장비로 관측하는 62개의 팀에 공유되었다.

그러나 소문의 폭증과 기자회견 때까지 기존 입장을 고수한다는 방침을 감안하여 협력단은 이 논문을 유통시키지 않기로 결정한다. 이 결정을 내린 위원회의 한 과학자는 협력단 전체에 배포한 이메일에서 사정을 이렇게 해명한다.

1월 21일: … 저는 여러분이 임무를 훌륭하게 수행하여 정보가 추가로 누출되지 않으면서도 최종 발견 논문의 윤곽이 잘 감지되도록 논문과 편지를 다듬은 것에 만족하면서 토론을 시작했습니다. 그 원고를 받을 사람들이 모두 선의로 행동한다면, 저는 아무것도 염려하지 않을 것입니다. 그러나 최근의 소문들을 숙고하면서 원고 배포에 대한 생각을 바꿨습니다. 1월 11일 오전 5시 20분(미 동부 표준시)에 오경보율의 최신 값이 공개되었고, 같은 날 오전에 크라우스는 그의 악명 높은 트윗을 새로운 트윗으로 '확인'해주었습니다. 그 후 채 하루가 지나기 전에 (제가 소속된 대학에서) 함께 일하는 누군가가 제게 그 소문들에 대해서 문의했습니다(크라우스가 9월에 올린 원트윗이 전자기 파트너들의 증언에 기초를 두었는지는 모르지만, 그렇다 하더라도 놀라지 않을 것입니다. 크라우스는 자신이 LSC 내부의 누구와도 소통하지 않았다고 공언하고 있으니까요).

협력단과 천문학계의 우호 관계는 이 분야의 미래를 위해 필수적이므로, 아주 미묘한 상황이다. 그러나 전자기 파트너들에게 통보되는 내용 중에는 부득이하게 사건 날짜가 포함되어야 한다는 점을 유의하라. 또한 공식 관측(관측 가동)이 시작되는 날짜는 이미 공개되어 있다. 따라서 사건 날짜를 통보받은 사람들은 곧바로 그 사건이 암맹 주입이 아님을 추론할 수 있고, 따라서 그 사건은 추측대로 블랙홀 쌍성계라는 것을 알 수 있다. 이런 연유로 전자기 파트너들이 정보를 누설하고 있다는 의심이 제기된 것이다. 물론 그들이 고의로 정보를 누설하는 것은 아닐 수도 있다. 그들은 자신들이 어떤 민감한 정보도 유출하지 않는다고 여길 수도 있다. 진짜 발견을 운운한 사람은 없고, 다들 '사건 후보'를 언급했을 따름이며, 과거의 모든 '사건 후보'는 오경보로 밝혀졌으니까 말이다. 그럼에도 앞에 언급된 트윗들이 악의 없는 토론들에서 거론될 가능성은 충분히 열려 있다. 더구나 망원경들이 향한 방향에 관한 로그 기록은 누구나 찾아볼 수 있다는 점도 고려해야 한다. 그 기록을 보면 아주 많은 것을 추론할 수 있다.

다른 한편, 한 이메일 작성자는 소문의 출처가 다른 곳이라고 본다.

1월 25일: 더 극적인 유출은 의심의 여지 없이 내부자에 의한 것입니다. 개인적으로 저는 LVC의 고위급 구성원들이 우리 계획의 내밀한 세부 사항을 외부 동료들과 공유한 사례들을 압니다. 그래서 저는 매우 미묘한 입장에 처해 있습니다. … 뿐만 아니라 (중요한 자금 지원 기관 한 곳에서) 우리의 기자회견 계획을 알고 있는 것으로 보입니다. 그 계획이 (그 중요한 물리학 기관의) 기관장에게 흘러 들어갔고, 곧이어 그곳의 부기관장이 확인을 위해 우리의 전자기 파트너들과 접촉했습니다. 이 일은 우리와 전자기 파트너들 사이의 직접 접촉과 아무 관련이 없습니다. '유출'은 미국 자금 지원 기관들의 최상층에서 일어나고 있습니다.

복수의 출처에서 정보가 유출되는 듯하다. 점점 더 많은 사람이—계획과 결정을 위해—정보를 미리 알아야 하므로, 점점 더 많은 사람이 정보를 전달받고 있다는 점은 의심의 여지가 없다. 나는 여러 기관의 부서장들이 중력파 발견 소식을 전해 듣고 있음을 안다. 그 소식이 자금 지원 기관들로 흘러든다는 것도 안다. 나 역시 추가로 한 사람에게 반드시 비밀을 지키라고 조건을 달면서 소식을 전할 수밖에 없었다. 내가 이 프로젝트에 많은 시간을 투입하기 때문에 그 사람과 내가 함께 수행하는 프로젝트 중 하나가 지체되고 있기 때문이다. 영국에서 열릴 기자회견의 담당자들이 구체적인 답변을 주지 않아서, 당장 나는 런던에 사는 아들에게 2월 11일에 일 때문에 런던에 가서 너희 집에 머물 수도 있고 아닐 수도 있다고 말할 수밖에 없다. 참으로 이상한 말이다! 아들이 한 번 더 묻는데 내가 계속 얼버무린다면, 상황은 정말 기괴해질 것이다. 특히 그가 이미 라디오에서 소문을 들었다는 점을 감안하면, 나는 그에게도 비밀을 꼭 지키라고 당부하면서 소식을 전할 수밖에 없을 것이다(다행히 아들은 내 사정을 캐묻지 않는다).

점점 더 많은 LVC 구성원의 가족들이 질문을 받고 있음을 알게 된다. 기괴하거나 무례하지 않게 사회생활을 하면서 한정 없이 많은 교란을 버텨낼 사람은 없다. 그러므로 시간이 갈수록, 소식을 들은 사람들의 수는 급증할 테고 진실을 말하라는 압력은 폭발 직전의 보일러 내부처럼 강해질 것이다. 거듭 강조하지만, 비밀을 유지하고 위장하기 위한 노력은 반드시 문제를 일으킨다. 이번 경우에 발생할 수 있는 가장 중요한 문제는 중력파 과학자들과 천문학자들 사이의 관계가 파괴되는 것이다. 비밀주의는 공동체의 통합뿐 아니라 과학마저 위태롭게 할 수 있다.

1월 11일: 마침내 찾아온 둘째 행운

이보다 더 나빠질 수도 있다는 걸 상기시키듯이, 1월 11일에 피터 솔슨은 나에게 이메일을 보내 박싱 데이 사건에 관한 데이터 상자가 열렸으며 새로 분석해보니 그 사건의 통계적 유의도는 5시그마로 밝혀졌다고 전한다.

1월 11일 18시 59분

친애하는 해리,
방금 우리가 최신 상자(제8기 분석을 위한 데이터 상자)를 열었는데, 박싱 데이 사건이 또 하나의 5시그마 사건으로 밝혀졌어요!

상자 개봉 결과를 보려면 아래 웹페이지를 방문하시길.
https://sugar-jobs.phy.syr.edu/~bdlackey/o1/analysis8/

---

analysis8-c01-rf45dq-v1.3.4/7._open_box_result/

… 요컨대 비록 신호의 강도는 ('그 사건'에) 못 미쳤지만, 이 사건도 독자적으로 발견의 지위를 인정받을 만하다는 겁니다. 대단한 성과죠.

이제 사람들은 우리가 곧 (O2 기간에) 4회 검출 문턱을 넘어 데이터 공개 시기로 이행하게 되리라는 점을 염려하기/깨닫기 시작하고 있어요. 상황이 숨 가쁘게 전개되는 중이네요.

그림 8.2a의 오른쪽 웃는 얼굴은 이제 통계적 유의도가 향상된 셋째 사건의 위치를 보여준다(비록 기술적으로 정확하게 보여주지는 않지만). 여전히 '그 사건'과는 거리가 멀지만 마법의 5시그마 문턱을 넘었으므로 설령 이 박싱 데이 사건 하나만 있더라도 협력단은 독립적인 발견 논문을 정당하게 쓸 수 있다. 상황이 크게 달라진 것이다. 이제 박싱 데이 사건은 '그 사건'을 정말로 확증하는 증거로 보인다. 이제 우리는 단일 사건에 매달리던 단계를 벗어났다. 이제 오메가마이너스 입자의 발견을 선례로 고려할 필요가 없어졌으며, 훨씬 더 중요하게는 자기단극 발견 주장을 선례로 고려할 필요가 없어졌다. 이것은 과학적으로 엄청난 변화일뿐더러, 곧 논증하겠지만 사회학적으로도 엄청난 변화다. 그림 8.2b는 박싱 데이 사건의 참된 통계적 유의도를 배경에 표시된 그 사건의 리틀 독스와 더불어 보여준다. 보다시피 그 사건의 유의도는 5.3시그마를 넘는다.

그런데 이 절의 첫머리에서 이 같은 유의도의 변화를 언급하기 시작할 때 나는 왜 "이보다 더 나빠질 수도 있다는 걸 상기시키듯이"라고 말했을까? 무엇이 나쁘다는 것일까? 두 가지 문제가 있다. 첫째, 박싱 데이 사건의 중요성이 5시그마로 올라갔으므로 정말로 중력파가 관측되었다는 것에 대해서는 의심의 여지가 없어졌고, 따라서 협력단이 비밀주의를 고수하는 것은 더욱 심한 기만을 실행하는 것을 의미하게 되었다. 우리가 앞으로도 몇 주 동안 (평범한 물리학자들이 보기에 도저히 그럴 수는 없는데도) 확신하지 못한 것처럼 굴어야 한다는 점을 생각할 때 이 변화는 심각한 스트레스 요인이다. 또한 박싱 데이 사건에 관한 비밀 유지는 '그 사건'에 관한 기자회견 이후까지 지속될 것이므로, 기만적인 기자회견들이 될 것이다.

둘째 문제는 48쪽에서 토로한 나의 감정과 관련이 있다. "나는 다른 사건들이 관측되지 않기를 바란다. 만일 관측된다면 이 발견이 너무나도 쉬운 것이 될 테고 따라서 사회학적 관심사로서는 중요성이 감소할 터이기 때문이다." 이제 둘째 사건의 유의도가 그 사건을 최초 발견의 지위에 올려놓기 충분할 정도로 상승했으므로, 사회학자로서 나의 삶은 훨씬 더 힘들어질 것 같다. 나는 다시 죄책감을 느낀다. 동료들과 더불어 뛸 듯이 기뻐하는 대신에 이 변화를 씁쓸한 눈빛으로 바라보는 것에 대한 죄책감이다. 1월 11일은 죄책감을 느끼기에 적합한 날이 아니었다. 이 문제는 13장에서 거론할 것이다.

다른 한편, '4회 검출 문턱4-detection threshold'이란 중력파 사건의 관측이 4번 확증되면 비밀 유지를 해제하고 모든 데이터를 천문학계와 천체물리학계에 공개하겠다는 협력단 내부의 합의를 의미한다. 당연한 말이지만, 이 합의도 상황의 변화를 반영한다. 확실한 관측이 4회 이루어지고 나면, 중력파는 특별한 추가 확증이 필요 없을 정도로 평범한 현상이 될 것이다.

나는 피터에게 박싱 데이 사건의 통계적 유의도가 어떻게 4시그마 미만에서 약 5시그마로 뛰어올랐는지 몇 가지 전문적인 질문을 던진다. 원래의 추정값 4시그마는 배경 잡음이 그림 8.2a가 보여주는 것 — '그 사건'의 분석에 쓰인 16일분의 배경 잡음 — 과 같다는 가정에 기초를 두었다. 내가 옳게 이해하고 있다면, 이 유의도 값은 박싱 데이 사건의 배경 잡음이 그 16일분의 배경 잡음과 다를 경우에만 변화할 것이다. 그렇다면 간섭계들의 성능이 갑자기 향상되어 잡음이 줄어들기라도 한 것일까? 그런 잡음의 변화는 '동결'의 개념에도 영향을 미치지 않을까? 내 생각이 옳다면, 영향을 미칠 것이다. 피터도 똑같은 의문을 품는다. 그는 자신도 이해할 수 없다고 말함으로써 나에게 죄책감이 섞인 기쁨을 안겨준다. 의심에 빠져들기 시작한 그는 자신의 기쁨에 찬 태도를 뒤집어야 할지도 모르겠다면서 면밀한 검토에 착수한다.

그리고 흥미로운 해명에 도달한다. 박싱 데이 사건을 일으킨 천체들의 질량은 '그 사건'에 연루된 질량보다 더 작다. 전자는 태양 질량의 25배지만, 후자는 약 65배다. 따라서 박싱 데이 사건은 주파수가 더 높으므로 견본들과 대조할 때 다른 '구간bin'에 들어간다(구간의 개수는 총 3개다). 높은 주파수의 신호들은 길이가 길어서 잡음과 똑같은 형태를 띨 확률이 더 낮다. 바꿔 말해 높은 주파수 영역에서는 잡음이 훨씬 고요하다. 이런 이유로 박싱 데이 사건은 신호 대 잡음 비율이 '그 사건'의 절반에 불과할 정도로 약한데도 이토록 높은 통계적 유의도를 지닐 수 있는 것이다. 거듭 설명하자면, 고주파수 영역에서 신호와 유사한 잡음 일치는 훨씬 더 드물다. 따라서 잠재적 신호가 잡음에 의해 발생한 것일 확률은 줄어든다. 이 차이는 시간 슬라이드를 통한 분석 결과가 담긴 상자가 열릴 때 비로소 드러난다. 그렇기 때문에 박싱 데이 사건의 통계적 유의도가 갑자기 뛰어오른 것이다.

중력의 키스

마지막 모임들: 1월 19일, 21일

1월 19일은 특별한 목적의 협력단 전체 모임이 예정된 날이다. 그 모임의 역할은 과거 두 차례의 암맹 주입, 곧 추분 사건과 빅 독 사건 때에 마지막으로 열린 모임들과 같다. 그 모임들에서 협력단은, 첫째, 출판을 위해 논문을 제출할 준비가 되었는지, 둘째, 암맹 주입에 관한 비밀이 들어 있는 '봉투 envelope'를 열 준비가 되었는지 판단해야 했다. 그 모임들은 유쾌했으며 엄청난 규모였다. 장소는 캘리포니아의 호텔이었고, 전 세계의 협력단 구성원들이 운집했다. 찬란한 햇살 아래 야자나무가 물결치고 샴페인에서 거품이 솟아올랐다. 비록 (암맹 주입에 딱 어울리는) 플라스틱 컵에 담긴 샴페인이었지만 말이다.

이번에는 그런 초대형 모임이 열리지 않을 것이다. 원격 회의 시스템 '팀스피크'가 충분히 잘 작동하므로 항공기 연료를 추가로 소비하여 지구 온난화를 부추길 필요는 없어 보인다. 모든 구성원은 이미 서로를 아주 잘 안다. 또 이미 여러 달 전부터 모든 일이 원격 회의를 통해 이루어졌다. 그러므로 지구 곳곳에서 소규모 모임들을 열고 전체를 팀스피크로 연결할 수 있다는 판단이 내려진다. 따라서 설령 내가 이 상황의 핵심부를 목격하기 위해 여행을 계획하더라도, 나는 그 핵심부의 위치를 특정할 수 없을 것이다. 1월 19일을 앞둔 며칠 동안 나는 그날 오후를 어디에서 어떻게 보내야 한지 궁리한다.

대면 모임에서는 당연히 한정된 인원만 발언할 수 있지만, 원격 회의에서는 어느 누구의 발언도 막을 길이 없다. 안건의 개수를 처리 가능한 수준으로 줄이기 위해 지휘부는 참가자들에게 곳곳에서 지역 모임을 열어 미리 안건을 정하라고 요청한다. 대면 모임의 제약을 재도입하는 조치라고 할 만하다. 나는 서재에 머무를 수도 있겠지만 카디프에서 활동하는 중력파 물리학자들의 팀에 연락하여 분위기 파악을 위해 모임에 참석해도 되겠냐고 묻는다. 그러나 알고 보니 버밍엄 대학의 팀이 영국 모임을 개최하기로 결정했고, 카디프팀은 그 모임에 참석하기로 합의했다. 그리하여 나는 버밍엄팀에 모임 참석 의사를 밝히고 카디프팀과 함께할 기차 여행을 준비한다. 버밍엄은 운 좋게도 햇살이 찬란하지만 몹시 쌀쌀하고 야자나무는 한 그루도 없다. 더욱 실망스럽게도 모임 당일 아침에 지휘부는 중요한 의문 제기가 아주 많아 논문에 관한 결정을 오늘 내릴 수는 없으며 수정된 원고—열 번째 원고—를 내일 배포하고 1월 21일에 그 결정을 내리는 협력단 전체 모임을 열겠다고 밝힌다. 결과적으로 우리는 열리기도 전에 실망하게 될 모임에 참석하기 위해 버밍엄까지 여행한 셈이다. 멋진 여행이었지만, 정말로 멋진 여행은 아니게 되었다.

더구나 그 모임은 다시 한번 비밀 유지의 문제를 드러낸다. 기억하겠지만, 기만에 관한 한 나는 거리를 둔 관찰자가 아니다. 좋든 싫든 나는 완전한 참여자다. 나에게 가장 중요한 토론은 박싱 데이 사건을 논문에서 언급해야 할지에 관한 것이다. 검출위원회는 언급해야 한다는 입장이다. 내가 생각하기에 그 언급은 필수적이다. 박싱 데이 사건이 과학자들의 자신감 형성에 아주 큰 구실을 하기 때문이다. 그 사건 덕분에 과학자들은 자신들이 단 한 건의 사건을 다루는 것이 아님을 알고 자기단극 발견의 사례를 잊어도 된다는 것을 안다(두 번째 월요일 사건은 그리 중요하지 않다는 그들의 공통 견해를 전제하고 하는 말이다). 그러나 곧이어 '그 사건'도 마찬가지지만, 아직은 박싱 데이 사건이 '그 사건'처럼 여러 달에 걸친 분석을 버텨내고 확증되리

중력의 키스

라고 확신할 수 없다는 취지의 반론이 봇물처럼 터져나온다. 이것은 '그 사건'에 대한 비밀주의를 (그 사건이 진짜가 아니라면 모두가 경악할 텐데도) 정당화해온 사고방식이기도 하다. 이제 똑같은 사고방식이 박싱 데이 사건에 대한 정보 감추기를 정당화하는 데 쓰이고 있다.

협력단 구성원들의 의견은 다양하다. 일부는 발견 논문에서 박싱 데이 사건을 간결하게 언급하기를 바라고, 다른 일부는 발견 논문에서는 언급하지 않더라도 기자회견에서 언급하고 동료 과학자들에게 공개해야 한다는 입장이며, 또 다른 일부는 박싱 데이 사건도 '그 사건'과 같은 수준으로 비밀에 부쳐야 한다고 생각한다. 마지막 집단은 여전히 상황이 바뀌지 않았다고 본다. 그들은 (중대한 발견과 관련해서만 납득할 수 있을 법한) 기만의 논리를 무한정한 미래까지 연장하고 싶다. 한 예로 이 극단적인 입장을 대변하는 아래 이메일을 보라.

이 논문에서 박싱 데이 사건을 언급하는 것은 나쁜 선택이라고 생각합니다. 우리는 그 사건에 관해서 확실히 주장할 수 있는 바가 없습니다. 논문에 허약한 주장을 집어넣는다면, 이 훌륭한 결과가 약화되고 독자의 관심이 주요 사건 이외의 것들로 분산되는 결과만 발생할 것입니다. 독자들은 우리에게 추가 사건을 관측했느냐고 물을 테죠. 그러나 지난 4개월 동안 우리는 어떤 사건이라도 관측했느냐는 질문을 받으면 일관되게 비밀주의를 고수해왔습니다. 데이터가 분석되는 중이며, 준비가 되면 말씀드리겠다는 대답을 되풀이했어요. 우리는 계속 그렇게 해야 합니다. 저는 이 방침에 어떤 문제도 없다고 봐요.

이런 유형의 입장들을 보면서 나는 이제 기만이 협력단에게 자연스러운 태도가 되어가고 있다고 판단한다. 협력단은 디킨스풍의 공동체Dickensian academy이고, 우리는 얼버무리기의 대가들이다.

간이 논증

이제 디데이는 1월 21일이다. 19일과 21일 사이에 벌어지는 한 토론은 미래에 벌어질 수 있는 일들을 어느 정도 예감하게 해주는지도 모른다. 협력단에서 가장 중요한 구성원 중 한 명은 발견 논문을 위하여 '그 사건'이 블랙홀 쌍성계로 보이는 이유를 밝히는 짧은 분석 논증을 제공했다. 완전한 증명은—모수 추정팀의 임무인데—매우 길고 복잡할 터이며, 앞서 보았듯이 '보손 별일 가능성도 있다'는 식의 반론에 늘 취약했다. 그러나 그 구성원은 그 사건이 거의 확실히 블랙홀 쌍성계임을 보여주는 간단하고 멋진 방법을 고안했다. 핵심은 감쇠 나선운동을 하는 두 천체 사이의 거리를 계산하는 것이다. 그는 그 거리를 시스템 전체의 회전속도로부터 도출해냈고, 그렇게 질량이 크고 서로 가까이 있으면서도 서로 접촉하지 않는 두 천체는 밀도가 엄청나게 높아야 하고 따라서 블랙홀들일 수밖에 없음을 보여주었다. 다른 모든 천체 쌍은 너무 커서 그렇게 서로 접근하면 접촉할 수밖에 없다. 설령 한쪽이 중성자별이라 하더라도, 다른 쪽이 어마어마한 질량을 가져야 하므로 전체 모형이 개연성을 잃는다. 아래는 그 논문의 원고9(아홉 번째 원고)에 실린 해당 논증의 첫 문장이다.

GW150914의 기초적 특징들에 대한 간이 분석back-of-the-envelope analysis

결과는 그것이 두 블랙홀의 병합에 의해—즉, 두 블랙홀의 감쇠 나선
운동 및 병합, 뒤이은 최종 블랙홀의 감쇠 안정화—에 의해 산출되었
음을 시사한다.

그러나 이것은 절대적 증명이 아니라 개연성 주장이며, 우리가 방금 박
싱 데이 사건을 논하면서 보았듯이, 협력단의 일부 구성원들은 단지 개연성
만 지닌 언급들은 이런 과학 논문의 신뢰성을 반드시 떨어뜨린다고 생각한
다. "논문에 허약한 주장을 집어넣는다면, 이 훌륭한 결과가 약화되고 독자
의 관심이 주요 사건 이외의 것들로 분산되는 결과만 발생할 것입니다." 이
것 역시 '엄격한 전문가주의'의 한 예다.

이 간이 논증 전체를 논문에 포함시킬지, 포함시키더라도 '간이 계산'이
라는 표현을 꼭 써야 할지를 둘러싸고 30통 이상의 이메일이 오고 간다. 그
가운데 주목할 만한 것들을 인용하겠다.

> **1월 20일 01시 23분**: 이 대목을 처음 읽었을 때 이 논문을 위한 분석에 '간이'
> 라는 문구가 붙은 것에 꽤 강한 반감을 느꼈습니다. 그 문구는 그다음 내용의
> 신뢰성을 깎아내리는 듯합니다. 독자들은 그 문구에 아무 문제가 없다고 느낄
> 까요? 우리가 면밀한 분석을 하지 않았음을 암시하는 표현을 쓰지 않는 것이
> 더 나을 성싶습니다. 비록 우리의 분석이 완전한 일반상대성이론/수치상대론
> 분석은 아니더라도 말입니다. 혹시 '기민한cursory 분석'은 어떨까요?

> **1월 20일 08시 40분**: 그 문구는 중요합니다. 그 문구가 없으면 많은 공동저자
> 가 이것이 정확한 계산이라고 오해하고 계속해서 정확한 값들을 요구할 것이
> 기 때문입니다. 이 문구는 그 논증이 근사적 논증임을 알리는 가장 신뢰할 만
> 한 방법인 듯합니다.

1월 20일 08시 50분: 그 생각은 중요하지만, '간이'라는 표현이 논문에 그리 어울리지 않는다는 것에 동의합니다. 그 논증이 원리에 기초한 최고 수준의 논증임을 시사하는 표현이 사용되어야 합니다.

1월 20일 13시 03분: 개인적으로 그 문단 전체가 마음에 들지 않아요. 제 말을 오해하지 마시기 바랍니다. 이 계산은 매우 훌륭합니다. 하지만 이 계산이 논문에 들어가는 것은 부적절해요. 그 이유는 이렇습니다. …

*간이 계산은 위험합니다! 간이 계산은 논리에 심각한 오류가 있더라도 '옳은' 답을 산출할 수 있어요. … 완전한 계산을 하는 것은 세부 사항이 중요하기 때문입니다.

*이 논증을 논문의 앞머리에 그토록 일찍 배치하면, 우리가 그런 방법으로 신호의 파원을 추론하고 모수를 추정한다는 인상을 풍기게 됩니다. 아마추어처럼 보이게 된다는 것이죠. 우리는 그런 방법으로 모수를 추정하지 않습니다. 우리는 이 신호가 일반상대성이론이 예측하는 블랙홀 쌍성계의 중력파이며 다른 어느 것도 아님을 입증하기 위하여 광범위한 검사들을 수행했습니다. 우리는 아마추어가 아닙니다! …

*그 계산은 증명하고자 하는 바의 많은 부분을 선제합니다. "이 진행에 대한 가장 개연성 높은 설명은 공전하는 두 질량 m1과 m2가 중력파 방출로 인해 감쇠 나선운동을 한다는 것이다." 이 대목의 진정한 취지는 이것입니다. 그 신호의 형태가 '매우 역동적임'을 감안하면, 그 신호는 쌍성계 감쇠 나선운동일 수밖에 없다. 그런 신호를 방출하는 다른 대상을 우리는 생각할 수 없기 때문이다. 그리고 그것이 쌍성계 감쇠 나선운동이라고 전제하면, 그 쌍성계는 블랙홀 2개로 이루어졌을 수밖에 없다. 우리는 그 쌍성계의 질량을 PN(Post-Newtonian, 포스트뉴턴 근사법)으로부터 추정할 수 있고, 그에 따르면 그 쌍성계에 중성자별이 포함되기에는 질량이 너무 크다. 이 논증은 허점이 수두룩하게 많습니다. 엄밀하지 않으며, 엄밀하려는 의지도 없어요. 반면에 이 논문의 다른 모든 논증은 엄밀하며, 엄밀하려는 의지가 있어요!

1월 20일 16시 30분: 기이하게도, NSBH(Neutron Star-Black Hole, 중성자별-블랙홀 쌍성) 시스템을 배제하는 것에 관한 현재의 토론이 '간이'라는 용어를 옹호하는 것 같습니다.

이 논증의 취지는 우리가 블랙홀들을 관측했음을 확정적으로 보여주는 것이 **아닙니다.** 그것은 논문의 나머지 부분과 두툼한 동반 논문들의 취지예요. 이 논증의 목적은 '평균적인 물리학자'에게 어느 정도의 직관을 제공하는 것입니다.

1월 20일 17시 13분: 바로 그것이 제가 고민하는 문제입니다. 저는 그것이 블랙홀 쌍성계일 수밖에 없음을 간단하게 '증명'하는 것이 이 대목의 취지라고 생각했어요. 이 대목을 읽으면 그런 느낌이 들어요. 두 가지 선택지가 있는 것 같습니다. 이 대목에서 그것이 블랙홀 쌍성계일 수밖에 없음을 기초적인 논증들을 통해 증명하려 시도하지 말고 단지 그 신호를 최대한 논의/해석하는 것이 한 선택지이고, 다른 선택지는 (이 대목에서 제시하지 않는) 상세한 분석이 그 증명의 핵심 고리를 제공할 것이라는 말을 적절한 자리에서 하는 것입니다.

결국 '간이'라는 문구는 삭제되지만 그 문단은 남는다. 제출된 원고에서 그 문단의 첫 문장은 이러하다.

GW150914의 기초적 특징들은 그것이 두 블랙홀의 병합에 의해—즉, 두 블랙홀의 감쇠 나선운동 및 병합, 뒤이은 최종 블랙홀의 감쇠 안정화—에 의해 산출되었음을 시사한다.

최종 결정을 위한 라이고-비르고 협력단 모임:
1월 21일, 실시간

1월 21일, 최종 결정을 위한 모임이 약간 늦은 오후에 열릴 것이다. 모임의 참가자들은—무언가 큰 문제가 불거지지 않는 한—논문을 『피지컬 리뷰 레터스』에 제출할 준비가 되었는지 판단할 것이다. 그 저널은 분량이 12쪽에 달하는 논문을 접수하고 일주일 내에 검토하겠다는 의사를 밝혔다. 그러므로 협력단은 기자회견에 앞서 검토 의견에 따라 논문을 수정하고 출판을 위해 최종적으로 점검할 시간을 확보한 셈이다. 역사적 자료를 빠짐없이 수록하려는 취지로, 오늘 협력단 전체가 받은 이메일의 주요 부분을 인용하겠다.

영웅적인 노력 끝에 GW150914 검출 사례에 관한 LVC 구성원들의 모든 논평을 숙고하고 검출위원회의 권고들을 고려한 논문 조율팀에 거듭, 거듭 감사합니다.

화요일에 발표한 대로, 우리는 1월 21일 목요일 오전 8시(태평양 표준시, 현재로부터 약 ~9.5시간 후)에 LVC 전체 모임을 열어 논문(https://dcc.ligo.org/P150914-v10)을 『피지컬 리뷰 레터스』에 제출하는 것에 대하여 혹시라도 있을지 모르는 반대 의견을 숙고할 것입니다. 논문팀의 공동 팀장들이 최신 수정 사항을 설명할 것이며, 검출팀의 공동 팀장들은 논문에서 검출 사례를 서술한 방식에 대하여 반론을 제기할 기회를 얻을 것입니다.

모임은 팀스피크의 LVC 총회 채널을 통해 이루어질 것이며 패스워드는 없습니다. 그 채널에 접속하기에 앞서 당신의 팀스피크 마이크를 '묵음mute'으로 설정하고, 당신이 발언하고자 할 때만 '비묵음unmute'으로 설정해주십시오. 채팅 창에 어떤 유형의 논평이나 질문도 올리지 말아주십시오. 그런 채팅은 주의 집중을 몹시 방해할뿐더러 발언자에 대한 무례입니다. 질문이 있을 때는 '발언 요청hand up about'이라고 입력한 다음에 질문의 주제에 관한 단어 두세 개를 덧붙이십시오.

우리는 텍스트에 관한 추가 제안을 받지 않을 것이므로, 당신이 이 논문에 공동저자로 이름을 올리는 것에 반대할 때, 또는 논문팀이나 검출위원회에 전달할 (제안이 아니라) 구체적인 질문이 있을 때만 '발언 요청'을 하십시오.

우리는 8월 5일 LSC 저자 목록 + 11월 5일 비르고 목록에 포함된 적격 저자들에게 다음과 같은 질문을 던질 것입니다.

논문 원고 LIGO-P150914-v10을 『피지컬 리뷰 레터스』에 제출할 때 당신의 이름을 공동저자로 올리는 것에 동의합니까?

모임의 막바지(늦어도 오전 9시 30분(태평양 표준시))에 투표를 실시해 충분한 다수(>2/3)의 찬성을 얻으면, 논문을 제출할 것입니다. 투표에 참여하지 않은 사람들의 이름도 논문 저자 목록에 포함시킬 것이라는 점을 유의하십시오. 그러나 그 목록에서 '빠지고' 싶은 구성원은 출판 전에는 언제든지 빠질 수 있습니다.

여러분 모두와 곧 만나기를 기대합니다!

나는 서재에서 모임에 참가할 것이다.

논문 제출 결정

그 최종 모임은 퍽 이상했기 때문에 나는 이튿날 아침인 지금까지도 그 모임에 관한 글을 마무리하지 못했다. 모임이 진행되면서 갈등의 조짐이 나타났고, 일부 사람들은 원고9를 다듬어 원고10으로 만들 때 도입된 수정 사항 하나가 원래 그 대목을 담당한 사람들이나 검출위원회의 적절한 동의 없이 도입되었다며 격분했다. 짧은 대목 2개가 말썽이었지만, 우리는 한 대목에만 집중하기로 하자. 알고 보니 그 대목이 격한 대립의 초점이었기 때문이다. 두 대목에 관한 논쟁은 모두 엄격한 전문가주의에서 비롯되었다.

우리가 살펴볼 수정 사항은, 우주에 존재하는 블랙홀 쌍성계 감쇠 나선 운동의 빈도를 기존 관측 자료에 기초하여 추정하는 한 문단을 단순화하고 줄인 것이다. 이런 유형의 추정은 천체물리학자들의 소관이다. 천체물리학은 우주에 특정 대상이 얼마나 많은지, 혹은 그 대상의 유형이 얼마나 다양한지 알아낼 필요가 있을 때 추정값을 다룬다. 그런데 단 한 번의 관측에 기초하여 빈도를 추정하는 것이 합리적인가를 둘러싸고 여러 달에 걸쳐 상당한 논쟁이 벌어졌다. 천체물리학자들은 그런 추정이 합리적이라고 판단한 반면, 다른 사람들은 그것을 기괴한 추정으로 여겼다. 게다가 이런 유형의 계산은 발견의 본성—신호 파원의 거리, 성분 질량들 등—을 아는 사람이라면 누구나 할 수 있는 것이었고, 빈도 추정팀은 자신들의 동반 논문을 이미 거의 완성한 상태였다. 그들은 그 논문을 검출 논문과 동시에 출판할 계획이었다. 그러므로 그들은 원고10에 그 추정에 관한 내용이 포함된 것을 기뻐해야 마땅했지만 그 내용을 자신들의 동반 논문의 내용과 조화시켜야 했다.

중력의 키스

나는 그 목요일 (영국 시간으로) 오후 몇 시간 동안 벌어진 일이 물리학과 물리학자들에 관하여 많은 것을 알려준다고 생각한다. 그러므로 그 일을 자세히 살펴보기로 하자. 먼저, 아래 인용한 두 대목을 보라. 긴 인용문은 원고9의 일부이며, 짧은 인용문은 원고10의 일부다.

우리의 관측 결과와 블랙홀 쌍성계 병합에 대한 검출 감도 추정값을 종합적으로 고려하면 우리는 국소적 우주에 존재하는 항성 질량 블랙홀 쌍성계 병합의 빈도를 대략적으로 알아낼 수 있다. 위치와 정향이 최적이며 다른 면에서는 GW150914와 유사한 쌍성계는 광도 거리luminosity distance로 2.4Gpc(z=0.42) 떨어져 있으며 그림 3이 보여주는 것과 같은 감도를 지닌 단일 검출기에서 신호 대 잡음 비율이 8인 신호를 산출할 것이다. 우주의 모든 블랙홀 쌍성계가 GW150914와 질량 및 회전이 동일하다고 가정하고, 오경보율 문턱을 100년에 1회로 설정한다면, 우리는 그 빈도가 (동행 기준틀comoving frame에서 따질 때) $2{\sim}53\mathrm{Gpc}^{-3}\mathrm{yr}^{-1}$이라는 것을 90퍼센트의 신뢰도로 추론할 수 있다. 쌍성계 병합 탐색 결과 전체를 포함시키고 각 사건이 천상이나 지상에서 기원했을 확률을 적절히 고려하면[108], 또한 질량 분포에 관한 합리적 전제들을 추가하면, 더 높은 빈도 추정값으로 $6{\sim}400\mathrm{Gpc}^{-3}\mathrm{yr}^{-1}$이 나온다. 이 추정값들은 [109쪽에서] 검토된 빈도 예측값들의 범위와 맞아떨어진다. 다만, 빈도 예측의 최솟값($<1\mathrm{Gpc}^{-3}\mathrm{yr}^{-1}$)은 배제된다.

이 관측 결과는 국소적 우주에 존재하는 항성 질량 블랙홀 쌍성계 병합의 빈도를 제한한다[108]. 우리가 얻은 빈도 추정값은 $6{\sim}400\mathrm{Gpc}^{-3}\mathrm{yr}^{-1}$인데,

이 값은 [109쪽에서] 검토된 빈도 예측값의 범위와 (낮은 사건 빈도를 배제하면) 맞아떨어진다.

지금 거론되는 추정이 정확히 무엇인지 설명할 필요가 있다. 언급된 추정값들은 우주의 단위 부피 안에서 1년 동안 일어나는 사건의 개수다. "$Gpc^{-3} yr^{-1}$"은 "1세제곱기가파섹당, 그리고 1년당"을 의미한다. 1세제곱기가파섹은 한 변의 길이가 약 30억 광년인 정육면체의 부피다.

만일 '그 사건'의 관측 자료에만 기초해서 추정하면, 빈도 추정값은 단위 부피당, 연당 2~53회로 나온다. 이 추정 결과의 범위가 2부터 53까지로 엄청나게 넓다는 점을 주목하라. 반면에 두 번째 월요일 사건을 감안하고 그것의 불확실성을 어느 정도 인정하면, 빈도 추정값이 단위 부피당, 연당 6~400으로 나온다. 위의 긴 인용문은 이 두 가지 가능한 추정값을 설명한다. 반면에 짧은 인용문은 둘째 추정값만 제시한다. 논문 작성자들은 긴 인용문이 매우 불확실한 결과를 산출하는 다량의 복잡한 계산과 얽혀 있는 듯해서 그것을 짧은 인용문으로 대체했다고 설명한다.

하지만 당일 모임에 앞서서 이 수정이 문제를 일으킬 것이라는 우려가 나왔다. 약 10통의 이메일이 해당 대목의 축소는 적절한 절차를 거치지 않았으며 현재 상태로는 오해를 유발한다고 지적했다. 거쳐야 했으나 생략된 절차로는 첫째, 애당초 그 대목을 집필한 당사자들의 점검, 둘째, 검출위원회의 승인이 지목되었다. 그러나 이 모든 일이 단 하루에 일어났고, 그날 논문 작성자들은 봇물 터지듯 밀려든 수천 건의 논평에 정신을 차리기 어려울 지경이었다.

모임은 흥분을 자제하는 분위기에서 조용하게 시작되었지만, 이 문제가 서서히 도드라졌다. 의장은 원고10의 수정에는 동의하지 않을 것임을 명확히 밝혔다. 이 회의의 주요 목적은 1004명의 공동저자가 그 원고를 출판하기 위해 제출할 준비가 되었는지를 투표로 결정하는 것이기 때문이었다. 투표는 이미 시작되었고, 일부 참가자들은 현재의 원고를 제출하자는 쪽에 투표했다. 선택지는 제한적이었다. 논문 제출에 찬성하든지, 아니면 반대하든지 둘 중 하나였다. 그리고 반대표를 던지는 사람은 명예롭게 자진해서 자신의 이름을 저자 목록에서 뺄 것을 요청하라고 의장은 명확히 권고했다. 하지만 문제가 간단치 않은 것이, 투표가 익명으로 이루어지기 때문에 이 권고를 강제할 길은 없었다. 또 하나의 문제는 어떤 기술적인 이유로 일부 투표자들은 기명 투표를 할 수밖에 없다는 점이었다. 이 투표가 중대한 —이 논문을 승인할 것인가, 아니면 내 이름을 저자 목록에서 뺄 것인가에 대한—선택이라는 것이 드러나고 의장이 원고에서 한 단어도 고치지 않겠다는 결단을 고수하자, 논쟁은 점점 더 달아오르고 골이 깊어졌다.

결국 그 대목의 축소된 수정안을 받아들이는 쪽으로 분위기가 기울었지만, 애당초 그 대목을 맡은 천체물리학자들은 현재의 논문은 부정확하다는 주장을 굽히지 않았다. 빈도 추정값은 —'그 사건'과 두 번째 월요일 사건을 모두 고려하여 얻은 값인—단위 부피당, 연당 6~400회가 아니라 2~400회라고 그들은 주장했다. 이 수치를 고쳐야 한다는 요청들이 나왔지만, 의장은 원고10을 수정할 수 없다고 고집했다. 이 원고가 투표의 전제조건이라는 것이 그 이유였다.

상당히 불쾌한 격론이 최소 45분 동안 이어졌다. 점점 더 많은 사람이 수정안을 옹호하는 가운데, 일부 천체물리학자들은 투표를 취소하고 당일에 다시 실시하자는 안건을 발의했고 곧바로 재청이 나왔지만, 의장은 그런 안건은 받아들일 수 없다고 설명했다. 그러는 사이에 확정된 투표 마감 시각이 점점 더 다가왔다. 규칙은 공동저자 중 3분의 2 이상이 찬성해야 논문을 제출한다는 것이었다.

시계가 자동으로 투표를 마감할 시점을 정확히 2분 앞두고, 마지막으로 의장은 논문 심사 과정에서 수치들을 다시 살펴볼 기회가 있을 것이라고 발언했다. 이 발언으로 가장 완강하게 반대하던 천체물리학자 중 1명이 입장을 바꿨다. 그런 기회가 있다면 논문 제출에 찬성할 수 있다고 그는 밝혔다. 이 순간에 적어도 나는 투표 결과 찬성표가 부족하여 논문이 제출되지 않고 이 끔찍한 긴장과 비밀 유지의 기간이 연장될 것을 매우 우려하고 있었다. 내가 느끼기에 나만 그런 것이 아니었다.

하룻밤 자고 나서 돌이켜보니, 어제의 에피소드 전체가 일종의 광기로 느껴진다. 절차에 관한 문제들은 제쳐두고 핵심 쟁점만 따져보자. 그 쟁점은 추정값의 하한선이었다. 추정값의 상한선은 400으로 논란거리가 아니었다. 하한선이 2인가, 아니면 6인가가 문제였다. 그런데 2든 6이든 무슨 상관이란 말인가? 이 문제는 이 위대한 발견의 맥락 안에서 전혀 중요하지 않다! 더구나 어느 수치를 선택하건 간에, 그 수치는 옳지 않음을 우리는 안다. 그 수치는 박싱 데이 사건을 고려하지 않고 계산한 결과이기 때문이다. 협력단은 비밀 유지를 맹세했기 때문에 그 수치를 계산할 때 박싱 데이 사건을 고려할 수 없다. 박싱 데이 사건은 언급될 수 없고 따라서 계산 보정에 사용될 수 없다. 게다가 향후 관측 가동들에서 추가 사건들이 발견되면 이 수치는 2주가 멀다 하고 계속 바뀔 것임을 우리는 안다.

한쪽에는 중력파 최초 직접 검출이 있다. 이 성과는 완전히 새로운 천문학 분야의 창시로 이어질 것이다. 다른 쪽에는 엄청나게 불확실하며 실은 누구나 틀렸음을 아는 추정값의 하한선이 있다. 앞으로 몇 년에 걸쳐 점점 더 많은 사건이 관측되면 그 추정값의 폭은 줄어들 것임을 우리는 안다. 따라서 현재의 쟁점은 그야말로 덧없다. 반면에 발견 논문은 영원하다. 그 논문은 새로운 표준을 세울 것이며 천문학계에 전혀 새로운 삶의 방식을 제공할 것이다. 어떻게 이토록 덧없는 것이 이토록 영원한 것을 위태롭게 만들 수 있단 말인가?

당연한 말이지만, 대답은 학계의 본성, 물리학자들의 문화, **엄격한 전문가주의**에 있다. 2와 6의 차이는 세상에서는 전혀 중요하지 않지만 계산 결과를 전문가 동료들 앞에서 정당화해야 하는 그 천체물리학자 집단의 자존심을 위해서는 중요하다. 나는 이것이 학자들의 병이라고 느낀다. 이 사례에서 그 병이 두드러지게 발현한 것은 물리학의 수학적 토대 때문이다. 내가 느끼기에 이 사례는 '비행기 사건'(『중력의 유령』 27~32쪽 참조)만큼 극단적이지는 않더라도 그것과 유사한 듯하다. 우리는 13장에서 이 사례를 다시 다룰 것이다.

한마디 보태자면, 2주 후(2월 5일)에 한 이메일 작성자는 중력과 발견을 쉽게 설명하는 글에 어떤 사실들을 집어넣어야 할지에 대해서 이야기하면서 나와 똑같은 심정을 다음과 같이 밝힌다.

병합 빈도를 집어넣어야 할지 모르겠습니다. 그 수치는 (머지않아) 폐기될 테니까요. 반면에 나머지는 우리의 최초 탄생을 담은 소중한 그림으로 남겠지요.

시계가 5시 30분으로 넘어가면서 투표 마감을 알렸고, 몇 분 뒤에 개표가 완료되었다. 결과 확인은 형식적인 절차여야 마땅했지만, 분위기는 전혀 그렇지 않았다. 내가 생각하기에 모두가 마음을 졸였다. 결과는 찬성 587표, 반대 5표였다! 환호가 터져 나왔다. 공동저자 412명이 기권하거나 투표에 불참했음을 주목하는 사람은 어쩌면 나 혼자뿐이었을 것이다. 규칙을 다르게 정했더라면, 찬성표가 전체의 3분의 2에 이르려면 아직 80표가 부족하다는 판정이 내려졌을 것이다. 하지만 이것은 비현실적인 상상에 불과하다. 우울한 분위기는 한순간에 증발했다. 아래는 팀스피크 채팅 창에 올라온 문구들이다.

〈17:31:32〉 (투표 결과 발표 직전) "Sathya1": 축하 파티가 필요해, 제바아아아알.

〈17:31:49〉 (투표 결과 발표 직후) "Valeriu": 유로비전 송 콘테스트 영상 틀자!

〈17:31:50〉 "vicky1": 사탸, 우리는 샴페인도 동원할 거야.

〈17:32:06〉 "Alan Weinstein": 제이팝도!

〈17:32:08〉 "Peter Shawhan": 와우!

〈17:32:12〉 "Ilya": 만세!

〈17:32:15〉 "Jo van den Brand": 훌륭해

〈17:32:19〉 "gmendell": 예에!

〈17:32:21〉 "DanHoak": 다들 축하해!!!!

〈17:32:26〉 "Fulvio Ricci": 정말 좋다!!!

〈17:32:29〉 "vicky1": 가자!!!!

〈17:32:29〉 "Daniel Holz": 환상적이야! 모두 축하해.

〈17:32:31〉 "Keith Riles": 정말 멋지다!

〈17:32:31〉 "stan whitcomb": 휴우우우! 아슬아슬했다!

〈17:32:33〉 "Sathya1": 그레에에에에이트

〈17:32:34〉 "Gianluca": 만세

〈17:32:35〉 "Nergis": 만세. 축하해 개비, 그리고 모두들

〈17:32:36〉 "AndrzejKrolak": 잘했어

〈17:32:38〉 "pai arch": 훌륭해

〈17:32:48〉 "Dorota Rosinska": 훌륭해

〈17:32:48〉 "LHO MPR": 만세!

〈17:32:51〉 "arunava": 다들 축하해

〈17:32:52〉 "Federico Ferrini": Evvvaiiii

〈17:32:52〉 "neilcornish": 여긴 샴페인 마시기에 좀 일러

〈17:32:54〉 "Lionel London": @Alan 제이팝, 아주 좋아!

〈17:32:56〉 "vicky1": 모두의 인내와 고된 노동에 감사합니다.

〈17:33:07〉 "AEI Potsdam": 여긴 샴페인 땄음. AEI에 속한 모두가 축하 인사를 보내요.

〈17:33:11〉 "EGO Seminar Room": 축하합니다!!

〈17:33:12〉 "Tom Carruthers": 모두에게 축하!

〈17:33:15〉 "sanghoon.oh(오상훈. ─옮긴이)": 다들 축하해!!!

〈17:33:19〉 "GariLynn Billingsley": 잘했어!

〈17:33:25〉 "Eotvos": 환상적이야, 축하해!

〈17:33:26〉 "Collin Capano": 다스베이더가 채팅방에 들어온 것 같아

〈17:33:31〉 "Dave Reitze": 와우!!

〈17:33:31〉 "Claudio Casentini": 축하!!!!

〈17:33:34〉 "RaRa": 다들 축하!!

〈17:33:34〉 "John.Oh(오정근)": 축하!

〈17:33:46〉 "Leo Singer": 안녕, 스톡홀름. 우리도 왔어!

이 정도로 줄이지만, 훨씬 더 많은 문구가 창을 채운다.

그런 다음에 4개월 만에 처음으로 이메일이 뜸해진다. 너무 뜸해서 인터넷 연결이 끊기지 않았나 점검하지 않을 수 없었다. 연결은 멀쩡했다. 모두

가 축하 파티를 위해 밖으로 나간 것이다. 논문 제출 후 사흘, 그러니까 금요일, 토요일, 일요일까지 내가 모은 이메일은 71통이었다. 반면에 그 전주와 전전주의 금요일부터 토요일까지 모은 이메일은 273통과 271통이었다!

다시 내 서재에 홀로 앉아서 나는 내가 사실적으로도 정신적으로도 파티를 즐기고 있지 않음을 아쉬워했다. 그런 축하 분위기는 이틀 전에 무산된 모임과 최종 논문 제출을 둘러싼 갈등 때문에 흐트러졌다고 나는 생각했다. 애당초 사회과학자는 논문 제출을 축하하지 않는다. 사회과학에서 논문 제출은 고생의 시작일 따름이다. 게다가 슬프게도 이렇게 축하해야 할 만큼 큰 논문을 쓸 일이 애당초 없다. 나는 이 같은 사회과학과 물리학의 차이를 13장에서 다시 다룰 것이다.

논문 심사

딱 일주일 뒤(1월 28일)에 심사 보고서가 완성되어 협력단에 전달된다. 칭찬 일색의 보고서다.

이 성과들은 틀림없이 역사에 기록될 것입니다.

이 논문은 중력파 과학의 중대한 혁신이며 이정표입니다. … 의문의 여지 없이 『퍼지컬 리뷰 레터스』에 출판하기에 적합합니다.

이 논문을 검토할 기회를 얻어서 영광입니다. 제가 평생 읽어본 가장 재

중력의 키스

미있는 논문이었다고 해도 과언이 아닙니다. 저자들은 실험과 검출 과정을 명확히 서술했으며 검출의 통계적 유의도와 역사적 중요성 모두를 보여주는 데 필요한 증거를 제시했습니다. 더구나 아름답게 작성된 논문이어서 폭넓은 독자들에게 접근 가능하고 새로운 물리학자 및 천문학자 세대에 영감을 줄 것입니다. 저는 이 논문을『피지컬 리뷰 레터스』에 출판할 것을 강력히 권합니다. 이것이 역사를 통틀어 가장 많이 인용되는『피지컬 리뷰 레터스』논문 중 하나가 되리라고 예상합니다.

이어서 몇 가지 전문적 질문과 논평이 나오는데, 논문 작성팀은 그것들을 주말이 끝나기 전에 처리할 수 있다고 본다. 일주일 전에 거대한 논쟁을 유발한 쟁점들도 처리하기로 합의되었다. 다시 제출된 논문에서 그 빈도는 단위 부피당, 연당 6~400에서 2~400으로 낮춰지고 성분 블랙홀들의 회전에 관한 추정을 담은 문장 한두 개가 추가될 것이다. 약간 곤란한 논평도 딱 하나 있다. 한 심사위원은 직접 검출 주장에 제한적인 단서를 달기를 바란다. 그러나 편집자들은 그 부분을 고치지 말라고 조언한다. 주말이 끝날 때는 최종 원고가 완성되어 있어야 한다. 그것은 원고13일 테고, 한 심사위원은 계속해서 최종 독회를 주장한다. 그 심사위원의 불만이 풀린다면, 기자회견은 2월 11일에 열릴 것이다.

발견 논문 — 무엇이 성취되었는가

이제 우리 앞에는 아름다운 최종 원고가 놓여 있다. 공동저자가 1000명이나 되는 터무니없는 집필 방법에도 불구하고 아무튼 논문 작성팀은 최종 원고를 만들어냈다. 다양한 측면에 관한 투표도 무사히 이루어졌다. 먼저 논문의 제목을 보자.

블랙홀 쌍성 충돌에서 방출된 중력파 관측

나는 제목에 '직접'이 들어가기를 바랐고 '라이고'도 들어가는 것이 더 정확하다고 생각했다. 그러나 내가 옳지 않았다. 제목은 단순명료해야 한다. 다른 사람들이 이 제목을 어떻게 느낄지 모르겠지만, 43년 동안 이 순간을 기다려온 나는 이 제목 앞에서 전율한다.[4] 그리고 '직접'도 초록의 마지막 문장에 제시되어 있다(나오는 것이 옳다). 그 문장은 결론의 마지막 행에서 되풀이된다.

이것은 중력파의 최초 직접 검출이다.

이 관측을 이뤄낸 장비가 라이고라는 것도 초록의 첫 문장에서 명확히 밝혀진다.

4　『뉴욕 타임스』는 이렇게 보도했다. "『피지컬 리뷰 레터스』의 편집자 로버트 개리스토는 라이고 논문을 읽는 동안 소름이 끼쳤다고 말했다"(Dennis Overbye, "Gravitational Waves Detected, Confirming Einstein' Theory"[중력파 검출, 아인슈타인 이론 입증], 2016년 2월 11일). 자신이 과학적 발견의 감정적 의미를 이해하는지 알아보려면 과학 논문을 읽고 이런 유형의 반응을 할 수 있을까 하는 질문을 스스로 던져봐야 한다고 생각한다.

2015년 9월 14일 09:50:45(협정세계시)에 레이저 간섭계 중력파 관측소(라이고)의 검출기 2대가 일시적 중력파 신호를 동시에 관측했다.

이처럼 논문은 최초 원고의 역사적 어투를 유지한다. 물론 그때저럼 서상하지는 않지만, 이것이 인류의 우주 이해의 역사에서 중요한 사건이라는 선언은 여전히 그대로다. 서술을 한낱 측정과 계산에 관한 것으로 단순화하려는 시도들을 이겨내고 역사적 요소가 살아남은 것이다. 단지 사람들에게 사건들이 일어난 것이 아니라, 사람들이 사건들을 이뤄냈다. 이어지는 문장의 첫 부분은 1월 19일까지도 그 필요성에 대해서 논란이 있었지만 원고 10에도 포함되었다. 비록 그 문장의 뒤쪽 절반은 삭제되었지만 말이다.

아인슈타인은 중력파의 진폭이 대단히 작을 것임을 이해했고 중력파가 물리학에서 실질적인 중요성을 갖지 못할 것이라고 예측했**다.**

아무튼 논문은 사실 자체가 아니라 그것의 아이콘으로서 제작된 인공물일 따름이다. 논문은 직위의 상징, 왕의 권력을 암시하는 보석 박힌 지휘봉과 유사하다. 논문이 반짝이는 상징으로서 대표하는 실제 성취는 훨씬 더 황홀하다. 그 성취를 돌이켜보자.

중력파 검출을 위한 반세기의 노력은 어떤 과학적 성과도 내지 못한 채로 오로지 강인한 의지와 대단한 경영 능력, 그리고 중력파가 검출되리라고 예측하는 이론들에 대한 신뢰로 유지되어왔다. 최초 검출기들은 그것으로는 결코 중력파를 검출할 수 없다는 계산이 나오던 시절에 오로지 희망에만 기초하여 제작되었다. 거듭된 개량으로 검출기의 감도가 향상되었지만,

잇따른 기술적 세대들 각각은 중력파를 검출할 능력을 갖췄다고 자부할 과학적 권리가 없었다. 적어도 오늘날의 관점에서 보면, 고급 라이고는 성공 가능성이 실패 가능성보다 높은 최초의 검출기다. 반면에 그보다 앞선 세대의 검출기들은 희망이 계산을 이겼기 때문에 제작되었다. 웨버의 실온 공진 막대에서부터 고급 라이고에 이르기까지, 중력파가 지나갈 때 일어나는 시공의 변형을 포착하는 감도는 대략 10만 배 향상되었다. 이 향상 정도는 추정에 머물 수밖에 없다. 초기의 측정은 그리 정확하지 않았으며, 잇따른 검출기들은 세대마다 서로 다른 유형의 천체를 겨냥했기 때문이다. 하지만 이런 세부 문제들을 제쳐놓으면, 탐색되는 우주 공간의 부피는 감도의 세제곱에 비례하므로, 중력파를 방출하는 우주적 사건이 포착될 확률은 조지프 웨버의 최초 시도에 비해 지금 1000조 배 높아진 셈이다. 과학적 성과가 전혀 없는데도— 현격히 대조적으로, 입자물리학은 매 세대가 기존 성과에 기초하여 새로운 성과를 낼 수 있었다— 한 과학 기획이 반세기 동안 유지된 것이다.

아무리 반복해도 지나치지 않은데, 그 결과는 "블랙홀 쌍성계 충돌에서 방출된 중력파 관측"이다. 이 성과는 중력파와 직접 상호작용하도록 설계되었으며 감도가 상상을 초월할 정도로 높은 장치들을 통해 이루어졌다. 중력파가 검출기에 가하는 측정 가능한 영향은 지구의 지름이 미세하게 변화하는 것과 같은 결과를 산출한다. 그 결과는 라이고 간섭계의 4킬로미터짜리 팔의 길이 변화로 감지되어야 한다. 이는 중성자 지름의 1만 분의 1만큼의 변화를 감지해야 한다는 것을 의미한다. 이 정밀 측정은 면적이 1제곱마일인 카디프만에 물방울 1개의 1000분의 1만큼의 물을 추가로 투입했을 때 그만의 수면이 얼마나 높아지는지 측정하는 것과 같은 수준이다.[5]

아인슈타인의 일반상대성이론이 탄생 100주년을 맞은 지금, 중력파 검출은 그 이론의 입증을 위해 가장 필요한 성과다. 그 성과는 전자기파 스펙트럼 바깥에서 작동하는 전혀 새로운 천문학 분야의 출발점이며, 중력파는 블랙홀을 '보는' 유일한 길이다. 터무니없는 말처럼 들릴지 놀라노, 이세 우리는 블랙홀을 '볼' 수 있다. 그리고 실제로 블랙홀들이 서로의 주위를 돌며 감쇠 나선운동을 하다가 병합하여 하나의 블랙홀만 남는 과정이 관측되었다. 새로운 천체물리학적 사실 하나가 이미 확증되었다. 즉, 블랙홀 쌍은 쌍성계를 형성할 수 있으며 충분히 많은 에너지를 방출하여 서로 접근하다가 우주의 수명 내에 병합할 수 있다. 이것은 지금까지 알려지지 않았던 사실이다. 이 관측된 사실을 이해하기는 어렵다. 아주 짧은 시간 동안에 태양의 3배에 달하는 질량이 에너지로 변환되어 중력파의 형태로 방출되었다. 이 질량-에너지 변환을 인간이 만들어낸 가장 강력한 폭발과 비교해보라. 최초의 원자폭탄에서 에너지로 변환된 질량은 약 1그램, 이제껏 제작된 최강의 수소폭탄에서 에너지로 변환된 질량은 약 2.3킬로그램이다. 방출되는 에너지를 밝기의 기준으로 삼는다면, 아주 짧은 시간 동안 그 감쇠 나선운동은 우주에 있는 모든 별보다 더 밝았다. 그 감쇠 나선운동은 지구에서 15억 광년(1광년은 약 9조 5000억 킬로미터) 떨어진 곳에서 일어났는데도 말이다. 만약에 그 에너지가 빛으로 방출되었다면, 그 블랙홀 쌍성계 감쇠 나선운동은 보름달보다 더 밝게 보였을 것이다. 만약에 그 감쇠 나선운동이 우리 태양의 위치에서 일어났고 거기에서 에너지가 빛의 형태로 방출되었

5　　　『중력의 그림자』에서 물방울 한 개의 10만분의 1만큼의 물이라고 쓴 것은 실수다.

다면, 태양계는 흔적도 없이 사라졌을 것이다. 하지만 (여기에서 중력파를 탐지하기가 얼마나 어려운지 짐작할 수 있는데) 당신이 태양과 지구 사이 거리만큼 '그 사건'으로부터 떨어진 우주 공간에서 우주복을 입고 유영하고 있었다면, 당신은 중력파가 당신의 귓속뼈들을 흔들 때 나는 소리 외에는 아무것도 느끼지 못했을 것이다.

피터 버거는 1963년에 출판한 저서 『사회학에의 초대』에서 사회학자는 연구 대상으로 삼은 사람들의 세계관과 거기에서 멀찌감치 떨어진 분석가의 세계관을 '교대로' 채택할 수 있어야 한다고 말한다. 지금까지의 장들은 내가 연구 대상들의 세계관을 받아들였을 뿐 아니라 그 세계관 안에서 영광을 누려왔음을 보여준다. 내가 특권적으로 공유해온 이 반세기에 걸친 모험은 정말 얼마나 멋진가! 이제 남은 장들에서는 마치 개선하는 로마 장군의 귀에 속삭이는 노예처럼 분석가가 나서서 우리가 본 것은 어떤 거울들에 가해진 변형력을 나타내는 숫자 몇 개에 불과하며 이제껏 서술한 모든 내용은 그 숫자들의 의미에 관한 거대하고 복잡한 사회적 합의와 신뢰에 기초를 둔 구조물임을 일깨워야 한다. 관건은 양쪽 관점을 모두 채택할 줄 아는 것, 그리고 한 관점이 다른 관점을 깎아내린다고 생각하지 않는 것이다. 관건은 각각의 관점이 서로를 더 풍부하게 만드는 것, 그리고 우리가 배울 수 있는 바를 배우는 것이다.

11장

마지막 물결:
기자회견으로부터 미국물리학회로, 또 그 너머 세계로

2월 5일, 나는 『네이처』 기자로부터 또 다른 소문을 전해 듣는다. 중력파 검출에 관한 소문들이 옳다는 기사가 『사이언스』에 게재되었으며, 이제 모든 것이 들통났다고 한다. 『사이언스』는 그림 11.1과 같은 트위터 캡처 이미지를 공개했다.

『피지컬 리뷰 레터스』에 발표된 최종 논문의 서지사항은 다음과 같다. B. P. Abbot et al., "Observation of Gravitational Waves from a Binary Black Hole Merger"(2016a), http://journals.aps.org/prl/abstract/10.1103/PhysRevLett.116.061102.

핵심 기자회견은 워싱턴에서 열릴 것이며 그와 동시에 전 세계—중력파 연구가 진행되어온 모든 곳—에서 부수적인 기자회견들이 열릴 것이다. 수십 건의 회견이 동시에 진행될 것이며, 많은 회견에서는 워싱턴 기자회견을

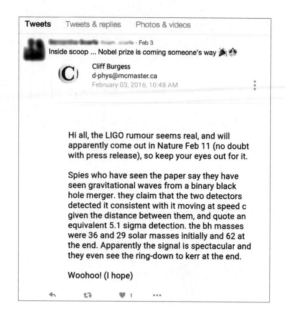

그림 11.1 트윗 내용: 내부자 정보… 누군가에게 노벨상이 가고 있어요.
이메일 내용: 다들 안녕, 라이고 소문은 진짜인 것 같아요. 2월 11일에 (틀림없이 기자회견과 함께) 『네이처』에 논문이 발표될 모양이니 그 저널을 주목하세요.
그 논문을 본 스파이들에 따르면, 블랙홀 쌍성계 병합에서 유래한 중력파가 검출되었답니다. 2대의 검출기가 중력파를 검출했는데, 중력파의 속도가 c(광속.—옮긴이)라는 점과 두 검출기 사이의 거리를 감안할 때 그 검출의 신뢰도는 5.1시그마랍니다. 병합 전 블랙홀들의 질량은 각각 태양의 36배와 29배, 병합 후 단일 블랙홀의 질량은 태양의 62배. 그 중력파 신호가 워낙 강해서 마지막 감쇠 안정화까지 포착되었다는군요.
만세!(라고 외치고 싶어요.)

중계하는 것을 넘어서 자체 프로그램도 제공할 것이다. 그림 11.2는 몇몇 기자회견의 장면들이다.

나는 런던 기자회견에 참석한다. 회견장을 보니 실망스러울 정도로 수수하다. 작은 강당을 회견장으로 선택한 주최자들은 그곳이 차고 넘칠까 봐 사람들을 애써 밀어내는 듯하다. 그러나 전혀 차고 넘치지 않는다. 고작 스물댓 명만 있다. 하지만 워싱턴 기자회견이 생생하게 중계된 덕분에 우리는

중력의 키스

그림 11.2 2월 11일에 열린 기자회견 일부와 2월 24일의 의회 청문회(왼쪽 맨 위). 사진은 라이고 제공.

그 현장에 있는 것처럼 흥분하고 데이브 라이체가 처음으로 말문을 열어 "우리는 중력파를 검출했습니다. 우리가 해냈습니다!"라고 선언할 때 대단한 자부심을 느낀다.

둘째 물결

워싱턴 기자회견에서는 데이브 외에 레이 바이스와 킵 손이 라이고의 창시자들을 대표하여 강단에 올랐고 그들의 뒤를 개비 곤살레스가 이었다. 조지프 웨버가 (그의 아내이며 청중 속에서 뚜렷이 눈에 띄는 천문학자 버지니아

트림블과 더불어) 중력파 검출 분야의 창시자로 언급되고, 현재 치매를 앓는 로널드 드레버가 라이고의 창시자 중 한 명으로 꼽히는 것을 보니 기쁘다. 워싱턴 기자회견에서 언급된 라이고의 창시자들은 손, 바이스, 드레버였다.[1] 나는 중요한 인물 하나가 기자회견에 불참한 것을 알아챘다. 그는 당시에 제네바에 있는 유럽원자핵공동 연구소CERN에서 세미나를 하고 있던 배리 배리시다. 그의 중요성을 감안하면, 그의 부재가 더욱 도드라진다. 그는 개리 샌더스와 함께 죽음 직전까지 몰린 라이고를 구해내고 중력파 천문학을 구해낸 인물이다.[2]

나로서는 마뜩잖은 심정으로 지적할 수밖에 없는 사실이 하나 더 있다. 데이터 안에 다른 사건들은 없냐는 질문이 들어오자, 과학자들은 역시나 거짓말로 대답한다. 박싱 데이 사건은 '그 사건'이 또 하나의 자기단극 발견일지도 모른다는 과학자들의 두려움을 날려버리는 데 크게 이바지했다는 점에서 매우 중요한 과학적 사실이다. 그러나 청중은 박싱 데이 사건에 대해서 아무 말도 듣지 못한다.

그날 저녁 영국의 모든 뉴스 방송은 중력파 발견 소식으로 도배된다. 거의 모든 방송이 워싱턴 기자회견을 요약해서 보여주고 영국 과학자들의 인터뷰를 덧붙인다. 방송 분량은 어마어마하다. 어떤 과학적 발견도 이보다 많은 관심을 끌지는 못할 것이다. 나는 카디프 대학교 물리학과 소속의 동

---

1   라이고의 창시에 관한 유별난 사연 전체는 『중력의 그림자』 참조.
2   상세한 설명은 『중력의 그림자』를 참조하라. 그 책을 읽은 독자들은 로비 보트가 발견 논문의 공동저자 목록에 들어 있지 않다는 점을 의아하게 여길 법하다. 초기 원고의 저자 목록에는 로비 보트가 들어 있었다. 틀림없이 그가 자신의 이름을 빼달라고 요청했을 것이다. 어쩌면 그가 협력단의 지휘자 직책을 잃은 것에 대하여 여전히 화가 나 있기 때문이었을 수 있다고 나는 짐작한다.

료 2명과 함께 오후 6시에 한 바에서 BBC 뉴스를 본다. 런던 기자회견에도 함께 참석했던 그들과 나는 하이파이브를 한다. 얼마 후 아들과 그의 파트너와 함께 더 많은 뉴스를 보는데, 나 자신이 이 거대한 사건의 내부자라는 자부심이 한껏 차오른다. 그러나 사회학자로서 내가 할 일은 뉴스에 대한 반응을 조사하는 것이다. 나는 런던 기자회견과 워싱턴 기자회견에서 나온 질문들을 주의 깊게 들었지만, 의심하는 투로 대체 무엇을 해낸 것이냐고 묻는 사람은 아무도 없고, 다들 더 많은 정보만 요구한다. 이틀 뒤에 나는 배리시가 유럽원자핵공동 연구소에서 진행한 세미나의 녹음본을 듣는다. 거기에 참석한 과학자들은 조금 더 적극적으로 문제를 제기한다.

몇몇은 5.1시그마라는 통계적 유의도를 문제 삼으면서 어떻게 그 값에 도달했느냐고 묻는다. 흥미롭게도 배리시는 질의응답 시간의 시작을 알리고 가능한 질문에 대해서 몇 가지 제안을 하면서 다음과 같은 발언으로 통계적 유의도에 관한 토론을 제안한다.

여기 계신 분들은 통계학을 아주 좋아하고 이를테면 시그마를 충분히 높이는 방법 같은 것에 관심이 많다는 것을 저도 압니다.

배리시는 무엇을 발견으로 간주할 수 있느냐를 판정하는 기준이 개별 사안마다 달라진다는 점을 암묵적으로 지적함과 동시에 입자물리학자들 사이에서 정립된 그 기준에 대한 특별한 사고방식을 언급하고 있다. 한 질문자는, 나머지 O1 데이터까지 분석해서 훨씬 더 많은 배경 잡음을 확보한 상태에서 GW150914의 통계적 유의도를 평가하면 그 값이 얼마나 커지겠느냐고 묻는다. 제대로 된 답변은 없고, 나머지 데이터는 아직 분석되지 않았다는 말만 돌아온다. 어쩌면 그 이유는 강단에 선 사람 중 누구도 검출기가 '동일한 상태'여서 나머지 O1 배경 잡음과 그 16일분의 배경 잡음을 동일 시할 수 있다는 것이 무슨 뜻인지에 관한 토론을 시작하고 싶지 않기 때문 일 것이다. '동결'이 과연 유의미했는지, 배경 잡음이 통계적 분석을 정당화 하기에 충분할 정도로 안정적이었는지에 관한 토론이 시작되는 것은 매우 곤란하다. 자칫하면 통계적 분석의 타당성이 흔들릴 수 있다.

같은 맥락의 또 다른 질문은 추가 사건의 가능성을 언급한다. 예상한 대 로 단일 사건에 대한 의심이 실린 질문인 듯하지만, 그 의심이 직접 표출되지 는 않는다. 어쩔 수 없이 거짓말이 동원된다. 즉, O1 데이터 속에 추가 사건이 있을 가능성이 충분히 있지만 아직 분석이 이루어지지 않았다는 답변이 나 온다. 거듭 강조하지만, '그 사건'에 대해서 물리학자들이 품은 자신감의 상 당 부분은 박싱 데이 사건에서 나오는데, 이 세미나에서는 아무도 그 사실 을 모른다. 박싱 데이 사건은 비록 통계적 분석에 등장하지 않더라도 이 발견 의 한 부분이다. 자신감의 배후에 판단이 있다는 사실은 은폐된다.

이어서 중력파가 광속으로 퍼져나간다는 것을 어떻게 아느냐는 질문이 나온다. 중력파가 실제로 광속으로 퍼져나간다는 독립적인 증거는 아직 없 다. 빛과 중력파를 함께 방출하는 사건이 검출되고 그 빛과 중력파가 지구 에 도달할 때까지 걸린 시간이 비교된다면 그 증거가 확보되겠지만, 그러 려면 지금보다 훨씬 더 정밀한 검출과 큰 행운이 필요하다. 현재로서는 관 련된 모든 증거가 중력파의 속도가 광속이라는 예측과 맞아떨어진다는 대 답밖에 할 수 없다. 아인슈타인의 이론은 중력파의 속도가 광속이라고 예 측한다. 또 우리가 관측한 파형도 아인슈타인의 이론에서 산출된다. 중력 파의 속도가 광속이 아니라면 어떻게 그런 파형이 관측되었는지 이해하기 어렵다. 중력파의 속도가 광속과 다르다면, 예컨대 그 파형이 왜곡되었을 테다. 두 검출기에 포착된 신호는 약간의 시간(빛이 두 검출기 사이의 거리를 이동하는 데 걸리는 시간보다 짧은 시간) 차이를 두고 일치하는데, 이 일치는 순전히 우연의 산물일 테다. 그런데 순전히 우연으로 그런 일치가 일어나 5.1시그마라는 큰 유의도를 달성할 확률은 극히 낮다. 나는 이 질문이 과학철학을 건드린다고 생각한다. 이번 중력파 발견은 중력파가 광속으로 퍼져나간다는 전제에 여러모로 의존한다. 중력파의 속도가 광속이 아니라면, 예컨대 양쪽 검출기에 포착된 신호가 일치한다는 판단과 시간 슬라이드 기법 전체가 무너질 것이다. 하지만 역방향의 논증도 가능한 듯하다. 이번 발견은 중력파가 광속으로 퍼져나간다는 전제에 의존하는데, 우리는 이번 발견을 해냈다. 만약에 중력파의 속도가 광속이 아니라면, 우리는 이번 발견을 해내지 못했을 것이다! 꽤 설득력 있는 논증이지만, 논리에 무언가 이상한 구석이 있다. 과학자들은 반쯤 농담하는 분위기로 토론을 이어간다. 그러던 중에 한 사람이 다음과 같은 결정적 발언을 한다(지금 토론이 벌어지는 곳은 유럽원자핵공동 연구소라는 점을 상기하라).

지금 의문을 제기하는 사람들이 똑같은 유형의 의문을 계속 제기한다면, 힉스입자는 발견되지 않았다는 결론이 머지않아 내려질 것이라고 생각합니다.

이 발언에서도 지적되고 있듯이, 마음만 먹으면 언제나 불신의 이유를 찾아낼 수 있다.

잠정적인 결론을 내리자면, '그 사건'은 둘째 물결까지는 나무랄 데 없이 일으키는 듯하다. 입자물리학자들은 기꺼이 믿음을 품으려는 참이다. 실제로 며칠 뒤에 배리는 나에게 이렇게 쓴다.

지금까지는 우리의 연구 결과가 과학계에서 반론 없이 수용되었습니다. 언론의 관심이 시들해진 뒤에 일부 회의론자들이 고개를 들지 않는다면, 그것은 놀랄 만큼 좋은 일이겠죠. 그러나 지금 저는 많은 회의론이 제기되리라고 예상합니다. 또한 박싱 데이 사건이나 기타 O1 사건 후보들이 드러나고 나면, 어떤 회의론도 제기될 수 없으리라고 예상합니다.

저는 콜린스 씨가 라이고를 (어떻게 과학계가 라이고의 중력파 관측을 확신하게 되었는가에 관한 드라마와 미묘함을) 추적하기 위해 투입해온 시간과 인내가 마침내 종결되고 당신이 라이고는 원래부터 '슬램덩크'(성공할 것이 확실한 활동. ― 옮긴이)였다고 여기게 될까 봐 걱정됩니다. 콜린스 씨는 과학자들이 어떻게 이토록 신속하게 확신하게 되었는지 분석해야 할 것입니다. 과학자인 제 관점에서 볼 때 이것은 대단한 일입니다. 사회학자인 콜린스 씨의 관점에서 볼 때는 훨씬 덜 흥미로울지도 모르겠지만요.

『피지컬 리뷰 레터스』의 편집자는 협력단의 논문 작성팀에 다음과 같은 이메일을 쓰게 된다.

나를 정말로 놀라게 한 것은 최초 24시간 동안의 웹페이지 방문 횟수였습니다. 여러분의 『피지컬 리뷰 레터스』 논문 초록이 실린 웹페이지의 방문 횟수는 380K(38만) 회였으며, 논문의 PDF가 다운로드된 횟수는 230K 회였습니다. 이것은 역대 『피지컬 리뷰 레터스』에 실린 모든 논문보다 훨씬 더 많은 방문 횟수입니다. 그래서 다운로드에 소요된 시간은 이례적으로 길었습니다. 정말로

　　　　　　　　　　　　　　　　　　　　중력의 키스

주류 중력파 물리학계에 잘 통합된 과학자들의 반응에 대해서는 이 정도로 마무리하자(과거에 배리 배리시가 유럽핵공동 연구소의 입자물리학자였기 때문에, 그곳의 과학자들은 주류 중력파 물리학계에 매우 잘 통합되었다). 중력파 물리학계의 핵심에서 조금 더 멀리 떨어진 주류 물리학자들의 반응에 대해서는 4월의 미국물리학회에 참가했을 때 더 알아볼 기회가 있기를 바라지만, 이미 웹에서 미래를 예견할 수 있다. 『네이처』『사이언스』『뉴욕 타임스』가 각자의 웹사이트에 라이고의 연구 결과를 긴 분량으로 보도하고 최고의 이미지와 인용문을 차지하기 위해 경쟁한다. 공식적인 매체들은 어떤 의심도 제기하지 않는다.

　나는 개인적인 규칙을 어기면서 협력단 전체에 이메일을 보내(과거에는 이런 전체 이메일을 주로 실수로 보냈다) 이번 발견에 대한 비판을 접해본 사람이 혹시 있느냐고 묻는다. 누군가가 나에게 스티븐 크로더스의 논문 한 편을 알려주지만, 그는 주류의 일원이 아니다. 이미 돌아다니는 또 다른 논문은 발견이 진짜라는 점에 대해서는 어떤 문제도 제기하지 않지만 관련 질량들이 틀렸다고, 즉 논문에서 제시한 질량들을 대략 절반으로 줄여야 한다고 주장한다. 이 논문의 저자는 은퇴한 주류 물리학자이며, 협력단의 한 구성원은 만약에 이 논문이 출판될 길을 찾는다면 자신은 깜짝 놀랄 것이라고 말한다. 그밖에는 어떤 비판도 보고되지 않는다. 한두 사람이 보낸 이메일 답장에 따르면, 그들은 토론과 대화를 여러 차례 했는데 의심이라고 할 만한 것은 전혀 제기되지 않았다.

고에너지 물리학에서의 통계학 사용에 관한 원로인 루이스 라이언스는 2013년에 쓴 논문에서, 시도 인자trial factor와 사전 기대치prior expectation 때문에 중력파 검출은 최소 7시그마 사건에 기초를 두어야만 확실할 것이라고 주장했다. 그러나 지금 그 논문을 언급하는 사람은 아무도 없다. 라이언스 본인도 그 논문을 언급하지 않는다. 나는 루이스 라이언스에게 이메일을 써서, 그의 2013년 논문에 비춰볼 때 GW150914 검출은 불확실하냐고 묻는다. 이어서 우리는 3월 21일에 전화로 길게 대화한다. 라이언스는 두 검출기에 포착된 신호의 정합성에서 엄청난 확실성이 느껴진다고 해명한다.[3] 이 대화에서 또 하나 명확하게 드러난 사실은 이것이다. 과학자들은 '5시그마'를 거론하고 있지만, 약한 신호를 많이 수집하여 그것들의 누적적 통계학적 확률을 높임으로써 5시그마에 도달하는 것과 단일한 신호를 발견하고 그 배경 잡음을 점점 더 정교하게 분석함으로써 그 단일 사건이 우연히 일어났을 확률은 매우 낮음을 보여주는 방식으로 5시그마에 도달하는 것은 다르다는 점을 제대로 이해하지 못하고 있다. 완강한 비판자라면 이 문제를 지적할 법도 한데, 그런 완강한 비판자는 주류에도 없고 입자물리학과 같은 인근 분야들에도 없다.

5월에 세 가지 상의 수상자가 발표된다. 300만 달러짜리 물리학 브레이크스루상The Physics Breakthrough Prize은 '라이고 창시자들'인 로널드 드레버,

---

3　라이언스의 2013년 논문은 "Discovering the Significance of 5 Sigma"(통계학적 중요성이 5시그마인 사건을 발견하기, arXiv:1310.1284)다. 언급한 전화 통화에서 명확해졌지만, 그는 그 주장을 일반적 지침으로, 5시그마를 당연한 기준으로 삼는 것에 대한 경고로서 제기했을 따름이다.

　　　　　　　　　　　　　　　중력의 키스

킵 손, 라이너 바이스, 그리고 '발견에 기여한 1012명'에게 공동으로 수여된다. 1012명이란 발견 논문과 기타 논문 7편의 저자들로, 프란스 프리토리어스, 티볼트 다무르, 로커스 '로비' 보트 등이다. 처음 언급된 3명이 100만 달러를 나눠 받고, 나머지 200만 달러를 1012명이 나눠 받는다. 같은 달에 드레버, 손, 바이스는 50만 달러짜리 그루버 우주론상Gruber Cosmology Prize을 공동으로 수상한다. 5월의 마지막 날에는 드레버, 손, 바이스가 120만 달러짜리 쇼 천문학상Shaw Prize in astronomy의 공동 수상자로, 6월 1일에는 같은 이들이 100만 달러짜리 카블리 천체물리학상Kavli Prize for astrophysics의 공동 수상자로 발표된다.

시스템에 무언가 문제가 있는 듯하다. 왜 이 사람들에게 이토록 많은 상을 주는 것일까? 이들은 이 중력파 검출에 기여한 공로로 이미 유명하다. 노벨상을 제외한 어떤 상도 이들을 더 유명하게 만들지 못할 것이다. 경제학자의 용어로 말하면, 이 상들의 한계효용marginal utility은 거의 0이다(수여자 입장에서는 다를지 모르지만 말이다).

중력파 검출이 팀의 업적이라는 점을 감안하면, 또 다른 문제가 불거진다. 물리학 브레이크스루상은 팀에게 박수를 보내기는 하지만 역시나 주요 인물 3명을 확실히 돋보이게 만든다. 다른 모든 상은 그 삼인조Troika(『중력의 그림자』 참조)의 이름을 마치 아이들을 재울 때 읽어주는 이야기에서처럼 반복해서 읊는다. 이것은 실제 역사와 어긋나는 평가다.『중력의 그림자』는 역사책으로 기획되지 않았지만, 언급한 상들에 의해 사회적으로 구성되고 있는 사이비 역사에 비춰볼 때, 역사책으로서의 가치가 높아지는 중이다. 그 사이비 역사는 과학 교과서들의 도입부에서 볼 수 있는 악명 높은 역사보다 더 도식적이다. 그 삼인조 가운데 1명이라도 없었다면, 중력파 발견은 아마 이루어지지 않았을 것이다. 그러나 그 삼인조만 있고 나머지 팀원들이 없었다면, 중력파 발견은 절대로 이루어지지 않았을 것이다. 라이고는 소규모 과학small science에서 대규모 과학big science으로 이동해야 했다. 드레버는 대규모 과학 환경 안에서 일할 기회조차 잡지 못했다. 손은 드레버와 바이스의 의견 충돌 앞에서 어찌할 줄 몰랐다. 바이스는 대규모 과학을 이해한 유일한 인물이었지만, 그가 이런 규모의 프로젝트를 관리할 역량을 갖췄다는 증거는 없다. 설령 갖췄다 하더라도, 그는 (예컨대 검출기의 팔에서 빛이 이동하는 경로에 관하여) 그릇된 기술적 선택을 했을 것이 거의 확실하다. 중력파 검출 과학에 처음으로 질서를 부여한 인물은 보트였고, 그 과학을 실제로 운영한 인물들은 배리시와 그의 지휘를 받은 프로젝트 매니저 샌더스였다. 지금 (대체로 라이고와 유사한 장치인) 비르고가 아니라 라이고가 모든 상을 받는 것은 배리시가 라이고를 제대로 돌아가게 만든 덕분이다. 그가 어마어마한 일을 하고 떠난 뒤에 다른 사람들이 임무를 계승한 것은 사실이지만, 탁월한 기술적 판단력으로 기반을 마련함으로써 죽어가는 프로젝트에 대한 계속적인 자금 지원을 정당화한 것은 그였다. 당연히 다른 많은 사람에 대해서도 "만약에 X가 없었다면, 중력파 검출은 이루어지지 않았을 것이다"라고 말할 수 있다. 상은 과학을 동화로 둔갑시킨다.

피터 솔슨은 상의 역할을 더 긍정적으로 본다. 그런 동화가 없다면, 정확히 누가 누구보다 더 많은 공을 세웠는지, 누구는 꼭 있어야 했고 누구는 그렇지 않았는지 등을 놓고 끝없는 논쟁이 벌어질 것이다. 상이 만드는 동화는 그 논쟁의 의무로부터 모두를 해방시킨다. 이것이 그 동화의 구실이라고 솔슨은 생각한다.

이제부터는 다른 두 방향, 곧―이미 놀라운 보도량에서 드러나는―일반 대중에 이르는 방향과 주류에서 훨씬 더 멀리 떨어진 과학자들에 이르는 방향을 살펴보자.

주류 너머

나는 이메일과 전화로 소통해온 『네이처』 기자에게 나의 모든 기만에 대해서 사과하려고 이메일을 쓴다. 그는 나의 기만이 게임의 일부일 뿐이라고 대꾸한다. 그러면서 나에게 『네이처』 웹사이트에 게재된 방대하고 포괄적인 기사를 알려준다. 나와 협력단의 과학자들은 『네이처』의 블로그에서 우리의 발견을 믿지 않는 과학자들을 발견한다. 그들 중 일부의 주장은 나처럼 직업적으로 열린 마음가짐을 가진 사람조차도 언급하기가 꺼려지기 때문에, 나는 어쩔 수 없이 걸러내기 작업을 한다. 남은 주장 중 일부는 '왜 우리는 우리의 발견을 믿는가?'라는 질문을 우리가 스스로 던지도록 강제하는 데 유용하다. 우리는 이 불신자들이 틀렸다는 증거를 가지고 있을까? 대답은, 그런 증거는 전혀 없다는 것이다. 우리는 단지 우리 사회의 작동에 관한 특정 모형을 기꺼이 받아들일 뿐이다. 비판자들은 그 모형을 제쳐놓고 나름의 경계선을 그으면서 우리에게 그 경계선 안에 정확히 무엇이 있는지 생각해보라고 강요한다. 맛보기로 아래 이메일들을 보라.

> **Pentcho Valev, 2016-02-12 오후 01:12**
> 중력파는 존재하지 않는다는 증명

다음 논증은 명백히 타당하다: 중력 시간 팽창gravitational time dilation이 존재하지 않는다면, 중력파도 존재하지 않는다. 이 문장의 전건('중력 시간 팽창은 존재하지 않는다.'—옮긴이)은 참이다. 과학자들은 중력 적색편이를 측정해놓고 잘 속아 넘어가는 세상에 대고서는 아인슈타인이 1911년에 날조한 신비로운 효과인 중력 시간 팽창을 증명했다고 알린다. … (이어서 여러 문단에 걸쳐 설명이 이어짐)

중력 적색편이는 시계의 본래 작동 속도의 변화에서 유래하지 않는다. 빛 신호가 중력이 있는 상태에서 공간과 시간을 가로지를 때 일어나는 일 때문에 생긴다.

Ja law, 2016-02-13 오후 03:33

사기FRAUD의 냄새가 납니다. 중력파 연구는 15년 동안 수백만 달러의 세금을 들였지만 이제껏 이렇다 할 성과가 없었습니다. 1000명의 과학자는 이제 무언가를 발견하는 것에 생계가 걸려 있습니다. 게다가 지금은 아인슈타인의 중력파 예측 100주년입니다. 더 나아가 노벨상이 가져다줄 부와 명성을 생각해보십시오. 결론적으로, 사기를 감행하기에 딱 좋은 조건입니다. 우리는 중력파 발견을 위해 그들에게 자금을 지원했는데, 지금 그들은 자신들이 중력파를 발견했다고 우리가 믿기를 바랍니다. 하지만 그들은 오컴의 면도날을 들이대지 않아요. 결론적으로 1) 그들이 검출한 것은 지진이거나 2) 기만을 위한 암맹 주입입니다. 3) 그들은 그 두 블랙홀의 충돌이 라이고 시스템의 '관측' 범위보다 훨씬 더 먼 곳에서 일어났다고 발표했습니다. 맞습니다, 사기의 냄새가 나요. 지금까지 모든 중력파 발견 주장들은 꼼꼼한 검토 끝에 결국 무너졌습니다. 그런데 이번에는 과학계와 언론에서 꼼꼼한 검토를 하지 않는군요. 가슴을 쓸어내리는 동작(휴, 우리는 실업자가 되지 않았어!), 등을 다독이는 동작, 서로를 추어올리는 박수 소리, 은행으로 달려가는 사람들만 보이네요. 진짜 과학자들은 어디에 있나요? 계약 갱신과 노벨상에 목을 매지 않고 진실 탐구에 헌신하는 과학자들은 어디에 있나요?

Alone: bad. Friend: good!, 2016-02-13 오후 06:02

옛날 옛적에 마이컬슨-몰리는 간섭계로 재미를 많이 봤죠. 이 새로운 친구들도 간섭계를 사용하고 있는데, 저는 그들의 논리에서 어떤 뚜렷한 오류도 발견하지 못합니다. 그러나 저는 그들의 생각이 진실과 어긋난다고 생각해요. 그들은 자신들이 무엇을 검출하고 있는지를 제대로 알지 못합니다. 하지만 상관없어요. 이번 발견은 무리 없이 수용되어 과학을 지탱하는 또 하나의 기둥이 될 것입니다. 틀린 발견인데도 말이죠. …

Chris Blake, 2016-02-12 오후 10:16
질량이 정확히 태양의 36배와 29배인 두 블랙홀이 이것을 유발했다는 주장을 이 연구자들이 대체 어떻게 할 수 있는지 알고 싶습니다. 중력파라는 이 신호가 어디에서 오는 것인지조차 전혀 모르면서도 어떻게 그런 주장을 할 수 있죠?

Verner Hornung, 2016-02-13 오전 02:38
솔직히 저는 경로 길이를 끊임없이 요동하게 만드는 불가피한 진동 등과 진짜 신호를 그들이 어떻게 구별하는지 모릅니다. 그런 진동 등을 10^{22}분의 1까지 통제할 수는 없습니다. 또 주파수가 250헤르츠이고 0.25초 동안 지속하는 단 하나의 사건으로는 입자가속기 실험들에서처럼 잡음을 통계학적으로 제거할 수 없을 듯합니다.

나는 한동안 서신을 주고받았던 물리학자 레그 카힐에게 이메일을 쓴다. 오스트레일리아 플린더스 대학교 물리학과에서 일하는 그는 상대성이론을 믿지 않으며 빛에 관한 대안적인 이론을 가지고 있다. 그 이론은 라이고가 신호를 검출할 가능성을 전적으로 배제한다. 나는 중력파가 검출되었다는 발표를 그가 어떻게 생각하는지 묻는다. 그의 (2월 17일) 답장에서 아래 문구가 두드러진다.

그 '실험'은 사기예요.

그는 『뉴욕 타임스』를 인용한다.

라이고팀에는 과학자들이 정신을 바짝 차리게 할 목적으로 암맹 주입—중력파의 가짜 증거—을 만드는 일을 담당하는 소규모 집단이 있다. 그 집단에 속한 네 사람이 누구인지는 모두가 알지만, "우리는 언제 어떤 주입이 실시되었는지는 물론, 주입 실시 여부조차 몰랐다". …

검출되었다는 신호는 아인슈타인의 이론을 뒷받침하기 위해 고의로 주입된 것이라고 카힐은 확신한다.

다양한 사람들이 다양한 기술로 중력파를 검출하기 위해 애쓴 긴 역사가 있습니다. … 그 실험들의 대다수는 빛/전자기파 속력의 비등방성anisotropy을 검출하기 위해 수행되었죠. 그 비등방성은 아인슈타인의 특수상대성이론에 부합하지 않아요. 그 실험들은 비아인슈타인non-Einstein 중력파를 입증했습니다. 또, 진공 마이컬슨 간섭계로는 광속의 비등방성 혹은 중력파를 검출할 수 없음을 그 결과들이 보여줍니다. 로널드 드위트라는 한 실험가는 RF 동축 케이블coaxial cable을 사용했죠. 그는 자신의 발견들을 학회에서 발표하기 전날에 '자살'로 생을 마쳤어요. '상대성이론과 유관한 죽음들'은 이밖에도 많습니다. 물리학자들이 '시추공 중력이상the gravity borehole anomaly'을 탐구하는 것을 막은 가짜 실험도 있었어요. 핵심은 제도권 물리학자들에게 확신을 심어주어서 아인슈타인 중력이론에 도전하지 않게 만드는 거예요. 하지만 그 이론은 많은 문제를 지니고 있습니다. 시추공 중력이상, 실험실에서의 G 측정, 나선은하의 회전 곡선, 우주 팽창 속도 등을 문제로 꼽을 수 있어요(우주 팽창 속도에 대해서 말하면, 초신성 적색편이 데이터는 일정하게 팽창하는 우주를 보여줍니다. 반면에 아인슈타인 중력이론은 그런 팽창을 예측하지 않아요. 그래서 암흑 물질과 암흑 에너지라는 임시 방편들이 도입된 겁니다. 이 관찰되지 않은 대상들은 지금과 마찬가지로 미래에도 관찰되지 않은 우주 팽창 속도의 가속을 예측하겠죠. 이 임시방편적 가속을 '발견'한 공로로 노벨상이 수여되었습니다. 라이고의 '발견'에도 노벨상이 수여될 테고요).

『네이처』에 비판적 논평을 보내는 사람들과 마찬가지로 카힐은 누구를 신뢰해야 하고 어디에서 질문을 멈춰야 하는지에 관한 전제를 주류와 공유하지 않는다. 그들은 발견을 믿을 수 없을 지경에 이를 때까지 질문을 멈추지 않을 각오가 되어 있다. 그들도 둘째 물결이 퍼져나가는 범위 안에 있다. 그들 중 일부는 과학 교육을 제대로 받았고 심지어 대단한 업적을 이룬 과학자이기 때문에, 우리는 그들을 '둘째' 물결의 도달 범위 안에 넣어야 한다. 아니나 다를까, 중력파 발견은 진짜가 아니라고 주장하는 심도 있는 논문들이 며칠 사이에 최소한 2편 발표된다. 한 편은 카힐이 써서 '빅스라viXra'에 올린 것이다. 빅스라는 무엇일까? 출판되지 않은 물리학 논문들을 게재하는 서버 '아카이브arXiv'는 이미 몇 번 언급한 바 있다. 'arXiv'의 철자를 역순으로 배열하여 명칭으로 삼은 'viXra'는 '아카이브'의 논문 게재 원칙이 지나치게 규제적이라고 생각한 사람들이 반발하면서 만든 서버다. '아카이브'에 논문을 게재하려다가 거절당한 과학자는 그 논문을 '빅스라'에 게재할 수 있다. '빅스라'는 논문 게재에 관한 규제가 거의 없다.[4] 2편의 논문 가운데 첫 번째(viXra:1603.0127)는 기자회견 당일에 발표된다. 저자 스티븐 크로더스는 며칠 전에 올린 논문의 업데이트 버전인 그 논문을 널리 배포

---

4   「사회학적 철학적 주석」 17번 참조.

한다. 그 긴 논문의 주장은, 바탕에 놓인 이론이 옳지 않기 때문에 중력파 발견은 옳을 리 없다는 것이다. 카힐이 3월 15일에 올린 viXra:1603.0232는 방대한 데이터와 수식을 포함하고 있으며 협력단이 발견한 것은 협력단이 생각하는 것과 다르다고 주장한다. 카힐은 전혀 다른 중력파 이론을 가지고 있으며, 협력단이 발견한 신호들이 영 점 몇 초가 아니라 4초 동안 지속했을 것이 틀림없다고 주장한다. 아래는 논문 초록의 일부다.

그런(라이고와 같은) 진공 모드 간섭계는 중력파에 대한 감도가 0이라는 것이 실험적으로 입증되었으며, 중력파는 지난 100여 년 동안 다른 기술들에 의해 실제로 검출되었다. 최근에 개발된 기술 하나는 역방향 바이어스 다이오드에서의 양자 장벽 전자 터널링 전류 요동quantum barrier electron tunnelling current fluctuations in reverse biased diodes을 이용한다. … 이것이 양자 중력 검출기QGD다. 양자 중력 검출기의 국제적 연결망도 존재하는데, 이 연결망에서 나온 데이터는 라이고 사건과 같은 시각에 중요한 사건이 일어났음을 보여준다. 그러나 후자는 약 4초 동안 지속했다. 앞서 2014년에는 양자 중력 검출기들이 지구 진동(이 진동들의 주파수는 지진학 덕에 밝혀져 있었다)의 공진으로 인해 산출된 중력파를 검출했다. 라이고 사건은 지구가 산출한 중력파가 라이고의 측정 및 기록 시스템에 검출된 것일 수도 있다. 이 현상은 앞서 2014년에 오스트레일리아와 런던에 위치한 오실로스코프에 기록된 지연 상관 요동time-delayed correlated fluctuation을 이용한 연구에서 발견된 바 있다.

보다시피 이 논문은 물리학계 내에 라이고 말고도 전혀 다른 중력파 이

중력의 키스

론들과 검출기들의 우주가 존재함을 보여준다. 주류 과학자들은 이런 유형의 우주를 간단히 무시한다. 과학이 낭비되는 것을 막으려면 그럴 수밖에 없다. 정책 결정자들과 사회과학자들도 모종의 방안을 찾아내어 과학을 다뤄야 한다. 정책 결정자들이 국가의 지원 기관과 과학 저널의 지지를 받는 과학자들의 연구를 토대로 삼아서 결정을 내려야 한다는 것은 명백한 듯하다. 중력파에 대해서 말하면, 정책 결정자들은 중력파를 대형 간섭계들에 의해 검출될 현상으로 간주해야 한다. 정책 결정자들에게는 그런 중력파가 검출되었다는 선언이 2월 11일 워싱턴 기자회견에서 나왔고, 검출된 중력파에 관한 자세한 정보는 『피지컬 리뷰 레터스』에 실린 관련 논문에서 얻을 수 있다는 점이 중요하다. 과학에 대한 깊은 지식은 기껏해야 핵심 과학자들만 보유하고 있고 그들조차도 자기 지식의 대부분을 신뢰에 의존하여 받아들이는 판국인데, 달리 어떤 선택지가 있겠는가? 사회과학자들은, 중력파 물리학자들의 선택들이 본질적으로 사회적이고 발견과 직접 연결된 네트워크 외부의 사람들이 하는 선택들은 전적으로 사회적이라는 사실을 예증할 때조차도, 정책 결정의 중심에 주류 과학이 놓이는 것을 지지할 수 있도록 주류 과학과 변두리 과학을 구별할 길을 찾아내야 한다.[5]

5　「사회학적 철학적 주석」 17번 참조.

셋째 물결

다른 한편에서 중력파는 일반 대중을 향해 퍼져나간다. 막대한 양의 텔레비전 뉴스가 일말의 의심 표명도 없이 방송된다. 한마디로 중력파가 '검출되었다'. 흥분되는 사건이지만, 이를테면 달 착륙보다는 덜 의심스러운 사건이다. 지금은 블랙홀이나 힉스입자가 길들여진 것과 똑같은 방식으로 중력파가 길들여지는 중이다. 이런 길들이기는 '우주' '빅뱅' '스티븐 호킹' '천재적인 과학자들' '아인슈타인' '우주' '평행 우주' '시간 여행' '웜홀' '천문학' '로켓' '빨려 들어가기'를 포함한 '의미망semantic net' 안에서 작동하는 우리 모두의 일상생활에서 나타나는 특징이다. '그 사건' 이전에는 블랙홀이 추론되기만 했을 뿐 관찰된 적이 없었다는 사실에도 불구하고 말이다. 힉스입자에 대해서 말하면, 유럽원자핵공동 연구소의 거대하고 탁월한 팀이 그 입자를 발견했다는 것은 누구나 알지만, 그 입자가 무엇인지 아는 사람은 다들 알다시피 아무도 없다. 나는 그 입자가 '표준모형standard model'이라는 입자 '동물원' 퍼즐의 마지막 조각이라는 것을 알지만, 나의 앎은 '맥주잔 받침 지식'(술자리에서 얻은 지식이라는 뜻.—옮긴이)이다.[6] 그러나 다른 한편으로, 술자리 잡담에서 블랙홀과 힉스입자에 관한 질문이 나오는 것을 상상할 수 있다는 사실은 그것들을 실재하게 만드는 요인 중 하나다. 이 모든 익숙한 앎이 대상을 실재하게 만든다. 달 착륙은 누구에게나 매우 실재이지만, 지금 '그 사건'을 둘러싸고 음모론이 형성되는 것과 똑같이, 달 착륙

6　「사회학적 철학적 주석」 8번 참조.

　　　　　　　　　　　　　　중력의 키스

에 관한 음모론들도 존재한다는 점을 유념하라. 그리고 '그 사건'이나 달 착륙에 관한 음모론을 들으려면, 주류에서 멀리 벗어난 변두리로 가야 한다.

금요일에 나는 영국 신문을 상당히 많이 수집한다. 그 매체들은 방금 언급한 길들이기 과정에 크게 기여한다. 『가디언』은 좌익-진보 중산층을 겨냥한 브로드시트판 신문이며 뉴스 섹션의 분량이 38면에 달한다. 그 신문이 중력파 검출 뉴스를 머리기사와 11면 전체에서 다룬다. 『가디언』은 이미 수요일에도 소문에 기초한 중력파 관련 기사들로 3면 전체를 채운 바 있다. 토요일에 『가디언』은 정기적으로 (31면에) 싣는 정치만화에서 시리아 평화회담의 주요 인물들을 우스꽝스러운 천체들로 묘사하고 "중력파가 아니라 중력 침몰이야"라는 설명을 단다. 그렇게 중력파가 일상 언어 속으로 퍼져 나간다.

『인디펜던트The Independent』는 독자층이 『가디언』과 유사하지만 크기는 더 작은 타블로이드판이며 총 72면이다. 이 신문은 중력파 발견 뉴스에 1면과 6~8면 전체를 할애한다. "인류 역사상 가장 위대한 성취들 중 하나"라는 견해도 밝힌다.

또 다른 브로드시트판 신문인 『텔레그래프The Telegraph』는 뉴스 섹션이 38면이다. 교육 수준이 높은 독자층을 겨냥한 애국적 우익 신문인 이 매체는 1면 둘째 기사에서 중력파를 다루는데, 그 기사의 도입부에 이런 구절이 나온다.

중력파 검출 프로젝트에서 중추 역할을 맡았던 한 영국 과학자는 이번 발견을 동료들과 자축할 수 없었다. 그는 지금 치매를 앓고 있기 때문이다.

말할 필요도 없겠지만, 로널드 드레버에 관한 언급이다. 이 신문도 10면과 11면을 중력파 발견 뉴스에 할애한다.

왕립 천문학자 마틴 리스는 『인디펜던트』와 『텔레그래프』에 칼럼을 쓴다. 그는 이번 발견이 힉스입자의 발견과 비슷하게 중요하다는 견해를 밝힌다. 대다수 논평자는 이번 발견이 힉스입자의 발견보다 훨씬 더 중요하다고 말한다. 리스가 중력파 연구에 대해서 심드렁하다는 이야기는 중력파 물리학자들 사이에서 오래전부터 나돌았다.

『데일리 메일Daily Mail』은 '소영국주의자Little Englander'의 관점을 채택한 타블로이드판 신문이다. 총 92면을 발행하며, 극우익의 목소리를 대변한다. 이 매체는 10면의 절반을 중력파 검출 뉴스에 할애하는데, 충돌하는 별들이 산출하는 중력파를 지상에서 검출할 수 있을 것이라고 아인슈타인이 예측했다는 틀린 주장을 한다. 실제로 아인슈타인은 중력파가 전혀 검출될 수 없으리라고 생각했다.

『미러The Mirror』는 좌익 성향의 타블로이드판 신문이며 총 80면이다. 이 매체는 중력파 검출 뉴스에 21면의 대부분을 할애하는데, 손과 바이스가 라이고를 발명했다고 말함으로써 드레버를 누락시킨다.

『선The Sun』은 초창기에 악명 높은 '3면'(현재는 없어졌음)에 상체를 벗은 모델의 사진을 싣던 60면짜리 타블로이드판 신문이다. 내가 발견한 유일한 과학 기사는 15면의 밑에서 세 번째 기사였는데, 그 표제는 "고무 옷을 입은 정상급 교수가 목줄 맨 개를 끌고 가다가 사망"이다. "정상급 교수"가 중력파 연구팀의 일원인 것 같지는 않다.

2월 12일자 『가디언』 웹사이트에는 아주 재미있는 만화가 등장한다. "달에 간 최초의 개"라는 연재만화의 한 편인데, 거기에 나의 중요한 사회학적

그림 11.3 전 세계 신문의 1면들(라이고 제공).

주장 중 하나가 담겨 있다. 그 만화의 넷째 장면에 이런 견해가 등장한다.

> 물론 우리는 중력파를 볼 수 없다. 중력파가 실재함을 우리가 아는 유일
> 한 방법은 극도로 민감한 또 다른 장치를 활용하는 것뿐이다. 그 장치는
> 과학자들이 느끼는 흥분을 검출한다.

중력파가 과학자들 안에서 일으킨 흥분을 측정하려면 아주 미미한 치즈
샐러드 샌드위치 효과*를 표준 촛불로 삼아야 한다.

사회적 구성에 관한 나의 주요 주장은 중력파가 관찰된 것이 아니라 단
지 몇 개의 수치가 관찰되었고 그것들이 중력파로 해석되었다는 것을 핵

---

* 평범하고 재미없는 사물, 관계를 일컫는 영속어.

심으로 삼는데, 훗날 나는 이 주장을 온전히 담은 웹페이지 https://www.youtube.com/watch?v=7w05W0sOkEQ를 발견한다(비록 지구가 평평하다는 주장을 옹호하며 음모론을 운운하는 기괴한 유튜브 채널이기는 하지만). 그 웹페이지의 주장에 따르면, 과학자들은 중력파를 보지 못했다. 그들의 기계도 중력파를 보지 못했다. 오히려 그 기계는 다량의 잡음 글리치를 생산하는데, 과학자들은 그것들 가운데 하나를 뽑아서 중력파로 해석했다.

라이고팀의 한 구성원은 전 세계의 신문 1면들을 모아놓았다. 또한 머지 않아 당연시될 이 색다른 현상에 지울 수 없는 도장을 찍기라도 하듯이, 중력파 발견은 미국 텔레비전 프로그램 「새터데이 나이트 라이브Saturday Night Live」와 「투나잇 쇼」에 소개되고, 유머러스한 라디오 프로그램 「프레리 홈 컴패니언A Prairie Home Companion」은 2월 13일 토요일에 5분 정도를 중력파에 할애한다. 중력파가 세상에 도달한 것이다!

물리학자들은 중력파가 길들고 있음을 시사하는 자료들을 계속 수집함으로써 내가 할 일을 대신해준다. 2월 16일, (짐작하건대 유머러스한) 한 프랑스 웹사이트는 중력파 금지와 보호용 헬멧의 배포를 촉구한다. 중력파를 사회의 정식 구성원으로 받아들이는 절차를 요새 방식대로 밟는 셈이다 (http://www.tak.fr/pour-un-moratoire-sur-les-ondes-gravitationnelles/). 아래는 그 웹사이트의 내용이다(구글 번역기를 써서 프랑스어를 영어로 옮기고 내가 약간 다듬었다).

중력파 동결을 촉구하며

독립 연구자 수백 명으로 구성된 '중력파 동결을 촉구하는 단체(COMOG)'가 아래 성명문을 우리에게 보내왔다. 우리는 그들의 글을 가감 없이 공개한다.

최근 들어 언론의 주요 기사들에 계속해서 '중력파'가 등장하고 있다. 핵 로비에서 자유롭지 않은 저널인 『피지컬 리뷰 레터스』에 실린 논문을 모두가 '획기적인 과학적 성취'라면서 환영한다.

그러나 각자의 이유로 실명 공개를 바라지 않는 독립 연구자들로 구성된 우리 단체는 중력파가 명백히 지닌 것으로 보이는 독성을 염려한다.
중력파의 안전성을 입증하는 진지한 연구는 현재까지 이루어지지 않았다. 그렇기 때문에 우리는 아래의 네 가지 논점을 중심으로 한 실행 계획을 제안한다.

1. 첫째, 시공 곡률의 진동은 **건강에 해로울 수 있음**을 상기하라. 특히 중력파에 너무 오래 노출되는 노동자들의 신경계에 악영향이 갈 수 있다. 그러므로 노동법을 강화하여 중력파 노출 시간을 제한하고 임금노동자들에게 보호용 헬멧을 제공할 것을 정부에 요구할 필요가 있다.
2. 이런 건강 위험뿐 아니라 **경제적 해악**도 있다. 시공의 굴곡은 예상 밖의 불편을 유발할 가능성이 크다. 특히 운송 및 교통 분야에서 그러하다. 예컨대 당신이 파리에서 보르도로 여행할 때 시공이 부적절한 방향으로 휘어 있을 경우, 우리의 추정에 따르면 당신의 여행은 25시간 넘게 걸릴 수 있다. 중력파는 프랑스 경제를 심각한 위험에 빠뜨릴 수 있다. 그 위험을 얕잡아볼 수는 없다.
3. 중력파를 생산하려면 **막대한 물질과 에너지**가 필요한 것으로 보인다. 블랙홀, 중성자별, 세탁기 등등. 우리는 독립적인 기관이 최대한 신속하게 프랑스에서 중력파가 환경과 기후에 미치는 영향을 측정하고 탄소 발자국carbon footprint(이산화탄소 발생량. — 옮긴이)을 확인해야 한다고 촉구한다.
4. 결론적으로 우리는 기후 관련 국제관계를 담당하는 환경 에너지 해양 장관 세골렌 루아얄에게, **헌법적인 예방 원칙**을 적용하고 리우 선언 15조에 명기되고 권고된 관련 조치들을 행정명령으로 실시할 것을 촉구한다. 우리는 프랑스가 조속히 중력파 동결을 선언해야 한다고 본다.

만일 정부가 이 기본적인 예방 조치들을 따르지 않는다면, 평화주의적인 COMOG팀일지라도 어쩔 수 없이 직접 행동에 나설 것이다. 우리는 6개월 이내에 중력파 안테나들을 체계적으로 해체하는 데까지 나아갈 것이다. 수확 자원봉사를 하는 우리 팀들은 시공 굴곡 설비를 뿌리째 뽑아버릴 것이다. 마지막

으로 우리는 지체 없이 파리를 떠나 프록시마 켄타우리를 **방어하기 위한 구역**
을 건립할 것이다. 지방행정관의 조언을 거스르는 일이더라도 말이다.
우리는 동료 시민들에게 투쟁에 동참해줄 것을 요청한다. 중력파를 사양한다!

2월 18일, 지방지 『허더스필드 데일리 이그재미너Huddersfield Daily
Examiner』—'허더스필드'는 잉글랜드 북부의 소도시인데, '허더스필드 타운'
이라는 축구팀을 보유했으며 더없이 편협하게 잉글랜드적이다—에 '허더
스필드 타운 후원회Huddersfield Town Supporters Association, HTSA'에 관한 기사
가 실린다. 아래는 그 기사의 일부다.

지난주에 HTSA 칼럼에서 최근에 지역 후원회들의 인기가 높아지는 것을 다
뤘다. 이것이 벡슬리히스 상공에서 블랙홀들이 충돌한 결과인지 여부를 레이
저 간섭계 중력파 관측소(라이고)는 아마도 밝혀낼 수 있을 것이다.

버락 오바마도 2월 11일에 다음과 같은 트윗을 날린 바 있다.

아인슈타인이 옳았습니다!! 중력파 검출과 관련하여 @NSF와 @LIGO에 축
하 인사를 보냅니다. 우리가 우주를 이해하는 방식이 획기적으로 진보했군요.

다가오는 미국물리학회 모임(그림 11.4 참조)에서 라이고의 지휘자 데이브

그림 11.4 계속되는 중력파 길들이기. 우측 하단: 과학자들은 우주에서 중력파를 발견했다. 뉴욕시에서 사람이 들어갈 만큼 큰 벽장이 딸린 아파트를 발견했더라면 좋았을 텐데……

라이체는 파형 무늬 드레스를 입은 여성, 파형이 그려진 수영모를 쓴 오스트레일리아 수영 선수, 뉴욕 아파트 광고를 찍은 슬라이드를 보여주게 된다.

나는 3월에 2개의 모임에 참석한다. 캘리포니아 공과대학에서 열린 일반 상대성이론 100주년 기념 모임과 패서디나에서 열린 라이고-비르고 협력단 모임이다. 말할 필요도 없겠지만, 이제 비밀이 공개되었으므로, 캘리포니아 공과대학 모임의 주요 화제 하나는 '그 사건'이다. 나는 배리 배리시를 따라 강단에 오른다. 그는 전문적 세부 사항들을 설명하고, 나는 소규모 과학과 대규모 과학이 힘을 합쳐 이 가능성을 연 것에 관하여 이야기한다. 배리시가 나의 이야기에 꼭 필요한 수정을 해주고, 나는 그렇게 갑작스럽고도 확실한 결과와 마주쳤을 때 사회학자로서 심정이 어땠는지 이야기한다.

어느 쪽 모임에서도 전혀 비판이 없는 가운데 라이고-비르고 협력단은

'그 사건'의 파형이 인쇄되거나 자수된 티셔츠와 폴로셔츠를 어마어마하게 팔고 있다. 그 파형은 아이콘이 되어가는 중이다! 4월 미국물리학회 모임에서는 그런 의류가 훨씬 더 많이 팔릴 것이다.

미국물리학회 3월 모임—내가 참석하려는 4월 모임보다 훨씬 더 큰 규모다—에서 라이고나 중력파와 아무 관련이 없는 물리학자들의 밴드가 닐 다이아몬드/멍키스의 「난 믿는 사람이에요I'm a Believer」를 개사해 부른다. 새 가사는 아래와 같다.

「난 라이고를 믿는 사람이에요I'm a LIGO Believer」
가사: 매리언 매켄지. 곡: 닐 다이아몬드의 「난 믿는 사람이에요」(매리언 매켄지 제공).

난 중력파가 동화라고 생각했어요—아마추어들에게는 좋아도 나에겐 어울리지 않는다고.
탐색해봐야 무슨 소용이겠어요?
온통 잡음만 잡힐 텐데.
내 정신을 어지럽히기 싫어요—

[코러스] 문득 그래프를 보았어요—이제 난 믿는 사람이에요!
당신이 웃으며 나를 깔봐도 좋아요.
난 확신해요, 오오, 난 믿는 사람이에요
바이스, 라이체, 드레버, 곤살레스, 손을 믿어요.
아인슈타인은 중력파가 퍼져나간다고 말했죠.

웨버는 달에서 중력파를 발견하려 했어요.

바이셉투는 중력파를 발견했다고 선언하고 나서

"아무것도 아니었네"라고 말했죠.

―내가 정나미가 떨어졌을 것 같아요!

[코러스] [간주곡] 다시 처음부터

(아래 주소에서 가사 전체를 보고 노래를 들을 수 있다.

https://www.youtube.com/watch?v=GN2sFasYCr0)

소셜미디어는 어떨까? 구글 트렌드Google Trends는 2월 11일 기자회견 즈음에 중력파에 대한 대중의 관심이 폭증하는 것을 구글 검색어들을 추적하여 보여준다(그림 11.5). 아쉽게도 우리가 알 수 있는 것은 최댓값을 100으로 규격화한 트렌드뿐이다. 절대적 검색 횟수는 알 수 없다.

그러나 중력파가 대중의 상상력을 사로잡을 기세는 아니다. 그림 11.6은 리얼리티쇼 스타인 킴 카다시안을 검색한 횟수와 비교할 때 중력파 검색 횟수가 어떻게 변화하는지 보여준다. 중력파가 받은 최대 관심은 카다시안이 받은 최대 관심의 2퍼센트, 평균 관심의 5퍼센트에 불과하다. 중력파에 대한 관심이 폭증하는 짧은 기간을 제외한 나머지 시기에 중력파가 받은 관심은 카다시안에 대한 평균 관심과 비교할 때 0이다.

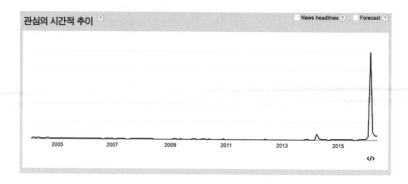

그림 11.5 2월 11일 즈음에 중력파에 대한 대중의 관심이 폭증한 것을 보여주는 그래프.

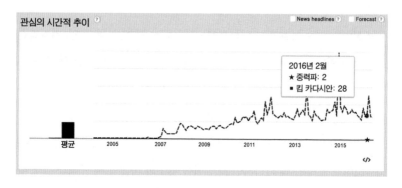

그림 11.6 '킴 카다시안'에 대한 관심과 비교할 때 '중력파'에 대한 관심의 폭증.

박싱 데이 사건 숨기기

4월 미국물리학회가 코앞에 다가왔다. 한때 그 학회에서 박싱 데이 사건을 발표하기를 바라는 목소리들이 있었지만, 이제 그런 목소리는 사라졌다. 패서디나 라이고-비르고 협력단 모임에서 결정이 내려졌다. 나는 이 결정

중력의 키스

이 틀렸으며 해롭다고 생각한다. 그 침묵 맹세는 엄격한 전문가주의가 낳은 결과다. 지금도 그 사건의 통계적 유의도를 정확히 어떻게 계산할지에 관한 논쟁들이 진행되고 있다(내가 이 문장을 쓰는 지금은 3월 30일이다). gstlal 파이프라인과 pyCBC 파이프라인에서 상이한 계산 결과가 나오고, 보수 추정도 완료되지 않았다. 해당 팀은 계산을 종료하기 전에 장비를 더 정확하게 보정하기로 했다. 게다가 그 팀은 심사를 통과한 논문을 손에 쥔 다음에야 결과를 세상에 공표하고자 한다.

어떤 면에서 이것은 칭찬할 만한 행동이다. 그러나 다른 면에서는, 미친 짓이다. 추가 사건이 관측되었다는 점은 결정적으로 중요하다. 그리고 그 추가 사건의 통계적 유의도를 의심하는 사람은 아무도 없다. 비록 유의도의 정확한 값을 확실히 아는 사람은 아무도 없지만 말이다. 추가 사건의 관측은 중력파 공동체의 자신감에, 또한 그 공동체 외부의 사람들이 중력파에 대해서 생각하고 반응하는 방식에 엄청난 영향을 미친다. 예컨대 레그 카힐은 (물론 중력파 공동체는 그를 그다지 괘념치 않겠지만) 박싱 데이 사건이 관측되었다는 사실을 알면 중력파에 대한 입장을 바꿀 수도 있을 것이다. 내 안의 사회학자는 그가 입장을 바꾸지 않을 것이라고 하지만, 과학자들은 그와 그의 동료들이 입장을 바꿀 가능성을 열어두어야 마땅하다. 그들이 설명해야 할 사건이 하나 더 있음을 알면, 그들은 입장을 바꿀 수도 있다. 나는 레그 카힐과 이메일을 주고받는 사이지만 '둘째 사건이 있다면, 당신은 어떤 입장을 취하겠는가?'라는 중대한 질문을 던지지 못한다. 박싱 데이 사건과 같은 것은 없다는 공식 입장에 맞게 행동해야 하기 때문이다. 그러나 비밀 유지 결정 때문에 점점 더 많은 문제가 발생하는 중이다. 기자회견 후 6주가 지난 지금도 중력파 발견의 진상眞相은 여전히 알려지지 않았다. 그 발견에 관여한 과학자들만 진실을 안다. 다른 과학자들은 중력파 공동체가 12월 말 이래로 아는 바를 모르는 채로 행동하고 있다. 이런 상황이 3개월이나 이어져왔다.

획기적인 발표가 이미 이루어진 지금, 계속되는 비밀 유지를 어떻게 정당화할 수 있을까? 그 논리를 납득할 수 없는 것은 아니다. 공동체의 과학자들은 통계적 유의도의 정확한 값에 합의하고 모수 계산을 완료한 다음에야 논문을 제출하고 동료 심사를 통과할 수 있다. 하지만 이런 전문가주의가 지나치게 엄격해지고 있는 것은 아닐까? 마치 핵실험 결과를 소수점 아래 마지막 자리까지 정확히 계산할 수 있을 때까지 정책 결정자들에게 비밀로 하는 것과 유사한 상황이다. 현재 상황에서 통계적 유의도의 정확한 값은 더는 중요하지 않다. 박싱 데이 사건을 정확히 어떤 방식으로 공표할 것이냐도 마찬가지다. 중요한 것은, 다른 과학자들이 단 하나의 사건이 아니라 2개의 사건이 관측되었음을 알고서 나름의 판단을 내릴 수 있어야 마땅하다는 점이다. 세부 사항들은 더 나중에 안전하게 발표해도 된다. 지금 필요한 것은 둘째 사건이 존재하며 정확한 관련 수치들은 나중에 발표하겠다고 말하는 것뿐이다.

여담을 하자면, 나는 박싱 데이 사건(GW151226)을 다루는 논문의 초고를 본 적 있는데 그 논문이 마음에 들지 않는다. 나는 그 논문이 '그 사건' 논문에 비해 설득력이 상당히 약하다고 느낀다. '그 사건'이 설득력을 발휘한 것은 L1 파형과 H1 파형의 일치 때문이었다. 반면에 박싱 데이 사건에서는 그와 유사한 일치를 볼 수 없다. 모든 사람은 '그 사건'보다 박싱 데이 사건과 더 유사한 무언가가 최초로 관측되리라고 예상했다. 하지만 이런 사건을 가지고 외부 세계를 설득하여 불가능하다고 여겨진 일이 일어났다고 믿게 만들기는 훨씬 더 어려웠을 것이다. '그 사건'과 박싱 데이 사건의 이 같은 차이가 생겨나는 이유는 상식과 거의 정면으로 충돌한다. 그 차이는 박싱 데이 사건의 요소들이 더 가벼운 것에서 비롯된다. '그 사건'에서 감쇠 나선운동을 한 두 천체는 질량이 각각 태양의 36배와 29배인 반면, 박싱 데이 사건의 천체들은 14배와 8배다. 이 때문에 박싱 데이 사건은 통계학적으로 더 유리한 처지에 놓인다. 즉, 이 사건은 '그 사건'보다 더 가벼운 질량의 사건들이 속한 구간 속에 들어간다. 이 사건은 큰 잡음이 드문 환경에서 훨씬 오래―0.2초가 아니라 약 5초 동안―지속한다(하지만 해당 논문의 최종 원고에는 이 지속 시간이 5초가 아니라 1초로 되어 있다. 이 변화는 이 신호가 얼마나 부실하게 정의되어 있었는지를 시사한다). 이 때문에 이 사건은 GW150914와 맞먹는 통계적 유의도를 지닌다. 그러나 이 사건의 신호는 훨씬 덜 역동적일뿐더러 뚜렷한 가시적 파형을 산출하지 않는다. 그림 11.7은 사람들이 "'그 사건'이 진짜라는 것을 알려면 이 논문만 보면 돼"라고 말하는 발견 논문('그 사건' 논문)에 삽입된 그림 1과 똑같은 역할을 하는 그림의 초안이다. 이 그림은 박싱 데이 논문 초고에 그림 2로 삽입되어 있다. 보다시피 오메가 플롯에서는 아무것도 눈에 띄지 않으며, 그것들에서 추출한 가시적 신호들은 일종의 재구성물이다. 설득력이 그리 강하지 않은 파형들도 마찬가지인 듯하다.

중력파 공동체의 물리학자들은 역설적인 방식으로 운이 나빴다. 4월 3일에 피터 솔슨이 나에게 보낸 이메일을 보라.

우리가 GW150914를 이미 확보했다는 점이 일종의 짐이라는 사실이 드러나고 있어요. 무슨 말이냐면, 우리 모두 데이터를 간단히 가시화하면 신호들이 뚜렷이 드러난다는 생각에 익숙해져 있는데(또한 이것이 더 중요한데, 우리의 '대

나는 4월 미국물리학회에서 피터 솔슨과 긴 대화를 나누게 되는데, 왜 발
견 데이터가 이렇게 제시되는 것인지를 그 대화에서 마침내 이해하기 시작
한다. 내가 싫어하는 오메가 플롯을 물리학자들이 이토록 사랑하는 이유
도 마침내 이해한다. (내가 박싱 데이 사건 논문의 초고가 배포된 다음에야 명확
히 깨달은 바지만) 그 이유는, 하늘에서 오는 신호들의 지속 양상과 강도가
워낙 다양해서 어떤 유형의 그래픽이 그것들을 가장 잘 보여줄지를 아무도
예단할 수 없다는 점에 있다(나는 협력단의 과학자들이 이 사정을 충분히 이해
하고 있을지 의심한다). 잠정적 신호가 실은 잡음인지 여부를 판단하려 할 때
물리학자들은 항상 오메가 플롯을 사용한다. 평범한 잡음에서 충분히 멀
리 떨어진 데이터는 오메가 플롯에 나타나는데, 경우에 따라 그 모양을 보
면 그 데이터가 신호가 아님을 금세 알 수 있다. 그러면 많은 고민을 덜게 된
다. 신호는 왼쪽 아래에서 오른쪽 위로 이어지면서 오른쪽으로 휜 특유의
바나나 모양을 띠어야 한다. 그리고 그 모양은, 파형 산출에 필요한 매우 면
밀한 필터링과 예비 처리가 완료되면 자동으로 나타난다. 요컨대 오메가 플
롯은 유력한 잠재적 신호가 진짜 신호가 맞는지 판결되는 1심 법정이라고
할 만하다. 실제로 '그 사건'은 오메가 플롯에 옳은 모양으로 뚜렷하게 나타
났고, 그래서 물리학자들은 매우 기뻐했다. 그러나 약한 신호들은 오메가
플롯에 나타나지 않는데, 바로 박싱 데이 사건의 신호가 그러했다. 나는 내

중력의 키스

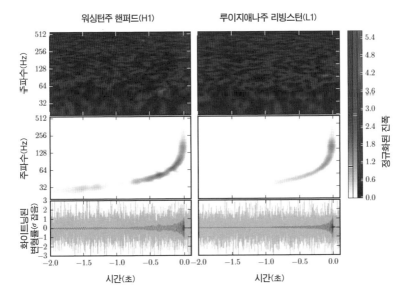

그림 11.7 박싱 데이 사건 논문 초고에 삽입된 그림 2.

심 놀라면서도 고개를 끄덕인다. 하지만 나를 정말로 놀라게 하는 것은, 파형 자체도 마찬가지여서, 박싱 데이 사건의 실재성에 관한—또한 아마도 앞으로 관측될 사건 대다수에 관한—대중적 증거는 오로지 통계적 분석 결과뿐이라는 점이다. 과학계 전체를 포함한 대중은 육즙이 풍부한 고기와도 같은 '그 사건'을 접한 탓에 "입맛이 까다로워졌다". 그런 대중이 이제 통계학에만 의지하여 사건의 실재성을 믿는 훈련을 해야 한다.

중력파 공동체가 박싱 데이 사건보다 먼저 '그 사건'을 관측한 것은 행운일까? '그 사건'이 시각적으로 매우 확실해서 반론의 여지가 없고, 덕분에 기자회견이 매우 극적일 수 있었다는 점을 생각하면, 틀림없이 행운이다. 그러나 이제 전혀 새로운 대중 교육이 필요하다는 점을 생각하면, '그 사건'

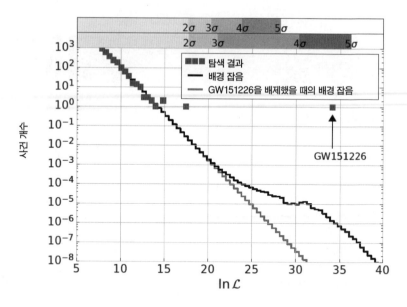

그림 11.8 박싱 데이 사건 논문 초고에 삽입된 그림 1.

의 관측은 행운이 아니다. 순서가 뒤바뀌어 박싱 데이 사건이 먼저 관측되었더라면, 통상적인 반론과 의심이 제기되었겠지만, 곧이어 더없이 확실한 '그 사건'이 관측되면서 모든 반론과 의심이 사라졌을 것이다. 어쩌면 이 순서가 더 나았을지도 모른다!

현재 상황에서 박싱 데이 사건 논문은 '그 사건'의 파도 위에 올라타게 될 것이다. 나는 발견 논문 직후의 논문에서 GW151226만 다루지 말고 O1 전체를 보고하는 편이 더 낫다고 주장한다. 다음 논문은 중력파 천문학을 창시하는 논문이어야 하고, 그 논문의 핵심은 우리가 지금 보고 있는 논문 초고의 그림 1과 유사한 무언가여야 한다(그림 11.8 참조). 내가 "유사한 무언가"라고 말하는 것은 이 그림에 GW150914도 포함되어야 한다고 믿기 때문이다. 이 그림에서도 이미 왼쪽의 잡음 기호들로부터 오른쪽의 통계학적으로 중요한 사건까지 이어진 사건들의 '선'이 나타나지만 내가 바라는 그림에서는 더욱 선명하게 나타나게 될 것이다. 그림 11.8에서 우리는 왼쪽 2시그마 혹은 그 이하 구역에서 2개의 사각형을 볼 수 있다. 오른쪽 사각형은 두 번째 월요일 사건을 나타내고, 왼쪽 사각형은 짐작하건대 더 많은 개수의 아주 약한 사건들을 나타내는 듯하다. 어쩌면 이것도 내가 진짜 물리학자가 아니라는 증거일지 모르겠는데, 나는 그 사각형들이 정말로 흥미롭다고 느낀다. 비록 그것들 각각이 통계학적으로 중요하지 않더라도 말이다. 애당초 나는 두 번째 월요일 사건과 같은 약한 사건들에 나머지 공동체 구성원 대다수보다 더 큰 관심을 기울여왔다.

머지않아 O2에서 통계학적으로 중요한 결과들이 많이 나올 텐데 지금 그 왼쪽 사각형들의 의미를 놓고 고민하는 것은 쓸데없는 시간 낭비라고, 영향력이 큰 한 이메일 작성자는 주장한다. 그러나 내가 지금 보고 있는 것, 특히 매우 약한 왼쪽 사각형에서 보고 있는 것은 (나중에야 알게 되었지만, 그 사각형은 어쩌면 잡음 근처의 사건 8개를 나타낸다) 조지프 웨버가 말한 '무지체 초과zero-delay excess'다. 불일치 사건들보다 일치 사건들이 더 많다면, 그 일치 사건들은 중력파의 증거가 된다. 즉, 그 일치 사건들은, 이론적으로 볼 때 검출기에 영향을 주고 있는 것이 틀림없는 수많은 중력파 사건들의 증거다. 비록 그 사건 중 어느 것도 통계학적으로 유의미할 만큼 강하지 않더라도 말이다. 나는 박싱 데이 사건보다 그런 일치 사건들에 더 큰 흥미를 느낀다. 지금 과학자들이 물어야 하는 것은 그 사건들 각각이 통계학적으로 얼마나 중요한가뿐 아니라 그 '선'이 통계학적으로 얼마나 중요한가 하는 것이라고 나는 생각한다. 혹은 적어도 그 선이 얼마나 흥미롭냐는 질문과 그 선이 무엇을 의미할 수 있는가라는 질문을 과학자들이 던지고 있어야 마땅하다. 설령 그 선의 요소들 각각이 통계학적으로 무의미하더라도 말이다. 어쩌면 내가 제대로 된 물리학자가 아니어서 이런 생각을 하는지도 모른다. 혹은 어쩌면 물리학자들이 엄격한 전문가주의에 구속되고 모자 속에서 (대개 흥미로운 장소들로 이끌지만 때로는 그렇지 않을 수도 있는 공예품을 꺼내는 것이 아니라) 토끼를 꺼내려는 욕망에 사로잡혀 있는 것인지도 모른다.

미국 물리학회 모임

솔트레이크시티 공항에서 호텔 셔틀버스에 오른 나는 미국물리학회 모임에 가는 물리학자 4명을 발견한다. 그들은 라이고에 대해서 대화하는 중이다. 혹시 그 발견에 대해서 어떤 합리적인 의심을 품고 있냐고 나는 묻는다. 한 물리학자가 대답하기를, 리사LISA(2030년대에 우주로 쏘아 올릴 중력파 검출기)에 대한 자금 지원 결정이 임박하고 아인슈타인의 일반상대성이론이 100주년을 맞은 지금 중력파가 발견된 것은 진실이기에는 너무 좋게 느껴지는 구석이 있다고 한다. 그러나 발견 논문을 꼼꼼히 검토한 그는 어떤 오류도 찾아내지 못했다. 둘째 사건이나 셋째 사건을 언급하는 사람은 없다.

아침을 먹으면서 나는 버지니아에서 온 입자물리학자와 대화한다. 그는 라이고의 발견 때문에 여기에 왔다고 한다. 그 발견은 그를 감동시켰다. 힉스입자 발견과 비교할 바가 아니라고 그는 말한다. 힉스입자가 발견되지 않았다면 이 발견이 더욱 흥미로웠겠지만, 지금도 라이고의 발견은 경이롭다고 한다. 그는 정서적으로 감동했다. 다들 그렇듯이 그도 그 발견에 관하여 비판할 것은 전혀 없다.

미국물리학회 모임에서는 라이고 논문들이 다수 발표될 것이다. 또 주최자들은 중력파 발견을 다루는 마무리 총회도 마련했다. 모임을 조직할 당시에 '그 사건'은 여전히 비밀이었기 때문에, 그 총회는 마무리 행사로 기획되어야 했다. 나는 이 사연을 모임의 과학 프로그램 조직자에게서 듣는다. 그는 올해 모임에는 상대성이론 반대자들이 거의 혹은 전혀 참석하지 않으며 비정통 견해를 지닌 사람들을 위한 특별 회의도 없다고 말한다. 사회학자로서 나는 그 말을 듣고 섭섭함을 느낀다. 내가 할 수 있는 최선은 중력파를 다루는 회의들에서 질의응답을 귀 기울여 듣는 것이라고 그는 말한다. 그건 나도 생각했던 바다. 나는 첫째 회의에 참석한다. 어려운 질문들은 없지만, 박싱 데이 사건을 단호히 은폐하기 위한 노력이 있다. 둘째 행운이 벌써 찾아왔음을 아무도 모른다. 내가 참석하는 다른 모든 회의에서도 마찬가지다.

마무리 총회는 참석자들로 붐빈다. 나는 물리학자 700명이 모였다고 짐작하고, 주최자들은 나의 짐작이 옳다고 확인해준다. 온갖 유형과 수준의 물리학자들이 열심히 피자를 먹고 있는 가운데, 청산유수 같은 2개의 발표가 그들을 열광시킨다. 짧은 질문 시간이 있지만, 앞선 회의들에서와 마찬가지로 심각한 사안은 전혀 없다. 나는 복도에서 한 중력파 과학자와 대화하는데, 마침내 그의 입에서 내가 바라는 바에 부합하는 듯한 논문을 보았다는 말이 나온다. 즉, 중력파 발견에 대한 진지한 비판을 담은 논문을 보았다고 한다. 그 논문의 저자는 데이버 팰러다. 구글에서 검색해보니, 그는 풀브라이트 장학생이며 물리학 저널들에 논문을 몇 편 발표했고 '아카이브 arXiv'에 많은 논문을 게재했으며 빅스라와 기타 공인된 변두리 저널들에는 한 편의 논문도 발표하지 않았다. 팰러는 아인슈타인의 이론이 중력파의 존재를 증명하지 못한다면서 '그 사건'은 조수潮水의 중력적 인력이 두 검출기에 미친 영향에서 비롯되었을 수 있다고 주장한다. 나의 대화 상대가 설명하듯이, 문제는 팔레가 '그 사건'의 파형을 설명하지 못한다는 점이다. 따라서 팔레의 주장은 받아들여지지 않을 듯하다. 그래도 그 주장은 무의미하지 않다. 팔레의 논문은 '아카이브'에서 널리 퍼진 것 같지 않다.

이 논문을 제외하고, '그 사건'에 대한 저항을 기준으로 삼으면 내 입장에서 이번 미국물리학회는 대실패다. 어떤 저항도 없었다. 저항의 낌새조차 없었다. 이번 행사는 우리가 계속 보아온 바를 입증했다. 즉, 모든 물리학자는 중력파 발견을 원하며, 모든 의심은 이미 각자의 집에서 처리되었다. 이것은 어마어마한 성공이다. 그러나 로버트 머튼의 유명한 '조직화된 회의주의organized skepticism'는 어디에 있을까? 과학을 정도正道로 이끈다고들 하는 거리낌 없는 비판은 어디에 있을까? 물론 조직화는 있다. 그 조직화는 스스로 부과한 의심이 5개월 만에 종식되는 결과를 가져왔다.

12장

틀 바꾸기:
긴 깨달음

1960년대 후반과 1970년대 초반에 조지프 웨버는 자신이 실험실 규모의 실온 공진 막대 검출기로 중력파를 관측하고 있다고 주장했다. 늦춰 잡아도 1975년에 그의 주장은 신뢰를 잃었다. 그는 이론으로 설명할 수 없을 만큼 많은 중력파를 관측했고, 그의 관측 결과들은 재현 불가능하다는 합의가 이루어졌기 때문이다. 그러나 일부 사람들은 여전히 그의 연구를 존중했다. 모두가 그의 연구를 터무니없다고 여기지는 않았다. 오히려 그의 연구 가운데 아주 작은 부분만 터무니없다고 여겨졌기에, 킵 손은 여전히 중력파 발견이 임박했다고 예언하고 있었으며, 미국 국립과학재단은 새로운 세대의 검출기인 극저온 막대에 자금을 지원하고 있었다. 극저온 막대는 실온 막대보다 1000배 더 민감할 것이었다. 그러나 오늘날 우리는 조지프 웨버가 100조 년에 1번꼴로 중력파를 관측했어야 마땅하다고 본다. 이 믿음이 옳다면, 그 당시 우리가 살았다고 생각한 세계는 실제 세계와 일치하지 않았다. 더 정확히 말하면, **당시** 우리가 살았다고 상상한 세계는 실재였으나, 그 세계는 **현재**의 세계와는 다르다. 이것이 중력파를 둘러싼 변화의 본성이다.

그 변화는 단계적으로 일어났으며 과학자들이 새로운 유형의 활동을 당연시하게 된 것도 변화의 일부다. 조지프 웨버는 이 모든 이야기의 주인공이다. 만약에 그가 새로운 연구를 하지—그의 공진 막대를 제작하지—않았다면, 중력파 검출이 원리적으로 가능한지를 문제 삼는 사람들이 지금도 여전히 존재할 가능성이 있기 때문이다.[1] 그러나 결국 웨버는 실온 공진 막대를 새로운 표준으로 확립하는 데 실패했다. 그의 과학은 늘 논란 많은 과학이었다. 자금의 흐름이 절대영도 근처에서 작동하는 공진 막대로 향하자, 실온 공진 막대와 관련 연구들은 사그라들었다.

이후, 이제 와 돌이켜보면 고풍스럽게 느껴지지만, 당시에는 아주 진지했던 상당한 싸움 끝에 간섭계가 주도권을 쥐었다. 이미 우리는 역사가 새로 쓰인 것을 볼 수 있다. 지금 사람들은 라이고의 최초 세대가 중력파를 관측하리라고 예상된 적은 없으며 항상 고급 라이고가 관측에 성공하리라고 예상되었다고 말한다. 하지만 둘 다 옳지 않은 말이다. 지금 이해하기 어려운 것 중 하나는 간섭계 기획 전체에 대한 반대와, 외부뿐 아니라 내부에도 팽배했던 의심들이다. 의심은 과학을 저해했다. 나는 40년에 걸친 사회학 연구에서 그 의심들을 써먹었는데, 대다수의 경우에 과학적 주장의 '해석적

1　이론적 논증을 원하는 독자는 댄 케네픽의 책 *Traveling at the Speed of Thought* (생각의 속도로 여행하기)를 참조하라. 조지프 웨버의 연구가 이 논증의 폐기를 가져왔다는 나의 견해를 댄이 얼마나 지지할지 나는 확실히 모르겠다.

　　　　　　　　　　　　　　　　중력의 키스

유연성interpretative flexibility'을 보여주기 위해 써먹었다. 논증을 어떻게 구성하느냐에 따라서 동일한 데이터로부터 다양한 결론을 도출할 수 있다는 점을 보여주기 위해서 말이다. 그런데 지금 나는 문제에 직면한 듯하다. 즉, 해석적 유연성이 전혀 없는 한 사건과 마주친 듯하다. 모든 사람이 '그 사건'을 처음부터 믿었다. 그리고 나도 그 '모든 사람' 중 하나다!

한 분야를 나처럼 오래 연구하려면 그 분야를 사랑해야 한다. 나는 2월 11일에 보고된 연구 결과가 모든 역사를 통틀어 가장 위대한 과학적 발견 중 하나이며, 평화로웠던 시대의 역사를 통틀어 가장 경이로운 일편단심의 인내가 낳은 한 이야기의 정점이라고 생각한다. 나는 기자회견으로부터 2주 뒤에 데이비드 머민으로부터 받은 2통의 이메일을 인용함으로써 상황의 변화를 예시할 수 있다. 머민은 코넬 대학교의 유명한 고체물리학자이며 양자이론 및 상대성이론에 관한 심오한 사상가 겸 교육자다. 그는 중력파에 대한 나의 관심을 오래전부터 알고 있지만 내가 중력파 연구에 얼마나 깊이 관여하는지는 몰랐다. 그런 머민이 2월 25일에 나에게 이렇게 쓴다.

친애하는 해리,
최근에 업그레이드된 라이고에서 나온 참으로 경이로운 뉴스를 만끽하고 있나요? 그 뉴스는 과학자로서 저의 일생에서 가장 놀라운 소식입니다. 저는 고급 라이고가 제대로 작동하리라는 생각을 전혀 하지 않았습니다. 더구나 고급 라이고가 그토록 이례적인 사건을 그만큼 확실하게 발견하리라는 생각은 더욱더 하지 않았지요.

라이고 프로젝트와 과학사회학의 발견에 관하여 나와 수십 년 동안 우호적 논쟁을 벌여온 머민은(라빙거와 콜린스의 『한 문화The One Culture』참조) 20년 쯤 전에 나에게 라이고는 결코 작동할 수 없다고 말했다. 그가 꼽은 이유 중 하나는, 그렇게 거대한 진공 시스템을 건설하는 것은 불가능하다는 것이었 다. 그는 라이고 프로젝트 전체를 연구비가 잘못 지원된 사례로 여겼다.

나는 그의 2월 25일 이메일에 대한 답장에서 내가 중력파 발견에 얼마 나 깊이 관여해왔는지 설명한다. 얼마 지나지 않아 그가 다시 이메일을 보 낸다.

친애하는 해리,
데니스 오버바이의 1면 기사가 『뉴욕 타임스』에 게재되었을 때 비로소 〔중력파 검출에 대해서〕 알게 되었어요. 개인적으로 저는 두 가지 아이러니를 느낍니다.

하나는 해리 당신이에요. 선생이 저에게 곧 라이고에 관한 연구를 시작한다고 말했을 때, 저는 선생이 과학적 발견들은 영원히(적어도 우리 둘 다 죽을 때까지는 확실히) 애매함에 둘러싸인 상태로 머문다는 것을 예증하기에 딱 알맞은 연구 프로젝트를 선정했다고 투덜거렸죠.

또 다른 아이러니는 저의 코넬 대학교 물리학과 동료 사울 튜콜스키입니다. 그 는 자기를 비롯한 많은 학생의 경력을 병합하는 두 블랙홀이 방출하는 중력파 를 계산하는 영웅적인 작업에 바쳤지요. 그 계산은 참으로 아름다웠지만, 저는 (튜콜스키에게는 결코 말하지 않았지만) 그것이 영원히 관측되지 않을 것이며 존 재할 개연성도 낮은 현상에 관한 계산이라는 점이 딱하다고 생각했습니다. 지 금 그 계산은 9-4-15 사건('그 사건'.―옮긴이)의 식별을 위한 토대이며 그 사건 에서 이례적으로 많은 정보를 추출하기 위한 수단이에요.

내가 2005년에 출판한 상대성이론에 관한 저서의 마지막 문단에서 말한 대로 "자신의 과거 믿음이 틀렸음을 발견하는 과정이야말로 … 과학 탐구를 이토록 매력적이게 합니다."

그러므로 이제 나는 이 놀라운 성취가 머민처럼 심오한 사상가들의 의심에도 불구하고 어떻게 성취되었는지를 다뤄야 한다. 물리학자 친구 피터 솔슨의 성가신 질문에도 대답해야 한다.

11월 23일: 그러니까 전 다음번에 우리가 맥주를 마시면서 이 문제를 토론할 필요가 있다고 생각해요. (내가 생각하기에) 옛날에 해리 당신이 세상 사람들에게 가르치고 싶어한 것은 새로운 과학 지식의 창조가 어려운 (또한 사회적인) 과정이라는 것이잖아요. 때로는 틀림없이 그렇죠. 하지만 이번 사례는 과학 교과서들을 옹호해요. 수십 년에 걸친 싸움이 정착된 지식으로 바뀌는 변화가 그림 2[현재는 발견 논문의 그림 1]를 한번 흘끗 보는 것만으로도 이루어진다고 말하는 과학 교과서들을 옹호한다고요.

거듭되는 말이지만, 중력파 탐색을 과학적 발견의 한없는 해석 가능성과 논란 가능성을 보여주는 사례로 반세기 동안 써먹은 나는 모두가 거의 한결같이 동의하는 '발견'을, 이 멋진 '유레카 순간eureka moment'을 (과학자뿐 아니라 나에게도 충격적인 그 순간의 경이로움을) 어떻게 이해할 수 있을까? 반세기에 걸친 나의 연구에 어떤 의도하지 않은 '철학적 메시지'가 있었다면—내가 나의 주장에 부합하는 사례를 고의로 선택한 것이라면—믿음직한 안마사였던 그 사례가 KO 펀치를 날린 지금, 나는 어떻게 해야 할까?

새로운 표준

(12월 29일 전화 통화에서 피터 솔슨): 당신도 알다시피 몇 가지 과학적 정의에 따라서, 발견 날짜는 저널에 논문을 제출한 날짜예요. 그러니까 논문을 제출하는 날까지는 아직 논문을 제출하지 않았으니까 발견을 주장할 수 없다는 것이 우리가 사랑하고 믿는 전통의 한 부분인 거죠. 다른 한편으로 해리 당신 말도 맞아요. 사람들은 이것을 그날(9월 14일) 오후부터 믿기 시작했어요. 동의하죠? 당신이 지적하는 바는 '직접'이라는 표현을 사용하자는 견해가 차츰 힘을 얻는다는 것, 그리고 발견이 이루어졌다는 주장에도 넓은 스펙트럼이 있다는 것이잖아요. 사람들은 몇 분에서 몇 시간 내에 믿기 시작하고 저널에 논문을 제출할 때 그 믿음을 완결시킬 거예요.

이 장에서는 1985년에 출간된 나의 저서 『틀 바꾸기』를 많이 참고하면서 과학적 발견의 과정을 재검토하려 한다. "틀 바꾸기"라는 제목은 그 책이 과학적 변화를 사회적 변화로서 다루는 연구서임을 의미했다. 그 책의 토대는 비트겐슈타인의 1953년 저서 『철학적 탐구Philosophical Investigations』에 나오는 "삶꼴form of life"이라는 개념에 대한 피터 윈치의 해석이었다. 그 해석은 1958년에 출판된 윈치의 간략한 저서 『사회과학의 개념The Idea of a Social Science』에 들어 있다. 토머스 쿤의 『과학혁명의 구조The Structure of Scientific Revolutions』는 1962년에 출판되었는데, 이 책은 윈치-비트겐슈타인의 삶꼴 개념을 받아들여 "패러다임"이라는 새로운 명칭으로 과학에 적용하는 듯했다. 삶꼴/패러다임이 무엇인지 알려면 윈치의 책을 (120쪽 근처의) 몇 줄만 읽으면 된다. 윈치는 새로운 병원체 하나의 발견과 병원체 이론의 발견이 어떻게 다른지 생각해보라고 요구한다. 새로운 병원체 하나의 발견은 중요한 과학적 발견일 개연성이 높다. 그러나 병원체 이론의 발견은 그보다 훨씬 더 중요하다. 이 발견은 우리가 사는 방식을 변화시킨다. 병원체 이론이 확립된 오늘날 예컨대 외과의들은 피로 얼룩진 조끼를 입고 수술할 수 없으며 반드시 위생학 강의를 들어야 한다. 윈치의 말마따나 병원체 이론과 더러운 수술실은 공존할 수 없으며, 수술에 앞서 마치 종교의식처럼 이루어지는 그 모든 세척과 위생복 입기는 병원체 이론 없이는 불가능하다. 병원체 이론이 없다면, 그 모든 절차는 사리에 맞지 않을 것이다. 요컨대 새로운 개념과 새로운 삶의 방식은 밀접하게 연결되어 있다. 이것이 삶꼴 혹은 패러다임에 대한 올바른 이해다.[2] 과학적 발견은 무언가를 숙고하는 것 이상이다. 무언가를 측정하거나 관찰하는 것 이상이다. 과학적 발견은 새로운 행동과 존재 방식을 창조한다. 과학적 발견은 사회적 변화다. 과학적 발견은 사회적 틀을 바꾼다. 그렇기 때문에, 일반상대성이론은 어떤 의미에서 100년 전에 '발견' 되었지만, 우리는 지금도 그 이론을 발견하는 중이다.

나는 중력파를 직접 검출할 수 없는 상태에서 검출할 수 있는 상태로의 변화를, 윈치가 병원체 이론의 발견을 다룰 때처럼, 우리 삶꼴의 변화로서 다루고자 한다. 어떤 이들은 '그 사건'이 중대한 이론의 변화와 무관하므로 나의 탐구를 윈치의 탐구에 빗대는 것은 부적절하다며 반발할지도 모른다. 그러나 첫째,―나는 이를 증언할 수 있는데―중력파 검출은 우리의 '세계 내 존재 방식'의 중대한 변화다. 나는 중력파 검출이 일으키고 있는 모든

2　「사회학적 철학적 주석」 9번 참조.

변화를 기록할 것이며 앞으로 일으킬 큰 변화를 예측하려 애쓸 것이다. 주목해야 할 것은 윈치가 병원체 이론과 새로운 병원체 하나를 너무 예리하게 대비시켰다는 점이다. 만일 당신이 위궤양을 연구하는 과학자인데 위궤양을 일으키는 병원체를 갑자기 발견한다면, 이것은 병원체 이론의 발견이 아니다. 그러나 이것은 당신이 속한 더 작은 과학적 우주 내에서 하나의 혁명이다. 그러므로 일종의 프랙털 모형을 적용하는 것이 더 낫다. 그 모형에서는 병원체 이론 전체가 최상층에 놓이고, 그 층 안에 유사한 형태의 수많은 사건—개별 병원체들의 발견—이 기록되어 있다. 중력파 최초 검출은 그런 과학적 변화 중 하나다. 즉, 우리의 과학적 삶꼴의 변화다. 중력파 최초 검출은 '일반상대성이론 물리학' 프랙털의 최상층보다 단지 약간 아래에 위치한다.

비트겐슈타인은 단어가 어떻게 의미를 가지는지 이해하려고 노력하는 와중에 삶꼴의 개념을 정식화하게 되었다. 사전적 정의는 문제를 한 단계 뒤로 미룰 뿐이라는 것을 그는 깨달았다. 어떤 정의에 대해서도 우리는 그 정의를 구성하는 단어들은 어떻게 의미를 가지느냐고 물을 수 있으니까 말이다. 비트겐슈타인은 단어 의미의 토대는 단어의 용법이라는 결론에 이르렀다—"의미가 아니라 용법을 물어라." '병원체'라는 단어의 의미는 외과의가 손을 문질러 씻는 방식에서 발견되어야 한다. 우리는 강박적인 문지르기만 볼 뿐, 병원체를 보지 못한다—그러나 그 문지르기가 우리에게 병원체에 대해서 말해준다. 그 문지르기는 병원체를 파괴하지만 다른 한편으로 창조하기도 한다. 그 문지르기가 틀을 창조하기 때문이다. 그러나 비트겐슈타인은 의미가 변화하는 방식을 논하지 않았다. 그는 의미가 유지되는 방식만 논했다. 나는 1985년 저서에 『틀 바꾸기』라는 제목을 붙였다. 그 책에서

중력의 키스

의미들이 변화하는 방식을 살펴보고 싶었기 때문이다. 똑같은 이유로 나는 과학을 살펴보았다. 과학은 의미의 변화를 탐구하기에 알맞은 실험실이다. 과학에서 변화를 구성하는 활동의 많은 부분은 경계가 잘 그어져 있어서 비교적 쉽게 관찰할 수 있는 공간들에서 이루어지기 때문이다. 미술, 패션, 정치에서의 변화를 탐구하는 일은 얼마나 더 어려울지 상상해보라.

사회학 연구는 시대의 산물이다. 1970년대와 1980년대에 과학사회학 연구에서 필요한 작업은, 과학적 변화란 이론과 실험을 적절히 혼합하여 사실상 '자동으로' 적용하는 일이 아님을 보여주는 것이었다. 당시에 과학은 너무 많은 권위를 가지고 있었다. 과학은 평범한 세계 위에 떠 있는 듯했고, 성직자를 닮은 과학 대변인들은 폭넓은 과학적 주제에 대해서 거만하게 발언하기를 즐겼다. 과학사회학은 과학적 변화가 과학을 공식으로 소개하고 과학자를 탁월한 컴퓨터로 묘사하는 강연에서 청중이 품게 되는 생각과는 달리 평범한 사회적 변화에 훨씬 더 가까움을 보여주어야 했다.[3] 나의 핵심 발견은, 단지 어떤 실험 결과들이 재현 가능하고 어떤 실험 결과들이 그렇지 않은지 살펴보는 작업만으로 틀을 저 방향이 아니라 이 방향으로 바꿀 수는 없다는 것이었다. 실험 솜씨는 상당한 암묵적 요소를 포함하며 따라서 누군가가 부정적 재현 결과를 들고 나타나면 실험이나 실험자의 증명력은 언제든지 도전에 직면할 수 있다는 것이 그 이유였다. 실험 솜씨에 상당

---

3 당시 컴퓨터과학자들은 과학을 하는 프로그램을 제작하려 애쓰고 있었다. 잘 알려진 한 프로그램의 이름은 '베이컨BACON'이다. 그 프로그램은 케플러의 행성 운동 법칙들을 도출할 수 있다고들 했다. 아마도 완벽한 데이터를 입력받는다면 그렇게 할 수 있었을 것이다. 그러나 물리학은 데이터에서 방정식을 추출하는 작업 이상이다. 물리학 대부분은 잡음에서 데이터를 추출하는 작업이다. 「사회학적 철학적 주석」 10번 참조.

한 암묵적 요소가 포함되어 있다는 것은 더 나아가 재현이란 단지 실험을 하는 행위에 그치지 않고 누가 증명력 있는 실험자이고 누가 아닌지에 대해서 동의하는 행위이기도 함을 의미했다. 조지프 웨버의 초기 발견들에 관한 논의는 이와 관련한 이상적인 사례 연구였다.[4]

오로지 중력파 검출만 다룬 나의 과거 저서 3권의 핵심 주제는 동일하다. 과학자들은 어떻게 결론에 도달하고 그들의 합의의 본성은 무엇일까? 그 저서들에서 일관되게 나는 과학자들의 합의에서는 판단이 큰 부분을 차지하며 (무엇을 신뢰할 만한 판단으로 간주하느냐는 사회적 맥락과 얽힌 사안이므로) 따라서 사회적 요소가 큰 부분을 차지한다는 것을 보여준다. 구체적으로 『중력의 그림자』에서 나는 공진 막대 옹호자들의 주장이 어떻게 무너졌는지, 또한 논리적인 관점에서는 상황이 어떻게 다르게 전개될 수도 있었는지 보여준다. 『중력의 유령』과 『빅 독』 두 책은 만약에 암맹 주입이 아니었다면 어떤 일이 벌어졌을지에 관한 결론에 과학자들이 어떻게 도달했는지를 꼼꼼히 탐구하는 책이다. 대표적으로 『빅 독』 14장에서 나는 빅 독은 무엇인가에 관한 결정의 많은 부분이 25개의 '철학적' 혹은 사회학적 판단에 기초를 둔다는 점을 보여준다. 그 판단들은 계산 및 측정과 대비된다. '그 사건'과 관련해서도 동일한 철학적 사회학적 판단들이 이루어졌다. 그러나 이번에는 또 다른 특징도 나타난다. 그 새로운 특징은, 지난 몇 개월 사이에 우리가 목격한 변화가 나의 과거 연구들에서 다룬 변화보다 훨씬 더 근본

4　나의 연구가 그 유형의—과학적 논란이 종결되는 방식에 관한 경험적 연구의—최초 사례였지만 머지않아 이어진 다른 연구들이 이 사고방식을 확립했다고 본다. 「사회학적 철학적 주석」 9번 참조.

적이라는 점이다.**5**

『틀 바꾸기』를 전개시키는 동력은, 아무도 의문시하지 않는 TEA 레이저 transversely excited atmospheric pressure laser에 관한 정착된 과학과 중력파 검출에 관한 논란 많은 과학(과 약간의 초심리학)의 대비다. TEA 레이저의 경우, 그 장치의 제작을 성공적으로 재현했을 경우 과학자들은 그 사실을 알 수 있다. 재현 제작된 장치가 기대된 구실을 할 것이기 때문이다. 콘크리트에서 연기가 피어오르게 만들 만큼 강력한 적외선 빔을 산출할 수 있을 것이다. 1970년대 초반에 제작된 제대로 된 TEA 레이저라면 그런 구실을 해야 한다는 것을 아무도 의심하지 않았다. TEA 레이저의 제작은 기존 병원체 이론의 내부에서 새로운 병원체 하나를 발견하는 것과 같았다. TEA 레이저가 레이저 빔을 산출하지 못하면 어떻게 해야 할지를 모두가 알았다. 새로운 TEA 레이저를 더 열심히 제작해야 했다. 반면에 중력파 물리학은 전혀 달랐다. 제대로 된 중력파 검출기가 무엇을 해야 하는지 아무도 몰랐기 때문이다. 제대로 된 중력파 검출기는 보고된 고에너지 선 다발에서 중력파를 검출해야 할까, 아니면 그런 유형의 에너지를 지닌 중력파를 검출하지 말아야 할까? 이 질문의 답이 확실하지 않았기 때문에, 어떤 장치가 제대로 제작되었는가에 관한 논쟁을 장치의 출력을 관찰해서는 해결할 수 없었다. 나는 이 상황을 '실험자의 퇴행'으로 명명했다. 중력파 검출에 관한 논쟁은 새로운 병원체 하나의 발견에 관한 논쟁보다는 병원체 이론의 확립에 관한 논쟁과 더 유사했다. 지난 몇 개월 동안 놀라운 속도로 진행된 변화를

5　　나의 연구들과 같은 주제를 다룬 다른 연구들도 당연히 있지만, 지금은 내 연구를 위주로 이야기하려고 한다. 「사회학적 철학적 주석」 9번 참조.

통해 중력파 검출은 논란 많은 과학에서 정착된 과학으로 변신했다. 이제 그 과학은 TEA 레이저와 유사하다. 이제부터 우리는 중력파 검출기가 무엇을 검출하는지 살펴봄으로써 그 장치가 제대로 제작되었는지 확인할 수 있을 것이다. 중력파 검출기가 블랙홀 나선운동 파형을 검출하지 못한다면 무언가 문제가 있는 것이다. 이것은 새로운 유형의 상황 변화다.

『틀 바꾸기』전체에서 나는 '안티클라이맥스'를 언급했다. 이런 유형의 사회적 변화에서 안티클라이맥스는 발견의 기쁨과 짝을 이룬다. 한편에는 놀랍고 아름다운 발견이 있다. 그 발견의 감정적 무게는 어마어마하고, 당신은 '제 살을 꼬집어보고서야' 이것이 현실임을 깨닫는다. 다른 한편으로 이제 창조된 것은 새롭지만 평범한 세계다. 물론 이 새로운 세계가 새로운 중력파 천문학의 관점에서 멋지지 않으리라는 뜻은 아니다. 중요한 것은— 거듭 강조하는데—이제 우리가 할 수 있는 것은 '새로운 병원체들을 발견하기'가 전부라는 점이다. 우리는 이제 더는 병원체 이론을 발견하지 않는다. 만약에 내가 『틀 바꾸기』를 지금 쓴다면, 나는 TEA 레이저의 역할을 중력파 검출에 맡길 것이다. 이토록 큰 변화는 설명되어야 마땅하다. 또한 '그 사건'에 관한 즉각적 합의도 설명되어야 한다. 이 합의를 설명하려면 우리는 9월 14일 이전으로 거슬러 올라가야 할 것이며 또한 셋째 사건이 발견되었을 때(둘째 행운이 찾아왔을 때)의 감정이 어떠했는지 상기해야 할 것이다. 좁은 과학적 관점에서 보면, 셋째 사건은 결정적으로 중요하다. 비록 그 사건은 발견 논문에 등장하지 않을뿐더러 내가 이 글을 쓰는 현재까지도 여전히 비밀이지만 말이다.

아니, 상당한 정도로 비밀이다! 레이 바이스가 『뉴요커』의 기자에게 아래와 같이 말한 바 있다. 당시에 나는 그것이 예정에 없던 발언이라고 생각했다.

중력의 키스

> 9월 14일 검출 이래로 라이고는 계속해서 후보 신호들을 관측했지만 어떤 신호도 첫째 사건만큼 극적이지 않다. "우리가 이 모든 소동을 벌이는 것은 그 큰 놈 때문이에요"라면서 바이스는 이렇게 말했다. "그러나 더 작은 다른 사건들도 있어서 우리는 매우 행복합니다. 그 사건들은 첫째 사건이 유일무이한, 괴상한, 터무니없는 현상이 아니라고 말해주니까요."**6**

더욱 기이하게도 『뉴욕 타임스』는 2월 12일에 이렇게 쓴다.

> 바이스 박사에 따르면, 1월에 종료된 라이고의 1차 관측 가동 중에 적어도 4번 검출이 이루어졌다.

그러나 오해에 기초한 기사인 것으로 보인다.

12월 중순의 논쟁

12월 중순에 벌어진 한 논쟁을 '긴 깨달음'을 보여주는 작은 사례로 언

6　Nicola Twilley, "Gravitational Waves Exist: The Inside Story of How Scientists Finally Found Them"(중력파가 존재한다: 과학자들이 마침내 중력파를 발견한 과정의 속사정), *New Yorker*, February 11, 2016.

급할 만하다. 그 논쟁은 중력파가 발견되었는지 명확히 아는 사람이 당시에는 없었으며 보편적 합의가 이루어지지 않았음을 보여주기 때문이다. 중력파 공동체는 대규모 집단이다. 구성원들이 모두 동일하지는 않으며 모두 똑같은 속도로 새로운 유형의 사람들로 변신하는 것도 아니다. 논쟁—10장에서 길게 언급한 긴 논쟁—의 주제는 전자기 파트너들, 곧 하늘에서 전자기파나 중성미자의 분출을 탐색하는 천문학자들과 천체물리학자들에게 무엇을 말해줄 것인가다. 당시는 '그 사건'으로부터 3개월 넘게 지난 때였지만, 전자기 파트너들은 과거 데이터를 저장해놓았을 가능성이 있었다. 특별한 관심을 기울여야 한다는 것을 알면 그들은 돌이켜 그 데이터를 살펴볼 수 있을 것이었다. 평소에 그 파트너들에게 경보를 보내기 위한 기준은 검출 기준보다 훨씬 더 낮다. 이 같은 기준 설정의 바탕에 깔린 논리는, 약한 중력파 '트리거'—그 자체로는 중력파 검출로 간주될 가능성이 전혀 없는 약한 사건—와 기타 유형의 강한 신호를 조합하면 중요한 발견이 이루어질 수 있다는 것이다. 그런데 문제는 '그 사건'이 약한 중력파 트리거가 아니라는 점이다. '그 사건'이 얼마나 강한지 알면 전자기 파트너들은 약한 트리거에 관한 경보를 받을 때와는 다르게 반응할지도 모른다.

중력파 공동체의 모든 사람은 기자회견 때까지 '그 사건'을 비밀에 부쳐야 한다는 것에 합의했다. 그러나 이 합의는, '그 사건'과 맞물린 무언가를 관찰할 장비를 특히 잘 갖추었을 가능성이 있는 전자기 파트너들에게 어떤 정보를 얼마나 주어야 할 것인가라는 문제를 일으킨다. 한 물리학자 A는 한 후보 사건에 관한 경보를 어느 파트너에게 주어야 한다고 주장했다. 그러나 다른 물리학자 B는 격하게 반대했다.

12월 19일: 검출 발표 전이 아니라 검출 발표와 동시에 논문 원고를 〔어느 파트너와〕 공유해야 한다고 주장합니다. … GW150914를 '가능한 잠정적 중력파 후보'로 거론하는 원고를 〔그 파트너에게〕 주고 나서 2~3주 뒤에 똑같은 데이터를 노벨상급 사건으로 제시하는 원고를 주면, 파트너들은 우리가 첫째 원고를 통해 그들을 오도했음을 알게 될 것입니다. 우리가 진실을 융통성 있게 밝히는 것에 타당한 이유가 있다고 하더라도, 동료들을 상대하는 좋은 방법은 아닙니다.

A는 자신의 주장이 단지 진실을 말하자는 것뿐이라고 응수했다. 현시점에서 '그 사건'은 후보일 따름이라는 것이 그의 요지였다. "이것이 아직 후보 단계에 있지 않고 명명백백하게 진짜 사건이라면, 지금 모든 사람이 하고 있는 일은 무엇입니까?"라고 A는 반문했다.

12월 22일: 검출 절차는 다 끝난 얘기이므로 그 사건을 '후보'로 부르면 안 된다고 당신은 주장하고 있습니다. 이 주장은 오해의 소지가 있고 위험합니다. 더구나 많은 동료가 우리 모두를 위해 분석을 신속하게 완료하려고 휴일에도 열심히 일하고 있음을 생각할 때, 이 주장은 당혹스럽기까지 합니다.

B는 이렇게 대꾸했다.

12월 23일: 검출 절차가 아직 완료되지 않았고 여전히 할 일이 많다는 것은 틀림없는 사실입니다. 그러나 우리가 논문을 출판하게 될 개연성은 지금 매우 높

> 습니다. 따라서 그 사건을 우리의 파트너에게 '가능한 후보'로 제시하는 것은 아무리 좋게 보더라도 오해의 소지가 있습니다.

그러자 A는 이렇게 답변했다.

> **12월 23일**: 명백히 두 경우 중 하나가 옳습니다. (1) 검출 절차가 아직 완료되지 않았고 따라서 그 사건은 후보다. (2) 검출 절차가 완료되었고 따라서 그 사건은 후보가 아니다.

이 논쟁은 상당히 달아올랐다. 하지만 무엇이 옳은 행동이었는지 따지지는 말기로 하자. 대신에 12월 마지막 주에는 '그 사건'이 단지 '후보'인지, 아니면 진짜 발견인지가 아직 불확실했다는 점만을 유념하자. 그 시기에는 틀이 바뀌는 과정이 여전히 진행 중이었으며, 그 사건에 대해서 생각하고 말하는 방법과 관련해서 여전히 다양한 선택지들이 있었다. A와 B 사이의 논쟁은 논란이 된 틀이 실질적인 귀결을 가짐을 보여준다. 특정한 말하기 및 행동의 방침이 단지 '선택지' 이상인지, 특정한 행동을 정직하다고 간주해야 할지에 관한 귀결을 말이다.

인지 변화cognitive change는 사회적 변화다.[7] 12월 하순에 협력단에 속한

---

7 피터 솔슨이 11월 23일에 나에게 보낸 이메일(361쪽) 참조.

1000여 명 모두는 이것이 발견임을 속으로 알았다. 그러나 그렇다고 해서 그들 모두가 즉각적으로 미래의 필요에 부합하는 사람들로 변신하고 자동으로 행동 방식을 바꾼 것은 아니었다. 보다시피 과학자 A는 그 발견이 이미 확립되었다면 이 모든 작업은 무엇을 위한 것이냐고 묻는다. 즉, 과학자 A는 아직 다른 사람으로 변신하지 않았다. 과학자 B는 이미 다른 사람으로 변신했는데도 말이다. 어쩌면 과학자 A는 (또한 그와 비슷한 생각을 품은 동료들은) 더 많은 시간 동안 더 많은 과정을 거친 뒤에야 변신할 수 있을지도 모른다. 일부 과학자들은 이미 '새로운 표준new normal' 안에서 살고 있다. '새로운 표준'은 피터 솔슨이 11월에 나에게 보낸 아래 이메일에서 따온 표현이다.

> **11월 10일 12시 58분**: 어쩌면 더 중요한 것은 우리가 아직 그 사건을 세상에 발설하지 않았는데도 우리 눈앞에서 '새로운 표준'이 발생하고 있다는 점일 거예요. 우리가 다른 사람들을 흥분시키려 애쓸 때쯤에 우리는 이미 심드렁해져 있을걸요 ;-) 첫째 주나 둘째 주에 우리 모두가 얼마나 격하게 흥분하면서 (발견을 믿을 수 없기 때문에) 이것이 비밀 암맹 주입이 아니라는 공식적 선언을 집요하게 요구했는지 돌이켜보세요.

1월 둘째 주에 나는, 이제 상자가 열렸고 박싱 데이 사건의 통계적 유의도가 5시그마에 도달했는데도 자축의 이메일로 이메일함이 넘쳐나지 않는 것이 의아해서 피터 솔슨에게 왜 그러하냐고 물었다. 그는 이렇게 답변했다.

사람들이 열광하지 않는 이유에 대해서 말하자면, 저도 그 이유를 모르겠어요. … 어쩌면 우리는 과학자들이 표출할 줄 아는 모든 환희를 이미 GW150914 앞에서 표출했는지도 몰라요. 그리고 지금은 이것이 '새로운 표준'인 거죠. 정말로 그렇다면, 슬픈 일이에요.

하지만 다른 관점에서 보면, 전혀 슬픈 일이 아니다. 일어나고 있어야 마땅한 일이다. 즉, 바뀐 평범성의 확립인 것이다. 아무리 실망스러운 결말이라 하더라도 이것은 최초 발견으로부터 앞으로 나아가는 거대한 한걸음일 터이다.

다른 한편으로 피터는 중요한 변화는 박싱 데이 사건의 유의도가 5시그마로 뛰어오르기 전에 일어났다고 느꼈다. 그 사건이 포착되고 사흘 뒤인 12월 29일에 그는 이렇게 말했다.

피터 솔슨: 그것이 우리가 기다려온 둘째 행운이라고 생각해요. … 저는 느낌이 좋아요. 그것은 '그 사건'이 살아남을지에 관한 숱한 허튼소리를 종결시킬 거예요. … 저는 '그 사건'이 살아남는다고 확신하려는 참이에요. 우리가 원하는 둘째 사건이 확보된 것이라면, 우리는 정말로 다른 단계에 진입하게 되겠죠.

해리 콜린스: 그래요, 다른 단계는 다른 단계인데, 피터 당신의 믿음을 기준으로 할 때만 그렇겠죠. 논문 내용은 거의 아무것도 변하지 않을 테니까요. 내 말이 맞죠?

피터 솔슨: 그래, 맞아요. 전혀 또는 거의 변하지 않겠죠. 하지만 우리의 태도가 바뀔 거예요. 두 번째 월요일 사건은 워낙 미미해서 사람들의 관심을 끌기 어려

중력의 키스

당연한 말이지만, 결정적인 사회적 변화는 중력파 공동체 내부가 아니라 과학계 전반에서 일어날 것이다. 그것이 둘째 물결과 셋째 물결이다. 전체 과학계 구성원들은 우리 내부자들이 경험한 모든 확실한 증거들을 아직 보지 못했으며 발견 논문에서도 실상의 도식적 뼈대만 보게 될 것이다. 그들이 발견을 믿으려면, 검출 절차가 요구하는 끝없는 검토와 토론이 필요할지도 모른다. 중력파 공동체의 관점에서 보면, 박싱 데이 사건의 확실성이 그런 검토와 토론을 불필요하게 만드는데도 말이다. 이런 '감feel'은 '핵심 집단core set'에서 벌어지는 일에 깊이 관여하는 사람들만 얻을 수 있다. 이런 '감'이 없는 외부자들에게는 모든 것이 1000번쯤 검토되었다는 보증이 필요할 것이다.[8] 모든 것이 이미 1000번쯤 검토되었다는 자신 있는 대답은 기자회견이나 초기 회의들에서 비판에 직면할 때 유용할 가능성이 확실히 있었다. 중력파 발견은 중력파가 모두에게 새로운 표준으로 자리 잡을 때 비로소 종결되는 과정이다. 『틀 바꾸기』와 그보다 앞선 1975년 논문에 나오는 비유를 동원하면, 우리가 지금 목격하고 있는 것은 중력파 직접 지상 검

8　'핵심 집단'에 속한 과학자들은 대개 극소수지만 이 경우에는 상당히 많다. 그들은 새로운 과학이 형성되는 과정을 바깥에서 지켜보는 것이 아니라 그 과정에 능동적으로 관여한다. 『틀 바꾸기』 참조.

출이라는 병 속에서 배가 조립되는 과정의 마무리 단계로 부품에 매달린 실이 절단되고 접착제가 말라가는 것이다. 이제 곧 사람들은 그 배가 과거에는 병 속에 없었다는 것을 불가능한 일로 느끼게 될 것이다. 그리고 우리중 일부는 이미 그렇게 느낀다.

과학사회학의 관점에서 이것은 무엇을 의미할까?

『중력의 그림자』에서 나는 과학자들이 얽히고설킨 신뢰 관계에 기초하여 그들의 세계를 창조한다고 말했다. 이 세계에는 과학자들이 당연시하는 것들과 과학자들이 경청하는 사람들이 포함된다.

> 과학자가 이런저런 것을 아는 방법은 우리가 이런저런 것을 아는 방법과 동일하다. 즉, 과학자도 전해 들은 말에 의지하여 이런저런 것을 안다. 심지어 당신이 이 대목에서 내가 서술하는 과학자들—중력파 전문가들—중 하나라 하더라도, 당신은 중력파에 대해서 아는 바 대부분을 전해 들은 말에 의지하여 안다. 이상한 말로 들리겠지만, 한번 생각해보라! 당신은 알고 있는 과학의 거의 전부를 인쇄된 글, 강의, 다른 과학자들의 말과 행동으로 배웠다. 심지어 이른바 직접 목격을 통해 아는 실험 결과들도 거대한 신뢰의 바다 위에 뜬 작은 코르크 조각들이다. 이때 신뢰란 앞선 실험들의 결과에 대한 신뢰, 당신과 함께 연구하는 동료들에 대한 신뢰, 당신의 장비를 구성하는 측정기들과 부품들에 대한 신뢰, 실험 데이터를 분석하는 컴퓨터에 대한 신뢰를 말한다. (『중력의 그림자』, 5쪽)

앞에서 나는 우리가 중력파나 블랙홀을 보는 것이 전혀 아니라고 지적했다. 우리가 보는 것은 터무니없을 정도로 민감한 거미줄의 떨림을 표현하는 수치 몇 개가 전부다.

> 항성과 항성의 운동에 관하여 우리가 아는 모든 것을 우리는 사회적 시공 속의 물결(사람들이 주고받는 말들) 때문에 비로소 안다. 사회적 시공 속에 물결이 없다면, 우리의 우주 속에 운동하는 별들은 없을 것이다(이는 근대과학을 보유하지 않은 사람들의 우주 속에 운동하는 별들이 없고, 우리의 우주 속에 그들의 신이나 마녀가 없는 것과 마찬가지다). 따라서 (신들, 마녀들, 최신 유행들과 관련해서 우리 대다수가 믿는 인과 사슬의 방향과 마찬가지로) 인과 사슬의 방향은 별들로부터 인간의 앎을 향하는 것이 아니라 인간의 합의로부터 별들을 향한다고 주장할 수 있을 것이다. 당신이 방금 읽은 중력파와 그것의 영향에 관한 모든 내용은 … 신뢰, 전해 들은 말, 그리고 사회화를 기초로 삼는다. (『중력의 그림자』, 14쪽)

그러나 이제 '신뢰'는 그리 적절한 단어가 아니다. 해당 상황의 철학적 논리는 전혀 변하지 않았지만, 우리가 삶을 사는 방식은 온통 변화하고 있다. 중력파에 대해서 말해주는 과학자들을 우리가 '신뢰'한다는 말은 머지않아 부적절해질 것이다. 이는 자녀가 부모를 신뢰한다는 말이 부적절한 것과 마찬가지다. 얼마 전까지만 해도 신뢰를 이야기하는 것이 타당했지만, 이제는 사정이 달라졌다. 일반적으로 '신뢰하기'는 우리가 능동적으로 하는 행동이다. 반면에 우리가 우리 부모를 신뢰할 때의 신뢰는 호흡하기와 유사하다. 공기에서 산소를 추출하는 것과 유사하다는 설명이 더 나을 것 같다. 이것은 우리가 살기 위해 반드시 챙겨서 해야 하는 행동이 아니라 당연한 삶의 조건이다. 우리가 목격하고 있는 과학적 변화가 완료된 뒤의 상황도 이와 유사할 것이다. 전등 스위치를 켤 때 나는 마이클 패러데이와 그의 후계자들을 신뢰하지 않는다. 나는 단지 호흡과 유사한 기술적 행동을 할 뿐이다. 만일 내가 아주 열심히 숙고한다면, 나는 나의 행동에 신뢰라고 할 만한 무언가가 포함되어 있음을 발견할 수 있다. 나는 나의 행동이 전자기유도의 문제를 사실상 일으키지 않으리라는 것을 신뢰해야 하고, 구리 전선을 감싼 플라스틱 혹은 고무 피복이 어제와 다름없이 오늘도 절연체의 구실을 하리라는 것, 전등 스위치를 켠 결과로 전등이 폭발하거나 우주 전체가 얼음으로 변하지 않으리라는 것을 신뢰해야 한다. 비록 그런 일들이 일어날 수 없다는 확실한 증명을 과거 경험에서 확보하지 못했더라도 말이다.[9] 그러나 내가 그런 일들이 일어나지 않으리라는 것을 신뢰한다는 말은 그리 적절하지 않다. 나는 전등을 켤 때 그런 일들을 전혀 생각하지 않으니까 말이다. 아동이 자기 부모가 신뢰할 만한지 생각하지 않는 것과 마찬가지다. 전등 스위치 켜기는 우리가 사는 세계의 한 특징일 따름이다. 지금 중력파는 그런 식으로 우리의 세계에 진입하는 중이다. 블랙홀과 힉스 보손은 이와 똑같은 방식으로 오래전에 우리의 세계에 진입했다.

『중력의 그림자』에서 나는, '상대주의relativism'는 성실한 사회학 연구에 필수적인 방법론적 접근법이지만 철학적 주장은 아니라고 설명했다. 그 책 756~758쪽에는 내가 레이저 포인터와 거울과 유리로 간섭계 모형을 만들

---

9   이 철학적 논점에 관한 설명은 『틀 바꾸기』 1장 참조.

었는데 그 모형이 작동했다는 이야기가 나온다. 나는 그 모형을 제작하고 나서 얼마나 기뻤는지 설명했다. 그 모형을 보여줄 사람을 찾아서 "환호성을 지르며 복도로 나왔다". 나에게는 그 모형 간섭계가 전등 스위치에 못지않게 실재했다. 이 실재감은 사회학자의 프로젝트에 치명적이지 않았다고 나는 설명했다.

> 간섭계와 관련해서 나타나는 실재론의 힘을 기피할 필요는 없다. 우리는 간단히 간섭계와 간섭무늬의 개념을 다른 유형의 논증들을 지탱하는 틀로 삼을 수 있다. 일반적으로, 무엇을 상대화하고 무엇을 상대화하지 말아야 할지에 관한 정확한 선택은 아주 신중하게 내려지지 않는다. 그리고 대부분 그 선택이 아주 신중하게 내려질 필요도 없다. 대개 이야기의 동역학에 따라서 어떤 것들은 과학적 사실로 취급되고 어떤 것들은 형성 중인 사실fact-in-the-making로 취급된다. 대부분의 경우 방법론적 상대주의 원리는, 형성 중인 사실들에 적용될 경우, 모든 과학에서 등장하는 '설명 변수explanatory variable에 집중하라'라는 방법론적 지침의 한 버전에 불과하다고 간주할 필요가 있다. 그 경우 그 원리는 과학이 말하자면 '변함없이 유지되는 것'을 함축한다. 형성 중인 사실들과 관련해서는, 과학이 순환론을 각오하고(하거나) 사회학적 관찰을 어렵게 하면서 스스로 자기를 설명한다고 간주하지 말아야 한다. (『중력의 그림자』, 758쪽)

그러므로 이제부터 내가 중력파에 대해서 쓰는 글에서 중력파는 주제가 아니라 틀의 일부일 것이며 따라서 상대화를 필요로 하지 않는다. 그러나 중력파는 계속해서 상대화될 수도 있다. 전등 스위치 켜기나 자녀의 부모 신뢰가 상대화될 수 있는 것과 마찬가지로 말이다. 바로 이것이 철학적 논리다. 돌이켜보면 이 책에서도 철학적 논리를 발견할 수 있다. 그것은 계산이 (계산들이 늘 그러하듯이) 판단에 기초를 둘 때면 항상 등장한다. 예컨대 『빅 독』 14장에 나오는 25개의 판단을 보라. 그 모든 철학적 사회학적 판단이 여기에서도 반복된다. 우리가 이 책에서 상세히 논한 판단 중 하나는, 통계적 유의도 계산을 위해 배경 잡음을 수집하는 동안 검출기들이 충분히 '동일한' 상태를 유지했는가, 그리고 그 '동일성' 유지를 미리 정한 통계학적 목표에 맞추기 위한 사후 '조정'으로 간주하지 않으려면 기계에 얼마나 많은 조작을 가하는 것이 허용되는가에 관한 판단이다. 우리가 '증명 퇴행'으로 명명한 것을 피하려고 과학자들이 이 정도에서 의문 제기를 멈춰야 한다고 판단할 때마다 항상 철학적 논리가 작동하는 것을 우리는 보았다. 중력파 공동체가 5시그마(이 특수한 사례에서는 5.1시그마) 기준을 질문 없이 받아들이는 것에서 우리는 철학적 논리의 작동을 보았다. 다른 설명을 고안할 수 있음에도 불구하고 이것은 정말로 블랙홀 관측이라는 판단이 내려지고 그에 대한 비판이 관심을 받지 못하는 것에서 우리는 철학적 논리의 작동을 보았다. 유럽원자핵공동 연구소의 세미나에 참석한 과학자들이 힉스 입자의 발견을 거론하며 과도한 의문 제기에 대해서 경고할 때 우리는 철학적 논리의 작동을 보았다. 틀의 변화를 작심하고 막으려 하는 사람이라면 의문시할 수도 있는 전제들이나 (철학자들의 용어를 빌리자면) 하위가설 subhypothese에 기초를 둔 실험의 논리를 우리는 논했다. 어쩌면 1000명의 과학자들이 중력파 관측을 간절히 열망하기 때문에 엄청난 염력이 발생하여 이 파동을 일으켰을 수도 있다는 말, 혹은 모든 것이 집단 환각이라는 말, 혹은 과학자들과 (이 책에서 서술한 모든 이야기를 꾸며낸) 내가 공모하여 모든 것을 꾸며냈다는 말을 우리가 하지 않는 이유를 물을 때에도 우리는 철학적 논리를 숙고했다. 또한 논점을 더 명확히 하기 위해서 우리는 누구를 신뢰하고 언제 질문을 멈춰야 하는지에 관한 주류 판단을 공유하지 않은 과학자 한두 명을 살펴보았다.

내가 트레버 핀치와 함께 쓰고 1982년에 출간한, 유리 겔러와 숟가락을 구부리는 아이들에 관한 책—『의미의 프레임들Frames of Meaning』(Routledge)—에서 우리는 전제가 바뀔 때 세계가 어떻게 바뀌는지 보여주었다. 우리는 초자연적 수단으로 숟가락을 구부릴 수 있다고 주장하는 아이들의 속임수를 실제로 관찰했다. 즉, 반투명 거울 너머에서 그들의 뒷모습을 지켜보았다. 우리는 자기들이 관찰되고 있음을 모르는 상태에서 그 아이들이 속임수를 쓰는 것을 관찰했다. 여자아이 하나만 빼고 모든 아이는 자신이 관찰되고 있음을 몰랐다. 우리는 곧은 숟가락을 보았고 이어서 휜 숟가락을 보았지만, 속임수를 알아챌 수 없었다. 비디오를 대여섯 번 보고 나서야 우리는 그 여자아이가 힘을 가해 숟가락을 구부렸을 법한 순간을 발견했다. 비록 힘이 가해지는 것을 실제로 보지는 못했지만 말이다. 그 단계에서 우리는 문제를 해결했다고 만족하며 분석을 멈췄다. 이것이 우리의 삶이 속한 '정상 상태normality'다. 그러나 우리가 그 책에서 설명했듯이, 다른 정상 상태에서라면 우리는 정상적인 염력(이 정상 상태에서 '초자연적 염력'은 부적절한 표현이다)을 사용해서 숟가락을 휘는 아이들에 경탄하는 대신에 힘으로 숟가락을 휘는 아이들에 경탄할 것이다. 이런! 허무맹랑하게 들릴 수도 있는 이야기가 너무 길어졌다. 나는 눈살을 찌푸리는 독자들의 사회적 압력을 엄청나게 느낀다. 그러나 이 책을 읽는 독자들 가운데 '그 사건'이 초자연적 현상이나 환각 또는 기타 가능성이 아님을 '확실히' 알 수 있는 사람은 단 한 명도 없다. 이 모든 것은 잘 알려진 이야기지만, 그래도 이것이 여행의 출발점이었고, 중력파 지상 검출과 관련해서는 이제 여행이 끝나가는 중이다.[10]

상대주의적 안경을 쓰고 한걸음 물러나보라. 당연시되는 것들로부터 멀찌감치 떨어져보라. 그리고 전해 들은 말에 기초하여 기꺼이 받아들이는 바에 모든 것이 얼마나 많이 의존하는지 살펴보라. 확실성이 사실을 직접 목격하는 데서만 나온다면, 수십 년 동안 중력파 공동체에 깊이 관여해온 나조차도 과연 무엇을 확실히 알 수 있겠는가. 나는 단지 내가 신뢰하는 사람들로부터 많은 이야기를 들었을 뿐이다. 거듭 강조하지만, 이제부터 나는 호흡할 때처럼 거의 애쓰지 않으면서 그 이야기를 믿을 것이다.

중력파 검출은 세계에 관한 우리의 지식에서 가장 견고하고 튼튼한 부분 중 하나다. 그러나 그 견고한 부분이 무엇으로 이루어졌는지 생각해보라. 그 부분은 우리의 사회적 실존이 낳은, 당연시되는 실재로 이루어졌다. 우리가 다른 사회에서 산다면, 우리가 보기에 신과 마녀는 중력파에 못지 않은 실재성을 가질 것이다. 이 가능성을 우리는 『네이처』에 실린 논평들과 레그 카힐의 이메일에서 언뜻 볼 수 있다. 중력파에 대한 믿음이 정착되는 과정을 시공과 사회적 시공 속의 물결들로 표현하는 깔끔한 그림은 앞서 보았던 것보다 약간 덜 깔끔해야 옳다. 그 그림은 그림 12.1처럼 되어야 한다. 이 그림에서 마지막 물결들은 주류 과학 및 주류 사회에서의 물결—왼쪽 아래를 향한 큰 물결—과 모든 것이 음모라고 믿는 사람들 사이에서의

---

10   상대주의에 관한 이 질문들은 1970년대에 제기되었다.

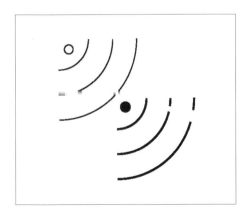

그림 12.1 하나의 세계 이상.

물결—오른쪽을 향한 작은 물결들—로 갈라져 있다. 하나의 세계가 존재하는 것이 아니라, 다수의 세계가 존재한다. 당연한 말이지만, 오른쪽으로 더 가면 또 다른 세계가 있을 것이며, 거기에는 나름의 신과 마녀 들이 있을 것이다. 일부러 상대주의를 채택하는 것은 이 정도의 사회학적 거리를 확보함으로써 현실 세계가 어떻게 안정화되는지 이해하기 위해 채택하는 최선의 방법이다. 정말로 다수의 세계가 존재할까? 당연히 그렇다. 이것은 자명하다!

사회 바꾸기

앞에서 언급했듯 일반적으로 우리는 별에서 출발하여 별에 관한 우리의 견해가 만들어지는 방식으로 인과의 방향이 흘러간다고 생각한다. 이 방향을 '왼쪽에서 오른쪽으로'라고 부르자. 이 문구는 물결들을 보여주는 그림 7.2와 그림 12.1을 염두에 두고 붙인 것이다. 이 책의 대부분은 그 방향—왼쪽에서 오른쪽으로의 인과 방향—에 맞게 쓰였다. 그러나 사회학 연구가 제대로 이루어지려면, 사회학자들은 또한 인과 화살이 오른쪽에서 왼쪽으로— 우리의 사회적 상호작용으로부터 별들로—날아가는 것처럼 세계를 관찰하고 서술할 수도 있어야 한다. 맨 오른쪽 물결 틈새를 보면서, '오른쪽에서 왼쪽으로'가 인과 화살의 진짜 방향일 수 있음을 상기하라. 감춰 나선운동을 하는 블랙홀 쌍성계를 본 사람은 아무도 없다. 우리가 가진 것은 투명하게 꿰뚫어볼 수 없는 기계들이 뱉어낸 수치에 관한 보고가 전부다. 둘째 물결과 셋째 물결의 작은 틈새에 해당하는 사람들이 보기에 발견 논문의 그림 1은 중력파가 아니라 음모를 의미한다.

반면에—내가 이 책의 대부분에서 그렇게 하듯이—큰 토막들에 해당하는 관점을 채택하면, 조지프 웨버의 시대와 현재 사이의 큰 변화는, '그 사건'이 갑자기 받아들여지는 것을 어떻게 설명할 것이냐는 질문을 나에게 던지는 피터 솔슨(앞 참조)을 두둔하는 것처럼 보인다. 대략 1970년대부터 통용되어온 이론에 따르면, 고급 라이고는 합리적인 수준의 중력파 관측 확률을 지닌 첫 세대의 검출기다. 따라서 주류 과학과 주류 사회는 과학이 발전했기 때문에 '그 사건'이 갑자기 받아들여진다는 견해인 듯하다. 그러나 우리는 이 대목에서 이론은 이론일 뿐이라는 점을 상기해야 한다. 조지프 웨버 이래로 모든 실험가는 "어쩌면 이론이 틀릴 수도 있다. 우리가 이론과 상충하는 무언가를 본 듯하다면, 당황할 필요 없다. 그것은 과학이 때때로 처하는 상황이다"라고 기꺼이 말해왔다. 따지고 보면, 중력파 검출은 일반상대성이론의 증명이라고 선언되지 않았던가. 그러므로 짐작하건대, 과

　　　　　　　　　　　　　　　　중력의 키스

거에 실험가들이 검출했다고 주장한 중력파들보다 훨씬 더 강한 중력파의 검출은 일반상대성이론의 반증—일반상대성이론을 수정할 필요가 있다는 증명—일 수도 있을 것이다. 또한 당연히 과거의 실험가들은 막강한 일반상대성이론을 반박하지 않으면서 합법적으로 중력파 검출을 주장할 수 있었다. 즉, 중력파 파원들의 분포에 관한 우리의 생각만 반박하면 되었다. 우주가 기이하게 불균일해서 이례적으로 강한 중력파를 방출하는 구역이 우리의 태양계 근처에 있다고 전제한다면, 과거 실험자들의 주장은 합법적일 수 있다(『중력의 그림자』 5장 참조). 어느 대중 물리학 저널에서 일하는 한 기자는 고급 라이고가 가동을 시작할 때쯤 나와 접촉하여, 만일 늘 하던 대로 작업을 수행하는데도 그 새 장비가 중력파 사건을 포착하지 못하면 어떤 일이 벌어지겠느냐고 나에게 물었다. 나는 일반상대성이론이 위태로워지지는 않을 것이라고 답변했다. 검출기에 관한 이론이 심각하게 위태로워지는 일도 없을 것이라는 생각도 밝혔다. 그러나 중력파가 검출되지 않는다면, 우리의 천체물리학 지식에서 무언가를 수정해야 할 것이라고, 어쩌면 중력파 방출 사건들이 기존 생각보다 훨씬 더 드물 수도 있을 것이라고 나는 답변했다. 요컨대 고급 라이고에 의한 중력파 검출이 이론에 부합한다는 사실조차도 궁극적으로는 그 이론이 어떤 유형이고 얼마나 강력한지에 관한 사회적 합의의 결과물이다.

더구나 약간 조잡한 마르크스주의적 결정론의 관점을 시험 삼아 적용하고서, 중력파 검출에 들어간 돈과 노력을 생각해보라! 얼마나 많은 돈이 들었는지, 얼마나 많은 사람이 그 돈을 썼는지 생각하고, 그 모든 사람이 자신들의 활동을 정당화하려 한다는 점을 생각하라. 내가 1997년에 작성한 현장 메모를 인용하겠다(『중력의 그림자』 540쪽).

이슬비가 고요히 내릴 때 검출기 주위를 혼자 산책하면서 나는 그 프로젝트로부터 멀찌감치 떨어질 기회를 가졌다. … 문득 나는 이것이 거대한 광기임을 깨달았다. 이 모든 돈, 이 모든 노력, 이 모든 강철, 이 모든 콘크리트—대체 무엇을 위해서? 원자핵보다 더 작은 움직임을 보기 위해서!

처음에 느낀 성취의 기쁨이 가라앉은 후, 물리학자들도 약간의 초라함과 두려움을 느꼈다. 물리학자 한두 명은 나에게 "이놈이 잘 작동해야 한다"는 취지의 말을 했다. 그것도 웃음기 없는 표정으로.

물론 최초의 라이고가 받은 압력도 현재의 고급 라이고가 받는 압력에 못지않았다고 주장할 수 있을 것이다. 그러나 압력은 점점 더 축적되고 펑겟거리는 바닥나는 중인 듯하다.

게다가 누가 나서서 이 발견에 시비를 걸겠는가? 공진 막대 옹호자들은 이미 오래전에 패배했고(『중력의 그림자』 3부 참조) 지금 간섭계가 옳은 기술이 아니라고 믿는 사람들은 과학계 변두리에나 있다. 유능한 중력파 검출 전문가는 거의 예외 없이 발견 논문의 저자 목록에 이름을 올렸다. 몇 년 전에 배리 배리시는 나에게 대규모 과학은 해당 분야의 모든 전문가를 흡수하여 외부 검토자를 남겨놓지 않는다는 문제를 지녔다고 설명했다. 입자물리학에서 과학자들은 내부적으로 별개의 팀을 꾸려 경쟁시킴으로써 이 문제를 해결한다. 반면에 이 분야에서는 『피지컬 리뷰 레터스』가 발견 논문을 심사하기에 적합한 사람들을 어떻게 찾아낼지 모두가 궁금해한다. 금방 떠오르는 심사위원 후보들은 이미 그 논문의 공동저자이기 때문이다. 그렇다면 신뢰할 만한 반대파는 남아 있지 않다. 그러므로 중력파 공동체의 물리학자들이 발견 논문의 제출을 자축하는 것은 합당한 행동이다. 아무튼 대규모 과학에서는 논문을 제출할 때 모든 진지한 작업이 완료되었음을 과학자들은 안다. 중요한 반론을 제기할 수 있는 사람이 외부에 없음을 그들은 안다. 이것은 사회적 사실이 아닐까? 어떻게 이 거대한 신뢰와 전제의 결합체가 유지되는가 하는 질문의 답을 이 사회적 사실에서 적어도 부분적으로 얻을 수 있지 않을까?[11] 『틀 바꾸기』와 관련 연구들에서 명확히 드러났듯이, 과학적 주장에 대한 끝없는 반론의 가능성은 단호한 반대파가 존재할 때만 현실화된다. 그런데 이 사례에서는 과학계 변두리에만 반대파가 남아 있다.

물론 이 모든 논의가 약간 투박하다는 점을 인정한다. 특히 여러 조건이 중력파 검출에 훨씬 더 우호적으로 바뀐 뒤에도 중력파 과학자들은 여전히 혹시라도 있을지 모르는 오류를 찾아내기 위해 (내가 잘 알듯이) 엄청나게 노력해왔다는 사실을 생각하면, 이 논의는 더욱 투박해 보인다. 중력파 과학자들은 매우 정직한 사람들이기 때문에, 또한 오류를 범하고 다른 누군가로부터 그 이유를 지적당하기 싫어서, 그토록 엄청나게 노력한다. 그렇다면 우리에게 남은 것은 무엇일까? 우리의 새로운 과학적 믿음들은, 그 믿음들로부터 멀찌감치 떨어진 관점에서 보면, 사회적 틀의 변화가 낳은 귀결이다.

---

11 사회과학에서는 이런 식으로 모든 전문가를 그러모으는 것이 절대로 불가능하다. 실제로 사회과학에서 근본적으로 다른 '관점들'의 존속은 명예로운 훈장으로 간주된다.

틀 바꾸기

우리는 앞으로 어떤 사회적 변화들을 추가로 보게 될까? 사람들의 행동과 생각에서 어떤 변화들이 추가로 일어날까? 외과의의 손 씻기, 장갑 끼기, 수술복 입기에 대응하는 이 분야의 새로운 행태는 무엇일까? 우리는 지금 '미래학'이라는 매우 위험하고 평판이 나쁜 모험에 뛰어드는 중이다. 아래 내용의 많은 부분은 틀린 것으로 드러날지도 모른다. 그러나 이것은 연습삼아서 하는 논의이므로 합리성만 갖추면 충분할 것이다.

재현 대 일치 239쪽 그림 8.3을 출발점으로 삼자. 이 그림의 성분 1과 성분 2는 핸퍼드 검출기와 리빙스턴 검출기에 포착된 신호의 파형을 보여주며 변형률 측정값과 모형이 얼마나 잘 일치하는지 보여준다. 성분 5는 변형률 측정값이 서로 얼마나 잘 일치하는지 보여준다. 이것이 '발견'된 바다. 그런데 이 발견의 본성은 무엇일까? 잡음 위로 도드라지는 변형률과 모형의 일치일까, 아니면 한 검출기에서 측정된 변형률과 다른 검출기에서 측정된 변형률의 일치일까? 이것은 말꼬투리 잡기 이상이다. 이 문제는 어떤 역사적 변화와 밀접한 관련이 있다(혹은 있을 수 있다). 중력파 탐색 역사의 초기에 공진 막대 검출기는 에너지 펄스를 포착했다. 단일한 검출기는 미지의 파원—별이나 잡음—에서 유래한 에너지 도약만 포착할 수 있었다. 특정한 에너지 도약 하나의 정체가 무엇인지 알아내는 것은 불가능했다. '발견'된 바는 시간 슬라이드에서 나타나는 (두 검출기에 포착된 펄스들의) 일치 개수보다 무지체 일치 개수가 더 많다는 것이었다. 조지프 웨버는 이를 '무지체 초과'라고 불렀다. 발견된 바는 일치들이었으며 오로지 일치들뿐이었다.

중력파는 '일치성coincidenceness'이라고 부를 만한 것 외에 다른 식별 특징을 지니지 않았다. 그러나 앞서 언급했듯이 간섭계가 도입되면서 상황이 달라졌다. 간섭계는 펄스의 모양을—펄스가 검출기를 통과할 때 진폭이 어떻게 변화하는지를—볼 수 있는 광대역 장비이기 때문이다. 오늘날 중력파는 '일치성' 외에 다른 식별 특징을 가진다. 즉, 모형과 대조할 수 있는 파형을 가진다. 이렇게 중력파의 파형을 모형과 대조할 수 있다는 사실은 매우 중요한데도, 내가 느끼기에 그 중요성은 충분히 인정받지 못하고 있다. 과학자들은 여전히 두 검출기에 포착된 신호의 일치가 중력파 검출의 결정적 특징이라고 생각하기 때문이다. 아달베르토 지아조토는 나에게 '그 사건'은 워낙 강력했기 때문에 "단 하나의 검출기에만 포착되었더라도 발견 주장을 제기할 수 있었을 것"이라고 말했다. 물론 오늘날 단 하나의 검출기에 포착된 신호에 기초한 발견 주장을 과학계 전체가 받아들일 것이라고 주장하려고 이런 이야기를 하는 것은 아니다. 이 논의의 요점은, 그림 8.3의 성분 1, 성분 2, 성분 5를 두 검출기에 포착된 신호가 시간적으로 일치한다는 증거로 보지 않고 한 검출기에 포착된 신호가 다른 검출기에서 재현되었다는 증거로 볼 수도 있다는 것이다. 그리고 '미래에는' 이 해석이 새로운 규범으로서 당연시되리라는 것이 나의 주장이다. 한 검출기에 포착된 신호가 다른 검출기에서 재현되었다는 것은 훨씬 더 강한 주장이며, 실은 이것이 과학자들이 '그 사건'을 믿는 이유다. "이것은 우연히 일어난다면 20만 년에 1번꼴로 일어나는 일치다"는 '그 사건'을 통계학적 관점에서 바라보며 하는 말이다. 반면에 "이것은 한 검출기에서 포착된 식별 가능한 신호이며, 이 신호가 3000킬로미터 떨어진 다른 검출기에서도 포착되었다"는 '정합성coherence'이라는 단어로 요약되는 관점에서 '그 사건'을 바라보며 하는 말이다. 중력파 공동체의 모든 사람으로 하여금 '그 사건'이 진짜라는 확신을 최초로 품게 만든 것은 신호의 정합성이다. 통계적 분석은 주로 다른 사람들을 확신시키기 위한 작업이다. 일치와 대비되는 재현을 중심에 놓는 사고방식으로의 전환, 그리고 신호와 견본을 대조할 수 있으므로 단 하나의 검출기로도 중력파를 검출할 수 있게 되는 변화가 미래에 일어날 수 있다고 나는 생각한다. 비록 이 가능성을 주목하는 사람들이 어쩌면 아직 충분히 많지 않더라도 말이다.

그 변화 이후에는 단일 검출기 측정이 점점 더 많이 발견으로 받아들여질 것이다. 새로운 표준 아래에서는 중력파 관측의 입증에 필요한 증명이 점점 더 적어질 테니까 말이다. 중력파 신호는 검출기 내부의 잡음보다 더 평범해질 것이다. 이를 베이즈Bayes 통계학의 용어로 "모든 사람의 사전 확률이 바뀌어 있을 것이다"라고 표현할 수 있다. 우리의 세계 내 존재 방식의 변화에 초점을 맞춰 이렇게 비유적으로 표현할 수도 있다. "물리적 힘으로 금속을 구부리는 것보다 초자연적 숟가락-휘기가 더 평범해질 것이다."

저지연 탐색과 검출 기준의 완화 그렇다면 새로운 표준의 한 특징은 중력파 검출이 더 쉬워지는 것이다.

10월 1일 21시 26분: 저지연 탐색을 향해 나아가는 것이 늘 목표였습니다. 최초 라이고(몇 년 지연)에서부터 향상된 라이고(몇 주 지연)를 거쳐 고급 라이고(몇 초 지연)에 이르기까지, 그것이 일반적 경향입니다. 언젠가는 검출기들이 끊임없이 작동하게 될 것이며, 지금도 관측 가동 혹은 관측 가동 기간의 구분은 점점 더 임의적인 것이 되고 있습니다. 궁극적으로 우리는 실시간 경보/검출/기타 모든 것을 원합니다.

명백한 검출이 한 번 이루어졌으므로, 과거에는 저지연 탐색이 다른 탐색들에 악영향을 끼칠 위험이 있었지만 이제 그 위험이 줄었다고 생각합니다. 추가 검출이 이루어지고 나면 모든 탐색이 정말로 동등해지리라고 예상합니다(물론 데이터 품질이 완전하고 잘 보정된 탐색이 더 낫겠지만, 저지연 탐색으로 인한 부정적 영향은 없을 것입니다). …

장기적으로 우리는 모든 모수 공간에서 저지연 탐색을 원하게 될 것입니다. 따라서 더 일찍 시작할수록 더 좋습니다. 경험을 쌓는 것이 탐색을 개선하는 데 유용하리라는 것을 알기에 하는 말입니다. …

우리는 중력파 과학을 더 발전시키기를 원합니다. 그리고 이를 위해서는 발견을 최대한 신속하게 발표할 수 있게 되는 것이 가장 좋습니다. …

이제 스스로 눈을 가린 척하는 행동을 그만둘 때입니다―이제 그 행동은 생산적이지 않습니다.

이 이메일이 모든 것을 말해준다. 신호 포착의 조건이 완화되어감에 따라, 모든 것이 지연을 최소한으로 줄이면서 작동할 것이다. 신호를 실시간으로 검출할 수 있는 파이프라인이 표준이 될 것이며, 오프라인 분석은 희미하지만 모종의 이유로 특별히 흥미로운 신호에 이례적으로 적용하는 보조 수단이 될 것이다.

또한 암맹 주입을 둘러싼 모든 스트레스도 완화될 것이다. 비행기 사건 등에 관한 논쟁도 없어질 것이며, 감쇠 나선운동처럼 파형이 잘 정의된 평범한 신호에 대해서는 상자를 연다는 개념이 사라질 것이다. 그런 신호들과 관련해서는 과거에 리틀 독스가 있었다는 것, 심지어 시간 슬라이드가 있었다는 것을 모두가 망각할 것이다. 매우 약하고 이례적인 사건들을 논외로 하면, 신호 식별을 위한 주요 기준의 역할이 통계적 분석에서 파형 분석으로 넘어갈 것이기 때문이다.

또한 당연히 두 번째 월요일 사건과 같은 것들도 충분히 강한 중력파 사건으로 간주되어 사건 빈도의 계산에 추가될 것이다. 우리는 이 변화를 이미 목격하고 있다. 11월 25일의 한 이메일은 "많은 사람들은 그 [두 번째 월요일] 사건이 '괜찮아 보이며' 아마도 진짜라고 느낀다고 말했다"라고 전했다. 그렇게 약한 사건에 대해서 이런 말을 한다는 것은 사전 확률 혹은 틀이 변화하고 있음을 보여주는 징후다. 우리는 「후기」에서 이 주제를 다시 다룰 것이다. 우리는 지금 일어나는 일을 '증거 문화'(『중력의 그림자』 22장)의 변화로 간주할 수 있다. 이 변화는 중력파 물리학이 중력파 천문학으로 바뀌는 것과 짝을 이룬다. 천문학자와 천체물리학자 들은 다양한 천문학적 사건의 빈도를 추정해야 하는데, 가장 강한 사건들에만 기초해서 그 추정을 할 수는 없다. 추정된 빈도의 현실성이 떨어질 터이기 때문이다. 물리학자들과 비교하면, 천문학자와 천체물리학자 들은 추측의 세계에서 산다. 증거 문화의 세 차원(『중력의 그림자』 397~398쪽 참조)을 기준으로 보면, 그들은 증거 집단주의evidential collectivism를 더 많이 관용하며, 증거 문턱이 훨씬 더 낮고, 약한 데이터의 증거 능력을 기꺼이 더 높게 평가한다.

또한 머지않아 새로운 사건을 숨기는 일은 없어질 것이다. 왜냐하면—적어도 감쇠 나선운동 같은 익숙한 현상에 대해서는—모든 정보가 공개되어 있을 것이기 때문이다. 중력파 사건들이 4건 관측된 다음에는 데이터를 무료로 공개하자는 합의가 이미 이루어져 있으며, 이 합의를 실행할 때가 임박했다(중력파 공동체가 이 약속을 번복할 길을 모색하고 있다는 이야기도 있기는 하다. 이를테면 이 약속은 중성자별 쌍성계 감쇠 나선운동이 4건 검출된 뒤에야 비로소 유효하다고 주장하는 식으로 말이다. 그러나 일부 사람들은 조건을 완화하여 지금부터 모든 데이터를 공개하기 시작하자고 제안한다는 이야기도 들려온다).

비밀 유지 비밀 유지가 완전히 사라지지는 않을 것이다. 그러나 이제껏 관측되지 않은 유형의 신호만 비밀로 취급될 것이다. 펄서에서 방출되는 연속적 중력파의 최초 관측은 열렬한 환영을 받을 것이다. 그 환영은 '그 사건'에 대한 환영만큼 크지는 않아도 다른 유형의 감쇠 나선운동 관측에 대한 환영보다는 훨씬 더 클 것이다. 스토캐스틱 배경에 관한 최초 논문도 열렬한 환영을 받을 것이며, 우주 배경 중력파의 최초 검출은 더 뜨거운 환영을 받을 것이다(바이셉투를 둘러싼 호들갑을 상기하라). 어쩌면 우리는 중성자별 성진starquake의 중력파 지문이나 우주끈cosmic string의 중력파 지문도 검출하게 될 것이다.

중력파 물리학의 언어 중력파 검출 분야의 언어는 '리틀 독스'와 '전경' 같은 전문용어를 고안하면서 고유하게 발전해왔다. '전경'은 천문학의 다른 모든 분야에서는 잡음을 뜻하지만 중력파 검출 분야에서는 신호를 뜻한다. 그러나 이 분야가 외부 세계를 향함에 따라―둘째 물결과 셋째 물결이 중시됨에 따라―이런 전문용어들은 사라질 것 같다. 앞서 보았듯이 검출 논문의 나중 원고들에서는 '전경'이 삭제되었고, '리틀 독스'라는 용어는 그 논문의 원고들에서 한 번도 등장하지 않았다. 그 원고들에서 리틀 독스는 다른 복잡한 용어를 통해 서술되었다. 발견 논문의 그림 4에 붙인 설명에 아래와 같은 대목이 있다.

> 검은선으로 표시된 쌍성계 병합의 배경 잡음에 꼬리가 있는 것은 한 검출기에 포착된 GW150914와 다른 검출기에 포착된 잡음의 무작위한 일치 때문이다.

몇 년만 지나면 '리틀 독스'가 무엇이었고 어떤 의미망 안에 있었는지—"리틀 독스를 도살하기" "시간 슬라이드" "암맹 주입"이 무슨 뜻인지—기억하는 사람은 아무도 없을지 모른다. 그 용어의 기원은 단지 역사적 철학적 관심사가 될 것이다. 그 용어는 한 "암맹 주입"이 우연하게도 큰개자리 방향에서 온 신호처럼 보였기 때문에 생겨났다! 현재 이 용어를 아는지 모르는지는 중력파 전문가 공동체에 속한 사람인지 아닌지를 시사한다. 공동체 외부의 물리학자는 '리틀 독스'가 무엇인지 모를 것이다. 그러나 상황은 머지않아 달라질 것이다. 아무도 '리틀 독스'가 무엇인지 기억하지 못하게 될 것이기 때문이다.

발견을 선언하는 방식 조만간 일어나리라고 내가 예측하는 또 다른 변화는 발견이나 관측의 대상이 중력파가 아니게 되는 것이다. 중력파는 단지 중력파 관측소들에서 활용하는 매체가 될 것이기 때문이다. 우리는 논문의 제목을 "초신성에서 유래한 빛을 관측함"이라고 짓지 않고 "초신성 관측"이라고 짓는다. 빛이라는 매체를 언급할 가치가 지금은 없기 때문이다. 머지않아 중력파도 언급할 가치가 없는 매체가 될 것이다. 몇 년이 지나면,

'그 사건'과 유사한 사건을 보고하는 논문의 제목은 "블랙홀 쌍성계 병합에서 유래한 중력파를 관측함"이 아니라 간단히 "블랙홀 쌍성계 병합을 관측함"이 될 것이다. 그렇게 '라이고LIGO'에 들어 있는 "O"(관측소Observatory의 약자.— 옮긴이)의 잠재력이 실현될 것이다.

협력단 내부의 지위 및 중요성의 변화 중력파 연구 분야 내부의 다양한 집단의 지위 위계가 새롭게 배치될 것이다. 변화의 한 가지 조짐이 이미 나타났다. 대체로 간섭계의 시대 내내 핵심 검출 집단은 감쇠 나선운동을 탐색하는 집단이었다. 연구자들은 감쇠 나선운동에 초점을 맞췄다. 그것이 가장 먼저 검출될 천문학적 사건이라고 여겨졌기 때문이다. 이 생각은 간섭계의 검출 범위 측정법에도 반영되었다. 중성자별 쌍성계 감쇠 나선운동이 검출될 수 있을 만큼의 거리로 검출 범위가 설정된 것이다. 그런데 중성자별 쌍성계 감쇠 나선운동이 아니라 블랙홀 쌍성계 감쇠 나선운동이기는 하지만 아무튼 이제 감쇠 나선운동이 관측되었다. 이런 천문학적 사건은 현재의 감도 수준에서도 30관측일에 1번꼴로 검출될 것으로 보이며, 모든 일이 순조롭게 풀릴 경우 고급 라이고가 안정화됨에 따라 감도가 대폭 향상되어 검출 빈도는 1관측일당 1회로 높아질 것이므로, 블랙홀 감쇠 나선운동은 적어도 중력파 검출 분야에서는 아주 평범한 현상이 될 것이다. 블랙홀 감쇠 나선운동에 대해서도 흥미로운 연구 거리가 많다. 현재의 검출기들은 병합한 블랙홀의 감쇠 안정화의 특징을 탐구하기에 충분할 정도로 민감하지 못하다. 이 탐구가 가능해지면 우리는 사상 최초로 단일한 블랙홀을 직접 보았다고 말할 수 있게 될 것이다. 또한 관측된 블랙홀 감쇠 나선운동의 개수와 위치 정보가 꾸준히 축적되면 관련 천문도를 작성할 수 있을 텐데,

그 천문도들에서 우주의 불균일성이 드러나고 그 불균일성에서 우주의 진화에 관한 정보를 얻게 될 가능성이 있다. 블랙홀 감쇠 나선운동 다음으로 검출될 흥미로운 대상은 중성자별 감쇠 나선운동●일 것이다. 우리는 이 대상에 대해서도 다양한 것들을 새롭게 알게 될 것이다.

그러나 그다음에는 연속적인 중력파를 검출하는 집단을 포함해 주변부에서 중심부로 진출할 때를 기다려온 기타 집단들로 초점이 옮겨갈 것이다. 초점이 이동함에 따라 그 집단들의 지위도 달라질 것으로 추측된다.

훨씬 더 통렬하고 심각한 지위 및 명성의 변화 하나는 이미 일어나고 있다. 그 변화는 다른 대규모 과학 프로젝트에서 일어나는 일과 유사하다. 과학자들은 우주의 새로운 특징을 수집하기 위하여 거대한 기계를 제작한다. 그러나 일단 기계가 제작되고 나면 데이터 분석가와 이론가 들이 주도권을 쥐고 기계를 제작한 사람들은 주변부로 밀려난다. 천문학에서 망원경 제작자들의 이름은 논문에 등장하지 않는다. 입자물리학에서 입자가속기 제작자들의 이름은 논문에 등장하지 않는다(물론 검출기 제작자들은 중요한 지위를 더 오래 유지할 가능성이 있다).[12] 중력파 직접 검출 분야에 대해서 말하면, 50년에 걸친 조롱에 굴하지 않고 이렇게 특별하고 믿을 수 없을 정도로 민감한 간섭계를 제작한 것은 대단한 업적이다. 소규모 과학을 대규모 과학으로 변화시키고 그 대규모 과학을 하는 거대한 협력단을 유지해온 것도 대단한 업적이다. 그러나 사람들은 지금 레이저나 거울이나 진공 장치에 흥분

●   이 중성자별 감쇠 나선운동은 2017년 8월 17일 GW170817로 발견되었다.

12   이 문제에 관해서 나와 대화해준 배리 배리시에게 감사한다. 「사회학적 철학적 주석」 12번 참조.

하는 것이 아니라 블랙홀에 흥분한다. 수치들이 산출되는지 아닌지나 어떻게 산출되는지가 아니라 수치들이 무엇을 의미하는지가 사람들을 흥분시킨다. 지구의 지름만큼 긴 길이가 양성자의 지름만큼 변화하는 것을 측정할 수 있는 놀라운 기계를 설계하고 제작하는 과정에서 많은 사람의 경력과 심리적 삶이 망가졌다. 그런데 그 모든 것이—나와 이메일을 주고받는 상대 중 하나의 표현을 빌리면—"이론가들의 치솟는 과욕"을 위한 무대 설치에 불과했다.

우리는 이 변화를 발견 논문이 작성될 당시에도 목격한 바 있다. 나에게 답장을 보낸 사람 중 일부는 논문의 나중 원고들에서 장비에 관한 서술이 삭제되는 것에 대하여 불만을 토로했다. 몇 년 뒤에는 누가 기억될까? 몇 년 전에 기억된 사람들이—그들이 노벨상을 받지 않는 한—기억되지는 않을 것이다.

나는 이론보다 장비에, 이론가보다 실험가에게 친근감을 느끼는 사람이다. 그래서 나는 이 변화를 보면서 자식이 부모를 죽이는 그리스 비극을 떠올린다. 물리학계가 자신의 부모를 죽이고 있다. 그러나 모든 것을 지켜본 배리 배리시는 이 변화가 내 생각만큼 빠르게 일어나지는 않을 것이라고 말한다. 장비들의 감도는 현재 검출되고 있는 사건들을 세부적으로 관측하기 위해 필요한 수준보다 아직 한참 낮으며 오직 중력파를 통해서만 관측할 수 있는 기타 사건들을 모두 관측하기 위해 필요한 수준보다도 한참 낮다. 실제로 '아인슈타인 망원경Einstein Telescope'을 위한 계획들도 있다. 아인슈타인 망원경은 길이가 라이고 간섭계들의 10배인 40킬로미터짜리 혹은 10킬로미터짜리 간섭계다. 이 장비는 깊은 지하 터널에 건설되고 극저온 기술을 적용하여 높은 감도를 성취할 것이다. 두 가지 가능한 길이 중에서 어느 쪽을 선택하든지, 이 장비의 감도는 모든 주파수에서 고급 라이고를 훨씬 능가할 것이다. 그러므로 중력파 지상 검출 분야에서 장비 제작자들의 시대는 아직 끝나지 않았다고 배리는 말한다. 그의 말이 맞는지는 두고 볼 일이다.

자금 투입 패턴 오늘날의 세계에서 중력파 검출을 위한 자금 투입에 앞으로 어떤 일이 벌어질지 정확히 예측하려 하는 것은 바보짓일 것이다. 그러나 틀림없이 현재 상태가 그대로 유지되지는 않을 것이다. 만약에 세계가 실제보다 덜 혼란스럽다면, 인도에 검출기를 건설하는 (오랫동안 벼랑 끝에서 휘청거려온) 계획이 지금 확정되는 것은 합당할 것이다.[13] 중력파 파원의 위치를 정확히 알아내 다중 신호 천문학을 가능케 하려면 지구 곳곳에 민감한 검출기가 설치되어야 한다. 다중 신호 천문학은 하늘의 전자기적 사건이나 중성미자 사건과 중력파를 관련짓는다(블랙홀 쌍성계 감쇠 나선운동은 중력파를 제외한 다른 신호들의 파원일 수 없지만, 중성자별 쌍성계 감쇠 나선운동은 그런 파원이어야 마땅하다). 어쩌면 오스트레일리아에 검출기를 건설할 자금이 마련될 것이다. 그곳에는 유능한 사람들이 있으며 한때는 퍼스 근처에 대형 검출기가 건설될 것처럼 보였다. 중력파 발견 논문의 저자 목록에는 오스트레일리아 사람들이 다수 포함되어 있다. 어쩌면 영국과 독일의 지오 검출기에 추가 자금이 투입될 텐데, 비르고가 피사 근처에 있다는 점을 감안할 때 지오의 위치는 그다지 유용하지 않다. 그러나 어쩌면 지오가 다른 유형의 작업을 통해 더 큰 검출기를 보완할 수도 있을 것이다. 어쩌

13　인도 총리는 중력파 발견 기자회견 6일 뒤이자 내가 위 문장을 쓴 때로부터 며칠 뒤인 2015년 2월 17일에 인도 검출기 건설을 확정했다.

면 비르고에 새로운 자금이 투입되어 그 검출기가 중력파 탐색에서 더 중요한 역할을 할 수 있게 될지도 모른다. 현재 개발 중인 우주 중력파 검출기 리사는 2032년에 발사될 예정인데, 어떤 이들은 이 프로젝트가 앞당겨질 것이라고 하고, 또 어떤 이들은 비용이 훨씬 덜 드는 지상 검출기가 거대한 블랙홀(이것들을 보려면 초저주파 중력파 검출이 필요하다)만 제외하고 나머지 모든 것을 볼 수 있음이 입증되었으므로 리사 프로젝트가 취소될 가능성이 있다고 주장한다. 아인슈타인 망원경 프로젝트—고급 라이고보다 감도가 10배 높은 지상 간섭계 1대 이상을 건설하는 프로젝트—는 틀림없이 더 신속하게 추진될 것이다. 높은 감도는 중력파 파원의 개수와 분포를 이해하기 위해서뿐 아니라 블랙홀들이 병합한 직후의 감쇠 안정화를 측정하기 위해서도 필요하고, 더 많은 유형의 중력파를 검출하기 위해서도 필요하다. 더 높은 정확도(따라서 더 높은 감도)는 다중 신호 천문학을 위해 필요하다. 다중 신호 천문학은 파원의 위치를 정확히 특정할 수 있어야만 가능하기 때문이다. 단일한 중력파 사건을 전자기파 관측을 통해 확증해야 한다는 지아조토의 요구는 부적절할 수도 있다. 하늘에서 일어나는 일들이 너무 많으며, 오늘날 우리는 중력파 파원의 위치를 특정할 능력이 없기 때문이다. '그 사건'과 예상 밖의 감마선 분출 사건 하나를 관련짓는 논문을 출판할지에 관한 논의가 기자회견 직전에 있었다. 그러나 한 이메일 작성자가 (2월 7일에) 지적했다.

> 그 블랙홀 쌍성계가 위치할 수 있는 엄청나게 큰 범위의 한 부분에서 시간적으로 대략 일치하는 감마선 분출이 일어났다는 사실은 그 분출이 "예상 밖의 전자기적 대응 사건일 것이다"라고 말하기에 충분한 증거가 아닙니다. 우리는 그

우리의 우주관 나로서는 어리둥절하지만, 감쇠 나선운동에서 유래한 중력파의 주파수는 인간의 가청 범위에 포함되기 때문에, 과학자들은 우리가 지금 하늘을 본다는 표현 대신에 하늘의 소리를 듣는다는 표현을 줄곧 사용한다. 이 표현이 나를 어리둥절하게 하는 것은, 당신이 실제로 중력파를 귀로 들으려면 10장 말미의 상상된 시나리오에서처럼 중력파 파원 근처에 있어야 하기 때문이다. 그 시나리오에서 '그 사건'과 우리 사이의 거리는 태양과 지구 사이의 거리로 상정되었다. 과학자들이 청각 비유를 선호하는 것은 어쩌면 검출기의 거울들이 중력파에 반응하여 진동하기 (정확히 말하면, 만약에 그 거울들이 고정되어 있지 않다면 진동할 것이기) 때문일 것이다. 또한 어쩌면 과학자들이 그 진동을 소리로 변환하여 듣고 싶은 욕구를 느끼기 때문일지도 모른다. 그들은 우리에게 13억 년 전에 2개의 블랙홀이 병합하면서 낸 소리에 귀를 기울이라고 요청한다. 실제로 그 소리는 더할 나위 없이 시시하다.[14] 나는 물리학자들이 그 소리를 잊고 싶으리라 생각한다. 그 소리와 그 중력파의 부조화에 견줄 만한 부조화로 내가 떠올릴 수 있는 유일한 것은 더글러스 애덤스의 『은하수를 여행하는 히치하이커를 위한

---

14 다음 웹페이지에서 소리를 들을 수 있다. http://www.popsci.com/listen-to-sound-gravitational-waves

안내서』31장에 나오는 아래 대목이다.

> 그리하여 마주 보는 2개의 전투 함대가 우리 은하를 공동으로 공격하기 시작했다. 그 후 수천 년 동안 그 막강한 전함들은 공허하고 황량한 공간을 가로질렀고 마침내 그들이 마주친 첫 행성으로 비명을 지르며 뛰어들었는데 — 공교롭게도 그 행성은 지구였다 — 거기에서 끔찍한 축척 계산 오류로 인해 뜻밖에도 작은 개 한 마리가 그 전투 함대 전체를 삼켜버렸다.

블랙홀 감쇠 나선운동과 소리로 변환된 중력파가 이 정도로 심한 부조화를 이룬다고 나는 느낀다.

하지만 우리의 눈과 달리 귀는 간섭계와 유사하다(공진 막대와는 유사하지 않다). 즉, 귀는 모든 방향에서 오는 소리를 듣는다. 반면에 눈은 한 방향으로 고정되어야 한다. 한편으로 이 같은 귀의 특징과 다른 한편으로 중력파 신호를 같은 파형의 소리로 변환하려는 — 이 변환은 장비의 감도가 향상되어 점점 더 많은 신호가 검출되면 간섭계의 통제실에서 유용하게 쓰이게 될 것이다 — 물리학자들의 욕망이 결합하여 인류의 우주관을 변화시키게 될 것이라고 나는 주장한다.

상식적인 우주 모형에서 우주는 고요하고 평화로운 곳이다. 별들의 고정성은 우주여행에 필수적인 기준으로 구실하면서 별똥별, 혜성, 드물게 눈에 띄는 초신성의 특별함을 도드라지게 한다. 그러나 전자기 천문학자들은 우주가 격동하고 있음을 안다. 어디를 바라보든 그들은 폭발이나 그에 준하는 사건을 관측한다(앞의 이메일을 상기하라. "그 순간에 우주에서는 수많은 일들이 벌어지고 있었습니다.") 반면에 평범한 대중은 전자기 천문학자들이 보는 하늘을 보지 못한다. 그 우주를 보려면 망원경을 사용해야 하고 한 번에 하늘의 미세한 부분 하나만 보아야 하기 때문이다. 그러나 가까운 미래에 우리는 우주의 소리를 듣지 않을 수 없게 될 것이다. 영원한 고요의 파원으로서의 우주는 우리의 삶에서 사라질 것이다. 시詩는 달라질 것이다. 유감스럽다!

우리는 지금 셋째 물결 위에 있으며, 이제껏 거론한 변화들은 중력파를 우리 삶의 평범한 부분으로 만들 것이다. 그렇게 틀이 변화할 것이다.

다시 상대주의

거듭 논할 가치가 있는 것을 거듭 논하려 한다. 이 장의 첫 부분에 담긴 취지는 세계가 사회적 구성물이며 '실재하는' 것은 없음을 증명하는 것일까? 아니, 그렇지 않다. 이 장에서 상대주의는 하나의 방법으로 사용된다. 믿음이 변화하는 방식, 구체적으로 사회적 틀이 변화하는 방식에 집중하기 위한 방법으로 말이다. 이 집중을 제대로 하려면 분석가는 어디에서든지 원하면 '합리성'이나 '비합리성'을 거론하면서, 또는 과학자들이 말하는 '진실'에 의지하면서 질문을 쳐내는 호사를 누릴 수 없다. 나는 단지 '그 사건'이 잡음 위로 아주 강하고 선명하게 도드라졌기 때문에 과학자들이 '그 사건'을 믿는 것이라는 견해에 머무를 수 없다. 스티브 페어허스트는 3월 16일에, 만약에 박싱 데이 사건이 가장 큰 신호였다면 과학계를 확신시키기가 훨씬 더 어려웠을 것이라고 말하고, 나는 그 말이 옳다고 인정한다. 하지만 나는 누군가가 무언가를 어쨌든 믿는 이유가 무엇인지 숙고해야 한다. 바라건대, 이런 유형의 접근법은 과학이 어떻게 작동하는지에 대한 이해를 풍요롭게 할 것이다.

과학자는 상대주의적 관점을 채택해야 할까? 전혀 아니다. 과학자의 세계는 실재하는 편이 더 낫다. 세계가 실재하지 않는다면, 과학자들은 양성자 지름의 1만분의 1을 위해 사회생활을 기꺼이 망치면서까지 연구에 매진할 에너지를 어디에서 얻겠는가? 과학자들은 '그 사건'이 그토록 크고 선명했던 것에 대해서 자신들의 행운의 별에 계속해서 감사해야 마땅하다. 다른 한편으로, 대부분의 시간 동안 상대주의적 관점을 확실히 멈출 수 있는 한에서, 만일 과학자들이 사회과학자처럼 실재론적 관점과 상대주의적 관점을 번갈아 채택하는 법을 배울 수 있다면 그들은 그런 관점 교체를 흥미롭게 느낄 수도 있을 것이다. 반면에 나는 대부분의 시간 동안은 아니더라도 최소한 이 장과 유사한 글을 쓸 때면 실재론적 관점을 꺼야 한다. 이런 이중의 방식으로 세계에 접근하기 위해 필요한 것은 진실에 관한 철학적 불가지론자가 되는 것이 전부다. 즉, 상대주의적(또는 실재론적) 관점은 애당초 터무니없으므로 때때로 그것을 채택해서 득이 될 것은 전혀 없다는 믿음만 버리면 된다.

13장

과학의 본성에
관하여

너무 참이어서 좋지 않은

이 책에서 등장한 질문과 논쟁 중 일부는 지금 성취되고 있는 바의 본성, 곧 물리학의 본성과 관련이 있다. 이 장에서 나는 물리학이란 무엇인지, 더 정확히 말하면, 나는 물리학이 무엇이어야 한다고 믿는지 탐구하고 설명하려 한다. 핵심 질문은 이것이다. 물리학은 어떤 유형의 진실을 내놓으려 해야 할까?

수학계에서 출판된 논문은 위태로운 판잣집과 유사하다. 증명에 단 하나의 오류만 있어도, 전체가 붕괴한다. 철학의 논리적 측면도 마찬가지다. 반면에 사회학은 상당히 다르다. 간혹 오류가 있더라도 전체가 붕괴하지는 않는다는 의미에서 사회학 논문은 훨씬 더 견고하다. 사회학 논증은 증명이라고 부를 만한 유형의 논증이 아니다. 당장 내가 지금 펼치는 논증을 보라. 이것은 증명을 닮지 않았다. 이것은 어느 정도 '설득력이 있을persuasive' 따름이다. 설령 내가 한두 문장을 틀리거나 이 책에 담긴 개별 논증 수십 개 가운데 하나에서 오류를 범하더라도, 이 책 전체가 무너지지는 않는다. 물리학은 양쪽 유형의 논증을 모두 지녔다. 즉, 수학적—계산적—유형의 논증과 설득적, 개연적 유형의 논증 둘 다 말이다. 우리는 이 사실을 이미 보았다. 시간 슬라이드에 기초하여 오경보율을 추정하는 것은 계산적 유형의 논증이다. '동결'이 과연 유의미했는지, 시간 슬라이드의 제작에 사용된 시간 내내 검출기가 동일한 상태를 유지했다고 할 수 있는지 혹은 더 긴 시간을 사용할 수도 있었는지에 관한 논증은 개연적 유형이다. O1 데이터에 기초하여 블랙홀 병합의 빈도는 단위 부피당 연당 6~400회가 아니라 2~400회라고 추정하는 것은 계산적 유형의 논증이다. 반면에 이 계산이 발견 논문에서 긴 문단을 차지할 가치가 있는지 아니면 이 계산을 짧은 문단으로 다루는 것으로 족한지, 최솟값 2와 6의 차이를 따질 가치가 있는지에 관한 논증은 설득적, 개연적 유형이다.

물리학이 안고 있는 문제 하나는 한 유형의 논증이 때때로 다른 유형으로 오해되는 것이며, 이 오해는 좋은 결정에 해를 끼칠 수 있다. 내가 의심하는바 물리학자들은 양적 논증에 기초한 결정이 항상 최선이라고 믿는 경향이 있다. 그러나 그런 결정이 항상 최선인 것은 아니다. 물리학자들도 이 사실을 어느 정도 안다는 점을 그들이 근사 계산에 매우 능숙하다는 점에서 확인할 수 있다. 계산 결과에 유의미한 숫자가 너무 많으면 계산의 정확도에 관한 오해와 의심이 발생한다는 점을 그들은 안다. 유의미한 숫자의 개수를 적당히 결정하는 것은 물리학자의 솜씨 중 하나다(반면에 수학에서는 유의미한 숫자가 너무 많은 경우란 있을 수 없다).

때때로 물리학자들(또는 수학자들)은 이제 계산을 멈추고 그냥 '감을 잡을' 때라는 것을 알아채지 못한다. 감 잡기는 인간이 아주 잘하는 활동이며 흔히 계산보다 더 나은 성과를 낸다. 『중력의 그림자』(561쪽)에서 서술했듯이, 로널드 드레버는 기술적 문제에 대한 해결책을 감으로 찾아내는 능력이 매우 뛰어났으며 그가 틀렸음을 보여주려 하는 타인의 수학적 증명에 맞서서 자신이 옳음을 입증할 수 있었다. 협력단 안에서 우리는, 계산에서는 거의 절대로 오류를 범하지 않지만 판단은 그렇게 잘하지 못할 수도 있는 사람들을 알아보는 법을 배운다. 반대로 판단은 잘하지만 계산은 그리 잘하지 못하는 사람들을 알아보는 법도 배운다. 나는 이 두 유형을 알아볼 수 있으며 그들의 이름도 댈 수 있다. 이 모든 유형과 능력이 연구를 분업해 수행하기 때문에 협력단이 작동한다. 한 유형이나 다른 유형이 자신들의 사고방식이 유일하게 옳다고 고집하면 협력단은 작동하지 못하게 된다.

이 모든 것은 증명 퇴행을 적절한 시점에서 정지시키는 것과 밀접한 관련이 있다. 물리학자들은 논쟁과 비판과 계산을 멈춰야 할 때를 알아야 한다. 앞서 보았듯이, 감쇠 나선운동하는 천체들이 블랙홀이 아닐 수도 있다는 반론이 제기되었을 때, 협력단의 물리학자들은 그것을 둘러싼 논쟁을 언제 멈춰야 하는지 알았다. 다른 몇 가지 예도 들 수 있다. 더 거슬러 올라가 『빅 독』에서 '인식론적 문장epistemological sentence'(231쪽 등)이라고 부른 것도 거론할 만하다. 빅 독이 (암맹 주입이 아니라는 가정 아래에서) 진짜 사건으로 보이는지 여부와 관련해서 한 과학자는 원초-발견 논문의 마지막에 이런 문장을 덧붙이기를 원했다. "그러나 우리는 다른 가능한 원인들을 완전히 배제할 수 없으며 더 민감한 검출기가 가동되어 수많은 중력파 사건이 관측되기를 기대한다." 이 조심스러운 문장은 논리적으로 흠결이 없지만 과학적으로 부적합하다. 과학은 기꺼이 오류를 각오해야 한다.[1] 항상 추가 증명을 요구하는 것, 또는 결국 마찬가지지만 항상 유보 조항을 삽입하여 보호막으로 삼는 것은 기껏해야 물리학의 발견을 모든 것이 증명 가능한 분야인 수학이나 논리학에 더 어울리는 형태로 만들라고 요구하는 것과 같다.[2]

인류 원리anthropic principle—기본 상수들이 현재와 달랐다면 우리가 여기에 존재하여 그것들에 대하여 질문할 수 없었을 터이므로, 기본 상수들은 현재와 같아야 한다는 견해—는 과학이 아니다. 그 원리는 다른 유형의 진실을 담고 있기 때문이다. 인류 원리는 참이지만, 참일 수밖에 없는 참이다. 이 진실은 수학이나 철학이 열망하는 진실과 약간 유사하다. 이것은 종합적 진실synthetic truth이 아니라 분석적 진실analytic truth이다. 과학은 종합적 진실을 열망해야 하며, 종합적 진실은 절대로 철저히 안전할 수 없다. 요새 일각에서 제기되는 질문으로, 끈 이론의 위치는 종합적 진실과 분석적 진실 사이에서 정확히 어디냐는 것이 있다. 끈 이론이 관찰 가능성과 무관하다면, 끈 이론은 정말로 물리학일까 아니면 그저 수학에 불과할까?[3] 일부 종교가 열망하는 진실—계시—은 분석적이지 않을지도 모르지만, 종교적 열망에 초점을 맞추면 그 진실 역시 분석적이라고 할 수 있다. 그 진실

1　　이 생각을 포퍼의 반증 가능성 개념과 혼동하지 말아야 한다. 그 개념은 잘 정의된 경험적 주장들에 관한 것이다. 우리는 과학이 추구하는 진실 전반에 관하여 논하는 중이다. 「사회학적 철학적 주석」 13번 참조.
2　　「사회학적 철학적 주석」 14번 참조.
3　　끈 이론에 관한 질문들은 예컨대 스몰린의 *The Trouble with Physics*(물리학의 문제) 참조.

은 절대적 진실이고자 하기 때문이다. 종교적 열망이 추구하는 것은 "신은 거의 확실히 선하다"나 "우리는 신이 선하다고 생각하지만 추가 증거에 의해 우리가 틀렸음이 드러날 가능성도 있다"가 아니라 "신은 선하다"이다.[4] '그 사건'의 성분들이 블랙홀이라는 진실은 "신은 선하다"나 "직각삼각형의 빗변의 제곱은 나머지 두 변 각각의 제곱의 합과 같다"와 유형이 다르다. 그 진실은 "우리는 정직하게 최선을 다했다"라는 말을 동반한다. 이 말의 의미는 이러하다. "이것이 이 사안에 관한 유일한 진실 유형이라고 전제한다면, 당신은 이것에 기초해서 행동하는 쪽을 선택해야 한다. 설령 이것이 예측 불가능한 것까지 감당하지는 못하더라도 말이다." 혹은 이렇게 표현할 수도 있다. "최선을 다해 노력한 결과로 우리는 이제 세계가 달라졌고 새로운 유형의 틀이 등장했다고 진지하게 믿는다." 요컨대 틀렸을 경우를 대비하여 모든 가능성을 포괄하는 감정적 발언을 집어넣을지 여부, 혹은 구체적으로 이 사례에서는 "우리는 블랙홀을 보았다고 생각하지만 블랙홀처럼 보일 수 있는 미관측 천체들이 존재할 가능성도 있다"는 식으로 발언해야 할지 결정해야 할 때 물리학자들은 위와 같은 태도를 취해야 한다. 즉, 물리학자는 그런 발언을 하지 말아야 한다. 물리학은 때때로 오류의 책임을 져야 하고 그럼에도 물리적 세계에 대해서 무엇을 생각해야 하는지를 비물리학자들에게 말해줘야 하기 때문이다. 이런 태도를 취하는 것은 물

4 　나는 한 사람이 과학적이면서 또한 동시에 종교적일 수는 없다고 주장하는 것이 아니다. 단지, 세계 내 존재의 다양한 방식들이 있음을 주장할 따름이다. 당연히 실질적인 믿음들, 예컨대 지구의 나이(과학과 종교가 생산하는 사실들이 양립 불가능하기 때문에)나 지적 설계(이런 주장과 관련한 과학과 종교의 방법들이 양립 불가능하기 때문에)를 둘러싼 충돌이 있지만, 종교적인 사람이 여전히 과학자로 머물면서 믿을 수 있는 것도 많다.

리학의 기준에서 볼 때 '너무 참이어서 좋지 않게 되려고' 애쓰는 것이라고 할 만하다.

블라스 카브레라의 자기단극 발견 주장은 나쁜 물리학이 아니라 위대한 물리학이었다. 벌써 33년이나 된 그 주장은 여전히 우리 주위를 떠돌지만, 사람들은 카브레라가 그 오류의 책임을 교묘하게 모면했다고 말한다. 하지만 나는 그 말의 근거가 틀렸다고 생각한다. 내가 받은 아래 이메일의 작성자도 그런 말을 한다.

11월 2일 16시 31분: 그는 매우 조심스럽게도 논문에서 발견을 주장하지 않았습니다(아마도 그 덕분에 과학자 경력을 이어갈 수 있었을 것입니다).

그러나 카브레라가 그런 식으로 보호막을 둘러씀으로써 과학자 경력을 보존해야 했던 것은 합당한 일이 아니었다. 우리는 물리학이 때때로 틀릴 것이라는 점을 인정해야 한다. 조지프 웨버를 보라. 오늘날 그는 참담한 오류의 주범으로 간주되지만, 그가 없었다면 우리는 지금 이 자리에 이르지 못했을 것이다. 중력파 검출의 역사 50년 동안 제기된 다른 대여섯 건의 발견 주장들도 마찬가지다. 그 주장들도 엄연히 과학의 일부다.[5]

한 이메일 작성자도 '그 사건'의 성분들이 블랙홀들이라는 증명을 옹호

5　이 말이 바이셉투에도 적용되는지는 확실히 모르겠다. 통상적인 물리학의 기준에서 볼 때 바이셉투 연구팀은 '경솔하게 행동한 것'일 수도 있기 때문이다. 하지만 나는 이 사례를 직접 연구해보지 않았다.

하면서 나와 비슷한 말을 했다.

11월 11일 13시 54분: 모든 발견은 모종의 핵심 전제에 의존합니다. 그러니까 이것은 수학적 의미의 '증명'이 아닙니다. …

그럼에도 여기에서 기본적인 물리학적 논증은 중요하고, 그 논증을 제시해야 한다고 봅니다. 천문학, 천체물리학, 상대성이론 분야의 다른 중요한 발견들도 유사한 논리를 사용합니다. 예컨대 마이크로파 우주배경복사의 발견은 우주가 과거에 아주 작고 뜨거웠다는 '증명'이었습니다. 빠르게 맥동하는 전파 펄서의 발견은 크기가 수천 킬로미터이며 고밀도이고 회전하는 별이 존재한다는 '증명'이었습니다. 힉스입자의 발견은 전기약력 대칭의 붕괴를 통해 질량이 발생했다는 '증명'이었습니다. 이밖에도 많은 예가 있습니다.

물리학에 적합한 것은 그런 논증이다. 물리학은 틀릴 수 있으며 틀릴 수 있는 주장으로서 제시되어야 한다.

"처음 기만할 때 우리는 얼마나 복잡한 거미줄을 짜는 것인지": 가치의 등대로서의 중력파 검출

이 절에서 나는 '마치 자기가 타인들보다 우월한 것처럼 구는 독선적이며 도덕주의적인 인물', 곧 '도덕군자'의 역할을 맡을 것이다. 내가 타인들보다 우월하다고 느끼기 때문이 아니다. 오히려 내가 서술하는 과학자들이 타인들보다 우월하기를 바라기 때문에, 또한 내가 이 문제와 관련해서 과학자들에게 불만을 토로할 참이어서 그렇게 하는 것이다. 여담인데, 과학자들의 우월성은 내가 이 책을 쓰는 것과 동시에 다른 공동저자 한 명과 함께 쓰는 또 다른 책의 주제다. 그 책의 제목은 『과학이 만드는 민주주의Why Democracies Need Science』(한국어판은 고현석 옮김, 이음, 2018)다.

그 책에서 나는 현재 서구 사회에서 신뢰할 수 있는 제도들이 점점 더 줄어든다고 주장한다. 한때 정직正直의 대명사였던 금융 및 재정 시스템은 지금 무자비의 전범이다. 모든 유형의 기업은 할인 제안으로 소비자를 끌어모은 다음에 소비자의 무기력과 무관심에 기대어 매년 요금을 올린다. 법률가들은 사소한 상처를 입은 의뢰인을 위해 보험회사로부터 최대의 보험금을 뽑아내고, 모두가 보험료 할증을 통해 그 대가를 치른다. 법적인 변론 시스템은 진실보다 승리를 더 중요하게 만들고, 승자는 대개 부자다. 절세 방법을 찾아내는 회계사들은 빈자의 돈을 강탈하여 부자에게 주는 것이다. 최근에는 육상까지 포함해서 점점 더 많은 스포츠에서 부패가 드러나고 있다. 도핑, 승부 조작, 공직자 및 행정가 매수가 관행화되고 있다. 전 영국 총리 대처의 말마따나 요새 "탐욕은 좋은 것greed is good"이며, 이 말 안에 디스토피아가 들어 있다.

과학은 여전히 진실성을 내장한 채로 남아 있는 드문 제도 중 하나다. 물론 모든 과학이 우선적으로 진실을 추구하는 것은 아니지만, 중력파 물리학과 더불어 43년을 살아본 내가 느끼기에 그 과학 분야는 정말로 가장 먼저 진실을 추구한다. 우리는 중력파 물리학을 (또한 다른 과학들을) 보존하여 민주주의의 등대로 삼을 필요가 있다. 민주주의란 어떤 것인지를 우리의 손자들도 알 수 있도록 말이다.[6]

나는 '그 사건'에 관한 이야기의 끄트머리에서 중력파 물리학이 균형을 약간 잃었다고 느낀다. 물론 진실을 추구하는 데서 균형을 잃은 것은 아니다. 중력파 물리학은 진실을 말하는 데서 균형을 잃었다.

거짓말을 필요로 하는 제도들

"전쟁의 첫 번째 피해자는 진실이다"라는 지당한 말이 있다. 전쟁에서 목표는 승리이며 적을 기만하는 것은 고귀한 행동이다. 패배를 숨김으로써 민간인의 사기를 북돋는 것도 도덕적 제재가 필요한 행동이 아니다. 그러나 전쟁과 평화는 다르다. 전시에는 민주주의적 가치들이 땅에 떨어진다는 것을, 그래서 전쟁으로부터는 민주주의에 대해서 아무것도 배울 수 없음을 우리는 안다.

거짓말과 기만은 직업적인 무대 마술사가 늘 하는 행동이지만, 그것 때문에 무대 마술사를 비난하는 사람은 없다. 관객은 기만당하는 줄 알면서 기만당한다. 그들은 그렇게 기만당하기 위해서 관람료를 지불한다.[7] 우리는 이것을 '참여 기만participatory deceit'이라고 부를 수 있다. 1970년대에 유

---

6 현대 과학의 병폐들에 관한 더 자세한 서술은 『중력의 유령』의 「맺음말: 21세기의 과학」 참조.

7 크리스토퍼 프리스트의 흥미로운 소설 『프레스티지The Prestige』에서 한 마술사는 자신을 한 장소에서 다른 장소로 물리적으로 운반하는 장치의 제작을 테슬라사에 의뢰한다. 그러나 그 장치를 공연에서 활용하기 위하여 그는 추가로 속임수들을 써야 한다. 관객이 그 장치의 기능을 속임수로 믿어야 하기 때문이다. 실제로 그것은 훨씬 더 경이로운 물리적 운반인데도 말이다.

리 겔러가 속임수를 써서 몇몇 과학자를 바보로 만들었을 때, 사람들은 과학자들의 정체를 폭로했다며 그를 영웅으로 대접했다. 그 후 『네이처』는 한 무대 마술사를 초빙하여 프랑스의 동종요법homeopathy 주창자 자크 벤베니스트의 주장들이 허위임을 밝혀내고 그 마술사가 발견한 바를 출판했다. 이 에피소드 속에는 과학의 도덕적 기반에 관한 많은 혼란이 있었다.[8] 과학이 무대 마술에서 배워야 할 도덕적으로 중요한 것은 전혀 없다.

특정 상황에서는 과학에도 기만이 필수적이다. 의학의 '금 본위'로 간주되는 이중맹검은 기만적이다. 실험자들도 환자들도 자신이 진짜 약을 받는지 아니면 가짜 약을 받는지 몰라야 한다. 비밀 유지와 속임수가 필수적이다. 그리고 이것 역시 참여 기만이다.

이제 중력파 물리학에서의 비밀 유지와 기만을 위 사례들과 비교해보자. 우선 가장 무고한 기만인 암맹 주입을 생각해보자. 암맹 주입 사례는 '추분 사건'과 '빅 독', 그렇게 2개다. 이 사례들은 비밀로 유지되었다. 여러 달 동안 과학자들은 자신이 진짜 사건을 다루고 있는지 아니면 가짜 사건을 다루고 있는지 몰랐다(혹은 모든 것이 완벽하게 이루어졌다면, 몰랐을 것이다). 그럼에도 그 암맹 주입들의 도덕적 적절성에 대한 의문은 전혀 없었다. 이 사례들은 참여 기만이었다. 실제로 어딘가에 도덕적 부적절성이 있었다면, 빅

8　유리 겔러 사건 및 그것과 관련한 마술사들과의 교류에 관한 상세한 서술은 내가 오래 전에 트레버 핀치와 함께 쓴 책 *Frames of Meaning*(의미의 프레임들)을 참조하라. 데이비드 머민에 따르면 "이처럼 자신의 과거 믿음이 틀렸음을 발견하는 과정과 오래된 오류를 찾아내기 위한 힘든 노력은 그 오류를 더 잘 정초된 믿음으로 대체하는 것을 가능케 하며 과학 탐구를 이토록 매력적으로 만든다. 자기 자신의 오해를 드러내는 기쁨이 인간사의 다른 분야들에서도 지금보다 더 흔하다면, 세계는 우리 모두에게 훨씬 더 나은 곳이 될 것이다."(*It's about Time*, 186쪽)

독 분석에 얼마나 많은 시간을 낭비하게 될지 알아내기 위해 주입 채널들을 들여다본 과학자들에게 있었다. 이 오점을 제쳐놓으면, 그 암맹 주입들은 틀림없는 대성공이었고 미래의 발견에 대비하는 예행연습으로 대단히 유익했다.

그러나 시간이 흐르면서 참여의 맥락과 범위가 미묘하게 변화했다. 고급 라이고가 가동을 시작할 즈음에 나는 이런 유형의 기만에 기꺼이 참여하는 구성원이 더는 아니었다. 나는 또 한 번의 암맹 주입에 시간을 낭비할 수 없었다. 그리고 내가 확신하기에 다른 많은 물리학자도 나와 같은 견해였으며, 만약에 암맹 주입이 계속 시도되었다면, 많은 사람이 암맹 주입 채널들을 들여다보았을 것이다. 그렇게 기만 위에 기만이 쌓였을 것이다. 적어도 나는 틀림없이 그렇게 했을 텐데, 그 이유를 설명하겠다. 나는 이미 2번의 암맹 주입에 관한 글을 완성한 뒤였으므로, 또다시 내 삶의 서너 달을 또 다른 암맹 주입에 투입하는 것이 불가능해지고 있었다.[9] '그 사건'보다 2주 앞선 부다페스트 모임에서 나는 라이고의 지휘자 데이브 라이체와 마주 앉아 다음과 같은 고민을 토로했다. 향후 3년 동안의 에이 라이고(고급 라이고) 가동 중에 이루어지기를 바라는 최초 발견을 분석하는 작업에 제대로 노력을 투입하려면, 나는 내가 분석하는 것이 암맹 주입인지 아니면 진짜 사건인지 알아야 한다. 그렇지 않으면 나는 기자회견 뒤에야 본격적인 분석을 할 수 있을 터이므로 내 일을 제때 완료할 수 없을 것이다. 라이체는 많

9　이제야 말할 수 있는데, 2015년 1월 말에 나는 에너지가 소진되어 글을 쓸 수 없는 상태였다. 만약에 '그 사건'이 가짜로 밝혀질 수도 있다고 생각했다면, 나는 이 책을 쓸 의지를 내지 못했을 것이다.

은 말을 하지 않았지만, 내가 이해하기에 그는 나의 고민이 해결될 것임을 암시했다. 그러나 우리가 동의했듯이, 문제는 과학자들이 나를 주시할 수도 있다는 점이었다. 만약에 내가 대서양 횡단 비행을(당시에 우리는 그런 비행이 필요하다고 생각했다) 여러 번 해야 하는 모임에 나타나지 않는다면, 과학자들은 자신들이 모르는 무언가를 내가 안다고 짐작할 것이었다. 그리하여 (9월 2일) 헝가리 모임 도중에 나는 데이브에게 아래와 같은 글을 써서 나의 계획을 설명했다.

> 또한 절차를 더 신중히 고려하여 저는 어떤 질문자에게든지, 제가 저의 현재 건강 상태와 일의 부담 사이의 균형을 고려하면서 결정을 내려야 해서 모임을 선별할 것이며 제가 완전히 건강하다면 참석했을 모임 중 일부에만 참석할 것이라고 설명할 것입니다. 즉, 저는 가장 생산적인 사건들에 집중할 것이며, 모든 가능성을 살펴보지 못하더라도 이메일들을 꼼꼼히 읽어서 결함을 메우는 방식으로 일을 해나갈 수 있기를 바랄 따름이라고 설명할 것입니다.

당시에는 발견(혹은 암맹 주입)이 이루어지면 협력단 구성원들이 이리저리 날아다니고 모임들이 소나기처럼 열릴 듯했다. 그리고 위 인용문에서 보듯이 나는 거짓말과 기만을 준비하고 있었다. 심지어 나의 좋은 친구이자 믿음직한 정보원인 피터 솔슨을 속일 방법마저 궁리하고 있었다. 피터를 속이는 것은 정말 끔찍한 일일 것이었다. "오, 처음 기만할 때 우리는 얼마나 복잡한 거미줄을 짜는 것인지."(월터 스콧의 시구.—옮긴이)

나의 특별한 사정을 제쳐두더라도, 암맹 주입의 시대는 끝났다고 나는 느꼈다. 암맹 주입은 할 일을 다했다고 느꼈다. 이제 암맹 주입은 가치보다 문제를 더 많이 산출할 것이었다. 적어도 과학적 가치만 따진다면 말이다. 나는 경청할 의사가 있는 모든 사람과 이 사안을 논의했다. 그러나 문제는 지휘부가 과학 외적인 이유로 암맹 주입을 원한다는 점이었다. 협력단의 지휘부는 언론인과 소문 유포자 들에게 당신들이 들은 사건이 암맹 주입일 수도 있다고 말함으로써 원초-발견을 비밀에 부칠 수 있기를 바랐다. 이것이 암맹 주입의 가능성을 열어두는 주요 이유가 되었다고 나는 생각한다. 바꿔 말해, 과학적 소득이 아니라 기만이 주요 이유가 되었다.

다행히 '그 사건'은 ER8 도중에 일어났으므로, 최초의 피해망상이 잦아든 뒤에는 중력파 공동체의 모든 구성원이 그것은 암맹 주입일 리 없음을 알았다. 행운이 나를 피터와 관련한 도덕적 딜레마에서 건져냈고, 주입 채널들을 들여다보는 부정행위를 하게 될 과학자들의 도덕적 딜레마를 제거했다. 그러나 아마도 다수는 부정행위를 하지 않을 것이었으므로, 만약에 '그 사건'이 며칠 더 나중에 일어나 암맹 주입의 가능성이 배제되지 않았다면, 협력단은 재난이라고 할 만한 상황에 처했을 것이다. 빅 독 사건의 전개와 (유일무이하고 운 좋은 자연적 실험인) '그 사건'의 전개를 비교해보면 이를 알 수 있다.

빅 독과 추분 사건은 정말 유익한 훈련이었다. 신호 분석 기간은 추분 사건 때의 18개월에서 빅 독 때의 6개월로 줄어들었고, '그 사건'에서는 (예상은 3개월이었지만) 5개월로 감소했다. 대다수 과학자가 보기에 빅 독은 진짜 사건일 개연성이 있었다. 이는 빅 독을 분석하는 과학자들이 많은 흥분과 즐거움을 느꼈음을 의미한다. 나는 2010년 9월 21일 크라쿠프에서 열린 모임의 들뜬 분위기를 지금도 기억한다. 강력한 신호의 존재가 그 모임에서 처음으로 공개되었다. 강단에 선 사람들은 "이것은 검출이며 우리는 검출 논문을 쓰기 시작할 것입니다"라고 선언했고, 당시에 내가 쓰던 글의 소 제목은 "폭탄The Bombshell"이 되었다.[10] 그러나 정말로 깊은 감정은 없었다. '그 사건' 때에 논문 초록 작성을 맡은 사람 중 하나가 쓴 표현을 빌리면, 빅 독 때는 '절실한 역사 감각'으로 인한 '숨막힘'이 없었다. 우리가 이미 보았 듯이, 이 차이는 관련 논문들의 문체에서 명확히 드러난다. 오직 '그 사건' 때만 이런 이메일이 등장하게 된다.

> **11월 2일 16시 52분**: 논문 제목과 후속 논의는 중력파를 최초로 직접 동시적 으로 관측한 성과의 역사적인 실험적 기술적 의미를 반영해야 합니다. … 50여 년에 걸친 노력 끝에 이루어진 이 최초 검출은 이 역사적 관측을 가능케 한 많 은 기관에서의 고된 작업으로부터 나온 성과로 발표되어야 합니다.

이미 설명했듯이, 부분적으로 이 차이는 빅 독에 관한 원초 논문이 완성하 기 이전에 일부 과학자들이 빅 독을 암맹 주입으로 확신한 것에서 비롯되 었다. 그러나 더 중요한 것은 빅 독이 암맹 주입일 수도 있음을 모든 과학자 가 알고 있었다는 점이다. 우리는 영화나 소설이나 시에 감정적으로 깊이 빠져들 수 있다. 바꿔 말해 우리의 불신을 한두 시간 유보할 수 있다. 그러 나 우리의 불신을 여러 달 동안 완전히 유보할 수는 없다. 따라서 우리가 분 석하거나 서술하고 있는 사건이 가짜일 가능성이 있으면, 감정이 분산되기

10　『빅 독』, 184쪽.

마련이다. 당신이 가장행렬에 참여하고 있는 것일 수도 있음을 의식하면, 당신은 감정에 휩싸이거나 거창한 생각을 할 수 없다. 빅 독과 '그 사건'의 차이는 암맹 주입과 진짜 사건이 절대로 같을 수 없음을 보여준다. 설령 암맹 주입으로 의심되었던 것이 처음부터 진짜 사건이었음이 봉투를 열 때 드러난다 하더라도, 암맹 주입과 진짜 사건은 절대로 같을 수 없다. 긴 시간에 걸쳐 진짜 사건을 연구하는 것과 가짜일 수도 있는 사건을 연구하는 것은 다르다. 그리고 중력파 물리학의 역사 전체가 보여주듯이, 최고의 과학은 감정적 몰입에 의해 추진되는 유형의 노력을 필요로 한다.

한 예로, 내가 이 문장을 쓰는 지금, 10여 편의 동반 논문들이 다듬어지고 있다. 한 편은 이미 출판을 위해 제출되었다. 반면에 빅 독 때에는 동반 논문이 한 편도 작성되지 않았다. 한마디로 느낌이 달랐다! 또한 이미 보았듯이, 빅 독 논문의 어투는 평범한 과학 논문의 어투다. 거기에는 역사적 공명이 없었다. 빅 독 때는 이 특별한 논문을 위해 출판 규정을 바꿔 훨씬 더 긴 초록과 16쪽 분량의 논문을 허용할 것을 『피지컬 리뷰 레터스』 측에 요청하려는 시도가 없었다. 빅 독 때는 '전경foreground'과 같은 용어들이 폭넓은 독자들이 읽을 논문에 부적절하다는 점을 아무도 주목하지 않았으며, 이해하기 어려운 누적적 유의도 그래프를 외부자들이 이해할 수 있는 그래프로 바꾸는 것을 아무도 생각하지 않았다. 외부자들이 논문을 읽을 것을 진지하게 고려하는 사람이 없었기 때문이다. 간단히 말해서 과학자들은 '그 사건'을 탐구하고 생각할 때만큼 열심히 빅 독을 탐구하고 생각할 수 없었다. 탐구가 시간 낭비이고 폭넓은 독자들이 논문을 읽지 않을 가능성을 모두가 마음 한구석에 담아두고 있는 상황에서, 그렇게 열심히 탐구하고 생각하는 것은 불가능했다. 빅 독은 엄청나게 값진 예행연습이었지만 의

도된 바와 정확히 일치하는 예행연습은 아니었다. 이는 전쟁놀이war game 가 엄청나게 값진 전쟁 예행연습이기는 하지만 정말로 사람들이 죽는 전쟁 은 아닌 것과 마찬가지다.

결론적으로 우리는 암맹 주입과 기타 유사한 연습을 남용하는 것은 위험하다는 교훈을 얻을 수 있는 듯하다. 암맹 주입은 최고의 과학을 낭비시키고 과학 공동체에 도덕적 해악을 끼친다. 그런 연습을 한두 번 겪고 나면 점점 더 많은 과학자들이 자신의 사생활을 보존하기 위해 부정행위를 할 것이기 때문이다. 오로지 진짜 과학을 위해서 필요할 때만 과학자들은 몇 번이라도 기꺼이 사생활을 포기한다. 그리고 그렇게 해야 마땅하다. 발견이 이루어졌는지를 외부 세계에 숨기는 것이 암맹 주입의 주요 이유라면, 의도적인 기만으로 인한 도덕적 비용은 제쳐두더라도, 암맹 주입은 이득보다 비용이 훨씬 더 큰 활동이다.

기만의 철학

나의 협소한 경험에 기초해서 말하면, 과학계는 기만을 너무 편하게 한다. 비록 과학자들은 '거짓말'을 하지 않으려 애쓰지만 말이다. 나는 나의 첫 과학계 현장 연구인 TEA 레이저에 관한 연구를 1971년에 하면서 기만과 거짓말의 차이를 처음 접했다. 나는 그 장치를 제작하는 방법을 배우고 싶어하는 경쟁자들에게 어떤 말을 해주느냐고 과학자들에게 물었다. 그리고 이런 대답을 들었다.

중력의 키스

누가 여기로 와서 레이저를 살펴본다면, 일반적으로 우리는 그들의 질문에 대답합니다. … 정보를 교환하면서 그들의 질문에 대답하는 것은 우리에게도 득이 되죠. 그러나 우리가 대답하기 싫은 것을 대답하지는 않아요. (『틀 바꾸기』, 55쪽)

또 이런 대답도 들었다.

전 늘 진실을 말했다고 할 수 있어요. 오직 진실만을 말했죠. 하지만 진실 전체를 말하지는 않았어요.

거짓말과 기만은 다르다고 할 수도 있을 것이다. 위와 같이 대답한 과학자들은 거짓말과 기만이 명백히 다르다고 느낀다.

거짓말은 철학의 주제이기도 하다. 거짓말을 다루는 철학은 온갖 가능성을 탐구한다.[11] 예컨대 특정 진술을 생략함으로써, 혹은 침묵을 유지함으로써 타인을 기만할 수 있다. 나는 조엘 마크스의 대중적인 거짓말 연구를 좋아한다.[12] 마크스의 주장에 따르면, 기만은 기초적인 도덕 범주이며 거짓말은 그 범주의 부분집합이다. 따라서 진실을 말함으로써 타인을 기만하는

---

11   http://plato.stanford.edu/entries/lying-definition/#TraDefDec 참조.

12   마크스의 거짓말 연구를 http://ethicsessays.blogspot.co.uk/2006/01/truth-about-lying.html에서 볼 수 있다. 이 글은 원래 *Philosophy Now* 27호(2000년 6~7월호)에 실린 그의 글을 손질한 것이다. 이 주제에 관하여 짧지만 흥미롭게 개인적으로 의견 교환을 해준 조엘 마크스에게 감사한다. 마크스 본인은 도덕성이나 자신의 논문에 담긴 분석을 이제 더는 믿지 않으며, 우리가 이 책에서 하듯이 거짓말과 비밀 유지의 관계를 탐구해본 적이 없다.

것도 가능하다. 예컨대 지난 금요일에 꽃병을 깨뜨린 사람이 타인에게 "아냐, 난 그 꽃병을 지난 목요일에 깨뜨리지 않았어"라고 말하는 것은 일종의 기만이다. 철학에서는 이런 행동을 '얼버무리기palter'라고 한다. 비밀 유지와 기만 사이에는 명백한 차이가 있지만, 그 차이는 맥락에 의존하는 듯하다. 불륜을 생각해보라. 설령 불륜 당사자들이 적극적인 거짓말이나 호도 없이 불륜을 감추기만 하더라도 그 은밀한 불륜이 기만을 포함한다는 것에는 이론의 여지가 없다. 당연한 말이지만, 이 경우에 기만당하는 사람은 자발적 기만 참여자가 아니다. 물론 파트너를 깊이 사랑하거나 그 밖의 방식으로 파트너에게 깊이 빠져 있는 사람이 진실을 알아서 어쩔 수 없이 동반관계를 파괴하는 것보다 차라리 기만당하면서 동반관계를 유지하는 쪽을 선택하는 경우도 있을 수 있고, 이 경우 일종의 참여 기만이라고 할 수 있겠지만 말이다. 이 책에서 서술한 발견 과정의 마지막 몇 달 동안 중력파 공동체의 행동은 확실한 거짓말을 하지는 않는다는 점을 방패로 삼으면서 너무 심하게 기만 쪽으로 기울었다고 나는 느낀다. 기자들에게 유포된 기만은 두 가지다. 첫째, 협력단은 분석을 아직 완료하지 않았기 때문에 자신들이 무언가를 발견했는지를 확실히 모른다고 말했다. 둘째, 협력단은 데이터 속에 외견상 좋은 무언가가 있더라도 그것은 암맹 주입일 수도 있다고 말했다. 나는 이 두 가지 기만에 가담했다. 가담할 수밖에 없었다. 한 기자가 나와 2번 접촉했다. 한번은 크라우스의 최초 소문이 나돌 때였고, 또 한번은 연말연시에 또다시 소문이 무성할 때였다. 나는 철학자들이 '도덕적 명령들의 충돌'이라고 부르는 상황에 직면했다. 한편으로 나는 그 기자를 기만하고 싶지 않았다. 다른 한편으로 나는 나에게 자신들의 세계를 공개하는 중력파 공동체와의 암묵적 합의를 깨고 싶지 않았다. 나는 후자가 우선이어야 한다는 점을 거의 의심하지 않았다. 그리하여 비록 거짓말을 하지는 않았지만, 그 기자가 암맹 주입의 가능성을 계속 열어두는 것을 방치했다. 그 가능성은 없다고 말해주지 않았다. 그 후 둘째 접촉에서 그 기자가 나에게, 관측된 사건은 암맹 주입이 없는 시험 가동 중에 일어났다는 소문이 나돈다고 말했을 때, 나는 "그런 소문을 듣지 못했다"라고 대꾸했다. 당시에 나는 그런 소문을 들은 적이 실제로 없었으므로, 그것은 한 톨의 거짓도 섞이지 않은 참말이었다. 그러나 그것은 명백한 얼버무리기였다. 나는 나의 행동이 마음에 들지 않았다. 중력파 공동체의 많은 구성원이 이와 유사한 상황에 처했을 것이라고 나는 생각한다. 한 고위급 구성원은 자신이 기자들에게 그것은 암맹 주입일 수도 있다고 말했다는 사실을 누설하기까지 했다. 나는 모두가 최소한 얼버무리기를 하고 있다고 생각했다. 하지만 이제 거짓말에 대한 철학적 분석을 살펴보았으므로 나는 거짓말과 얼버무리기의 구별이 과학자들이 생각하는 만큼 명확하다는 생각을 버렸다.

지금—2016년 1월 말—까지도 1000명이 넘는 과학자들이 발견의 비밀을 지키기 위해 거짓말하고 호도하고 얼버무리고 있다. 이미 주장했듯이, 이 에피소드가 대단원에 접근하는 가운데 벌어지고 있는 일은 한 세대의 과학자들이 기만의 기술을 숙달하는 것이다! 이것은 과학자들이 마땅히 해야 할 일의 정반대다. 과학자들은 진실성의 모범을 보임으로써 민주사회를 이끌어야 한다. 중력파 물리학의 가장 중요한 산물은 중력파가 아니라 진실이다. 이 모든 기만은 대체 무엇을 위한 것일까? 지금 이 질문의 답을 확실히 아는 사람이 과연 있는지 나는 의심스럽다. 기만을 하든 말든, 소문을 열심히 분석하는 사람은 지금 무슨 일이 벌어지고 있는지를 어느 정도 알아낼 수 있다(10장 참조). 관료주의적 규칙이 그 자체로 목적이 되는 것과 마찬가지로 이런 기만이 의례적인 반사 행동이 되어버린 것은 아닌지 나는 의심한다. 모두가 자신이 무엇을 해야 하는지 알지만, 그 이유를 묻거나 이런 유형의 비밀 유지가 지금도 적절한지 따지는 사람은 아무도 없다. 왜 우리는 여전히 비밀을 유지하는 것일까? 이메일들에서 몇 가지 이유를 발견할 수 있다.

첫째, 연구 결과의 소유권을 고려해야 한다. 앞서 보았듯이, 몇몇 집단은 발견 소식이 알려지자마자 다른 과학자들이 자신들을 '추월'할까 봐 염려했다. 이미 수상쩍을 만큼 많은 과학자가 고급 라이고에서 관측될 최초 사건이 무엇일지를 대단한 예지력으로 예측하는 논문을 썼다는 점을 주목할 필요가 있다. 그 논문들은 설득력 있는 소문을 낳았다(아래 참조). 게다가 천체물리학은 이런 식으로 추월당할 위험이 가장 큰 분야다. 나에게서 비밀 유지의 필요성에 관하여 집요한 질문을 받은 한 과학자는 1월 17일에 이런 답장을 보내왔다.

문제는 [발견을 부분적으로 공개할 경우] 질량과 거리가 새어나갈 테고, 외부 이론가들이 2월 10일에 아카이브에 논문들을 올릴 것이라는 점입니다.

간섭계 운영팀을 위해 수십 년 동안 일해온 천체물리학자 팀은 가장 먼저 논문들을 발표할 권리가 있다고 나는 생각한다. 설령 다른 천체물리학자들도 이번 중력파의 파원은 블랙홀 쌍성계이며 그 성분 질량들은 얼마라는 정도의 기본 정보만 있으면 그들에 못지않게 좋은 논문들을 쓸 수 있더라도 말이다. 실제로 그렇다면, 발견 논문이 완성되기 이전에 공개할 내용에

중력의 키스

상한선을 두면 될 것이다. 이것이 내가 옹호하는 입장이다.

　내가 (1월 5일에) 전화로 비밀 유지의 필요성에 대해서 집요하게 묻자 배리 배리시는 이렇게 말했다.

> 전면적인 공개는 터무니없어요. 그럴 수 없습니다. 합당한 수준에서 비밀을 유지해야 합니다. 다른 한편으로 전면적인 비밀 유지도 필수적이지 않다고 느낍니다. 하지만 어떻게 중도를 지키겠습니까? 난 잘 모르겠네요.

이제부터 중도를 지키는 방법에 관하여 몇 가지 제안을 하려 한다. 약간의 공개가 '그 사건'의 모수들을 숨기는 일을 더 쉽게 만들 것이라고 생각한다. 약간의 공개에 이어 협력단은 "우리는 이것이 옳다고 봅니다. 하지만 2월 11일까지는 모든 것을 공개하지 않으려 합니다"라고 말할 수 있을 터이기 때문이다. 당신이 특정 시점까지 비밀을 유지할 계획이라고 설명한다면, 대부분의 경우 도덕적 모호성이나 기만은 없다. 수상자, 시험 결과, 새 의상의 재료, 자동차를 비롯한 내구성 소비재의 새 디자인을 생각해보라. 이 모든 것들은 공개되는 날까지 비밀에 부쳐지며, 비밀인 것이 당연하다. 이것들을 장막 뒤에 숨기는 것이 기만이거나 도덕적으로 비난받을 행동이라고 생각하는 사람은 아무도 없다.

　그러나 비밀 유지 계획을 밝히는 것은 비밀 유지의 원칙 하나를 위반한다. 몇몇 이메일 작성자들은 (도덕군자인 척하는 내가 보기에 약간 지나치게 즐거워하면서) 비밀 유지와 소문의 본성에 관한 문학 인용문을 주고받았다. 그중 영국 시트콤 「예, 장관님Yes Minister」(1981년 4월 6일 방송)에서 따온 한 인용문이 정곡을 찔렀다. 그 시트콤에서 무자비하고―가장 멋진 방식으로―도덕관념이 전혀 없는 고위 공무원 험프리 애플비 경은 이렇게 말한다. "비밀을 유지하려는 사람은 자기가 비밀을 품고 있다는 것을 비밀에 부쳐야 해." 이 행동 방침은 중력파 공동체가 지금 하려는 바를 요약하며, 험프리 경의 조언이 거의 모두 그렇듯이, 효과적이지만 비도덕적이다. 반면에 나의 주장은 자기가 비밀을 품고 있다는 것을 비밀에 부치지 말라는 것이다. 그리고 유사한 사례에서 나의 주장대로 행동하면―험프리의 견해와 정반대로―비밀 유지가 더 쉬워질 것이라고 나는 생각한다. 기만할 필요가 없어질 것이기 때문이다. 도덕적인 점수도 훨씬 더 높게 받을 것이다.

하지만 자동차 산업이나 패션 산업에서처럼 과학에서도 개막 행사가 벌어지는 것이 우리가 바라는 바일까? 과학자의 입장으로부터 아주 멀리 떨어져서 보면, 과학적 데이터는 공적 자금으로 생산된 것이며 과학자들의 경력은 대중이 과학적 발견을 아는 것보다 덜 중요하다고 주장할 수도 있다. 1985년에 쓴 논문에서 농담조로 나는 이렇게 주장한 바 있다. 즉, 위 관점을 채택하면, 순수과학―성과에 대한 압박이 절박하지 않은 과학―에서는 최초로 발견을 이뤄낸 과학자들이 아니라 가장 저렴하게 발견을 이뤄낸 과학자들에게 보상이 돌아가야 한다고 말이다.[13] 아무튼 여기에서는 우리가 과학자들의 업적에 보상을 주기를 원하고 개막 행사를 받아들인다고 전제하기로 하자. 이번과 같은 사례들에서 개막은 일련의 단계들로 이루어질 것이다. 표 13.1에 열거된 대로, 중요성이 점점 더 커지는 여섯 단계를 상정

---

13   Collins, "The Possibilities of Science Policy"(과학 정책의 가능성들).

개막의 6단계		
	발표	연기 혹은 실망의 조짐
1	일이 많아서 우리는 평소보다 더 바빠졌다.	그러나 그것은 오경보였다.
2	데이터를 논식 중인데, 흥미로운 날짜가 나를 수도 있고 그렇지 않을 수도 있다.	아직 어떤 결과도 나오지 않았다.
3	발표가 필요할 경우를 대비해서 연구 일지를 정리하는 중이다.	안타깝게도 우리는 오류를 발견했다.
4	논문이 제출되어 심사를 받는 중이다.	논문이 수정되는 중이다. 또는 논문이 거절되었다.
5	문제가 없다면 특정 날짜에 연구 결과를 발표할 것이다.	꼼꼼히 분석해보니 연구 결과가 신뢰할 만하지 않다는 것이 드러났다.
6	개막 행사	연기 혹은 실망

표 13.1 과학적 발견의 '개막'이 완료되기까지의 단계들

하자.

개막 행사에서 과학자들은 자신들이 발견한 것을 믿는다는 발표와 더불어 그것이 무엇인지와 관련 모수 추정치들을 최초로 공개할 것이다. 내가 아는 한, 과학적 성과를 공개하는 이 같은 방식은 이번 사례에서 중력파 과학자들이 표출한 모든 요구를 충족시킬 것이다. '그 사건'과 관련 모수들은 6단계에야 공개될 것이므로, 중력파 과학자 가운데 누구도 '추월'당하지 않을 것이다. 그들은 스스로 설치한 장애물을 모두 뛰어넘어 공표 가능한 확실성의 기준에 도달한 다음에야 비로소 발견을 주장할 것이다. 그들과 자금 지원 기관들은 개막 행사의 무대 위에서 영광을 누릴 것이다. 패션쇼가 예정되었다거나 공주가 임신했다는 것이 알려졌기 때문에 새 패션의 개막 행사나 왕손의 이름을 공개하는 행사가 김이 빠졌다고 생각하는 사람은 없다.

하지만 누군가의 오해를 유도할 필요는 없을 것이다. 사람들이 '그 사건'은 암맹 주입일 수도 있다는 따위의 믿음을 품는 것을 방치할 필요는 없을 것이다. '그 사건'이 암맹 주입일 수도 있느냐는 질문을 받은 최고위 소식통이 대답을 거부할 필요도 없을 것이다. 아래 인용문에서 보듯이, 실제로 그런 일이 일어났다.

> 『네이처』, 2016년 1월 12일: 라이고 협력단은 간섭계 2대가 모두 가동 중이면서 암맹 주입은 불가능했던 시기가 있었느냐는 질문에 대답하기를 거절했다. (http://www.nature.com/news/gravitational-wave-rumours-in-overdrive-1.19161)

소문을 걱정할 필요도 없을 것이다. 확산될 가치가 있는 유일한 소문은 발견된 대상의 정체와 관련 모수들에 관한 것일 텐데, 만일 이것들이 새어나가고 있다면 어차피 문제를 해결할 길은 없기 때문이다. 1000여 명에게 얼버무리기를 훈련시킬 필요는 없다. 대답하지 말아야 할 질문을 받은 사람은 간단히 이렇게 대답하면 된다. "비밀이 잘 유지될지 모르겠지만, 그것은 모월 모일의 개막 행사까지 비밀입니다." 이것은 거짓말이 아닐뿐더러 비밀 유지 방침에도 충실한 대답이다.

위 대답을 1월 마지막 날 즈음에 배포된 아래 메시지와 비교해보라.

> 〔발견 논문〕 재제출 목표 시기는 이번 주 초지만, 재제출을 했을 때, 혹은 『피지컬 리뷰 레터스』로부터 추가 수정을 요구받거나 심사 통과를 통보받았을 때,

해설하자면 이런 뜻이다. "여러분이 양심의 거리낌 없이 아무것도 모른다고 말할 수 있게 해드리기 위해서 여러분에게 아무것도 알리지 않을 것입니다." 비밀 유지를 위한 최선으로 고려한다면 이것은 훌륭한 결론이다. 그러나 지금은 비밀 유지를 끝내고 현명한 판단을 내릴 때인지도 모른다.

이 조치는 전자기 파트너들에 관한 문제를 해결하지 못한다. 짐작하건대 그들에게는 발견의 본성을 — 예컨대 "블랙홀 감쇠 나선운동입니다"라고 — 말해줘야 하기 때문이다. 그래야 무엇을 탐색해야 할지 그들이 개막 행사 전에 알게 될 것이다. 그들에게 통계적 유의도를 알려줄 필요는 없지만, 이번 사례에서는 아무것도 관측하지 못할 것이 거의 확실하다는 것이나 그들이 웃음거리가 될 위험이 있다는 것은 알아야 마땅하다. 공동체의 범위를 넓혀 그들까지 포함시키기를 거부하면서 이 문제를 풀기는 어렵다. 하지만 이것은 중력파 물리학 분야에만 있는 문제인 듯하다. 이 분야의 과학자들은 자신이 무엇을 하고 있는지를 다른 분야의 과학자들에게 일찌감치 말해줄 필요가 있다. 다행스럽게도 이 문제는 어차피 사라질 것이다. 머지않아 우리는 충분히 많은 중력파를 검출하게 될 터이므로 이런 식의 비밀 유지는 무의미해질 것이다. 그러나 그 시기가 아직 도래하지 않았다는 것이 실망스럽다.• 심지어 4월 후반기의 미국물리학회 모임 이후에도 박싱 데이 사건이 은폐되는 것은 나를 실망시킨다.

대중의 과학 이해

대중의 과학 이해public understanding of science에 한 가지 문제가 있다는 점을 인정하지 않는 사람은 없는 듯하다. 그리고 나는 그 문제가 어떻게 불거질 수 있는지를 '그 사건'의 발견이 처리되는 방식에서 생생히 볼 수 있다고 생각한다. 대중성, 대중의 찬사, 그에 따른 자금 유입을 명분으로 과학은 종교와 그 비슷한 계시적 활동의 우상을 너무 기꺼이 채택한다. 과학자들은 산 위에서 진실을 가지고 내려와 그 광채를 내보이기를 원한다. 문제는 과학의 진실과 광채에는 본질적으로 결함이 있다는 사실이다. 만약에 결함이 없다면, 그것은 과학의 산물이 아니라 어떤 다른 유형의 활동에서 나온 산물일 것이다. 앞서 논증했듯이, 과학이 틀릴 수 있다는 것은 과학의 본성 자체에 내재한다. 비밀 유지와 기만 활동 전체는 과학의 특정한 모형과 밀접한 관련이 있는데, 그 모형에서 과학은 진실성을 갖춘 수공업이 아니라 계시 활동이다. 우리는 진실성을 갖춘 수공업으로서의 과학 모형이 구체성을 갖게 하기 위해 거기에 약자 명칭을 부여하기로 하자. 즉, 진실성을 갖춘 수공업craft-work with integrity을 CWI로 칭하자. 돌이켜보면 이제껏 우리는 세 가지 과학 모형을 접했다. 우선 계시 모형revelatory model이 있는데, 방

• 제3차 관측 가동을 하고 있는 2020년 4월 현재, 라이고는 관측되는 중력파 후보 사건을 온라인에 공개하기 시작했다.

중력의 키스

금 논증한 대로 이 모형은 종교나 마술에 훨씬 더 적합하다. 둘째는 엄격한 전문가주의 모형인데, 그 자체로는 해가 없고 고결한 동기를 가지고 있지만 과학을 실행할 때는 계산과 판단 사이의 불균형을 만들어낸다. 마지막 CWI 모형은 앞으로 그 중요성이 드러날 것이다.

계시 모형은, 완벽한 결과—찬란한 진실—로 제시된 무언가에서 결함이 드러날 때 문제에 직면한다. 자기단극 발견, 바이셉투, 이번 발견에 앞선 모든 중력파 발견이 그런 사례다. 과학의 정당성이 진실과 광채에서 나온다면, 과학에서 결함이 드러날 경우 사람들은 이런 식으로 반응하기 십상이다. "우상의 발이 점토로 되어 있다면, 내 의견이 우상의 의견보다 열등할 것도 없다."[14] 반면에 CWI 모형은 과학자를 성직자나 예언자가 아니라 장인匠人으로 묘사한다. 우리는 너무 참이어서 좋지 않은 과학을 원하지 않는다. 장인은 가끔 실수를 저지르더라도 우리가 신뢰할 수 있는 사람이다. 앞의 6단계 모형은 발견을 CWI(진실성을 갖춘 수공업 작품)로 묘사할 한 방법을 제공한다.

돌이켜보면, '그 사건' 이후의 세계가 과학자들보다 나를 덜 흥분시키는 이유를 이해할 수 있다. 우리 모두는 어느 정도 안티클라이맥스를 느낀다. 우리는 우리의 중력파 조각배를 몰며 여울목을 건너고 거친 암벽 사이를 지나고 악어 떼를 피하고 급격한 기술의 변화를 감당해냈다. 그러다가 갑자기 또한 짜릿하게, 불가능의 폭포를 쏜살같이 통과하여 지금은 중력파 천

---

14 핀치와 나는 이것을 과학의 '플립플롭flip-flop' 모형으로 명명했다. 콜린스, 핀치 공저 *The Golem: What Everyone Should Know about Science* 참조(한국어판은 김명진, 이정호 옮김, 『닥터 골렘』[사이언스북스, 2009]).

문학의 바다로 이어진 짧은 급류 구간을 내달리는 중이다. 앞으로 중력파 물리학에게 짜릿한 폭포 구간은 영영 없을 것이다. 이제부터는 고작 급류 구간이 최고의 흥분을 자아낼 것이다. 어쩌면 그토록 오랜 세월 동안 변화 무쌍한 세계를 누빈 것이 새로운 표준에 도달하는 것보다 더 나을지도 모른다. 하지만 나의 경우에는 또 다른 문제가 도착의 실망감을 증폭시킨다. 중력파 검출은 과학의 영원한 왕관 보석 중 하나이며, 과학자들이 그 업적을 기뻐하는 것에 불만을 품을 수는 없다. 나 역시 기뻐했다. 그러나 과학이 온통 왕관 보석들인 것은 아니다. 오히려 왕관 보석인 과학은 드물다.『중력의 유령』의 마지막 대목을 인용하겠다.

중력파 지상 검출 발표가 마침내 입증되면, 중력파 과학자들은 자신들의 분야를 돌이켜보며 그것의 역사를 단 한 건의 영웅적 발견을 향한 일관된 흐름으로 재서술하는 것을 피할 수 없으리라고 나는 예상한다. 그들은 이 기획을 문화적으로 식상한 방식으로 미화하지 않을 수 없을 것이다. 내가 이미 주장했듯이, 그때가 오면 '절뚝거림'(불확실한 상태에서 점진적으로 발견이 이루어졌다는 서술)은 대세의 쏠림에 짓밟힐 것이다. "천상의 북"이 울렸다는 얘기가 나오고, "아인슈타인의 미완성 교향곡"이 완성되었다는 얘기가 나올 것이다.[15] 어쩌면 이 프로젝트에 헌신한 수많은 현역 물리학자들에게 더 중요한 것은 다른 엄밀한 과학 분야에

15　중력파 검출을 다루는 저서의 제목을 "천상의 북"으로 한 데이비드 블레어와, 이 분야의 훌륭한 대중적 입문서를 쓰고 "아인슈타인의 미완성 교향곡"이라는 제목을 붙인 마샤 바투시악에게 양해를 구한다.

　　　　　　　　　　　　　　　　　중력의 키스

종사하는 비판자들을 자신 있게 응시할 권리일 것이다. 중력파 검출과 그 동료들의 과학 사이에 새롭게 확립된 유사성을 아무도 부정할 수 없을 것이다. …

과학자의 임무는 진실을 계시하는 것이 아니라 가능한 최선의 전문적 판단을 내리는 것이다. 모든 각각의 판단을 확실한 계산 결과로서 제시하는 것은 사회적 임무를 저버리는 것이다. 확실성의 생산자로 자부하는 것은, 아무리 좋게 보더라도, 모범적이지 않은 과학에 귀의하는 것이다. 즉, 특정한 지식-만들기 모드를 완벽하며 (이것이 더 큰 문제인데) 성취 가능한 것으로 내세우고 그 예를 들이대며 서구 사상을 주도하고 왜곡해온, 과학적 세계의 한구석에 귀의하는 것이다. 너무 많은 확실성을 추구하는 것은 서구 사회에서 오직 과학이라는 문화적 활동만이 맡을 수 있는 저 선도적 역할을 맡을 책임을 저버리는 것이다. (160~161쪽)

지금 중력파 과학자들은 영광을 한껏 누리기를 원한다. 그러면서 지난 반세기 동안 그들이 충실히 수행해온 역할, 곧 불확실성을 다루는 모범자로서의 역할에서 벗어나고자 하는 것 같다. 납득할 만한 행동이긴 하지만, 이 상황 앞에서 나는 깊이 실망스럽다. 이제 그들은 확실성 발견의 모범이기를 바라고 따라서 과학의 아주 작은 한구석의 모범이기를 바란다. 뉴턴 물리학과 아인슈타인 물리학의 확실성과 양자이론의 계산이 지배하는 그 구석은 날씨, 경제, 기후변화, 무릇 과학적 판단이 속한 실제 세계를 거의 반영하지 못한다. 50년 가까이 나는 이 과학자 공동체에서 편안함을 느꼈다. 내가 속하고 싶은 유형의 사회를 대표했기 때문이다. 그러나 이제 훨씬 덜 편안하다. 그들이 자신들과 소수의 유명 물리학자들만 대표하려 하기 때문이다. 그들은 네 번째 과학 모형, 곧 왕관 보석 모형crown jewel model에 접근하는 중이다.

이런 변화가 일어나리라고 예상했지만, 이를 실제로 목격하는 것은 불편한 경험일 수밖에 없다. 이 변화는 곧이어 제시할 주장, 곧 과학자들은 민주 사회에서 지도적 역할을 맡을 잠재력이 있다는 주장을 당연히 약화시킨다.

물론 이처럼 과학의 모형이 엄격한 전문가주의가 가미된 CWI(신뢰성을 갖춘 수공업) 모형에서 왕관 보석 모형으로 바뀐다고 해서 과학의 실체가 바뀌는 것은 아니다. 간단히, 우주에서 다양한 천체물리학적 사건들이 일어나는 '빈도'에 관한 논증을 상기해보라. 발견의 순간만 제쳐놓으면, 과학은 여전히 불확실성으로 가득 차 있다. 사회학적 감수성을 조금만 발휘하면, 결국 관건은 과학을 어떻게 제시하느냐—과학의 의미를 어떻게 '사회적으로 구성하느냐', 과학자들과 사회가 과학에 대해서 어떻게 생각하느냐, 라는 것임을 알 수 있다.

민주주의 세계에서 과학의 역할

이 모든 도덕군자풍의 잔소리는 쓸데없지 않다. 과학은 민주주의를 위해 잠재적으로 엄청나게 중요하기 때문이다. 과학은 과학의 발견들보다—이 책에서 논한 것처럼 경이롭고 고무적인 발견보다도— 훨씬 더 중요하다. 심지어 과학은 중력파 발견으로 대표되는 반세기에 걸친 인간적 독창성, 모험, 투지보다 더 중요하다. 또한 과학은 중력파 발견이 일으킬—더 정확히 말하면, 중력파 발견을 구성할—틀의 변화보다도 더 중요하다. 『리바이어던과 공기 펌프Leviathan and the Air-Pump』에서 스티븐 섀핀과 사이먼 셰이퍼

중력의 키스

는, 로버트 훅의 공기 펌프 실험은 민주주의에 관한 논증이었다고 주장한다. 토머스 홉스는 그 실험의 결과에 격렬히 반발했다. 홉스의 유명한 견해에 따르면, 사회는 리바이어던이며, 왕은 리바이어던의 머리이자 모든 옳은 지식의 출처다. 그런데 훅은 실험실 안의 한 개인이 왕과 상관없이 옳은 지식을 만들어낼 수 있음을 보여주고 있었다. 홉스가 보기에 과학은 무질서로 귀결될 것이 뻔했다. 이 주장은 그 후 수백 년 동안 다듬어지고 또 다듬어졌다. 심지어 새핀과 셰이퍼도 "홉스가 옳았다"라는 악명 높은 결론을 내린다. 다른 모든 활동과 마찬가지로 과학도 의견, 영향, 권력의 얽힘에 종속된 집단적 과정이기 때문이라는 것이다. 오늘날 사회과학자들의 견해는—새핀과 셰이퍼가 어느 정도 인용하는 나의 저서 『틀 바꾸기』에 담긴 견해와 유사하게—과학이란 집단적 활동이라는 것이다. 그렇다면 사회 안에서 과학의 근본적 역할은 이제 더는 고립된 개인을 왕보다 더 지혜로운 인물로 찬양하는 것이라고 할 수 없다(과학도 고유한 왕들을 지녔으며, 그렇게 고유한 왕들을 지니는 편이 더 낫다). 사회 안에서 과학의 근본적 역할은 개인을 찬양하는 것이 아니라 집단적인 가치의 등대로서 구실하는 것이다. 민주주의를 탐욕으로부터 구해내려면 과학이 절실히 필요하다. 이 필요성은 중력과 천문학의 필요성보다 더 크다.

결론과 반복:
우리가 원하는 것은 어떤 유형의 물리학일까?

이 책은 역사를 통틀어 가장 위대한 발견 중 하나에 관한 서술이다. 그 발견과 물리학의 위력과 아름다움은 (나쁜 아니라) 사람들을 감동하게 한다. 그런데 45년 동안 중력파 물리학을 사랑해온 나는 지금 그 사랑이 약간 식은 것을 느끼며 깜짝 놀란다. 사회학자인 나는 중력파 물리학자들의 성취를 온전히 공유할 수 없으므로 질투심이 날 만도 하다. 그러나 나의 사랑이 식은 것은 질투심 때문만이 아니라고 생각한다. 내가 생각하기에 그 변화의 원인은 거의 불가능한 과제에 매달리면서 CWI 과학 모형을 모범적으로 실천하는 공동체와의 동반관계를 내가 수십 년 동안 즐겨온 것에 있다. 그런데 지금 나는 큰 성공으로 의기양양한 공동체가 나머지 사람들이 속한 고생길에서 빠져나가는 것을 본다. 누가 그 물리학자들을 시기할 수 있겠냐마는, 그런 의기양양함은 유토피아의 모형일 수 없다.

이런 연유로 나는 문득문득 나타나는 의기양양한 표현에 불만을 느낀다. 권력을 드러내고 마술적 술수로 사람들을 놀라게 하려는 욕망을 드러내는 비밀 유지, 박싱 데이 사건을 결단코 숨기려 하는 엄격한 전문가주의, 이제 수많은 5시그마 사건들이 관측될 것으로 전망된다는 점을 감안하여 '무지체 초과'의 가능한 의미를 숙고해볼 만한데 이를 꺼리는 분위기가 불만스럽다. 나는 과학자들이 이 문제들을 잘 처리하여 계속해서 과학적 업적의 잠정성을 전면에 노출하고 그럼으로써 계시의 기괴한 순간들보다 훨씬 더 많은 것을 표현할 수 있기를 바란다. 실제로 물리학은 자신이 경제를 뒷받침한다거나 종교를 대체하지 않는다고 주장할 때 그런 기괴한 순간들을 내세워 스스로를 정당화한다. 그리고 그 놀라운 순간들이 물리학을 물리학으로 만드는 것 중 하나라는 점을 아무도 의문시하지 않는다. 대형 강입자 충돌기에 들어간 수십억 달러의 비용은 힉스입자로 정당화되었고, 중력파 탐색에 들어간 10억 달러는 '그 사건'으로 정당화된다. 그러나 이 발견들은 우리, 거의 모든 사람에게 전혀 무의미하지 않은가! 물론 '그 사건'을 두고 이렇게 말하는 것은 약간 의아할 수도 있겠다. 우리는 그 사건에 너무 가까이 있으니까 말이다. 따지고 보면, 그 사건은 나의 삶과 중력파 과학자들의 삶을 엄청나게 바꿔놓지 않았는가. 그러나 친애하는 독자여, 힉스입자의 발견으로 당신의 삶이 어떻게 달라졌는지 돌이켜보라.

거듭되는 질문이지만, 우리가 원하는 것은 어떤 유형의 물리학일까? 이제 물리학자들은 자기 분야의 왕관 보석 하나를 추가로 보유했다. 과학사를 통틀어 이보다 더 찬란하게 빛난 보석은 소수에 불과하다. 그러나 이제껏 일어난 일을 보석으로 간주하는 태도는, 민주주의 사회에서 물리학이 맡을 수 있는 중요한 지도적 역할로부터 물리학을 멀리 떼어놓는다.[16] 거듭 말하지만, 왕관 보석은 대다수 과학자가 하는 일과 전혀 어울리지 않는 예외이며 심지어 물리학이 하는 일과도 전혀 어울리지 않는다. 어쩌면 물리학자들은 50년에 걸친 고귀한 논증과 인내와 진실성의 목적이 그 보석이라고 여길지도 모르겠다. 그러나 그 보석은 그들의 노동과 노력에 비하면 사소하다. 왕관이 아무리 찬란하더라도, 왕관에서는 아무것도 배울 수 없다. 물리학의 노력과 진실성이 물리학을 사회의 모범으로 만든다. 어쩌면 이로써 중력파 물리학에 관한 나의 서술에 처음부터 일관된 주제, 곧 '확실성 대 판단certainty versus judgment'이라는 주제가 결론에 이른 것일지도 모르겠다.

16　과거에 나와 스티븐 와인버그가 이 논점에 관하여 벌인 논쟁을 보려면, Labinger and Collins eds., *The One Culture?: A Conversation about Science*(한 문화?: 과학에 관한 대화), 특히 이 책에 실린 나의 글 왕관 "Crown Jewels and Rough Diamonds: The Source of Science's Authority"(보석과 다이아몬드 원석: 과학의 권위의 원천) 참조. 같은 주제를 단행본 규모로 발전시킨 책으로는 Collins and Evans, 『과학이 만드는 민주주의』 참조.

14장

책, 저자,
공동체, 전문성

내가 중력파 물리학 분야와 접촉하기 시작한 것은 과연 조지프 웨버가 실온 공진 막대로 중력파를 검출했는가를 둘러싼 논란이 정점에 이른 1972년이었다. 중력파에 관한 그 논란은 나의 과학사회학 박사학위 논문의 4분의 1가량을 차지했다. 당시에 나는 실험실을 찾아다니며 과학자들과 대담하는 방식으로 연구를 수행했다. 1972년에 영국과 미국에서 대담을 8회 했으며, 1975~1976년에 유럽과 미국에서 추가로 14회 했다. 1972년 연구에서 나온 논문은 유명해졌고 나의 경력을 보장해주었다. 그 시절에 수행한 대담은 네 종류로 분류되었는데, 1985년에 나는 그중 세 가지를 기초로 삼고 중력파 연구를 중심 사례로 들어 『틀 바꾸기』를 썼다. 중력파 물리학에 훨씬 더 깊게 관여하기 시작한 것은 1990년대 중반부터였다. 1990년대 중반부터 2000년대 중반까지 나는 동료 사회학자들을 비롯한 어떤 집단보다도 중력파 물리학자들을 가장 많이 상대했다. 그 시절에 나는 중력파 물리학자들이 여는 학회와 연구회에 거의 모두 참석했다. 한 해에 대여섯 번 비행기를 타기 일쑤였고 장거리 비행도 자주 했다. 그 시기에 중력파 공동체를 잘 알게 되었고 새 친구와 지인 들을 얻었다. 결정적으로 중요한 것은 내가 그들과 그들의 프로젝트를 좋아하게 되었다는 점이다. 나는 그 과학자들 사이에서 편안했으며 이 이례적인 모험을 가까이에서 지켜보는 것을 특혜로 느꼈다.

이 책과 관련해서 중요한 것은 내가 10년 넘게 연구의 중심 과제로 삼아온 전문성 분석이다. 이 맥락에서 필수적이며 가장 성공적인 개념은 '상호작용적 전문성interactional expertise'이다.[1] 내가 중력파 물리학에 깊이 관여하던 시절에 얻은 그 분야에 대한 지식은 상호작용적 전문성의 가장 좋은 실례다. 그 시절에 나는 커피를 마시거나 점심 혹은 저녁을 먹으면서 새 친구들 및 지인들과 중력파 물리학을 논하곤 했다. 나는 비록 물리학자가 아니었지만 그 대화를 썩 잘해냈다. 나는 계산을 못 하고 논문에 기여할 수도 없었고 장비의 제작을 도울 수도 없었다. 그럼에도 나는, '상호작용적 전문성'은 있지만 '기여적 전문성contributory expertise'은 없는 나 같은 사람도 합당한 전문적 판단을 내릴 수 있을 정도로까지 그 분야를 이해할 수 있다고 생각했다. 동료 검토자와 기술 프로젝트 관리자 들의 입장도 나와 다르지 않다고 보았다. 그리하여 나는 직접 실험해보기로 했다. '이미테이션 게임imitation game'을 하기로 한 것이다. 그 게임에서 한 중력파 물리학자는 나와

---

1   「사회학적 철학적 주석」 15번 참조.

또 다른 중력파 물리학자에게 전문적인 질문들—총 7개의 질문—을 던지고 대답을 받았다. 이어서 우리는 그 문답 내용—질문 7개와 정체를 숨긴 두 사람의 대답 7쌍—을 다른 중력파 물리학자 9명에게 보내고 문답에 참여한 사람들의 정체를 알아내라고 요청했다. 한 참여자는 나라는 섬을 알려주면서 말이다. 7명은 누가 누군지 모르겠다고 답변했고, 2명은 나를 진짜 물리학자로 오인했다. 그렇게 나의 생각이 입증되었다![2]

상호작용적 전문성은 해당 분야, 곧 변화무쌍한 과학, 기술 등의 분야와 지속적으로 접촉해 끊임없이 갱신하지 않으면 퇴화한다. 내가 중력파 물리학에 관여하는 강도는 2000년대 중반 이후 약화되었기에 전문성도 퇴화하기 시작했다. 내가 『중력의 유령』과 『빅 독』을 쓸 때 두 차례 회복의 기회가 있었지만, 과거에 도달했던 지식의 수준을 제대로 회복한 적은 없다고 생각한다.

빅 독에 대한 분석이 완료된 후 지금까지 서너 해 동안 나는 중력파 물리학자들의 모임에 연간 1회 정도만 참석했다. 중력파 물리학에 대한 지식은 더 퇴화했다. 특히 장비의 작동에 관한 세부 사항을 많이 잊어먹었는데, 다행히 그런 유형의 지식 상실은 치명적이지 않았다. 만약에 『중력의 그림자』의 2판을 쓰려 한다면 문제가 더 심각해지겠지만 말이다.

다행히 이 책의 주제는 검출기 제작이 아니라 완성된 검출기들에서 신호가 포착된 다음에 검출이 입증되는 과정이다. 따라서 나에게 필요한 것은 운 좋게도 내가 『빅 독』을 쓰면서 상당히 높은 수준으로 끌어올린 협소한 지식이 전부다.

2　「사회학적 철학적 주석」 16번 참조.

그러나 이런 식으로 넘어가는 것은 정직하지 못한 행동일 터였다. 그리하여 나는 다시 한번 '이미테이션 게임'을 했다. 나의 전문성 퇴화가 드러나는지 알아보기 위해서였다. 이번에도 카디프 대학교의 물리학 교수 사티야프 라카시가 2015년에 적합한 새로운 질문들을 만들어주었다. 다음과 같은 8개의 질문이다.

Q1. 고급 라이고와 비르고의 데이터에 동일한 중성자별 쌍성계에서 유래한 신호 2개가 포함되어 있다. 두 신호의 병합 시점의 차이는 겨우 1초다. 정합 필터링으로 그 2개의 중복 신호를 구분하는disentangle 것이 가능할까? 가능하다면, 그 이유를 설명하시오.

Q2. 아인슈타인 망원경은 미래에 3세대 중력파 검출기로 등장할 가능성이 있다. 그 장비는 극저온 기술을 이용하는 지하 검출기로 구상하고 있다. 검출기를 지하에 설치하고 극저온 기술을 이용하면 어떤 파원들에서 나오는 잡음이 경감될까?

Q3. 잠정적 사건이 발견된 다음날 라이고-비르고 분석팀이 천문학자들에게 경보를 보냈다. 그 사건의 후속 관측을 위해서 천문학자들은 어떤 망원경(감마선 망원경, 엑스선 망원경, 적외선 망원경, 광학 망원경, 전파 망원경)을 써야 할까? 또 그 이유는 무엇일까?

Q4. 단 1대의 라이고 검출기에서 연속적 중력파 신호가 높은 신뢰도로 관측되었다. 그 신호의 파원이 하늘의 어느 위치에 있고 얼마나 멀리 있는지 알아낼 수 있을까? 있다면, 그 방법을 설명하시오.

Q5. 펄서 때맞춤 배열pulsar timing array, PTA과 레이저 간섭계는 본질적으로 동일한 중력파 검출 원리에 기반을 둔다고 한다. 그 원리는 무엇일

까? 또 그 원리는 PTA와 레이저 간섭계에 어떻게 적용될까?

Q6. 한 실험가가 레이저의 출력을 10배 높여서 기존 간섭계의 감도를 향상시키자고 제안한다. 거울들이 이 출력 강화를 감당할 수 있다고 가정하고, 거울의 열 잡음thermal noise은 무시하자. 이 출력 강화를 통해 검출기의 변형률 감도는 다양한 주파수대에서 얼마나 향상될까?

Q7. 라이고와 비르고가 5년 동안 데이터를 수집했는데, 그 기간에 우리 은하의 초신성 폭발 1회, 짧고 강한 감마선 분출 200회, 펄서 글리치 pulsar glitch● 4회가 있었지만, 중력파 신호는 전혀 검출되지 않았다. 이 검출 실패가 함축하는 바는 무엇일까?

Q8. 두 팀, 즉 E팀과 N팀이 검출기 설계를 내놓았다. 두 설계에서 검출기의 쌍성계 병합에 대한 검출 범위는 동일하다. E팀이 설계한 검출기는 5헤르츠의 저주파수에서 변형률 감도가 더 높은 반면, N팀이 설계한 검출기는 변형률 감도가 전반적으로 더 낮지만 1헤르츠에서는 약간만 더 낮다. 두 검출기는 쌍성계 병합의 모수들을 측정할 때 동등한 성능을 발휘할까? 그렇다고 생각한다면, 그 이유를 설명하시오.

이 질문들에 우선 다른 중력파 물리학자 3명과 내가 답변했다. 이번에는 검사를 더 정교하게 하려고 중력파 물리학자가 아닌 사람들에게도 답변을 요청했다. 그들의 답변을 중력파 물리학자들의 답변과 비교해보기 위해서였다. 표 14.1은 검사의 최종 결과를 나타낸다.

● 펄서의 내부 메커니즘에서, 천체물리학적 이유로 인해 생기는 펄서 신호의 이상량 anomaly을 지칭한다.

		채점자			
		중력파 물리학자	식견 있는 물리학자	식견 있는 사회과학자	해리 콜린스
답변자	중력파 물리학자	27	27	19	23
	식견 있는 물리학자	19	23	17	13
	식견 있는 사회과학자	17	20	19	11
	해리 콜린스	25	27	20	28

표 14.1 새로운 중력파 이미테이션 게임의 결과.

보다시피 4개의 집단이 8개의 질문에 답변했다(해리 콜린스는 독자적으로 한 집단으로 간주했다). 중력파 물리학자 3명이 한 집단, 중력파 물리학자들과 같은 분야에 종사하는 천문학자/천체물리학자(이른바 '식견 있는 물리학자') 3명이 또 한 집단, 나의 중력파 연구와 이런 유형의 이미테이션 게임에 익숙한 사회과학자(이른바 '식견 있는 사회과학자') 2명이 또 다른 집단을 이뤘다. 4개의 집단이 누구의 답변인지 알 수 없도록 답변들이 나열된 목록을 보면서 채점을 했다.[3] 채점자들은 아래 기준에 따라 1점부터 4점까지 점수를 매겼다. 그러므로 한 답변자가 받을 수 있는 최고 점수는 32점이었다.

중력파 물리학을 안다: 4점

어느 정도 이해한다: 3점

미덥지 않다: 2점

---

3   이 작업을 도와준 루이스 갈린도에게 감사한다. 「사회학적 철학적 주석」 16번 참조.

중력파 물리학을 모른다: 1점

가장 왼쪽의 열에서 볼 수 있듯이, 콜린스는 중력파 물리학자들의 채점에서 꽤 높은 (내 예상보다 높은) 점수인 25점을 받았다. 한편, 중력파 물리학자 3명의 평균 점수는 27점이었다. 이 두 점수가 사실상 동등하다는 점은 중력파 전공이 아닌 물리학자들과 사회과학자들이 훨씬 더 낮은 점수를 받았다는 사실에서 드러난다. 그러나 나는 이 검사가 최근 몇 년에 걸친 나의 전문성 퇴화를 과소평가한다고 믿는다.

그 퇴화는 표의 마지막 열에서 약간 더 뚜렷하게 드러난다. 그 열은 내가 다른 이들과 나 자신의 답변에 매긴 점수들을 보여준다. 한 가지 추가로 밝혀야 할 점이 있는데, 이 채점은 내가 질문에 답변하고 나서 4개월 뒤에 이루어졌다. 하지만 내가 나 자신에게 높은 점수를 준 것은 이해할 만한 일이다. 누구나 자신의 답변이 옳다고 생각하기 마련이니까 말이다. 내가 매긴 점수들의 분포가 중력파 물리학자들이 매긴 점수들의 분포와 대략 비슷하다는 점도 눈여겨보라. 옳은 답변을 알아보는 솜씨는 애당초 답변을 내놓는 솜씨와 거의 대등한 이해의 지표다. 그러므로 내가 중력파 물리학자들에게 준 점수와 식견 있는 사회과학자들이 그들에게 준 점수가 퍽 다르다는 점은 나에게 고무적인 결과다. 그러나 내가 나 자신에게 준 점수와 중력파 물리학자들에게 준 점수의 차이는 나의 전문성이 퇴화했음을 보여준다. 거듭되는 말이지만, 이 차이의 일부는 누구나 자신의 답변에 좋은 점수를 주는 경향이 있다는 사실에서 유래한다. 당신이 그 답변들을 믿지 않았다면 애당초 그것들을 내놓지 않았을 것이다. 내가 나 자신에게 준 점수와 중력파 물리학자들이 나에게 준 점수를 비교하면, 내가 스스로에게 과도하게

2~3점을 주었다는 생각이 든다. 하지만 나는 내가 중력파 물리학자들에게 낮은 점수를 주었다는 점도 아주 면밀히 숙고했다. 이 채점은 중력파 물리학계와의 접촉이 줄어든 탓에 내가 몇 개의 질문에서 그 물리학자들의 답변을 이해하지 못했음을 보여준다. 한 답변에 대해서는 그저 부주의로 부적절한 점수를 매긴 것이지만, 나머지 2개의 답변에 대한 나의 채점은 내 지식의 퇴화와 관련지을 수 있다. 지난 몇 년 동안 내가 과거 1990년대와 2000년대 초반에 그랬던 것처럼 열심히 중력파 물리학자들과 접촉했다면, 이런 실수들을 범하지 않았을 테고 (나의 점수는 전반적으로 박한 편이므로) 그 물리학자들에게 평균 23점(및 부주의한 채점으로 인한 1점)이 아니라 25점을 주었을 것이다. 요컨대 25점과 23점의 차이는 이 검사에서 드러난 내 지식의 퇴화 정도다.

나는 2번 질문에 대한 답변을 가장 꼼꼼히 탐구했다. 나는 이 질문에 대해서 내가 제출한 답변이 정답이고 중력파 물리학자들의 답변은 오답이라고 생각했기 때문이다. 그러나 많은 이들에게 문의한 결과, 중력 기울기 gradient에 대한 고려가 검출기 지하 설치의 가장 중요한 이유라는 내 생각이 틀렸음이 드러났다. 내가 중력파 물리학에 깊이 관여하던 10년 전에는 그 생각이 옳았지만, 지난 10년 사이에 지식의 변화가 일어났고, 나는 그 변화를 따라잡지 못한 것이었다. 무엇이 달라졌냐 하면, 내가 아는 중력 기울기는 주로 바람에 의한 공기 밀도의 변화 때문에 거울에 가해지는 중력이 변화하는 것과 관련이 있었다. 이런 중력 기울기는 검출기를 얕은 지하에 설치함으로써 경감할 수 있다. 그러나 세월이 흐르면서 이런 유형의 중력 기울기는 사소하다는 것이 밝혀졌고, 지진파 잡음과 관련이 있는 지표면의 미세한 떨림이 일으키는 중력의 변화가 심각한 문제로 여겨지게 되었다. 이

중력의 키스

문제를 완화하려면 검출기를 훨씬 더 깊은 지하에 설치할 필요가 있지만, 다른 방식으로도 충분히 문제를 완화할 수 있기 때문에 많은 사람은 검출기를 깊은 지하에 설치하는 것을 고려하지 않는다. 이 차이를 각각 2000년과 2011년에 출판된 두 문헌에서 따온 아래 인용문들에서 볼 수 있다.

> 그런 저주파수에서는 환경적 효과들, 특히 주위 환경의 조수tide 및 날씨의 변화와 관련 있는 중력 기울기가 신호를 훨씬 능가하는 섭동perturbation을 야기할 수 있다. (Ju, Blair, and Zhao, "Detection of Gravitational Waves", 1326)

> 중력 기울기의 주요 파원은 지표면의 지진파다. 지표면의 밀도 요동은 개별 간섭계가 검사하는 질량 근처에서 발생한다. (Pitkin, Reid, Rowan, and Hough, "Gravitational Wave Detection by Interferometry", 13)

거듭 말하지만, 나는 이 변화를 몰랐기에 나의 답변이 정답이고 중력파 물리학자들의 답변은 모두 오답이라고 생각했다. 이것은 상호작용적 전문성이 퇴화하기 시작할 때 무슨 일이 벌어지는지를, 또한 과학자 공동체와 계속 교류하지 않으면 상호작용적 전문성은 퇴화할 수밖에 없음을 생생하게 보여주는 사례다.

나의 전문성 퇴화는 중력 기울기 문제에서만 불거진 것이 아니다. 나는 신호 파원의 질량 및 하늘에서의 위치 파악과 신호의 주파수 사이의 관계도 잘 몰랐다. 돌이켜보면 알 수 있듯이, 만약에 내가 지난 9월부터 상황의 전개를 주의 깊게 추적하지 않았다면, 나는 시간 슬라이드의 최적 간격에 관한 지식(4장 참조)과 검출기 상태의 동결이라는 개념에 관한 지식도 갱신하지 못한 채 과거의 지식에 머물렀을 것이다. 그러나 나는 배경 지식을 갖췄으므로 이 모든 전문적 사안들에 관한 짧은 대화만으로도 새 지식을 소화할 수 있었을 것이다.

다시 전반적인 점수를 보면, 중력파 물리학자가 아닌 물리학자들의 점수가 (심지어 중력파 물리학자들이 매긴 점수도) 식견 있는 사회과학자들의 점수보다 그리 높지 않음을 알 수 있다. 또한 중력파 물리학자들과 콜린스가 상위권을 이루고 다른 분야의 물리학자들과 사회과학자들이 하위권을 이룬 것이 뚜렷이 드러난다. 요컨대 이 간단한 검사는 과학이 얼마나 전문화되었는지 보여준다. 대중이 상상하는 '흰 가운을 입은 만능 과학 전문가'는 존재하지 않는다. 실제로 이 검사에 참여한 식견 있는 물리학자들은 중력파 물리학에 관한 식견이 상당히 높은 수준이었기 때문에, 그들의 점수는 더욱 충격적이다. 그들 가운데 가장 높은 점수를 받은 인물은 나중에 나에게 이렇게 썼다.

> 도움이 될지 모르겠지만, 저는 여러 해에 걸쳐 중력파 전문가들의 세미나에서 배운 것과, 동료 심사위원회나 정책위원회의 일원으로서 읽은 논문들에서 배운 것과, 약간 대중적인 (『사이언티픽 아메리칸』 수준의) 글들을 읽으면서 배운 바를 기초로 삼아서 답변을 작성했습니다. 하지만 잡음과 감도에 관한 질문들은 어느 정도 이해할 수 있는 것들이기도 했습니다. 제 전문 분야는 실험 (전자기파) 천문학이니까요.

그럼에도 그 물리학자가 중력파 물리학자들로부터 받은 점수는 사회과학자들이 받은 점수와 비슷했다. 더구나 문제가 8개였음을 감안하면, 양쪽 집단의 문제당 평균 점수는 2.4와 2.1로 채점 기준에서 "미덥지 않다"에 해당하는 2점보다 약간 높은 수준이다. 따라서 식견 있는 사회과학자들의 점수가 우수했다는 결론보다는 식견 있는 물리학자들의 점수가 그리 우수하지 않았다는 결론이 더 적절하다.

표의 둘째 열과 셋째 열을 보면, 채점자의 전문성이 떨어질수록 집단들을 구별하는 능력이 감소하는 것을 알 수 있다. 이것은 충분히 예상되는 결과다. 셋째 열을 보라. 평범한 사회과학자들은 모든 답변자에게 대략 같은 점수를 주었다. 이 결과는 '대중'이 아주 쉽게 속는다는 것을 보여준다. 대중의 눈에는 모든 '전문가'가 동일하게 보인다.

마지막으로 덧붙이자면, 이 검사가 끝나고 얼마 후에 나는 한 대학교에 소속된 물리학자 2명에게 검사에서 수집한 답변들을 주면서 채점을 요청했다. 중력파 물리학은 그 대학교의 주요 관심 분야가 아니었으며, 그 물리학자들의 전문 분야는 각각 이론 광학과 이론 입자물리학이었다. 그들이 매긴 점수를 표 14.1의 한 열처럼 나열하면 22, 18, 18, 18이었다. 요컨대 답변자들 가운데 전문가와 비전문가를 얼마나 잘 구별했는가를 기준으로 삼으면, 그들은 다른 집단들보다 평범한 사회과학자 집단과 더 유사했다. 그러나 그들이 매긴 점수는 서로 상당히 달랐다. 둘째 물리학자가 매긴 점수는 거의 무작위적이었다. 그래서 그들 각각이 매긴 점수를 보고하는 것이 옳다고 느껴진다. 첫째 물리학자가 매긴 점수는 25, 18, 18, 19, 둘째 물리학자가 매긴 점수는 19, 18, 19, 17이었다. 보다시피 첫째 물리학자는 모든 채점자 가운데 유일하게 콜린스와 중력파 물리학자들에게 현격히 다른 점수를 주었다. 왜 그랬는지는 수수께끼인데, 어쩌면 답변의 문체가 채점에 영향을 미쳤을지도 모른다.

다시 나의 전문성 퇴화로 돌아가자. 전문성은 다차원적이며, 덜 자명한 기술적 차원들에서의 전문성 퇴화는 복구하기가 훨씬 더 어렵다. 그런 퇴화는 몇 분 동안의 대화를 통해 복구할 수 없다. 『전문성을 다시 생각함 Rethinking Expertise』에서 로버트 에번스와 나는 전문성 혹은 전문성을 판단하는 요소 16개를 열거했는데, 우리는 그 요소들을 수정해야 한다는 것을 발견했다. 이후에 쓴 논문들에서 우리는 기술적 전문성, 상호작용적 전문성, 기여적 전문성의 주요 요소들을 더 다듬을 필요가 있다고 설명한다. 이 전문성 유형의 필수 요소 하나는 전문가로 자처하는 사람들의 신뢰성에 관한 지식이다. 이 사실은 우리가 '전문성 주기율표The Periodic Table of Expertises'라고 부르는 것의 '메타전문성meta-expertise' 열에서 잘 드러난다. 그 열은 다양한 전문가 가운데 신뢰할 만한 사람을 선별하고 일부 정치인들과 판매원들을 무시하는 능력과 관련이 있다. 이 능력은 예컨대 천문학자와 점성술사를 구별하는 판단력, 의사와 백신 공포 유포자를 구별하는 판단력, 또한 (이것이 가장 유용한데) 담배회사나 석유회사로부터 돈을 받고 그 회사에 유리한 연구 결과를 제공하는 과학자와 과학적 가치들을 위해 연구하는 과학자를 구별하는 판단력을 말한다. 그러나 이런 유형의 메타판단력은 '순수하게' 기술적인 전문성의 한 요소이기도 하다.

우리가 자주 거론하는 대표적인 사례는 역시나 중력파 물리학계에서 나왔다. 1996년에 조지프 웨버는 과거에 자신이 검출한 중력파들과 감마선 분출 사이의 상관성을 발견했다는 주장을 담은 논문을 출판했다. 나는 중력파 공동체를 누비며 과학자들에게 그 논문을 어떻게 생각하느냐고 물었다. 그리고 그 논문을 읽은 사람은 나뿐이라는 것을 발견했다. 웨버의 신뢰성은 이제 떨어질 대로 떨어졌기 때문에 그 논문은 외견상 전적으로 존중할 만하더라도 '비논문nonpaper'이라는 것이 그 과학자들의 '기술적' 판단이었다. 출판 이전의 물리학 논문들을 싣는 서버 '아카이브arXiv'는 제출된 논문들을 컴퓨터 알고리듬으로 심사한다. 2015년에 우리는 20년이나 된 웨버의 그 논문이 여전히 문제없이 '아카이브'의 심사를 통과한 것을 발견했다. 실제로 외부자들이 보면, 그 논문은 노벨 물리학상감의 외관을 완벽하게 갖췄다.[4]

2011년에 출판한 한 논문에서 마틴 와이널과 나는 웨버의 1996년 논문을 무시해야 한다고 판단하는 데 필요한 전문성을 '영역 특수적 식별력Domain-Specific Discrimination, DSD'으로 명명하고 "기술적 전문가들이 동료 전문가들을 판단할 때 사용하는 비기술적 전문성"으로 정의한다.[5] 중력파 질문 검사에서 나의 부적절한 채점이 보여준 바와 별도로, 나는 여러 해 동안 중력파 공동체로부터 멀어진 결과로 그 공동체의 상당 부분에 대하여 이런 유형의 판단을 할 능력을 상실했다. 나는 이 측면에서의 전문성 상실을 가장 강하게 느낀다. 내가 이미 갖춘 지식을 감안할 때, 기술적 상실은 이메일 문의나 전화 토론 몇 번으로 보완될 수 있다. 그러나 한 공동체의 역량과 편향을 그런 식으로 알아낼 수는 없다. 이것들을 알아내려면 여러 해가 걸린다. 지난 몇 년 동안 많은 신인이 이 분야에 들어왔고 비교적 무명이었던 인물들이 중요한 역할을 맡게 되었다.

---

4   그 논문의 서지사항은 이러하다. Weber and Radak, "Search for Correlations of Gamma-Ray Bursts with Gravitational-Radiation Antenna Pulses"(감마선 분출과 중력 복사 안테나 펄스의 연관성 탐색), 「사회학적 철학적 주석」 17번 참조.

5   Collins and Weinel, "Transmuted Expertise: How Technical Non-experts Can Assess Experts and Expertise"(변형된 전문성: 기술적 비전문가는 전문가와 전문성을 어떻게 평가할 수 있는가), 「사회학적 철학적 주석」 17번 참조.

『중력의 유령』과 『빅 독』을 쓸 때 나는 이메일들을 꼼꼼히 읽는 것에 크게 의존했는데, 그 당시에도 나는 그 이메일들의 배후에 있는 사람들을 아주 잘 알았고 그들의 정치적 기술적 관심사를 알았다. 나는 사람들이 어디 출신인지 알았고 그에 맞게 그들의 기여를 평가할 줄 알았다. 반면에 현재 나는 중력파 공동체의 절반 정도에 대해서는 영역 특수적 식별력을 발휘하지 못한다. 현안으로 제기된 발언을 얼마나 진지하게 취급해야 하는지 모른다. 그 발언을 한 사람을 모르고 그 사람이 왜 그런 발언을 하는지 모르기 때문이다. 예컨대 GW150914가 포착된 당일인 월요일과 이튿날인 화요일에 내가 삭제하지 않고 저장한 이메일은 104통인데, 그것들을 살펴보니 이메일 작성자는 총 45명이었고, 그중에서 내가 아는 사람은 대략 20명에 불과했다. 몇 년 전이었다면, 내가 아는 사람이 40명은 되었을 것이다. 이 차이는 한 분야를 이해하는 방식과 관련해서 크게 중요하다.

한 예로 나는 한 과학자에게 이런 견해를 밝혔다.

> 나는 (P는 Q이므로 A는 B라는) 그 논증이 아주 기이하다고 느꼈어요.

그러자 그 과학자가 이렇게 대꾸했다.

> XXXX가 제시한 논증은 실제로 아주 기이해요. 하지만 XXXX의 논증이라는 점을 감안하면, 그것은 어쩌면 그리 기이하지 않을 거예요 ;-)

중력의 키스

다른 대화에서 나는 이런 말도 들었다.

> 저는 우리가 결론을 내리기 전에 그것에 조금이라도 신뢰성이 있는지 여부를 이해해야 할 거라고 생각해요. … 그런데 제가 생각하기에 그건 아주 힘든 작업일 거예요. YYYY는 정말 영리한 친구거든요. 그는 자신감이 강해서 자기는 그것을 믿는다고 말할 테고, 사람들은 그를 충분히 존중하기 때문에 즉석에서 반발하지 않을 거예요. 그러면 우리가 어떻게 난관을 극복할지 난 모르겠어요. (9월 28일 피터 솔슨과의 대담)

나는 둘째 언급에서 거론된 인물을 충분히 잘 알기 때문에 그 언급을 이해하고 받아들일 수 있다. 그러나 나는 첫째 언급에 등장하는 인물은 모른다. 일반적으로 나는 이런 유형의 인물 파악을 독자적으로 하기가 빅 독 때보다 지금 훨씬 더 어려워졌다고 느낀다. 거듭 말하지만 나는 영역 특수적 식별력을 상실하는 중이다. 영역 특수적 식별력이 대면 소통에 어떤 영향을 미치는지는 쉽게 확인할 수 있다. 다른 글에서 나는 열띤 토론 중에 상대가 낯설어 그의 신체 언어를 잘못 이해한 사례를 서술했는데, 그 경험 이후 나는 똑같은 일이 이메일 해석에서도 벌어진다는 것을 깨달았다.[6] 글은 글 이상이다. 글의 의미는 기존의 수많은 사회적 상호작용에 의존한다. 이것은 매우 중요한 사실이다. 이 사실의 중요성은 젊은 세대의 소통이 점점 더 소셜미디어에 의존하는 것으로 보이는 이 시대에 특히 두드러진다.

---

6 다른 글이란 내가 지금 쓰고 있는 책 *Artifictional Intelligence*(인공허구지능)다.

중력파 천문학의
출범

지금은 2016년 5월이다. 이제부터 나는 고급 라이고의 첫 번째 관측 가동(O1)에 대해서 서술할 것이다. 그 가동은 이번 중력파 검출과 관련 있는 마지막 과학적 활동이다. 따라서 우리는 다시 첫째 물결을 다뤄야 한다. O1은 2016년 1월 12일까지 106일 동안 지속되었다. 이 기간에 간섭계들은 적당한 상태를 유지하면서 약 1100시간(거의 46일) 분량의 과학적 관측을 수행했다. 나는 이 관측의 결과가 그릇된 방식으로 제시되었다고 생각한다. 우리는 박싱 데이 사건(GW151226)을 다루는 두 번째 발견 논문을 작성했으며 '그 사건'을 입증하는 증거로 그것을 『피지컬 리뷰 레터스』에 제출할 것이다. 내가 나중에 알게 된 바에 따르면 그 논문은 6월 15일에 출판될 것이다. 또한 우리는 더 긴 'O1 논문'을 작성하는 중이다. O1 기간의 모든 관측 결과들을 요약한 이 논문은 같은 날 '아카이브arXiv'에 게재될 것이다.[1]

나는 둘째 주요 논문의 요점은 '그 사건'의 입증이 아니어야 한다고 생각한다. '그 사건'이 두 번째 중력파 관측에 의해 입증되었다는 사실은 최초 발견 논문에 실려야 했다. 실제로 모든 구성원이 '그 사건'은 '자기단극 발견'과 유사하지 않고 '오메가마이너스 입자 발견'과 유사하다는 확신을 품게 된 것은 그 '두 번째 행운' 덕분이었으니까 말이다. 최초 발견 논문을 작성할 당시에 정확한 모수들이 밝혀지지 않았다는 점은 '그 사건'의 입증에 관한 한에서는 중요하지 않았다. 그럼에도 지금 중력파 공동체는 사건들을 역순逆順으로 보고함으로써 역사를 위조하고 있다. 비밀 유지의 욕망이 너무 강한 탓이다. 둘째 주요 논문의 내용은 O1에서 이루어진 발견들과 관련 모수들의 요약이어야 마땅하다. 곧 보겠지만, 이제 관건은 단지 한 사건과 입증이 아니라 중력파 천문학의 출범이다. 이를 위해서는 2개가 아니라 3개의 사건을 상세히 보고해야 한다. '그 사건'과 박싱 데이 사건뿐 아니라 두 번째 월요일 사건까지 말이다. 이 사건의 사회적 중요성은 꾸준히 증가해왔다. 중력파 천문학의 시초를 이루는 이 3개의 사건을 보여주고 비교하는 결정적 그림과 데이터는 현재 작성 중인 O1 논문에 실릴 예정이다. 하지만 그 그림과 데이터는 두 번째 선언 논문에 실려야 마땅하다.

여전히 이 프로젝트에 참여하고 있는 물리학자들은, 대규모 과학을 진행하는 유일한 길은 논쟁하고 합의하고 그 합의가 최적이라고 믿건 말건 그것에 따라 일하는 것임을 안다(『중력의 그림자』 참조). 반면에 외부자는 더 자유롭다. 나는 공동체의 합의에 구속되지 않고 지금도 문제를 제기할 수 있

---

1   현재 작성 중인 동반 논문들도 많지만(https://www.ligo.caltech.edu/page/detection-companion-papers 참조) 이 글에서 나는 발견 논문들에만 관심을 기울일 것이다.

다. 나는 1월 19일 버밍엄 모임 중에 내가 지켜본 원격 회의에서부터 일이 꼬이기 시작했다고 생각한다(295쪽 참조). 그때 나는 '그 사건'의 실재성에 대한 자신감 형성에 큰 역할을 한 박싱 데이 사건을 비밀에 부치자는 견해가 득세하는 것을 보면서 경악했다. 너그럽게 보면, 그 움직임의 바탕에는 임석한 전문가주의가 있었다. 하지만 덜 너그럽게 보면, 그 움직임을 추진한 것은 권력욕이었다. "이것은 우리의 발견이다. 우리가 완전히 준비를 마칠 때까지는 아무도 이것을 알지 못할 것이다"라는 선언이 그 움직임의 의미였다. 과학자들이 말할 수 있는 모든 것을 모두에게 말하는 것이 자신들의 임무이며 그 임무의 수행이 추월당할 위험을 초래하지 않는다고 여긴다면, 모든 문제와 모호성은 사라질 것이다. 이제 다시 사건들의 연쇄를 살펴보자.

5월 초에 중력파 공동체는 박싱 데이 사건(GW151226) 논문에 삽입할 그림을 놓고 큰 논쟁을 벌인다. 일부 사람들은 내가 8장과 11장에서 언급한 그림들(예컨대 그림 11.7 참조)에 대해서 나와 마찬가지로 불만을 느낀다. 단지 아무것도 보이지 않음을 보여줄 뿐인 오메가 스캔을 그림에 삽입하는 것이 과학적으로 유의미하냐는 질문이 제기된다. 논문의 여섯 번째 원고에는 오메가 플롯 그림이 여전히 등장하지만 몇 가지 파형도 삽입된다. 그 파형들은 견본들로부터 재구성한 것인데, 그 파형들을 통해 말하려는 바가 무엇인지는 전혀 명확하지 않다. 적어도 나에게는 그러하다. 그림들을 어떻게 제시할 것인가에 대해서 의견들이 심하게 엇갈리고, 결국 공동체는 투표를 하기로 한다. 그러나 늘 그렇듯이, 투표가 결정적인 역할을 하지는 않을 것이다. 이 논쟁은 논문이 『피지컬 리뷰 레터스』에 제출되는 순간까지 계속될 것이다. 그림 15.1은 제출된 GW151226 논문의 그림 1을 보여준다. 그림 아래에 긴 설명이 붙어 있는데, 그것을 요약하면 아래와 같다.

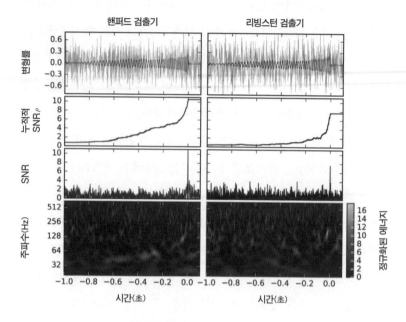

그림 15.1 제출된 GW151226 논문의 그림 1.

첫째 행: 두 검출기에서 나온 (필터링을 거친) 변형률 데이터. … 베이지언 Baysian 분석으로[20] 재구성하고 동일한 필터링을 적용한, 세차운동 없는 회전 파형 모형 중에서 가장 잘 일치하는 견본을 (검은색 선으로) 함께 보여준다. … 둘째 행: 누적적 신호 대 잡음 비율의 정점(SNRρ)을 견본과 신호의 파형이 최적으로 일치하는 시간의 함수로 보여주는 그림. 누적적 SNRρ의 최댓값은 다음 행의 정점에 대응한다. 셋째 행: 가장 잘 일치하는 견본을 시간적으로 이동시키고 매 시점에서의 누적integrated SNR를 계산하여 산출한 신호 대 잡음 비율(SNR)의 시계열 그래프. 견

중력의 키스

본과 신호 파형이 시간적으로 가장 잘 일치할 때 최대 SNR가 회복된다. 넷째 행: GW151226 시점 근처의 변형 데이터를 보여주는 시간-진동수 그래프[45].

논문의 텍스트에는 이런 문장이 나온다. "검출기 데이터의 시간-진동수 그래프[그림 15.1의 맨 아래 행]는 신호가 쉽게 눈에 띄지 않음을 보여준다." 실제로 신호는 쉽게 눈에 띄지 않는다. 맨 위 행에서 선명하게 보이는 파형은 견본이다. 신호는 그 파형 바깥으로 삐져나간 불명확한 가시들이다. 둘째 행과 셋째 행은 누적적 신호 대 잡음 비율이 매우 높음을 보여준다. 이 그림들은 통계적 유의도와 관련이 있다. 마지막 행의 오메가 플롯은 어떤 쓸모가 있는지 나는 이해하지 못한다.

나는 바로 위의 문장을 5월 말경에 썼다. 나의 전문성과 중력파 과학자들의 전문성 사이의 관계는 지속적인 방법론적 관심사이므로, 이 사례에서는 한 심사위원이 나의 판단을 두둔했다는 사실을 밝혀두고자 한다. 심사위원들의 보고서는 6월 4일에 배포된다. 지금 나는 5월 말과 6월 4일을 오가며 상황을 서술하고 있지만, 이 대목을 완성했을 때 논문이 6월 15일에 출판되리라는 것을 알고 있었다. 모쪼록 이 서술이 시간적으로 너무 혼란스럽지 않기를 바란다. 논문 속 그림 1의 넷째 행에 대해서 '심사위원 A'는 (6월 4일에) 이렇게 논평한다.

그 그림의 이 행을 통해 저자들이 얻으려는 것이 무엇일까? 보아하니 저자들은 단지 이 신호가 얼마나 약한지, 특히 GW150914와 비교할 때 얼마나 약한지 보여주고 싶은 듯하다. 그림 설명은 이 두 그림이 무

엇을 보여주는지 서술하는 간결한 문장 하나가 전부다. 논문 텍스트
는 이 그림들이 "신호가 쉽게 눈에 띄지 않음을 보여준다"라고 말한다.
나는 그림 1의 이 행을 전부 삭제할 수 있다고 믿는다. 이미 맨 위의 행
이, 이 신호가 상대적으로 약한 신호임을 명확히 알려준다. 둘째 행과
셋째 행은 적절한 필터링을 거치면 이 신호가 잡음으로부터 훌륭하게
추출됨을 명확히 보여준다. 넷째 행은 시간-주파수 분석이 무엇을 보
여주는지(혹은 보여주지 못하는지) 서술하는 별도의 동반 논문에서 더 깊
은 논의의 재료로 삼기에 훌륭하지만, 이 논문에서 이미 서술되고 논의
된 바에 그리 많은 것을 보태지 못한다.

아무튼 그 넷째 행은 6월 8일에 채택된 논문 버전에 그대로 포함되었다.[2]
나는 논문 작성팀의 한 구성원에게 이메일을 써서 그 이유를 묻는다. 그녀
는 (6월 10일에) 이렇게 대답한다.

> 안녕하세요, 해리. 협력단의 다른 사람들도 이 문제를 지적했습니다. 그러나
> 그들 못지않게 많은 사람이 그 그림을 옹호하는 발언을 했습니다. 이유는 그 그
> 림이 『피지컬 리뷰 레터스』 GW151226 논문의 핵심 그림이며 과거 논문과
> 비교하려는 독자들에게 훌륭한 자료가 되리라는 것이었습니다. 일부 홍보자료
> 는 그 분광사진spectrogram을 사용할 것이므로, 『피지컬 리뷰 레터스』에도 실

2　　그 논문의 서지사항은 이러하다. Abbot et al., "GW151226: Observation of
Gravitational Waves from a 22-Solar-Mass Binary Black Hole Coalescence", http://journals.
aps.org/prl/abstract/10.1103/PhysRevLett.116.241103; http://arxiv.org/abs/1606.04855.

는 것이 좋을 것입니다. 마지막으로, 우리는 적절한 필터링을 거치지 않을 경우 데이터 속의 신호를 볼 수 없을 수도 있음을 독자들에게 알리려 합니다. 따라서 우리는 GW151226과 유사한 미래 검출들을 다루는 논문에는 그 그림을 삽입하지 않을 테지만 이 최초 사례에서는 그 그림을 보여주어야 합니다.

요컨대 오로지 과학만이 관건은 아니다.

당연한 말이지만, 문제는 신호가 비교적 약하다는 점에서 비롯된다. GW151226 신호는 단박에 도드라지지 않을뿐더러 그림으로 나타냈을 때 아예 보이지도 않는다. 이것은 제출된 논문 속 그림 1(이 책의 그림 15.1)의 첫째 행이 이미 보여주는 바다. 그 행의 그림들은 그저 잡음처럼 보이는 파형과 견본 파형을 보여주는데, 그 양자가 짝지어지는 과정은 다음과 같다. 첫째, 최초 데이터를 필터링하여, 임의적이지 않으며 그 원인이 이해된 모든 요소—예컨대 거울을 지탱하는 선들의 떨림으로 인해 발생한 스파이크들—를 제거하고, 또 다른 필터링을 통해 주목해야 할 주파수대의 데이터만 남긴다. 그다음에 남은 데이터는, 만일 그 속에 신호가 없다면, 무작위여야 한다. 그러나 만일 우주에서 일어난 어떤 사건 때문에 그 데이터가 견본과 유사한 패턴을 품고 있다면, 견본과 데이터를 포개놓음으로써 무작위성으로부터의 편차를 포착하고 데이터와 견본을 곱할multiply 수 있다. 그런 다음에 그 곱(데이터×견본) 안의 모든 점을 합산한다. 만일 견본과 일치하는 작은 신호가 데이터 속에 숨어 있다면, 그 신호는 이 곱셈에서 모든 점의 합에 긍정적으로 기여할 것이다. 반면에 데이터가 완전히 무작위하다면, 모든 점의 합에서 모든 것이 상쇄되어 평균만 남을 것이다. 이 과정이 포착된 신호의 모든 점 각각에서 파형 견본 뱅크 전체에 대하여 수행된다. 이것이 '정합 필터링'이다.

신호가 약하다는 사실은 신호의 길이에 대한 진술이 오락가락하는 것에서도 드러난다. 박싱 데이 논문의 첫 번째 원고에서 그 길이는 5초였지만 여덟 번째 원고에서는 겨우 1초다. 피터 솔슨은 나에게 이렇게 설명한다.

> 기억하겠지만, 감쇠 나선운동의 핵심 특징은 저주파수에서는 느리게 진행하고 고주파수에서는 더 빠르게 진행한다는 점이에요. 별들이 더 빠르게 운동할수록 감쇠 나선운동의 중력적 '광도luminosity'가 더 높아지기 때문이죠. 그러니까 우리가 신호의 시작점을 어디로 잡느냐에 따라서 소위 신호 지속 시간이 아주 민감하게 달라지게 되어 있어요(반면에, 신호의 종점은 극적이고 명확하죠).
>
> 지금 우리는 나름의 이유로, 잡음이 '충분히 낮은' 한 진동수에 신호가 도달하는 시점을 신호의 출발점으로 간주하고 있어요. 하지만 이것은 우리의 판단일 뿐이죠. O1에서 우리가 탐색 자체를 위해서 관심을 두기로 결정한 최저 주파수는 30헤르츠였어요. 하지만 모수 추정을 위해서는 유용한 최저 주파수를 20헤르츠로 결정했죠. 그건 훨씬 더 긴 견본을 살펴보고 얻은 추가 정보에 기초를 두고 합리적으로 내린 판단이라고 나는 생각해요. 비록 그 판단이 SNR에는 큰 도움이 안 되더라도 말예요.
>
> 해리 당신이 언급한 지속 시간의 차이는 탐색 당시를 기준으로 삼느냐 아니면 검출 후 모수 추정 당시를 기준으로 삼느냐의 차이에서 비롯된다고 나는 확신해요.

요컨대 이것은 길고 약한 신호이며, 그 신호가 지속하는 동안에 신호 대 잡음 비율은 점점 증가하고, 신호의 시작점은 당신의 선택에 달려 있다시피하다. 상대적으로 짧게 선택된 지속 시간은 확률 계산에 사용된다. 그러나

중력의 키스

견본이 선택되고 나면, 더 긴 "꼬리"—이 경우에는, 몸통 앞에 붙어 있는 꼬리—를 탐구할 수 있다. 이때는 신호와 견본이 충분히 잘 일치하므로, 훨씬 더 긴 데이터에서 얻은 훨씬 더 많은 정보를 이용하여 신호의 속성들을 추정할 수 있다.

오메가 플롯을 삭제하기를 바라는 심사위원 A는 한동안 GW151226 논문의 요점을 이해하기 위해 노력한다. 그 심사위원은 그 논문이 '그 사건'을 입증한다는 것에 동의한다. 그러나 그는 이렇게 논평하는데, 나는 이 논평이 O1 전체를 다루는 논문에 더 적합하다고 믿는다.

> 라이고-비르고 협력단은 유명한 GW150914 발견이 요행이 아니었음을 입증했다. 블랙홀 쌍성계들은 충분히 가까운 곳에서 충분히 자주 병합하므로, 우리는 검출기들의 감도가 계속 향상되는 가운데 이루어질 향후 관측 가동들에서 여러 건의 검출이 추가로 이루어지리라고 예상할 수 있다. 매우 중요한 두 사건, GW150914와 GW151226은 (중요성이 비교적 낮은 사건 LVT151012를 뒷받침하면서) 이 검출기들이 병합하는 블랙홀 쌍성계들의 집단 하나를 발견했음을 명확히 보여준다. 이 두 (또는 세) 사건들은 그 병합하는 쌍성계의 속성이 상당히 다양함을 이미 시사한다. 추가 관측은 이 집단에 관하여 엄청나게 많은 것을 우리에게 가르쳐줄 것이다. 오랫동안 기대해온 대로, 중력파 천문학은 다른 방식으로는 연구할 수 없는 전혀 새로운 한 천체 유형 연구를 가능케 했다.

바로 이것이 그 세 사건들을 다루는 논문의 올바른 주제가 아닐까?

심사위원 A는 그 논문이 또 다른 매우 중요한 역할을 한다고 생각한다.

그 역할은 이런 유형의 약한 신호를 탐구할 때 필요한 정합 필터 분석에 대한 독자들의 이해를 돕는 것이다. 향후 관측에서 발견될 전형적인 신호는 이런 약한 신호일 것이다.

그 신호의 즉각적 진폭은 잡음보다 더 작으며, 오직 데이터와 파형 모형들을 대조하는 정합 필터 분석법을 사용해야만 발견될 수 있다. 이런 점에서 GW151226은 중력파 공동체가 오랫동안 예상해온 신호와 훨씬 더 유사하며, 미래 중력파 천문학의 많은 부분을 위한 중요한 원형 prototype의 구실을 한다. 이 사건은, 진폭이 작지만 많은 정합적 주기를 지닌 사건들에 대한 데이터 분석법과 사건 특성 연구 과정의 타당성을 입증한다.

이 대목에서 다음을 지적하는 것이 유용할 텐데, 그 변형률 진폭은 GW150914보다 더 작을 뿐 아니라 실은 모든 주파수에서의 잡음 진폭보다도 더 작다(이 사실을 그림 15.1의 첫 행이 보여준다). 정합 필터가 필요한 이유를 여기에서 명확히 알 수 있다. 잡음 속에서 유의미한 신호를 발견하려면, 분석 과정에서 주파수 대역 55주기에 걸쳐 발생한 신호의 파워를 일관된 방식으로 합산해야 한다. … 매우 중요한 부분이기에(실은 이것이 이 논문의 중요성의 주요 출처 중 하나다) 이것도 초록에 포함할 것을 권고하고 싶다.

거듭 말하지만, 내가 보기에 이런 유형의 설명은 O1이 완료될 때까지 검출된 세 사건을 함께 다루는 논문에서 하는 것이 더 적합하다. 그 논문에서 이 설명과 관련 내용은 GW151226뿐 아니라 더 약한―따라서 데이터 분석과 관련해서는 더 교훈적인— 두 번째 월요일 사건에도 적용될 수 있을 것이다. 나는 온갖 패턴과 세기의 신호들을 어떻게 분석하고 평가할 것인가에 대한 논의가 필요하다고 느낀다.

다시 5월로 돌아가자. 중력파 공동체는 GW151226 논문의 제목을 놓고도 뜨거운 논쟁을 벌이는 중이다. 어느 순간에 투표를 하기로 결정하지만, 그 결정에 아랑곳없이 논쟁은 계속되어 저널에 제출하기로 계획된 8차 원고가 회람될 때까지도 가라앉지 않는다. 쟁점은 이 논문이 최초 중력파 검출을 입증하는 논문인지 아닌지 그 여부. 그 입증이 이 논문의 요점이라면, 제목에 "두 번째 중력파 검출"과 같은 문구가 들어갈 필요가 있다. 그러나 박싱 데이 사건은 아마도 두 번째 검출이 아니라는 지적이 제기된다. 두 번째 월요일 사건이 진짜라면, 두 번째 검출은 두 번째 월요일 사건이다!

12장에서 서술한 대로, 중력파 검출의 세계는 우리 눈앞에서 변화하는 중이다. 그 변화의 방식 하나는 두 번째 월요일 사건의 지위가 달라지는 것이다. 만약에 두 번째 월요일 사건이 9월 14일 이전에 검출되었다면, 그 사건은 거의 주목받지 못했을 것이다. 그 사건은 그냥 잡음이었을 것이다. 그러나 중력파의 실재성과 검출 가능성이 점점 커지면서 그 사건의 지위도 꾸준히 상승하고 있다. 나는 누군가에게 이메일을 써서 데이터 속의 잡음에 가까운 사건들의 지위에 관한 질문을 던졌고 이메일 답장을 받았는데, 그 답변자가 이 변화를 깔끔하게 서술한다.

콜린스, 5월 22일: 약한 신호들의 중요성에 관한 저의 견해와 당신들의 견해가 일치하지 않는 듯합니다. 예컨대 저는 두 번째 월요일 사건에 당신들보다 더 많이 흥분했습니다. 여러분은 그 사건이 통계적 유의도가 너무 낮아서 흥미롭지 않다고 생각한 반면, 저는 '그 사건'의 검출로 '사전 확률이 바뀌었으므로' 두 번째 월요일 사건이 비록 자족적인 '발견'은 아닐지라도 여전히 매우 흥미롭다고 생각했습니다. 그러나 당신들은 이 관심을 박싱 데이 사건에서 비로소 나타냈습니다.

답변자: 맞습니다. 두 번째 월요일 사건에 대한 이중적 태도가 흥미롭게 보여요. 그렇지 않나요? 우리는 GW150914 발견 논문에서 그 사건을 거의 언급하지 않았어요. 하지만 저는 탐색 결과를 말하고 보여줄 때마다 그 사건을 지목하면서 그것이 '아마도' 진짜 사건이라고 말합니다. 잡음 요동일 확률보다 진짜 사건일 확률이 더 높다는 뜻이죠. 우리는 다만 그것이 진짜 사건이라고 '주장하지' 않고 보수적인 태도를 취하고자 했을 뿐이에요. 그러나 지금 O1 블랙홀 쌍성계 논문에서는 그 사건이 분석되고 GW150914 및 GW151226과 거의 동등하게 취급됩니다. 이 변화는 빈도 추정에 영향을 미칠 것이 틀림없어요. 우리가 사건들을 평가하는 방식에 어느 정도 미숙함이 있는 것은 사실입니다. 예컨대 새로운 『피지컬 리뷰 레터스』 논문의 제목이 "두 번째 블랙홀 쌍성계 병합에서 유래한 중력파 관측"인 것에서도 그 미숙함이 드러나죠. 몇몇 사람들은 제목에서 GW151226을 두 번째 병합으로 부르는 것에 반대하면서 그 사건을 다른 방식으로 지칭해야 한다고(이를테면 파원의 질량을 대야 한다고) 주장하는데, 이에 관한 토론을 혹시 당신도 보았습니까?

아무튼, 10장에서 예언한 대로 우주에서 블랙홀 감쇠 나선운동이 일어나는 빈도의 추정치—연당 단위 부피당 발생할 수 있는 사건의 최대 회수 및 최소 회수 추정치(단위는 $Gpc^{-3}yr^{-1}$)—는 바뀌었다. 발견 논문에서—거의 제출될 뻔한 6~400에 맞서—열렬히 옹호된 2~400 대신에 9~240이 O1 논문에 등장한다. 과거에 발견 논문의 제출을 '좌절시킬' 뻔한 거대한 논쟁은 이 추정치의 숫자 하나에 관한 것이었는데, 그 숫자의 수명은 정말 짧았다. 추가 검출이 이루어짐에 따라 이 새로운 추정치도 계속 바뀔 것이다.

앞에 인용한 답변자가 언급한 대로, 두 번째/세 번째 문제를 우회하기 위하여 다양한 방안이 시도된다. 어쩌면 최선의 방안은 제목에서 "두 번째"를 빼고 이를테면 "질량이 태양의 20배인 블랙홀 감쇠 나선운동에서 유래한 중력파를 검출함"이라고 말하는 것일 터이다. 그러면 또 다른 새로운 유형의 관측이 이루어졌다는 것을 밝히면서도 그것이 두 번째 관측이라고 주장하지는 않을 수 있을 것이다. 그러나 5월 23일에 작성된 아래 이메일의 저자는 정반대의 견해를 밝힌다.

> 원래 우리가 GW151226과 O1 블랙홀 쌍성계 탐색을 다루는 논문을 계획할 당시에 우리는 GW151226만 다루는 논문을 따로 써서 『피지컬 리뷰 레터스』에 출판하기로 결정했습니다. 두 번째 명확한 검출은 첫 번째 명확한 검출을 입증하는 중요한 증거이기 때문입니다. (XXXX)가 메일에서 설명한 대로, 이것이 그 제목이 강조하려는 바였습니다. 대다수 독자에게는 이 사실이 질량보다 더 중요할 것이라고 나는 믿습니다.

5월 29일에 제출된 GW151226 논문의 제목은 두 번째/세 번째 문제를 회피하며 제목에 관한 투표 결과를 완전히 무시한다. 그 제목은 아래와 같다.

GW151226: 질량이 태양의 22배인 블랙홀 쌍성 병합에서 유래한 중력파 검출

보다시피 질량에 중점을 둔 이 제목의 채택을 저자들은 다음과 같이 해명한다.

우리는 많은 이메일, … 논평에 기초하여 이 결정을 내렸다. 그 논평들은 제목을 이렇게 정하면 이것이 우리의 두 번째 검출이었다는 사실이 암묵적으로 전달될 것이라고 제안했다. 또한 "두 번째"라는 문구의 사용은 과학적 발견 논문에서 통상적으로 쓰이지 않는 듯하다. 마지막으로, 이것이 우리의 두 번째 검출이라는 점은 논문 전체에서 여러 번 언급된다. LVT151012를 감안하여 이렇게 결정한 것이 아니다. 우리는 LVT151012를 가장 중요한 세 번째 '검출'로 표현하는 것이 적절하다고 느낀다. "22"가 선택된 것은 최초의 m1+m2 값을 유효숫자 2개만 남기고 반올림하기로 했기 때문이며, 또한 우리가 제목에 물결표를 사용하는 것을 싫어하기 때문이다.

다시 핵심 논점으로 돌아가면, 새로운 시대에는 5시그마 기준에 못 미치는 사건들이 많이 존재하게 될 것이다. 그러나 중력파의 사회적 존재가 점점 더 강해짐에 따라, 그 약한 사건들에도 점점 더 많은 관심이 쏠릴 것이다. 현재 천문학에서 약한 사건들이 활용되는 것과 마찬가지로 말이다. 이제껏 보았듯이, 이 변화가 GW151226 논문을 둘러싼 모든 논란의 원인이다. 새 시대에는 두 번째 월요일 사건이 무시되지 않을 것이다. GW151226을 두 번째 사건으로 보느냐 세 번째 사건으로 보느냐는 당신의 관점에 달려 있다. GW151226 논문의 제목에 "두 번째"를 넣을 것인가를 둘러싼 논쟁을 지켜보는 것은, 간섭계 내부의 거울 되먹임 신호들의 세기 변화를 지켜보면서 그 신호들이 블랙홀들의 충돌을 대표한다고 간주할 때와 다름없이 '직접적으로' 물리적 실재(두 번째 월요일 사건)의 사회적 구성을 지켜보는 것이다.

우리는 대중의 반응이 어떠할지 모르지만, 내가 보기에 과학적 관점에

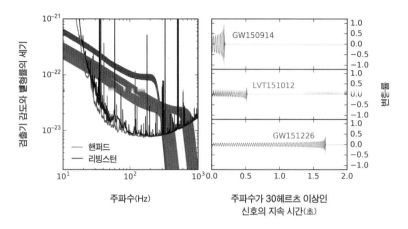

그림 15.2 O1 논문에 그림 1로 삽입된 멋진 그림.

서 정말 흥미로운 것은 O1 논문이다. 왜냐하면 그 논문은 우리를 중력파 천문학으로 안내하기 때문이다. 그림 15.2는 그 논문의 초기 원고에 삽입된 그림 1이다(최종적으로 게시된 그 논문의 서지사항은 다음과 같다. Abbot et al., "Binary Black Hole Mergers in the First Advanced LIGO Observing Run," http://arxiv.org/abs/1606.04856)

오른쪽 그림부터 살펴보자. 이 그림은 이제껏 검출된 세 사건의 파형을 보여준다. 맨 위는 짧고 강력한 '그 사건'이다. '그 사건'은 잡음 위로 명확하게 도드라졌다. 가운데는 두 번째 월요일 사건이다. 이 사건은 너무 약해서 독자적으로는 사건으로 간주될 수 없지만 여기에서는 사회적으로 수용되었다. 맨 아래는 GW151226이다. 보다시피 이 사건은 신호 대 잡음 비율이 서서히 증가하여 결국 독자적으로 통계학적 유의미성에 도달한다. 이와 유사한 그림들은 우주에서 발견할 수 있는 다양한 일을 보여주면서 중력파 천문학의 미래를 주도할 것이다. 여기에서는 세 사건이 모두 블랙홀 쌍성계 감쇠 나선운동이지만, 미래에는 다양한 파형들이 점점 더 많이 등장할 것이다. 그리고 그중 다수는 두 번째 월요일 사건처럼 통계적 유의도가 독자적 발견의 기준인 5시그마에 못 미칠 것이다. 거듭 말하지만, 이것이 세계가 변화하는 방식이다. 한마디 덧붙이자면, 엄격한 전문가주의는 두 번째 월요일 사건에 'GW' 명명법을 적용하는 것을 막았다. 그리하여 그 사건은 'LVT'('라이고-비르고 트리거LIGO–Virgo trigger'의 약자)에 발생 날짜를 붙이는 방식으로 명명되었다. O1 논문은 그 사건을 이렇게 서술한다.

이 사건은 통계적 유의도가 낮기 때문에 우리는 이 사건을 중력파 신호로 자신 있게 주장하지 못한다. 그러나 중력파 신호들의 빈도에 대한 우리의 추정에 기초하면, 이 사건은 잡음일 개연성보다 중력파 신호일 개연성이 더 높다. … 검출기 특성detector characterization 연구 결과, 이 사건 후보를 일으킬 만한 인공적 요인은 장비에서도 환경에서도 식별되지 않았다.

그림 15.2의 왼쪽 그림은 핸퍼드 검출기와 리빙스턴 검출기의 감도 곡선과 모든 잡음 스파이크를 보여준다. 또한 세 사건의 진동수 분포(오른쪽으로 갈수록 진동수가 높아짐)를 보여준다. 세 사건 모두 상당한 진동수 범위에서 감도 문턱보다 충분히 위에 위치한다. 사건들을 나타내는 선들의 굵기는 오차 막대error bar를 표현한다. 그 선들과 감도 곡선 사이 구역의 크기는 신호 대 잡음 비율에 비례한다. 당연한 말이지만, 두 번째 월요일 사건은 맨 아래 선에 해당한다.

O1 논문에 기초하여 작성한 표 15.3은 세 사건의 파원에 관한 모수들과 오차 범위를 보여준다. 보다시피 두 번째 월요일 사건은 커다란 사건이다.

사건	GW150914	GW151226	LVT151012
신호 대 잡음 비율 ρ	23.7	13.0	9.7
오검부율 FAR/yr^{-1}	$< 6.0 \times 10^{-7}$	$< 6.0 \times 10^{-7}$	0.07
p 값	7.5×10^{-8}	7.5×10^{-8}	0.045
통계적 유의도	$> 5.3\,\sigma$	$> 5.3\,\sigma$	$1.7\,\sigma$
제1성분 질량 $m_1^{source}/M_\odot$	$36.2^{+5.2}_{-3.8}$	$14.2^{+8.3}_{-3.7}$	23^{+18}_{-6}
제2성분 질량 $m_2^{source}/M_\odot$	$29.1^{+3.7}_{-4.4}$	$7.5^{+2.3}_{-2.3}$	13^{+4}_{-5}
처프 질량 chirp mass $\mathcal{M}^{source}/M_\odot$	$28.1^{+1.8}_{-1.5}$	$8.9^{+0.3}_{-0.3}$	$15.1^{+1.4}_{-1.1}$
최종 질량 $M^{source}/M_\odot$	$65.3^{+4.1}_{-3.4}$	$21.8^{+5.9}_{-1.7}$	37^{+13}_{-4}
유효 감쇠 나선운동 회전 χ_{eff}	$-0.06^{+0.14}_{-0.14}$	$0.21^{+0.20}_{-0.10}$	$0.0^{+0.3}_{-0.2}$
최종 질량 $M_f^{source}/M_\odot$	$62.3^{+3.7}_{-3.1}$	$20.8^{+6.1}_{-1.7}$	35^{+14}_{-4}
최종 회전 a_f	$0.68^{+0.05}_{-0.06}$	$0.74^{+0.06}_{-0.06}$	$0.66^{+0.09}_{-0.10}$
복사된 에너지 $E_{rad}/(M_\odot c^2)$	$3.0^{+0.5}_{-0.4}$	$1.0^{+0.1}_{-0.2}$	$1.5^{+0.3}_{-0.4}$
최고 광도 $\ell_{peak}/(erg\ s^{-1})$	$3.6^{+0.5}_{-0.4} \times 10^{56}$	$3.3^{+0.8}_{-1.6} \times 10^{56}$	$3.1^{+0.8}_{-1.8} \times 10^{56}$
광도거리 D_L/Mpc	420^{+150}_{-180}	440^{+180}_{-190}	1000^{+500}_{-500}
파원 적색 이동 z	$0.09^{+0.03}_{-0.04}$	$0.09^{+0.03}_{-0.04}$	$0.20^{+0.09}_{-0.09}$
공중 정위 sky localization $\Delta\Omega/deg^2$	230	850	1600

표 15.3

이 사건에서 대략 태양의 1.5배에 달하는 질량이 에너지로 변환되어 중력 파로 복사되었다.

나는 이 모든 내용이 두 번째 논문, 즉 두 번째 주요 선언 논문에 실려야 한다고 생각한다.

변두리의 반응

마침내 6월 15일에 나는 '빅스라'에 게재된 한 논문의 저자이며 나와 오래 교신해온 레그 카힐에게 이메일을 쓸 수 있다(이 이메일을 6개월 전에 썼어야 한다고 생각한다). 나는 그에게 최초 사건이 재현된 것을 어떻게 생각하느냐고 묻는다. 또 다른 빅스라 논문의 저자인 스티븐 크로더스에게도 이메일을 쓴다. 그와 나는 과거에 교신한 적이 없다.

크로더스는 즉각(6월 16일) 긴 이메일 답장을 보내온다. 아래는 그 답장의 첫 대목이다.

친애하는 해리,
이 최신 보고서에는 라이고에 의한 아인슈타인 중력파 검출이나 블랙홀 검출이 들어 있지 않습니다. 그들의 최초 보고서와 마찬가지예요. 그들은 자신들의 존재를 정당화하기 위해서 그런 보고서들을 만들어야 합니다. 독립적으로 재현될 가망이 전혀 없는 '실험들'에 엄청난 공적 자금이 투입되었으니, 그들은 항상 자신들이 발견하고자 하는 것을 발견해야 합니다. 그래서 발견하죠. 두뇌와 실험실을 통해서가 아니라 대중미디어가 일으키는 집단 광기를 통해서 발견합니다. 그들은 과학을 상실했으니까요.

중력의 키스

레그 카힐은 GW151226이 발생한 시각을 정확히 알고 싶어한다. 그가 연구하는 다른 유형의 중력파 사건이 혹시 똑같은 시각에 발생했는지 살펴보기 위해서다. 나는 그에게 세부 사항들을 빠짐없이 전달하고, 그는 6월 17일에 이렇게 답장한다.

> 친애하는 해리,
> 다이오드(양자 중력 검출기들)를 써서 GCP 데이터를 살펴보았습니다. 두 번째 라이고 사건 시각과의 강한 상관성은 존재하지 않는군요. 따라서 저는 이번 라이고 주장에 대하여 유용하게 언급할 것이 없습니다. 그러나 오스트레일리아 국방부가 라이고의 최초 선언을 일주일 앞두고 저에게 중력파 실험들을 중지하라고 지시한 것은 매우 이상한 일입니다.

'무지체 초과'일까?

내가 주고받은 다른 이메일들은, 사건들을 나타내는 '선'의 꼬리 근처에 있는 사각형들(353쪽에서 나는 이것들이 '무지체 초과'를 시사한다고 논했다)은 너무 약해서 잡음으로 간주될 수밖에 없음을 시사한다. 나는 이 특징이 조-웨버형 '무지체 초과'이기를 간절히 바란다. 또 그럴 가능성이 있다. 일단 사건들의 개수가 적절한 수준보다 약간 더 많기 때문이다. 적어도 한 파이프라인에 따르면 그러하다. 다른 파이프라인은 그런 초과를 보여주지 않는다.

그러나 간섭계 기술은 '광대역'이기 때문에(변형률 각각의 세부 사항을 자세히 파악할 수 있기 때문에), 과학자들은 그 사각형들로 뭉뚱그린 8개의 신호에 4에서 11까지의 번호를 붙이고 각각을 탐구할 수 있었다. 그런데 이 작업은 느지막이 이루어졌으며 아무도 여기에 큰 관심을 두지 않았다는 점을 언급할 필요가 있다. 또한 이 작업은 한두 사람이 여러 차례 재촉한 뒤에야 이루어졌다. 과학자들은 O2에서 발견될 것이며 자신들이 확실하게 서술할 수 있을 강한 사건들을 내다보고 있다. 매우 미미한 사건들을 꼼꼼히 탐구하는 것은 시간을 잘 활용하는 길이 아니라는 느낌이 팽배하다. 그러나 한 과학자는 스스로 "나의 (상당히 비공식적인) 반응. … 쉽게 확보할 수 있는 정보, 그러나 과학자들이 더 많은 관심을 기울인다면 다른 탐구들로 인해 수정될 수도 있는 정보에 기초하여 그 사건들을 추정하는 것에 대한 첫인상"이라고 표현한 바를 (6월 13일의 사적인 교신에서) 나에게 전했다. 아무튼 그 원초-사건들 각각을 자세히 탐구한 결과, 8개 가운데 7개는 잡음일 '확률이 그렇지 않을 확률보다 더 높다'는 것이 밝혀졌다. 그것들에서는 두 검출기 사이의 일관성이 거의 없거나, 글리치 몇 개가 함께 있을 때 발생했기 때문이다. 물론 모두를 충분한 근거에 따라 잡음으로 확정할 수는 없었지만 말이다. 반면에 한 사건, 곧 사건9는 신뢰성이 약간 더 높았다. 아래는 그 사건에 관한 간략한 기술적 보고문의 일부다.

사건 9, 1128348574.48

양쪽 SNR는 6~7, rchisq는 거의 1, 시간 지체 3분, 위상 차이 3.9. 파이와 꽤 유사하므로, 신호와 일치한다고 할 만하다.
트리거 연쇄는 글리치가 특별히 많아 보이지 않는다.

중력의 키스

> L1 오메가 스캔은 chirp trail과 나란한 출력 글리치들을 어느 정도 시사하는 듯하다. https://ldas-jobs.ligo-la.caltech.edu/~tdent/wdq/L1_1128348574.487/ (H1 오메가 스캔은 눈에 띄는 특징 없이 말끔하다)
>
> 기본적으로 사건이 너무 조용해서 아무것도 확정적으로 말할 수 없다(시도 인자들에 따른 IFAR은 0.016년~60/년임을 유의할 것).

더 나중에 그 원초-사건의 가능한 모수들이 밝혀져 6월 10일에 다음과 같이 보고되었다.

> 존은 나머지 한 (매우 조용한) 사건에 대하여 실제로 PE를 실행했다. … m1 값의 범위가 매우 넓다는(따라서 chi_eff의 범위가 넓다는) 점을 제외하면, 조용한 고질량 NSBH 사건으로 판정하기에 큰 문제는 없는 듯하다.

해당 웹사이트를 보니, 성분들의 질량은 태양 질량의 20~60배와 1~2배인 듯하다. (사건9가 신호라고 전제한다면) 신호가 매우 약하기 때문에, 질량 1의 가능성의 폭은 매우 크다.

다시 '이미지와 논리'에 관한 논의로 돌아가면(7장 참조), 이 사건의 통계적 유의도가 0에 가까운 한에서 '논리'는 존재하지 않는다. 이 정도 에너지 수준의 잡음 일치는 흔히 발생할 수 있다. 요컨대 '언급할 만한' 통계적 유의도는 없다. 그럼에도 매우 약하지만 진짜인 사건이 때때로 잡음 속에 나타나리라는 생각은 전적으로 합리적이다. 실제로 미래에 중력파 천문학이 발전하면 매우 약하지만 진짜인 신호들이 틀림없이 존재하게 되리라고 우리는 말할 수 있다. 그렇다고 이 원초-사건이 진짜 신호로 입증되는 것은 아니지만, 이 원초-사건은 진짜 신호일 수도 있다. 더구나 이 원초-사건은 진짜 신호와 일치하는 '이미지'를 지녔다. 즉, 중성자별과 블랙홀로 이루어진 쌍성계의 감쇠 나선운동의 이미지를 지녔다. 이런 감쇠 나선운동은 아주 많은 기대에도 불구하고 아직 관측되지 않았으므로 더욱더 흥미롭다. 그러나 그 '이미지'는 불명확하게 번져 있다. 물리학자들이(특히 이 공동체가) 좋아하는 이미지보다 불 속에서 어른거리는 이미지와 훨씬 더 유사하다. 또한 당연히 다음을 상기해야 한다. 이 '이미지'는 (a)수치들로부터 구성된 것이며 (b)데이터를 이미지들의 뱅크에 맞추는 과정을 통해 그려졌다. 이를 감안하면, 이 '이미지'를 보는 것은 불 속에서 그림을 보는 것과 더욱 유사해진다.

그럼에도 이런 일이 때때로 일어날 수밖에 없다. 당신이 이 책에서 서술된 물리학자들의 정상적 관점을 내면화하려 애써온—'우리 (주류) 물리학자들'처럼 생각하려 애쓰는—독자라면, 이 사건에 얼마나 많은 관심을 기울여야 할지에 관한 우리의 판단은 당신에게 물리학자들의 판단과 거의 동등하게 유효하다. 즉, 당신은 사건4~사건11을 탐구한 과학자들이 O1 논문 작성자에게 제기한 다음과 같은 질문을 충분히 제기할 수 있다.

그 질문들을 던진 사람들에게, 또는 논문에서 어떤 구체적 진술을 하는 쪽으로 탐구의 결론이 내려지는 것입니까? 아니면 그 탐구는 4쪽에 나오는 다음과 같은 통상적인 표준 진술을 뒷받침하는 추가 작업에 불과한 것입니까? "고급 라이고의 첫 번째 관측 가동에서 다른 유의미한 블랙홀 쌍성계 트리거는 관측되지 않았다. 다른 모든 관측된 사건들은 탐색의 배경 잡음과 정합적이다."

중력의 키스

대개 물리학자들은 표준 진술만 하기를 원한다. 그들은 사건9가 잡음이 아니었음을 알 수 없다. 그러나 이것은 이 분야에서 여전히 큰 죄이므로, 이실직고할 수 없다. 결국 일치들의 초과를 더 상세히 탐구한 결과를 반영하는 문장 하나가 추가된다.

고급 라이고의 첫 번째 관측 가동에서 다른 유의미한 블랙홀 쌍성계 트리거는 관측되지 않았다. 다른 모든 관측된 사건들은 탐색의 배경 잡음과 관련 있었다. [잡음에 가까운 8개의] 일치 사건들을 추가로 연구한 결과는 … 그것들이 더 약한 중력파 신호들의 집단이라기보다는 잡음 요동이나 데이터의 결함에서 유래했을 개연성이 더 높음을 시사한다.

해당 신호들을 분석한 당사자의 유보적 진술을 감안할 때, 이 언급은 필요 이상으로 부정적이라고 나는 느낀다. 그러나 당신도 수긍하겠지만, 중력파 천문학이 발전하면 이런 일이 어쩌면 끊임없이 일어날 것이며, 무언가가 흥미로운 사건으로 간주되기 위한 기준은 잡음의 영역 안으로 점점 더 깊이 이동할 것이다. 얼마나 깊이 이동할지는 미래에나 알 수 있겠지만, 아주 깊으리라고 추측한다. 지금 중력파 검출 분야는 물리학에서 천문학으로 변모하는 중이기 때문이다(물리학과 천문학은 증거를 다루는 문화가 사뭇 다르다). 또한 새로운 표준이 확립되는 중이기 때문이다. 새로운 표준 아래에서 과학자들은 대략 일관적이면서 견본과 대략 일치하는 사건이 중력파일 확률을 더 높게 평가하게 될 것이다(380쪽의 비유 참조). 지난 50년 동안은 정반대의 태도가 지배적이었다. 그렇게 고급 라이고의 첫 번째 관측 가동이 완료된다.

맺음말

나는 이 후기를 2016년 6월에 완성했다. 독자들이 이 책을 읽을 때는, O2에서 많은 감쇠 나선운동 신호들이 추가로 검출되고 어쩌면 보고되기도 한 상태일 것이다.● 앞선 몇 장에서 토로한 우려들은 사소해 보일 것이고, 새로운 중력파 천문학에 관한 한 실제로 사소할 것이다. 그러나 실제로 벌어진 일은 이 책에서 서술한 바와 같다. 이 서술에서 우리는 회고적 과학사가 잘못되기가 얼마나 쉬운지 알 수 있다. 이런 동시대의 서술이 없으면, '그 사건'이 '자기단극 발견'과 유사하지 않고 '오메가마이너스 입자 발견'과 유사하다는 과학자들의 확신이 많은 부분 GW151226에서 나왔다는 사실은 금세 완전히 잊히다시피 할 것이다. 과학자들이 공적인 기록에서 그 사실을 단호히 숨겼기 때문에, 그 사실은 사라질 것이다. 공적인 기록은 '그 사건'의 검출만 보여주고 이어서 GW151226의 검출을 보여줄 것이다. 마치 이 사건들이 차례로 일어난 별개의 사건들인 것처럼 말이다. 실제로 GW151226은 '그 사건'의 검출의 한 부분이었다. 이것이 실제로 벌어진 일이라는 점은 물리학과 사회의 관계를 위해서도 중요하다. 내가 절실히 필요하다고 믿는 지도적 역할을 물리학이 맡기를 원한다면, 물리학은 항상 올바르게 행동해야 한다. 그리고 때때로 사회를 위한 올바른 행동은 물리학을 위한 올바른 행동과 다를 수도 있을 것이다.

● 2020년 4월 현재까지 라이고 협력단에서 관측한 중력파는 다음과 같다. O1~O2 기간: 확인된 중력파 11개(블랙홀 쌍성계 병합 10개, 중성자별 쌍성계 병합 1개). 2019년 4월~현재 진행중인 O3 관측: 중력파 후보 사건 55개.

책을 쓴 과정과 도움을 준 사람들

나는 중력파 검출의 과학을 1972년부터 지켜보았다. 이 주제를 다룬 나의 첫 논문은 1975년에 출판되었다. 재미있게도, 레이 바이스를 제외하면 현재 이 분야에서 활동하는 사람들 가운데 최고참이 바로 나다. 지식을 탐구하는 사회학자로서 나의 화두는, 무엇이 과학자들로 하여금 그들이 믿거나 믿지 않는 바를 믿거나 믿지 않게 만드는가, 라는 질문이다. 과학자들은 중력파를 검출하기 위해 반세기 동안 노력해왔다. 그들은 점점 더 민감하고 비싼 장비들을 제작했지만 2015년 9월 14일 이전까지는 단 한 번도 성공하지 못했다.

중력파 발견 이야기의 하위 주제 하나는 방법론적이고 개인적인 것일 수밖에 없다. 사회학자는 과학자들과 더불어 중력파 발견의 압도적 환희를 경험하는 것과 그들로부터 거리를 유지하면서 외롭게 직업적 책임에 충실하는 것 사이에서 어떻게 균형을 잡을까? 이 책은 그 양자 사이의 긴장을 반영한다. 이 책의 서술 대부분에서 나는 참여자의 역할을 맡았다. 나는 물리학자들 곁에서 "왜 우리 물리학자들은 이것을 믿을까?"라고 물었다. 그런 다음에야 더 멀찌감치 떨어진 관점에서, 왜 누군가는 고작 몇 개의 수치가 13억 년 전에 우주에서 일어난 거대한 사건을 대표한다고 믿을까, 라고 물을 수 있었다. 이 믿음은 얼마나 터무니없는가! 얼마나 거대하고 이례적으로 강력하며 당연시되는 실재가 이 믿음을 떠받치고 있는가! 그러나 이 믿음을 거부하는 사람은 이 사회에서 괴상한 소수자로 분류될 것이다.

나는 이 책의 절반 이상을 실시간으로 썼다. 상황이 전개되는 것과 동시에 글을 썼다는 얘기다. 5개월 동안 거의 매일 글을 썼으며, 최초 기자회견 이후에는 집필 속도를 약간 낮췄다. 만약에 내가 상황이 종료된 뒤에 돌이켜보며 글을 썼다면 전혀 다른 책을 쓰게 되었으리라는 생각이 든다. 발견이 입증된 연후에 돌아보는 관점에 얽매여서 글을 썼다면, 발견이 임박한 순간의 느낌과 매우 신속하게 또한 극적으로 일어난 틀의 변화를 제대로 묘사할 수 없었을 것이다. 나는 현재형 시제를 자주 사용하여 내가 상황에 몰입해 있음을 표현하려 했다.

이 책의 토대는 약 1만7000통의 이메일이다. 그중 대다수는 중력파 공동체 안에서 오고 간 것들이지만, 약 450통은 나와 개별 물리학자들이 직접 주고받은 것들이고, 약 320통은 피터 솔슨과 주고받은 것들이다. 약 1만 2000통은 중력파 발견과 관련이 있는 반면, 훨씬 더 개략적으로 거론된 약 5000통은 발견 이후 사건들과 관련이 있다. 또한 발견의 과정에서 많은 사람이 참여하는 원격 회의가 대여섯 번, 나와 물리학자들 사이의 원격 회의나 1시간에서 1시간 반에 걸친 전화가 약 15번 있었다. 이 모든 것이 기록되었다. 더 나아가 기자회견이나 방송 같은 사건들도 기록하거나 그 기록을 입수했고 신문들을 수집했으며 모임과 회의에도 몇 번 참석했고 14장을 위한 자료를 얻기 위하여 설문 조사 형태의 현장 연구도 했다.

이 책에는 주된 이야기인 중력파 검출 외에 나 자신에 관한 이야기도 많이 들어 있는데, 그 이유를 설명할 필요가 있다. 첫째, 이 책은 내가 '참여 이해'라고 부르는 것을 방법론으로 채택하기 때문이다. 나는 내가 연구하는 집단과 최대한 유사해지려고 애쓴다. 그래야 과학자들이 나에게 말해주는 것뿐 아니라 나 자신의 경험에 기초해서 글을 쓸 수 있기 때문이다. 외부자가 내부자와 비슷할 수 있다는 점을 납득할 수 있게 해주는 비교적 새로운 개념으로 '상호작용적 전문성'이 있다. 이 개념은 당신이 전문가 집단과 오랫동안 오직 말로 대화하는 것만으로도 전문적이고 실질적인 사항들을 이해할 수 있음을 표현한다.[1] 내가 내부자와 비슷하다는 말은, 많은 경우에 내가 "일시적이며 미미한 특정 진동을 엄청나게 멀리 떨어진 거대한 사건의 증거로 간주하는 것이 어떻게 가능할까?"라는 질문에 과학자들의 경험에 의지하는 것 못지않게 나의 경험에 의지해서 대답한다는 뜻이다. 거의 50년 동안 믿지 않은 내가 무엇 때문에 이 사건을 믿게 되었을까? 내가 이 사건을 인정하는 과정은 '이' 과학자와 '저' 과학자가 그렇게 하는 과정, 모든 각자의 믿음이 약간씩 다른 궤적으로 성장하는 과정과 얽혀 있다.

그리고 그 궤적은 때에 따라 달랐다. 혹은 적어도 그 궤적이 표출되는 방식은 그러했다. 예컨대 마침내 중력파를 발견하여 행복을 느낄 때 과학자

1　「사회학적 철학적 주석」 15번 참조.

들은 믿음을 품고 있었다. 반면에 그들이 발견 사실에 관하여 문의하는 기자들을 기만할 때, 그들은 발견을 입증할 검사들이 아직 완결되지 않았으며 발견 논문이 아직 심사를 통과하지 못했다고 그들 자신과 기자들에게 말할 수 있었다. 이처럼 발견은 미꾸라지와도 같다. 어떤 이들은 최초 사건이 여러 번 입증된 뒤에야 발견을 알아채며, 또 어떤 사람들은 그런 뒤에도 여전히 알아채지 못한다.

나는 나 자신의 전문성 부족으로 인한 능력 감퇴의 정도를 끊임없이 점검할 필요가 있다. 그렇기 때문에 이런저런 사안에 관한 나의 생각과 과학자들의 생각을 항상 비교한다. 게다가 더 광범위한 직업 생활에서 나는 전문성에 대해서 많은 글을 쓴다. 사회학자의 전문성, 기자의 전문성 등에 대해서 말이다. 나는 과학 기사를 쓰는 기자들이 자신의 전문성을 설명하기를 바란다. 바꿔 말해, 과학이 어떻게 작동하는지 몰라서 발생하는 백신 공포와 같은 일들이 예방되기를 바란다. 입장을 바꿔서 생각하면, 나도 나 자신의 전문성에 대하여 설명해야 하고 나의 이해와 내가 상대하는 과학자들의 이해 사이의 부조화를 설명해야 한다.

이 책의 형식은 한 발견을 시간과 거리에 따라 차례로 서술하는 것이다. 시간적으로 이 책은 6개월을 아우른다. 거리적으로는 중력파 전문가 공동체부터 과학자 공동체 전반과 그 너머를 아우른다. 하지만 이 같은 2차원의 틀 안에서 이 책의 서술은 나의 이메일 읽기, 원격 회의 경청하기, 과학자들과 대화하기, 정보를 종합하고 분석하기의 패턴을 추적한다. 주제들은 발생 순서에 따라 거론되지만, 더 깊이 다루는 것이 적절하다고 느껴지는 주제들은 나중에 다시 다루기도 한다. 과학자들의 토론에서 주제들이 다뤄지는 방식과 마찬가지다. 당연한 말이지만, 얽히고설킨 기만의 그물을 비롯한

중력의 키스

일부 주제들은 과학자들의 주제라기보다 나의 주제다. 나는 스스로 필요하다고 느낄 때마다 그 주제들에 빠져든다. 출판할 발견 논문을 작성하는 과정을 비롯한 일부 주제들은 책이 시작되고 한참 뒤에야 등장한다. (빅 독 때와 달리) 이번 발견에서 과학자들은 여러 주가 지난 뒤에야 논문 작성을 고려하기 시작했기 때문이다.

3장과 마지막 장들은 발견, 출판, 반응을 다루는 장들과 성격이 다르다. 3장은 중력파 검출 분야를 처음 접하는 독자를 위해 그 분야를 소개한다. 그런 독자가 이 책을 전체적으로 이해하기 위해서는 3장이 필수적이다. 나는 이 책 한 권만으로도 충분한 이해가 가능하기를 바란다. 책의 마지막 부분인 12~14장에서는, 철학적 성향을 띤 사회학자로서 나의 직업적 역할을 더 진지하게 수행하여 일부 주제들을 사회학적으로 깊이 다루고 이 책의 사회학적 의미를 숙고한다.

감사의 말

뉴욕 시러큐스 대학교의 마틴 포머란츠 '37 물리학 교수이며 『중력파 검출용 간섭계의 기본 원리Fundamentals of Interferometric Gravitational Wave Detector』(1994, 현재 개정판이 준비되고 있음)의 저자인 피터 솔슨은 사실상 이 책의 공동저자라고 할 만하다. 나의 친구인 그는 한때 라이고 과학 협력단의 대변인과 검출위원장으로 일했다. 과거에 나는 그에게 정식으로 공동저자가 될 생각이 있느냐고 물었지만, 분별 있게도 그는 항상 거절했다. 연구 결과를 어떻게 공개하고 어떻게 상을 주는 것이 옳으냐 등의 사안에서 우리의 견해가 늘 일치하는 것은 아니라는 점을 밝혀둔다. 피터 솔슨은 이 책의 나쁜 점과 관련해서는 비난받을 것이 전혀 없으며 좋은 점과 관련해서는 상당한 공로를 인정받아야 한다. 그는 원고 전체를 꼼꼼히 읽어주었다.

다른 많은 중력파 물리학자들이 내가 이 책을 쓰는 것을 도왔다. 나는 중력파 공동체 전체에 43년 전부터 빚을 져왔지만, 2015년 9월 14일부터는 내가 무엇을 하는지 아는 소수의 물리학자가 자발적으로 나에게 유용한 이메일들을 보내주었으며 내가 상황을 잘 이해하고 있는지 챙겨주었다. 그밖에 많은 물리학자는 나의 도움 요청에 우호적으로 응대해주었다. 처음에 간단했던 교신은 흔히 장문의 이메일로 바뀌었다. 솔슨을 제외하고 40명이 총 100여 통의 이메일을 나와 주고받았다. 2통을 주고받은 사람들도 있고 대여섯 통을 주고받은 사람들도 있다. 내가 이메일을 보내고 아무 반응도 받지 못한 경우는 딱 1번 있었고, 요구받은 정보가 너무 개인적이라는 납득할 만한 이유를 대며 명시적으로 답변을 거부한 사례도 1번 있었다. 내가 답변을 재촉해야 했던 경우는 2번뿐이며, 재촉을 받은 상대들은 즉각 답장을 보내며 사과했다. 솔슨을 제외하면, 이 책의 집필에 직접적인 도움을 준 중력파 물리학자들은 다음과 같다. 브루스 앨런, 스테판 발머, 배리 배리시, 앵거스 벨, 데이비드 블레어, 던컨 브라운, 새라 쇼딜, 마시모 체르도니오, 카르스텐 단츠만, 톰 덴트, 마르코 드라고, 매트 에번스, 스티븐 페어허스트, 페터 프리첼, 아달베르토 지아조토, 마크 한남, 짐 허프, 비키 칼로게라, 마이크 랜드리, 알베르트 라자리니, 션 맥윌리엄스, 크리스토퍼 메신저, 로라 누탈, 브라이언 오라일리, 구이도 피젤라, 프레드 랍, 데이브 라이체, 키스 라일스, 셰일라 로원, B. S. 사티야프라카시, 피터 쇼핸, 데이비드 슈메이커, 조시 스미스, 패트릭 서턴, 데이비드 태너, 레이 바이스, 스탠 휘트콤, 로이 윌리엄스, 그레이엄 원, 마이크 주커. 누락한 분들이 있다면 너그러운 양해를 부탁드린다.

이 책에 담긴 43년에 걸친 연구를 수행하는 동안, 영국 경제 사회 연구 위원회ESRC(과거 명칭은 '사회과학 연구 위원회SSRC')로부터 여러 번, 미국 국립과학재단으로부터 1번 지원을 받았다. 자세한 내역은 아래와 같다.

1971~1973년: 현장연구 비용 약 240파운드를 포함한 SSRC PhD 학생 장학금.

1975년: SSRC, 893파운드, "과학적 현상에 관한 사회학의 심층 탐구".

1995~1996년: ESRC (R000235603), 39,927파운드, "과학적 아이디어들의 사후의 삶: 중력파와 네트워크".

1996~2001년: ESRC (R000236826), 140,000파운드 "과도기의 물리학".

2002~2006년: ESRC (R000239414), 177,718파운드, "새로운 천문학의 정초".

2007~2009년: ESRC (RES-000-2-384), 48,698파운드, "발견의 사회학".

2010년부터: "중력파 검출의 사회학적 역사를 완성하기". 미국 국립과학재단의 지원금 PHY-0854812, 975,000달러를 받는 시러큐스 대학교의 무기한 프로젝트 "향상된 라이고와 고급 라이고로 중력파 검출에 접근하기"(책임 연구자: 피터 솔슨)의 일부.

모든 규제를 거두고 대학교 출판부의 관행보다 훨씬 더 신속하게 이 책을 출판하여 중력파 발견 선언 1주년을 이 책과 함께 기념할 수 있게 해준 MIT 출판부에 감사한다. 이 프로젝트가 처음 거론된 순간부터 열정을 발휘하며 놀랄 만큼 신속하게 결정 절차를 밀어붙인 카티 헬케에게 감사한다. 또한 깊은 공감과 빠른 속력으로 성실히 편집에 임한 주디 펠드만에게 감사한다.

사회학적
철학적 주석

다른 책에서라면 사회학과 철학에 관한 본문 17곳에 달린 장황한 각주 22개로 처리되었을 내용을 이 장에 모아놓는다. 이런 편집으로 지면의 제약을 덜 받으면서 주석을 쓸 수 있다. 주석 각각의 번호에 이어 관련 본문의 쪽수가 괄호 속에 표기되어 있다. 독자는 그 본문을 참조하면서 주석 각각을 독자적으로 읽을 수 있다.

하지만 이런 편집의 본 의도는 주석이 본문을 보충하는 원래의 구실만 하는 것이 아니라 과학사회학과 과학철학에 관한 짧은 에세이로서 독자적인 장을 이루도록 하는 것이다. 발견 이야기에 주로 관심이 있는 독자들은 이 부분을 읽지 않아도 된다. 그러나 중력파 검출 같은 동시대의 역사적 과학 프로젝트를 지켜보는 사회학자의 관점과 그것을 둘러싼 사회학적 철학적 관심사들에 흥미를 느끼는 독자들도 어쩌면 있을 것이다.

핵심은 1970년대 초반에 일어난, 외부자들의 과학 이해에 관한 혁명이다. 그 혁명 이전에 과학은 천재적인 운영자들이 논리-기계를 작동시키는 일 정도로 여겨졌다. 과학 지식의 내용 자체가 어떤 식으로든 사회적이라는 말은 헛소리로 느껴졌다. 반면에 요새는 과학적 발견의 사회적 측면을 논하는 것이 덜 비합리적으로 여겨지며, 여기에서는 한결같이 그 측면에 초점을 맞출 것이다.[1] 이런 초점 맞추기는 '귀납의 문제problem of induction'를 비롯한 몇몇 철학적 통찰 덕분에 가능해졌다. 귀납의 문제는 우리가 과거로부터 미래를 논리적으로 확실하게 예측할 수 없음을 보여준다. 오히려 예측은 어떻게 예측할 것인가와 무엇을 예측할 것인가에 관한 합의에 기초를 두어야 한다. 그 밖에 중요한 철학적 통찰들로는, 규칙은 자신의 적용에 관한 규칙을 포함하지 않으므로 우리는 규칙이 무엇을 의미하는가를 결정하는 관례적 방식을 발견해야 한다는 비트겐슈타인의 생각, 한 과학적 주장은 다른 주장들의 연결망 속에 내장되어 있으므로 그 주장들 가운에 어떤 것들이 유지되어야 하고 어떤 것들이 버려져야 하는가는 합의의 문제라는 뒤앙의 생각이 있다. 이런 접근법은 지식사회학에서도 도출된다. 지식사회학은 우리가 지식이라고 부르는 것의 대부분이 우리가 그 내부에서 태어나 성장한 사회의 안건이라는 것을 출발점으로 삼는다. 사람들은 이것이 다른 분야에 못지않게 과학에도 적용된다는 점을 1970년대 이후에야 깨달았다. 이 깨달음의 바탕에 놓인 개념은 '실험자의 퇴행'이나 그에 상응하는 문구

1　원래 이 같은 관점 변화에 적대적이었던 프랭클린과 콜린스는 그 변화가 편협한 사회학자들뿐 아니라 다른 사람들에게도 영향을 미쳤을 가능성을 인정한다. 그들은 "Two Kinds of Case Study and a New Agreement"(두 유형의 사례 연구와 하나의 새로운 합의, Franklin and Collins, 2016)에서 드문 학술적 화해의 사례 한 가지를 논한다.

들로 표현된다. 나는 이 책에서 그 개념을 '증명 퇴행'으로 칭한다. 이 문구에 담긴 생각은, 무언가를 과학적 발견으로 간주할 수 있으려면, 과학자들은 어떤 관례적인 지점에서 질문을 멈추기로 합의해야 한다는 것이다. 즉, 무엇이 확실한 수준의 통계적 유의도로 간주되느냐는 관례적인 성격을 띤다.『빅 독』과 이 책에서 탐구된 것은, 발견을 낳는 계산은 판단에 기초를 둔다는 사실, 그리고 계산과 판단 사이의 일반적 긴장 관계다. 이 모든 것들은 과학이 사회적 합의들 속에 내장되어 있고 따라서 사회적 삶 속에 내장되어 있다는 점을 보여준다. 과학자들은 어떻게 과학을 해나가야 하는가에 관한 암묵적 합의들 안에서 일해야 한다.

11장에서 보았듯이, 이 사회적 합의들을 공유하지 않고 따라서 동일한 데이터에서 다른 결론을 끌어내는 과학자들도 물론 있다. 이는 충분히 예상할 만한 일이다. 중력파 검출을—빅뱅, 블랙홀, 힉스 보손, 스티븐 호킹의 발언들과 더불어—대중이 받아들이느냐 하는 것은 순전히 사회적 관례의 문제다. 이것들은 미친놈이나 괴짜로 취급받지 않으려면 반드시 믿어야 하는 유형의 사항들이다. 과학에 대한 새로운 이해는 더 광범위한 사회적 정치적 힘이 과학의 내용에 영향을 미칠 수 있음을 알아채도록 해준다. 이 책에서는 그 영향이 그리 많이 다뤄지지 않는다. 다만 중력파 연구에 대한 자금 지원과 그 연구의 결과를 기꺼이 믿을지 아닐지 그 여부와 같이, 가장 높은 층위에서 사회적 정치적 힘들이 발휘하는 영향이 다뤄질 뿐이다. 그러나 경제학이나 사회학 같은 '더 말랑말랑한softer' 과학들에서는 사회적 정치적 힘들이 낮은 층위에서 직접적으로 영향을 미치는 것을 목격할 수 있다.

『중력의 그림자』와 그 후속 작품들은 현재까지 중력파 직접 검출의 역사를 가장 상세하게 다룬 책들이다. 기쁘게도 과학자들은 그 분야를 알고자 하는 사람에게 이 책들을 추천하고, 과학자들 자신에게도 신속하게 읽을 수 있는 전문적 입문서로 유용하다고 느낀다. 그러나 『중력의 그림자』에서 나는 그 책들이 역사가들의 직업적 기준에 부합하지 못한다고 썼다. 내가 주로 서술하고자 하는 역사는 우리의 사고방식이 변화하는 역사이기 때문이다. 방금 설명한 선택과 판단의 필수성을 감안할 때 과학자들이 반드시 해야 하는 선택을 하는 방식이 어떻게 변화하는지가 나의 주된 관심사다. 이런 유형의 변화를 이해하기 위해서는 모든 역사적 주장 각각에 대해서 기록 증거를 제시하는 것이 필수적이지 않을뿐더러 딱히 도움이 되지 않는다. 필요한 증거는 사람들이 생각하는 바이며, 이 증거는 대화에서 획득된다. 한 예로 로비 보트가 협력단을 지휘할 당시에 로널드 드레버가 자물쇠 교체 때문에 자기 사무실에 들어갈 수 없게 되었던 일(『중력의 그림자』 575쪽)을 돌이켜보자. 드레버를 비롯한 많은 사람은 그 자물쇠 교체가 드레버를 모욕하기 위한 조치라고 생각했다. 반면에 다른 많은 사람은 통상적인 유지관리의 일환일 따름이라고 생각했다. 나는 캘리포니아 공과대학의 유지관리 부서에서 문서들을 살펴보고 어느 쪽이 진실인지 알아낼 수도 있었지만 굳이 그렇게 하지 않았다. 나의 입장에서는 그 사건을 그렇게 두 가지 방식으로 설명할 수 있음을 아는 것으로 충분했다. 양쪽 설명이 동등하게 믿을 만했으므로, 정확히 어느 쪽이 참인가는 그리 중요하지 않았다. 바로 이런 식으로 나의 책들은 다른 유형의 역사책과 다르다. 이어질 주석들은 이제까지의 기본적 언급에서 등장한 논제 중 다수를 더 자세히 다룰 것이다.

주석과 논평

1. (16) **대중의 과학 이해**public understanding of science: 대중의 과학 이해가 무엇인가는 오랜 논쟁거리다. 대중의 과학 이해를 최초로 추진한 것은 과학 연구에 들어가는 엄청난 공공자금을 정당화하려는 과학기관들이었다. 이른바 결핍 모형은 과학에 대한 대중적 저항이 과학에 대한 무지에서 나온다고 여겼다. 그러므로 대중의 과학 지식의 결핍을 해소할 수 있다면, 대중은 과학을 더 기꺼이 지원할 터였다. 사회과학자들은 이 생각을 비웃는 경향이 있다. 따지고 보면, 과학 지식의 결핍에 시달리지 않는 과학자들 자신도 어떤 과학 프로젝트들을 지원할 가치가 있는지, 어떤 과학적 발견이 소중한지에 관해 의견이 엇갈린다. 그러므로 대중을 교육하여 중간 수준의 과학 지식을 갖게 함으로써 과학에 대한 열정을 일으킨다는 기획은 성사되기 어려워 보이다.

이런 유형의 대중 이해는 흔히 '찾아가는 봉사활동outreach'으로 불리지만 오히려 선전이나 광고로 간주해야 마땅하다. 우주 탐사, 천문학, 천체물리학에 대한 뜨거운 열정이 존재한다는 것은 의심하기 어려운 듯하다. 중력파 발견에 대한 반응은 그 열정의 좋은 예다. 그 발견은 박식한 과학자 공동체의 (아마도) 대다수가 거의 평생 동안 지지하지 않았던 과학이 이뤄낸 성과의 좋은 예이기도 하다.

더욱 걱정스러운 것은 이런 유형의 과학을 지지하는 대중이 그 과학을 제대로 이해하는 것이 전혀 아니라는 점이다. 베스트셀러인 스티븐 호킹의 『짧고 쉽게 쓴 시간의 역사A Brief History of Time』(한국어판은 전대호 옮김, 까치, 2006)와 브라이언 그린의 『엘러건트 유니버스Elegant Universe』(한국어판은 박병철 옮김, 승산, 2002)를 생각해보라. 이 책들을 읽은 사람은 무수히 많지만 제대로 이해하는 사람은 거의 한 명도 없다. 사실상 독자들은 구매 행위를 통해 라틴어 성서에 빗댈만한 현대의 과학책에 경의를 표할 따름이다. 과학에 대한 진정한 이해는 없고, 성스러운 예복에 손을 대는 행위가 있을 뿐이다. 스티븐 호킹 개인에 대한 대중의 '숭배'도 마찬가지다. 호킹은 심각한 질병에 맞서 용감하게 싸운 인물로 엄청난 존경을 받지만, 그가 과학자로서 무엇을 했는지 이해하는 사람은 거의 없다. 더 일상적인 예를 들자면, 킵 손은 대중을 상대로 블랙홀 등을 다루는 강의를 아주 재미있게 하고, 그 강의에서 등장하는 그래픽은 감탄을 자아내고, 그 강의와 밀접하게 연관된 할리우드 영화는 대단히 흥미진진하지만, 이것들은 이 책에서 서술하는 것과 같은 일상적인 과학의 세계와 아무런 상관이 없다. 이것들은 대중에게 과학을 교육하지 않는다. 대중을 즐겁게 해줄 뿐이다.

물론 이것이 과학의 미래를 위해 좋을 수도 있을 것이다. 과학에 대한 대중의 호의를 일으킬 수 있을 테니까 말이다. 그러나 다른 한편으로, 과학을 걱정하는 '도덕군자'로서 말하면(13장 참조), 과학 지지를 끌어내기 위해 종교의 성상과 연예 산업과 광고 산업의 전술을 채택하는 것은 위험하다고 생각한다. 과학은 너무나 중요하기 때문에 과학에 대한 지지를 그런 식으로 끌어내는 것은 터무니없이 부적절하다(『중력의 유령』의 「맺음말 Envoi」 참조).

반면에 이 주석을 쓰는 것은 다른 이유에서다. 사회과학자들이 널리 공유한 믿음, 즉 대중이 과학을 전문가들 못지않게 혹은 그들보다 더 잘 이해할 수 있기 때문에 대중의 과학 지식 결핍은 존재하지 않는다는 믿음이 이 주석의 집필을 부추겼다. 이런 주장을 내놓을 때 사회과학자들은 대개 과학의 협소한 부분 하나만 염두에 둔다. 비록 그들은 그 부분의 경계를 긋기를 꺼리는 듯하지만 말이다. 10년쯤 전에 나는 중력파 물리학이 당시에 봉착한 문제들에서 탈출할 수 있으려면 반드시 몇몇 예술가들을 영입하여 도움을 받아야 한다는 말을 들었다. 하지만 사회과학자들이 통상적으로 다루는 주제는 의학이나 환경에 관한 것이다. 대표적인 사례로 백신 저항이 있다. 특히 악명 높은 것은 홍역, 볼거리, 풍진을 예방하는 MMR 백신이 자폐증과 관련이 있다는 의학박사 앤드루 웨이크필드의 1998년 발언으로 인해 생겨난 저항이다. 과학적 증거가 없는 발언이었음에도, 언론은 상관성이 존재한다는 생각에 주목하고 자식이 MMR 접종 직후에 자폐 증상을 보였다는 부모들의 경험 보고를 인용했다. 부모들은 자신의 개인적 경험과 예컨대 MMR 백신을 최근에 도입한 나라들에서 자폐증 유병률이 상승하지 않았음을 보여주는 방대한 역학 조사가 양립할 수 있다는 믿음을 품게 되었다. 일부 사회과학자들은 과학의 결핍에 아랑곳없이 이런 '일반인 전문성lay expertise'의 가치를 추어올렸다. MMR 백신과 자폐증의 상관성을 뒷받침하는 증거가 전혀 없고, MMR 접종 직후에 일부 아동이 자폐 증상을 나타내는 것은—난생처음 바나나를 먹은 직후에 일부 아동이 자폐 증세를 나타내는 것과 마찬가지로— 통계학적으로 불가피하다. 그러나 부모들의 직감에 기초한 일반인 전문성을 비롯해 전혀 근거 없는 가능성을 반박하는 증거로 받아들여지지 않았다.

대중의 일부가 과학적 사안에 기여할 수 있다는 점은 의심할 여지가 없다. 의학은 그런 기여가 기대되는 분야다. 많은 경우에 의학자들은 자신들이 이해하고 치유하고자 하는 증상들을 서술할 때 환자들에게 의존해야 하기 때문이다. 치료의 효과에 대한 이해도 흔히 일반인들이 자신의 신체 및 정신 상태를 서술하는 것을 출발점으로 삼는다. 더 나아가 상호작용적 전문성의 개념(이 장의 주석 15번 참조)은 자신의 병과 그 치료법에 대하여 상당한 전문성을 지닌 전문가 환자들의 집단이 형성될 가능성을 열어놓는다. 환자들이 충분한 수준의 전문성을 획득하여 새 치료법의 효과를 검사하는 실험의 설계에 기여한 주목할 만한 예로 샌프란시스코에 중심을 둔 에이즈 치료법들이 있다(엡스타인, 『비순수 과학: 에이즈, 활동주의, 지식 정치 Impure Science: AIDS, Activism, and the Politics of Knowledge』 참조). 오직 이런 사례—무자격 개인들의 소규모 집단이 부지런한 독서와 전문가들과의 대화의 결과로 한 하위분야에서 전문가가 되는 사례—를 통해 일반인들의 전문성 수준이 일반적으로 높다고 넘겨짚을 때 문제가 생긴다. 나는 이 주제를 『지금 우리 모두는 과학 전문가인가Are We All Scientific Experts Now?』(2014)에서 다룬다.

2. (23) **광학적 펄서의 최초 관측** 해럴드 가핑클, 마이클 린치, 에릭 리빙스턴(이제부터 이 세 사람을 GLL로 표기함)은 1981년 논문에서 광학적 펄서가 최초로 관측된 과정을 보고한다. 그들은 과학자들이 관측 데이터를 실시간으로 살펴보는 동안에 우연히 녹음기를 켜두었고, 나중에 그 녹음을 입수하여 분석했다. 안타깝게도 GLL의 논문은 읽기가 쉽지 않다. 저자들이 새로운 밀교密敎적 문체를 시도하는 것에 중점을 두기 때문이다. 아래는 그 논문의 한 대목이다.

연구에 관한 대화의 녹음은 논증적 대화, 난점의 표현, 상호작용적 추측들의 발설에서, 그 대상의 '첫 경험first time through'이 체현적으로 '살

아직lived' 절차의 한 미완성 전개와 엮여 있음을 드러낸다. 그 절차는 계획이 우연적이며 반항적인 속세에서 살아짐에 따라 활성화된 것이다.

녹음테이프의 내용은 매우 흥미로우며, 논문에서 여러 부분이 제시된다. 발췌된 부분들을 https://www.aip.org/history/exhibits/mod/pulsar/pulsar1/05.html에서도 쉽게 구할 수 있다. 아래 대화록은 그 웹페이지에서 따온 것이다.

맥칼리스터: 이번 관측은 18차 관측이야.

디즈니: 피 흘리는 펄스bleeding pulse가 하나 잡혔어. 여기야.

코크: 에이, 설마 진짜라고 생각하는 건 아니겠지? 진짜일 리 없어.

디즈니: 이건 한가운데 있는 진짜 한 방이야. 보라고. 스케일의 한가운데 있는 진짜라니까. 지금 여기에서 오는 것 같아.

코크: 흐음!

디즈니: 게다가 커지고 있어. 가장자리가 약간 커지고 있다고.

코크: 오, 하느님. 진짜잖아. 흐음!

디즈니: 하느님은 무슨! 네 눈에도 피 흘리는 펄스처럼 보이잖아.

〔웃음〕

커지고 있어, 존.

맥칼리스터: 그렇군.

디즈니: 보라고.

맥칼리스터: 커지고 있어. 그래, 네 말이 맞아.

코크: 하느님, 그래도 난 당장 믿기는 싫어.

〔웃음〕 아무튼, 우리는 2000회까지 왔어. 지금이 750,700이거든.

〔독해 불능〕

디즈니: 정말로 커지고 있어. 여길 봐.

코크: 그래, 맞아. 이야!

디즈니: 이제 하나도 남지 않았어. 봐봐, 그 점들이 싹 없어졌어.

코크: 오, 하느님. 우후!

〔뒤엉킨 발언들〕

디즈니: 여기에 또 다른 놈이 있어.

코크: 우리가 2개를 예상하잖아. 작은 펄스 하나, 큰 펄스 하나. 기억하지?

디즈니: 그래! 맞아. 내가 이놈은 그다지 확신하지 않았는데⋯⋯. 피 흘리는 펄스야.

코크: 맞아, 맞아. 하느님. 난 못 믿겠어.

〔웃음〕

디즈니: 나도 못 믿겠어. 두 번째 관측이 이루어질 때까지 안 믿을 거야.

코크: 난 두 번째 관측이 이루어지고 그놈이 어딘가로 옮겨갈 때까지 안 믿을 거야.

디즈니: 하느님, 한번 내려와서 여길 좀 보세요.

〔웃음〕

이건 역사적 순간이야, 흐음!

코크: 나도 역사적 순간이기를 바라. 또 다른 데이터를 보면 진실을 알게 되겠지. 그리고 저 스파이크가 또 한가운데 있다면⋯⋯. 정확히 한가운데 있네. 나 소름 끼쳐.

사회학자인 GLL의 분석은—정확히 말하면, 마이크 린치와의 토론에서 내가 이해한 바는—다음과 같은 두 논점을 포함한다. (a) 최초로 관측이 이루어지고 새로운 실재가 창조되는 중일 때는 무언가 특별한 일이 벌어진다. (b) 그때 과학자들은 자신이 보고 있는 바에 대한 잠재적 반응을 떠올린다. 둘째 논점은 경쟁을 중시하는 과학사회학 분석의 맥락에서 특히 중요하다. 예컨대 훗날 '논란 연구controversy study'로 명명된 분석 양식은 새로운 과학적 사실의 확립을 각각 별개이며 흔히 경쟁하는 집단들 간 상호작용의 문제로 간주했다(예컨대 Collins 1981에 수록된 논문들 참조). 반면에 '실험실 연구laboratory study' 양식은 단일한 실험실 내부에서 이루어지는 작업을 탐구함으로써 어떻게 새로운 사실들이 생겨나는지 이해할 수 있다는 입장을 취했다(예컨대 Latour and Woolgar 1979, Knorr-Cetina 1981 참조). 그런데 GLL 논문은 논란 연구도 아니고 실험실 연구도 아니었다. 그 논문은 단지 녹음테이프를 기초로 삼았으니까 말이다. GLL은 우연한 행운으로 그 녹음테이프의 복사본을 입수했다. 나와 토론하면서 린치는, 비록 이 단일한 녹음이 유일한 데이터라 하더라도 발견에 대한 반응을 예상할 때 다른 실험실들이 논의에 끼어든다는 점을 강조했다. 그럼에도 우리는, 결국 광학적 펄서가 과학적 발견으로 널리 수용되는 결과를 낳은 활동들의 더 큰 단면을 보여주는 더 풍부한 데이터를 GLL이 확보할 수 있었다면, 그들은 그런 데이터를 확보하는 쪽을 더 선호했으리라고 짐작해야 할 것이다.

3. (54) **규칙 퇴행**rules regress**과 이중맹검** 과학사회학자들이 세계를 이해하는 방식의 많은 부분, 그리고 지혜의 많은 부분을 철학자 루트비히 비트겐슈타인의 『철학적 탐구』(1953)의 다음 문장에서 추출할 수 있다. "규칙은

그 규칙 자신의 적용에 관한 규칙을 포함하지 않는다." 따라서 완강하게 규칙을 적용함으로써 문제를 해결하려는 노력은 실패하고 좌절할 수밖에 없다. 규칙을 어떤 식으로 적용해야 하는가에 대한 이해가 사람마다 다르기 때문이다. 완강한 규칙 적용의 한 결과는 무분별한 행정편의주의일 수 있다. 이는 규칙의 완강한 적용이라기보다 규칙에 대한 특정 해석의 완강한 적용이다. '비행기 사건'은 이 문제의 고전적 예이며, 10장부터 논의되는 엄격한 전문가주의와 판단 사이의 긴장도 마찬가지 예다. 이른바 증거에 기초한evidence-based 의료나 정책도, 이중맹검에 토대를 둔 실험적 연구으로 뒷받침되지 않은 것은 그 무엇도 신뢰할 수 없다는 의미로 해석된다면, 똑같은 문제 사례가 추가되는 것이다. 『닥터 골렘』(Collins and Pinch 2005)의 1장은 '실험자 효과'를 막는 안전장치로 쓰이는 이중맹검을 상세히 논한다. 실험자의 눈을 가리는 것은 실험에서 좋은 기본 태도지만 극단화되면 우스꽝스러워진다. 콜린스와 핀치는 (Collins and Pinch[2005, 32~33]에서) 팔다리 골절상에 대한 깁스 치료의 효과를 이중맹검으로 검사하면 얼마나 우스꽝스러운 일이 벌어질지 보여준다. 스미스는 「중력의 도전에 따른 사망과 중상을 예방하기 위한 낙하산 사용: 무작위 통제 시험들에 대한 체계적 검토Parachute Use to Prevent Death and Major Trauma Related to Gravitaional Challenge: Systematic Review of Randomized Controlled Trials」(2003)에서 낙하산에 대해서는 이중맹검이 이루어지지 않았다고 투덜거리며 이중맹검의 현학적 적용을 희화화한다.

4. (141) **과학, 인문학, 사회적 과학 연구** 비록 요새는 드물게만 거론되지만, C. P. 스노우의 『두 문화』(1959)는 사회적 과학 연구 분야social studies of

science에서 여전히 매우 중요하다. 1970년대 초반에 사회적 과학 연구 분야에서 일어난 혁명은 과학사와 과학철학에서 비롯되었으며, 그 혁명의 실행자들은 과학에 대한 합당한 수준의 이해는 과학을 비판적으로 분석하는 데 필수적인 토대라고 믿었다. 그러나 채 10년이 지나기도 전에, 과학을 민족지학적ethnographic 서술의 대상으로 간주하고 이방인의 관점을 분석에 유리한 관점으로서 채택하는 과학 분석 방식들이 등장했다. 이런 접근법에서 과학에 대한 이해는 무의미하거나 오히려 단점으로 간주되었다. 이와 더불어 과학을 본질적으로 글쓰기 활동으로 취급하는 접근법도 등장했다. 따지고 보면, 과학자들이 하는 일은 '글inscription'(자신들이 발견한 바의 문서 기록)을 생산하고 모아서 출판하는 것이 아닌가. 그렇게 과학 연구가 기존의 문학 비평 및 기호학 분석의 전통과 융합하고 나자, 전문적 과학지식이 거의 제약 조건으로 작동하지 않는 가운데 인문학자들 사이에서 과학 연구가 엄청나게 증가했다. 이 같은 제약의 부재로 말미암아 일부 과학 연구는 '멋진 헛소리fashionable nonsense'라는 비난을 받을 빌미를 제공했다. 문제는 소칼의 장난Sokal hoax(Sokal, 1994, 1996; https://en.wikipedia. org/wiki/Sokal_affair 참조)과 비교적 최근에 있었던 (어쩌면 덜 정교한) 유사 사건(http://prospect.org/article/academic-drivel-report) 등에 의해 뚜렷이 부각되었다.

스노우가 지적한 문화 차이는 에번스와 내가 (Collins and Evans, 2007에서) 과학과 예술에서의 '합법적 해석의 중심Locus of Legitimate Interpretation' 이라고 부른 것의 차이로 거슬러 올라갈 수 있다고 나는 믿는다. 과학에서 과학적 작품의 가치를 평가할 자격이 있다고 인정받는 사람은 다른 과학 전문가다. 작품 생산자와 직업적으로 더 가까운 평가자일수록 더 좋다. 이것이 동료 심사 제도의 토대다. 반면에 예술에서는 작품 생산자가 (예술적이거나 금전적인) 가치의 평가자로서 훨씬 덜 인정받는다. 예술 작품의 가치는 주로 대중이나 대중의 대표자들—예컨대 신문에 기고하는 비평가들—에 의해 판정된다. 따라서 예술 작품은 예술가 동료들이 판정하는 내재적 가치보다는 청중과 관중을 만족시키기 위한 '퍼포먼스performance'로서의 질에 의해 정당화되는 경우가 많다. 지식의 세계에 대한 이 같은 맞선 이해들 때문에 인문학과 사회과학은 서로 다른 방향으로 이끌린다.

예컨대 '과학 전쟁science wars'으로 명명된 험악한 시기에 과학자들은 과학을 비판하는 사회과학자들을 공격했는데(그런 과학자들의 중심에 소칼이 있었다), 오늘날 철학자나 사회학자로 활동하는 과학자들도 그때는 합법적 해석의 중심이 문제가 될 정도로 심하게 예술가의 태도를 취했다. 따지고 보면 소칼의 장난은 직접적 표적들이 아니라 더 광범위한 대중을 설득하기 위한 퍼포먼스였다. 소칼은 그런 식으로 그 장난을 이용해먹었다. 과학 전쟁에서 제시된 논증들은 어떤 진영에서 나온 것이든 거의 다 그런 유형이었다. 즉, 전문가 반대자를 설득할 가망이 있는 논증이라기보다 대중을 설득하려는 의도를 품은 퍼포먼스였다. 이런 스타일이 예술과 인문학에서 만연할 수 있다는 점은, 이 분야들에는 명확성에 대한 의무감이 없다는 점에 의해 설명된다. 당신이 반대자를 설득해야 한다면, 혹은 당신 자신의 생각을 바꾸게 만들 수도 있는 비판에 당신 자신을 노출시켜야 한다면, 당신은 당신의 작품을 가능하면 모두가 이해할 수 있도록 명확하게 제시해야 한다. 또한 당신은 우선 반대자를 철저히 이해한 다음에 비판을 시작해야 하고 반박할 수 없을 정도로 명확한 반론을 생산해야 한다. 반면에 당신이 대중을 향한 퍼포먼스에 관심이 있다면, 반대자의 입장을 곡해하여 설득력이

중력의 키스

낮은 것처럼 보이게 만들고 당신 자신의 작품을 불명확한 형태로 제시하여 비판하기 어렵게 만들거나 비판이 혼란스럽게 느껴지도록 만들 이유가 충분하다. 이런 의미에서 과학의 사회적 분석에 대한 과학적 접근법과 인문학적 접근법의 차이는 과학 문화와 예술 문화의 차이를 적어도 부분적으로 반영한다.

사회과학이 직면하는 난관 하나는 과학의 개념이 흔히 기술과 혼동된다는 점이다. 사람들은 과학적 사회과학scientific social science이 실험적이어야한다거나 조사에 기초를 두고 복잡한 통계적 분석으로 뒷받침되어야 한다고 생각한다. 반면에 사회과학자들은 사회과학과 '과학'의 연관성을 아예부정하고 싶은 유혹을 느낀다. 그들은 통계학적 실험적 접근법에 흥미를 느끼지 않기 때문이다. 그러나 과학적 접근법의 본질은 기술이 아니다. 과학적 접근법이란 연구자가 자신의 연구 결과들이 탄탄하며 해당 분야에 대하여 동등한 수준의 기술적 또는 자생적 지식을 갖춘 임의의 다른 연구자에의해 재현될 수 있다고 기꺼이 주장한다는 것을 함축할 따름이다. 적당한수준의 자생적 지식을 획득하는 것은 '주관적' 과정일 수도 있겠지만, 그렇다고 해서 그 지식에 기초한 분석의 결과가 객관적이지 않다거나 직접적 탐구 주제 이외의 상황에 적용하기에 충분할 만큼 일반적으로 표현될 수 없다는 결론은 나오지 않는다. '배턴루지에서 버스 타기'에 관하여 나와 개리 샌더스가 벌인 토론(6장 각주 7번[141쪽] 참조)은 이를 생생히 보여주는 실례다. 그러나 심지어 민족지학자들도 객관적 지식의 산출이라는 목표를 모두 공유하는 것은 아니다. 일부 민족지학자는 한 국지적 사회에 관하여 본질적으로 개인적이며 무릇 사회들에 대한 함축이 없는 서술을 제시하고자 한다.

이 책에서 (그리고 언급된 다른 책들에서) 수행된 중력파 검출에 대한 분석은 과학적 정신에 따라 이루어졌다. 비록 방법은 매우 '주관적'이지만, 만약에 그 분석이 탄탄하며 재현 가능한 발견들로 이어지지 않았다면—이때 재현 가능하다 함은 흔히 과학자들이 그 발견들을 자신들이 속한 현실의 반영으로서 기꺼이 인정할 수 있음을 뜻할 것이다—또한 그 분석의 고차 원적인 발견들을 다른 과학 분야들에 적용할 수 없다면, 그 분석은 실패일 것이다.

5. (142) **밀리컨의 기름방울 실험** 홀턴(Holton 1978)은 전하량의 기본 단위를 확립한 밀리컨의 유명한 기름방울 실험에 관한 이야기를 들려준다. 밀리컨은 모든 전하량이 기본 단위의 정수배임을 자신의 실험 결과가 보여준다고 해석했지만, 그의 실험 노트에 기재된 여러 수치는 기본 단위의 정수배가 아닌 전하량의 존재를 함축한다. 바꿔 말해 그는 그 수치들을 무시하기로 했다. 그가 판단하기에 그 수치들은 실험적 인공물이라는 것이 그 이유였다. 그러나 1970년대에 그 수치들은 충분히 진짜로 보였고, 이에 고무된 빌 페어뱅크는 기본 전하의 정수배가 아닌 자유 쿼크의 전하량이 존재한다고 주장했다. 페어뱅크는 극저온 공진 막대 중력파 검출기의 개척자이기도 하다.『중력의 그림자』216~217쪽 참조.

6. (143) **믿음들의 연결망과 실험자의 퇴행** 과학사회학의 동력으로 구실하는 또 다른 중요한 생각은, 과학적 발견은 고립되어 있는 것이 아니라 다른 믿음들과 주장들의 연결망 안에서만 존재한다는 것이다. 한 발견이 뒷받침 되려면 많은 '하위가설들'이 받아들여져야 하고, 발견이 반박될 경우, 이런 저런 가설이나 믿음을 포기함으로써 그 발견을 구제하는 것이 항상 가능하

중력의 키스

다. 이 생각은『중력의 그림자』5장의 토대다. 거기에서 나는 조지프 웨버가 고출력 중력파 주장을 살리려면 무엇을 포기했어야 하는지 논한다. 실제로 결국 그는 공진 막대 검출기의 감도에 대한 자신의 이론을 포기하고 다른 이론으로 대체했는데, 그 새로운 이론을 믿는 사람은 거의 없었다. 이 이야기는『중력의 그림자』19장에 서술되어 있다. 또한『중력의 그림자』10장에서 나는 웨버가 공진 막대 보정법에 대한 일반적 견해를 거부함으로써 자신의 주장들을 살릴 수 있었다고 주장한다. 그러나 그는 그 견해를 거부하지 않았다. 그 견해는 그가 활용하지 않은 하위가설이었다.

하위가설 혹은 '보조가설auxiliary hypothesis'의 개념은 피에르 뒤앙에게서 유래했을 것이다. 훗날 뒤앙-콰인 명제로 명명된 것도 마찬가지다(https://en.wikipedia.org/wiki/Duhem%E2%80%93Quine_thesis 참조). 임레 라카토슈의 연구 프로그램 이론은 보조가설의 개념과 관련이 있지만, 라카토슈는 하위가설들을 '핵core'과 '보호대protective belt' 혹은 주변부로 나눈다(Lakatos, 1970 참조). 라카토슈에 따르면, 주변부는 핵을 살리기 위해 더 쉽게 포기될 수 있다. 핵을 포기하는 것은 이론을 버리는 것을 뜻한다.

실험자의 퇴행(367쪽, 그리고『틀 바꾸기』참조)은 뒤앙-콰인 명제의 한 버전이라고들 하는데, 이 말이 옳다면, 실험자의 퇴행은 뒤앙-콰인 명제가 한낱 이론적 개념이 아니라 현재 과학이 일상적으로 마주치는 문제임을 보여준다. 이 책에서는 실험자의 퇴행이 이른바 '증명 퇴행'의 형태로 등장하여, 과학자들은 과학자 공동체의 사회적 관습에 의해 정해지는 특정 지점에서 질문하기를 멈춰야 한다는 주장을 보강하는 구실을 한다. 그 관습이—이를테면 변두리 과학에서처럼—다르면, 질문하기는 다른 지점에서 종결될 것이다. 즉, 한 곳에서는 확실한 발견인 것이 다른 곳에서는 충분히 확실하지 않다고 간주될 것이다.

7. (192, 195) **과학 논문의 본성** 해당 본문의 서술에 따르면, 잠정적 발견이 출판 가능한 논문으로 바뀌어감에 따라 과학적 업적에 대한 서술에서 라투르와 울가가 '양상'이라고 부른 것이 제거된다(Latour and Woolgar 1979). 이때 양상이란 실험 활동의 세부 사항에 관한 서술을 의미한다. 이를테면 누가 언제 실험을 했는가에 관한 서술 말이다. 그런 양상들이 제거됨에 따라, 유일무이한 사건이었던 서술 대상은 특정 시간과 장소에서 일어난 특수한 사건이 아니라 어디에서나 발견되는 세계의 정규적 특징으로 변모한다. 중력파의 증거일 가능성이 있는 특정한 전기적 요동이 이 시각과 장소에서 발생했으며 아무개에 의해 관찰되었다는 서술은 사라지고, "중력파가 검출되었다"라는 서술이 등장한다. 이 같은 문체의 변화는 섀핀이 '글쓰기 기술 literary technology'이라고 부른 것과 밀접한 관련이 있다. 이 기술은 독자를 실험이나 관찰의 '가상 목격자'로 만든다. 즉, 논문을 읽는 독자는 논문에 서술된 관찰을 스스로 하는 듯한 느낌을 받는다. 이 착각을 일으키기 위하여 논문은 수동태로 서술된다. 그 서술에서는 관찰자들이 능동적 개입으로 사건을 일으키는 것이 아니라 자연이 일으키는 사건이 관찰자들 앞에서 발생한다. 그 사건은 관찰자가 언제 어디에 있든지 조건이 유사하다면 발생할 것이다. 그 현상은 역사적 사건이 아니라 보편적이기 때문이다. 본문에서 내가 지적하듯이, 중력파 발견 논문의 문체는 이 관습적인 글쓰기 기술을 채택하지 않는다. 그 논문은 역사적 사건을 서술하기 때문이다. 그 역사적 사건은 최초의 중력파 직접 검출이자 최초의 다소 직접적인 블랙홀 관측이며 최초의 블랙홀 쌍성계 감쇠 나선운동 검출이었다. 그것은 많이 존재하리라고 예측되는 대상의 최초 관측이지만, 지금 우리는 발견 논문을

작성하면서 이 역사적 순간을 자축하고 있다. 이런 관측이 일상적이고 보편적으로 되는 일은 나중에야 벌어질 것이다.

8. (336) **'맥주잔 받침 지식**beer mat knowledge**'과 기타 유형의 선분성** 우리가 '전문성 주기율표'라는 이름으로 정리한 다양한 유형의 전문성에 관한 포괄적 논의는 『전문성을 다시 생각함』(Collins and Evans 2007)을 참조하라. '맥주잔 받침 지식'은 단지 '어디에나 있는 암묵적 지식'—평범한 시민이 사회 속에서 살면서 얻는 암묵적 지식—을 훈련하고 실행하기만 하면 얻을 수 있는 세 유형의 전문성(이것들은 실은 '정보'라고 불러야 마땅하다) 가운데 하나다. 이 암묵적 지식은 모어母語의 유창함, 문자 해득력, 책과 기타 문헌에 대한 이해, 책과 기타 문헌의 신뢰성과 적절한 위치에 대한 이해를 아우른다. 맥주잔 받침 지식은 그 세 유형 가운데 수준이 가장 낮다. 기술적 전문 지식과 관련해서 그보다 높은 수준은 '대중적 이해popular understanding'다. 이 전문성은 대중 과학책을 읽는 것에서 나온다. 그다음 수준은 '일차 원천 지식'인데, 평범한 시민은 전문 도서관이나 전문가들이 모이는 온라인 사이트에서 이 지식을 수집할 수 있다. 일차 원천 지식을 수집하는 것은 어려운 일이다. 부분적으로 이 어려움 때문에, 이 유형의 정보를 더 높은 지식 형태 중 하나와 혼동하기 쉽다. 그러나 더 높은 지식 형태들은 사뭇 다르다. 두 가지 형태가 있는데, 첫째, '기여적 전문성'은 표준적인 형태의 전문성, 곧 전문분야에서 일하는 사람들이 보유한 전문성이다. 둘째, '상호작용적 전문성'은 한 분야 안에서 일하는 것이 아니라 그 분야의 구어 담론에 빠져드는 것에 기초를 둔다. 이 전문성은 주석 15번에서 길게 논의될 것이다. 이 두 유형의 전문성은 '전문적인 암묵적 지식', 곧 오직 전

문가 공동체의 담론에 오래 빠져들어야만 얻을 수 있는 암묵적 지식에 의존한다. 이처럼 두 유형의 전문성 모두가 전문적 담론에 빠져드는 것과 실행이 공유된 현장 언어를 통해(또는 공통의 상호작용적 전문성을 통해) 적절히 이루어지고 조율되는 것에 의존한다(Collins 2011).

단지 어디에나 있는 암묵적 지식에 의존하는 세 범주의 전문 정보와 전문적 암묵적 지식에 의존하는 두 범주의 전문성 사이의 중요한 차이를 보여주는 일화가 있다. 조지프 웨버는 1996년에 출판한 논문(Weber and Radak 1966, 주석 17번 참조)에서 과거에 그가 관측한 중력파들과 감마선 분출들 사이의 상관관계를 발견했다고 주장했다. 그 논문은 면밀하게 작성되었으며 그 상관성의 통계적 신뢰성이 3.6시그마 수준이라는 주장을 담고 있었다. 그러나 나의 조사 결과 아무도 그 논문을 읽지 않았다(『중력의 그림자』 366쪽). 그 시기에 웨버는 중력파 관측에 관한 신뢰성이 워낙 낮았기 때문에, 그 논문은―비록 어느 모로 보나 과학 논문의 외관을 갖췄고 글쓰기 기술도 적절히 활용하여 단지 어디에나 있는 암묵적 지식만 지닌 독자의 눈에는 완벽하게 타당하게 보일 만했음에도―말하자면 과학적 '영혼 soul'이 없었던 것이다. 이 사실을 알려면 전문적 암묵적 지식이 필요하다. 그리고 이것은 그 논문 자체에서 얻을 수 있는 지식이 아니다. 다른 곳(예컨대 Collins, 2014)에서 나는 이런 유형의 구별을 이해하지 못하는 것이 백신 공포와 같은 심각하고 잠재적으로 치명적인 문제들의 원인이라고 주장한 바 있다.

9. (363, 366, 367) **쿤, 패러다임, 삶꼴** 토머스 쿤의 유명한 저서 『과학혁명의 구조』(1962)를 해석하는 다양한 방식에 대한 분석을 보려면 핀치(Pinch,

중력의 키스

1997)를 참조하라. 쿤의 사상 중 많은 부분은 루드비히 플레크(Ludwik Fleck 1935/1979)에 의해 선취되었다. 플레크는 임상 의사였으며 진료 활동을 성찰함으로써 과학에 관한 사상을 발전시킨 연구자였다. 그는 2차 세계대전 중에 강제수용소에 갇혀 티푸스 백신을 제조했다. 그의 서서 『과학적 사실의 발생과 발달Genesis and Development of a Scientific Fact』은 1979년에야 영어로 번역되었기 때문에 내가 '과학 이해의 혁명'이라고 부르는 1970년대의 변화에 거의 영향을 미치지 못했다. 플레크의 사상에서 패러다임 혹은 삶꼴에 해당하는 것은 특정한 '사고 양식thought style'으로 특징지어지는 '집단적 사고thought collective'다. 그는 서로에게 동의하는 과학자들이 이룬 집단들 사이에서 과학적 사고가 전개되는 방식을 '집단적 사고'라고 불렀다. 쿤은 저서의 첫머리에서 플레크의 공로를 인정한다. 쿤은 사회에 기초를 둔 새로운 유형의 과학 이해를 위한 장을 열었다. 비록 그의 사상의 세부는 대개 다른 철학자들—예컨대 내가 주목하는 윈치와 비트겐슈타인—에 의해 마련되었지만 말이다. 쿤의 저서는 (20세기에 가장 많이 팔린 학술서라고 한다) 출판되자마자 거센 비판을 받았다. 과학이란 경험을 참조하는 준논리적quasi-logical 기계라는 과학 모형을 내면화한 비판자들은, 과학적 '패러다임들'이 개념들과 실행들이 모조리 바뀌는 혁명기를 겪었다는 쿤의 생각을 '군중 심리mob psychology'가 과학을 추진한다는 뜻으로 해석했다. 가혹한 비판에 직면한 쿤은 결국 자신의 패러다임 개념이 너무 단순하다고 믿게 된 듯하다. 2판에서 그는 패러다임을 2개의 개념으로 분리하여 서술했다. 한 패러다임은 과학적 개념들에 관한 것이고, 다른 패러다임은 아이콘으로 자리 잡은 실험들과 그것들이 낳는 실험 스타일에 관한 것이다. 이 대목에서 쿤은 패러다임을 더 심층적인 개념인 삶꼴의 한 예로 이해하는

데 실패한 듯하다. 삶꼴 안에서 우리가 우리 세계의 대상들과 개념들을 생각하고 정의하는 방식과 우리가 세계 안에서 활동하는 방식은 동전의 앞뒷면이다. 이 사실은 본문(363쪽)에서 윈치가 든 병원체 이론의 예를 통해 설명된다. 과학자들이 판단을 내리는 방식, 과학자들이 논쟁을 멈추는 지점, 기타 12장 도입부에서 언급된 과학의 사회적 측면들 전부는 과학자들이 삶꼴 안에 거주하는 방식의 핵심 부분으로 이해해야 한다. 중대한 과학적 변화는 삶꼴의 변화다. 나는 12장에서 이 사실을 설명하려 했다.

10. (365) **컴퓨터를 통한 과학의 자동화** 인공지능AI 업계의 야심을 감안하면, 과학은 준논리적 기계라는 생각이 과학자를 대체할 수 있는 컴퓨터를 제작하는 시도로 이어지는 것은 당연지사였다. 말할 필요도 없겠지만, 컴퓨터는 이미 과학자의 많은 역할을 넘겨받았으며 활동 영역을 계속 넓혀가고 있다. 예컨대 내가 알기로 과거에는 과학자들 사이에서 최고의 재주는 난해한 함수를 적분하는 능력이었지만, 오늘날 그런 과제는 컴퓨터 프로그램 '매스매티카Mathematica'가 처리한다. 또한 당연한 말이지만, 라이고 간섭계들의 안정화와 데이터 수집과 분석은 컴퓨터가 없었다면 모두 불가능했을 것이다. 그러나 인공지능 업계의 야심은 과학자의 모든 창조성을 컴퓨터로 대체하는 것이었다. 유명한 예로 '베이컨BACON'이라는 프로그램이 있다. '베이컨'은 데이터를 입력받으면 케플러의 행성 운동 법칙들을 도출할 수 있다고 한다. 데이터가 완벽하다면, '베이컨'은 틀림없이 그렇게 할 수 있을 것이다(예컨대 Langley et al. 1987 참조). 그러나 문제는 '베이컨'의 바탕에 깔린 과학의 개념이 불완전하다는 점이다. '데이터'는 존재하지 않는다. 오로지 '데이터와 잡음'만 존재한다. 그리고 과학적 솜씨art of science는 데이터

와 잡음을 분리하는 것이다. 잡음과 데이터를 분리하는 일은 잡음을 극소화하는 작업과 무엇이 합당한지 숙고하는 작업의 상호작용에 의존한다. 주석 5번에서 밀리컨의 기름방울 실험을 논했다. 우리가 보았듯이, 전하량이 기본 전하의 정수배로만 존재함을 입증하기 위하여 밀리컨은 단순히 미가공 데이터를 계산 기계에 입력한 것이 아니다. 만약에 그랬다면, 그는 다른 결론에 도달했을 것이다. 오히려 밀리컨은 자신의 과학적 판단력을 활용하여 일부 데이터를 버리고 자신의 가설을 뒷받침하는 데이터를 남겼다. 과학적 솜씨는 이런 유형의 판단을 내리고 비판을 견뎌내는 것이다. 즉, 과학계 전반의 판단을 예견하고 특정 판단이 어떤 반응을 일으킬지 예견하는 것이다. 요컨대 과학적 솜씨는 본질적으로 사회학적 지혜의 일종이다. 그렇기 때문에 설령 컴퓨터가 과학적 절차를 점점 더 많이 넘겨받는다고 하더라도, 가까운 장래에 컴퓨터가 과학자를 완전히 대체할 가망은 거의 없다.

11. (366) **과학사회학을 확립한 연구들** 조지프 웨버 논란에 관한 나의 1975년 연구는 그런 유형의 연구 가운데 아마도 최초였지만, 그보다 앞서 데이비드 블루어의 이론적 연구(1973)가 있었다. 이 연구는 나의 연구와 유사하게 비트겐슈타인의 저서(1953)를 출발점으로 삼아 과학 지식을 다루는 사회학의 가능성을 옹호했다. 반론은 로던(1983)을 비롯한 철학자들에게서 나왔다. 로던은 과학 지식을 다루는 사회학자의 유일한 일거리는 왜 과학적이라고 여겨진 일부 지식은 진리에 이르는 정상적 합리적 경로를 유지하지 못했는가라는 질문에 답하는 것뿐이라고 말했다. 참된 과학 지식은 자기설명적self-explanatory이므로 유일한 일거리는 실패의 사회학뿐이라는 것이었다. 요새는 이런 견해가 표출되는 일이 거의 없다. 철학에서 무언가

가 완전히 사멸하는 경우는 없는 듯한데도 말이다. 그러나 철학은 다른 유형의 지식 만들기와 마찬가지로 하나의 삶꼴이며, 무엇이 성공하느냐는 사람들이 무엇을 생각하고 말하느냐에 못지않게 무엇을 실행하느냐와 깊은 관련이 있다. 조지프 웨버의 중력파 검출기 제작이 중력파가 원리적으로 검출될 수 있는가에 관한 논쟁을 종결시킨 것처럼(나는 그 논쟁이 그렇게 종결되었다고 주장하지만, Kennefick 2007도 참조하라), 또한 피터 윈치(1958)에 따르면 외과의들의 손 씻기 등이 병원체를 제거하면서도 병원체의 실재성을 확립하는 것처럼, 논란들에 대한, 또한 논란들의 종결의 사회적 측면에 대한 사례 연구가 과학사회학(과학 지식을 다루는 사회학)을 확립했다. 그 연구들을 모아놓은 책으로 콜린스(Collins 1981a)가 있다. 이 책은 저널『과학에 대한 사회적 연구Social Studies of Science』의 특별호이며『지식과 논란: 현대 자연과학 연구들』이라는 제목이 붙어 있다. 이 책에 다음 논문들이 수록되어 있다. 콜린스(Collins 1981b, 웨버 논란이 어떻게 종결되었는지를 다룸), 하비(Harvey 1981, 양자이론이 말하는 비국소성을 실험적으로 입증하려는 시도들을 다룸), 피커링(Pickering 1981, 쿼크 이론과 아원자입자 색채론 사이의 논쟁을 다룸), 트래비스(Travis 1981, 쥐와 벌레worm에서 기억의 화학적 이동에 관한 논쟁을 다룸). 이런 유형의 초기 사례 연구의 다른 중요한 사례로는, 앞선 논문들에서 다룬 논쟁들을 더 포괄적으로 다루는 피커링(Pickering 1984)과 핀치(Pinch 1986), 로버트 훅과 토머스 홉스가 훅의 공기펌프를 놓고 벌인 논쟁에 대한 역사적 연구인 섀핀과 셰이퍼(Shapin and Schaffer 1987), 대륙간 탄도 미사일의 정확도에 관한 주장들과 검사들을 상세히 분석하는 매켄지(Mackenzie 1990) 등이 있다. 나는 이 목록이 완벽하다고 자부하지 않는다.

앞서 설명했듯이, 이런 유형의 분석은 광범위한 사회적 관심사들이 과학 지식의 내용 자체에 스며드는 것이 어떻게 가능한지 보여준다. 반면에 언젠가부터 '과학기술학science and technology studies, STS'으로 명명된 분야는 지식의 본성에 대한 분석을 외면하고 점점 더 대중적 주제에 관심을 기울이는 쪽으로 발전해왔다. 이런 의미에서 이 책은 과학기술학의 현재 면모가 아니라 형성기를 반영한다. 그럼에도 방금 언급한 사례 연구들은 과학의 역사에 발자취를 남긴 듯하며(Franklin and Collins 2016), 지식 연구의 미래는 역사학자의 감수성과 기술적 솜씨를 사회학의 질문들 및 방법들과 조합하는 것에 있을지도 모른다. 사회학의 방법 중 하나는, 동시대의 연구와 기존 자료 탐구에(혹은 기존 자료 탐구 없이 동시대의 연구에) 기초한 과학적 지식 만들기의 사회적 질감texture을 강조하는 것이다. 역사학자들인 스티븐 섀핀과 사이먼 셰이퍼는 과학사회학의 확립에 기여한 세대에 속하지만, 고무적이게도 대니얼 케네픽(Daniel Kennefick 2007), 데이비드 카이저(David Kaiser 2009, 2011), 앨런 프랭클린(Allan Franklin 2013) 등의 역사학자들이 수행하는 연구도 사회학적 감수성을 드러낸다.

12. (396) **입자물리학의 역사와 공동 저술** 피터 갤리슨은 입자물리학의 여러 역사를 거의 완벽하게 서술했는데, 특히 주목할 만한 그의 저서 『이미지와 논리』(1997)는 본문(126쪽)에서도 논의되었다. 그는 입자물리학이 발전함에 따라 과학 논문의 저술 관행이 어떻게 바뀌었는지에 관한 논문—「집단 저자The Collective Author」(2003)—도 썼다. 그 논문은 오늘날의 논문 저자 목록에 수천 명이 오르게 된 사연을 설명한다. 갤리슨의 설명은, 대규모 협력단에서 누구를 저자로 인정하고 누구를 인정하지 말아야 하는지를 결정하는 방법과 그 결정의 패턴이 세월의 흐름에 따라 어떻게 변화해왔는지

에 관한 동시대 과학자들의 많은 발언을 포함하고 있다. 갤리슨이 다루고
자 하는 문제 중 하나는, 논문의 제목이 암시하듯이, 과학 연구의 집단적 성
격이다.

> 팀이 개인을 대체했다. 개인은 그 실험적 문제의 길이와 폭을 알지 못했
> 기(알 수 없었기) 때문이다. …
>
> 고에너지 물리학 협력단은 동질적인 행위자들의 집단과는 전혀 다른
> 방식으로 작동했다(후자의 집단에서는 그 집단에 전형적인 한 구성원이 집
> 단이 대변인 노릇을 할 수 있을 테지만). 실제로 논문 저술에 관한 근본적
> 실질적 역설이 발생하는 것은 정확히 그 협력단의 이질성 때문이었다.
> 각각의 하위집단은 다름 아니라 그 집단의 특수한 기능이 필요하기 때
> 문에 필수적이다. …
>
> 2000명으로 이루어졌으며 가변적인 협력단의 맥락 안에서 "우리는
> 누구인가?"에 대한 대답은 항상 불안정할 수밖에 없다. 그 대답은, 과학
> 지식을 단일한 의식적 정신의 안건으로 만들려는 욕망과, 과학 지식의
> 분산적 성격을 올바로 인정하려는(이 인정은 어떤 증명에서든지 필수적이
> 다) 욕망 사이에서 진동할 수밖에 없다. (2003, 351~353쪽)

고에너지 물리학에 대해서 우리는 권위를 가지고 발언할 수 없다. 그러나
중력파 물리학 분야의 분업에 대해서 우리가 아는 바에 비춰보면, 위 인용
문은 불필요하게 신비적인 듯하다. 다양한 역할들이 합동 활동에 기여하는
바에 관한 갈등, 예컨대 중력파 발견 논문에서 '빈도' 계산이 얼마나 중요하
고 얼마나 길게 언급되어야 하는가에 관한 의견 대립(302쪽)과 같은 갈등은

항상 있을 것이다. 그러나 실행적 분업과 협력단 내부의 모든(혹은 거의 모든) 개인이 프로젝트 전체에 대한 이해를 공유하는 것 사이에는 어떤 갈등도 없다. 상호작용적 전문성과 공유된 실행 언어가 존재하기 때문이다(주석 15번). 공동 저술이 이 분야의 분업을 반영하는 것은 맞다. 그러나 공동 저술은 연구의 모든 측면에 대한 이해의 공유, 혹은 공유 가능성도 반영한다. 실제로 이 가능성이 없다면, 분업이나 프로젝트 전체에 대한 관리가 어떻게 작동하는지 이해하기 어려울 것이다. 그러므로 중력파 발견 논문에 이름을 올린 1011명의 저자들 각각은 서로 다른 방식으로 프로젝트에 기여했지만 원리적으로 그 논문의 온전한 저자일 수 있다.

13. (408) **포퍼와 반증 가능성** 포퍼의 철학은 한때 과학자들 사이에서 인기가 아주 좋았다. 그들은 그 철학이 과학 연구를 옳게 서술한다고 믿었다. 그 철학의 영향력은 오래 지속되고 있다. 특히 반증 가능성이라는 개념이 그러하다. 다른 책(Collins and Evans 2017)에서 나와 에번스가 주장하듯이, 포퍼는 과학자들의 연구 방식을 옳게 서술한다. 비록 그의 철학은 그가 의도한 바와 다른 메시지를 전달하지만 말이다. 과학에 관한 많은 철학 사상들은 과학자들이 과학적 삶을 사는 방식을 옳게 서술한다. 그러나 그 사상들이 과학에 대한 준논리적 설명이라는 뜻은 아니다. 무슨 말이냐면, 일반적인 과학적 삶에서 과학자는 자신의 발견을 보완하려 애쓰며, 좋은 과학의 경우에는, 자신의 발견이 반증될 수 있는 조건들을 제시하려 애쓴다. 포퍼는 보완과 반증이 서로 대립하는 것처럼 서술했다. 그러나 보완과 반증을 둘 다 시도하는 것은 전혀 이상하지 않다. 이제부터 나는 포퍼가 하고자 한 바와 성취한 바를 아주 간략하게 설명하려 한다.

포퍼가 글을 쓰던 시절의 통념에 따르면, 과학철학의 임무는 과학적 발견의 메커니즘을 설명하는 것이었다. 이 통념은 포퍼가 1959년에 출판한 저서 『과학적 발견의 논리The Logic of Scientific Discovery』의 제목에서도 표출된다. 과학적 발견의 논리를 구성하려는 모든 노력은 '귀납의 문제'에 봉착하기 마련이었다. 이 문제의 인기 있는 버전 하나는 넬슨 굿맨(예컨대 Goodman 1973)의 '귀납에 관한 새로운 수수께끼'다. 굿맨은 '그루grue'라는 새로운 색깔을 발명한다. 아주 개략적으로 말하면, 그루란 오늘은 녹색이고 내일은 파란색인 그런 색깔이다. 풀이 녹색임을 뒷받침하는 모든 증거는 풀이 '그루임'을 뒷받침하는 증거이기도 하다. 따라서 이제껏 우리가 실행한 모든 녹색 풀에 대한 관찰은 우리를 풀이 내일 녹색이리라는 예측으로 이끄는 것에 못지않게 파란색이리라는 예측으로도 이끌어야 마땅하다. 이 문제는 오래되었으며, 그 요점은 우리가 과거로부터 미래를 예측할 수 없다는 사실에 있다. 포퍼가 든 유명한 예는 우리가 흰 백조들을 아무리 많이 관찰했다 하더라도 "모든 백조는 희다"라고 주장할 수는 없다는 것이다(이 문제를 과학적 재현의 맥락 안에서 다루는 논의는 『틀 바꾸기』참조).

포퍼는 자신이 입증을 반증으로 대체함으로써 귀납의 문제를 해결했다고 믿었다. 흰 백조들을 유한히 많이 관찰한 것에서 "모든 백조는 희다"라는 주장을 논리적으로 끌어낼 수는 없지만, 단 한 번의 검은 백조 관찰에서는 "모든 백조가 흰 것은 아니다"라는 주장을 논리적으로 완벽하게 끌어낼 수 있다고 그는 믿었다. 그리하여 건전한 과학 지식은 확증이 아니라 반증에 의해 형성된다는 인기 있는 견해가 생겨났다.

『과학이 만드는 민주주의』에서 에번스와 나는 문제 설정 자체가 잘못되었다고 주장한다. 과학 지식은 논리적으로 완벽하지 않으며, 필요한 것은 위반할 수 없는 어떤 공식이 아니라 최선인 절차의 집합이기 때문이다. 이것이 진실임을 믿어야 하는 이유는 이 장의 도입부에서 언급했다. 하지만 어쨌거나 포퍼의 논리는 그가 도달했다고 생각하는 목표에 도달하지 못한다. 앞서 논한 대로 관찰 주장을 비롯한 무릇 주장은 다른 가설들의 연결망을 받아들임으로써만 확립될 수 있기 때문이다. 예컨대 당신이 검은 백조를 보더라도, 그 백조가 페인트나 검댕을 뒤집어썼을 가능성, 그 백조가 무언가를 먹었기 때문에 깃털이 변색되었을 가능성, 당신의 눈이나 조명에 뭔가 문제가 있을 가능성은 항상 열려 있다. 포퍼의 핵심 사상은 입증과 반증 사이에 '비대칭성'이 존재한다는 것, 입증은 불확실한 반면에 반증은 확실하다는 것이다. 그러나 검은 백조 한 마리를 관찰한 것과 "모든 백조가 흰 것은 아니다"라는 주장 사이에도 아주 많은 가능성이 존재하기 때문에, 그 비대칭성은 사라지고, 논리에 관한 한에서는 반증과 입증이 매우 유사해진다(Lakatos 1970 참조).

해결책은 간단하다. 과학적 발견의 '논리'를 따지지 말아야 한다. 그런 논리는 존재하지 않기 때문이다. 대신에 당신이 과학자로서 추구해야 하는 절차들의 집합에 관한 생각들을 취합해야 한다. 그 절차들의 집합은 입증을 위한 노력과 반증을 위한 노력을 모두 아우를 것이다. 우리는 이렇게 말할 수 있다. 과학적 발견은 입증될 수 있을 때 더 강하다. 또한 포퍼의 견해대로, 과학적 발견이 거짓임을 보여줄 수 있는 조건들을 댈 수 있을 때 그 발견은 더 과학적이다.

14. (408) **과학적 삶꼴과 형성 의도** 이 주석은 포퍼와 반증에 관한 앞선 주석과 곧장 연결된다. 그 주석에서 나는 과학적 발견의 논리를 탐구하지 않

는 것이 최선이라고 주장했다. 대신 최선의 관행으로 간주되는 것들의 집합을 통해 과학을 정의하는 것이 최선이라고 주장했다. 그 집합은 하나의 포괄적 논리에 따라 엄격하게 결정되지 않는다. 그러나 그 집합은 다른 사회적 공동체나 '삶꼴'과 유사하게 과학자들을 연결한다. 삶꼴은 본문 362쪽 근처와 주석 9번, 15번에서 논의된다. '형성 의도formative intention'란 당신이 다양한 사회나 삶꼴 안에서 의도할 수 있는 바다(Collins and Kusch 1998). 예컨대 당신이 아잔데Azande 족(중앙아프리카의 한 토착민 종족.—옮긴이)의 일원이라면, 당신은 닭에게 독을 주입함으로써 마녀를 식별하려고 할 수는 있지만 주택담보대출을 받으려고 할 수는 없다. 반면에 당신이 영국인이라면, 당신은 주택담보대출을 받으려고 할 수는 있지만, 매우 이례적인 상황이 아니라면, 닭에게 독을 주입함으로써 마녀를 식별하려고 할 수는 없다. 무슨 말이냐면, 사회의 본성은 구성원들이 합법적으로 의도할 수 있는 것들, 곧 '형성 의도'의 유형에 의해 구성된다. 급격한 과학적 변화에 대한 연구는 형성 의도가 변화하는 방식에 대한 연구다. 이런 맥락에서 이해할 수 있듯이, (비록 이것은 매우 사소한 예지만) 로비 보트가 일부러 자물쇠를 바꿔 로널드 드레버가 자기 사무실에 들어갈 수 없게 만드는 것을 의도했을 수도 있다는 믿음이 합리성을 인정받았다면—이 장의 도입부 참조—실제로 보트가 그런 의도로 자물쇠를 바꿨는지에 대한 확인은 사회학적으로 중요하지 않다. 이 가능성이 얼마나 이례적인지, 집단 내부의 갈등 수준과 관련해서 얼마나 의미심장한지 눈여겨보라. 그러나 이 가능성이 우리 삶꼴의 일부임을 우리가 도저히 상상할 수 없기 때문에 보트를 비난한 사람은 아무도 없었다는 점도 눈여겨보라. 『과학이 만드는 민주주의』에서 펼친 주장은 과학을 구성하는 형성 의도들과 민주주의의 가치들이 아주 많이 겹친다는

중력의 키스

것이다.[2]

15. (264, 440, 481) **상호작용적 전문성** 상호작용적 전문성의 개념은 언어에 초점을 맞춘다. 이 개념을 옹호하는 사람들의 주장에 따르면, 전문가 집단의 구어 담론에 충분히 오래 참여한—전문가들의 '실행 언어practice language'(Collins 2011b)를 습득한—사람은 전문가들의 실행 자체에 참여하지 않더라도 그들의 실행 세계를 이해하는 법을 터득할 수 있다. 상호작용적 전문성의 개념은 실행이 이해에서 핵심 역할을 한다는 점을 강조하는 철학의 오랜 전통과 정면으로 충돌한다.

관련 논쟁의 발원지는 인공지능이다. 영향력 있는 철학자 휴버트 드레이퍼스는 하이데거와 메를로퐁티에게 기대어 유명한 논문(Dreyfus 1967)과 후속 저서들(Dreyfus 1972, 1992)에서, 컴퓨터가 신체를 보유하여 이리저리 돌아다니면서 세계를 인간이 경험하듯이 경험하지 못한다면, 컴퓨터는 영영 인간적인 지능을 보유하지 못할 것이라고 주장했다. 열광적인 인공지능 옹호자 더그 레너트는 평범한 인간적 신체를 보유하지 못했던 사람들이 발휘한 능력들을 볼 때 드레이퍼스의 주장은 틀림없이 오류라고 반발했다. 레너트가 든 예는 '마들렌'이다. 마들렌은 태어날 때부터 중증 장애인(뇌성마비를 지닌 시각장애인.—옮긴이)이었지만 신체적 상호작용이 아니라 대화를 통해 습득한 언어를 흠잡을 데 없이 유창하게 구사했다(Sacks 2011). 이

---

2 과학적 발견의 논리에 기초한 이론에 따르면, 지침을 위반하는 사람들은 치명적인 실수를 범하는 것일 터이다. 그러나 과학의 삶꼴 모형에 따르면, 지침 위반은 치명적이지 않다. 논리적 설명은 수학적 증명과 마찬가지로 단 하나의 예외에 의해 물거품이 된다(그러나 매켄지는 이것이 수학의 보편적 특징은 아니라는 점을 2001년에 출판한 저서 *Mechanizing Proof: Computing, Risk, and Trust*(증명의 기계화: 컴퓨팅, 위험, 신뢰)에서 놀랄 만큼 명확하게 보여준다).

반론에 대한 철학자들의 대꾸(예컨대 Selinger 2003, Selinger, Dreyfus, and Collins 2007)는, 마들렌이 앞, 뒤, 옆 등이 있는 신체를 보유했으며 그 신체에 기초하여 활동할 수 있었다는 것이었다. 그러나 이 대꾸는, 설령 지능을 위해 최소한의 신체가 필요한 것은 사실이더라도(이것이 사실인지 여부도 의심스러운 듯하지만, 사실이라고 치자) 우리가 배울 필요가 있는 모든 실용적인 것의 학습에 신체가 많이 필요하지는 않을 가능성을 열어놓는다. 즉, 우리가 대화를 통해 학습할 수 있을 가능성을 열어놓는다.

나는 (예컨대 Collins 1996에서) 문제를 둘로 가름으로써 해결하는 것을 시도했다. 인간 사회들, 또는 그 사회들 내부의 전문가 집단들은 신체가 없다면 인간적이지 않을 것이다. 그러나 개인은 그 사회들의 신체적 형태를 공유하지 않더라도 그 사회들로부터 학습할 수 있다.

> 사자lion가 말할 수 있더라도 우리는 그 말을 이해하지 못할 것이라고 비트겐슈타인은 말했다. 말하는 사자의 세계—'삶꼴'—가 우리의 세계와 다를 터이기 때문이라는 것이다. ⋯ 우리의 언어 안에 의자가 있는 방식으로 사자의 언어에 의자가 있지는 않을 것이다. 사자는 무릎이 우리의 무릎처럼 굽어지지 않으며 '글을 쓰거나 학회에 가거나 강의를 하지' 않기 때문이다. ⋯ 그러나 의자에 앉을 수 있는 놈만 의자를 인지할 수 있다는 뜻은 아니다. 이런 뜻으로 오해한다면, 그것은 개체의 능력과 개체가 속한 사회적 집단의 삶꼴을 혼동하는 것이다. 의자를 인지할 수 있는 놈들은 의자에 앉을 수 있는 놈들의 삶꼴을 공유하기만 하면 된다. 우리는 말하는 사자가 우리에게 하는 말을 이해하지 못할 텐데, 그것은 그 사자가 사자 같은 신체를 지녔기 때문이 아니라 그 사자의 친구

들과 아는 놈들 대다수가 사자 같은 신체와 사자 같은 관심사를 지녔기 때문이다. 원리적으로 말하면, 당신이 잠재적 대화 능력을 지닌 사자 새끼를 발견하여 인간 사회에서 키운다면, 성장한 후에 그놈은 우스꽝스러운 다리를 지녔음에도 우리와 다름없이 의자를 거론할 것이다. 그 사자는 우리의 언어를 말하는 법을 학습하면서 의자를 알아보는 법도 학습할 것이다. 바로 이런 식으로 마들렌 사례를 이해해야 한다. 마들렌은 언어적 사회화를 겪었다. 요약하자면, 한 사회적 집단을 이룬 구성원들의 신체 형태와 그들이 처한 상황이 그들의 삶꼴을 낳는다. 구성원들이 다양한 신체들을 지니고 다양한 상황들에 처한 집단은 다양한 삶꼴들을 발달시킨다. 그러나 언어적 사회화 능력을 보유한 개체는 신체가 없거나 특정 삶꼴에 대응하는 신체적 상황들을 경험하지 못하더라도 그 삶꼴을 공유하게 될 수 있다.[3]

더 익숙한 예를 들어 설명할 수도 있다. 테니스를 칠 신체적 능력이 있는 사람들의 집단이 존재하지 않는다면, 당신은 테니스 언어를 학습할 수 없다. 그러나 당신은 테니스 치는 사람들과 대화하는 것만으로도 테니스 치기가 무엇인지 학습하고 원리적으로는 테니스 치기의 모든 실행적 뉘앙스를 학습할 수 있다. 당연한 말이지만, 중력과 물리학도 마찬가지로 학습할 수 있다.

상호작용적 전문성은 획득하기가 쉽지 않지만 — 획득하려면 오랜 시간

---

3   저널 *Artificial Intelligence*에 실린, 휴버트 드레이퍼스의 저서에 대한 나의 서평 "What Computers Still Can't Do"(그래도 컴퓨터가 할 수 없는 것, Collins 1996)에서 인용.

이 걸린다─일단 획득하고 나면 '그럴싸하게 말하기talk the talk' 능력을 훨씬 능가한다. 오히려 '말한 대로 실행하기walk the talk' 능력이라는 표현이 그 전문성을 서술하기에 더 적합하다. 그 전문성은 기술적 프로젝트의 관리자들이 보유한 지식과 공통점이 많다(Collins and Sanders 2007). 상호작용적 전문성이라는 개념은 사회가 작동하는 방식의 많은 특징을 이해하는 데 필수적인 듯하다. 사회가 기술적 전문분야들에서의 분업을 어떻게 지탱하는지, 하위 팀들이 전체로서의 사회와 어떻게 상호작용하는지 등을 이해하는 데 말이다. 다양한 유형의 전문성에 대한 분류의 맥락에서 상호작용적 전문성을 논하는 유용한 문헌으로 콜린스와 에번스(Collins and Evans 2007)가 있다. 가장 최근에 나온 포괄적 개론은 2015년의 콜린스와 에번스(Collins and Evans 2015)다.

본문에서 설명했듯이, 물리학 학위가 없는 외부자가 이런 프로젝트에 착수할 생각을 품을 수 있게 해준 것이 바로 상호작용적 전문성이라는 개념이다. 14장과 주석 16번에서 거론되는 것과 같은 이미테이션 게임을 추진하는 힘도 다름 아니라 상호작용적 전문성이라는 개념이다.

16. (441, 444) **이미테이션 게임과 튜링 검사** 주석 15에서 언급했듯이, 이미테이션 게임은 상호작용적 전문성과 관련이 있다. 이미테이션 게임은 튜링 검사의 조상이다. 튜링 검사의 기초는 정체가 은폐된 남녀가 심판에게 받은 서면 질문들에 답변하면서 자신이 반대 성性인 것처럼 가장하는 사고 게임이다. 만약에 어떤 컴퓨터가 남성이 여성으로 가장하는 것에 못지않게 여성으로 가장하기를 잘한다면, 그 컴퓨터는 '지능'이 있다고 해야 한다고 튜링은 믿었다. 거듭 강조하지만, 튜링 검사에 관한 원래 서술(Turing 1950)

에서 구별 불가능하리라고 간주된 쌍은 여성으로 가장하는 컴퓨터와 여성으로 가장하는 남성(또는 남성으로 가장하는 컴퓨터와 남성으로 가장하는 여성)이었지, 인간으로 가장하는 컴퓨터와 인간이 아니었다. 요새 이른바 튜링 검사는 인간으로 가장하는 컴퓨터와 인간을 구별하는 방식으로 이루어지지만 말이다.

우리는 상호작용적 전문성의 보유 여부를 검사하기 위하여 이미테이션 게임, 곧 튜링 검사를 활용한다. 한 고전적인 예로 비맹인이 던지는 질문들에 어떻게 답변하는지 보면서 비맹인으로 가장하는 맹인과 진짜 비맹인을 구별하는 실험이 있다. 질문은 상호연결된 컴퓨터들을 통해 전달된다. 이 실험은, 맹인이 던지는 질문들에 어떻게 답변하는지 보면서 맹인으로 가장하는 비맹인과 진짜 맹인을 구별하는 실험과 짝을 이룬다. 이 한 쌍의 검사를 해보면, 맹인이 비맹인으로 가장하는 솜씨는 비맹인이 맹인으로 가장하는 솜씨보다 훨씬 더 뛰어나다. 맹인은 비맹인의 발화 담론 속에 빠져들어서 사는 반면, 비맹인은 일반적으로 맹인의 담론 속에 빠져들어서 살지 않기 때문이다. 따라서 맹인은 비맹인의 세계 안에서 상호작용적 전문성을 획득할 기회가 많다. 우리는 이런 검사들을 다양한 규모와 주제로 수행했다(Collins and Evans 2014).

원조 중력파 이미테이션 게임은 이메일을 통해 이루어졌다. 중력파 물리학자 1명이 질문 7개를 내고 나와 또 다른 중력파 물리학자 1명이 답변했다. 이어서 완성된 질문지와 답변지를 다른 중력파 물리학자 9명에게 보내면서 이렇게 물었다. "답변자들 가운데 누가 진짜 중력파 물리학자이고 누가 해리 콜린스일까요?" 7명은 누가 누군지 식별할 수 없다고 대답했고, 2명은 콜린스가 진짜 중력파 물리학자라고 대답했다. 『네이처』는 이 이미테이션 게임에 관한 뉴스 기사를 실었다(Giles 2006). 그런데 유의할 점은, 『네이처』 기사를 읽는 독자들이 할 법한 생각과 정반대로 이 검사가 장난질이 아니라 진짜 이해를 입증하는 작업이었다는 점이다. 이 검사는 상호작용적 전문성을 드러냄으로써 진짜 이해를 입증했다. 나는 약간 퇴화한 나의 상호작용적 전문성에 이 검사를 더 정교한 버전으로 적용했는데, 이에 관한 서술은 본문 14장에 나온다. 당연한 말이지만, 상호작용적 전문성은 암묵적 지식의 개념과 밀접한 관련이 있다. 주석 8번, 15번을 참조하라. 암묵적 지식에 관한 분석으로 콜린스(Collins 2010)가 있다.

17. (333, 335, 451) **영역 특수적 식별력, 전문가적 전문성, 과학의 변두리** 본문(316쪽)에서 설명했듯이, 사회학자는 과학적 믿음에 끼어드는 사회적 요인 탐구를 간소화하는 것을 애써 피해야 한다. 바꿔 말해, 사람들이 무언가를 믿게 된 이유에 대한 설명에 진실이나 합리성, 혹은 그 비슷한 것이 포함되는 것은 허용될 수 없다. 그렇기 때문에 '변두리 과학'이라고 부를 만한 것과 주류 과학을 구별하는 일이 사회학자에게는 매우 어려워진다. 저널을 가지고 있고 연례 학회를 개최하는, 규모가 크고 잘 조직된 변두리 과학이 존재한다(Collins, Bartlett, and Galindo 2016). 많은 변두리 과학자들의 관심사 하나는 상대성이론을 반박하는 것이다. 일부 사람들은 그 이론이 거대한 음모이며, 아인슈타인이 이스라엘을 지지했다는 점을 감안할 때, 심지어 유대인의 음모라고 주장한다! 진실이 어떠하든 간에, 상대성이론에 대한 반박은 '그 사건'에 대한 반박을 함축한다. 11장에서 그런 반박의 예들이 제시된다.

사회학자가 간단히 과학자들의 견해에 붙어 기생하면서 "과학자들은 상

　　　　　　　　　　　　　　　중력의 키스

대성이론이 옳다고 말한다. 따라서 그 이론을 믿지 않는 사람들은 비합리적이다"라고 판정하는 호사를 포기하고 거리 두기 규칙을 준수하기로 하면, 과학을 주류와 변두리로 나누는 것은 훨씬 더 흥미로운 문제로 다가온다. 이 경우에 사회학자는 사회학적 구별 기준을 발견해야 하는데, 이것은 훨씬 더 어려운 과제다. 주류 과학과 변두리 과학의 구별은 과학 지식의 미래를 위해서는 그리 중요하지 않지만(과학에서는 수십 년에 걸쳐 진실이 드러난다) 정책 결정자들이 내려야 하는 판단을 위해서는 중요하다. 예컨대 1992년에 (『중력의 그림자』 361쪽 참조) 조지프 웨버는 공진 막대의 민감성에 관한 그 자신의 새로운 이론에 따르면 훨씬 더 비싼 간섭계들을 건설하는 것은 돈 낭비라고 지적하는 편지를 연방 의원들에게 보냈다. 주류 과학계의 입장에서 이 사건은 아무 문제도 아니었지만, 외부의 정책 결정자들은 웨버의 주장을 어떻게 판정해야 했을까? 유일한 대답은, 민주주의 사회에 속한 그 정책 결정자들은 주류 과학계의 견해에 기초하여 판정할 수밖에 없다는 것인 듯하다. 바로 그렇기 때문에 과학자들의 견해 그 이상의 구별 기준이 필요하다. 얄궂게도 '아카이브arXiv' 역시 유사한 문제에 봉착한다. 그 웹사이트는 많은 변두리 논문을 투고받으며, 단순히 물량 처리를 위해서도 모종의 자동화가 필요하기 때문이다. '아카이브'의 설립자 폴 진스파그와의 공동 연구에서 우리는(Collins, Ginsparg, and Reyes-Galindo 2016) '아카이브'가 사용하는 자동화 기법들이 최첨단의 수준임에도 웨버와 라다크(Weber and Radak 1996) 같은 논문들을 비정상적인 논문으로 식별하지 못함을 보여주었다. 그런 논문들을 식별하는 데 필요한 것은 '영역 특수적 식별력Domain-Specific Discrimination', 혹은 줄여서 '영역 식별력 Domain Discrimination'이다(Collins and Weinel 2011, 407).

콜린스, 바틀릿, 라이어스갤린도(Collins, Bartlett, and Reyes-Galindo 2016)에서 우리는 변두리 과학의 특징을 제시한다. 의미심장한 것은 토머스 쿤(Kuhn 1959, 1977)이 '본질적 긴장'이라고 부른 것과 관련해서 주류와 변두리가 나타내는 차이다. 본질적 긴장이란, 개인이 공동체의 합의를 벗어나 새로운 주장을 내놓을 수 있는 권리를 보존할 필요성과 (과학이 진보할 수 있으려면) 과학적 사고에 대한 규제를 어느 정도 받아들일 필요성 사이의 긴장이다. 일반적으로 과학은 이 두 필요성 사이에서 항상 균형을 유지한다. 그러나 변두리에서는 균형이 눈에 띄게 개인 쪽으로 기울며 합의는 따분하게 여겨지거나 권위주의적이라고 의심받는다. 이런 편향은 변두리 과학 학회들에서도 나타난다. 그런 학회에서는 모든 대표자 각각에게 자신이 선호하는 이론을 발표할 기회가 주어지며 따라서 전반적으로 조직화가 부족하다. 주류 과학계는 중력파 최초 검출에 대하여 어떤 비판도 제기하지 않기 때문에, 이 책(11장)에서 우리는 비판을 다루기 위해 변두리 과학계에 관심을 기울인다. 사회적 합의를 받아들이기를 거부하는 변두리 과학계는 '그 사건'에 대한 수용이 어느 정도까지 사회적 합의의 사안인지 일깨워준다.

최초 검출 절차

0단계: 검출 준비

전체 과정을 최대한 신속하고 원활하게 만들기 위하여, 관측 가동을 시작하기 전에 필요한 절차들을 실행하고 인증하는 것이 중요하다. 그 절차들과 담당자들은 아래와 같다.

- (최소한 주요 탐색 유형들에 대해서는) 탐색 파이프라인들을 철저히 검토하기. 이 절차는 탐색팀들의 자체 검토위원회들이 수행한다.
- 데이터 분석 결과들과 장비들의 상태가 온전함을 입증하기 위한 검출 점검 목록을 확정하기. 점검 목록들은 탐색팀들과 검출기 특성 연구팀들이 작성하고 DC[검출위원회]가 검토한다.

- 가능한 사건의 (잠정적) 검출에 반응하여 사건 발생 시점에서의 검출기들의 상태와 작동이 신속하게 기록되고 저장될 수 있게 만드는 절차들을 확립하기. 이 절차들을 결정하고 실행하는 임무는 비르고 대변인이 지정하는 한 사람과 라이고 관측소 지휘부가 맡는다.
- 검출 주장을 위해 필요한 통계적 유의도의 수준에 관한 방침을 확립하기. 이 방침은 DAC[데이터 분석 위원회]와 DC가 제안하고 협력단들이 승인한다.
- 사건 후보에 대한 후속 전자기파 관측 결과를 그 사건의 통계적 유의도 평가에 반영하기 위한 절차들을 확립하기. 이 절차들은 EM 포럼이 제안하고 협력단들이 승인한다.
- 최초로 검출될 것으로 예상되는 파원 유형들에 대한 검출 논문 개요들을 준비하기. 이 논문 개요들은 탐색팀들이 준비하고 탐색팀들의 자체 검토위원회들과 DC와 편집위원회들이 검토해야 한다. 이 검토에서는, 검출 주장과 관련하여 발생할 법한 핵심 논점들이 논문 개요에서 다뤄졌는지 여부를 조사해야 한다. 이는 필수적인 전문성이 투입되었는지를 1단계의 개시에 앞서 확인하기 위해서다. 협력단들은 발견 논문을 어느 저널에 제출할지에 대하여 합의해야 한다.
- 발견을 두 협력단이 이뤄낸 발견으로서 미디어와 일반 대중에게 알리고 소통하는 절차들을 검토하고 필요할 경우 수정하기. 이 작업은 LSC 대변인, 라이고 책임자executive director, 지오 데이터 분석 코디네이터, 비르고 대변인이 맡는다.
- 복수 파이프라인multiple-pipelines 방침이 요구하는 대로 검출 주장을 또 다른 독립적 파이프라인과 교차 점검하기 위한 기준들을 확립하

기. 탐색팀들이 탐색 계획에서 서술한 교차 점검 절차들을 DAC와 DC 가 검토한다.

관측 가동을 앞둔 몇 주 동안 DC 지휘부는 위에 열거한 담당자들 각각 에게 준비 상태를 보고할 것을 요청하고 각 상태를 협력단들에 보고한다.

1단계: 가능한 발견 사례를 향한 첫 단계들

어느 탐색팀에서든지 발견의 단서가 관측되면, 즉시 그 팀(들)의 지휘부 는 LSC와 비르고의 데이터 분석 코디네이터들, DC 지휘부, 관측소 지휘부, 검출기 특성 연구팀 및 장비팀의 지휘부, LSC 대변인, 라이고 책임자, 비르 고 대변인에게 그 소식을 알린다.

그 탐색팀은 고유한 검토위원회와 소통하고 고유한 절차 규정과 검출 점 검 목록을 사용하면서 발견 사례를 입증하기 위한 작업을 계속한다. 탐색 팀들의 지휘부들은 모든 관련 과학자에게 반드시 비밀을 유지할 것을 상기 시킨다.

이 단계에서 이루어질 일들은 다음과 같다.

- 탐색팀과 검토위원회는 분석이 옳은지 여부를 심층적으로 따지는 기 술적 점검을 시작한다.
- 발견의 단서를 관측한 탐색팀은 DAC의 감독 아래에서 다른 탐색팀들 과의 교차 점검/일관성consistency 점검을 수행한다.

- 만일 발견 사례가 존재한다면, 그 탐색팀은 이 사례가 어떤 검출인지 정의한다.
- 관측소 지휘부는 (잠정적) 사건의 시각에 관측소들의 상태와 작동을 완전히 파악하기 위한 절차를 개시한다.
- 검출기 특성 연구팀과 장비 과학자들은 그 잠정적 검출의 시각에 장비의 상태와 데이터의 질에 관한 완전한 정보를 제출한다.
- 탐색팀과 검출기 특성 연구팀은 기술적 메모를 통해 그 사례를 문서화하고 사건(들)을 다루는 웹사이트를 최신 상태로 유지한다.
- 전자기파 후속 탐색팀은 L-V[라이고-비르고]가 발령한 경보에 반응하여 수행되었을 수 있는 후속 관측의 결과가 있는지 살펴본다.
- 발견 사례에 관한 정보가 DC에 전달된다. DC는 검출기 특성 연구팀과 장비 과학자들의 간섭계 상태 기록 및 데이터 질 평가 작업을 검토하는 것으로 고유 업무를 개시한다.

2단계: 발견 사례 굳히기

1단계의 결과들에 기초하여 라이고/비르고 지휘부는 절차의 속행 여부를 결정한다. 긍정적인 평가가 내려지면, 다음과 같은 일들이 이루어진다.

- 검토위원회는 탐색과 그 결과에 대한 검토를 종결한다.
- DC는 데이터의 질과 장비의 상태에 관한 검토를 종결한다.
- 대변인들은 검출 사례를 협력단에 보고하고 검출 논문의 작성을 조율

할 팀의 공동 지휘자 2명을 지명한다. 해당 탐색팀의 지휘자와 장비팀의 지휘자가 그 공동 지휘자들로 지명된다. 그들은 대변인들과 함께, 데이터 질, 통계적 유의도 추정, 모수 추정, (적절할 경우) 전자기파 후속 탐색 등, 모든 관련 분야의 적절한 전문가의 기여를 유도한다. 또한 대변인들은 논문이 최고 수준의 명확성과 문체에 도달하게 하기 위하여 필요한 절차들을 수행해야 한다. 논문 원고들은 협력단들의 모든 관심 있는 구성원들에게 배포되고, 그들은 논평과 개선 제안을 요청받는다.

- LSC 대변인과 비르고 대변인은 아래 예들을 비롯한 다양한 방법으로 잠정적 검출을 협력단들에 통보한다.
- L-V 대변인이 협력단들에 이메일을 보낸다.
- LSC와 비르고의 모든 구성원에게 개방된 원격 회의를 열어 사건에 관한 초기 정보를 제시하고 토론한다.
- 검출 논문의 최신 원고를 포함한 최신 정보를 계속해서 웹에 올린다.
- 대외업무담당위원회들은 검출에 관한 정보를 받음과 더불어 일반 대중과 소통하는 데 필요한 자료를 준비하는 임무를 받는다.

3단계: 결정 준비

2단계의 결과들이 가용하다면, LSC/비르고 지휘부는 관련 탐색팀(들)의 지휘부, DAC 지휘부, 검출기 특성 연구팀/장비팀들의 지휘부/대표부, 논문 조율팀의 지휘부, DC 지휘부를 아우르는 모임을 연다. 이 집단은 현재 이해된 대로의 발견 사례에 대하여 토론하고 절차를 속행하여 DC와 협력단들에 그 사례를 발견이라고 주장할지 결정한다.

이 시점에서 논문 조율팀은 발견을 서술하고 검출의 명확성을 뒷받침하는 세부 자료를 제시하는 논문의 원고를 제출해야 한다.

LSC/비르고 지휘부는 발견 주장을 검토하는 임무를 공동 DC에 공식적으로 부여한다. 공동 DC는 독립적인 조사관의 역할을 하면서, 분석을 담당한 사람들이 이미 제기했을 만한 질문들과 다른 질문들을 더 폭넓게 제기하고 앞선 단계들에서와 다른 신선한 시각/관점으로 발견 사례를 검토한다. 요컨대 공동 DC는 악마의 변호인Devil's Advocate(활발한 논의를 위해 일부러 반론을 제기하는 사람.—옮긴이) 역할을 맡아서 더 폭넓은 협력단 구성원들이 나름의 견해를 형성할 기회를 제공한다. 이 단계는 약간 역행적일 수도 있겠지만 틀림없이 해당 탐색팀, 검출기 특성 연구팀들, 장비 과학자들과의 활발하고 긴밀한 상호작용을 포함할 것이다. 이 단계에서 탐색팀과 그들의 검토팀, 검출기 특성 연구 및 장비 팀, DAC, 논문 조율팀, DC는 아래 활동들을 수행할 수도 있다.

- 검출 사례와 검출 논문 원고를 더 심층적이며/이거나 더 포괄적으로 검토하기.
- 앞선 단계들에서 허용된 것보다 더 긴 시간이 필요할 수도 있는 분석들(예컨대 모수 추정)을 고려하기.
- 데이터 분석의 확실성을 평가하기 위해 다른 모수들을 가지고 추가로 분석하기.
- 설정을 확인하기 위해 검출기 하드웨어 그리고/또는 소프트웨어를 검사하기.

중력의 키스

- 검출기 보정과 하드웨어 주입에 대한 반응을 다시 측정하기.
- 이 유형의 파원들에 관한 천체물리학적 예측들을 살펴보기 위해 문헌을 탐색하기.
- 필요한 모든 추가 점검과 조치.

검출 주장과 논문의 모든 측면에 관한 협력단 구성원들의 의견은 환영받고 중시된다.

4단계: 결정

DC가 평가 작업을 거의 완료하면, 사건 후보에 대한 DC의 평가가 협력단들의 지휘부와 구성원들에게 통보된다. 구체적으로, DC는 제안된 발견에 대한 자신의 평가를 대변인들에게 제출한다. 대변인들은 DC 보고서의 집행부 요약본과 논문의 최종 원고를 협력단들에 배포한다. 대변인들은 이 과정 동안 비밀을 유지하는 것이 매우 중요함을 협력단들에 상기시킨다.

협력단들이 논문을 읽고 평가할 시간을 가지고 나서 최대한 신속하게 L-V 협력단 모임을 대면 회의나 원격 회의의 형태로 연다. 이 모임에서 해당 탐색팀은 발견 후보 사례를 요약해서 발표하고, DC는 협력단 구성원들에게 권고사항을 전달한다. 이어서 협력단 구성원들은 그 사례의 가치에 대하여 토론한다. 그 토론의 말미에 협력단 구성원들은 검출 주장 논문을 출판하기 위해 제출할지 여부를 공식적으로 숙고한다. 논문을 제출하려면 LSC 협력단과 비르고 협력단 양쪽 모두의 강한 동의가 필수적이다. 필요할 경우 투표를 실시할 수도 있으나, 검출을 주장하기로 결정하려면 투표 결과가 압도적 찬성이어야 할 것이다.

협력단들의 결정이 찬성이라면, 암맹 주입 점검이 실시된다. 이 유형의 사건에 대한 암맹 주입이 있었다면, 대변인들/지휘자들은 '봉투'를 연다. 암맹 주입이 이루어지지 않았다면, 하드웨어 주입 채널들을 교차 점검하여 기록되지 않은 주입이나 악의적 주입을 탐색한다. 이는 사건이 정말로 진짜임을 확인하기 위해서다. 사건이 진짜로 밝혀지면, 논문을 제출하고 발견을 공표한다.

발견 논문 초고
(저자 목록과 참고문헌 제외)

Direct Observation of Gravitational Waves from a Binary Black Hole Merger

The LIGO Scientific Collaboration
LSC

The Virgo Collaboration
Virgo

On September 14, 2015 at 09:50:45 GMT, the two interferometers of the Laser Interferometer Gravitational-wave Observatory (LIGO) observed a strong gravitational wave signal matching the waveform expected from the coalescence of a binary black hole system. The Advanced LIGO interferometers at both the Hanford and Livingston observatories detected the signal with a time difference of 6.9 msec. It was observed chirping upwards in frequency from 30 Hz to 250 Hz with a peak gravitational wave strain of 1×10^{-21}. The signal is easily visible in whitened data, and is recovered by matched-filtering with a signal to noise ratio of 23.5 for the combined detections. Compared with backgrounds estimated empirically from the data, the false alarm rate is below 1 event per 11000 years, equivalent to a Poisson significance of 5 σ. The two interferometers were operating well, and an exhaustive investigation revealed no known or suspected instrumental cause for the signal. The signal shows no significant deviation from the best-fit waveform computed within general relativity using post-Newtonian methods for the inspiral, numerical relativity for the merger, and perturbation theory for the ringdown of the final black hole. The best-fit parameters of the binary black hole system are: chirp mass, 30.6 ± 1.4; the individual black hole masses, 42.1 ± 2.7 and 29.6 ± 3.1 (all in solar masses). The distance is estimated to be 500 ± 100 Mpc, uncertain mainly because the sky location is not well defined with only a two-detector observation. This is the first direct detection of gravitational waves and the first direct observation of the dynamics of black holes.

PACS numbers: 04.80.Nn, 04.25.dg, 95.85.Sz, 97.80.-d

This early draft results from the collection of inputs received from the various working groups based on the request in the proposed outline. The paper coordinating team did not have the chance to edit this raw material yet. This will be done in the coming days.

INTRODUCTION

One year after the final formulation of the field equations for General Relativity in 1915, Albert Einstein predicted the existence of gravitational waves. He found that the linearized weak field equations had wave solutions, showing them to be transverse waves of spatial strain that travel at the speed of light, generated by time variations of the mass quadrupole moment of the source. Also in 1916, Karl Schwarzschild published a solution for the field equations that describes a black hole. At that time Einstein understood that gravitational wave strains would be remarkably small, and expected that they would have no practical importance for physics. With the technology available in 1916 to explore the universe as then understood, this was a sound judgment.

The steady advances of astrophysics, especially the discovery of compact objects such as neutron stars and black holes, and the remarkable advances in the technology of measurement have changed the prospects. The observations by Hulse and Taylor of the energy loss to gravitational radiation by the binary pulsar system PSR 1913+16 provided the first observational demonstration of the existence of gravitational waves.

The direct detection of gravitational waves has been a long held aim, it allows new tests of general relativity, especially in the strong field regime, at the source and opens up a completely new way of exploring the universe by listening to the gravitational waves emitted by relativistic systems, many of which are electromagnetically dark. The idea of applying modern experimental methods to the direct search for gravitational waves of astrophysical origin began with Weber and his resonant mass detectors in the 1960s. In the 1970s and 1980s long-baseline broadband laser interferometric detectors were proposed with the potential for significantly better sensitivity. These latter techniques have resulted in a developing worldwide network of detectors: LIGO, consisting of two 4 km long instruments separated by 3000 km in the United States, GEO600, a 600 meter interferometer near Hannover, Germany, and VIRGO, a 3km long system in Cascina, Italy. These instruments reached an initial plateau of performance by 2005; through 2010 they carried out observations for a wide variety of signals but with no detections.

As a result of the Advanced LIGO project, the LIGO interferometers' sensitivities have been substantially increased. The interferometers are now able to make strain measurements at frequencies ranging from 10's of Hz to a few kHz at levels of strain $h \sim 10^{-22}$ and smaller, just at the levels needed to intercept the gravitational waves

중력의 키스

from compact sources, with their short dynamical times and relativistic velocities5

On September 14, 2015 at 09:50:45 GMT, the two LIGO Hanford and Livingston gravitational wave interferometers detected remarkably strong signals 6.9 msec apart. The initial detection was made with a search for coincident excitations above noise in both detectors. It was observed chirping upwards in frequency from 30 Hz to 250 Hz with a peak gravitational wave strain of 1×10^{-21}. The signal is easily visible in whitened data. The waveforms match well the signal expected from a binary black hole system with best-fit component masses of 42.1 ± 2.7 and 29.6 ± 3.1 and a chirp mass of 30.6 ± 1.4 (all in solar masses). The combined matched-filter amplitude signal to noise ratio is 23.5. With just two detectors, the sky position is not well determined, and because of this the distance estimate of 500 ± 100 Mpc has large uncertainty. After estimating the coincidence background empirically, we have concluded that an event this strong with such a good match would be expected to be caused by instrumental effects less often than once every 11,000 years. Moreover, a rigorous examination of the auxiliary data of both interferometers shows no evidence of a possible instrumental cause for the signal. The best-fit filter is a waveform built from general-relativistic computations of the inspiral, merger, and ringdown phases of the system, and the residual when this waveform is subtracted from the unfiltered time-domain data is consistent with instrumental noise. Now 100 years after the fundamental predictions of Einstein and Schwarzschild, we report the first direct detection of gravitational waves, as well as the first direct observation of an astrophysical black hole through the gravitational waves it emitted as it was being formed.

At the time of the reported event only the LIGO detectors and GEO600 were operating. GEO600 is not designed to have adequate sensitivity at the low frequencies required to detect this event. VIRGO was still being upgraded as part of the Advanced VIRGO project to be completed in 2016.

THE DETECTORS

Gravitational wave observatories were first envisioned in the early 1970 [1]. They became a reality towards the end of the millennium, when the initial LIGO [2] and VIRGO [3] observatories went online. The VIRGO observatory is located in Pisa, Italy, whereas the two LIGO observatories are located in the United States near Livingston, LA and Hanford, WA, respectively. Since then, these observatories went through a major upgrade to install Advanced LIGO [4] and Advanced VIRGO [5]. For the first observational run in the advanced detector era both LIGO observatories were operational and participated in the run.

Even in this early stage, the sensitivity of the Advanced LIGO detectors is significantly better than during the initial era. During the first observational run the horizon distance for binary neutron star inspirals was approximately 150 Mpc, or approximately four times the distance compared to initial LIGO. For binary black systems with individual masses of $30 M_\odot$ the improvement was a factor of five to six—being visible to a distance as far as 2.5 Gpc ($z \approx 0.4$). Since the rate scales with the cube of the distance, a week at current sensitivity surpasses all previous runs combined.

The first observational period lasted from August 17, 2015 to Jan 12, 2016, with the first 4 weeks designated as an engineering run. The first week of the engineering run was used to tune the instrument, the second week was used for an extensive calibration, and weeks two and three were used to shake down the online analysis code and the hardware injections. The event GW150914 was observed during the forth week. But, it is important to recognize that the instrument was in its final configuration and running at nominal sensitivity. As a matter of fact, no changes to the detector configuration were allowed for the following 22 days to make sure that we understood the rate of background events with sufficient statistics.

Figure 1 shows a simplified layout of the experimental setup. The Advanced LIGO detector comprises of a 4 km long Michelson laser interferometer. Optical resonators are deployed in the arms to enhance its sensitivity by about a factor of 300 [6]. The antisymmetric port of the Michelson interferometer is held near a dark fringe, so that the majority of the power reflected from the arm cavities is sent back in the direction of the laser. Power recycling uses a partially transmissive mirror in the input laser path to form a third optical resonator enhancing the power incident on the beam splitter by a factor of 35–40 [7]. Ideally, the transmission of the power recycling mirror is adjusted to the losses of the interferometer, so that no light returns to the laser. Such an arrangement optimizes the optical power in the arm cavities, and hence the sensitivity to differential length changes induced by gravitational waves. During the first observational run the light stored in the arm cavities reached 100 kW. A forth optical resonator with a partially transmissive mirror at the antisymmetric port is used to optimize the extraction of the gravitational wave signal [8].

The light source is a pre-stabilized laser followed by a high power amplifier stage [9]. The maximum available power is around 200 W, but only about 20–25 W were used during this run. An electro-optics modulator is used to impose RF modulation sidebands onto the laser light. These RF modulation sidebands are used to sense the auxiliary degrees-of-freedom of the interferometer utilizing the Pound-Drever-Hall reflection locking technique [10]. A triangular optical resonator of 16 m length is placed between the laser source and the

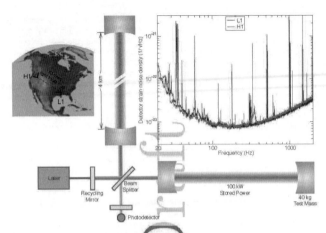

FIG. 1. Simplified setup and sensitivity of the Advanced LIGO detector. H1 and L1 are used to represent the LIGO detectors at Hanford, WA and Livingston, LA, respectively.

Michelson interferometer to clean up higher-order transverse optical modes and to further stabilize the laser frequency [11].

The LIGO test masses are high quality fused silica mirrors of 34 cm diameter and 20 cm thickness. These 40 kg optics are suspended by multi stage pendula to isolate them from ground vibrations [12]. The suspensions themselves are mounted on active seismic isolation platforms to reduce the absolute motion and provide further isolation [13, 14]. Both systems reside inside an ultra-high vacuum system to prevent acoustic couplings and to keep the Rayleigh scattering from the residual gas at a minimum. The seismic isolation system provides 3–4 orders of magnitude suppression of ground motion above 10 Hz. The suspension system provides another 6–7 orders to eliminate ground motion from affecting the test masses in the sensitivity band. A thermal compensation system consisting of ring heaters and CO_2 lasers is used to apply selective heat to the test masses [15]. This allows to simultaneously correct for intrinsic curvature mismatch, to compensate for thermal lensing by the main laser beam, and to mitigate parametric instabilities [16].

The optical resonators are locked on resonance with a servo controls system [17]. Servo controls are also required by the laser source to stabilize both intensity and frequency, by the the seismic isolation systems to lock the platform to an inertial frame, by the suspension system for local damping and external actuation, and by the auto-alignment system to control angular drifts [18]. Most of these servos are implemented in digital. The sensor signals are digitized at 64 kHz, then digitally filtered

to compute the controls signal, before converted back into analog. The digital controls computers also serve as the front-end of the data acquisition system which continuously writes $\sim$ 6 MB/s of time series data to disk. A state based automation controller provides hands-free operations during running.

The gravitational wave signal is extracted at the anti-symmetric port using an output mode cleaner and DC offset locking [19]. The output mode cleaner is a small fixed spacer optical resonator used to reject unwanted light from the Michelson contrast defect and from the RF modulation sidebands. A gravitational wave will slightly offset the phase of the light in each arm and produce a differential signal which will be seen as a change of the average light level by the main photodetectors.

The strain sensitivity is shown in the inset of Figure 1. The sensitivity is limited by shot noise at higher frequencies and residual ground motion at lower frequencies [20]. Several line features are visible in the spectrum which are well understood, such as 60 Hz harmonics, the roll and bounce modes of the suspended test masses, the violin modes of the suspension fibers and their harmonics, some acoustic resonances of optics mounts, and the calibration lines. These lines do not significantly degrade the sensitivity to detect the merger of inspiral binary systems.

The interferometers are calibrated using the photon recoil of separate calibration laser beams that are directed onto the end test masses. These laser beams can be amplitude modulated to create a known time varying force on the test mass, which translates to a precise knowledge of the arm length variation using the mass's inertia.

중력의 키스

The calibration beam power is measured using integrating sphere detectors that are regularly calibrated against absolute references at NIST, to sub-percent levels of precision and accuracy.

When the interferometers are in observation mode, their calibration is continuously monitored with the photon calibrator beams by applying sine wave modulations to them at select frequencies. These calibration lines are visible in the noise spectra shown in Fig. [?]. The calibrator beams can also be used to inject forces that mimic the waveforms of specific gravitational wave sources. Outside of observation mode, a swept-frequency modulation of the calibrators is periodically performed to verify the interferometer calibration across a large fraction of the detector frequency band.

The calibration procedure also accounts for the action of the servo controls that hold the arm cavities on resonance. This is done using a detailed model of the servo loop, which is verified with a collection of transfer function measurements that characterize all components of the loop. With this system model and the absolute calibration provided by the photon calibrator, the output data stream can be accurately calibrated across the full detection frequency band. The 1σ statistical calibration uncertainty is less then 10% in amplitude and 10 degrees in phase over the band of 10-2000 Hz. To check for systematic errors in the absolute calibration, we compared the photon calibrator to two alternative displacement references; one of these is based on the laser wavelength and the other is derived from a known modulation of the laser frequency [? ?].

At each observatory, timing signals are synchronized to Global Positioning System time to better than 1 microsecond; the timing signals are distributed to all data acquisition computers via optical fiber [?]. The overall timing uncertainty at each interferometer is less than 10 microseconds.

OBSERVATIONAL RESULTS

In this Letter, we report the first direct observation of gravitational waves, detected at 2015-09-14 09:50:45 UTC in coincidence by the two Advanced LIGO detectors at the Livingston (LLO) and Hanford (LHO) observatories. Our observation period began on 12 September, 2015 00:00 UTC and concluded on 20 October, 2015 13:32 UTC. We analyzed all times when both LIGO detectors were operating, for a total of 16 days of coincident data. This time period represents data from the first observing run (O1) of Advanced LIGO, in addition to some time of high quality data before the nominal O1 start time. During our observation time we were sensitive to binary black hole mergers with total mass between 50–100 $M_\odot$ at a distance of $\gtrsim 400$ Mpc.

GW150914 was first discovered on September 14,

m_1	m_2	s_1	s_2	$\mathcal{M}$	ρ_H	ρ_L
$48M_\odot$	$37M_\odot$	0.96	-0.90	$36M_\odot$	20	13

TABLE I. Inferred parameters of GW150914. FILL IN WITH FULL PE RESULTS, GIVE RANGES AS WELL AS MAX LIKE VALUES

2015 09:53:51 UTC by a real-time search for unmodeled gravitational-wave transients, approximately three minutes after data was collected. The discovery was promptly confirmed by a second burst search, also operating in low latency [?]. The signal waveforms and the estimated chirp mass of 27.6 $M_\odot$ calculated by the unmodeled search suggested that the signal was from a compact object merger with at least one component large enough to be a black hole. The observatories were notified to freeze the state of the instruments and start the data validation process.

At the time, modeled searches for compact binary coalescence were also running in real-time. LIGO-Virgo collaborations perform a low-latency search for modeled compact binary signals aiming to send alerts to astronomical observers [21, 22]. At the time of the event, two low-latency pipelines were targeting binary systems with maximum total mass of 15 $M_\odot$, significantly smaller than the estimated total mass of the Event. Due to this limitation, neither pipeline detected it. On September 15, 2015 14:28:03 UTC, GW150914 was first circulated to observing partners for electromagnetic follow-up observations.

Subsequent searches of archived data around the time of the event confirmed the detection of a high amplitude signal. Two independent templated analyses searching for GW from compact binary mergers each recovered an event with a false alarm probability of $< 1.6 \times 10^{-6}$, corresponding to 4.5σ significance (see Section X.X). Offline searches for unmodeled GW transients found the signal to have a false alarm rate of less than 1 in 28,000 years, or a false alarm probability of $< 1.5 \times 10^{-6}$.

The observed signal agrees extremely well with the theoretical predictions gravitational waves radiated in the final moments of a black-hole binary merger [] forming a more massive black hole. No detectable residual remains after subtracting the best-matching GR template from the detector data. The waveforms, amplitudes, and arrival times in the two LIGO detectors are consistent with having arrived from a single astrophysical source (See Figure 2). Estimates for the parameters of the binary merger are shown in Table I, and suggest a final black hole with a total mass of $\sim 85 M_\odot$.

INSTRUMENTAL AND ENVIRONMENTAL VALIDATION

In evaluating the detection candidate, investigations were made into mechanisms that could generate spuri-

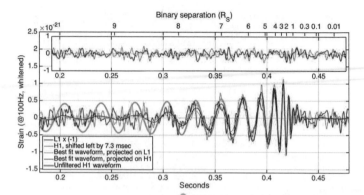

FIG. 2. Josh's updated caption, should get Stefan to update. Observed signals (after bandpass filtering) compared with the best fit theoretical models obtained from General Relativity. Time series of the detector data are filtered with a zero-phase and a-causal band-pass filter with nearly flat magnitude response in the band from 20 to 400Hz and notches for strong lines. The time axis is Livingston arrival time, offset from September 14, 2015, 09:50:45 UTC. Hanford is shifted early by 7.3 milliseconds. The best-fit template and versions processed with the same filter and projected on to the Livingston and the Hanford detectors are also plotted. Inset: Template-subtracted time series, filtered and processed the same way. No residual signal is visible above the detector noise. LHO in red, LLO in green. Further simplification of this figure: remove unfiltered template?

ous signatures in the interferometers. Instrumental arti-facts, excitations produced in the surrounding environment, and the subsystem that injects digital excitations into the detectors were considered. We also validated site timing system performance and the integrity of the data acquisition file system.

The detectors have a baseline of stationary Gaussian noise dominated by seismic and photon shot noise. In both detectors the band between about 20 Hz and 120 Hz shows a stationary noise floor slightly exceeding the predicted noise. Typical output data also contain short transient noise events (glitches) with a higher amplitude than would be expected from Gaussian processes alone [23]. These transients arise from a number of mechanisms and thus have various morphologies. Many have well-understood causes, e.g. loud bursts from overflows of actuator control signals, 50 and 60 Hz glitches caused by motors switching on, or fluctuations in the radio frequency modulation used for control of auxiliary degrees of freedom. These transients can be identified by instrumental monitoring channels. In addition, L1 experienced transients resulting from the beat of two radio frequency signals sweeping through the measurement band. These features however can be predicted using the readback of the laser frequency control and are also witnessed more strongly by auxiliary channels than by the gravitational-wave channel, so this mechanism can be ruled out. In addition to these, both detectors experienced short transients of unknown origin consisting of a few cycles around

100Hz. While these are in the same frequency band as the candidate event, they have a very characteristic time-symmetric waveform with no clear frequency evolution. The search included an algorithmic test to reject most transients with that morphology, and any that survive are accounted for in the background estimate.

To assist in validating a candidate signal the sites are equipped with Physical Environment Monitoring (PEM) sensors: seismometers, accelerometers, microphones, magnetometers, radio receivers, and a cosmic ray detector (pem.ligo.org). Injections of magnetic, radio frequency, acoustic, and vibration signals, as well as correlation studies, indicate that the SNR is higher in these sensor channels than in the GW channel for events produced by environmental signals. These injections are used to quantify the coupling between the environment and the GW channel [24, 25]. The PEM sensors did not record anything that could account for the event. We also checked that environmental signal levels at our observatories, and at external electromagnetic weather observatories and cosmic ray detectors were typical of normal times.

This paragraph needs updating for aLIGO hardware, or should be struck: The hardware and software operating the two LIGO interferometers are nearly identical and their timing is synchronized to Global Positioning System time. This precise timing has resulted in low-amplitude combs of spectral lines (e.g. 1 and 16 Hz) that are coherent between the two sites, produced by slight cyclical

중력의 키스

corruption of the data [?]. We do not see synchronized transient data corruption events because we do not normally synchronize processes between the Hanford and Livingston sites.

As a means of validating the LIGO instrument response and calibration, actuators on the interferometer test-masses are used to apply small forces which simulate the effect of a gravitational wave. These end-to-end tests, referred to as "hardware injections", require that the digital control systems be capable of emulating gravitational waves from astrophysical sources. As such it is important to verify that the observed signal was not produced by the digital system.

After the observation of the candidate event, hardware injections of binary-black hole waveforms were performed. Digital signals were coherently added to the control stream of the two interferometers, and recovered by analysis codes, within the known calibration error (xx-yy%).

A record of all injected signals is kept, and no injection was recorded at the time of GW150914. To further rule out this possibility, the signal which entered the digital system (labeled XXX in figure YYY) was used as input to a standalone model of the interferometer response. This model contained only the known filters, gains and responses of the real detector. At all points along the signal path they were found to match (in particular at the output, labeled ZZZ in figure YYY) thereby excluding the possibility of a hardware injection.

The Advanced LIGO Timing System [26] has a hardware defined timing accuracy and overall clock synchronization precision of better than one microsecond. At each LIGO site the synchronization reference is derived from GPS satellites that ultimately ensure both relative and absolute synchronization over the entire detector and between the sites.

The timing system has self-diagnostic information implemented in hardware. Additional GPS synchronized timing witness channels are also recorded along with the aLIGO datastream, and independent atomic clock timing signals provide an additional redundant check [?]. Analysis of available timing diagnostic data indicated that the timing performance of the aLIGO detectors around GW150914, was according to specifications.

We are uncertain if this paragraph is warranted: An audit was performed of all of the control and data systems on each interferometer [?]. This audit included verification of the real-time software running on control computers; a dump of the running kernel object build information, provided by the running software itself; trace and verification of all build information back to the source code; a visual check of all user provided source code used in real-time code objects, and a recompilation of all code against traced sources in order to verify that the newly compiled code matched the running software. In addition, CRC checksum tests were performed on all frame data files. Once generated these frame files are rapidly distributed both to on-site and remote systems. No problems were found with any of the audited systems, software or data. Each system was also checked for evidence of remote login activity at the time of the event and nothing unusual was found.

DATA ANALYSIS

To search for a broad range of transient GW sources [] [references to S5S6 papers] we identify coincident events in the time-frequency (TF) data from the two LIGO detectors in the frequency band $48-1024$ Hz. Figure ?? shows the TF plot of the whitened strain data around the time of the event. A "chirp" signal is clearly visible in the LHO and LLO detectors as a TF cluster of the excess power above the baseline detector noise.

The burst search coherentWaveBurst (cWB) combines the TF data[] from both detectors and selects the coincident clusters. Due to non-stationary detector noise, the initial rate of selected events is high: 10^{-2} Hz or more. To reduce the false alarm rates (FAR) the coherent events are identified. First, the likelihood analysis is performed [] to reconstruct the detector responses to a GW signal and the residual detector noise. Then, the coherent waveforms and source sky location are obtained by maximizing the likelihood statistic $c_c E_r$ over the sky, where E_r is the total energy of the reconstructed signal. The network correlation coefficient $c_c = E_c/(|E_c| + E_n)$ depends on the energy of the residual noise E_n and the coherent energy E_c, which is proportional to the cross-correlation between the reconstructed GW waveforms in LHO and LLO. For highly correlated GW signals $c_c \sim 1$ and for spurious events (glitches) $c_c \ll 1$. Events with $c_c < 0.7$ are excluded from the analysis. The cWB detection statistic $\rho_c = (2c_c E_c)^{1/2}$ is a biased estimator of the network signal-to-noise ratio (SNR), which approaches the true SNR value for highly correlated GW signals. The event candidate GW150914 was detected by the burst search with $\rho_c = 20.0$. The statistic ρ_c ranks events by their significance above the background due to the random coincidence of glitches in the LHO and LLO detectors. We re-run the same burst search multiple times on time-shifted data to measure the accidental background rates. Large number of independent (multiple of 1 s) time-shifts were performed to accumulate 28,000 years of the equivalent background time. The event candidate GW150914 has passed all selection cuts. It is louder than any background event expected in xxx years of the equivalent observation time.

Two additional unmodeled methods were used to estimate the significance of this event. The oLIB pipeline found GW150914 in an online search, and later evaluated it to be more significant than all background events found in XXX years of equivalent background time. A Bayesian follow-up pipeline (BayesWave Burst) processed the detection candidate and all background triggers identified by cWB with $\rho_c > 11.3$ and computed the evidence ratio (Bayes factor) between hypotheses that the candidate event is due to instrument noise or a gravitational wave signal. The evidence in favor of the hypothesis that GW150914 is a gravitational wave signal is higher than any background event from XXX years of data.

Having found this event to be highly significant in searches for unmodeled transients, any hypothesis for a non-astrophysical source would be forced to explain the "coincidence" that the most significant transient found in LIGO data so far, also displays a waveform consistent with the predictions of general relativity. This qualitative evidence strongly supports the compact object merger scenario described in this letter.

Binary systems containing two compact objects, e.g., black holes and/or neutron stars, are a canonical source of gravitational radiation. As the objects orbit one another, they lose energy [27–29] in a predictable way eventually causing the system to merge. The merger timescale and phase evolution of a compact binary system depends on the intrinsic parameters such as the mass and spin of each binary component [30–36]. The binary's physical parameters lead to a unique time evolution of the binary's decaying orbit, which in turn leads to a unique gravitational waveform, which can be precisely modeled to extract the signal from the detector data [37, 38].

Because the parameters of the binary are not known *a priori*, searches for compact binary coalescence correlate a set of waveform models with detector data in an attempt to cover the full plausible parameter space of detectable binaries with minimal loss in signal-to-noise ratio [39–45]. The dynamics of the early phase of binary coalescence, known as the *inspiral* phase, is well modeled by perturbative methods for solving the Einstein equations. However, describing the late stage dynamics involving the *merger* of the binary and eventual *ring-down* of the final black hole, requires full numerical solutions [46–51]. For systems with total mass above $\sim 10\ M_\odot$, the merger occurs at low enough frequency to be visible with the LIGO detectors and therefore requires all three phases of inspiral to be accurately modeled [52].

Modeled searches for compact binary systems have been ongoing throughout initial LIGO [53–68]. Previous searches targetted various aspects of binary coalescence, but were not as complete as the search presented here. Early searches only modeled the inspiral or ringdown phases of binary coalescence separately. Searches starting with LIGO's fifth science run used waveform tempates that captured the complete inspiral, merger and ringdown of binary black hole system. With one exception, all previous LIGO and Virgo searches neglected spin effects in waveform models [64]. Advances in waveform modeling and analysis techniques [57, 69, 70] have made it possible to effectively search for binary black holes ac-

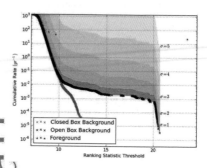

FIG. 3. Placeholder for the significance plot(s) (here showing CBC significance plot obtained by pycbc)

counting for component spin.

The search described here targeted binaries with component masses between 1 and 99 $M_\odot$, with a total mass less than 100 $M_\odot$. The waveform models incorporated spin for each component object along the direction of the orbital angular momentum. The magnitude of the dimensionless spin parameter varied between 0 and 0.04 for components below 2 $M_\odot$, and between 0 and 0.98 for components above 2 $M_\odot$. Although the waveforms did not explicitly model spins that are misaligned with the orbital angular momentum, the models used are known to effectively recover systems with misaligned spin [71].

Modeled searches for compact binary coalescence begin with matched filtering [72, 73], which correlates each waveform template with the strain data. The matched filter output gives the signal-to-noise ratio (SNR) of each waveform model as a function of time for each detector. Peaks, known as triggers, are identified every second for each template. Due to the non-stationary nature of gravitational wave detector data, a simple correlation of the data with waveform models is not sufficient to determine if a signal is present. Additionally, signal consistency checks that perform a χ^2 fit to the expected correlation are used to rule out noise transients [74]. Triggers with a high signal-to-noise-ratio and a low χ^2 value which are found to be temporally coincident in two or more detectors form the set of candidates. The candidates are ranked by the likelihood that their parameters are caused by a signal rather than noise, with signal like parameters generally having a high signal-to-noise ratio and a low χ^2 in two or more gravitational wave detectors. The probability of obtaining the candidate parameters from noise is calculated and determines the significance of each.

중력의 키스

SOURCE DISCUSSION

The transient signal from GW150914 is consistent with the general relativistic predictions for the late stages of the coalescence and subsequent merger of a binary black hole system with parameters given in Table II. In what follows we briefly discuss some implications resulting from the detection of this source.

GW150914, with individual masses of at least $20\,M_\odot$ and potentially as high as $45\,M_\odot$, provides the most reliable evidence to date for the existence of massive stellar black holes. Such massive stellar-mass black holes are predicted, within models of stellar evolution, to form in environments with metallicities of a tenth or less of the solar value.

GW150914 not only provides the cleanest evidence for the existence of stellar-mass black holes, but clearly demonstrates that *binary* black holes can form in nature, and in addition that they can form with physical properties that lead to their merger within a Hubble time. The formation of binary black holes has been predicted by a wide range of astrophysical models, since the discovery of binaries with two neutron stars about forty years ago (e.g., see the reviews [75, 76] and references therein. They have been predicted to form both in galactic fields [77] need cit for Clark et al 1979 and in globular clusters [77] through different pathways and at varying rates, most recently [78, 79]. Regardless of the specific formation channel, GW150914 allows us to constrain the rate (per co-moving volume and proper time) of binary black hole coalescences to be $10^{-1.40^{+0.89}_{-2.70}}\,\mathrm{Gpc}^{-3}\,\mathrm{yr}^{-1}$ (90% CL). This assumes a population uniformly-distributed in proper time and co-moving volume, an estimated false-alarm rate threshold of $10^{-4}\,\mathrm{yr}^{-1}$ and an Advanced LIGO sensitive time-volume of $25\,\mathrm{Gpc}^3\,\mathrm{yr}$, FIXME: see RATES PAPER for further details. The measured physical properties of GW150914, see Table II and the inferred merger rate for similarly massive systems appear broadly consistent with the wide range of possibilities allowed by theoretical predictions at low metallicities, both from isolated binary evolution and from dynamical interactions of black-hole systems in dense stellar environments. Careful examination of the system properties combined with its occurrence in the relatively local universe ($z \lesssim 0.2$) will provide concrete constraints on theoretical models. These astrophysical implications are further explored in the FIXME: Collaboration-Astro-paper.

The discovery of GW150914 also has profound implications for direct studies of the strong-field dynamics described by General Relativity. It offers us a direct probe of whether Nature's black holes correspond to the objects predicted by Einstein's theory. By subtracting the best-fit waveform model from the data, we find that the residual is consistent with Gaussian noise, indicating that the observed signal is consistent with the predictions from

general relativity FIXME: at what CL?. In addition, from the FIXME: ≈ 6 cycles of the inspiral portion of the coalescence that were observed in the LIGO band, we find agreement with the post-Newtonian expansion with bounds on the individual coefficients that are up to 10^8 times more constraining than previous limits (such as those obtained through the timing of the double pulsar FIXME: ref?). These bounds directly translate into an improved limit on gravitational-wave Compton wavelength describing a non-standard dispersion relation for the propagation of gravitational radiation of $\lambda_g \gtrsim 10^{16}$ m, FIXME: need exact number and CL. Finally, within general relativity a Kerr black hole is fully described by its mass and spin. If such a black hole is the end-product of the coalescence of two Kerr black holes, there exists a specific relation between the masses and spins of the initial and final objects. We find that these relations are satisfied by GW150914 at the 68% confidence level. FIXME: See TestCG paper for full details

IMPLICATIONS/BIGGER PICTURE

Since the relative strain sensitivity of Initial LIGO to BBHs with component masses similar GW150914 is a factor of ~ 4 lower than aLIGO, this event would not have been detected had it occurred in Initial LIGO. The sensitive time-volume of the search described here for mergers with comparable masses is 150 $\mathrm{Mpc}^3\,\mathrm{Myr}$. The observation of GW150914 is consistent with the Initial LIGO 90% confidence upper limit on the merger rate of binaries with similar component masses to GW150914 of 0.1 $\mathrm{Mpc}^{-3}\,\mathrm{Myr}^{-1}$ [54].

The rate density of sources with component masses similar to GW150914 is $X\mathrm{Gpc}^{-3}\,\mathrm{yr}^{-1}$ [?].

Besides the individual detection of the loudest events at relatively close distances, the superposition of all the faint unresolved sources at high redshift create a stochastic background, that we expect to see in the near future, depending on the rate and the average chirp mass of the population. Predictions for different models are

TABLE II. Parameters for GW150914. We report the median value as well as the range of the 90% credible interval. Masses are as measured in the detector frame unless otherwise noted. The source redshift and source-frame component masses assume standard cosmology.

Primary component mass	$38.9^{+5.4\pm z}_{-3.2\pm y}\,M_\odot$
Secondary component mass	$\ldots\,M_\odot$
Source-frame primary component mass	$35.4^{+5.1\pm z}_{-3.1\pm y}\,M_\odot$
Source-frame secondary component mass	$29.8^{+3.2\pm z}_{-4.8\pm y}\,M_\odot$
Luminosity distance	$456^{+171\pm z}_{-176\pm y}\,\mathrm{Mpc}$
Source redshift	$0.099^{+0.03\pm z}_{-0.04\pm y}$

presented in the companion paper [?]. The detection of a stochastic background will complement individual detections and will have a profound impact on our understanding of the evolution of binary systems properties over the history of the universe.

the bigger picture of O1: more data, reference other searches. Responsible to gather input and provide text for this bullet point are the DAC chairs. Laura Cadonati will liason with the paper-writing coordinating team.

Over the next five years, continued commissioning of the LIGO instruments [80] and the addition of Virgo [81] and Kagra [82] will increase the accesible volume of the Universe by about an order of magnitude. Based on GW150914, the global gravitational-wave detector network will deliver tens to hundreds of similar events per year. These observations will revolutionize our understanding of stellar evolution and black hole formation [?]. The most significant events, which might have SNR as large as ~ 70, will also enable unique tests of strong-field general relativity through the measurement of quasi-normal modes, higher harmonics of the inspiral waveform, and searches for additional polarizations [?].

In the future, the global gravitational wave detector network will significantly expand its reach, as described in [83]. Advanced LIGO is expected to reach its design sensitivity in 2019, with a factor of three increase in sensitivity across a broad band and an extension of the sensitive band to 10 Hz [80]. Advanced Virgo [81] will begin observations in 2016, extending the network and significantly improving the position reconstruction of sources, and will reach design sensitivity early next decade. The KAGRA detector [82] is currently under construction and is expected to begin observations in 2017-18. A proposal to install a LIGO detector in India [84] is in the final stages of consideration by the Indian government. If approved, LIGO India will join the global network around 2022. In addition, the Einstein Telescope [85] is a proposed future detector that will be an order of magnitude more sensitive than the existing detectors and extend the sensitive band down to 1 Hz [6].

Further details about these results, including pointers to companion papers, supplementary information, and associated data releases are available at this URL: http://losc.ligo.org/GW150914.

CONCLUSIONS

LIGO has made a direct detection of gravitational waves from an astrophysical source. The event waveform shows the three phases of a binary black hole merger: the radiation from the inspiral before the merger, the radiation from the merger itself signaling the formation of the new more massive black hole and the final stage, the oscillation of the space-time geometry as the new event horizon forms. The waveform is consistent with the predictions of General Relativity and provides evidence for the dynamics of General Relativity in the strong field limit. The observation also indicates that black hole binaries may be more numerous and more massive than had previously been believed.

The next near term steps in the research are to improve the detector sensitivity to the Advanced LIGO design to increase the rate of these events by searching further into the universe and being able to observe lower mass systems. In the next runs it is expected that Advanced VIRGO will be operating and the gravitational network will provide better localization for the sources allowing a connection to traditional astronomy. In the longer term we expect KAGRA in Japan and (hopefully) LIGO in India to join the network. With this we truly begin the new field of gravitational wave astrophysics.

[1] R. Weiss, Quarterly report of the Research Laboratory for Electronics, MIT, https://dcc.ligo.org/LIGO-P720002/public (1972).
[2] The LIGO Scientific Collaboration, Reports on Progress in Physics **72**, 076901 (2009).
[3] The Virgo Collaboration, Journal of Instrumentation **7**, P03012 (2012).
[4] The LIGO Scientific Collaboration, Classical and Quantum Gravity **32**, 074001 (2015).
[5] The Virgo Collaboration, Classical and Quantum Gravity **32**, 024001 (2015).
[6] R. W. P. Drever, *The Detection of Gravitational Waves*, edited by D. G. Blair (Cambridge University Press, 1991).
[7] B. J. Meers, Phys. Rev. D **38**, 2317 (1988).
[8] J. Mizuno, K. A. Strain, P. G. Nelson, J. M. Chen, R. Schilling, A. Rdiger, W. Winkler, and K. Danzmann, Phys. Lett. A **175**, 273 (1993).
[9] P. Kwee, C. Bogan, K. Danzmann, M. Frede, H. Kim, P. King, J. Pöld, O. Puncken, R. L. Savage, F. Seifert, P. Wessels, L. Winkelmann, and B. Willke, Opt. Express **20**, 10617 (2012).
[10] A similar approach was used in initial LIGO, see P. Fritschel, R. Bork, G. González, N. Mavalvala, D. Ouimette, H. Rong, D. Sigg, and M. Zucker, Appl. Opt. **40**, 4988 (2001).
[11] C. L. Mueller, M. A. Arain, G. Ciani, R. T. DeRosa, A. Effler, D. Feldbaum, V. V. Frolov, P. Fulda, J. Gleason, M. Heintze, E. J. King, K. Kokeyama, W. Z. Korth, R. M. Martin, A. Mullavey, J. Pöld, V. Quetschke, D. H. Reitze, D. B. Tanner, L. F. Williams, and G. Mueller, to be published in Review of Scientific Instruments (2015).
[12] S. M. Aston, M. A. Barton, A. S. Bell, N. Beveridge, B. Bland, A. J. Brummitt, G. Cagnoli, C. A. Cantley, L. Carbone, A. V. Cumming, L. Cunningham, R. M. Cutler, R. J. S. Greenhalgh, G. D. Hammond, K. Haughian, T. M. Hayler, A. Heptonstall, J. Heefner, D. Hoyland, J. Hough, R. Jones, J. S. Kissel, R. Kumar, N. A. Lockerbie, D. Lodhia, I. W. Martin, P. G. Murray, J. ODell, M. V. Plissi, S. Reid, J. Romie, N. A. Robert-

저자 목록에 관한 규칙

10월 20일 00시 01분: 협력단은 GW150914 관련 논문 작성 절차에 신속하게 가까이 가는 중입니다. 그 논문에는 면밀하게 작성된 저자 목록이 필요할 것이며, 이 메시지는 그 목록에 관한 것입니다. 2편의 논문이 작성될 수도 있는데, 이제부터 제시할 절차들은 공동 논문 1편, 혹은 2편에 적용됩니다. 다른 동반 논문들에는 저자 목록에 관한 통상적 절차가 적용될 것으로 예상됩니다.

P&P 위원회가 사용하는 논문 저자 목록 첨부 절차들은 LIGO-M0603349(아래 [1] 참조)에 서술되어 있습니다. 이 논문의 저자 목록은 아래의 개요처럼 보완된 "2015년 8월 LSC 및 2015년 8월 비르고 저자 목록August 2015 LSC and August 2015 Virgo author list"(M1500255 at https://dcc.ligo.org/

LIGO–M1500255)이 될 것으로 예상됩니다.

LSC 출판 방침(T010168)에 따라 매년 2회 LSC 목록과 LVC 목록을 취합하는 일은 EMC(선출 및 회원 자격 위원회Elections and Membership Committee)가 맡습니다. [2] 이 문서는 논문에 저자들을 추가하는 절차들도 서술합니다. [3, 4] 선출 및 회원 자격 위원회, 출판 및 발표 위원회, 대변인 사이의 토론을 거쳐 우리는 다음 절차를 채택할 것입니다. 모든 LSC 저자 추가 요청은 LSC 집행위원회Executive Committee(lscexcomm@ligo.org)에 접수되어야 합니다. 그 요청은 분석팀으로부터, 또는 LSC팀의 PI로부터 제출되어야 합니다. 그 요청의 대상은 검출 논문에 제시된 결과에 중요하게 기여한 현 LSC 회원일 수도 있고, 라이고 검출기들을 현재 상태로 개선하는 데 중요하게 기여한 전 회원일 수도 있습니다. 추가를 요청하는 회원의 기여를 상세히 서술해주십시오.

모든 요청은 11월 15일 일요일까지 제출되어야 하며 11월 30일까지 수락 여부가 결정될 것입니다. EMC는 늦어도 12월 7일까지 이 논문을 위한 특별 저자 목록을 (DCC에) 게시할 것입니다.

———

[1] 주요 대목은 이러하다. "저자 목록을 구성하는 방법은 LSC 출판 방침(최신 개정판 T010168)에 명기되어 있다. … LSC 방침에 따르면, P&P 위원회가 논문을 협력단에 처음 배포할 당시의 저자 목록이 올바른 저자 목록이다."

[2] "[2015년] 8월 목록은, 전년[2014년] 12월 15일보다 먼저 LSC에 합류했으며 그날 이후 자신의 연구 활동의 50퍼센트 이상을 라이고에 투입한 현 LSC 회원들의 이름을 포함할 것이다. 또한 그 목록은, 과거에 저자 자격을 얻었으나 전년[2014년] 8월 15일보다 나중에 협력단을 떠난(또는 그날 이후 자신의 연구 활동의 50퍼센트 미만을 협력단에 투입한) 전 LSC 회원들의 이름도 포함할 것이다.

[3] 이 논문과 관련해서 가장 중요한 문단은 이것이다. "특정 관측 논문에 중요하게 기여했지만 LSC 저자 목록에 들어 있지 않은 개인들도 그 논문의 저자 목록에 추가될 수 있다. 저자를 추가하려면, 분석팀이 논문을 LSC 집행 위원회에 최종 승인을 위해 제출할 때 그 저자의 이름을 목록에 올릴 것을 제안해야 한다. 그리고 LSC 집행위원회의 동의가 필요하다."

[4] 또 다른 주요 문단은 이러하다. "저자 등재에 관한 특별한 조정이나 분쟁은 우선 해당 팀(일반적으로 PI)의 저자들에게 알려져야 하며, 그들은 그것을 EMC에 보고할 수 있다. EMC는 LSC 대변인에게 조치를 권고하고, LSC 대변인이 필요에 따라 타인들의 조언을 받아 최종 결정을 내린다. 라이고 출판물의 저자 등재에 관한 모든 분쟁은 그 대변인이 LSC 집행 위원회와 연구소 이사회Laboratory Directorate와 협의하여 해결한다.

데이비드 태너

중력파 연구의 시작과
끝을 담은 로그 파일

오정근
국가수리과학연구소 선임연구원
한국중력파연구협력단 총무간사

『중력의 키스』는 서명한 사회학자 해리 콜린스의 전작『중력의 그림자』
『중력의 유령』『중력의 유령과 빅 독』의 후속작으로, 중력파에 관한 그의
이 저작들은 중력파를 발견하기 위한 40여 년간의 실험 여정을 담은 가치
있는 역사서다. 그러나 이렇게 과감하게 '역사서'라고 단정 지으려고 하면,
막상 나는 많은 부담감을 느끼며 다소 주저하게 된다. 이 저작들에 대해 다
시 나름대로 정의해본다면 역사적인 과학 발견의 여정을 그린 '관점의 역
사서'라고 할 수 있겠다. 이 정의를 변호해보려 한다. 사실 '관점의 역사서'
라는 용어는 존재하지 않는다. 이는 내가 이 저작들의 성격을 설명하고자
만들어낸 말인데, '특정한 관점과 목적을 가지고 일련의 사건 과정을 기록
하고 해석한 책'이라고 정의할 수 있을 것이다. 이 정의를 따른다면, 사회학
자로서 해리 콜린스의 특정한 목적은 과학자 집단이 성공적인 실험과 발견

을 거치며 수행하는 일련의 행위들을 사회학적으로 관찰하고 분석하는 것이겠다. 그러한 관점에서 그가 수집하고 해석하여 세상에 내놓은 역사적 사건의 기록은 놀라울 정도로 생생하고, 역동석이며, 전문가적이다. 따라서 해리 콜린스의 위 저작들은 과감히 '중력파 과학'에 대한 태동에서부터 첫 성공에 이르기까지의 과정을 충실하게 기술하고 정리한 실록이라 평할 만하다. 특히 이 책 『중력의 키스』는 2015년 9월 14일 첫 중력파 신호의 포착에서부터 이 역사적인 발견을 공표하는 약 6개월간의 과정에서 라이고 과학 협력단의 내외부에서 일어났던 사건들을 생생하게 담고 있다.

나는 2009년 9월부터 라이고 과학협력단의 회원으로 연구에 참여했다. 그 해는 이제 막바지 개량형 라이고enhanced LIGO의 가동이 한 달여 남은 시점에서 그 유명한 암맹 주입 사건인 '빅 독 사건'이 포착되어 시끌벅적해지기 시작한 때였다. 연구단의 회원으로 가입한 바로 직후부터 라이고 과학 협력단 조직과 의사소통 규약을 몸소 경험해 본 것은 나로서는 큰 행운이었다. 그렇게 빅 독 사건에 대한 일련의 과정을 폭풍처럼 경험하고, 라이고의 개발이 진행되는 동안 협력단의 절차에 따라 중력파 과학 연구를 수행하며 연구단에 기여하기 시작했다. 해리 콜린스의 표현을 빌리자면 나는 '기여적 전문성'을 가진 과학자로서 라이고 과학 협력단의 내부에서 일어난 일들을 경험한 셈이다. 그런 내부인으로서 '그 사건' 발견 이후 5년이 지난 지금 이 책을 다시 접했을 때, 나는 당시의 이메일을 한 줄 한 줄 읽으며 당시 그 긴박했던 순간의 전율을 다시 체험했고, 일종의 '내부자로서의 추억'을 새록새록 되새길 수 있었다. 논문 제출이 최종 결정된 전화 회의 후 구성원들이 역사적 발견을 기뻐하고 축하하며 쓴 채팅 메시지 중 나의 메시지(309쪽)까지 실려 있어 무척 반가웠음은 말할 필요도 없다. 그런데 또 하나, 이 책은 '기여적 전문가'가 아닌 '상호작용적 전문가' 사회학자 해리 콜린스의 독특한 관점과 의견도 읽을 수 있는 매력적인 책이었다. 그 의견 중 일부는 '내부자'로서 동의할 수 없음에도 불구하고 그렇다. 예를 들면, 최초 발견 논문에 대한 라이고 과학 협력단의 입장과 절차 및 과학자들의 엄격한 전문가주의에 대한 비판에 대한 부분이 그렇다. 그런 내용에 대해 해리 콜린스가 '○○은 ××했어야 했다'고 강하게 주장하는 바가 딱히 불편하지는 않지만, 그러한 의견이 반드시 옳다고 생각하지도 않는다. 현재까지 이루어진 모든 과정은 사회학자의 시각을 옹호하여 결정된 것이 아니라, '과학자들만의' 논리와 합의에 이르는 과정을 통해 '선택'된 것이기 때문이다. 특히, 과학자들의 엄격한 전문가주의와 비밀주의에 대한 해리 콜린스의 부정적 시각에 대해 나는 반론의 여지와 함께 충분히 논쟁할 만한 거리가 아닌가 생각하게 되었다. 한 가지 예를 들자면 다음과 같은 것이다.

> 나의 협소한 경험에 기초해서 말하면, 과학계는 기만을 너무 편하게 한다. (…) 이 책에서 서술한 발견 과정의 마지막 몇 달 동안 중력파 공동체의 행동은 확실한 거짓말을 하지 않는다는 점을 방패로 삼으면서 너무 심하게 기만 쪽으로 기울었다고 나는 느낀다."(422쪽)

내부에서 모든 것을 함께 지켜본 과학자로서 라이고를 옹호한다면, 그것은 기만보다는 '보호'였다고 생각한다. 특종기사를 쓰는 기자를 생각해보자. 기삿거리를 사전 취재한 기자는 일단 데스크에 기삿거리를 보고한 뒤 본격적인 취재를 시작한다. 그 사건에 대한 정황 취재, 증거 수집, 팩트 체크 후, 사건을 조합하고 스토리 라인을 만들어 기승전결로 배치하고 보도의 영향력이 극대화할 수 있는 방향으로 기사를 쓴다. 이 모든 과정에서 취재 내용이 ▨▨▨▨ ▨▨ 기자에게 전달되지 않는다. 그것이 세상을 놀라게 할 만한 특종거리라면 그 보안의 중요성은 더 커진다. ▨▨▨▨에 대한 독점욕 때문에 보안이 필요한 것이 아니라, 취재원에 대한 보호, 기사 내용의 검증, 사회적 파장과 후속 대응에 대한 고려 등 여러 가지 요소들이 검토되어야 하는 이유도 있다. 만일 그러한 내용이 사전에 유출되어 자칫 검증되지 않은 내용이나 증거들이 퍼진다면 기사에 대한 신뢰도가 떨어지는 물론이고 기사의 본질이 다른 세상으로 가버리게 될 것이다. 이것은 잘못된 뉴스로부터 대중을 보호하는 일이기도 하고, 언론 자신을 보호하는 일이기도 하다. 과학도 크게 다르지 않다. 그러한 발견이 중요하고 놀라운 것이라면 사실을 확증할 수 있도록 보안의 과정은 필요하다. 그것 없이는 검증되고 확증에 이르는 과정 없이 김이 새어버리는 공염불이 되기 때문이다.

『중력의 키스』는 '중력파의 최초 검출'이라는 역사적인 과학의 발견의 세세한 과정을 전달하면서도, 과학자 집단이 발견에 이르는 합의와 협력의 과정에 특히 초점을 맞추고 있다. 그러한 절차와 규약, 그리고 합의 과정을 통해 과학자 집단과 그 연구가 구조적으로 어떠한 특징들을 내포하고 있는지, 대규모 과학으로 변모한 현대과학에 음미해 볼 수 있는 어떠한 가치가 있는지를 분석한다. 나는 그전까지는 홀로 혹은 소규모의 그룹으로 연구했던 이론물리학자로, 집단 과학 연구에 참여한 것은 라이고 과학 연구단이 처음이었다. 거기서 나는 집단 과학자 그룹의 문화를 배웠고, 의사소통과 합의의 절차도 배울 수 있었다. 특히 내가 배웠던 가치 있는 덕목은 민주주의였다. 거대 실험 장치로부터 데이터를 얻고, 그것을 분석하여 과학적인 발견을 하고, 논문을 작성하여 공표하는 일련의 과정에서 1000여명이 넘는 집단 구성원의 합의를 이끌어내고 의견을 조율하는 데 가장 강력한 힘을 발휘한 것이 민주주의였다고 생각한다. 나는 놀랍게도 그것이 잘 작동함을 지켜보았다. 해리 콜린스는 민주사회와 과학의 역할에 대해서는 다음과 같이 표현한다.

> 사회 안에서 과학의 근본적 역할은 개인을 찬양하는 것이 아니라 집단적인 가치의 등대로서 구실하는 것이다. 민주주의를 탐욕으로부터 구해내려면 과학이 절실히 필요하다. 이 필요성은 중력파 천문학의 필요성보다 더 크다.(435쪽)

내 생각으로는, 민주주의에서 과학의 역할이 중요한 만큼이나 과학에서 민주주의의 역할도 간과할 수 없다. 과거의 개인 혹은 소규모 연구실 수준에서의 연구와 달리, 대규모의 집단을 이룬 연구에서는 더욱 그렇다. 개인과 소그룹 간의 의사소통과 토론 및 논쟁은 과학적 발견에 이르는 '합의'를 구성한다. 혹자는 '합의'가 과학의 영역에 들어온다는 것에 불쾌감을 느낄 것이다. 그러나 이는 과학적 진리에 대한 합의가 아니라 그러한 사실을 발견하고, 그 발견을 확증하며 공표하는데 이르는 절차적 합의다. 그 발견의 영역이 전대미문의 것이고, 처음 접해보는 방식이면 더욱 그러한 합의의 절차적 규약을 만드는 것이 중요하다. 그리고 그러한 규약은 지속적인 합의를 통해서 개선되고 진화한다. 그런 합의를 이루는 데 '민주주의'는 큰 힘을 발휘하고, 무엇보다 가장 강력한 도구가 된다. 그리고 그것은 내가 경험한바 사실이었다.

해리 콜린스는 40여 년 동안이나 전문가 집단에서 교류하고 사람들과 접촉하며 놀라울 정도의 상호작용적 전문가 식견을 쌓았다. 이 책에서 증명하듯이 어느 '중력파 과학자'가 보아도 이 책은 중력파 연구의 시작과 끝을 고스란히 담고 있다고 인정할 것이다. 이 책에서 콜린스가 이미 짚은 바 있지만, 이제 이 책에 기록된 모든 사건과 논란거리는 역사의 한편에 추억으로 묻히게 될 것이다. 그렇게 지루하게 논쟁했던 '암맹 주입'도, '리틀 독'도, '쌍성계 병합의 빈도값'도 더이상 중요하지 않은 시대가 되었다. 이미 세 번째 관측 가동을 하고 있는 지금, 2020년 4월 현재까지 50여 개 이상의 중력파 신호가 발견되었다. 초기 발견에서 논란이 되었던 것과 달리, 중력파의 후보 신호들은 더이상 비밀이 아니며 온라인으로 실시간 공개되고 있다. 이제 '중력파 천문학의 시대'로 전이한 이상 이 책에 등장하는 전문적인 특수 용어, 여러 논쟁거리는 그야말로 추억의 부스러기인 셈이다. 과학 발견 과정에 대한 역사적 사실의 기록은 과학적 진리 그 자체에 비해 사람들의 관심 밖에 있다. 과학은 지속적으로 발전하고 진화하고 혹은 폐기되기 때문에 발견 외의 것들은 일부 과학사학자들 외에는 과학자와 일반인 모두에게 무관심의 대상이다. 첫 발견에서 그렇게 지루하게 싸웠던 '블랙홀 쌍성 병합의 빈도값인 6~400/2~400'이 그렇게 허망하게 버려진 것처럼 말이다.

그럼에도 이 세세한 기록이 가치 있는 이유는, 새로운 과학적 사실이 진화와 발전을 거듭하도록 만들어주는 문화가 이 역사에 담겨 있기 때문이다. 이 책을 통해 그 문화적 가치를 읽고 느끼고 체화할 수 있다. 이러한 기록이 역사적 발견과 함께 존재함으로 인해 과학 발견의 사건이 단순하고, 냉철하고, 비인간적이지만은 않은 인류 문화의 한 장면임을 우리는 알게 되고, 발견의 가치를 더욱 풍요롭게 느끼게 될 것이다. 『중력의 키스』는 이런

관점에서 사회학적 분석을 통해 과학사의 역사적 발견을 풍요롭게 만들어

주는 역사적인 저작이다.

Abbott, B. P., et al. 2016a. Observation of gravitational waves from a binary black hole merger. *Physical Review Letters* 116:061102.

Abbott, B. P., et al. 2016b. GW151226: Observation of gravitational waves from a 22-solarmass binary black hole coalescence. *Physical Review Letters* 116:241103. http://arxiv.org/abs/1606.04855.

Abbott, B. P., et al. 2016c. Binary black hole mergers in the first advanced LIGO observing run. http://arxiv.org/abs/1606.04856.

Barnes, V. E., P. L. Connolly, D. J. Crennell, et al. 1964. Observation of a hyperon with strangeness minus three. *Physical Review Letters* 12 (8): 204–206.

Berger, P. L. 1963. *Invitation to Sociology.* Garden City, NY: Anchor Books.

Bloor, D. 1973. Wittgenstein and Mannheim on the sociology of mathematics. *Studies in the History and Philosophy of Science* 4:173–191.

Castelvecchi, D. 2016. Gravitational-wave rumours in overdrive. *Nature,* January 12, http://www.nature.com/news/gravitational-wave-rumours-in-overdrive-1.19161.

Collins, H. M. 1975. The seven sexes: A study in the sociology of a phenomenon, or The replication of experiments in physics. *Sociology* 9 (2): 205–224.

Collins, H. M., ed 1981a. *Knowledge and Controversy: Studies in Modern Natural*

Science: Special Issue of Social Studies of Science 11 (1).

Collins, H. M. 1981b. Son of seven sexes: The social destruction of a physical phenomenon. *Social Studies of Science* 11 (1): 33–62.

Collins, H. M. 1985. *Changing Order: Replication and Induction in Scientific Practice.* Beverley Hills: Sage. (2nd ed. 1992, Chicago: University of Chicago Press.)

Collins, H. M. 1991a. AI-vey! Response to Slezak. *Social Studies of Science* 21:201–203.

Collins, H. M. 1991b. Simon's Slezak. *Social Studies of Science* 21:148–149.

Collins, H. M. 1996. Embedded or embodied? A review of Hubert Dreyfus' *What Computers Still Can't Do. Artificial Intelligence* 80 (1): 99–117.

Collins, H. M. 2001. Crown jewels and rough diamonds: The source of science's authority. In *The One Culture? A Conversation about Science,* ed. J. Labinger and H. Collins, 255–260. Chicago: University of Chicago Press..

Collins, H. M. 2004. *Gravity's Shadow: The Search for Gravitational Waves.* Chicago: University of Chicago Press.

Collins, H. M. 2010. *Tacit and Explicit Knowledge.* Chicago: University of Chicago Press.

Collins, H. M. 2011a. *Gravity's Ghost: Scientific Discovery in the Twenty-First Century.* Chicago: University of Chicago Press.

Collins, H. M. 2011b. Language and practice. *Social Studies of Science* 41 (2): 271–300.

Collins, H. M. 2013. *Gravity's Ghost and Big Dog: Scientific Discovery and Social Analysis in the Twenty-First Century.* Chicago: University of Chicago Press.

Collins, H. M. 2014. *Are We All Scientific Experts Now?* Cambridge: Polity Press.

Collins, H. M. In preparation. *Artifictional Intelligence: Human and Computer Understanding.*

Collins, H. M., A. Bartlett, and L. Reyes-Galindo. 2016. The ecology of fringe science and its bearing on policy. http://arxiv.org/abs/1606.05786.

Collins, H. M., and R. Evans. 2007. *Rethinking Expertise.* Chicago: University of Chicago Press.

Collins, H. M., and R. Evans. 2014. Quantifying the tacit: The imitation game and social fluency. *Sociology* 48 (1): 3–19.

Collins, H. M., and R. Evans. 2015. Expertise revisited I—Interactional expertise. *Studies in History and Philosophy of Science* 54:113–123.

Collins, H. M., and R. Evans. 2017. *Why Democracies Need Science.* Cambridge: Polity Press.

Collins, H. M., P. Ginsparg, and L. Reyes-Galindo. 2016. A note concerning Primary Source Knowledge. *Journal of the Association for Information Science and Technology.* http://arxiv.org/abs/1605.07228.

Collins, H. M., and M. Kusch. 1998. *The Shape of Actions: What Humans and Machines Can Do.* Cambridge, MA: MIT Press.

Collins, H. M., and T. J. Pinch. 1982. *Frames of Meaning: The Social Construction of Extraordinary Science,* vol. 5. London: Routledge & Kegan Paul.

Collins, H. M., and T. J. Pinch. 1993. *The Golem: What Everyone Should Know about Science.* Cambridge: Cambridge University Press. (New ed., 1998, subtitled *What You Should Know about Science,* reissued as Canto Classic in 2012.)

Collins, H. M., and T. J. Pinch. 2005. *Dr. Golem: How to Think about Medicine.* Chicago: University of Chicago Press.

Collins, H. M., and G. Sanders. 2007. They give you the keys and say "drive it": Managers, referred expertise, and other expertises. In *Case Studies of Expertise and Experience: Special Issue of Studies in History and Philosophy of Science,* ed. H. M. Collins, vol. 38 (4): 621–641.

Collins, H. M., and M. Weinel. 2011. Transmuted expertise: How technical non-experts can assess experts and expertise. *Argumentation: Special Issue on Rethinking Arguments from Experts* 25 (3): 401–413.

Dreyfus, H. L. 1967. Why computers must have bodies in order to be intelligent. Review of *Metaphysics* 21 (1): 13–32.

Dreyfus, H. L. 1972. *What Computers Can't Do.* Cambridge, MA: MIT Press.

Dreyfus, H. L. 1992. *What Computers Still Can't Do.* Cambridge, MA: MIT Press.

Duhem, P. 1914/1981. *The Aim and Structure of Physical Theory.* Trans. P. P. Wiener. New York: Athenaeum.

Epstein, S. 1996. *Impure Science: AIDS, Activism, and the Politics of Knowledge.* Berkeley: University of California Press.

Fleck, L. 1935/1979. *Genesis and Development of a Scientific Fact.* Chicago: University of Chicago Press. (First published in German in 1935 as *Entstehung und Entwicklung einer wissenschaftlichen Tatsache: Einführung in die Lehre vom Denkstil und Denkkollektiv.*)

Franklin, A. 2013. *Shifting Standards: Experiments in Particle Physics in the Twentieth Century.* Pittsburgh: University of Pittsburgh Press.

Franklin, A., and H. M. Collins. 2016. Two kinds of case study and a new agreement. In *The Philosophy of Historical Case Studies,* ed. T. Sauer and R. Scholl, 95–121. Boston Studies in the Philosophy of Science. Dordrecht: Springer.

Franzen, C. 2016. Listen to the sound of gravitational waves: The "chirp" would make a great ringtone. *Popular Science,* February 11, http://www.popsci.com/listen-to-soundgravitational-waves.

Galison, P. 1997. *Image and Logic: A Material Culture of Microphysics.* Chicago:

University of Chicago Press.

Galison, P. 2003. The collective author. In *Scientific Authorship: Credit and Intellectual Property in Science*, ed. M. Baglio and P. Galison, 325–355. New York: Routledge.

Garfinkel, H., M. Lynch, and E. Livingston. 1981. The work of discovering science construed with materials from the optically discovered pulsar. *Philosophy of the Social Sciences* 11:131–158.

Giles, J. 2006. Sociologist fools physics judges. *Nature* 442:8.

Goodman, N. 1973. *Fact, Fiction, and Forecast*. 3rd ed. Indianapolis: Bobbs-Merrill.

Hall, S. 2016. About the LIGO gravitational-wave rumor ...... *Sky and Telescope*, January 13, http://www.skyandtelescope.com/astronomy-news/about-this-weeks-gravitational-wave-rumor.

Harvey, B. 1981. Plausibility and the evaluation of knowledge: A case study in experimental quantum mechanics. *Social Studies of Science* 1 (11): 95–130.

Holton, G. 1978. *The Scientific Imagination*. Cambridge: Cambridge University Press.

Ju, L., D. G. Blair, and C. Zhao. 2000. Detection of gravitational waves. *Reports on Progress in Physics* 63:1317–1427.

Kaiser, D. 2009. *Drawing Theories Apart: The Dispersion of Feynman Diagrams in Postwar Physics*. Chicago: University of Chicago Press.

Kaiser, D. 2011. *How the Hippies Saved Physics: Science, Counterculture, and the Quantum Revival*. New York: W. W. Norton.

Kennefick, D. 2007. *Traveling at the Speed of Thought: Einstein and the Quest for Gravitational Waves*. Princeton: Princeton University Press.

Knorr-Cetina, K. 1981. *The Manufacture of Knowledge: An Essay on the Constructivist and Contextual Nature of Science*. Oxford: Pergamon Press.

Kuhn, T. S. 1959. The essential tension: Tradition and innovation in scientific research. In *The Third University of Utah Research Conference on the Identification of Scientific Talent*, ed. C. W. Taylor. Salt Lake City: University of Utah Press.

Kuhn, T. S. 1977. *The Essential Tension: Selected Studies in Scientific Tradition and Change*. Chicago: University of Chicago Press.

Labinger, J., and H. M. Collins, eds. 2001. *The One Culture? A Conversation about Science*. Chicago: University of Chicago Press.

Lakatos, I. 1970. Falsification and the methodology of scientific research programmes. In *Criticism and the Growth of Knowledge*, ed. I. Lakatos and A. Musgrave, 91–196. Cambridge: Cambridge University Press.

Langley, P. W., G. Bradshaw, H. A. Simon, and J. M. Zytkow. 1987. *Scientific Discovery: Computational Explorations of the Creative Process.* Cambridge, MA: MIT Press.

Latour, B., and S. Woolgar. 1979. *Laboratory Life: The Social Construction of Scientific Facts.* London: Sage.

Laudan, L. 1983. *Progress and Its Problems: Towards a Theory of Scientific Growth.* Berkeley: University of California Press.

Lyons, Louis. 2013. Discovering the significance of 5 sigma. arXiv:1310.1284 [physics.data-an].

MacKenzie, D. 1990. *Inventing Accuracy: A Historical Sociology of Nuclear Missile Guidance.* Cambridge, MA: MIT Press.

MacKenzie, D. 2001. *Mechanizing Proof: Computing, Risk, and Trust.* Cambridge, MA: MIT Press.

Marks, J. 2000. The truth about lying. *Philosophy Now* 27 (June–July): 51.

Mermin, D. N. 2005. *It's about Time: Understanding Einstein's Relativity.* Princeton, NJ: Princeton University Press.

Overbye, D. 2016. Gravitational waves detected, confirming Einstein's theory. *New York Times,* February 11, http://www.nytimes.com/2016/02/12/science/ligo-gravitational-waves-blackholes-einstein.html.

Pickering, A. 1981. Constraints on controversy: The case of the magnetic monopole. *Social Studies of Science* 1 (11): 63–93.

Pickering, A. 1984. *Constructing Quarks: A Sociological History of Particle Physics.* Edinburgh: Edinburgh University Press.

Pinch, T. J. 1981. The sun-set: The presentation of certainty in scientific life. *Social Studies of Science* 1 (11): 131–158.

Pinch, T. J. 1985. Towards an analysis of scientific observation: The externality and evidential significance of observational reports in physics. *Social Studies of Science* 15 (1): 3–36.

Pinch, T. J. 1986. *Confronting Nature: The Sociology of Solar-Neutrino Detection.* Dordrecht: Reidel.

Pinch, T. J. 1997. Kuhn—The conservative and radical interpretations: Are some Mertonians "Kuhnians" and some Kuhnians "Mertonians"? *Social Studies of Science* 27 (3): 465–482.

Pitkin, M. S. Reid, S. Rowan, and J. Hough. 2011. Gravitational wave detection by interferometry (ground and space). http://arxiv.org/pdf/1102.3355.pdf.

Popper, K. R. 1959. *The Logic of Scientific Discovery.* New York: Harper & Row.

Pretorius, F. 2005. Evolution of binary black hole spacetimes. *Physical Review Letters* 95:121101.

Sacks, O. W. 2011. *The Man Who Mistook His Wife for a Hat*. London: Picador.

Selinger, E. 2003. The necessity of embodiment: The Dreyfus–Collins debate. *Philosophy Today* 47 (3): 266–279.

Selinger, E., H. L. Dreyfus, and H. M. Collins. 2007. Embodiment and interactional expertise. *Studies in History and Philosophy of Science* 38 (4): 722–740.

Shapin, S. 1984. Pump and circumstances: Robert Boyle's literary technology. *Social Studies of Science* 14:481–520.

Shapin, S., and S. Schaffer. 1987. *Leviathan and the Air-Pump: Hobbes, Boyle, and the Experimental Life*. Princeton: Princeton University Press.

Simon, H. A. 1991. Comments on the symposium on "Computer Discovery and the Sociology of Scientific Knowledge." *Social Studies of Science* 21:143–148.

Smith, G. C. S. 2003. Parachute use to prevent death and major trauma related to gravitational challenge: Systematic review of randomised controlled trials. *British Medical Journal* 327 (1459).

Smolin, L. 2006. *The Trouble with Physics: The Rise of String Theory, the Fall of a Science, and What Comes Next*. Boston: Houghton Mifflin Harcourt.

Sokal, A. D. 1994. Transgressing the boundaries: Towards a Transformative hermeneutics of quantum gravity. *Social Text* 46–47 (spring–summer): 217–252.

Sokal, A. D. 1996. A physicist experiments with cultural studies. *Lingua Franca* (May).

Staley, K. 1999. Golden events and statistics: What's wrong with Galison's image/logic distinction. *Perspectives on Science* 7:196–230.

Travis, G. D. 1981. Replicating replication? Aspects of the social construction of learning in planarian worms. *Social Studies of Science* 1 (11): 11–32.

Turing, A. M. 1950. Computing machinery and intelligence. *Mind* 59 (236): 433–460.

Twilley, N. 2016. Gravitational waves exist: The inside story of how scientists finally found them. *New Yorker*, February 11.

Weber, J. and B. Radak. 1996. Search for correlations of gamma-ray bursts with gravitationalradiation antenna pulses. *Il Nuovo Cimento B Series 11* 111 (6): 687–692.

Winch, P. G. 1958. *The Idea of a Social Science*. London: Routledge and Kegan Paul.

Wittgenstein, L. 1953/1999. *Philosophical Investigations*. Trans. G. E. M. Anscombe. Upper Saddle River, NJ: Prentice Hall.

중력의 키스